INTRODUÇÃO

AO ESTUDO DE

SANTO AGOSTINHO

INTRODUÇÃO

AO ESTUDO DE

SANTO AGOSTINHO

POR

ÉTIENNE GILSON

DA ACADEMIA FRANCESA

Tradução: Cristiane Negreiros Abbud Ayoub

discurso editorial

PAULUS

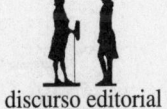

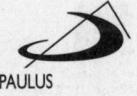

Copyright © Librairie Philosophique J. Vrin, Paris 1943
Título original em francês: Introduction à l'étude
de saint Augustin. 2e éd. revue et augm.
Copyright © Discurso Editorial, 2007

Nenhuma parte desta publicação pode ser gravada, armazenada em sistemas eletrônicos, fotocopiada, reproduzida por meios mecânicos ou outros quaisquer sem a autorização prévia da editora.

Coordenação: Milton Meira do Nascimento
Projeto gráfico e diagramação: Walquir da Silva - Mtb n. 28.841
Revisão e índices: Thomaz Massadi Teixeira Kawauche
Capa: Heloisa Helena de Almeida Beraldo

Dados Internacionais de Catalogação na Publicação (CIP)
(Câmara Brasileira do Livro, SP, Brasil)

Gilson, Étienne
  Introdução ao estudo de santo Agostinho / por Étienne Gilson da Academia Francesa; tradução Cristiane Negreiros Abbud Ayoub. – 2. ed. São Paulo: Discurso Editorial; Paulus, 2010.

  Título original: Introduction à l'Étude de saint Augustin.

  ISBN 978 85-86590-80-1 Discurso Editorial

  1. Agostinho, Santo, Bispo de Hipona, 354-430 2. Deus – Conhecimento 3. Filosofia 4. Teologia. I. Título.

CDD-189.2
05-9103

Índices para catálogo sistemático:
1. Agostinianismo: Filosofia medieval 189.2

discurso editorial
Av. Prof. Luciano Gualberto, 315 (sala 1033)
05508-900 – São Paulo – SP
Telefone (11) 3814-5383
Telefax: (11) 3034-2733
E-mail: discurso@org.usp.br
Homepage: www.discurso.com.br

PAULUS
Rua Francisco Cruz, 229
04117-091 • São Paulo (Brasil)
Tel.: (11) 5084-3700
paulus.com.br
editorial@paulus.com.br

What is man that thou art mindful of him?
Sl. 8,4; Emerson Hall, Harvard University.

Aos professores e aos estudantes
do Departamento de Filosofia
da Universidade de Harvard
Deste que permanece um dos seus, É. G.

A meus pais

SUMÁRIO

PREFÁCIO	11
NOTA À SEGUNDA EDIÇÃO	13
INTRODUÇÃO	15
I. A Beatitude	17
II. O itinerário da alma para Deus	31
PRIMEIRA PARTE: A busca de Deus pela inteligência	59
I. Primeiro grau: a fé	61
II. Segundo grau: a evidência racional	83
III. Terceiro grau: a alma e a vida	95
IV. Quarto grau: o conhecimento sensível	119
V. Quinto grau: o conhecimento racional	139
1. O mestre interior	139
2. A luz da alma	159
3. A vida da alma	197
4. As indeterminações agostinianas	212
SEGUNDA PARTE: A busca de Deus pela vontade	221
I. A Sabedoria	223
II. Os elementos do ato moral	243

      1. *As regras das virtudes. A lei da ordem* 243
      2. *A vontade e o amor* 252
      3. *A Caridade* 261
  III. *A liberdade cristã* 271
      1. *O mal e o livre-arbítrio* 271
      2. *O pecado e a graça* 280
      3. *A graça e a liberdade* 298
  IV. *A vida cristã* 315
      1. *O homem cristão* 315
      2. *A sociedade cristã* 326

TERCEIRA PARTE: *A contemplação de Deus em sua obra* 351
  I. *A criação e o tempo* 357
  II. *A matéria e as formas* 371
  III. *Os vestígios de Deus* 397
  IV. *A imagem de Deus* 413

CONCLUSÃO 431
  O agostinianismo 433
  Bibliografia dos principais trabalhos relativos à filosofia de Santo Agostinho até 1942 467
  Índice das questões tratadas 501
  Índice dos nomes próprios 533

PREFÁCIO

A cada passo, o historiador do pensamento medieval reencontra santo Agostinho, igualmente como Aristóteles; toda doutrina medieval invoca-lhes a autoridade para se estabelecer ou para se confirmar. Entre os pensadores que solicitam os textos de Agostinho em diversos sentidos, a ponto de por vezes serem contraditórios, quem permanece fiel à orientação autêntica de seu pensamento, e em que medida? Questão que renasce sem cessar e cuja solução, tanto quanto for possível, supõe já conhecida em si mesma e para si mesma a doutrina de santo Agostinho. Logo, como tantos outros, sentimos a necessidade de retornar à fonte e de estudar o agostinianismo do próprio santo Agostinho, para, em seguida, compreendermos melhor o de seus sucessores. Daí o trabalho que, após muitas incertezas, submetemos ao público.

Concebido para resolver o problema assim posto, nosso livro não poderia ser um estudo das fontes do agostinianismo; questão certamente necessária, e que deverá ser retomada simultaneamente, mas somente quando soubermos de onde buscar a fonte. Ele tampouco deveria ser um inventário detalhado nem um catálogo razoável de idéias agostinianas, pois o espírito mesmo do agostinianismo que desejamos conhecer seria, na doutrina, o que teria imprimido no pensamento medieval a impulsão da qual tantas obras profundas são testemunhos inegáveis. Tentamos apenas destacar os textos aos quais elas se encadeiam, retomam e repetem ao aprofundar algumas teses capitais e essenciais, as quais, comandando o conjunto da doutrina, apenas elas, permitem ordenar e interpretar exatamente o detalhe. O índice remissivo por assuntos, no final deste volume, ajudará também o leitor a utilizá-lo à maneira de um inventário, pelo menos na medida em que pudemos fazer com que fosse um, sem nos desviarmos da linha que tínhamos adotado. A bibliografia comentada que completa o livro, ajudá-lo-á a se orientar numa vasta literatura histórica em que nem tudo é de igual valor, mas abundam trabalhos de primeira ordem dos quais muito poucos, em aspectos particulares, não se tiraria proveito em consultar. Trata-se, portanto, de um dever reconhecermos que, a princípio, embora tenha sido estabelecido única e integralmente nos textos, nosso livro deve muito a esses estudos, que o levaram a se completar, criticar e, por vezes, corrigir. Mas ele talvez deva ainda mais à fecunda colaboração dos estudantes franceses e americanos que, por sua generosa atenção e suas questões profundas, nos levaram a tornar nossa exposição mais precisa e, em alguns casos, a refazê-la segundo novas exigências. Na Escola de Altos Estudos e na Faculdade de Letras da Universidade de Paris, na Universidade de Harvard, nos Estados Unidos, vimos o pensamento de Agostinho reviver em espíritos jovens nos quais ele adquiria o frescor vivaz de uma descoberta. A dedicatória deste livro é somente o reconhecimento de uma dívida que não temos a ilusão de sanar.

Melun, 1º de junho de 1928.

NOTA À SEGUNDA EDIÇÃO

Embora este livro tenha permanecido substancialmente o mesmo, a maioria de suas partes foi remanejada ou completada conforme as ocasiões de fazê-lo se ofereciam, a partir de 1928. As modificações mais importantes encontram-se na "Primeira Parte", no capítulo I, p. 34-37, e p. 41-44 da edição precedente; no capítulo V, p. 115, p. 125 e p. 137 da mesma edição. Toda a seção IV desse capítulo, "As indeterminações agostinianas", é um acréscimo à edição precedente. O mesmo ocorre com as páginas em que começa a "Conclusão" desta obra na presente edição. Numerosas correções de detalhes foram feitas, notas foram completadas ou adicionadas, mas seria mais fastigioso nos reportarmos a elas numa lista do que lê-las. Um certo número de obras sobre santo Agostinho, que apareceu desde 1928, foi acrescentado à "Bibliografia" que encerra este volume, mas deve ter nos escapado um número muito mais considerável, sobretudo entre aquelas que apareceram por ocasião do XV centenário do nascimento de santo Agostinho, em 1930. Quanto a isso, como quanto ao que precede, o melhor que pudemos fazer foi tornar a obra um pouco menos indigna do inexaurível assunto, cujo estudo jamais se pretendeu fazer mais do que introduzir seus leitores.

Vermenton, 24 de dezembro de 1941.

INTRODUÇÃO

> Et ipsa est beata vita, gaudere, ad
> te de te propter te.
> Conf., X, 22, 32.[1]

---

[1] "Esta é a vida feliz: alegra-se para ti, de ti e por ti." (N. da T.)

I. A BEATITUDE

Agostinho despertou para a vida filosófica lendo um diálogo de Cícero, atualmente perdido, o *Hortensius*. Desde então, ele não deixou de ser consumido por um ardente amor pela sabedoria e essa descoberta tornou-se para sempre o primeiro passo no doloroso caminho que deveria conduzi-lo para Deus.[2] Ora, é capital para a compreensão do agostinianismo que a sabedoria, objeto da filosofia, sempre é confundida por ele com a beatitude. O que ele procura é um bem cuja posse satisfaz todo desejo e, por conseqüência, confere a paz. De início, este eudemonismo fundamental indica que a filosofia foi imediatamente e permanecerá, para santo Agostinho, como a investigação especulativa de um conhecimento desinteressado da natureza. Sobretudo, o que inquieta Agostinho é o problema de seu destino; para ele, esta é toda a questão: procurar se conhecer para saber o que é preciso fazer a fim de ser melhor e, se possível, a fim de bem ser.

Para santo Agostinho, portanto, pode haver, e há, uma grande abundância de especulação, mas ela sempre visa fins práticos e seu ponto de aplicação imediata é o homem. Com efeito, a

---

[2] *Confess.* III, 4, 7, edição de P. DE LABRIOLLE, vol. I, p. 49-50. *De beata vita*, I, 4; vol. 32, col. 961. Todas as referências remetem à Patrologia Latina de Migne, salvo as *Confissões*, que remetem à edição corrente da Coleção Guillaume Budé. Os textos das *Confissões* também são facilmente encontrados na Patrologia Latina, ao se reportarem ao livro, capítulo e artigo indicados.

Introdução

beatitude pode implicar, e implica, o conhecimento da verdade como condição essencial, mas a verdade só persegue a beatitude porque apenas ela é beatificadora e somente no tanto que ela é. O preceito fundamental do socratismo é, num sentido, o ponto de partida de santo Agostinho; entretanto, ele o adota somente para fazê-lo sofrer uma transformação cuja profundidade aparecerá melhor à medida que se precisará o sentido da doutrina. *Nosce te ipsum*[3], por que este preceito? Para que a alma, sabendo o que ela é, viva de acordo com sua verdadeira natureza, ou seja, para se colocar no lugar que lhe convém: abaixo d'Aquele a quem ela deve se submeter, acima do que deve dominar; acima do corpo e abaixo de Deus.[4]

Dos que assim tendem à felicidade pelo conhecimento, alguns têm a prudência de procurá-la desde a juventude e têm a felicidade de a atingirem logo; outros, ao contrário, tentam encontrá-la com paixão em vias falsas e só voltam a si mesmos sob o golpe de provas por vezes trágicas; outros, enfim, sem mostrar nem tal prudência, nem essa loucura, desde a juventude, fixam os olhos no fim a atingir e, ao mesmo tempo que vagam ao longe, voltam os olhos para ele; em meio a ondas, estes guardam as lembranças da tão doce pátria onde terminarão por abordar um dia. Todos, quaisquer que sejam, estão ameaçados por um temível obstáculo que guarda a entrada do porto: o orgulho e a paixão da vanglória. Se algo merece ser chamado "dom de Deus", é seguramente a vida feliz. Cumpre, portanto, buscá-la com modéstia e pedir para recebê-la. Aceitá-la é a verdadeira maneira de conquistá-la.

Todos os homens querem a felicidade.[5] Mas em que consiste a própria felicidade? Aqueles que não têm o que desejam não são felizes, mas não se pode dizer que são felizes todos aqueles que

---

[3] "Conhece-te a ti mesmo" (N. da T.)
[4] *De Trinitate*, X, 5, 7; t. 42, col. 977; X, 9, 12; col. 980.
[5] *De moribus ecclesiae*, I, 3, 4; t. 32, col. 1312. *De Trinitate*, XIII, 20, 25; t. 42, col. 1034.
– Ao passar pelo agostinianismo, essa fórmula grega recebe um novo sentido. No homem, o desejo natural da beatitude é um instinto inato, conferido por

têm o que desejam. Isso depende do que eles desejam, pois, assim como dizia Cícero no *Hortensius*, "a malícia da vontade causa-nos mais mal do que a fortuna não nos faz bem". Ninguém é, portanto, feliz se não tem o que quer, mas não basta ter o que se quer para ser feliz. Este ponto acordado, por outro lado, deve-se admitir como evidente que todo homem que não é feliz é miserável e que, por conseqüência, aquele que não tem o que quer é miserável. O problema da beatitude, portanto, consiste em saber o que o homem deve desejar para ser feliz e como pode adquiri-lo.[6]

O objeto de tal desejo deve satisfazer várias condições. A princípio, deve ser permanente e independente do acaso e da fortuna. Nada de caduco e perecível pode ser possuído por nós quando queremos e tanto quanto o queremos. Por outro lado, amar o que se pode perder é viver num temor perpétuo incompatível com a verdadeira felicidade. Ora, somente Deus é permanente e independente de todo o resto, pois apenas ele é eterno. Aquele que tem Deus é, portanto, o único que teria a felicidade[7] e também, por conseguinte, o desejo de Deus é a única via que conduz à beatitude. Em quais condições podemos desejá-lo?

Aquele que faz profissão de não poder encontrar a verdade, como o cético ou o Acadêmico, não pode ter nem Deus nem a beatitude. Com efeito, sabemos que quem não tem o que quer não é feliz. Ora, os céticos procuram a verdade incessantemente; logo, querem encontrá-la; gostariam de tê-la revelada; mas como, de acordo com sua própria doutrina, tal descoberta é impossível, os céticos jamais poderiam obter o que querem, e, por conseguin-

---

Deus (*De Trinitate*, XIII, 8, 11; vol. 42, col. 1023) a fim de reconduzi-lo à Sua direção: *De Trinitate*, XI, 6, 10; vol. 42, col. 922.

[6] *De beata vita*, II, 10; t. 32, col. 964-965. – Sobre a provável dependência deste tratado em relação ao *Hortensius* de Cícero, ver as considerações de P. ALFARIC, *L'évolution intellectuelle de saint Augustin*, Paris, 1918, p. 429-432.

[7] "Ergo nullo modo dubitamus, si quis beatus esse statuit, id eum sibi comparare debere quod semper manet, nec ulla saeviente fortuna eripi potest... Deus, inquam, vobis aeternus et semper manens videtur?... Deum igitur, inquam, qui habet, beatus est," *De beata vita*, II, 11; vol. 32, col. 965.

te, não são felizes. Então, se a sabedoria implica a beatitude, e se a beatitude implica Deus, o cético não poderia possuir nem Deus, nem a beatitude, nem a sabedoria.[8] Ademais, ainda que Agostinho deseje a verdade tendo em vista a felicidade, jamais concebeu a felicidade como possível separada da verdade. A posse da verdade absoluta é a condição necessária da beatitude.

Entre os que pensam que a descoberta da verdade não é impossível, nem todos concordam sobre o que pode ser a posse da sabedoria e de Deus. Segundo alguns, ter Deus não é outra coisa senão fazer o que Deus quer; outros dizem que ter Deus é viver bem; outros, enfim, pensam que Deus está naqueles em que não habita o espírito impuro.[9] Mas, olhando bem, essas opiniões diversas finalmente tornam-se a mesma, pois todo homem que faz o que Deus quer vive bem, e todo homem que vive bem faz o que Deus quer. Por outro lado, não ter em si o espírito impuro é viver na castidade da alma, que não somente é ausência de luxúria, mas ainda a de todo pecado. Assim entendida, a pureza verdadeira consiste em seguir a Deus em todas as coisas e em apegar-se somente a ele. Logo, viver bem e suas três definições formam apenas uma quando se extrai a significação essencial delas.[10] Agora, resta saber o que é viver bem.

Deus quer, sem dúvida, que nós o procuremos, e, por conseguinte, não se pode dizer que aquele que procura Deus vive mal. Contudo, aquele que faz o que Deus quer ao procurá-lo, e que, conseqüentemente, vive bem, ainda não possui Deus, posto que o procura. Parece, portanto, que ter Deus não se confunde exatamente com viver bem, nem com fazer o que Deus quer.[11] Se essa fórmula fosse corrigida e dissesse que aquele que já encontrou Deus possui a beatitude, ao passo que aquele que o busca já tem a benevolência de Deus, mas ainda não tem a beatitude, apenas deslocaríamos a dificuldade.

---

[8] *De beata vita*, II, 14; t. 32, col. 966.
[9] *De beata vita*, II, 12; t. 32, col. 965-966 e III, 17, col. 968.
[10] *De beata vita*, III, 18; t. 32, col. 968-969.
[11] *De beata vita*, III, 19; t. 32, col. 969.

A Beatitude

Dissemos que quem não está na felicidade, está na miséria. Sob o pretexto, portanto de que aquele que busca Deus não tem a beatitude, necessitar-se-ia considerá-lo infeliz? Assim o homem que já possui a benevolência de Deus seria miserável. Como remover esta dificuldade?[12]

Pode-se carecer de muitas coisas sem perder a felicidade, pois a beatitude é um bem do espírito que a perda de todos os bens materiais não poderia comprometer em nada; aliás, o sábio apenas deseja o possível a fim de jamais ver seus desejos frustrados. Por outro lado, na ordem do espírito e da sabedoria mesma, a plenitude é absolutamente necessária à felicidade. Ora, a plenitude é o contrário da carência e da miséria; mas, ela só é uma plenitude verdadeira na condição de ser uma plenitude justa, que não permanece aquém da medida nem a excede, e que, conseqüentemente, atém-se dentro dos limites de um certo modo: *sapientia igitur plenitudo, in plenitudine autem modus*.[13] Posto que a beatitude assim definida é uma plenitude do espírito sem a qual não há sabedoria, busquemos qual é a relação da sabedoria com essa plenitude.

Primeiramente, como dissemos, ela comporta uma medida. Por ela, o espírito se libera de todo o excesso, evita transbordar no supérfluo ou, ao contrário, restringir-se a limites inferiores aos de sua plena capacidade. Os excessos que ela evita são a luxúria, a ambição, o orgulho, todos os vícios desse gênero pelos quais os espíritos imoderados crêem poder conquistar a alegria. Os defeitos que essa plenitude evita são a baixeza da alma, a crueldade, a tristeza, a cupidez e todos os vícios análogos que, diminuindo o homem, causam sua miséria.[14] Aquele que descobre a sabedoria, e a guar-

---

[12] *De beata vita*, III, 22; t. 32 col. 970.
[13] *De beata vita*, IV, 32; t. 32, col. 975.
[14] Aqui, vê-se esboçar pela primeira vez o tema fundamental da "liberdade cristã" que adquirirá cada vez mais importância na época da controvérsia antipelagiana, mas não constituirá uma novidade dentro do sistema. Ele se torna preciso, a ponto de não mais poder ser ignorado, no *De libero arbitrio* (II, 13, 37): "Haec est

da após tê-la descoberto, ao contrário, não tem nenhum excesso nem defeito a temer; ele jamais ultrapassa a medida, nunca carece de nada; então, é uma e a mesma coisa possuir a medida, ou seja, a sabedoria, e ser feliz.

    Mas que sabedoria é essa? A escritura nos diz: é a Sabedoria de Deus. O apóstolo Paulo escreveu[15] que o Filho de Deus é precisamente a Sabedoria de Deus. Ora, o filho de Deus é Deus. Então, tínhamos razão em dizer que aquele que possui Deus, possui, por isso mesmo, a sabedoria e, conseqüentemente, também a beatitude. Mas o que é a Sabedoria a não ser a Verdade, posto que ele também disse "Eu sou a Verdade"?[16] Esta verdade, sabemos, existe apenas em virtude da Medida suprema da qual procede e que por ser suprema não tem, ela mesma, medida: com efeito, se é pela medida suprema que a medida suprema é medida, ela é a Medida em si. Ora, a medida suprema é necessariamente uma medida verdadeira. Portanto, do mesmo modo que a Verdade é engendrada pela Medida, por isso também a Medida se faz conhecer pela Verdade, pois a Verdade nunca esteve sem a Medida da qual procede, nem a Medida sem a Verdade que engendra. Assim, quem é o Filho de Deus? Nós o dissemos: é a Verdade. E qual é essa Medida que nada engendra, a não ser o Pai? Logo, só possui a beatitude aquele que alcança a Medida suprema através da Verdade. Eis o que é possuir a sabedoria: apoderar-se de Deus pelo pensamento, isto é, gozar dele.[17]

---

    libertas nostra, cum isti subdimur veritati: et ipse est Deus noster qui nos liberat a morte, id est a conditione peccati. Ipsa enim Veritas etiam homo cum hominibus loquens, ait credentibus sibi : Si manseritis in verbo meo, vere discipuli mei estis, et cognoscetis veritatem, et veritas liberabit vos (Jo 8,31-32). Nulla enim re fruitur anima cum libertate, nisi qua fruitur cum securitate" T. 32, col. 1261. Para o desenvolvimento completo da doutrina, ver parte II, cap. III, "A liberdade cristã".

[15] 1 Cor. I, 24.
[16] Jo 14, 6.
[17] *De beata vita*, IV, 34; t. 32, col. 976.

A Beatitude

Resulta daí que, fora dessa posse de Deus, só existe a miséria para o homem. Viver bem é precisamente esforçar-se para possuí-lo. Da fonte da verdade brota, por assim dizer, sem cessar, em nossa direção, uma espécie de apelo que nos rememora a lembrança de Deus, convida-nos a buscá-lo e nos faz sequiosos dele. É dessa verdade, ou seja, de Deus, que retiramos todas as nossas verdades, ainda que não ousemos, nem poderíamos, contemplá-la na sua essência. Portanto, por mais tempo que tenhamos buscado Deus, ainda não bebemos na fonte mesma e ainda não estamos embebidos de sua plenitude. Isso equivale a dizer que também ainda não estamos prestes a chegar à nossa medida plena e que, a despeito dos favores que Deus nos testemunha, ainda não possuímos nem a sabedoria nem a beatitude. Nosso pensamento não pode estar plenamente satisfeito, nossa vida não pode ser verdadeiramente chamada de vida feliz, a não ser no conhecimento perfeito do Espírito Santo, que conduz à Verdade, no gozo dessa Verdade e, graças à Verdade, na união com a Medida suprema da qual ela procede: Espírito, Verdade e Medida, que são apenas uma única substância, um só Deus.[18]

Abordemos o mesmo problema por outro lado. Admite-se que todos os homens querem viver felizes e que a felicidade consiste no gozo do que há de melhor para nós.[19] O que é este melhor? O que há de melhor para o homem não pode ser inferior ao homem, pois querer o que é inferior é diminuir-se. Ao contrário, poder-se-ia dizer que o que há de melhor para o homem é o pró-

---

[18] *De beata vita*, IV, 35: t. 32, col. 976. – O pensamento de Agostinho está firmado sobre esse ponto desde de suas primeiras obras: a beatitude perfeita não é deste mundo. Se, mais tarde, ele retratou algumas expressões equívocas deste tratado, não se pode concluir que ele realmente tivesse mudado de opinião: "Et quod tempore vitae hujus in solo animo sapientis dixi habere vitam beatam (*scil.* displicet mihi)... cum perfectam cognitionem Dei, hoc est qua homini major esse non possit, in futura vita speret Apostolus, quae sola beata vita discenda est, ubi et corpus incorruptibile atque immortale spiritu suo sine ulla molestia vel reluctatione subdetur", *Retract.*, I, 2; t. 32, col. 588. Cf. I, 4, 3; col. 590.

[19] *De moribus ecclesiae catholicae*, I, 3, 4; t. 32, col. 1312.

prio homem, se não houvesse nada de superior a ele que ele pudesse gozar com a certeza de não mais poder perdê-lo. Há algo superior ao homem?

O homem compõe-se de um corpo e de uma alma, unidos de tal maneira que a alma confere a vida e o movimento ao corpo que ela anima. A alma é, portanto, superior ao corpo e, de qualquer maneira, se há um soberano bem superior ao homem, este não poderia ser um simples bem do corpo, mas um bem da alma, que é o que há de mais elevado no homem.[20] Ora, a virtude é o que confere à alma sua perfeição e a torna boa. Pode-se dizer que a alma procura apenas a si mesma ao buscar a virtude? Para sustentar isso, seria necessário engajar-se num sem número de absurdos. Com efeito, antes de possuir a virtude, a alma carece de sabedoria; se é, portanto, apenas a si mesma que a alma busca na virtude, ela só procura sua própria loucura. Logo, ou a virtude é algo diferente da alma, ou, se preferirmos chamar de virtude somente uma certa posse e qualidade da alma sábia, é necessário que a alma busque alguma coisa diferente de si e de onde a virtude poderá lhe advir.[21] Mas esse algo diferente do qual lhe virá a sabedoria só pode ser o homem já sábio ou Deus. Ora, admitimos isto de início: o bem cuja posse confere a beatitude deve ser tal que não possa mais ser perdido. Quem admitiria que a felicidade pudesse consistir num bem de que o sábio pudesse ser privado, não somente sem seu assentimento, mas ainda contra seu agrado? Isso seria dizer que tal bem não poderia ser da ordem humana. Por conseqüência, ele só pode ser o próprio Deus: a posse de Deus, eis a beatitude.[22]

Para quem extrai os elementos implicados nessa dialética, de início é evidente que a sabedoria consiste aqui na obtenção do que Agostinho nomeia *bonum beatificum*, o bem beatífico. Trata-

---

[20] *Op. cit.*, I, 3, 5-6, 8; t. 32, col. 1312-1314.
[21] *Op. cit.*, I, 6, 9; t. 32, col. 1314-1315.
[22] *Op. cit.*, I, 6, 10; t. 32, col. 1315.

A Beatitude

se de uma certa felicidade que constitui o termo, e este fato imprime na doutrina, de uma vez por todas, o caráter de eudemonismo que sublinhamos; mas é necessário saber o que este caráter implica.

De início, seria um erro esquivá-lo por um método qualquer de redução ao que ele não é. A contemplação da verdade é, para santo Agostinho, a condição *sine qua non* da beatitude; entretanto, não poderia constituir a essência mesma desta. Falou-se, algumas vezes, de "intelectualismo agostiniano".[23] Se somente se trata de marcar o lugar necessário que pertence à inteligência na doutrina, nada de melhor; mas há algum abuso em designar por esse nome um sistema em que a intelecção (como tal) da verdade constitua o término. Posto que finalmente se trata de um bem a se obter, a sabedoria beatificadora não poderia consistir num conhecimento por mais elevado que ele fosse. Ver o fim é atingi-lo se este fim consiste numa simples visão de uma verdade; mas um bem não é fim como algo a conhecer, ele o é como algo a possuir. Ora, se é verdadeiro dizer que conhecer algo pelo pensamento já é possuí-lo, não se pode dizer que conhecê-lo seja possuí-lo perfeitamente. O pensamento basta para ver, mas não basta para amar, pois o amor é um desejo e o desejo não pertence exclusivamente ao pensamento enquanto tal. Há no homem um desejo sensível que também deve se voltar ao bem soberano submetendo-se à ordem da razão e permitindo-se, por isso mesmo, contemplá-lo melhor.[24] Portanto, a alma inteira deve amar aqui-

---

[23] F. CAYRÉ, *La contemplation augustinienne*, Paris, A. Blot, 1927, p. 251.
[24] É nesse sentido que Agostinho interpreta Platão e é sobretudo por ter conhecido essa verdade que o elogia, *De civitate Dei*, VIII, 8; t. 41, col. 233. Ademais, observamos o desvelo que ele manifesta ao apresentar a apreensão da Verdade como *fruição* ao mesmo tempo que coloca a questão da verdade enquanto beatificante e, por conseqüência, da beatitude: "Num aliam putas esse sapientiam nisi veritatem, in qua cernitur et *tenetur* summum bonum?" *De lib. arbit.*, II, 8, 26; t. 32, col. 1254. – Cf. : "Ecce tibi est ipsa veritas: *amplectere* illam si potes, et *fruere* illa, et *delectare* in Domino, et dabit tibi petitiones cordis tui; ... et nos in *amplexu* ueritatis beatos esse dubitabimus?... et nos negabimus beatos esse, cum

Introdução

lo que somente o pensamento pode contemplar e é pelo amor assim esclarecido pela razão que a alma atingirá finalmente sua meta; não somente conhecer seu fim, mas, em certo sentido, sê-lo. É, com efeito, próprio do amor que o objeto amado reaja, na alma, de alguma maneira sobre isso que ele ama para transformá-lo em sua imagem e assimilá-lo.[25] Amar o material e o perecível é materializar-se e condenar-se a perecer; amar o eterno é, ao contrário, eternizar-se; amar Deus é tornar-se ele.[26]

Isso dito, permanece verdadeiro que a alegria beatificadora, à qual Agostinho nos convida, é inseparável da verdade da qual ela é a penhora (o embargo). A doutrina agostiniana não pode ser reduzida a um "teorismo" de um gênero qualquer, porque a própria verdade é, nessa doutrina, apenas um fim enquanto bem, isto é, mais possuída que vista;[27] mas não seria um erro menos grave inferi-la no sentido de um pragmatismo qualquer; pois se o

---

irrigamur pascimurque veritate?...." *De lib. arbitrio*, II, 13, 35; t. 32 col. 1260. - "Imo vero quoniam in veritate cognoscitur et tenetur summum bonum eaque veritas sapientia est, cernamus in ea, teneamusque summum bonum, *eoque perfruamur*. Beatus est quippe qui fruitur summo bono". *Op. cit.*, 36, col. 1260. Estas são evidentemente apenas metáforas; não se deve pensá-las em seu sentido material; contudo, elas exprimem esse caráter de posse da verdade como bem, no qual santo Agostinho vê o elemento formal da beatitude.

[25] *De div. quaest. 83*; 35, 2, ; t. 40, col. 24. Não reproduziremos este texto bastante longo e difícil de copiar, mas convidamos o leitor a realmente analisá-lo, devido à sua importância.

[26] "Et quoniam id quod amatur afficiat ex se amantem necesse est, fit uc sic amatum quod aeternum est, aeternitate animum afficiat" *De div. quaest. 83*, loc. cit. "... talis est quisque, qualis ejus dilectio est. Terram diligis? terram eris. Deum diligis? quid dicam , Deus eris". *In Epist. Joh. ad Parth.*, II, 2, 14; t. 35, col. 1997. Ver também o texto crucial do *De Trinitate*, XI, 2, 5; t. 42, col. 988, no qual se inspirou são Francisco de Sales. *Traité de l'amour de Dieu*, livro VI, cap. 15.

[27] Encontram-se profundas considerações sobre este ponto no livro clássico de P. LABERTHONNIÈRE, *Le réalisme chrétien et l'idéalisme grec*, 4ª ed., Paris, P. Lethielleux, sem data; sobretudo cap. II, p. 13-35. A oposição que ele estabelece entre o intelectualismo grego e o pensamento cristão ganharia ao se exprimir com mais nuanças; mas, quanto ao essencial, ela é certamente verdadeira no que concerne a santo Agostinho, e na medida em que o agostinianismo

A Beatitude

conhecimento da verdade não é para ela só formalmente o fim do homem, ele é requisitado a título de condição necessária para a obtenção deste fim.²⁸ A própria definição de beatitude o exige. Posto que ela é uma alegria perfeita, ela está isenta de temor e, muito particularmente, daquele de perder o objeto que a beatifica. Ora, existe apenas um único bem que nenhum temor pode perturbar a posse, é a verdade, precisamente porque, para tê-la basta àquele que a quer, conhecê-la. Aqui nada se interpõe entre a alma e seu bem. Conhecer o ouro e o querer sem o ter é algo possível; e o mesmo ocorre com todos os outros bens materiais; mas conhecer a verdade, se de antemão a amamos, é, por definição, tê-la de alguma maneira.

Eis por que no agostinianismo, em que a beatitude é alegria, aquela só pode ser uma alegria nascida da verdade.²⁹ Eis também o que permite reconciliar dois aspectos muito diversos dessa doutrina em que, apesar de o amor ser a força que deve finalmente abraçar o bem beatificador, assistiremos a uma luta inexplicável contra o ceticis-

---

coincide com o próprio cristianismo. Esta medida, é necessário acrescentar, é muito ampla, na nossa opinião; mas, de início, não cremos que nenhuma doutrina filosófica esgote a essência do catolicismo, nem mesmo a de santo Agostinho; por outro lado, cremos que a essência do catolicismo está perfeitamente salvaguardada no tomismo, ainda que esteja aqui de outro modo.

[28] Ao contrário, todo conhecimento que não é requerido tendo em vista a beatitude torna-se, por isso, relativamente indiferente. Não é obrigatório se pensar algo definitivo sobre tal assunto, para se tomar partido. O eudaimonismo de Agostinho pode ser acompanhado de um certo ceticismo em relação a qualquer problema para o qual nossa beatitude futura não demande um solução definida. Por exemplo, não temos necessidade de saber de onde vem a alma para conquistarmos a beatitude futura; basta sabermos para onde ela vai. Agostinho terá como possíveis quatro soluções diferentes para esse problema; ver adiante, p. 109-112.

[29] Ver adiante, Parte II, cap. I. Cf. "Quae cum ita sint, quid est aliud beate vivere, nisi aeternum aliquid cognoscendo habere?" *De div. quaest.* 83; 35, I; t. 40, col. 24. Sobre a necessidade de uma beatitude fundada no conhecimento: "Et ideo non amandum est, quod manenti et fruenti amori aufferi potest. Cujus ergo rei amor amandus est, nisi ejus quae non potest deesse dum amatur? Id autem est, quod nihil est aliud habere quam nosse". *De div. quaest.* 83; 35, I; t. 40, col. 24.

mo e o relativismo sob todas suas formas; pois, a menos que a verdade absoluta seja acessível ao homem, não há beatitude para ele. Uma das raízes mais profundas da doutrina agostiniana da iluminação será precisamente a necessidade de ter, já nesta vida, uma certeza incondicional, garantia de nossa aptidão à Verdade total e beatificadora.

Tal como santo Agostinho a concebe, a beatitude é estritamente inseparável do conhecimento, a ponto de, neste sentido, podermos dizer que ela é o conhecimento. E nós não temos que dizê-lo, pois Deus mesmo o diz: *Haec est autem vita aeterna, ut cognoscant te solum verum Deum et quem misisti Jesum Christum* (Jo 17, 3). Mas, ao mesmo tempo, parece que esse conhecimento jamais atingiria seu fim se ele fosse apenas conhecimento, por isso, a primeira máxima se completa com uma segunda sem a qual a própria natureza do conhecimento beatífico permaneceria impenetrável para nós: *Diliges Dominum Deum tuum corde tuo, et in tota anima tua, et in tota mente tua* (Mt 22,37),[30] pois o fim último para onde a sabedoria nos conduz é um conhecimento que permite e prepara a *fruição* de Deus, alegria na qual a sabedoria se consome sem jamais chegar a se consumir nisso.[31]

Formulando tal exigência, Agostinho imediatamente estabeleceria sua doutrina sobre um plano que poderia ser classificado como trans-filosófico. Assim definido, o objeto da sabedoria se encontra situado prontamente aquém do que as forças naturais do homem, mesmo ajudadas por Deus, podem atingir nos limites desta vida, pois seguimos Deus aqui embaixo quando vive-

---

[30] Os dois textos são deliberadamente aproximados pelo próprio Agostinho. *De div. quaest.* 83; 35, 2; t. 40, col. 24-25.

[31] "Quantum restat, ub video, ubi beata vita inveniri queat; cum id quod est hominis optimum, et amatur, et habetur. Quid enim est aliud quod decimus frui, nisi praesto habere quod diligis? Neque quisquam, beatus est, qui non fruitur eo quod est hominis optimum; nec quisquam, qui eo fruitur, non est beatus". *De moribus ecclesiae,* I, 3, 4: t. 32, col. 1312. – "Beatus est qui fruitur summo bono". *De lib. arbitrio,* II, 13, 36; t. 32, col. 1260. – Cf. *De div. quaest.* 83; 35, I; t. 40, col. 24.

A Beatitude

mos como sábios, mas seguir Deus é apenas viver bem, ao passo que para ser feliz é necessário possuí-lo: *Deus igitur restat quem, si sequimur, bene, si assequimur, non tantum bene, sed etiam beate vivimus.*[32] Daí seguem-se duas conseqüências importantes: a especulação racional, que no agostinianismo é apenas a conduta perfeita da vida, aqui representará o papel necessário, mas somente preparatório, de um guia da alma em direção à contemplação mística, simples esboço da beatitude eterna[33] e, uma vez que essa doutrina é toda orientada para a união da alma com Deus, ela não poderia ter outro centro senão Deus.[34] Busquemos, então, como o homem se move na direção de Deus, bem supremo: de início, na ordem do conhecimento que mostra a ele Deus como um termo e, depois, na ordem da caridade, que somente ela permitirá possuir Deus.

---

[32] *De moribus ecclesiae*, I, 6, 10; t. 32, col. 1315.

[33] É a conclusão do "êxtase de Óstia": *Confess.*, IX, 10, 25: ed. Labr., t. II, p. 229, linhas 1-24. Este ponto importante foi elucidado de maneira excelente no trabalho de P. Fulbert CAYRÉ, *La contemplation augustinienne. Principes de la spiritualité de saint Augustin*, Paris, A. Blot, 1927, ver notadamente a "Introdução", p. 1-12.

[34] No mesmo sentido, ver H. WEINAND, *Die gottesidee der Grundzug der Weltanschauung des hl. Augustinus*, Padeborn, 1910; citado por F. CAYRÉ, *op. cit.*, p. 248, que sustenta a mesma tese de um ponto de vista diferente. Não acreditamos que se possa pensar em contestar tal evidência.

II. O ITINERÁRIO DA ALMA PARA DEUS

Se Deus é, por excelência, o objeto de nossa beatitude, como alcançá-lo? Do ponto de vista da filosofia moderna, a prova da existência de Deus é uma das ambições mais altas da metafísica; nenhuma tarefa é mais difícil, a tal ponto que alguns a estimam como impossível. Para santo Agostinho e para aqueles que mais tarde se inspiraram em seu pensamento, provar a existência de Deus parece, ao contrário, uma tarefa tão fácil que basta empenho. O traço permanecerá característico do agostinianismo, portanto é importante insistir nisso.

De início, está claro que para santo Agostinho a idéia de Deus é um conhecimento universal e naturalmente inseparável do espírito humano. Contudo, se nos esforçamos para definir sua característica, ela se oferece a nós sob um aspecto contraditório, pois o homem não pode ignorá-la, mas, ao mesmo tempo ele não pode compreendê-la, de modo que ninguém conhecerá Deus tal como ele é, e, contudo, ninguém pode ignorar sua existência.[1] Assim, desde o início, o Deus agostiniano aparece com sua característica distinta de Deus que se faz suficientemente conhecido para que o universo não possa ignorá-lo, mas que só se deixa

---

[1] "Haec est enim vis verae divinatis, ut creaturae rationali jam ratione utenti, non omnino ac penitus possit abscondi". *In Johan. evang.*, tr. 106, c. 17, n. 4; t. 35, col. 1910. Cf. "De nullo loco judicat, qui ubique secretus est, ubique publicus; quem nulli licet, ut est, cognoscere, et quem nemo permittitur ignorae". *Enarr. in Ps.* 74, 9; *Pat. lat.*, t. 36, c. 952. A fórmula será aperfeiçoada por H. de São Vitor, no século XII, e, em sua nova forma, passará para são Boaventura no XIII:

conhecer tanto quanto for necessário para que o homem deseje possuí-lo mais e se empenhe em procurá-lo.

Estaríamos, pois, prestes a dizer que ninguém jamais ignora a existência de Deus? Na realidade, ao tomar os textos de Agostinho, o que se lê não é que nenhum homem ignora a existência de Deus, mas que não é permitido a qualquer homem ignorá-la. Em outras palavras, é possível que alguns homens de fato ignorem Deus, mas é uma deficiência deles, pois Deus lhes é presente e demanda apenas ser conhecido por eles. Tais homens são numerosos, mas qual é a razão de sua ignorância?

Agostinho não foi induzido unicamente pelos dados de sua experiência pessoal a colocar esse problema; a própria Escritura o obrigava a fazê-lo. Com efeito, lê-se no *Salmo* XIII, v. 1, a célebre palavra: *Dixit insipiens in corde suo: non est Deus*. É fato que o homem possa chegar a esse grau de endurecimento no qual nega a existência daquele sem o qual não subsistiria um instante sequer. Mas, primeiramente, tais homens são tão raros que é penoso encontrá-los.[2] Por outro lado, ao buscar a razão de sua cegueira, fica imediatamente aparente que aqueles que negam Deus são corações corrompidos. Perdidos por vícios, vivendo uma vida abominável, esses insensatos negam Deus apenas porque a depravação deles tornou-os verdadeiramente insanos.[3] Com efeito, não apenas o conhecimento de Deus está naturalmente presente

---

"Deus enim sic ab initio notitiam sui ab homine temperavit, ut sicut nunquam quid esset totum poterat comprehendi, ita nunquam quia esset prorsus posset ignorari". H. de SÃO VITOR, *De sacramentis*, I, 3, 1. Cf. Ét. GILSON, *La philosophie de saint Bonaventure*, Paris, 1924, p. 122.

[2] "Si tale hoc hominum genus est, non multos parturimus; quantum videtur occurrere cogitationibus nostris, perpauci sunt, et difficile est ut incurramus in hominem qui dicat *in corde suo, non est Deus*; tamen sic pauci sunt, ut inter multos timendo hoc dicere, in corde suo dicant, quia ore dicere non audent. Non ergo multum est quod jubemur tolerare; vix invenitur: rarum hominum genus est qui dicant in corde suo: non est Deus." *Enarr. in Psalm*,. 52, 2; t. 36, c. 613. "Insania ista paucorum est" *Sermo* 70, 23; t. 38, c. 441.

[3] *Enarr. in Ps. 13*; t. 36, c. 141. *Enarr. in Ps. 52*, loc. cit., c. 613.

no coração do homem, como também é suficiente que todo ser racional lance os olhos sobre o universo para reconhecer que seu autor é Deus. Verdade ensinada por são Paulo[4] e que confirmava, para Agostinho, a evidência de sua experiência pessoal: em meio aos piores extravios de sua inteligência e de seu coração, e mesmo que ignorasse sua verdadeira natureza, jamais perdeu completamente de vista a existência de um Deus providente, que vela pela administração das coisas humanas.[5] Logo, é somente para um número muito pequeno de corações totalmente perversos que pode ser necessário provar a existência de Deus; em contrapartida, é preciso confessar que é muito difícil prová-la àqueles que não a reconhecem por si mesmos.

Com efeito, tanto santo Agostinho considera a existência de Deus evidente para o homem que conserva um coração puro, uma razão direita e uma fé dócil aos ensinamentos da revelação, quanto ele estima difícil demonstrá-la aos corações endurecidos e às razões que aspiram bastarem-se a si mesmas. Entretanto, existem os insensatos, posto que o Salmo o diz. Dever-se-ia abandoná-los à sua cegueira ou seria mais conveniente fazer um esforço para tirá-los daí?[6] Naturalmente, Agostinho toma o segundo partido,

---

[4] "Exceptis enim paucis in quibus natura nimium depravata est, universum genus humanum Deum mundi hujus fatetur auctorem. In hoc ergo quod fecit hunc mundum coelo terraque conspicuum, et antequam imbuerentur in fide Christi, notus omnibus gentibus Deus." *In Joan evang.*, tr. 106, cap. 17, n. 4; t. 35, c. 1910. Ver também *Sermo 126*, II, 3; t. 38, c. 699. *Enarr. in Ps. 73*, 25; t. 36, c. 944. *Enarr. in Ps. 103*, 1; t. 37, c. 1336. Essas considerações se inspiram em são Paulo, *Rm* 1,20.

[5] *Conf.*, VI, 5, 7-8; ed. P. de Labriolle, t. I, p. 124-125.

[6] "Illud saltem tibi certum est, Deum esse? — Etiam hoc non contemplando, sed credendo inconcussum teneo. — Si quis ergo illorum insipientium, de quibus scriptum est: *dixit insipiens in corde suo, non est Deus* (*Sl* 52,1), hoc tibi diceret, nec vellet tecum credere quod credis, sed cognoscere utrum vera credideris; reliqueresne hominem, an aliquo modo, quod incocussum tenes, persuadendum esse arbitrareris; praesertim si ille non obluctari pervicaciter, sed studiose id vellet agnoscere?" *De lib. arb.*, II 2, 5; t. 32, c. 1242.

mas é possível surpreender-se diante da prova racional da existência de Deus que ele propõe ao insensato.

Suponhamos um homem que não quisesse crer no que cremos, mas saber se aquilo em que cremos é verdadeiro. Ao contrário de tudo que poderíamos esperar, Agostinho não se empenharia de modo algum em demonstrar-lhe a existência de Deus convencendo-o, mas tentaria primeiramente lhe demonstrar a verdade das Escrituras que ensinam a existência de Deus.[7] Somente após ter obtido esse ato de fé na existência de Deus – em conformidade com o que veremos ser uma das exigências fundamentais de seu método e para os ensinamentos de sua experiência pessoal –, ele se empenhará em provar o caráter racional de sua crença aos insensatos.[8] Assim, nenhuma parte da filosofia agostiniana escapa do *Credo ut intelligam*, nem mesmo a prova da existência de Deus.

Dever-se-ia concluir disso que Agostinho funda a certeza da existência de Deus na fé e que, por conseqüência, não admite qualquer demonstração propriamente racional? Isso seria desconhecer seu pensamento e transportar o problema para um terreno que não o seu. Na realidade, como teremos cada vez mais ocasiões de nos convencermos, Agostinho jamais se coloca de uma maneira abstrata o problema do que pode a razão ou a natureza em geral. Com certeza absoluta, a razão é capaz de provar para si a existência de Deus, dado que esta verdade é conhecida pelos filósofos pagãos, ou seja, fora de toda revelação e de toda fé. De

---

[7] *Op. cit.*, col. 1242-1243.

[8] "... neque quisquam inveniendo Deo fit idoneus, nisi antes crediderit quod est postea cogniturus. Quapropter Domini praeceptis obtemperantes, quaeramus instanter. Quod enim hortante ipso quaerimus, eodem ipso demonstrante inveniemus, quantum haec in hac vita, et a nobis talibus inveniri queunt." *De lib. arbitrio*, II, 2, 6; t. 32, c. 1243. A necessidade de crer na existência de Deus revelada pelas Escrituras, antes de demonstrá-la pela razão, será reafirmada por santo Anselmo com a mesma referência ao *Sl* 13,1, no início da famosa prova do *Proslogion*, cap. II; Pat. lat., t. 158, col. 227.

fato, a situação do homem após o pecado é tal que o caminho mais curto e mais certo que a razão humana pode seguir é o que passa pela fé. Deve-se quanto menos hesitar em se engajar nessa via, porque, longe de perder-se ao seguir a fé, ao contrário, a razão se encontra. Pois a fé daquele que crê que Deus existe não diminui em nada a penosa força dos argumentos racionais, usados para demonstrar tal existência;[9] ela o ajuda a descobrir mais claramente a racionalidade neles: uma fé inabalável não dispensa a razão de exigir argumentos evidentes.

Essa vontade de não atenuar em nada o rigor da razão em matéria de prova se manifesta desde o primeiro momento da demonstração. Com efeito, suponhamos que o ouvinte de Agostinho se deixe persuadir, ele crê que Deus existe, mas também quer saber.[10] O primeiro passo de sua razão será afirmar-se a si mesma provando que é possível saber alguma coisa. Assim, antes de estabelecer a certeza da existência de Deus, Agostinho estabelece a possibilidade da certeza em geral, e o faz ao apoderar-se da primeira de todas as certezas, aquela que as dúvidas mais extravagantes dos céticos não poderiam abalar: sua própria existência. Embora ainda não saiba se Deus existe, o homem já sabe que ele mesmo existe. Esse conhecimento é de todos o mais manifesto, pois, para que fosse falso, seria necessário que quem o possui se

---

[9] A conclusão da prova racional da existência de Deus apresenta-a como um conhecimento muito pobre (em comparação com o que seria uma visão da existência de Deus), mas certeiro: "Est enim Deus, et vere summeque est. Quod jam non solum indubitatum, quantum arbitror, fide retinemus, sed etiam certa, quamvis adhuc tenuissima, forma cognitionis attingimus". *De lib. arbit.*, II, 15, 39; t. 32, c. 1262.

[10] "*Evod.* — Quanquam haec inconcussa fide teneam, tamen quia cognitione nondum teneo, ita quaeramus quasi omnia incerta sint... *August.* — Illud saltem tibi certum est, Deum esse. *Evod.* — Etiam hoc non contemplando, sed credendo inconcussum teneo." *De lib. arbit.*, II, 1, 5; t. 32, c. 1242.—"Quantum memini, trium illarum questionum... nunc prima versatur, id est, quomodo manifestum fieri possit, quamvis tanacissime firmissimeque credendum sit, Deum esse." *Op. cit.*, II, 5, 11; c. 1246.

enganasse, e, para se enganar, é preciso ser.[11] Ao colocar esta verdade primeira no limiar de sua prova, Agostinho lembra-se de sua experiência pessoal e dos tempos em que ele mesmo acreditava, junto aos Acadêmicos, que o homem não pode apreender qualquer verdade certa.[12] O remédio contra a dúvida universal é essa evidência que não pode ser negada sem que seja provada pelo ato mesmo que a põe em dúvida: eu sou e sei que sou. Certeza que desafia todas as objeções dos acadêmicos, pois como é possível que crendo nela eu me engane, já que se me engano, eu sou?[13]

Assim, o homem que procura provar a existência de Deus aprende de início a sua própria existência. Mas ele não se apreende somente como sendo, ele se sabe vivente; e como para saber que é e que vive é necessário conhecer, apreendemos com evidência três termos, e não um único, desde o início de nossa busca. Dos três termos, qual é o mais elevado? Dadas duas coisas quaisquer, pode-se considerar superior aquela que basta ser colocada para que a outra seja posta, e inferior aquela que não basta ser colocada para que a outra necessariamente o seja. Apliquemos este princípio aos três termos que estamos por apreender: o ser, a vida e o conhecimento. É possível ser sem viver e sem conhecer, como uma pedra; não se pode viver sem ser, mas pode-se viver sem conhecer, como uma planta; não se pode conhecer sem viver, tampouco sem ser, como um animal ou um homem. Assim, posto que o conhecimento implica a vida e o ser, ao passo que nem o ser nem a vida implicam o conhecimento, deve-se admitir que, dos três termos, o conhecimento é o mais elevado.[14]

---

[11] "Quare prius abs te quaero, ut de manifestissimis capiamus exordium, utrum tu ipse sis. An tu fortasse metuis, ne in hac interrogatione fallaris, cum utique si non esses, falli omnino non posses?" *De lib. arbit.*, II, 3, 7; t. 32, c. 1243.
[12] *Conf.*, V, 10, 19; ed. Labr., t. I, p. 108.
[13] Ver adiante, Parte I, cap. II.
[14] *De lib. arbit.*, II, 3, 7; t. 32, c. 1243-1244. Esses graus de ser são apenas os diversos graus de participação na semelhança divina; ver *De div. quaest. 83*, qu. 51, 1-2; t. 40 e Parte III, cap. III.

Estabeleçamo-nos neste cume, que, aliás, é apenas um cume provisório. O que é o conhecimento? Inicialmente, conhecer é sentir, isto é, perceber através dos sentidos as qualidades das coisas. Ora, esse conhecimento sensível não é ele mesmo um, pois há qualidades cuja percepção pertence propriamente a certos sentidos, ao passo que outras podem ser percebidas por vários sentidos diferentes. O sensível próprio da visão é a cor; o do olfato é o odor; do gosto, o sabor; o do tato é o conjunto das qualidades táteis como o duro e o mole, o liso e o rugoso, e assim por diante. Em contraposição, as qualidades como a grandeza a pequenez, o ser redondo e outras do mesmo gênero podem ser percebidas tanto pela visão quanto pelo tato; por isso, elas não são os sensíveis próprios, mas os sensíveis comuns.[15] Ora, por um lado, não é evidentemente pelo intermédio de qualquer um dos nossos sentidos próprios, nem mesmo por todos os sentidos próprios juntos, que podemos discernir o que alguns sensíveis têm de comum entre si. Por outro lado, ainda que não tenham razão, até as bestas são capazes de sentir impressões interiores de desejo ou repugnância em face de alguns objetos. Então, deve haver nos animais e nos homens um sentido interior superior aos sentidos externos, ainda que inferior à razão, ao qual todas as sensações exteriores são reportadas; é ele que, no homem, discerne os sensíveis comuns e que, nos animais, percebe o que os objetos têm de útil ou de nutritivo; mas este sentido interno, por sua vez, deve ser ultrapassado.[16]

Com efeito, saber com ciência certeira é conhecer pela razão; os sentidos não podem se elevar à ciência e, de fato, se é pela visão que percebemos as cores e pela audição que percebemos os sons, não é nem pela visão, nem pela audição, nem mesmo pelo sentido interior comum aos homens e às bestas que sabemos que

---

[15] "Intelligis ergo et quaedam singulos sensus habere propria, de quibus renuntient et quaedam quosdam habere communia." *De lib. arb.*, II, 3, 8; t. 32, c. 1244. As expressões "sensíveis próprios" e "sensíveis comuns" que usamos não pertencem a santo Agostinho, mas vê-se que elas são sugeridas por seu texto.

[16] *De lib. arb.*, II, 3, 8 e 9; t. 32, c. 1244-1246.

os sons não são percebidos pela visão, nem as cores pela audição. Nada mais evidente, pois o olho vê, mas já que não é ele mesmo que sabe que vê, por uma razão mais forte ele só pode saber que não é ele que entende. Assim, o conhecimento que se sobreporia ao ser e à vida como um terceiro termo, decompõe-se em três termos hierarquizados: sentido exterior, sentido interior, razão.[17]

Embora a nova série formada por esses três termos lembre de alguma maneira aquela que o ser, a vida e o conhecimento constituíam, ela tem seu próprio princípio de hierarquização. O objeto do sentido exterior é a matéria corporal que somente é; o sentido exterior, que a percebe, não é somente, ele vive e por isso o sentido exterior é superior ao seu objeto. Quanto a saber por que o sentido interior é superior ao sentido exterior, a questão é mais difícil de se resolver. Certamente, bem vemos que o sentido interior implica os sentidos exteriores na ordem do ser, mas amaríamos estar certos de que domina este na ordem do conhecer. Responderíamos, talvez, que o sentido interior conhece o sentido exterior sem ser conhecido por este; mas não se pode colocar como princípio que o sujeito cognoscente é superior ao objeto conhecido, pois o homem conhece a sabedoria e, no entanto, ela é superior a ele.[18] A verdadeira resposta é que o sentido interior dirige e julga o sentido exterior. É ele quem adverte a visão para ver um objeto ou para dele se desviar; ele também comanda à audição estar mais atenta e julga a doçura ou a rudez dos discursos. Ora, não há dúvida que aquele que julga é superior àquilo que julga, então a superioridade do sentido interno em relação aos sentidos externos não pode ser contestada.[19]

Podemos aplicar a mesma regra às relações do sentido interior com a razão: *Nulli autem dubium est eum qui judicat, eo de quo judicat esse meliorem*; pois a razão não apenas implica o sentido

---

[17] *Op. cit.*, 10; c. 1246.
[18] *Op. cit.*, 12; c. 1247.
[19] *Ibid.*, c. 1247.

interno, julga-o. É ela que, agora que possuímos a análise precedente, discerniu os sentidos externos do sentido interno; ela que os definiu, classificou, hierarquizou: todas as operações teriam sido impossíveis se ela não as tivesse julgado. Logo, a questão que se coloca não é saber se a razão é ou não superior aos sentidos; tampouco saber se no homem há algo superior à razão, pois manifestamente não há nada como tal;[20] trata-se principalmente de saber se existe algo superior à razão.

O alcance de uma questão semelhante é evidente pois, posto que não há nada no homem que esteja acima da razão, transcender a razão é transcender o homem, e, por conseqüência, isso a que ele pode ao menos legitimamente assemelhar-se primeiramente, é alcançar Deus. Entretanto, santo Agostinho percebeu, com notável profundidade metafísica, que descobrir uma realidade superior ao homem não é necessariamente descobrir Deus. Com efeito, toda nossa busca tende a um ser necessário, imutável, eterno, tal que não exista nada de maior e que por conseqüência seja Deus. Então, não é suficiente ultrapassar o homem para alcançar esse ser, mas deve-se ultrapassar no homem algo tal que o que se encontre além dele só possa ser Deus.[21] Ora, uma única via se abre diante de uma busca assim engajada: a que passa pela verdade.

---

[20] "Quare vide, obsecro, utrum aliquid invenire possis, quod sit in natura hominis ratione sublimius? — Nihil omnino melius video." *Ibid.*, 13; c. 1248.

[21] "*Aug.* - Quod si aliquid invenire potuerimus, quod non solum esse non dubites, sed etiam ipsa nostra ratione praestantius, dubitabis ne illud quidquid est, Deum dicere? *Evod.* - Non continuo, si quid melius quam id quod in mea natura optimum est, invenire potuero, Deum esse dixerim. Non enim mihi placet Deum appellare, quo mea ratio est inferior, sed quo nullus est superior. *Aug.* - Ita plane... sed, quaeso te, si non inveneris esse aliquid supra nostram rationem, nisi quod aeternum atque incommutabile est, dubitabisne hunc Deum dicere? Nam et corpora mutabilia esse cognoscis; et ipsam vitam qua corpus animatur per affectus varios mutabilitate non carere manifestum est; et ipsa ratio cum modo ad verum pervenire nititur, modo non nititur, et aliquando pervenit, aliquando non pervenit, mutabilis esse profecto convincitur. Quae si nullo adhibito corporis

Introdução

Elevados progressivamente da apreensão do ser à do conhecimento, depois da do conhecimento para a da razão, busquemos agora se não há na razão um ponto de apoio que permita a ela se ultrapassar e alcançar Deus. Dentre os conhecimentos racionais, alguns apresentam a característica notável de serem verdades. Uma verdade é sempre uma proposição necessária e, por isso, imutável. Se digo que $7+3=10$, não digo que a soma desses números foi ou deveria ser igual a dez, mas que ela não pode não ser e que, conseqüentemente, é eternamente verdadeiro que a soma deles seja igual a dez.[22] Necessidade, imutabilidade, eternidade, tais são as características distintivas de toda verdade. Acrescentemos que essas características não pertencem menos às verdades morais do que às verdades especulativas. Por exemplo, se digo que a sabedoria é uma verdade tal que quem a conhece possui, por isso, "o Bem Soberano", afirmo uma proposição tão necessária quanto uma verdade matemática, não importa qual. Os homens podem não concordar quanto à natureza do conhecimento beatificador que é a sabedoria, mas todos concordam em ver na sabedoria um conhecimento que confere a beatitude. Assim, quer se trate da ordem teórica ou da ordem prática, do número ou da sabedoria, as verdades são conhecimentos necessários, imutáveis e comuns a todos os espíritos que as contemplam simultaneamente.[23] De onde a verdade obtém essas características?

---

instrumento, ... sed per seipsam cernit aeternum aliquid et incommutabile, simul et seipsam inferiorem, et illum oportet Deum suum esse fateatur. *Evod.* - Hunc plane fatebor Deum, quo nihil superius esse constiterit. *Aug.* - Bene habet: nam mihi satis erit ostendere esse aliquid hujusmodi, quod aut fateberis Deum esse, aut si aliquid supra est, eum ipsum Deum esse concedes." *De lib. arbit.*, II, 6, 14; t. 32, c. 1248.

[22] *De lib. arbit.*, II, 8, 21; t. 32, c. 1252.

[23] "Quam ergo verae atque incommutabiles sunt regulae numerorum, quorum rationem atque veritatem incommutabiliter atque communiter omnibus eam cernentibus, praesto esse dixisti; tam sunt verae atque incommutabiles regulae sapientiae, de quibus paucis nunc singillatim interrogatus respondisti esse veras

A resposta aparentemente mais evidente é que a verdade vem das coisas e que nossos sentidos a descobrem nelas. Mas podemos alcançar alguma verdade pelos sentidos? Seus objetos estão na via do escoamento contínuo. Ora, o que não tem estabilidade em si não pode fornecer matéria para o conhecimento imutável que se nomeia *ciência*.[24] Logo, não é pelos objetos sensíveis que se pode alcançar a verdade. Aliás, é evidente que não a obtemos daí, ainda que façamos apelo aos sentidos para manifestá-la. No caso das verdades aritméticas, por exemplo, poder-se-ia sustentar com rigor que tiramos nossa idéia de números das coisas, mas ninguém afirmaria que pudéssemos tirar delas as leis de composição dos números. No fundo, nós sequer obtemos delas as idéias de números. Com efeito, todo número é apenas uma soma de unidades ou, se preferimos, uma unidade tomada um certo número de vezes. Mas, quanto à unidade, como as coisas sensíveis nos dariam essa idéia, já que elas não a possuem? Com efeito, não há corpo, por menor que seja, que não possa ser decomposto em uma inumerável multidão de partes. Ora, para saber que todo corpo é múltiplo, é necessário que, antes de percebê-lo, eu já tenha a idéia de unidade. Não são nem os corpos, portanto, nem os sentidos que podem me dar tal idéia;[25] não se pode buscar abaixo da razão a origem das verdades que a razão apreende.

Se o pensamento não encontra a verdade nos corpos, pode ser que ele a obtenha de si mesmo, de modo que, sem ser proveniente de uma realidade inferior ao pensamento, a verdade dependeria dele como o efeito depende da causa. Mas, de início, está

---

atque manifestas, easque omnibus qui haec intueri valent, communes ad contemplandum adesse concedis" *De lib. arbit.*, II, 10, 29; t. 32, c. 1257.

[24] "Omne quod corporeus sensus attingit, quod et sensibile dicitur, sine ulla intermissione temporis commutatur; ... Quod autem non manet, percipi non potest: illud enim percipitur quod scientia comprehenditur. Comprehendi autem non potest quod sine intermissione mutatur. Non est igitur exspectanda sinceritas veritatis a sensibus corporis." *De diversis quaest. 83*, qu. IX; t. 40, c. 13.

[25] *De lib. arbit.*, II, 8, 22; t. 32, c. 1252-1253.

Introdução

claro que a verdade não é o efeito da razão individual, já que ela é comum a todas as razões. Ela pode ser considerada como um tipo de luz, que nem é nossa nem vossa, nem de algum homem em particular, mas ao mesmo tempo secreta e pública, possuída por qualquer um e, portanto, a mesma em todos que percebem, no mesmo momento, as mesmas verdades imutáveis.[26]

Superior a toda razão individual, a verdade tampouco é inferior à razão em geral. Com efeito, se a verdade fosse inferior à razão, nós a julgaríamos em vez de julgarmos através dela. A atitude do pensamento seria a mesma em relação à verdade e em relação aos corpos que ele julga. Dizemos "este objeto não é tão perfeitamente branco nem tão perfeitamente redondo como deveria ser"; mas não dizemos "sete e três deveriam ser dez", ou ainda "o eterno deveria ser superior ao temporal". Nós julgamos as coisas sensíveis. Quanto às verdades inteligíveis, não as julgamos, nós as encontramos e é por elas que julgamos todo o resto. Por conseqüência, em nenhum sentido a verdade é inferior à razão. Seria igual a ela?

Quando percebemos os corpos e falamos sobre suas qualidades, dizemos que nossos pensamentos se comportam em relação a eles como o superior em relação ao inferior: julgando-os. Em todo o domínio das coisas sensíveis, o espírito de qualquer um de nós age, portanto, como magistrado. Poder-se-ia acrescentar que ele se comporta da mesma maneira com relação a si mesmo ou a outros espíritos, pois dizemos sobre um homem que ele é menos hábil ou menos dócil ou menos inflamado do que deveria. Mas, ao buscar como o pensamento se comporta relativamente às regras mesmas em nome das quais ele julga os corpos e os espíritos, notar-se-ia imediatamente que ele não as julga, mas se regula por elas e a elas se submete. Com efeito, quando o homem diz que o eterno é superior ao temporal ou que sete e três são dez, ele

---

[26] *De lib. arbit.*, II, 9-10, 27-29; t. 32, c. 1255-1257. II, 12, 33-34, col. 1259. II, 13, 35; col. 1260; II, 14, 37; col. 1261.

não entende que isso significa que deveria ser assim, mas que é assim; ele não se coloca como um crítico que corrige, mas como um inventor que se alegra com uma descoberta.[27] Ademais, isso que ele descobre depende tão pouco dele que ele se sente muito inferior à verdade encontrada, pois o que é verdadeiro é eternamente verdadeiro e subsiste numa imutabilidade perpétua, enquanto o pensamento que apreende a verdade apodera-se dela apenas por um tempo e de maneira provisória.

Logo, a verdade é independente e transcendente em relação ao espírito que ela regula.[28] Mas, no mesmo ato, ao descobrir a transcendência da verdade, o pensamento descobre a existência de Deus, posto que o que ele percebe acima do homem é o eterno, o imutável e o necessário, ou seja, uma realidade que possui todos os atributos de Deus.[29] Sem dúvida, não é vendo a verdade no seu próprio pensamento que a alma vê a essência mesma de Deus. Ela ainda não alcança o termo cuja posse lhe conferiria a beatitude, mas ela pelo menos vê qual termo resta ser alcançado para gozar

---

[27] "Et judicamus haec (*scil.* corpora) secundum illas interiores regulas veritatis, quas communiter cernimus; de ipsis vero nullo modo quis judicat. Cum enim quis dixerit aeterna temporalibus esse potiora, aut septem et tria decem esse, nemo dicit ita esse debuisse, sed tantum ita esse cognoscens, non examinator corrigit, sed tantum laetatur inventor." *De lib. arbit.*, II, 12, 34; t. 32, c. 1259.

[28] "Si autem esset aequalis mentibus nostris haec veritas, mutabilis etiam ipsa esset. Mentes enim nostrae aliquando eam plus vident, aliquando minus et ex hoc fatentur se esse mutabiles, cum illa, in se manens nec proficiat cum plus a nobis videtur, nec deficiat cum minus, sed integra et incorrupta, et conversos laetificet lumine, et aversos puniat caecitate. Quid, quod etiam de ipsis mentibus nostris secundum illam judicamus, cum de illa nullo modo judicare possimus? Dicimus enim minus intelligit quam debet, aut tantum quantum debet intelligit. Tantum autem mens debet intelligere, quantum propius admoveri atque inhaerere potuerit incommutabili veritati. Quare si nec inferior, nec aequalis est, restat ut sit superior atque excellentior." *De lib. arbit.*, II, 12, 34; t. 32, c. 1259-1260. Cf. o texto clássico, II, 14, 38; t. 32, c. 1261-1262.

[29] "Tu autem concesseras, si quid supra mentes nostras esse monstrarem, Deum te esse confessurum, si adhuc nihil esset superius. Quam tuam concessionem accipiens dixeram satis esse, ut hoc demonstrarem. Si enim aliquid est excellentius,

Introdução

a beatitude e nela repousar.³⁰ Algumas vezes, é verdade, Agostinho formula, sem dar as nuances, a conclusão de sua prova; ele simplesmente afirma que ao ver a verdade, o pensamento vê uma lei superior a ele e uma natureza imutável que é Deus: Vida primeira, Essência primeira, Sabedoria primeira.³¹ Esse não é o lugar de colocar em pauta os sentidos dessas expressões; todavia, é claro desde já que, para permanecer fiel ao espírito da prova, deve-se distinguir entre a Verdade e as verdades. O que alcançamos ao alcançar as verdades é um conteúdo da nossa razão que não pode ser explicado do ponto de vista dela e que nos obriga, por conseqüência, a transcendê-la para afirmar a existência da luz que a esclarece: a Verdade substancial, eterna e imutável que é Deus. Tudo o que nosso pensamento faz é elevar-se de objeto a objeto até atingir a verdade como termo, a qual é muito diferente daquela Verdade mesma, que não se busca porque o pensamento humano que raciocina busca o que ele é.³²

---

ille potius Deus est: si autem non est: jam ipsa veritas Deus est." *De lib. arbit.*, II, 15, 39; t. 32, c. 1262. Agostinho, nesse ponto, remete a Plotino: "Dicit ergo ille magnus Platonicus, animam rationalem (sive potius intellectualis dicenda sit, ex quo genere etiam immortalium beatorumque animas esse intelligit, quos in caelestibus sedibus habitare non dubitat) non habere supra se naturam nisi Dei, qui fabricatus est mundum, a quo et ipsa facta est". *De civit. Dei*, X, 2; t. 41, col. 279-280. Cf. PLOTINO, *En.*, II, 3, 18, ed. É. Bréhier, p. 44-45.

30 "Promiseram autem, si meministi, me tibi demonstraturum esse aliquid quod sit mente nostra atque ratione sublimius. Ecce tibi est ipsa veritas: amplectere illam si potes, et fruere illa, et delectare in Domino..." *De lib. arbit.*, II, 13, 35; t. 32, c. 1260. Cf. *op. cit.*, 37, c. 1261 e 15, 39, c. 1262.

31 "Haec autem lex omnium artium cum sit omnino incommutabilis, mens vero humana cui talem legem videre concessum est, mutabilitatem pati possit erroris, satis apparet supra mentem nostram esse legem, quae veritas dicitur. Nec jam illud ambigendum est, incommutabilem naturam, quae supra rationalem animam sit Deum esse; et ibi esse primam vitam et primam essentiam, ubi est prima sapientia." *De vera religione*, XXX, 56-XXXI, 57; t. 34, c. 146-147. Os capítulos XXIX, 52-XXXI, 58, t. 34, c. 145-148, contêm uma das provas mais completas da existência de Deus que santo Agostinho deixou.

32 "Noli foras ire, in teipsum redi; in interiore homine habitat veritas; et si tuam naturam mutabilem inveneris, transcende et teipsum. Sed memento cum te

O itinerário da alma para Deus

Tal é, no que há de essencial, o itinerário seguido pela alma agostiniana em busca de Deus. Incontestavelmente, esse método deixa uma certa impressão de delonga e de sinuosidade, mas os numerosos intermediários que se interpõem entre seu ponto de partida e seu ponto de chegada são dispensáveis apenas ao espírito que se tornou mestre nisso. O ponto crítico da demonstração é evidentemente o último, em que se encontra Deus posto como a única razão suficiente da verdade presente ao pensamento. Toda verdade, qualquer que seja, poderia então servir como ponto de partida à prova e, mais do que qualquer outra, a primeira de todas que é a de que eu sou. Com efeito, uma vez que a dúvida e também o erro nos aparecem atestando a existência do pensamento que duvida, podem atestar não menos evidentemente e imediatamente a existência de Deus. Eu duvido e sei que duvido; logo, conheço certamente pelo menos uma verdade, já que não posso duvidar de que duvido; e se estou certo disto, por que sei disso a não ser porque existe uma verdade primeira, que ilumina todo homem que veio a este mundo?[33] Se duvido, sou; logo, se é verdade que duvido, Deus é – a evidência da existência do pensamento implica a evidência da existência de Deus.

Para extrair plenamente o sentido da prova, convém atentarmos que o problema da iluminação agostiniana foi esclarecido. Contudo, talvez não fosse inútil descartar imediatamente algumas dificuldades que ameaçam obscurecer sua verdadeira significação.

---

transcendis, ratiocinantem animam te transcendere. Illuc ergo tende, unde ipsum lumen rationis accenditur. Quo enim pervenit omnis bonus ratiocinator, nisi ad veritatem, cum ad seipsam veritas non utique ratiocinando perveniat, sed quod ratiocinantes appetunt, ipsa sit... Confitere te non esse quod ipsa est; siquidem se ipsa non quaerit; tu autem ad eam quaerendo venisti..." *De vera religione*, XXXIX, 72; t. 34, c. 154.

[33] "Aut si non cernis quae dico, et an vera sint dubitas, cerne saltem utrum te de iis dubitare non dubites; et si certum est te esse dubitantem, quaere unde sit certum: non illic tibi, non omnino solis hujus lumen occurret, sed lumen verum quod illuminat omnem hominem venientem in hunc mundum" *De vera religione*, XXXIX, 73; t. 34, c. 154.

Introdução

Pelo que precede, de início é evidente que não se pode distinguir em santo Agostinho o problema da existência de Deus do problema do conhecimento; é uma única e mesma questão saber como concebemos a verdade e conhecer a existência da Verdade; ademais a prova se realiza inteiramente no interior do pensamento, sem que a consideração da ordem sensível deva obrigatoriamente intervir. Caracterizar exatamente esta prova, portanto, não seria dizer que ela exclui a consideração da ordem sensível. É verdadeiro que, embora a prova não exija tal consideração, ela pode à sua maneira, se houver necessidade, ocupar-se dela. Um texto célebre de são Paulo (*Rm* 1,20) ensina que é possível elevar-se ao conhecimento das propriedades invisíveis de Deus partindo da consideração do universo criado. Como todos, Agostinho conhece este texto e freqüentemente se inspira nele. No entanto, mesmo quando nele se inspira, a interpretação que faz permanece tipicamente agostiniana. Para ele, os *invisibilia Dei* são as Idéias de Deus, de modo que conhecer Deus a partir dos sensíveis é remontar as coisas às suas Idéias.[34] Acabamos de ver que o caminho que segue dos corpos à verdade divina passa pelo pensamento; ainda que o itinerário normal de uma prova agostiniana parta do mundo exterior, ele vai do mundo para a alma e da alma para Deus.

No entanto, alguns historiadores sustentaram que santo Agostinho teria desenvolvido plenamente provas da existência de Deus fundadas na aplicação do princípio de causalidade ao mundo sensível e, notadamente, a prova conhecida na Idade Média pelo nome de *a contingentia mundi*. Sem dúvida, Agostinho freqüentemente e explicitamente insistiu no fato de que a mutabilidade

---

[34] *De spiritu et littera*, XII, 19; t. 44, col. 211-212. Cf. O texto seguinte que marca bem como a palavra de são Paulo encontra sua interpretação agostiniana: "Mens itaque humana prius haec quae facta sunt, per sensus corporis experitur, eorumque notitiam pro infirmitatis humanae modulo capit, et deinde quaerit eorum causas, si quo modo possit ad eas pervenire principaliter atque incommutabiliter manentes in Verbo Dei, ac sic invisibilia ejus, per ea quae facta sunt, intellecta conspicere (*Rm* 1, 10)" *De Gen. ad litt.*, IV, 32, 49; t. 34, c. 316-317.

do mundo dos corpos atesta sua contingência e sua dependência em relação a um ser necessário, que é Deus. Não se pode negar que sua doutrina contenha todos os elementos necessários para uma prova deste gênero e, conseqüentemente, que essa prova seja compatível com o mais autêntico agostinianismo.[35] Não obstante, algumas vezes ele se exprime de tal maneira que a simples visão da ordem do mundo parece equivaler a uma prova imediata da existência de Deus. Como conciliar esses dois métodos? A princípio, deve-se observar que santo Agostinho jamais apresentou considerações metafísicas ou elevações piedosas desse gênero como provas propriamente ditas da existência de Deus. Todas aquelas que ele desenvolveu totalmente passam pelo pensamento ou partem dele.[36] A razão para isso é clara. Interrogadas por nós sobre sua natureza e sua origem, as coisas sensíveis respondem pelo espetáculo de sua mutabilidade: "não somos nós que nos fizemos"; então, é necessário transcendê-las para alcançar sua causa. Ora, sua causa não pode ser alcançada enquanto causa do que elas têm de

---

[35] Aqui levamos em consideração principalmente *De lib. arbit.*, II, 17, 45; t. 32, col. 1265; *De nat. boni*, 19; t. 42, col. 557, e sobretudo *De immortalitate animae*, VIII, 14; t. 32, c. 1028. Seria inexato dizer, com Von HERTLING (*Augustin*, p. 43), que santo Agostinho ignora a prova da existência de Deus como causa do mundo exterior, mas pode-se dizer que, sob sua forma especificamente agostiniana, a prova remonta a Deus mais como causa da verdade do pensamento do que como causa das verdades das coisas (ver nota precedente). Sobre o lugar do princípio de causalidade nas provas agostinianas, ver MONDADON, em *Recherches des sciences religieuses*, 1913, p. 155 e J. HESSEN (*Die Begründung der Erkenntnis nach dem hl. Augustinus*, p. 17-51), que discute as opiniões de von Hertling e de M. Baumgartner. Sobre a prova de Deus pela contingência do mundo em Agostinho, ver os trabalhos de Carl van Endert, citado na bibliografia; de J. HESSEN, *Phil. Jahrbuch*, XXXVII, 12 (1924), p. 186; do mesmo, *Augustinus Metaphisik der Erkenntnis*, Berlim, 1931, p. 123-199; de Ch. BOYER, s. j., "La preuve de Dieu augustinienne", em *Études sur saint Augustin* (Arch. De Phil., VII, 2, 1930), p. 105, 141.

[36] Ver a justa consideração de Ch. BAEUMKER, *Witelo* (Beiträge, III, 12, 1908), p. 288, nota 4. Aliás, aqui está o liame íntimo que ata a doutrina de Agostinho à de Plotino, de quem leu o tratado *Sobre as três substâncias principais* (En. V, 1,

Introdução

mutável e contingente, o que é do não-ser, mas enquanto causa daquilo que têm de estável, o que é do ser. O que elas têm de estável é o número, a ordem e a medida. Acima do seu número encontra-se o número do nosso pensamento que as conhece.[37] Transcendendo o próprio número alcançamos aquele da Verdade que é Deus. Desde o momento em que se desenvolve, o pensamento agostiniano reencontra a rota do *De libero arbitrio* e do *De vera religione*, a saber, a que vai do exterior ao interior e do interior ao superior.[38]

---

sobretudo caps. 1-7; citado no *De civit. Dei*, X, 23; t. 41, col. 300; e 24, c. 301-302). Esse tratado de Plotino é também um itinerário da alma para Deus através do interior, que santo Agostinho soube refazer de modo cristão, mas do qual em nada alterou o platonisno essencial. A técnica de Plotino permanece como a de Agostinho.

[37] A ordem de uma prova agostiniana que parte do sensível aparece claramente no importante texto *Ennar. in Ps. 41*, 6-8: t. 36, col. 467-469. Nos reportaremos proveitosamente a esse texto e, devido à sua extensão, apenas nos aproximaremos de suas principais articulações: "Verumtamen audiendo quotidie *ubi est Deus tuus?* quaesivi etiam ego ipse Deum meum, ut si possem, non tantum crederem, sed aliquid et viderem: video enim quae fecerit Deus meus, non autem video ipsum Deum meum qui fecit haec... Considerabo terram: facta est terra... Magna miracula sunt seminum et gignentium...; coelum suspicio...; haec miror, haec laudo, sed eum qui fecit haec, sitio. Redeo ad meipsum...; invenio me habere corpus et animam... discerno animam melius esse aliquid quam corpus... Oculi membra sunt carnis, fenestrae sunt mentis, ... Deus meus qui fecit haec, quae oculis video, non istis oculis est inquirendus. Aliquid etiam per seipsum animus ipse conspiciat... Dicatur ergo mihi, quem colorem habeat sapientia... Est prorsus (animus); seipsum enim per seipsum videt, et animus ipse, ut norit se videt se... Sed numquid aliquid tale Deus ipsius est, qualis est animus? Non quidem videri Deus nisi animo potest, nec tamen ita ut animus videri potest... Aliquam quaerit incommutabilem veritatem, sine defectu substantiam. Non est talis ipse animus: deficit, proficit... Ista mutabilitas non cadit in Deum... Aliquid super animam esse sentio Deum meum... Ibi enim domus Dei mei, super animam meam: ...". Notaremos que trata-se de uma interpretação agostiniana do texto de Paulo, *Rm* 1,20; isso é o que Agostinho evoca duas vezes (col. 467 e 469): *invisibilia Dei per ea quae facta sunt intellecta conspicere*.

[38] Agostinho diz exatamente: "do exterior ao interior e do inferior ao superior", mas seu método nos eleva do que há de inferior no interior ao que há nele de superior: "Nihil invenimus amplius in homine, quam carnem et animam: totus

Podemos, então, perguntar por que essa dualidade de atitude? Se há apenas um itinerário da alma em direção a Deus, por que parecer admitir dois? Ocorre que Agostinho não procede segundo uma dialética abstrata, mas segundo uma dialética que é o movimento concreto de seu pensamento.[39] De fato, sua demonstração da existência de Deus é uma longa meditação na qual cada etapa deve ser percorrida segundo a ordem e seu tempo, se o pensamento quiser chegar à meta; mas, uma vez que se tenha encontrado a meta, o pensamento não está obrigado a se deter nela. Ao voltar para trás, detendo-se a cada etapa que percorreu, o pensamento constata que já poderia ter descoberto a meta de cada uma dessas etapas, mas que isso é descoberto depois de, tendo-as atravessado, tê-las completado. Nesse momento, a prova parece se desmembrar em fragmentos, dos quais cada um pode dar a ilusão de ser uma prova autônoma, ainda que seja plenamente justificável apenas na condição de ser recolocado em seu lugar no todo de que faz parte.

Quando visto sob esse aspecto, torna-se fácil conceber como esse método agostiniano para alcançar Deus pelo pensamento en-

---

homo hoc est, spiritus et caro. An forte ipsa anima sibi dicit (*scil.* quando dicit: *lauda, anima mea, Dominum*), et sibi quodam modo imperat, et se exhortatur atque excitat? Quibusdam enim perturbationibus ex quadam sui parte fluitabat; ex quadam vero parte, quam vocant mentem rationalem, illam qua cogitat sapientiam, inhaerens Domino jam et suspirans in illum, animadvertit quasdam suas inferiores partes perturbari motibus saecularibus, et cupiditate quadam terrenorum desideriorum ire in exteriora, relinquere interiorem Deum: revocat se ab exterioribus ad interiora, ab inferioribus ad superiora". *Ennar. in Ps.145*, 5; t. 237, col. 1887. Cf. a fórmula de uma densidade admirável que conclui esse desenvolvimento "Consilium sibi ex luce Dei dat ipsa anima per rationalem mentem, unde concipit consilium fixum in aeternitate auctoris sui." (*ibid.*). Cf. *De Trinitate*, XIV, 3, 5; t. 42, col. 1039.

[39] A dialética praticada por Agostinho é a mesma de Plotino, para quem o método, ou a arte que nos faz descobrir o Bem, é, ao mesmo tempo, uma ascensão ao bem (PLOTINO, *En.* I, 3, 1; É. Bréhier, t. I, p. 62, linhas 4-5). Sobre a diferença entre a noção dessa dialética e a de Aristóteles, ver M. DE CORTE, *Aristote et Plotin*, Paris, Desclée, 1935, cap. IV, particularmente pp. 229-232. Essas páginas são excelentes e valem tanto para Agostinho como para Plotino.

Introdução

gendrou na Idade Média uma mística simbólica do mundo sensível. Com efeito, há lugar no agostinianismo para um tipo de evidência sensível da existência de Deus. O mundo proclama seu autor e incessantemente nos remonta a ele porque a sabedoria divina deixou sua marca em todas as coisas e basta considerá-las para ser reconduzido das coisas para a alma e da alma para Deus.[40] Para a reflexão filosófica, o caminho passa pela alma, uma vez que é evidente que os números das coisas existem para nós apenas como números conhecidos; para uma alma piedosa e para um pensamento que queima as etapas, porque o percurso já lhe é familiar, o universo de Agostinho já se oferece aos olhos tal como verão, depois dele, os Vitorianos e são Boaventura:[41] um espelho claro onde o pensamento vê o reflexo de Deus em todas as coisas. Acrescentamos a isso que o pensamento não somente pode, mas, em certo sentido, deve contemplar Deus no universo, pois é verdade que o termo sobrenatural dessa contemplação de Deus nas coisas naturais é a visão direta de Deus na sua luz; contudo, quan-

---

[40] "Quoquo enim te verteris, vestigiis quibusdam, quae operibus suis impressit, loquitur tibi, et te in exteriora relabentem, ipsis exteriorum formis intro revocat; ut quidquid te delectat in corpore, et per corporeos illicit sensus, videas esse numerosum, et quaeras unde sit, et in teipsum redeas, atque intelligas te id quod attingis sensibus corporis, probare aut improbare non posse, nisi apud te habeas quasdam pulchritudinis leges, ad quas referas quaeque pulchra sentis exterius." *De lib. arbit.*, II, 16, 41; t. 32, c. 1263.

[41] As coisas são *nutus*: "Vae qui derelinquunt te ducem, et oberrant in vestigiis tuis, qui nutus tuos pro te amant, et obliviscuntur quid innuas, o suavissima lux purgatae mentis sapientia! non enim cessas innuere nobis quae et quanta sis; et nutus tui sunt omne creaturarum decus..." *De lib. arbit.*, II, 16, 43; t. 32, c. 1264. Falou-se, a propósito dos textos desse gênero, numa forma abreviada e poética da prova agostiniana da existência de Deus (G. GRUNWALD, *op. cit*, p. 8). Talvez ele quisesse dizer que essas elevações a Deus contemplado na natureza pertencessem a um momento do pensamento agostiniano que não é mais aquele da prova propriamente dita. Tendo encontrado Deus, o pensamento contempla-o nas coisas que ele fez; assim, dizer "In dieser einfachsten Art der Argumentation..." (*ibid.*), é qualificar impropriamente textos como esses, pois eles supõem que a demonstração de Deus já está feita e também, conformemente ao método, que a fé em sua existência já está adquirida. Ver anteriorente, p. 34, nota 8.

do a alma peregrina muito tempo longe dele, ela só pode fruí-lo em instantes curtos numa visão fulgurante na qual a alma, que se une a Deus *in ictu trepidantis aspectus*,[42] arrisca tornar-se cega. Que ela torne a descer de Deus em direção às coisas e que repouse sua visão desfrutando dos seus reflexos da luz, pois ela não tem mais força para contemplar,[43] até que um novo desejo e novas graças mais uma vez elevem-na até ele.

Logo, é verdadeiro dizer que a ordem do mundo, sua beleza, seu movimento e a contingência que implicam fazem parte da prova agostiniana da existência de Deus.[44] Contudo, suponhamos, agora, que, em vez de isolar provisoriamente essa etapa de nosso itinerário, isolássemos a seguinte; em vez de passar pelo mundo sensível, a prova de Deus passasse por cima dele e, sem excluir aquilo do que ela se desvia, ela se tornasse uma demonstração que se funda no puro pensamento. Mais abstrato e mais técnico, esse é o método do metafísico; mais espiritualizado, é também o do místico, que para além da prova tende à união. Por

---

[42] Esta prova mística da prova é aparente no admirável relato das *Confissões*, IX, 10, 23-26; ed. Labr., vol. II, p. 227-230. Nota-se que, mesmo aqui, a prova parte do mundo sensível para se elevar a Deus através de graus: *loc. cit.*, 25, p. 229.

[43] "Transcende ergo et animum artificis, ut numerum sempiternum videas; jam tibi sapientia de ipsa interiore sede fulgebit, et de ipso secretario veritatis: quae si adhuc languidiorem aspectum tuum reverberat, refer oculum mentis in illam viam, ubi se ostendebat hilariter. Memento sane distulisse te visionem quam fortior saniorque repetas." *De lib. arbit.*, II, 16, 42; t. 32, c. 1264.

[44] Nesse sentido, a prova completa é o conjunto do movimento dialético total, que compreende: 1º dúvida cética inicial; 2º refutação da dúvida pelo *cogito*; 3º descoberta do mundo exterior no conhecimento sensível e ultrapassagem desse mundo exterior; 4º descoberta do mundo inteligível pela verdade e ultrapassagem desta verdade para alcançar Deus. Logo, é inteiramente verdadeiro comparar esta prova a um tipo de organismo indivisível: Carl VAN ENDERT, *Der gottesbeweis in der patristischen Zeit*, p. 8 e seg. Essa é igualmente a opinião de G. Grunwald, que caracteriza a prova como: "eine grossartige Induktion.., die als Ganzes erfasst werden muss, einen Organismus, dessen Teile, aus dem lebensvollen Zussammenhange gerissen, für sich bedeutungslos wären", *Geschichte der Gottesbeweise im Mitterlaterr* (Beiträge-Baeumker, VI, 3), p. 6.

Introdução

isso, embora, sob seu primeiro aspecto, o método prepare o simbolismo medieval, visto sob este segundo aspecto, ele abre a via para especulações metafísicas de santo Anselmo, que busca descobrir a existência de Deus na idéia mesma que temos dele. Não que tenha desenvolvido essa prova, mas santo Agostinho não deixara certamente de engajar a busca numa direção que conduziria normalmente à prova do *Proslogion*.

De início, é importante notar que todas as provas agostinianas da existência de Deus se desenvolvem muito mais no plano da essência do que no plano da existência propriamente dita. Com efeito, elas partem não da constatação de existências das quais buscaríamos a primeira causa eficiente, mas da observação de algumas maneiras de ser das quais se busca a explicação última num ser cujo estatuto ontológico, se é possível se exprimir assim, é o único capaz de prover-lhe razão. Quer se trate do mundo dos corpos no devir, quer da via do pensamento em busca da verdade, o fato fundamental a ser explicado permanece o mesmo. Nos dois casos, o filósofo se encontra na presença desse escândalo ontológico, a mudança. Fiel à tradição de Platão, santo Agostinho pensa menos sobre a existência do que sobre o ser, e, como é persuadido de que mudar não é verdadeiramente ser, a contingência para a qual ele busca explicação é menos a da existência propriamente dita do que a dos seres que, ainda que nada sejam, não têm em si a razão suficiente do que são.

Logo, compreenderíamos mal as provas agostinianas da existência de Deus, se tentássemos interpretá-las no mesmo sentido que as de santo Tomás de Aquino. As "vias" para Deus não seguem os mesmos itinerários nas duas doutrinas, porque, tal como seus pontos de partida, seus pontos de chegada não são os mesmos. Acertadamente, é o mesmo Deus que elas visam, e é o mesmo Deus nomeado com o mesmo nome, mas enquanto santo Tomás buscará sobretudo provar a existência de um *Esse* supremo, santo Agostinho quis sobretudo colocar em evidência a necessidade que se impõe ao pensamento de exprimir o *ser* bastardo que se oferece para nós na experiência por um supremo *Vere Esse*, ou seja, por um ser plenamente digno do título de ser. Ora, para ele como para Platão, o ὄντως ὄν é essencialmente o idêntico a si mesmo e, conseqüentemente, o imutável. Esse "realmente real", o *vere esse*, é o que Agostinho nomeia *essentia*, e toda economia de suas provas se explica por seu propósito de colocar em evidência a existência desse ser idêntico a si mesmo, perfeitamente imutável, portanto, perfeitamente ser, que chamamos de Deus.

Daí se explica a preferência notória, da qual Agostinho é prova, pelos argumentos obtidos a partir da presença da verdade em nós. Em toda nossa experiência humana, a verdade, à qual se juntam espontaneamente os outros transcendentais como o uno ou o bem ou o belo, é o signo mais certo da existência de um imutável, de um eterno e de um eternamente idêntico a si mesmo. Observaremos, portanto, que todas as meditações agostinianas sobre o mundo sensível se orientam para uma conclusão do mesmo gênero: "Ó Verdade *que és verdadeiramente*! Encontro o passado e o devir em toda mudança das coisas, mas na verdade que permanece não encontro nem passado, nem devir: presente, bem como incorruptibilidade presente, eis é o que se encontra na criatura. Analiseis as mudanças das coisas, vós encontrareis o *foi* e o *será*; penseis em Deus, encontrareis um *Ele é*, onde nenhum *foi* e nenhum *será* têm lugar."[45] Cada vez que ele tenta novamente uma de suas asceses mentais, Agostinho coloca-se a caminho do Deus do *Êxodo*, mas todas as rotas o conduzem ao que, para a sua razão, constitui o ser em sua plenitude: a estabilidade na essência, a imutabilidade, enfim essa eternidade que, para ele, não é somente um atributo, mas a substância mesma de Deus: *Aeternitas, ipsa Dei substantia est*.[46]

Poderíamos insistir muito no fato de não se tratar de um pormenor da doutrina de Agostinho, mas do que talvez se tenha de mais profundo e de mais constante em seu pensamento

---

[45] In Joan. Euangelium, trat. 38, cap. 8, n. 10; t. 35, c. 1680.—Sobre o que se segue, cf. Ét. GILSON, Le Thomisme, 4ª ed., Paris, J. Vrin, 1942, p. 72-74.
[46] Enarr. in Ps. 101, n. 10; t. 37, c. 1311. Esse texto merece ser lido na íntegra.

metafísico. Jamais se interpretou de outro modo o nome que Deus reivindicou como seu na Escritura: "O anjo, e através do anjo o Senhor, já dizia a Moisés, que perguntava por seu nome: *Ego sum qui sum. Dices filiis Israel*: QUI EST, *misit me ad uos.*" Ser é o nome da imutabilidade (*Esse, nomen est incommutabilitatis*). Todas as coisas mutáveis cessam de ser o que foram e começam a ser o que não foram. O ser verdadeiro, o ser puro, o ser autêntico, somente o tem Aquele que não muda. Aquele que tem o ser é Aquele a quem se disse: *Tu mudarás as coisas, e elas serão mudadas; mas Tu, tu permaneces o mesmo.* O que é dizer *Ego sum qui sum* senão "eu sou eterno"? O que é dizer *Ego sum qui sumi* senão "Eu não posso mudar"?[47]

Quanto a isso é impossível se confundir. Numa doutrina em que o *Ego sum qui sum* significa, simultânea e identicamente, ser a essência suprema, o ser supremo, o supremamente imutável e o Eterno, provar a existência de Deus volta a tornar evidente que o mutável requer um imutável do qual depende por modo de participação. Eis por que as provas da existência de Deus que se findam na imutabilidade da verdade necessariamente se encontram no fundo de todas as outras, e também das provas cosmológicas, pois o verdadeiro é imutável. Logo, se a verdade se encontra no conhecimento humano, alcançar o ponto onde ela reside é aproximar-se

---

[47] *Sermo VII*, n. 7; t. 38, c. 66. Cf. "Cujus erroris impietate tanto quisque carebit expeditius et facilius, quanto perspicacius intelligere potuerit, quod per angelum dixit Deus, quando Moysen mittebat ad filios Israel: *Ego sum, qui sum* (Ex 3,14). Cum enim Deus summa essentia sit, hoc est summe sit, et ideo immutabilis sit; rebus quas ex nihilo creavit, esse dedit, sed non summe esse, sicut est ipse; et aliis dedit esse amplius, aliis minus; atque ita naturas essentiarum gradibus ordinavit" Santo AGOSTINHO, *De civitate Dei*, lib. XII, cap. 2; Pat. lat., t. 41, col. 350. "Et quis magis est, quam ille qui dixit famulo suo Moysi, *Ego sum qui sum*; et, *Dices filiis Israel: QUI EST misit me ad vos* (Ex 3,14) ? Sed aliae quae dicuntur essentiae, sive substantiae, capiunt accidentia, quibus in eis fiat vel magna, vel quantacumque mutatio: Deo autem aliquid ejusmodi accidere non potest; et ideo sola est incommutabilis substantia vel essentia, qui Deus est, cui profecto ipsum esse, unde essentia nominata est, maxime ac verissime competit" *De Trinitate*, V, 2, 3; Pat. lat., t. 42, col. 912.

ao máximo de Deus. Ademais, não lemos em *são João* (1,9) que o Verbo, que é Deus, é a luz verdadeira que ilumina todo homem que vem a este mundo? Já que a verdade é no homem apenas o reflexo da imutabilidade divina, basta constatar a presença da verdade no pensamento para neste ser constatada a presença de Deus.

Orientadas em direção à "essencialidade" de Deus, as provas agostinianas naturalmente deveriam tender a seguir uma via mais curta e a buscar no único conteúdo da essência divina a prova de sua perfeita essencialidade. O caminho mais curto — uma dialética diferente da que santo Agostinho expôs e que, talvez, ele não gostasse — permitiria tal engajamento. Contudo, se não o adotou, Agostinho constituiu a ontologia a partir da qual santo Anselmo e seus sucessores medievais iriam exercer sua dialética para estabelecer a existência de Deus.

A princípio, tratava-se de uma decisão metafísica de importância capital buscar Deus ultrapassando não somente o homem, tampouco o pensamento do homem, mas um dado desse pensamento, de modo que o transcendente só poderia ser Deus. Em seguida, se é verdadeiro que Agostinho não enxotou especialmente a passagem direta da idéia à existência de Deus; e, visto que o dado do pensamento que é suficiente para alcançar Deus é a verdade, qualquer que seja seu conteúdo; não menos do que na verdade mais simples, ele considera os atributos divinos da imutabilidade e da eternidade, de modo que a prova agostiniana é essencialmente um ato de submissão do pensamento à necessidade intrínseca da essência divina. Não se prova que Deus deva existir, mas que existe;[48] tal como não se prova que sete mais três devem somar dez, mas que somam. Assim, a presença única de

---

[48] "Habes etiam librum de Vera Religione, quem si recoleres atque perspiceres numquam tibi videretur ratione cogi Deum esse, vel ratiocinando effici Deum esse debere. Quandoquidem in ratione numerorum, quam certe in usu quotidiano habemus, si dicimus: septem et tria decem esse debent, minus considerate

um dado tão manifestamente transcendente ao homem no seu pensamento implica a existência de seu objeto.[49] A profunda tendência para encontrar somente em Deus a razão suficiente da idéia que temos dele é o elo que liga à metafísica agostiniana as de santo Anselmo, de são Boaventura, de Duns Scot e de Descartes; mas, em certo sentido, a demonstração que ele propõe ultrapassa de longe as por ela inspiradas; pois não é um argumento, nem uma seqüência de argumentos, mas uma metafísica completa, adicionada de uma moral, com a mística a lhe coroar. A dúvida inicial, o apelo à fé, a evidência do pensamento, a espiritualidade da alma e a transcendência da verdade, cada um dos momentos sucessivos da prova é tradução de uma experiência pessoal sobre a qual é preciso meditar para a interpretação metafísica se tornar inteligível. Por sua vez, tal metafísica implícita repousa sobre uma moral, pois, uma vez alcançada, a prova da existência de Deus se torna um problema. Nós buscamos Deus; por que buscamos quem nos dá a força e inspira nosso desejo? Para abarcar o conjunto da demonstração agostiniana – o que faz voltar a abarcar o conjunto da doutrina de Agostinho e a apreendê-la em sua unidade profunda –, é necessário refazer mais lentamente a rota que aca-

---

loquimur; non enim decem esse debent, sed decem sunt." *Epist.162*, 2; t. 33, c. 705. Esse texto remete a *De vera religione*, XXXI, 58; t. 34, c. 148.

[49] "Quid factum est in corde tuo, cum audisses, *Deus*? Quid factum est in corde meo, cum dicerem, *Deus*? Magna et summa quaedam substantia cogitata est, quae transcendat omnem mutabilem creaturam, carnalem et animalem. Et si dicam tibi: Deus commutabilis est, an incommutabilis? respondebis statim: absit ut ego vel credam, vel sentiam commutabilem Deum: incommutabilis est Deus. Anima tua quamvis parva, quamvis forte adhuc carnalis, non mihi potuit respondere nisi: incommutabilem Deum. Omnis autem creatura mutabilis. Quomodo ergo potuisti scintillare in illud quod est super omnem creaturam, ut certus mihi responderes: incommutabilem Deum? Quid est ergo illud in corde tuo, quando cogitas quamdam substantiam vivam, perpetuam, omnipotentem, infinitam, ubique praesentem, ubique totam, nusquam inclusam? Quando ista cogitas, hoc est verbum de Deo in corde tuo." *In Johan. Evang.*, Tr. I, 8; t.35,c. 1383.

bamos de seguir, atendo-nos a cada uma de suas partes por quanto tempo for necessário a fim de justificar o caminho que teremos percorrido.

PRIMEIRA PARTE
A BUSCA DE DEUS PELA INTELIGÊNCIA

> Deum et animam scire cupio – Nihil ne plus? – Nihil omnino.
> *Soliloq.*, I, 2, 7.
> Nouerim me, nouerim te.
> *Soliloq.*, II, 1, 1.
> Cujus (philosophiae) duplex quaestio est:
> una de anima, altera de Deo.
> *De ordine*, II, 18, 47.

I. PRIMEIRO GRAU: A FÉ

O primeiro passo na via que conduz o pensamento em direção a Deus é a aceitação da revelação pela fé.[1] Procedimento surpreendente para a verdade, e que pode legitimamente parecer contraditório, dado que consiste em aceitar primeiro sem provas o que se trata precisamente de provar. Na realidade, ele se explica pela preocupação, constante para santo Agostinho, de decodificar os resultados de sua experiência pessoal. Durante longos anos ele buscou a verdade pela razão; na época de suas convicções maniqueístas, acreditou tê-la encontrado por esse método, então, após um doloroso período de ceticismo, atormentado pelo desespero de encontrar a verdade, constatou que a fé tinha permanentemente à disposição a mesma verdade que sua razão não pudera atingir. Portanto, em teoria, parece lógico partir da razão para chegar à fé, mas, na prática, não seria melhor o método contrário? Não seria melhor crer para saber do que saber para crer, ou mesmo para saber? É ao menos disso que sua experiência o persuade e de que Agostinho, por sua vez, quer nos persuadir.

De início, importa ressaltar que o ato de fé não é uma decisão única, estranha à vida normal e que seria requisitada no úni-

---

[1] Sobre esta questão, consultar: NOURRISSON, *La philosophie de saint Augustin*, L. I, cap. I; t. I, p. 53-83. Ver sobretudo F. CAYRÉ, *La contemplation augustinienne*, Paris, A. Blot, 1927, cap. VIII, p. 216-233.

co caso em que o ponto em litígio fosse nossa adesão à verdade revelada. Crer é um ato do pensamento tão natural e tão necessário, que não se concebe vida humana em que não ocupe um lugar muito grande. A crença é, com efeito, tão-somente um pensamento acompanhado de assentimento: *credere... est... cum assensione cogitare*.[2] Ora, grande número de nossas opiniões está fundado unicamente em nosso assentimento ao testemunho de outrem. Algumas não afetam profundamente nossa maneira de viver, como nossa crença na existência de cidades que nunca vimos ou de personagens históricas mortas há muito tempo; outras, ao contrário, são tais que colocá-las em dúvida acarretaria uma desordem profunda em nossos sentimentos e na vida social. Se não é necessário crer no que se ignora, por que as crianças tratam com piedade filial os pais que elas não sabem se são verdadeiramente os seus? Pois, enfim, não se crê em seu pai a menos que sobre a autoridade de sua mãe, e não se crê em sua mãe a não ser sobre a autoridade de serventes e de nutrizes. Por que a própria mãe não poderia se enganar, posto que sua criança poderia ter sido roubada e substituída por outra? No entanto, acreditamos nela e acreditamos mesmo, sem sombra de dúvidas, no que não podemos saber, pois isso concerne ao liame mais sagrado da sociedade humana. Seria um criminoso aquele que recusasse amar seus pais sob pretexto de não ter provas de filiação.[3] A crença é, pois, um procedimento do pensamento de tal modo normal que ela é a própria condição da família e, através desta, da sociedade.

---

[2] "Quis enim non videat, prius esse cogitare quam credere? Nullus quippe credit aliquid, nisi prius cogitaverit esse cre dendum (...) Quamquam et ipsum credere, nihil aliud est, quam cum assensione cogitare. Non enim omnis qui cogitat, credit; cum ideo cogitent plerique, ne credant: sed cogitat omnis qui credit, et credendo cogitat, et cogitando credit." *De praedestinatione sanctorum*, II, 5; vol. 44, col. 963.

[3] *De utilitate credendi*, XII, 26; vol. 42, col. 84. Ver também um excelente resumo da doutrina no *De civit. Dei*, XI, 3; vol. 41, col. 318.

Primeiro grau: a fé

Vemos, ademais, ao mesmo tempo, que, embora suprima o conhecimento direto que faz falta, no entanto, a crença não tem nada de irracional. Ela está inteiramente fundada na credibilidade de alguns testemunhos e diz respeito, por conseqüência, ao que se refere à discussão racional à qual os submetemos: *creduntur ergo illa quae absunt a sensibus nostris, si videtur idoneum quod eis testimonium perhibetur*.[4] Em suma, poder-se-ia dizer que nossa ciência se compõe de dois tipos de conhecimentos: das coisas vistas, das coisas acreditadas. Naquelas que vemos ou que vimos, nós mesmos somos as testemunhas; naquelas que acreditamos são outros testemunhos que determinam nosso assentimento, quer atestem por escrito a verdade que nós mesmos não vimos, quer provem-na por palavras ou por qualquer outro gênero de testemunho. De todo modo, crer é ainda uma certa maneira de saber; é um conhecimento do pensamento, como é a ciência propriamente dita, do qual esta difere por sua origem.[5] Quando se trata de religião, ao mudar de objeto, o problema não muda de natureza. Um homem me fala, eu o entendo e, ainda que não perceba diretamente seu pensamento, acredito que ele diz o que pensa se tenho razões suficientes para crer em sua palavra.[6] Os testemunhos me reportam as palavras e os fatos da vida do Cristo; por que eu não acreditaria neles, também, na condição de seu testemunho se confirmar aceitável?

Esta posição do problema explica a complexidade da solução que propõe Agostinho. Expresso por um testemunho mal fixado, seu pensamento, sob este aspecto, é simultaneamente muito firme em sua tese essencial e difícil de acompanhar em detalhes. O que se sabe disso com evidência está repleto da lembrança de sua própria experiência. Agostinho nos convida a abandonar o orgulho humano e a receber a verdade que Deus nos oferece em lugar de querer conquistá-la: a fé torna-se então a primeira, a inte-

---

[4] *Epist. 147*, ad Paulinam; II, 7; vol. 33, col. 599.
[5] *Op. cit.*, III, 8; col. 600.
[6] *Op. cit.*, II, 7; col. 599.

ligência segue-a.[7] E, com efeito, desde o tempo de conversão, mesmo que ele estivesse cheio de entusiasmo pela filosofia platônica[8] e que contasse com ela para ajudá-lo a penetrar os mistérios da fé, já era a autoridade do Cristo que tomava o primeiro lugar.[9] Desde essa data, ele jamais cessará de marcar, com uma insistência crescente, a preponderância e a absoluta necessidade disso. Por outro lado, não se pode reduzir seu pensamento a esta fórmula. Em sua forma acabada, a doutrina agostiniana das relações entre a razão e a fé comporta três momentos: preparação à fé pela razão, ato de fé, compreensão do conteúdo da fé.

De início, notemos com Agostinho que a razão é a condição primeira da própria possibilidade da fé. De todos os seres criados por Deus sobre esta terra, o homem é o único que pode crer, porque é o único ser que foi dotado de razão. O homem existe como o bosque e as pedras; vive como as plantas; move-se e sente como os animais; mas, além disso, pensa, e este pensamento (*mens*), pelo qual conhece o inteligível, é também nele a marca deixada por Deus em sua obra: é por isso que ele é feito à imagem de Deus. Digamos, então, que o homem tem um pensamento (*mens*); o pensamento exerce uma atividade que lhe é própria a fim de adquirir o conhecimento, trata-se da razão (*ratio*); enfim, o próprio conhecimento obtido pela razão, ou visto da verdade enfim adquirida, é a inteligência: *intellectus*.[10] Enfim, o homem é

---

[7] "Si non potes intelligere, crede ut intelligas; praecedit fides, sequitur intellectus". *Sermo* 118, 1; vol. 38, c. 672. "Ergo noli quaerere intelligere ut credas, sed crede ut intelligas". *In Joan. Tract.* 29, 6; vol 35, col. 1630.

[8] *Cont. Academ.*, I, 1, 3: vol. 32, c. 907.

[9] "Nulli autem dubium est gemino pondere nos impelli ad discendum, auctoritatis atque rationis. Mihi ergo certum est nusquam prorsus a Christi auctoritate discedere: non enim reperio valentiorem. Quod autem subtilissima ratione persequendum est: ita enim jam sum affectus, ut quid sit verum, non credendo solum, sed etiam intellegendo apprehendere impatienter desiderem; apud Platonicos me interim quod sacris nostris non repugnet reperturum esse confido." *Cont. Academ*, III, 20, 43: vol. 32, c. 957.

[10] "Sed aliud est intellectus, aliud ratio. Nam rationem habemus et antequam intelligamus; sed intelligere non valemus, nisi rationem habeamus. Est ergo

Primeiro grau: a fé

à imagem de Deus por ser um pensamento que se enriquece progressivamente mais e mais da inteligência, graças ao exercício da razão.

Assim, a razão está naturalmente ali antes da inteligência e também antes da fé. Depreciar a razão, ou detestá-la, seria menosprezar em nós a imagem de Deus, isso em que fomos feitos superiores a todos os outros seres vivos. Isso seria um absurdo. Por que, então, não se poderia aconselhar a razão a desempenhar unicamente sua tarefa e a se ultrapassar com o socorro da fé? Aqui, há razões para se dar à razão, pois não se pode pedir para ela se inclinar diante da fé a menos que essa decisão lhe pareça razoável. Razões desse gênero, Agostinho tem muitas: as contradições dos filósofos; o ceticismo em que elas sempre terminam por concluir; o espetáculo da fé estabilizante; ao contrário, a unidade do pensamento entre os homens por todos os lugares em que se estende a autoridade da Igreja; muitos fatos que convidam o pensamento a guiar seus desenvolvimentos por uma regra de fé que o dirija. Mas, para Agostinho, a razão decisiva sempre permanecerá sua experiência pessoal, a lembrança pungente de suas ambições e de seu fracasso. Por que recomeçar indefinidamente a comentar os erros? É verdadeiramente razoável não fiar-se somente na razão.

Como iremos proceder? Coloquemos primeiramente a razão, que unicamente é capaz de crer. Em seguida, peçamos a ela para examinar o que ela pode fazer, para constatar seus fracassos e buscar a causa deles. Certamente, ela seria incapaz de encontrá-la sozinha, mas pode reconhecê-la se lhe for mostrada. Eis uma

---

homo animal rationalis capax: verum ut melius et citius dicam, animal rationale, cui natura inest ratio, et antequam intellegat jam rationem habet. Nam ideo vult intelligere, quia ratione praecedit." *Sermo* 43, II, 3; vol. 38, c. 255. Como veremos adiante (p. 95, nota 1) o *intellectus* algumas vezes é chamado também de *intelligentia*. O hábito adquirido de pensar por "faculdades" nos condiciona a falar da inteligência como de um poder da alma realmente distinto do pensamento e da razão. Essas distinções reais são estranhas ao pensamento de santo Agostinho, para quem a inteligência é, sobretudo, o resultado adquirido pelo pensamento graças a sua atividade como razão.

razão, que é naturalmente um poder de conhecer, que quereria conhecer e não pode. Ela não está, portanto, no estado em que, por natureza, deveria estar; apenas o pecado original, tal como revelado pelas Escrituras e explicado por são Paulo, pode dar a razão do estado em que ela está. E quem poderá refazê-la tal como foi feita a princípio? Apenas Deus, que a fez. Pudemos deformar em nós a imagem de Deus, somos incapazes de reformá-la.[11] Esse é o fato que domina toda a discussão, e se não é a razão sozinha que resolve o problema, é ela que o coloca e que aceita sua solução. Não somente é verdade que apenas um ser inteligente busca conhecimento, mas é necessário ser mais do que mediocremente inteligente para compreender que convém pedi-lo para Deus.[12] O que a razão pede é, portanto, um socorro do alto que faça nela e por ela o que ela mesma não pode fazer. Longe de se odiar ou de renunciar a si, ela pede a fé em Deus a fé como uma purificação do coração que, liberando-a da mancha do pecado,[13] permitirá que ela aumente sua própria luz e se torne mais plenamente uma razão. Não há nada mais razoável. Isso é o que pode ser dito a quem

---

[11] "Hoc ergo unde bestias antecedimus, maxime in nobis excolere debemus, et resculpere quodam modo, et reformare. Sed quis poterit, nisi sit artifex qui formavit? Imaginem in nobis Dei deformare potuimus, reformare non possumus." *Sermo* 43, III, 4; vol. 38, c. 255.

[12] *Enarr.* in Ps. 118, 3; vol, 37, c.1552. Sobre o que se chama atualmente de "motivos de credibilidade", ver *Conf*, VI, 5, 7; ed. Labriolle, vol. I, p. 124; e VI, 5, 8; p. 125. *De lib. arb*, II, 1, 5; vol. 32, c. 1242.*De utilitate credendi*, vol. 42, c. 65 e segs. Sobre esse ponto, ver o excelente estudo de P. BATIFFOL, *Le catholicisme de saint Augustin*, 2ª ed. Paris, 1920, vol. I, p. 1-75. Quis-se ir mais longe e considerar essa categoria de questões como parte da filosofia de santo Agostinho (B. ROMEYER, "Trois problèmes de philosophie", In: *Archives de Philosophie*, VII, 2, 1930, p. 201-203). Mas, como a prova da existência de Deus ressalta o Nisi credideritis, qual problema filosófico poder-se-á discutir utilmente diante da fé? De fato, segundo a página 203 de seu artigo, o P. Romeyer parece estar mais engajado do que ele mesmo considera na interpretação da noção de filosofia cristã que ele mesmo critica conosco.

[13] Sobre a necessidade do papel purificador da fé: "Modo enim credimus, tunc videbimus: cum credimus, spes est in isto saeculo; cum videbimus, res erit in futuro saeculo. Videbimus autem facie ad faciem (*1 Cor* 13,12): tunc autem videbimus

pede explicações sobre esse assunto. É, pois, a essa razão que nos dirigimos para convidá-lo a crer, pois pedimos a ele que compreenda que é necessário crer se quiser compreender outras coisas mais: compreenda minha palavra para crer, diz Agostinho; mas para compreender, creia na palavra de Deus.[14]

Não é tudo. Supondo que a razão tenha decidido inspirar-se na fé, resta saber o que é a fé, e aqui ainda é necessário um trabalho racional. Os filósofos pagãos enganam-se porque não têm fé, mas os heréticos pretendem ter uma e, contudo, eles se enganam porque se enganam quanto à natureza do conteúdo do que a fé ensina. Logo, antes da fé, há uma inteligência relativa ao que se deve e se quer crer, a qual é impossível ao homem dispensar. Dito isso, a

---

facie ad faciem, cum habuerimus corda mundata. Beati enim mundo corde, quoniam ipsi Deum videbunt (Mt 5,8). Unde autem corda mundantur, nisi per fidem, sicut Petrus ait in Actibus Apostolorum:*Mundans fide corda eorum* (At 15,9). Mundantur autem corda nostra per fidem, ut possint esse idonea capere speciem. Ambulamus enim nunc per fidem, nondum per speciem..." S. AGOSTINHO, *Enarr. in Ps.* 123 , n. 2; P. L., vol. 37, col. 1640.

[14] "Absit namque ut hoc in nobis Deus oderit, in quo nos reliquis animantibus excellentiores creavit. Absit, inquam, ut ideo credamus ne rationem accipiamus sive quaeramus, cum etiam credere non possemus, nisi rationales animas haberemus. Ut ergo in quibusdam rebus ad doctrinam salutarem pertinentibus, quas ratione nondum percipere valemus, sed aliquando valebimus, fides praecedat rationem, qua cor mundetur, ut magnae rationis capiat et perferat lucem, hoc utique rationis est. Et ideo rationabiliter dictum est per prophetam: *Nisi credideritis, non intelligetis* (Is 7,9: Sept). Ubi proculdubio discrevit haec duo, deditque consilium quo prius credamus, ut id quod credimus intelligere valeamus. Proinde ut fides praecedat rationem, rationabiliter visum est. Nam si hoc praeceptum rationabile non est, ergo irrationabile est: absit. Si igitur rationabile est ut ad magna quaedam, quae capi nondum possunt, fides praecedat rationem, procul dubio quantulacumque ratio quae hoc persuadet, etiam ipsa antecedit fidem." S. AGOSTINHO, *Epist. 120*, cap. 1, n. 3; P. L., t. 33, col. 453. "Ergo ex aliqua parte verum est quod ille dicit: Intelligam, ut credam; et ego qui dico, sicut dicit Propheta: Imo crede, ut intelligas: verum dicimus, concordemus. Ergo intellige, ut credas: crede, ut intelligas. Breviter dico quomodo utrumque sine controversia accipiamus. Intellige, ut credas, verbum meum; crede, ut intelligas, verbum Dei." S. AGOSTINHO, *Sermo* 43, cap. VII, n. 9; P. L., vol. 38, col. 253.

razão fez tudo o que poderia ter feito por si mesma: ela deverá todos os seus progressos ulteriores à influência benéfica da fé.

O primeiro, que é a fonte de todos os outros, será encontrar-se fixado à verdade. Certamente, a fé não vê claramente a verdade; no entanto, ela tem um tipo de olho que a permite ver que algo é verdadeiro, ainda que não possa discerni-lo pela razão. Ela ainda não vê aquilo em que crê, mas sabe ao menos, com toda a certeza, que não o vê e que isso é verdade. É essa posse pela fé de uma verdade escondida, mas certa, que irá lhe inspirar o desejo de penetrar mais profundamente seu conteúdo[15] e dar seu sentido pleno ao *Crede ut intelligas*.

Lembremos que, em virtude da experiência moral que a doutrina agostiniana das relações entre fé e razão formula, ela recusa separar a iluminação do pensamento da purificação do coração. Tomada em sua essência, a fé agostiniana é simultaneamente adesão do espírito à verdade sobrenatural e abandono humilde do homem em sua totalidade à graça do Cristo. Ademais, como as duas coisas poderiam se separar? A adesão do espírito à superioridade de Deus supõe a humildade; e a humildade, por sua vez, uma confiança em Deus que é, em si mesma, um ato de amor e de caridade. Se tomamos, portanto, a vida espiritual em sua complexidade concreta, aquele que adere a Deus pela fé não submete simplesmente seu espírito à letra das fórmulas; ele curva sua alma e todo o seu ser à autoridade de Cristo, que nos dá o exemplo da sabedoria e nos confere os meios de chegar a ela. Assim entendida, inicialmente, a fé tanto é purificadora como

---

[15] "Melius est enim quamvis nondum visum, credere quod virum est, quam putare te verum videre quod falsum est. Habet namque fides oculos suos, quibus quodammodo videt verum esse quod nondum videt, et quibus certissime videt, nondum se videre quod credit. Porro autem qui vera ratione jam quod tantummodo credebat intelligit, profecto praeponendus est ei qui cupit adhuc intelligere quod credit; si autem nec cupit, et ea quae intelligenda sunt, credenda tantummodo existimat, cui rei fides prosit ignorat: nam pia fi des sine spe et sine caritate esse non vult. Sic igitur homo fidelis debet credere quod nondum videt, ut visionem et speret et amet." *Epist. 120*, II, 8; vol. 33, c. 456.

iluminadora; inclinando a alma à autoridade pela qual *bonorum uita facillime, non non disputationum ambagibus, sed mysteriorum auctoritate purgatur*,[16] ela se aplica ao homem para transformá-lo totalmente.

Por isso, o pensamento humano deve também encontrar-se profundamente transformado. A recompensa que ele recebe da fé é precisamente a inteligência. Ele não a receberia se a fé fosse somente uma simples aceitação da autoridade divina, por assim dizer, uma submissão bruta do espírito. Assim, crer é somente acreditar em Deus: *credere Deo*; o que é preciso, além disso, é querer fazer a vontade Deus, e é por isso que as Escrituras não nos ordenam somente crer em Deus, mas também ter fé em Deus. *Hoc est opus Dei*, escrevia são João (6,29), *ut credatis in eum quem ille misit*. Sem dúvida, para ter fé nele, é preciso, antes, crer nele, pois aquele que acredita nele não necessariamente tem fé nele: *non autem continuo qui credit ei, credit in eum*: pois até os demônios acreditam em Deus mas não têm fé em Deus, e nós, inversamente, acreditamos em são Paulo, mas não temos fé nele. O que é, portanto, ter fé em Deus? É, ao acreditar nele, amá-lo, gostar dele com ternura, penetrar nele através do amor, incorporar-se a seus membros. Eis a fé que Deus exige de nós e que, depois de tê-la exigido, só a encontra em nós porque a doou a nós para, em seguida, poder encontrá-la em nós. Logo, não é qualquer fé que Deus reivindica, mas, segundo a palavra do apóstolo (*Gl* 5,6), a fé que opera através da caridade. Se esta fé encontrar-se em nós, ela nos dará a inteligência,[18] pois nos dá-la é de sua natureza.

---

[16] *De ordine*, II, 9, 27; vol. 22, c. 1077.

[17] Em francês está em pauta a distinção entre "croire à Dieu" e "croire en Dieu". Optamos por traduzi-las da seguinte maneira: "crer em Deus" e "ter fé em Deus" (N. da T.).

[18] "Sed ego dixeram: Si quis crediderit; et hoc consilium dederam. Si non intellexisti, inquam, crede. Intellectus enim merces est fidei. Ergo noli quaerere intelligere ut credas, sed crede ut intelligas; *quoniam nisi credideritis, non intelligetis*. Cum ergo ad possibilitatem intelligendi consilium dederim obedientiam credendi, et dixerim

Com efeito, entre o Pai e nós, Jesus Cristo é o mediador, mas apenas à medida que, pela fé e pela caridade, somos nele como ele é em nós. Por isso o homem deve dar o valor mais alto ao desejo de se incorporar ao Cristo, que salva. No entanto, o Cristo é apenas o mediador para unir o homem resgatado ao Pai celeste na visão beatífica. Ora, essa visão é um conhecimento face à face: os bem-aventurados que vêem Deus, graças a Jesus Cristo, não mais *crêem* que o Pai enviou seu único Filho como um mediador para unir-se a eles e conduzi-los à sua perfeição; eles tampouco *crêem* que o Pai está no Filho por natureza, do mesmo modo que o Filho está em nós por graça, eles *sabem*. Quanto a nós, que ainda não vemos, podemos apenas acreditar. No entanto, a caridade inseparável que une o Filho ao Pai existe desde o presente e já opera naqueles que estão unidos ao Filho por uma fé nutrida pela caridade. Por intermédio de Jesus Cristo, *em quem* eles crêem, os justos aderem ao Pai, que conhecerão mais tarde ao vê-lo face à face. Como a fé deles não tenderia desde o presente na direção do conhecimento que ela prepara? É a inseparável carida-

---

Dominum Iesum Christum hoc ipsum adjunxisse in consequenti sententia, invenimus eum dixisse: *si quis voluerit voluntatem eius facere, cognoscet de doctrina* (Jo 7, 17) Quid est, *cognoscet?* Hoc est: intelliget. Quod est autem, Si quis voluerit voluntatem ejus facere, hoc est: credere. Sed quia *cognoscet*, hoc est intelliget, omnes intelligunt: quia vero quod ait, *si quis voluerit voluntatem ejus facere*, hoc pertinet ad credere, ut diligentius intelligatur, opus est nobis ipso Domino nostro expositore, ut indicet nobis utrum revera ad credere pertineat facere voluntatem Patris ejus. Quis nesciat hoc esse facere voluntatem Dei, operari opus ejus, id est, quod illi placet? Ipse autem Dominus aperte alio loco dicit: *Hoc est opus Dei, ut credatis in eum quem ille misit* (Jo 6, 29). *Ut credatis in eum*; non, ut credatis ei. Sed si creditis in eum, creditis ei: non autem continuo qui credit ei, credit in eum. Nam et daemones credebant ei, et non credebant in eum. Quid est ergo credere in eum? Credendo amare, credendo diligere, credendo in eum ire, et ejus membris incorporari. Ipsa est ergo fides quam de nobis exigit Deus... Non qualiscumque fides, sed *fides quae per dilectionem operatur*: haec in te sit, et intelliges de doctrina. Quid enim intelliges? Quia *doctrina ista non est mea, sed eius qui misit me*: id est, intelleges quia Christus Filius Dei, qui est doctrina Patris, non est ex seipso, sed Filius est Patris." S. AGOSTINHO, *In Joan. Evang*, XXIX, 7, 6; t. 35, c. 160-1631. Cf. *Sermo* 118, 1; P. L., vol. 8, c. 672.

Primeiro grau: a fé

de do Filho e do Pai, que nos faz crer de tal maneira que, crendo, tendemos para o conhecimento.[19]

Rigorosamente crer é, sem dúvida, submeter a razão não só a uma autoridade, mas à autoridade de Deus,[20] e com que proveito!

Inicialmente, parece que a inteligência, não apenas pode, mas deve seguir uma fé fecundada pela caridade.[21] É verdade que

---

[19] "Deinde addidit: *Ego in eis, et tu in me, ut sint consummati in unum* (Jo 17,23). Ubi se mediatorem inter Deum et homines breviter intimavit. (...) Quod vero addidit: *Ut sint consummati in unum*, ostendit eo perduci reconciliationem, quae fit per Mediatorem, ut perfecta beatitudine, cui jam nihil possit adjici, perfruamur. Unde id quod sequitur: *Ut cognoscat mundus quia tu me misisti*, non sic accipiendum puto, tamquam iterum dixerit: *Ut credat mundus (quia tu me misisti,* Jo 17,21): aliquando enim et cognoscere pro eo quod est credere ponitur ... Sed hic, quandoquidem de consummatione loquitur, talis est intellligenda cognitio, qualis erit per speciem, non qualis nunc est per fidem ... Quamdiu enim credimus quod non videmus, nondum sumus ita consummati, quemadmodum erimus cum meruerimus videre quod credimus. Rectissime igitur ibi: *Ut credat mundus*; hic: *Ut cognoscat mundus*: tamen et ibi et hic, quia tu me misisti; ut noverimus quantum pertinet ad Patris et Filii inseparabilem charitatem, hoc nos modo credere quod tendimus credendo cognoscere." *In Joan. Evang*, CX, 17, 4; t. 35, c. 1918-1919.

[20] Mesmo na ordem natural, é praticamente a autoridade que seguimos inicialmente, antes de usarmos nossa razão: *De moribus Ecclesiae*, I, 2, 3; vol. 32, c. 1311 (a continuação do texto torna o pecado também responsável por esse estado de fato). Desde suas primeiras obras, Agostinho observa que, se, de direito, a razão é primeira, de fato, é a autoridade que sempre passa à frente: *De ordine*, II, 9, 26; vol. 32, c. 1007. Por razão mais forte, deve ser assim quando não se trata mais da autoridade falível de um homem, mas da autoridade infalível de Deus: *loc. cit.*, 27; vol. 32, c. 1007-1008. *De musica*, VI, 5, 10; vol. 32, c. 1152.

[21] "Istam cogitationis carnalis compositionem (scil. a representação material da Trindade pela imaginação) vanumque figmentum ubi vera ratio labefactare incipit, continuo illo intus adiuvante atque illuminante, qui cum talibus idolis (cf: anteriormente: quamdam idolatriam, quam in corde nostro ex consuetudine visibilium constituere conatur humanae cogitationis infirmitas) in corde nostro habitare non vult, ita ista confingere atque a fide nostra quodammodo excutere festinamus, ut ne pulverem quidem ullum talium phantasmatum illic remanere patiamur. Quamobrem nisi rationem disputationis, qua forinsecus admoniti, ipsa intrinsecus veritate lucente, haec falsa esse perspicimus, fides in corde nostro antecessisset, quae nos indueret pietate, nonne incassum quae vera sunt

A busca de Deus pela inteligência

Deus nos diz: *nisi credideritis, non intelligetis* (Is 7,9);[22] e também: *quaerite et inuenietis* (Mt 7,7); mas, bem longe de nos confinarem à fé bruta, esses preceitos nos convidam a prolongá-la pela inteligência. Se temos a obrigação de aceitar a verdade e de pedir para recebê-la, é com o intuito de possuí-la que a pedimos e a aceitamos. Procurai e encontrareis; aquele que crê, portanto, ainda não a encontrou plenamente; com efeito, a fé busca, mas é a inteligência que encontra: *fides quaerit, intellectus inuenit*.[23] A inteligência é a recompensa da fé: *intellectus mercês est fidei*.[24] Ademais, Deus não

---

audiremus? Ac per hoc quoniam id quod ad eam pertinebat fides egit, ideo subsequens ratio aliquid eorum quae inquirebat invenit. Falsae itaque rationi, non solum ratio vera, qua id quod credimus intelligimus, verum etiam fides ipsa rerum nondum intellectarum sine dubio praeferenda est." S. AGOSTINHO, *Epist.* 120, cap. II, n. 8; P. L., t. 33, c. 456. Sobre a purificação mental desencadeada pela fé, ver, *De agone Christiano*, cap. XIII, n. 1; P. L., t. 40, c. 299. *De Trinitate*, liv. IV, cap. 18, n. 24; P. L., t. 42, c. 903-905 (muito importante no que concerne ao papel de Jesus Cristo como objeto sensível da fé, que conduz ao inteligível).

[22] Santo Agostinho cita Isaías conforme a tradução dos Setenta. O texto da Vulgata traz a tradução mais exata: "Si non credideritis, non permanebitis". Agostinho estima que, qualquer que seja a melhor tradução, a lição que a outra ensina é importante: *De doct. Christ.*, II, 12, 17; t. 34, c. 43. Ver este texto adiante, p. 76, nota 29.

[23] *De Trinitate*, XV, 2, 2; t. 42, c. 1058. J. MARTIN (*Saint Augustin*, p. 122) vê, com razão, nessa fórmula o antecedente direto do *fides quaerens intellectum* de santo Anselmo.

[24] *In Joan. Evang*, tract, XXIX, 6; t. 35, c. 1630. Cf.: "non ut fidem respuas, sed ut ea quae fidei firmitate iam tenes, etiam rationis luce conspicias." S. AGOSTINHO, *Epist.* 120, 1, 2; vt 33, c. 453. "Haec dixerim, ut fidem tuam ad amorem intelligentiae cohorter, ad quam ratio vera perducit, et cui fides animum praeparat." Ibid., n. 6; c. 454. "Est autem fides, credere quod nondum vides: cujus fidei merces est, videre quod credis." S. AGOSTINHO, *Sermo* 43, I, 1; t. 38, c. 254. "Quisquis autem ad sumendum solidum cibum verbi Dei adhuc minus idoneus est, lacte fidei nutriatur, et verbum quod intelligere non potest, credere non cunctetur. Fides enim meritum est, intellectus praemium." S. AGOSTINHO, *In Joan.Evang.*, tract. XLVIII. 13; t. 37, c. 1741. "Merces enim cognitionis meritis redditur; credendo autem meritum comparatur." S. AGOSTINHO, *De div. quaest.* 83, q. 68, n. 3; t. 40, c. 71. "Sic accipite hoc, sic credite, ut mereamini intelligere. Fides enim debet praecedere intellectum, ut sit intellectus fidei praemium. Propheta enim apertissime dixit: *Nisi credideritis, non intelligetis* (Is

Primeiro grau: a fé

disse que ter fé nele seria em o fim último do homem, pois a vida eterna não consiste em ter fé nele, mas em conhecê-lo. A fé não é, portanto, para si mesma seu próprio fim; ela é apenas o penhor de um conhecimento que, confusamente esboçado aqui embaixo, desabrochará plenamente na vida eterna.[25] Com efeito, tal é o

---

7,9: Sept.). Quod ergo simpliciter praedicatur, credendum est: quod subtiliter disputatur, intelligendum est." S. AGOSTINHO, *Sermo* 139, I, 1; t. 38, c. 770. Por isso há um eco em Agostinho, ainda que muito discreto, da tradição de Clemente de Alexandria e de Orígenes; todos os cristãos têm a mesma fé, mas os *meliores* buscam a inteligência, que é a recompensa provisória na espera da visão de Deus, que todos os justos possuirão um dia: "nam *et a melioribus* etiam dum has terras incolunt, et certe a bonis et piis omnibus post hanc vitam, evidentibus atque perfectius ista cerni obtinerique credendum est." *De lib. arb.*, II, 2, 6; t. 32, 1243. Trata-se da prova da existência de Deus.

[25] "Nisi enim et aliud esset credere, aliud intelligere, et primo credendum esset, quod magnum et divinum intelligere cuperemus, frustra propheta dixisset, *Nisi credideritis, non intelligetis* (Is 7,9). Ipse quoque Dominus noster et dictis et factis ad credendum primo hortatus est, quos ad salutem vocavit. Sed postea cum de ipso dono loqueretur, quod erat daturus credentibus, non ait, Haec est autem vita aeterna ut credant; sed, haec est, inquit, *vita aeterna, ut cognoscant te verum Deum, et quem misisti Jesum Christum* (Jo 17,3). Deinde jam credentibus dicit, *quaerite et invenietis* (Mt 7,7); nam neque inventum dici potest, quod incognitum creditur; neque quisquam inveniendo Deo fit idoneus, nisi ante crediderit quod est postea cogniturus." *De lib. arb.*, II, 2, 6; t. 32, 1243. "Sed ea recta intentio est, quae proficiscitur a fide. Certa enim fides utcumque inchoat cognitionem; cognitio vero certa non perficietur, nisi post hanc vitam, cum videbimus facie ad faciem (1Cor 13,12). Hoc ergo sapiamus, ut noverimus tutiorem esse affectum vera quaerendi, quam incognita pro cognitis praesumendi. Sic ergo quaeramus tamquam inventuri; et sic inveniamus, tamquam quaesituri... De credendis nulla infidelitate dubitemus, de intellegendis nulla temeritate affirmemus: in illis auctoritas tenenda est, in his veritas exquirenda." *De Trinitate*, IX, 1, 1; t. 42, c. 961.

"ápice da contemplação" ao qual a fé conduz;[26] o êxtase místico seria a contemplação, mas não seria o ápice.[27]

Inversamente, se o *intellectus* é a recompensa da fé, é claro que uma fé que se desenvolve em inteligência, sob a ação fecundante da caridade, não pode ser confundida com isso que se nomeia razão natural pura e simples. Procurar a solução do proble-

---

[26] "Propterea monet apostolus Petrus, paratos nos esse debere ad responsionem omni poscenti nos rationem de fide et spe nostra (1 *Pd* 3,15): quoniam si a me infidelis rationem poscit fidei et spei meae, et video quod antequam credat capere non potest, hanc ipsam ei reddo rationem in qua, si fieri potest, videat quam praepostere ante fidem poscat rationem earum rerum quas capere non potest. Si autem jam fidelis rationem poscat, ut quod credit intelligat, capacitas ejus intuenda est, ut secundum eam ratione reddita, sumat fidei suae quantam potest intelligentiam; majorem, si plus capit; minorem, si minus: dum tamen quousque ad plenitudinem cognitionis perfectionemque perveniat, ab itinere fidei non recedat... Jam ergo si fideles sumus, ad fidei viam pervenimus, quam si non dimiserimus, non solum ad tantam intellegentiam rerum incorporearum et incommutabilium, quanta in hac vita capi non ab omnibus potest, verum etiam ad summitatem contemplationis, quam dicit Apostolus, *facie ad faciem* (1 *Cor* 13,12), sine dubitatione perveniemus. Nam quidam etiam minimi, et tamen in via fidei perseverantissime gradientes, ad illam beatissimam contemplationem perveniunt; quidam vero quid sit natura invisibilis, incommutabilis, incorporea, utcumque jam scientes, et viam quae ducit ad tantae beatitudinis mansionem, quoniam stulta illis videtur, quod est Christus crucifixus, tenere recusantes, ad quietis ipsius penetrale, cuius jam luce mens eorum velut in longinqua radiante perstringitur, pervenire non possunt." S. AGOSTINHO, *Epist.* 120, cap. 1, n. 4; P. L., t. 33, c. 453-454.

[27] A identidade entre o "ápice da contemplação" e a visão beatífica funda-se claramente no texto de são Paulo citado a seguir; mas ela também é confirmada nas linhas seguintes: "Tutissima est enim quaerentis intentio, donec apprehendatur illud quo tendimus et quo extendimur. Sed ea recta intentio est, quae proficiscitur a fide. Certa enim fides utcumque inchoat cognitionem: cognitio vero certa non perficietur, nisi post hanc vitam, cum videbimus facie ad faciem (1*Cor* 13,12)" S. AGOSTINHO, *De Trinitate*, liv. I, cap. 10, n. 21; P. L. t. 42, c. 835 (onde "contemplatio" é empregado no sentido de visão beatífica). *Contra Faustum Manichaeum*, liv. XII, cap. 46, P. L. t. 42, c. 297. *De Trinitate*, liv. IV, cap. 18, n. 24; P. L. t. 42, c. 904 emprega: contemplatio, species. Cf. O grande texto, muito claro, *Enarr. in Ps.* 123, n. 2; P. L. t. 37, c. 1610-1611. *Sermo* 346, 2; P. L. t. 39, c. 1525.

ma moderno das relações entre fé e razão na definição agostiniana das relações entre fé e inteligência é expor-se a decepções. O que seria uma razão sem a fé, Agostinho sabe por experiência própria: as pretensões impotentes à verdade, seguidas de fracassos repetidos que conduzem ao ceticismo, *desperatio verum inveniendi*. Perguntar-se se a razão sozinha pode ou não alcançar algumas verdades, sem o socorro da fé, é colocar uma questão que Agostinho resolveria sem nenhuma dúvida pela afirmativa, e sua refutação puramente filosófica do ceticismo bastaria para prová-lo. Mas não é assim que ele coloca o problema. A filosofia é o amor da sabedoria; o fim da filosofia é a posse da sabedoria beatificadora. Somente a razão é suficiente para aí nos conduzir? Agostinho responde: não.[28] Logo, não se questiona a existência da razão pura, nem a legitimidade de seu exercício separado da fé em alguns domínios, mas sua aptidão em nos fazer apreender Deus e a beatitude como seus únicos recursos. Ninguém duvida que sem a fé o homem poderia conhecer, por exemplo, a verdade das matemáticas; trata-se apenas de saber se a razão pode remontar ao fundamento último da verdade delas e, conseqüentemente, alcançar a Sabedoria sem o socorro da fé; isso é o que o agostinianismo nega, sem que nada possa ser feito para atenuar essa negação, nem para ampliá-la para além do problema de que ela é a resposta.

Daí se explica o conteúdo da doutrina agostiniana. Em santo Agostinho, tudo o que encontramos de especulação pessoal coloca-se sobre o caminho que vai da fé à contemplação beatífica, como uma transição entre nossa crença racional quanto ao tes-

---

[28] Daí os dois sentidos da palavra "filosofia" encontrados nos textos agostinianos; ao se tratar da filosofia em geral, ou seja uma especulação racional bruta, toda busca pela verdade é filosofia, seja essa bem sucedida ou mal sucedida; ao tratar de uma busca pela verdade que chega a seu termo, as filosofias se classificam por alcançá-lo mais ou menos. Então, Platão e Plotino aproximam-se mais da dignidade de filósofos e, a rigor, há apenas uma filosofia, a dos cristãos: "Obsecro te, non sit honestior philosophia Gentium, quam nostra Christiana, quae una est vera philosophia, quandoquidem studium vel amor sapientiae significatur hoc nomine." *Cont. Julian. Pelagianum*, IV, 14, 72; t. 44, col. 774.

temunho das Escrituras e a visão de Deus face à face, na eternidade.²⁹ Não se poderia levantar uma lista de verdades, na qual algumas seriam, para ele, essencialmente filosóficas, enquanto outras seriam essencialmente teológicas; pois todas as verdades necessárias à beatitude, fim último do homem, estão reveladas nas Escrituras; em todas, sem exceção, pode-se e deve-se acreditar. Por outro lado, não há sequer uma entre elas de que nossa razão não possa obter alguma inteligência, contanto que a isso se dedique, e, ao fazê-lo, o pensamento funciona como razão – já que a fé não mais intervém a título de prova, mas somente a título de objeto. Quanto às verdades racionais, que não se integram à perseguição da beatitude à qual o amor da sabedoria deve nos conduzir, elas são por natureza estranhas à sabedoria. Assim, a especulação agostiniana não quis ser e não pode ser senão uma exploração racional do conteúdo da fé. Todas as verdades reveladas podem, ao menos em certa medida, ser conhecidas; nenhuma poderia ser esgotada, já que elas têm Deus como objeto. A diferença entre as questões às quais nosso pensamento se dedica é que algumas podem ser claramente conhecidas por ele; outras, mais obscuramente; outras, quase nunca. Nós evidentemente de-

---

[29] A vista e, principalmente, a visão beatífica são freqüentemente designadas por santo Agostinho com o nome de *species*. Essa terminologia remonta a são Paulo, 2 *Cor* 5,7: "per fidem enim ambulamus, et non per speciem". Ver Agostinho: "Ergo quoniam intellectus in specie sempiterna est, fides vero in rerum temporalium quibusdam cunabulis quasi lacte alit parvulos; nunc autem *per fidem ambulamus, non per speciem*, nisi autem per fidem ambulaverimus, ad speciem pervenire non poterimus quae non transit, sed permanet, per intellectum purgatum nobis cohaerentibus veritati, propterea ille ait: *nisi credideritis, non permanebitis*, ille vero: *nisi credideritis, non intelligetis*" *De doctr. christiana*, II, 12, 17; t. 34, cap. 43. Cf., na Idade Média, J. Escoto Erígena: "Lux in tenebris fidelium animarum lucet, et magis ac magis lucet, a fide inchoans, ad speciem tendens" *In Prolog. Evang.* sec. Joan., Pat. lat., t. 122, c. 290. Santo Anselmo: "... inter fidem et speciem intellectum quem in hac vita capimus esse medium intelligo...," *De fide Trinitatis*, Praef., Pat. lat., t. 158, c. 159. Esse caráter da especulação agostiniana obriga-a a intercalar uma mística, que examinaremos mais adiante, entre o conhecimento racional, esclarecido pela fé, e a visão beatífica futura.

monstramos a existência de Deus, mas não é menos proveitoso aceitá-la de início pela crença; ignoramos sua natureza quase totalmente, mas não é menos útil tentar uma inspeção racional à espera de que sua visão nos seja concedida. Cremos na existência de Deus, que a razão demonstra, tentamos conceber a Trindade, de que só a fé nos faz conhecer a existência. Em ambos os casos, a razão, que se obstina em seu esforço, não cessa de se enriquecer pela busca de um bem tão grande que não se busca, a não ser para encontrá-lo, e que não se encontra, senão para buscá-lo; a doçura da descoberta excita a avidez na busca: *nam et quaeritur ut inveniamur dulcius, et invenitur ut quaeratur avidius*. Pois, se é verdade que a fé busca e a inteligência encontra, Aquele que ela busca é tal que, tendo-o encontrado, ela busca novamente: *et rursus intellectus eum quem invenit adhuc quaerit*.[30] De certo, tais fórmulas se aplicam eminentemente ao caso em que a razão humana trabalha para escrutar o mistério.[31] Mas não conhecemos um único caso em que o agostinianismo tenha dispensado a razão de partir da fé,[32] nem tenha acreditado que a razão tenha alcançado seu termo antes da visão de Deus no reino celeste. Eis por que a crença em Deus precede também a prova de sua existência, não para nos dispensar dela, mas, ao contrário, para incitar-nos a descobri-la, pois é para Deus que a sabedoria nos guia e não se alcança Deus sem Deus.

---

[30] Santo Agostinho não parece estar se perguntando se a demonstração racional completa de um artigo de fé elimina a fé ao substituí-la, ou se a verdade mesma pode ser sabida e acreditada. Sobre a discussão do problema nos agostinianos da Idade Média, ver *La philosophie de saint Bonaventure*, Paris, J. Vrin, 1924, p. 114-116.

[31] Trata-se, aqui, do mistério da Trindade (*De Trinitate*, XV, 2, 2; t. 42, c. 1058) e, por conseqüência, de um objeto inesgotável ao pensamento, mesmo iluminado pela fé.

[32] Ver especialmente o *De moribus ecclesiae catholicae*, no qual santo Agostinho considera um método vicioso começar pela razão ("quod fateor in disputando vitiosum esse"). Ele não se resigna a fazê-lo nessa obra senão para condescender à loucura dos maniqueus, adotando provisoriamente o método destes, tal como Jesus Cristo se submeteu à morte para nos salvar: *op. cit.*, I, 2, 5; t. 32, col. 1311-1312.

A busca de Deus pela inteligência

A partir daí, explica-se igualmente em que medida e em que sentido tem-se o direito de se falar em uma filosofia agostiniana. Acabamos de ver que a especulação racional, tal como a concebe santo Agostinho, sempre tem seu ponto de partida na fé. Freqüentemente, apóia-se nesse fato para negar a existência de uma filosofia agostiniana enquanto tal. De início, o desenlace da longa crise interior descrita nas *Confissões* tem fim sob uma dupla capitulação, com Agostinho submetendo, de uma vez por todas, seu pensamento à autoridade dupla de Platão e das Escrituras, de modo que não se pode saber "se não se deve estimar que esse vigoroso gênio tenha deixado plenamente de filosofar, no dia em que ele se decide por jamais se apegar à filosofia."[33] Por outro lado, a infelicidade quer que essa dupla autoridade seja contraditória em si mesma, já que uma faz apelo à razão e a outra faz apelo à fé; como se a decisão inicial, pela qual a razão se obriga a reencontrar um dado irracional, não fosse a negação mesma de toda racionalidade e, por conseqüência, de toda filosofia.

De fato, não apenas não foi assim que Agostinho colocou o problema, mas arriscamos realmente não ver como o colocou se olhamos sua doutrina desse ponto de vista. Jamais ele discutiu a questão que lhe colocamos. Os objetos pelos quais o pensamento de Agostinho se interessa são bem definidos e é a classificação deles que, para ele, determina a classificação de nossos conhecimentos.

Com efeito, não se trata de definir uma filosofia ou uma teologia, mas de conhecer coisas. Algumas são temporais, outras são eternas. Entre as coisas temporais, há as presentes, as passadas e as futuras. As coisas temporais presentes podem ter sido vistas, ou ter sido acreditadas pela fé no testemunho de outrem. As coisas temporais passadas só podem ser acreditadas sob testemunho, e não se pode esperar vê-las; por exemplo, a morte do

---

[33] NOURRISSON, *La philosophie de saint Augustin*, 1865, t. I, p. 56. Cf. "... sua filosofia sempre foi uma filosofia de empréstimo, uma doutrina de autoridade, e não um sistema livre e original, qualquer que seja o esforço dele para abarcar a sabedoria em si mesma e por si mesma". *Op. cit.*, p. 61.

Primeiro grau: a fé

Cristo e sua ressurreição. As coisas temporais futuras apenas podem ser acreditadas e pode-se esperar vê-las, mas é impossível torná-las visíveis; por exemplo, a ressurreição dos corpos.

Passemos às coisas eternas. Há as que são visíveis e outras invisíveis. É visível, por exemplo, o corpo imortal de Cristo. Acreditamos nos *visibilia permanentia*, sem que possam ser tornados visíveis para nós, mas esperamos vê-los um dia. Ao esperar, contentamo-nos em crer, pois não há como tentar compreendê-los pela razão e pela inteligência. Quanto aos *invisibilia permanentis*, como a "Sabedoria" ou a "Justiça", é outra coisa. Tais objetos podem ser, desde o presente, buscados pela razão e encontrados pela inteligência. De fato os vemos (*contuemur*) pela luz do intelecto; e esta luz, pela qual os vemos, é, ao menos, tão certa quanto são tais objetos. Logo, há em nós um tipo de luz inteligível, graças à qual vemos, por assim dizer, as realidades inteligíveis e, como elas são permanentes, o conhecimento que temos delas é muito mais certo do que nosso conhecimento das coisas sensíveis. Isso é o que quer dizer são Paulo quando afirma os *invisibilia intellectur conspiciuntur* (Rm 1,20). Ora, trata-se essencialmente dos *invisibilia Dei*, e, portanto, os olhares de Agostinho irão se dirigir para esse flanco.[34]

Quais são as questões que lhe interessam? Todas aquelas que lhe são sugeridas pelo texto da Escritura. Assim, ele procede, como Orígenes e Ambrósio fizeram antes, por uma exegese racional do texto revelado, e embora possamos estar tentados a classificar as exegeses em escriturais, filosóficas e teológicas, ele não as distingue assim porque, nos três casos, faz a mesma coisa. Para ele, o único problema que se coloca é, segundo o conselho da *Epístola aos Romanos*, apreender, tanto quanto possível, a realidade inteligível escondida sob a materialidade da letra. "Pai nosso que estais no céu". A razão nos conduz à inteligência do fato que Deus não está dentro de um lugar. O Cristo está sentado à direita do Pai; compreendemos que o Pai não é um corpo com

---

[34] *Epist. 120*, cap. 11; t. 38, c. 456-457.

direita e esquerda. É o *intellectus*.[35] Mas conhecer pela razão de como é possível o mal num mundo criado por Deus também é próprio do *intellectus*. Cremos que Deus criou o mundo, que é perfeito, e que, contudo, há o mal: uma enquete da razão sobre o livre-arbítrio nos conduz à inteligência desses fatos.[36] Cremos também que Deus existe; para compreender que ele existe, devemos raciocinar, argumentar, provar, somente então ocorrerá o *intellectus* da existência de Deus.[37] O problema da Trindade é do mesmo tipo. Sem dúvida, não poderia se colocar aqui a questão de demonstrar racionalmente tal mistério: eis um invisível permanente acima da sabedoria e da justiça. Mas são Paulo convida-nos a estudá-lo: *invisibilia enim a constitutione mundi* ... No mundo criado por Deus, não há apenas corpos, há a alma, o pensamento, e por que o pensamento, feito à imagem de Deus, não nos ajudaria a conhecê-lo? Em resumo, sem ser demonstrável nem mesmo compreensível,[38] a Trindade não repugna completamente deixar-se apreender pela inteligência: *Non eam tamen a nostro intellectu omnio abhorrere Apostolus testis est...*[39] Eis novamente o *intellectus*, e exatamente ele de que Agostinho dos diz: *intellectum valde ama*. A inteligência em questão é a que, nascida de uma fé reta e sem comprometimentos com a heresia, é concedida por Deus devido às nossas preces como a recompensa da fé: *Tu autem, charissime, ora fortiter ut det tibi Dominus intellectum*.[40] Os que assim recebem a inteligência, ao esperar pela vida futura, são portanto simplesmente cristãos, que vivem da fé, como todos os justos, e vivem da mesma fé que todos os justos, mas os cristãos são *meliores*, porque já têm, com a fé, algo de análogo à visão que será sua recompensa.[41]

---

[35] *Op. cit.*, cap. 11, n. 14; t. 38, c. 459
[36] *De lib. arb.*, I, 2, 4; t. 32, c. 1224.
[37] *De lib. arb.*, II, 2, 5-6; t. 32, c. 1243.
[38] Em francês, retomando a terminologia agostiniana, diz-se "intelligible". (N. da T.)
[39] *Epist.* 120, 11, 11; t. 35, c. 458.
[40] *Loc. cit.*, 14; c. 459.
[41] *De lib. arb.*, II, 2, 6; t. 32, c. 1243. Cf. "praeponendus", p. 68, nota 15.

Primeiro grau: a fé

Eis, portanto, o plano normal e habitual sobre o qual se coloca a especulação agostiniana. Ainda que a fé e a razão sejam igualmente interessantes, o problema que aqui se debate não é estabelecer uma demarcação entre os dois domínios, nem, conseqüentemente, assegurar à filosofia uma essência distinta da teologia, ou, inversamente, deixar para saber em seguida como seria possível fazê-las entrarem em acordo. Para Agostinho, a questão se coloca inteiramente no interior da fé. É a fé que nos diz o que há para ser compreendido, é ela que purifica o coração e, assim, permite à razão discutir com proveito, e tornando-a capaz de encontrar a compreensão do que Deus revela. Em suma, quando Agostinho fala de inteligência, sempre pensa no resultado de uma atividade racional à qual a fé abre o acesso,[42] ou seja, na unidade indivisível que é "a inteligência da fé."[43]

---

[42] "... sed intellectui fides aditum aperit, infidelitas claudit". S. AGOSTINHO, *Epist.* 137, IV, 15; P. L. t. 33, c. 522. "*Sed sunt quidam*, inquit (Christus), *in vobis qui non credunt* (Jo 6, 65). Non dixit, sunt quidam in vobis qui non intelligunt; sed causam dixit, quare non intelligunt. *Sunt enim quidam in vobis qui non credunt*; et ideo non intelligunt, quia non credunt. Propheta enim dixit: *Nisi credideritis, non intelligetis* (Is 7,9: Sept.). Per fidem copulamur, per intellectum vivificamur. Prius haereamus per fidem, ut sit quod vivificetur per intellectum. Nam qui non haeret, resistit; qui resistit, non credit. Nam qui resistit, quomodo vivificatur? Adversarius est radio lucis, quo penetrandus est: non avertit aciem, sed claudit mentem. *Sunt ergo quidam qui non credunt*.Credant et aperiant, aperiant et illuminabuntur." S. AGOSTINHO, In *Joan. Evang,* tr,. 27, cap. 6, n. 7; P. L. t. 35, c. 1618. Cf. ibid., n. 9; t. 35, c. 1619. "Si intelleximus, Deo gratias: si quis autem parum intellexit, fecit homo quousque potuit, caetera videat unde speret. Forinsecus ut operarii possumus plantare et rigare, sed Dei est incrementum dare (1 Cor 3,6). Mea, inquit, *doctrina non est mea, sed eius qui misit me* (Jo 7,16). Audiat consilium, qui dicit, Nondum intellexi. Magna quippe res et profunda cum fuisset dicta, vidit utique ipse Dominus Christus hoc tam profundum non omnes intellecturos, et in consequenti dedit consilium: Intelligere vis? crede. Deus enim per prophetam dixit: *Nisi credideritis, non intelligetis* (Is 7,9: Sept.)." S. AGOSTINHO, In *Joan. Evang.*, tr. 29, cap. 7, n. 6; P. L. t. 35, c. 1630. Assim, como mais tarde observará santo Anselmo, a Escritura nos pede para crer, pois é necessário crer para compreender.

[43] "Fides enim gradus est intelligendi: intellectus autem meritum fidei. Aperte hoc propheta dicit omnibus praepropere et praepostere intelligentiam requirentibus,

A história pura não poderia ir mais longe. Podemos lamentar, em filosofia, que Agostinho não tenha colocado o problema de outro modo, mas foi assim que o colocou. Uma filosofia que quer ser um verdadeiro amor pela sabedoria deve partir da fé, da qual será inteligência. Uma religião que se quer tão perfeita quanto possível, deve tender à inteligência a partir da fé. Assim entendida, a verdadeira religião é a verdadeira filosofia e, por sua vez, a verdadeira filosofia é a verdadeira religião. A isso Agostinho chama de "filosofia cristã", ou seja, tal como ele a entende, uma contemplação racional da revelação cristã;[44] e tudo que formos estudar em sua obra, a começar por sua teoria do conhecimento, é determinado por essa ordem de considerações.

---

et fidem negligentibus. Ait enim: *Nisi credideritis, non intelligetis* (Is 7,9: Sept.) Habet ergo et fides ipsa quoddam lumen suum in Scripturis, in Prophetia, in Evangelio, in Apostolicis lectionibus. Omnia enim ista quae nobis ad tempus recitantur, lucernae sunt in obscuro loco, ut nutriamur ad diem." S. AGOSTINHO, *Sermo* 126, cap. 1, n. 1; P. L. t. 38, c. 698.

[44] *Contra Julian. Pelag.*, IV, 14, 72; vol. 44, c. 774. Quanto à equivalência entre verdadeira filosofia e verdadeira religião, ver *De vera religione*, v. 8; vol. 34, c. 126.

II. SEGUNDO GRAU: A EVIDÊNCIA RACIONAL

O primeiro conselho que Agostinho dá para quem quer provar a existência de Deus é de crer nele; o segundo momento da prova assim entendida consistirá na demonstração do fato de que o homem não está condenado ao ceticismo.[1] Antes de saber tal verdade, é necessário saber se a verdade em geral é acessível ao homem; antes de demonstrar a existência de Deus em particular, é necessário responder àqueles que sustentam que nada é demonstrável; a refutação do ceticismo radical é, portanto, o segundo momento de uma prova da existência de Deus.[2]

Aqui, a demonstração de santo Agostinho segue e formula somente sua experiência pessoal. Se ele insistiu na utilidade da fé, é porque se lembrou dos longos anos de erro em que seu pensamento se esgotava na vã perseguição de uma verdade que, em seguida, a fé lhe revelou. Se ele insiste, na necessidade de refutar o

---

[1] Sobre essa questão consultar H. LEDER, *Untersuchungen über Augustins Erkenntnistheorie...*, Marburg, R. Friedriech, 1901. P. ALFARIC, *L'évolution intellectuelle de saint Augustin*, Paris, 1918, p. 415-428. Ch. BOYER, *L'idée de vérité dans la philosophie de saint Augustin*, Paris, 1921, p. 12-46 (capítulo excelente). J. MARTIN, Saint Augustin, 2ª ed., Paris, 1923, p. 32-48. Ét. GILSON, *L'esprit de la philosophie médiévale*, Paris, 1932, t. II, cap. I, p. 1-22.

[2] "Mihi satis est, quoquo modo molem istam transcendere quae intrantibus ad philosophiam sese opponit." *Cont. Acad.*, III, 14, 30; t. 32, col. 950. Esse é o primeiro momento em que um moderno consideraria a filosofia propriamente dita de santo Agostinho. Nesse sentido, pode-se dizer: "Conhecemos a verdade: eis o fato sobre o qual repousa a filosofia de santo Agostinho". Ch. BOYER, *L'idée de vérité dans la philosophie de saint Augustin*, Paris, 1921, p. 12.

ceticismo antes de ir mais longe, é porque se lembra de ter se desesperado para descobrir a verdade. Assim, Agostinho quer descartar da nossa rota a dificuldade imprevista na qual ele mesmo tropeçou; o antigo acadêmico quer nos libertar do pirronismo do qual ele mesmo sofreu.

Quanto ao essencial, a refutação agostiniana do ceticismo está contida no *Contra Academicos*. O escrito resume as conversas entre Agostinho e seus amigos na vila de Cassissíaco, imediatamente após sua conversão. Já é notável que a refutação do ceticismo tenha sido a primeira ocupação do novo cristão. O "desespero de encontrar a verdade", que ele acabava de vencer em si mesmo, é também o primeiro inimigo que ele quer vencer nos outros.[3] Enfim, Agostinho tinha certezas, portanto a certeza era possível. Ao salvar o pensamento do desespero, o *Contra Academicos* desobstruía o seio da filosofia e abria sua porta.[4] De fato, Agostinho sempre considerava essa primeira refutação do ceticismo como definitiva,[5] e, em certo sentido, ela o foi, ainda que seja necessário buscar, em algumas de suas obras posteriores, as fórmulas mais profundas de seu pensamento atinente a esse assunto. O erro do

---

[3] "Nondum baptizatus, contra Academicos vel de Academicis primum scripsi, ut argumenta eorum, quae multis ingerunt veri inveniendi desperationem, et prohibent cuiquam rei assentiri (...) ab animo meo, quia et me movebant, quantis possem rationibus amoverem." *Retract.*, I, 1, 1; t. 32, col. 585.

[4] "Unde tria confeci volumina initio conversionis meae, ne impedimento nobis essent, quae tamquam in ostio contradicebant. Et utique fuerat removenda inveniendae desperatio veritatis, quae illorum videtur argumentationibus roborari." *Enchiridion*, VII, 20; t. 40, col. 242. O interesse vital de Agostinho pela questão exprime-se enfaticamente nas seguintes linhas: "... non tam me delectat quod, ut scribis, Academicos vicerim... quam quod mihi abruperim odiosissimum retinaculum, quo a philosophiae ubere desperatione veri, quod est animi pabulum, refrenabar." *Epist.* I, 3; t. 33, c. 62-63

[5] "Sunt inde libri tres nostri, primo nostrae conversionis tempore conscripti, quos qui potuerit et voluerit legere lectosque intellexerit, nihil eum profecto quae ab eis contra perceptionem veritatis argumenta multa inventa sunt, permovebunt." *De Trinitate*, XV, 12, 21; t. 42, col. 1074-1075.

Segundo grau: a evidência racional

qual sofreu o jovem Agostinho era o ceticismo da Nova Academia, tal qual Cícero teria interpretado em seus *Acadêmicos*. Para refutá-lo, inicialmente usará argumentos dialéticos do tipo comum, depois elaborará progressivamente uma refutação mais profunda cujas repercussões filosóficas se farão sentir durante muitos séculos.

Desde o começo de sua argumentação contra o ceticismo, percebemos que Agostinho já está em posse de sua própria doutrina do conhecimento.[6] Todavia, não é ela que utiliza para refutá-lo, mas ele simplesmente tenta uma série de argumentos *ad hominem* que lhe parecem concludentes por si mesmos. Ele traz para essa controvérsia um verdadeiro encarniçamento dialético, em que para ele não se trata de um exercício de escola, mas de sua própria vida e da possibilidade de ser feliz para o homem em geral.[7]

Os acadêmicos negam que se possa saber o que quer que seja. O que os conduz a essa conclusão é a definição de verdade posta por Zenão: uma coisa é compreendida e percebida como verdadeira quando nela não se encontra qualquer característica que pertença ao erro;[8] de onde Carnéades conclui que, por nenhum conhecimento ser assim, nenhuma certeza é possível. Mas, primeiramente, esses homens deveriam perceber que sua posição

---

[6] A doutrina da iluminação está indicada por uma alusão velada: "Etenim numen aliquod aisti (sc.Alypi) solum posse ostendere homini quid sit verum, cum breviter, tum etiam pie. Nihil itaque in hoc sermone nostro libentius audivi, nihil gravius, nihil probabilius, et, si id numen ut confido adsit, nihil verius." *Cont. Academ.*, III, 6, 13; t. 32, col. 940.

[7] "Hic jam non de gloria, quod leve ac puerile est, sed de ipsa vita, et de aliqua spe animi beati, quantum inter nos possumus, disseramus" *Cont. Academ.*, III, 9, 18; t. 32, col. 943. Cf. III, 14, 30; col. 950.

[8] Agostinho não resume sempre em termos idênticos a definição de Zenão: "Sed verum non posse comprehendi, ex illa stoici Zenonis definitione arripuisse videbantur, qui ait id verum percipi posse, quod ita esset animo impressum ex eo unde esset, ut esse non posset ex eo unde non esset. Quod brevius planiusque sic dicitur, his signis verum posse comprehendi, quae signa non potest habere quod falsum est." *Cont. Academ.*, II, 5, 11; t. 32, col. 925.

é contraditória, pois pretendem simultaneamente possuir a sabedoria e ensinar que nada se sabe. Se nada se sabe verdadeiramente, não seria mais simples dizer que a sabedoria é impossível? Pois parece estranho dar o nome de sábio a um homem que, nada sabendo, não sabe sequer por que vive, como deve viver e tampouco se vive.[9] Ademais, se não sabe nada, ele não sabe o que é a sabedoria; não obstante, o que há de mais insensato que dizer de um homem que ele é sábio e que, contudo, ignora o que é a sabedoria? Melhor seria simplesmente renunciar ao uso de tal nome.[10]

Contraditória em sua pretensão de possuir a sabedoria, a posição do Acadêmico também é contraditória em si mesma, pois a definição de certeza que ele adota implica somente ela acrescida de uma certeza. Se a considera como certa, isso que a propósito ela é, então ele tem, por isso mesmo, ao menos uma verdade; se a considera apenas como provável, deve ao menos admitir que ela é ou verdadeira ou falsa, e essa proposição disjuntiva é também em si mesma uma certeza.[11] Eis os Acadêmicos já abatidos em seu próprio terreno; mas pode-se ir mais longe.

Com efeito, o princípio fundamental deles é que nunca se chega a saber nada em filosofia. Quando se observa que por conta disso um homem não poderia saber se é um homem ou uma formiga, Carnéades responde prudentemente que sua dúvida se limita aos problemas filosóficos e às soluções que lhes propõem os diversos sistemas; mas esse princípio é, ele mesmo, um princípio filosófico e, conseqüentemente, é necessário duvidar dele – o que coloca em perigo a existência da escola –, ou aceitá-lo como uma verdadeira filosofia – o que a arruína. Ademais, também na física há um grande número de certezas acessíveis ao pensamento. Não

---

[9] "Hoc si ita est, dicendum potius erat, non posse in hominem cadere sapientiam, quam sapientem nescire cur vivat, nescire quemadmodum vivat, nescire utrum vivat" *Cont. Academ*, III, 9, 19; t. 32, col. 943. Trata-se do primeiro esboço do que mais tarde será o *Cogito*.

[10] *Ibid.*, e III, 14, 31-32; t. 32, col. 950-951.

[11] *Cont. Academ*, III, 9, 21; t. 32, col. 944-945.

é necessário ser um sábio para estar certo de que só há um mundo ou de que há mais e, se há mais, de que esses mundos são em número finito ou infinito. Estou igualmente certo de que o mundo onde estamos obtém sua organização seja dos corpos que o compõem, seja de alguma providência; enfim, sei que ou ele não tem nem começo nem fim, ou tem um começo e não terá fim, ou que ele não começou no tempo, mas terá um fim, ou ainda, que ele tem um começo no tempo e que também terá um fim. Deixadas no estado de disjunção, essas proposições são indiscutivelmente verdadeiras. Sem dúvida, o Acadêmico irá nos intimar a tomar partido. Nós recusaremos, pois é nesse momento que afirmaríamos aquilo sobre o que não estamos certos; mas o que ninguém poderá contestar é que uma ou outra dessas teses filosóficas seja certa e, por mais tempo que nos atenhamos a tal asserção, estamos certos de não nos enganarmos.[12]

 Carnéades talvez não se daria por vencido. Afirmamos proposições disjuntivas tocantes à ordem ou a duração desse mundo, mas, ele perguntaria, como sabemos que esse mundo existe, se nossos sentidos são enganadores? Admitamos que o sejam; tudo o que agora podemos sustentar é que as coisas são diferentes de como aparecem para mim, mas ninguém ousaria sustentar que nada aparece para mim. Se chamo de "mundo" esse conjunto, seja qual for, onde vivo e subsisto, a respeito do qual digo que isso aparece aos meus olhos, onde vejo uma terra – ou qualquer coisa semelhante – ou um céu – ou um tipo de céu –, estou muito certo de não me enganar, pois, para enganar-se é necessário afirmar aquilo de que não se está certo. Ora, não digo que tudo isso seja real, mas somente que me parece tal; portanto, se me dizem que isso que vejo não é nada, eu tampouco me encontraria no erro. Para estar equivocado, seria necessário provar que eu acreditava não ver nada, o que ninguém tentará fazer, e, como chamo de

---

[12] *Cont. Academ.*, III, 10, 23; t. 32, col. 946. Sobre as verdades da mesma ordem que são descobertas na dialética, *op. cit.*, III, 13, 29, col. 949.

"mundo" o que aparece para mim, nada será provado contra mim ao se dizer que isso que apareceu para mim não é um mundo; discutiremos apenas sobre palavras.[13]

Mas se dormísseis, dir-se-á, esse mundo que vedes existe? – Sim, pois se chamo de mundo o que aparece para mim, não paro de perceber aparências, mesmo quando durmo ou se sou louco. Ademais, as proposições disjuntivas que citamos anteriormente, e muitas outras do mesmo gênero, continuariam verdadeiras em qualquer estado que eu as apreendesse. Esteja dormindo ou em vigília, que meu espírito seja são ou insano, quando penso que, se há seis mundos mais um mundo, há sete mundos, ou que três vezes três são nove, ou que o quadrado de um número é este número multiplicado por ele mesmo, certamente tenho razão e tudo isso será verdadeiro enquanto o mundo inteiro estiver roncando.[14]

Quando se quer definir com precisão a atitude adotada por santo Agostinho em relação ao conhecimento sensível, podemos reduzi-la às duas teses seguintes: considerando-o como uma simples aparência, ou seja, tomando-o como isso que ele realmente é, o conhecimento sensível é infalível; alçado a critério da verdade inteligível da qual é especificamente diferente, ele necessariamente nos induz ao erro. No que concerne ao primeiro ponto, como já constatamos, é claro que todo dado sensível tem o direito de se afirmar como aparência, pois os sentidos percebem o que percebem como percebem. Vejo uma estaca quebrada quando coloca-

---

[13] *Cont. Academ*, III, 11, 24; t. 32, col. 946.

[14] "Si autem unus et sex mundi sunt, septem mundos esse, quoquo modo affectus sim, manifestum est, et id me scire non impudenter affirmo. Quare vel hanc connexionem, vel illas superius disjunctiones, doce somno aut furore aut vanitate sensuum posse esse falsas; et me, si expergefactus ista meminero, victum esse concedam. Credo enim jam satis liquere quae per somnium et dementiam falsa videantur, ea scilicet quae ad corporis sensus pertinent: nam ter terna novem esse, et quadratum intelligibilium numerorum, necesse est vel genere humano stertente sit verum." *Cont. Academ.*, III, 11, 25; t. 32, col. 947. Cf. DESCARTES, *Meditatio* II, ed. Adam-Tannery, t. VII, p. 28-29.

Segundo grau: a evidência racional

da parcialmente na água; nada é mais verdadeiro; meus olhos a vêem exatamente como devem vê-la, dado que ela está colocada parcialmente na água e se a vissem reta, enganar-me-iam.

Meu único erro é ir além do puro dado sensível e afirmar que as coisas são tais quais aparecem a mim.[15] Tal erro, que é cometido continuamente, é a verdadeira origem e aparente justificação do ceticismo, pois isso de que os acadêmicos refutam a possibilidade é a sabedoria tal como a concebem os estóicos. Ora, o sábio que Carnéades julga impossível é Zenão, cuja ciência se funda no testemunho dos sentidos. Mas o sábio verdadeiro não pode ser este e o que podemos dizer contra o conhecimento sensível talvez não atinja todos os filósofos. Com efeito, os filósofos relegam ao domínio da opinião o que os sentidos nos ensinam para reservar a ciência à inteligência e ao pensamento puro; assim são os platônicos, e o sábio verdadeiro que buscamos é da mesma cadência.[16] Mas não é necessário ir tão longe para sair do ceticismo, e o pensamento encontra imediatamente em si como o sobrepujar.

No *De vita beata*, contemporâneo ao *Contra Academicos*, pela primeira vez Agostinho formula de modo reconhecível o argumento que culminará no *Cogito* de Descartes. Nesse diálogo, Agostinho pergunta a seu interlocutor hesitante: "Sabes ao menos

---

[15] "Nihil habeo quod de sensibus conquerar: injustum est enim ab eis exigere plusquam possunt; quidquid autem possunt videre oculi, verum vident. Ergone verum est quod de remo in aqua vident? Prorsus verum. Nam causa accedente quare ita videretur, si demersus unda remus rectus appareret, magis oculos meos falsae renuntiationis arguerem. Non enim viderent quod talibus existentibus causis videndum fuit. Quid multis opus est? Hoc de turrium motu, hoc de pinnulis avium, hoc de caeteris innumerabilibus dici potest Ego tamen fallor, si assentiar, ait quispiam. Noli plus assentiri, quam ut ita tibi apparere persuadeas; et nulla deceptio est." *Cont. Academ.*, III, 11, 26; t. 32, col. 947. Esse último texto é apresentado como a objeção possível de um epicurista a um acadêmico, mas Agostinho usa-a como se fosse sua.

[16] *Cont. Academ*, III, 11, 26; t. 32, col. 948. Cf. *De Trinitate*, XV, 12, 21; t. 42, col. 1075.

que tu vives?" E Navígio responde: "Sei."[17] Considerado na forma em que se reveste nos *Solilóquios* (novembro e dezembro de 387), o argumento substitui a intuição da vida pela do pensamento: "Tu que queres te conhecer, sabes que tu és? – Sei. –De onde sabes? – Desconheço. – Sentes simples ou múltiplo? –Desconheço. – Sabes que te moves? –Desconheço. – Sabes que pensas? – Sei. – Logo, é verdadeiro que tu pensas? –É verdadeiro."[18] A certeza da existência do sujeito pensante é, portanto, imediatamente fundada sobre a certeza da existência do pensamento, por oposição a qualquer outra certeza ulterior, e essa verdade incontestável é também a primeira de todas as certezas.

Assim preparado, o texto do *De libero arbitrio*, que iremos analisar agora, explica-se por si mesmo. Não é por acaso que Agostinho abre a prova da existência de Deus pela prova de sua própria existência. Com efeito, ele se lembra do desespero para encontrar a verdade que ele mesmo sentiu, e que o ceticismo é o obstáculo que bloqueia a entrada da filosofia. Antes de seguir em frente, portanto, é necessário descartá-lo. O parentesco que une o pensamento de Agostinho ao de Descartes é aqui dos mais impressionantes; nas duas doutrinas é sublinhada a necessidade de pensar "por ordem", a existência do pensamento é apresentada como a primeira e mais evidente de todas as certezas. Tal certeza

---

[17] "Potesne, inquam, nobis dicere aliquid eorum quae nosti? – Possum , inquit. – Nisi molestum est, inquam, profer aliquid. Et cum dubitaret: scisne, inquam, saltem te vivere? Scio, inquit." *De beata vita*, II, 2, 7; t. 32, col. 963. O *De beata vita* foi composto entre o primeiro e o segundo livros do *Contra Academicos*, ou seja, em 13, 14 e 15 de nov. de 387. O argumento ainda está bem distante do de Descartes: 1º) por se debruçar sobre a vida em lugar do pensamento; 2º) em se completar imediatamente pela afirmação da existência do corpo ("Scis etiam corpus habere?") que Descartes, ao contrário, eliminará como o tipo próprio da coisa duvidosa.

[18] "*Ratio.–* Tu qui vis te nosse, scis esse te? *Augustinus* – Scio. *R.–* Unde scis? *A.–* Nescio. *R.* – Simplicem te sentis, anne multiplicem? *A.–* Nescio. *R.* – Moveri te scis? *A.* – Nescio. *R.–* Cogitare te scis? *A.* – Scio. *R.* – Ergo verum est cogitare te. *A.* – Verum." *Soliloq.*, II, 1, 1; t. 32, col. 885.

Segundo grau: a evidência racional

é a primeira de todas porque ela continua evidente mesmo no caso de o pensamento que se conhece ser um erro. Enfim, nas duas doutrinas, essa primeira evidência oferece suporte para a prova da existência de Deus: "Então, busquemos, na seguinte ordem, se vos agradar: primeiro, como se pode provar que Deus existe... Pergunto-vos inicialmente, a fim de partir do que é mais evidente, se vós existis? Não penso que arriscaríeis vos enganar ao responder a minha questão, uma vez que, se vós não existísseis, seria absolutamente impossível que vós vos enganásseis. – Portanto, passemos adiante. – Logo, uma vez que é evidente que vós sois ..."[19] Esse texto data de 388; dois anos mais tarde, no *De vera religione*, Agostinho propõe o fato mesmo da dúvida como uma primeira evidência, mas somente de modo breve e sem fundar a evidência do ser sobre a certeza da dúvida.[20]

Ao contrário, em 416, um texto célebre do *De Trinitate* e, por volta de 420, um outro texto não menos famoso do *De civitate Dei* evocam à memória, mais irresistivelmente do que nunca, algumas teses análogas a Descartes. Após lembrar que tanto o sono como as ilusões da demência implicam a vida e a certeza de

---

[19] "Quaeramus autem hoc ordine, si placet: primum, quomodo manifestum est Deum esse; deinde, utrum ab illo sint quaecumque in quantumcumque sunt bona... Quare prius abs te quaero, ut de manifestissimis capiamus exordium; utrum tu ipse sis. An tu fortasse metuis, ne in hac interrogatione fallaris, cum utique si non esses, falli omnino non posses? – Perge potius ad caetera. – Ergo quoniam manifestum est esse te, ..." *De lib. arbitrio*, II, 3, 7; t. 32, col. 1243. Esse é o texto que Arnauld aproximou imediatamente ao de *Descartes em Oeuvres* de Descartes, edit. Ch. Adam e P. Tannery, v. IX, p. 154. Sobre essa questão ver: FERRAZ, *La Psychologie de saint Augustin*, p. 148-153. NOURRISSON, *La philosophie de saint Augustin*, t. II, p. 207-220. L. BLANCHET, *Les antécédents historique du Je pense donc je suis*, Paris, 1920, Iª Parte. Ch. BOYER, *L'idée de vérité dans la philosophie de saint Augustin*, Paris 1921, p. 32-41. Ét. GILSON, *René Descartes. Discours de la méthode, texte et commentaire*, Paris, J. Vrin, 1925, e *Études sur le rôle de la pensée médiévale dans la formation du système cartésien*, Paris, J. Vrin. 1930.

[20] *De vera religione*, XXXIX, 73, t. 34, col. 154.

estar vivo,[21] Agostinho afirma formalmente sua existência em nome do fato do erro: "As verdades desse gênero nada têm a temer os argumentos dos acadêmicos. Eles dizem: sim, mas e se vós vos enganásseis! Se me engano, sou. Pois aquele que não é evidentemente não pode se enganar e, conseqüentemente, eu sou se me engano. Logo, se sou se me engano, como eu poderia me enganar sobre minha existência, dado que é certo que, se me engano, sou? Assim, mesmo quando me enganasse, seria necessário que eu fosse para poder me enganar e, portanto, está fora de dúvida que não me engano quando digo que sou."[22] Nada falta à

---

[21] Depois de ter mostrado que o ceticismo dos Acadêmicos se funda na constatação de erros dos sentidos, de ilusões do sono e da demência (como na *Primeira Meditação* de Descartes), Agostinho replica: "Exceptis enim quae in animum veniunt a sensibus corporis, in quibus tam multa aliter sunt quam videntur, ut eorum verisimilitudine nimium constipatus, sanus sibi esse videatur qui insanit; unde Academica philosophia sic invaluit, ut de omnibus dubitans multo miserius insaniret; his ergo exceptis quae a corporis sensibus in animum veniunt, quantum rerum remanet quod ita sciamus, sicut nos vivere scimus? in quo prorsus non metuimus, ne aliqua verisimilitudine forte fallamur, quoniam certum est etiam eum qui fallitur vivere; nec in eis visis hoc habetur, quae objiciuntur extrinsecus, ut in eo sic fallatur oculus, quemadmodum fallitur cum in aqua remus videtur infractus, et navigantibus turres moveri, et alia sexcenta quae aliter sunt quam videntur; quia nec per oculum carnis hoc cernitur. Intima scientia est qua nos vivere scimus, ubi ne illud quidem Academicus dicere potest: Fortasse dormis, et nescis, et in somnis vides... Numquam ergo falli nec mentiri potest, qui se vivere dixerit scire. Mille itaque fallacium visorum genera objiciantur ei qui dicit: scio me vivere; nihil horum timebit, quando et qui fallitur vivit." *De Trinitate*, XV, 12, 21; t. 42, col. 1073-1074. Cf. *op. cit.*, X, 10, 14; t. 42, c. 981.

[22] "Nam et sumus, et nos esse novimus, et id esse ac nosse diligimus. In his autem tribus, quae dixi, nulla nos falsitas verisimilis turbat. Non enim ea, sicut illa quae foris sunt, ullo sensu corporis tangimus, velut colores videndo... sed sine ulla phantasiarum vel phantasmatum imaginatione ludificatoria, mihi esse me, idque nosse et amare certissimum est. Nulla in his veris Academicorum argumenta formido, dicentium: quid si falleris? Si enim fallor, sum. Nam qui non est, utique nec falli potest; ac per hoc sum, si fallor. Quia ergo sum si fallor, quomodo esse me fallor, quando certum est me esse, si fallor?" *De civ. Dei*, XI, 26; t. 41, c. 339-340. Cf. Descartes: "Sed est deceptor nescio quis, summe potens, summe callidus, qui de industria me semper fallit. Haud dubie igitur ego etiam sum, si

Segundo grau: a evidência racional

prova agostiniana: os argumentos dos céticos; a constatação da natureza puramente sensível e do caráter, ao contrário, puramente inteligível da primeira certeza: *quia nec per oculum carnis hoc cernitur*;[23] o apelo à consciência: *intima scientia*; enfim, o "Se me engano, sou": *si enim fallor, sum*. Jamais poderemos saber sem dúvida em que medida Descartes possa ter sido tocado, direta ou indiretamente, por santo Agostinho ou pela tradição agostiniana; por outro lado, seria imprudente confundir o que há de original no *Cogito* cartesiano, mas o parentesco das doutrinas é evidente mesmo para quem não faça a comparação dos textos em detalhe; para um e outro filósofo a dúvida cética é uma doença de origem sensível para a qual a evidência do pensamento puro é o remédio, e essa primeira certeza abre a rota que, através da demonstração da espiritualidade da alma, conduz à prova da existência de Deus.

---

me fallit; et fallat quantum potest, nunquam tamen efficiet ut nihil sim quamdiu me aliquid esse cogitabo". *Meditatio* II, ed. Ad. – Tannery, t. VII, p. 25, 1.5-10.

[23] Essa oposição da verdade inteligível ao erro sensível é muito marcada no texto precedente e no *De Trinitate, loc. cit.*, col. 1075. Ch. BOYER (*op. cit.*, pp. 29-32), com razão mostrou que a influência de Platão e de Plotino foi decisiva nesse ponto. Platão libertou Agostinho do ceticismo ao liberá-lo do sensualismo e ao revelar nele, junto com o mundo inteligível, o lugar da verdade.

III. TERCEIRO GRAU:
A ALMA E A VIDA

Ao mesmo tempo em que se liberta da dúvida pela certeza de sua própria existência, o pensamento apreende-se como uma atividade vital de ordem superior, pois pensar é viver. Ora, toda vida tem seu princípio, que é a alma; então, o pensamento é da ordem da alma. Qual é o sentido dessa constatação e quais certezas novas ela implica?

Dado que o pensamento se conhece como alma, a primeira questão que ele deve resolver refere-se à natureza da alma.[1]

---

[1] A terminologia de Agostinho, aqui como em outros lugares, é muito flutuante; tentemos fixar alguns pontos.

a) *Anima, Animus*. – Falando propriamente, *anima* designa o princípio animador dos corpos considerando a função vital que neles exerce. O homem tem uma *animam*, também os animais. *Animus* (termo emprestado de Varrão, *De diis selectis*; ver *De civ. Dei*, VII, 23; col. 41, col. 212) é preferencialmente empregado por Agostinho para designar a alma do homem, ou seja, um princípio vital que é ao mesmo tempo uma substância racional (ver a definição de *animus* dada mais adiante. Nesse sentido, *animus* é o "summus gradus animae" (*De civ. Dei*, loc. cit.) e, por vezes, parece confundir-se com *mens* (*De civ. Dei*, XI, 3; col. 41, col. 318).

b) *Spiritus*. – O termo tem dois sentidos inteiramente diferentes, segundo Agostinho, derivado de Porfírio (*De civ. Dei*, X, 9, 2; vol. 41, col. 286-287) ou das Escrituras (*De anima et ejus origine*, II, 2, 2; vol. 44, col. 495-496; IV, 13, 19; col. 535; IV, 23, 37; col. 545-546. Na significação porfiriana, *spiritus* designa bem o que denominamos imaginação reprodutiva ou memória sensível; portanto, é superior à vida (*anima*) e inferior ao pensamento (*mens*). Ver *De Genesi. ad litt.*, XII, 24, 51; vol. 34, col. 474-475. Em sua significação escritural, *spiritus* designa,

A busca de Deus pela inteligência

Aparentemente, o lugar dessa idéia na doutrina de Agostinho em nada difere do que ocupa em todas as outras filosofias cristãs. Para ele, tal como para todos os filósofos cristãos, o homem é composto de uma alma e de um corpo, o que significa que, sem

---

ao contrário, a parte racional da alma e, por conseguinte, torna-se uma faculdade específica do homem e que os animais não possuem: "Et quoniam tria sunt quibus homo constat: spiritus, anima et corpus, quae rursus duo dicuntur, quia saepe anima simul cum spiritu nominatur; pars enim quaedam ejusdem rationalis, qua carent bestiae, spiritus dicitur; principale nostrum spiritus est; deinde vita qua conjungimur corpori, anima dicitur; postremo ipsum corpus quoniam visibile est, ultimum nostrum est". *De fide et symbolo*, X, 23; vol. 40, col. 193-194.

c) *Mens, Ratio, Intelligentia* – O pensamento, *mens*, é a parte superior da alma racional (*animus*); é ele que adere aos inteligíveis e a Deus (ver "Introdução", cap. II, p. 24, nota 1. Cf. *Enarr.* in Ps. 3, 3; vol. 36, col. 73; *De div. quaest. 83*; VII; vol. 40, col. 13). O pensamento contém naturalmente a razão e a inteligência: "... mens, cui ratio et intelligentia naturaliter inest, ...". *De civ. Dei*, XI, 2; vol. 41, col. 381. A razão (*ratio*) é o movimento pelo qual o pensamento (*mens*) passa de um dos seus conhecimentos a outro associando-os ou os dissociando: "Ratio est mentis motio, ea quae discuntur distinguendi et connectendi potens:..." *De ordine*, II, 11, 30; vol. 32, col. 1009. Os dois termos *intellectus* e *intelligentia* foram impostos a Agostinho pelas Escrituras (*Epist*. 147, XVIII, 45; vol. 33, col. 617); ambos significam uma atividade superior à razão (*ratio*). *Intelligentia* é aquilo que há no homem, portanto, na *mens*, de mais eminente (*De lib. arbit.*, I, 1, 3; vol. 32, col. 1223); pela mesma razão, confunde-se com *intellectus* ("... intellectus uel intelligentia...". *Enarr.* in *Ps.* 31, 9; vol. 36, col 263).

d) *Intellectus* – O intelecto é uma faculdade da alma, própria ao homem, que pertence mais particularmente à *mens*, e que é iluminada diretamente pela luz divina: "Sic in anima nostra quiddam est quod intellectus vocatur. Hoc ipsum animae quod intellectus et mens dicitur, illuminatur luce superiore. Jam superior illa lux, qua mens humana illuminatur, Deus est.". *In Joan. Evang.*, tract. XV, 4, 19; vol. 35, col. 1516-1517. O *intellectus* é uma faculdade superior à razão, pois é possível haver razão sem haver inteligência, mas não inteligência sem haver primeiramente razão; e, porque o homem tem a razão, ele quer alcançar o entendimento (*Sermo 43*, II, 3 – III, 4; vol. 38, col. 254-256). Em suma, a inteligência é uma visão interior (*Enarr. in Ps. 32*, 22; vol. 36, col. 296) pela qual o pensamento percebe a verdade que a luz divina descobre para ele. É a partir do *intellectus*, visto em sua forma mais elevada, que vimos que a fé é o preâmbulo necessário (ver Parte I, cap. I).

Não incluímos nesta classificação a distinção entre *ratio superior* e *ratio inferior*, à qual voltaremos na Parte II, cap. I.

um ou sem outro desses dois elementos, ele não seria um homem.[2]

Não obstante, há dois traços característicos, que se devem à influência platônica e que conferem à concepção agostiniana de homem um aspecto que será reconhecido em todos os outros filósofos cristãos. Primeiro, ainda que ele considere o homem total como uma substância, Agostinho insiste com ênfase particular no fato de que a alma é una. Assim, por exemplo, em vez de definir a alma em função do homem, ela é descrita diretamente em si mesma: *uma substância racional feita para reger o corpo*.[3] Em segundo lugar, e devido a uma conseqüência natural que Agostinho busca não evitar, a definição de homem torna-se extremamente difícil nessa doutrina, pois dificilmente se vê como o homem, que é uma substância, poderia resultar da união de sua alma, que também é uma substância, com seu corpo, uma terceira substância. Diremos sobre o homem que sua alma e seu corpo estão unidos como dois cavalos atados a um carro ou como um centauro? Diremos, ao contrário, que o homem é uma alma, mas se compreendermos a palavra "alma" como o corpo que ela anima, como compreender o homem e sua armação na definição de um cavaleiro? A questão é difícil, bem como Agostinho reconhece; mas, acrescenta-se, a solução não é talvez indispensável, pois,

---

[2] "... cum... constet... ex anima et corpore nos esse compositos, quid est ipse homo utrumque horum quae nominavi, an corpus tantummodo an tantummodo anima. Quamquam enim duo sint anima et corpus et neutrum homo vocaretur, si non esset alterum - nam neque corpus homo esset, si anima non esset nec rursus anima homo, si ea corpus non animaretur - fieri tamen potest ut unum horum et habeatur homo et vocetur." *De moribus ecclesiae,* I, 4, 6; vol. 32, col. 1313.

[3] "Si autem definiri tibi animum vis, et ideo quaeris quid sit animus, facile respondeo. Nam mihi videtur esse substantia quaedam rationis particeps, regendo corpori accommodata." *De quantitate animae,* XIII, 22; vol. 32, c. 1048. Nesse texto, *animus* tem sentido diferente de *anima*. Essa definição será adotada e popularizada pelo apócrifo agostiniano *De spiritu et anima,* cap. I, na Pat. lat., vol. 40, c. 781.

de todo modo, sabemos que a alma é a parte superior do homem,[4] e sobretudo isso é importante ser evidenciado em sua definição; Agostinho conclui imediatamente: assim, no tanto que é dado ao homem conhecer, *o homem é uma alma racional que se serve de um corpo*.[5]

Essa definição de homem, em que a ênfase é colocada com muita insistência na transcendência hierárquica da alma em relação ao corpo, está de acordo com as tendências profundas do agostinianismo. Por vezes, é de se espantar que ele não tenha discutido, tampouco percebido, as dificuldades metafísicas implicadas em tal definição; mas, para ele, o problema abstrato da estrutura metafísica do homem parece vão. O que lhe interessa é o problema moral do bem soberano: a natureza desse bem é essencialmente espiritual; é necessário buscá-lo para além da alma, mas na mesma linha inteligível que ela e, por isso, a superioridade da alma quanto ao corpo deve ser destacada na definição de homem. Se for negada, deixa de ser evidente que o homem deve buscar seu bem acima da ordem dos corpos; ao contrário, ser for

---

[4] *De moribus ecclesiae*, I, 4, 6; vol. 32, c. 1313. *De civitate Dei*, XIX, 3; vol. 41, c. 625-626.

[5] "Homo igitur, ut homini apparet, anima rationalis est mortali atque terreno utens corpore." *De moribus ecclesiae*, I, 27, 52; vol. 32, c. 1332. Essa é a definição de "o homem superior" que o próprio Plotino diz (*Enn*. VI, 7, 5; ed. É. Bréhier, vol. VIª, p. 74, linha 23) ter tomado emprestado de Platão (cf. *Alcibíades*, p. 129 e; ed. M. Croiset, vol. I, p. 103-104). Platão conclui logicamente que "o homem se descobre como não sendo nada de diferente da alma" (*Alcibíades*, 130 c; ed. citada, p. 104). Agostinho herdou, portanto, uma definição platônica de homem; por outro lado, seu cristianismo o obriga a manter firmemente a união do composto humano feito de uma alma e de um corpo; segue-se que há uma indeterminação de pensamento freqüentemente perceptível em seus textos, sobretudo quando ele tenta forçar a fórmula de Platão a exprimir uma noção cristã de homem. Cf. "Quid est homo? Anima rationalis habens corpus", eis aqui Platão ao que Agostinho acrescenta, "Anima habens corpus, non facit duas personas, sed unum hominem" (*In Joan. Evangel.*, XIX, 5, 15; vol. 13, col. 1553). Nós reencontraremos outros casos em que Agostinho sofrerá por querer fazer ter um sentido cristão as fórmulas platônicas inaptas a exprimi-lo.

admitida, com o problema da ordem dos fins, é a moral toda que encontra a solução.⁶

Assim, a antropologia e a psicologia de santo Agostinho estão suspensas por uma moral que lhes confere a razão de suas características essenciais. Numa doutrina desse gênero, uma vez que o homem é antes de tudo sua alma, algumas operações poderão ser atribuídas propriamente ao homem, ainda que somente a alma tome parte nelas. Donde uma teoria do conhecimento e uma teologia natural orientadas em sentido inverso ao corpo e sempre preocupadas em nos desviar dele para nos reconduzir na direção da alma, onde se encontra nosso bem maior. Essa preocupação fundamental já se exprime na definição agostiniana da alma como substância. Ora, para santo Agostinho, provar que a alma é uma substância é, antes de tudo, provar que ela é distinta do corpo. Esse problema não deixou de preocupá-lo, pois a lembrança do materialismo, ao qual ele aderiu durante sua infância, jamais deixou seu espírito. Se, como dissemos, tudo o que existe à parte é uma substância, para provar que ela é uma substância espiritual será suficiente provar que existe à parte do corpo que ela anima. Mas, como estabelecer essa demonstração?

O método adotado por Agostinho é essencialmente *a priori*. Todas as provas da distinção da alma e do corpo repousam neste princípio: as coisas nas quais o pensamento reconhece necessariamente propriedades essenciais distintas são também necessariamente distintas. Logo, será suficiente definir a alma e o corpo para saber se suas essências se confundem. Ora, por definição, um corpo é uma coisa extensa em comprimento, largura e profundi-

---

[6] "Sive enim utrumque (*scil.* corpus et anima), sive anima sola nomen hominis teneat, non est hominis optimum quod optimum est corporis; sed quod aut corpori simul et animae, aut soli animae optimum est, id est optimum hominis." *De moribus ecclesiae*, I, 4, 6; vol. 32, col. 1313. Cf. *De civit. Dei*, XIX, 3, 1; vol. 41, c. 625-626.

dade.⁷ Todos os geômetras o reconhecem e, para eles, é corpo aquilo que ocupa um lugar segundo as três dimensões do espaço, de tal modo que às partes menores de um corpo corresponda um espaço menor e que as partes maiores ocupem um espaço maior.⁸ Ora, nada disso pode ser considerado como pertencente à natureza da alma. Logo, a alma não é um corpo.

É verdade que se poderia perguntar de onde sabemos que a extensão não pertence à natureza da alma. Para responder a essa questão, basta lembrar que o pensamento apreende sua própria existência com uma evidência imediata. Ora, quando ele se descobre em sua dúvida, apreende-se como uma inteligência, pois sabe que é e que vive, e a vida que ele apreende é a de um pensamento: *sic ergo se esse et vivere scit, quomodo est et vivit intelligentia*.⁹ Sabendo disso, ele é capaz de saber o que ele é e o que não é; pois, sendo uma inteligência, e sabe certamente o que ele se sabe ser, e o que ele não se sabe ser, ele certamente não é. Apliquemos esse princípio ao problema da distinção entre alma e corpo.

---

[7] "Non enim ullo modo, aut longa, aut lata, aut quasi solida suspicanda est anima: corporea ista sunt, ut mihi videtur..." *De quant. animae*, III, 4; vol. 32, c. 1037. *De Genesi ad litt.*, VII, 21, 27; vol. 34, col. 365.

[8] "Nunc de anima incorporea satis dictum sit: quam sit corpoream mavis credere, prius tibi definiendum est quid sit corpus; ... Quanta te tamen absurda secuta sint tale corpus in anima cogitantem, qualia sunt quae ab omnibus eruditis corpora nuncupantur, id est quae per distantiam longitudinis, latitudinis, altitudinis, locorum occupant spatia, minora minoribus suis partibus, et majora majoribus, puto quod jam prudenter advertas" *De anima et ejus origine*, IV, 21, 35: vol. 44, c. 544. Cf. exatamente no mesmo sentido: "Porro si corpus non est, nisi quod per loci spatium aliqua longitudine, latitudine ita sistitur vel movetur, ut majore sui parte majorem locum occupet, et breviore breviorem, minusque sit in parte quam in toto, non est corpus anima" *Epist.* 166, II, 4; vol. 33, c. 711. O caráter já cartesiano dessa definição do corpo pela extensão e pelo movimento, bem como a distinção entre a alma e o corpo que ela funda, têm, quando muito, necessidade de serem sublinhados. Cf. DESCARTES, *Meditationes*, II, ed. Adam-Tannery, vol. VII, p. 26, 1, 14–p. 27, 1, 17.

[9] *De Trinitate*, X, 10, 13; vol. 42, col. 980.

Terceiro grau: a alma e a vida

Alguns homens imaginam que sua alma é um corpo de um gênero qualquer, por exemplo, de ar, de fogo ou uma essência mais sutil. Logo, parece que a alma ignora o que ela é. Contudo, quando se faz a divisão entre o que a alma sabe certamente e o que ignora nessa opinião, evidencia-se claramente que a única coisa que ela sabe com certeza, quando pensa ser um corpo, é que ela pensa. Mas, quanto ao que é ser um corpo, ela pode crer nisso, embora não possa saber. Então, se a alma elimina da opinião que tem de si mesma o que ela crê ser, para conservar o que sabe ser, permanecerá essa certeza da qual vimos que nenhum cético poderá duvidar: ela é, ela vive, ela pensa.[10]

Assim, a única coisa de que a alma está certa é ser um pensamento; por conseqüência, ela tem o direito de se distinguir de tudo que ela não é, e o dever de não atribuí-lo a si mesma. É possível que o ar, o fogo, o cérebro, o sangue, os átomos, uma quintessência qualquer, ou, enfim, os órgãos do nosso corpo possam produzir a vida, a memória, o conhecimento, a inteligência, o julgamento e a vontade? A rigor, podemos questionar isso e podem-se contrapor várias opiniões sobre esse ponto. Mas quem poderia duvidar de que o pensamento é, que ele vive, lembra-se, conhece, quer e pensa? Pois quem duvida, prova. Quem duvida, vive. Se se pergunta por que duvida, lembra-se. Se duvida, conhece que duvida. Se duvida, é porque ele quer estar certo. Se duvida, e pensa, ele se sabe ignorante e sabe que não se deve afirmar nada levianamente. Logo, pode-se duvidar de tudo, mas não do pensamento, sem o qual não seria possível sequer duvidar.[11]

---

[10] "Cum ergo, verbi gratia, mens aerem se putat, aerem intelligere putat, se intelligere scit: aerem autem se esse non scit, sed putat. Secernat quod se putat, cernat quod scit: hoc ei remaneat, unde ne illi quidem dubitaverunt, qui aliud atque aliud corpus esse mentem putaverunt." *Loc. cit.* "Desinat ergo nunc interim suspicari se esse corpus; quia si aliquid tale esset, talem se nosset, quae magis se novit quam coelum et terram, quae per sui corporis oculos novit.". *De Genesi. ad litt.*, VII, 21, 28; vol. 34, col. 365-366.

[11] "Sed quoniam de natura mentis agitur, removeamus a consideratione nostra omnes notitias quae capiuntur extrinsecus per sensus corporis; et ea quae posuimus

A busca de Deus pela inteligência

Assim, porque é da essência mesma do pensamento conhecer, ele apreende sua substância ao mesmo tempo que sua existência; ele sabe o que é ao mesmo tempo que sabe que é. A partir disso, concebe-se facilmente que ele sabe também o que não é. Acabamos de ver que a alma não tem nenhuma consciência de ser um ar, um fogo, um corpo qualquer, nem tampouco nenhuma das coisas que surpreendem nossos sentidos ou que podem ser concebidas pela imaginação; com efeito, é impossível que uma substância pensante conceba o que ela é como ela concebe o que ela não é. O que ela é, ela apreendeu de algum modo de dentro, como uma presença interior, verdadeira e não disfarçada, pois nada é mais presente à alma do que ela mesma. O que ela não é, ela só pode perceber ou imaginar, mas não ter consciência disso, e é assim que ela conhece o corpo. Portanto, se a alma eliminar da idéia que tem de si mesma

---

omnes mentes de se ipsis nosse certasque esse diligentius attendamus. Utrum enim *aeris* sit vis vivendi, reminiscendi, intelligendi, volendi, cogitandi, sciendi, judicandi; *an ignis*, an cerebri, an sanguinis, an atomorum, an praeter usitata quattuor elementa quinti nescio cujus corporis, an *ipsius carnis nostrae compago* vel temperamentum haec efficere valeat, dubitaverunt homines: et alius hoc, alius aliud affirmare conatus est. Vivere se tamen et meminisse, et intelligere, et velle, et cogitare, et scire, et judicare quis dubitet? Quandoquidem etiam si dubitat, vivit; (...) si dubitat, cogitat; (...) Quisquis igitur aliunde dubitat, de his omnibus dubitare non debet: quae si non essent, de ulla re dubitare non posset." *De Trinitate*, X, 10, 14; vol. 42, c. 981. Cf. Descartes: "Non sum *compages illa membrorum*, quae corpus humanum appellatur; non sum etiam tenuis aliquis *aer istis* membris infusus, non ventus, non *ignis* non vapor, non halitus, non quidquid mihi fingo...; de iis tantum quae mihi nota sunt, judicium ferre possum. Novi me existere; quaero quis sim ego ille quem novi... Sed quid igitur sum? Res cogitans. Quid est hoc? Nempe dubitans, intelligens, affirmans, negans, volens, nolens, imaginans quoque et sentiens." *Meditatio II*, ed. Adam-Tannery, vol. VII, p. 27, 1, 17-p. 28, 1, 22.

Além dessa prova fundamental, Agostinho propôs argumentos menos importantes; encontram-se classificados por NOURRISSON, *La philosophie de saint Augustin*, vol. I, pp. 169-182. Aquele no qual ele insiste mais é a presença simultânea, na sensação ou na memória, de representações da extensão que, no entanto, aí não ocupam qualquer extensão: *De quant. animae*, V, 9; vol. 32, c. 1040-1041. XIV, 23-24; c. 1048-1049.

tudo o que vem a ela pela via dos sentidos, e se ela cessar de atribuí-lo a si mesma, o que restará como uma consciência íntima e evidente de si mesma é o que ela é.[12]

Visto que a definimos como "uma substância racional feita para governar o corpo", então é a alma que confere vida a ele. Não se pode duvidar que Agostinho atribuiu, direta e imediatamente, funções vitais à alma, substância que acaba de ser definida. O fato resulta de sua única definição, mas é confirmado também por aquela asserção reiterada de que a alma é uma substância racional e inteligente desde o início de sua existência, embora a razão e a inteligência lhe estejam desde o início como que adormecidas.[13] Não obstante, como uma substância inteligível pode estar unida a um corpo material para animá-lo, é um mistério

---

[12] "Unde consequenter etiam intellegentiam quid aliud quam in eodem subjecto corpore existimant? Qui omnes non advertunt, mentem nosse se etiam cum quaerit se, sicut an ostendimus. Nullo modo autem recte dicitur sciri aliqua res, dum ejus ignoratur substantia. Quapropter, dum se mens novit, substantiam suam novit; et cum de se certa est, de substantia sua certa est. Certa est autem de se, sicut convincunt ea quae supra dicta sunt. *Nec omnino certa est, utrum aer, an ignis sit, an aliquod corpus, vel aliquid corporis. Non est igitur aliquid eorum: totumque illud quod se jubetur ut noverit, ad hoc pertinet ut certa sit non se esse aliquid eorum de quibus incerta est, idque solum esse se certa sit, quod solum esse se certa est.* Sic enim cogitat ignem aut aerem, et quidquid aliud corporis cogitat. Neque ullo modo fieri posset ut ita cogitaret id quod ipsa est, quemadmodum cogitat id quod ipsa non est. Per phantasiam quippe imaginariam cogitat haec omnia, *sive ignem, sive aerem, sive illud vel illud corpus, partemve illam, seu compaginem temperationemque corporis*; nec utique ista omnia, sed aliquid horum esse dicitur. Si quid autem horum esset, aliter id quam cetera cogitaret, non scilicet per imaginale figmentum, sicut cogitantur absentia, quae sensu corporis tacta sunt, sive omnino ipsa, sive ejusdem generis aliqua; sed quadam interiore, non simulata, sed vera praesentia (non enim quidquam illi est se ipsa praesentius); sicut cogitat vivere se, et meminisse, et intelligere, et velle se. Novit enim haec in se, nec imaginatur quasi extra se illa sensu tetigerit, sicut corporalia quaeque tanguntur. Ex quorum cogitationibus si nihil sibi affingat, ut tale aliquid esse se putet, quidquid ei de se remanet, hoc solum ipsa est." *De Trin.*, X, 10, 15-16; vol. 42, c. 981-982.

[13] *De civitate Dei*, XXII, 24, 3; vol. 41, c. 789. *De Trinitate*, XIV, 4, 6; vol. 41, c. 1040.

profundo para santo Agostinho, tão perturbador que agora o homem não chega a compreender o homem mesmo.¹⁴ Logo, em vão se buscarão tratados agostinianos que reportam a solução desse enigma à alma; entretanto, pode-se encontrar neles um sentimento ao mesmo tempo confuso e tenaz da direção na qual convirá buscá-la.

Na realidade, aqui, estamos diante de uma das "indeterminações agostinianas", que são muito numerosas e cuja influência foi muito profunda na Idade Média. À medida que ele foi percebendo melhor o conteúdo de sua fé cristã, Agostinho compreendeu melhor que, segundo a Escritura, Deus não criou uma alma ao criar Adão, mas um homem: *Faciamus hominem* (Gn 1,26), e que, formar o corpo de Adão, já seria formar um homem (Gn 2,7). Apenas o fato de ter meditado sobre o dogma bastou para, mais tarde, conduzir Agostinho a uma definição de homem totalmente diferente da de Plotino: "Homo est substantia rationalis constans ex anima et corpore."¹⁵ Ademais, se o homem não fosse um, como ele seria uma imagem da Trindade divina? Infelizmente, a plenitude da verdade cristã sempre se antecipa, em Agostinho, à sua filosofia. Também por isso, dispondo somente de uma técnica plotiniana para justificar intuições cristãs, ele legou à Idade Média problemas perigosos aos quais somente são Tomás encontrou a resposta. Ele mesmo não a encontrou. Sentindo, desde o início, que a alma e o corpo fazem juntos um homem, ele conti-

---

¹⁴ "Quia et iste alius modus, quo corporibus adhaerent spiritus, et animalia fiunt, omnino mirus est nec comprehendi ab homine potest, et hoc ipse homo est." *De civ. Dei*, XXI, 10, 1; vol. 41, c. 724-725. Isso é o que Pascal cita e interpreta da seguinte maneira: "O homem é o mais prodigioso objeto da natureza, pois não pode conceber o que é o corpo, e ainda menos o que é o espírito e muito menos como um corpo pode estar unido a um espírito. Eis o cúmulo das suas dificuldades e, no entanto, esse é o seu próprio ser." *Pensées*, II, 72; em L. Brunschvicg, ed. menor, p. 357, que remete a MONTAIGNE, *Apologie de R. Sebond*.

¹⁵ *De Trinit.* XV, 7, 11; vol, 42, col. 1065. Cf. *De civit. Dei*, XIII, 24; vol. 41, col. 399, em que o homem é concebido como um *conjunctum*.

Terceiro grau: a alma e a vida

nuou toda a sua vida a raciocinar como se a alma fosse uma substância que se serve dessa outra substância que é o corpo. Compreende-se facilmente que, engajado em tal embaraço, ele pensava o homem como um ser estranhamente misterioso.

Agostinho claramente estava ciente de que, em razão de sua definição de alma, o problema denominado de "a comunicação das substâncias" colocava-se de maneira aguda na sua doutrina. Se a alma é uma substância espiritual, como ela pode "usar" de outra substância?[16] Na verdade, sequer se concebe qual poderia ser a natureza de suas relações. Uma vez que ela é inextensa por definição, não se pode imaginar que uma parte da alma esteja numa parte do corpo. Logo, ela não está presente nos órgãos que anima devido a um tipo de divisão ou de difusão local. De fato, para encontrar uma comparação que sugira de alguma maneira o modo de presença da alma no corpo, Agostinho opõe à hipótese da difusão local, que ele rejeita, a hipótese de um tipo de *atenção vital*.[17] A alma está toda inteira em todas as partes do corpo consideradas em conjunto, e toda inteira em cada parte considerada em particular. A prova é que, de um lado, quando um ponto do corpo é tocado, ainda que esse ponto não seja o corpo inteiro e mesmo que seja difícil ele ser visto devido à sua pequenez, a alma toda é informada; por outro lado, se isso ocorre, não é em razão de a impressão corporal se encontrar difusa através do

---

[16] Não vemos por que J. Martin escreve: "Essa concepção de homem deveria suprimir toda questão sobre as relações entre a alma e o corpo." (*S. Augustin*, p. 358); pois é verdadeiro que, segundo Agostinho, o homem é sua alma e seu corpo unidos, mas, dado que a alma é uma substância à parte do corpo, o problema de suas relações não poderia ser evitado.

[17] "Per totum quippe corpus quod animat, non locali diffusione, sed quadam vitali intentione porrigitur" *Epist.* 156, II, 4; vol. 33, c. 722. Para exercer essa ação sobre o corpo, a alma age por intermédio do ar e do fogo, os dois elementos mais sutis e mais vizinhos de sua imaterialidade; portanto, eles são instrumentos da motricidade e da sensibilidade; *De Genesi ad litt.*, VII, 15, 21; vol. 34, col. 363 e 19, 25; col. 364. – Cf. PLOTIN, *Emn.* IV, 4, 20; ed. É. Bréhier, vol. IV, p. 121, quanto à noção de atenção vital da alma para com o corpo.

corpo inteiro, pois a alma percebe essa impressão onde foi produzida. Ora, isso seria impossível se a alma estivesse parcialmente presente em um membro, parcialmente presente em outro. Logo, é necessário que sua presença seja de uma ordem muito diferente, puramente espiritual, e que ela consista menos numa difusão que a dividiria do que no exercício de uma ação onipresente à qual nenhuma parte do corpo extenso escapa.[18]

Embora indivisível, porque espiritual, a *atenção vital* pela qual a alma anima o corpo pode variar de intensidade segundo a natureza dos órgãos e segundo o momento em que foi considerada. Como veremos em breve, a sensação é precisamente apenas um aumento temporário de intensidade na ação pela qual a alma anima um ponto qualquer do corpo. Mas não seria suficiente evocar o caso da sensação para tornar compreensível a natureza da união entre a alma e o corpo. Estamos diante de um desses casos, muito numerosos para agrado dos historiadores, em que fica aparente que o sentido profundo do sistema inteiro está implicado em cada uma de suas partes, precisamente, como a alma está no corpo que ela anima. Com efeito, toda a doutrina é elevada às idéias de Deus. Ora, quando se chega ao fundo do problema, a razão metafísica da união da alma com o corpo, em santo Agostinho, é a alma dever servir de intermediária entre o corpo que ela anima e as Idéias de Deus que a animam.

---

[18] "Nam per omnes ejus particulas tota (*scil.* anima) simul adest, nec minor in minoribus et in majoribus major; sed alicubi intentius, alicubi remissius, et in omnibus tota, et in singulis tota est. Neque enim aliter, quod in corpore etiam non toto sentit, tamen tota sentit: nam cum exíguo puncto in carne viva aliquid tangitur, ... animam tamen totam non latet; neque id quod sentitur, per corporis cuncta discurrit, sed ib tantum sentitur ubi fit". *Epist. 156*, II, 4; vol. 33, col. 722 (sobre o sentido exato da expressão *non latet*, ver o capítulo seguinte). Cf. *De quantitate animae*, XVI, 25; vol. 32, c. 1034. Agostinho também admite que a ação da alma se exerce de preferência através de alguns órgãos do corpo, especialmente do cérebro. Cf. *De Genesi ad litt.*, VII, 17-18, 23-24; vol. 34, c. 364, onde as localizações principais são indicadas.

Terceiro grau: a alma e a vida

Como a alma está em contato com as idéias divinas, eis um problema que ainda não está em tempo de ser abordado. Digamos, ao menos, que ela está e também da maneira mais próxima possível. A proximidade, que aqui está em questão, evidentemente não é uma proximidade de lugar, mas de natureza. A alma, porque é espiritual, não está separada por nada das idéias divinas, de natureza espiritual. O corpo, ao contrário, precisamente porque é extenso no lugar, é incapaz de participar diretamente da natureza das idéias. Portanto, é necessário um intermediário entre elas e ele, e tal intermediário é a alma. Com efeito, um corpo é o que é somente por sua forma, a ordem de suas partes e as relações numéricas às quais ele obedece; é a alma que as confere a ele e, por conseqüência, que o faz ser o que é.[19] Mas ela as confere para ele porque as têm a partir das idéias divinas. Logo, se o corpo não participasse dessas idéias, seria o que é; mas se participasse delas tão imediatamente quanto a alma, ele seria a alma. Ora, ele não é a alma e, no entanto, participa da ordem, da forma e, ainda mais evidentemente, da Vida suprema que é concomitantemente uma sabedoria e uma verdade imutável. Assim, pela alma e somente por ela, o corpo poderia ser vivificado.[20]

---

[19] "Postremo si quamvis locum occupanti corpori anima, tamen non localiter jungitur, summis illis aeternisque rationibus, quae incommutabiliter manent, nec utique loco continentur, prior afficitur anima quam corpus; nec prior tantum, sed etiam magis. Tanto enim prior, quanto propinquior; et eadem causa tanto etiam magis, quanto etiam corpore melior. Nec ista propinquitas loco, sed naturae ordine dicta sit. Hoc autem ordine intelligitur a summa essentia speciem corpori per animam tribui, qua est in quantumcumque est." *De immort. animae*, XV, 24; vol. 32, c. 103. A universalidade desse princípio é o que sempre inclinou Agostinho a admitir, ao menos como possível, a hipótese de uma alma do mundo: "Per animam ergo corpus subsistit, et eo ipso est quo animatur, sive universaliter, ut mundus; sive particulariter, ut unumquodque anima intra mundum." *Ibid.* Cf. *De civit. Dei*, X, 29, 2; vol. 41, c. 308-309. Quanto às fontes plotinianas, ver É. BRÉHIER, *La Philosophie de Plotin*, Paris, Boivin, 1928, p. 54.

[20] "Si enim non tradit (*scil.* anima) speciem quam sumit a summo bono, non per illam fit corpus: et si non per illam fit, aut non fit omnino, aut tampropinque speciem sumit quam anima: sed et fit corpus, et si tam propinque sumeret speciem, id esset quod anima: nam hoc interest; eoque anima melior, quo sumit

Através disso, não somente percebemos melhor a razão da presença da alma no corpo, mas também a natureza geral da atividade que ela exerce nele. Unida à porção do extenso que ela ordena e organiza, a alma é primeiramente o único princípio animador dele. Com efeito, ela não se confunde com uma parte da substância divina, o que equivaleria a negar sua existência.[21] Ela tampouco é única para toda a espécie humana, pois é evidente que cada corpo exerce operações que lhes são próprias e, em virtude de um princípio interno, que ocorre apenas nele.[22] Por outro lado, onipresente nele, tal princípio é a única causa imediata de ordem externa, que confere ao corpo sua forma, de ordem interna, que faz deste um organismo, e de todas as operações que este organismo realiza.[23] Sua atividade deve ser concebida como a presença benéfica e vigilante de uma substância espiritual por

---

propinquius. Tam propinque autem etiam corpus sumeret, si non per animam sumeret. Etenim nullo interposito tam propinque utique sumeret. Nec invenitur aliquid quod sit inter summam vitam, quae sapientia et veritas est incommutabilis, et id quod ultimum vivificatur, id est corpus, nisi vivificans anima." *De immort. animae*, XV, 24; vol. 32, c. 1033. Agostinho não poderia aceitar a doutrina de Orígenes sobre a causa da incorporação das almas: *De civit. Dei*, XI, 23, 1-2; vol. 41, c. 336-337.

[21] *De anima et ejus origine*, I, 19, 32; vol. 44, c. 493; II, 3, 5; c. 496-497. *De Genesi ad litt.*, VII, 28, 43; vol. 34, c. 372. *Epist.* 166, III, 7; vol. 33, c. 723-724.

[22] *De lib. arb.*, II, 7, 15-19; vol. 32, c. 1249-1250.

[23] Percebemos diretamente em nós a presença desse princípio; induzimos sua presença nos outros homens e nos animais a partir de operações análogas às nossas que eles realizam. Por outro lado, Agostinho se recusa a aplicar o nome de "alma" aos princípios vitais que não conferem ao corpo nenhuma consciência, nem sequer sensível. Ele admite almas nos animais, mas não nas plantas. Entretanto, ele confere a estas um "movimento" vital que é, nelas também, o princípio de sua forma e de suas operações. Sobre esse tópico, ver J. MARTIN, *S. Augustin*, p. 346-348. Assinalemos também que Agostinho observou o caráter paradoxal da alma tal como ele a concebe: ordenadora do corpo, ela ignora tudo o que faz nele. Malebranche partirá disso para somar à negação agostiniana de toda ação do corpo sobre a alma, sua negação simétrica de toda ação da alma sobre o corpo. Ver, no que concerne a Agostinho, *De anima et ejus origine*, IV, 5, 6; vol. 44, c. 527-528.

quem as perfeições da Vida e da Sabedoria eternas se comunicam ao mundo dos corpos vivos. Daí aquela beleza, aquela harmonia, aquela união que brilham no corpo dos menores animais e mesmo no mais humilde vermículo: daí, na alma que o anima, os movimentos rítmicos que ela imprime nele, os desejos do que é salutar a ele, a desconfiança de tudo que pode prejudicá-lo e a resistência contra o que o ameaça. Daí, sobretudo, o instinto de conservação que centraliza, por assim dizer, todas as atividades do animal e cuja unidade simboliza aquela da Natureza criadora. Daí, em poucas palavras, aquela beleza ordenada que a alma impõe ao corpo tal como ela deve impor a si mesma para alcançar a beleza,[24] e que é a vida.

No que concerne à origem da alma assim concebida, Agostinho sempre permaneceu numa grande incerteza. Ele se sente na presença de um mistério profundo, confessa-o, e seu eudemonismo lhe consola. Interessa-lhe não o que ele foi, mas o que ele será. Que importa ao viajante ter partido de Roma se ele esquece o seu porto de embarque? Para ele, o essencial é saber para onde se vai e como evitar os obstáculos que se espalham em seu caminho.[25] Do mesmo modo Agostinho. Ele está certo de que a alma foi criada por Deus do nada, como são todas as demais substâncias e que, por conseqüência, ela não é um fragmento desligado da subs-

---

[24] "...et tamen vermiculi laudem sine ullo mendacio copiose possum dicere, considerans nitorem coloris, figuram teretem corporis, priora cum mediis, media cum posterioribus congruentia, et unitatis appetentiam pro suae naturae humilitate servantia; nihil ex una parte formatum, quod non ex altera parili dimensione respondeat. Quid jam de anima ipsa dicam vegetante modulum corporis sui, quomodo eum numerose moveat, quomodo appetat convenientia, quomodo vincat aut caveat obsistentia quantum potest, et ad unum sensum incolumitatis referens omnia, unitatem illam conditricem naturarum omnium, multo evidentius quam corpus insinuet" *De vera relig.*, XLI, 77; vol. 34, c. 156-157. Essa atividade benéfica da alma no corpo se explica pelo fato de que Deus criou a alma dotada de um desejo natural de se unir ao corpo que ela anima. Há, em Agostinho, sobre esse ponto, um anti-origenismo radical: *De Genesi ad litt.*, VII, 25, 36; vol. 34, col. 368-369. Cf. *Epist.* 166, II, 4; vol. 33, col. 722.

[25] *De lib. arb.*, III, 21, 61; vol. 32, col. 1301-1302.

tância divina. *Non est pars Dei anima*.[26] Com efeito, se a alma fosse uma parte de Deus, ela deveria ser absolutamente imutável e incorruptível. Ora, se ela fosse assim, não poderia tornar-se pior nem melhor do que é. Permanecendo na estabilidade de sua essência, a alma estaria subtraída de toda regressão bem como de todo progresso; de nada serve imaginar que sua presente mutabilidade não lhe seja co-natural, mas resulta de algum acidente e, notadamente, de sua união com o corpo. De que importa a origem do mal que ela sofre se ela dele sofre? A instabilidade de sua natureza, seja qual for sua causa, é suficiente para provar que a alma não é uma parte de Deus.[27]

Visto que a alma não é Deus, ela só pode ser uma criatura e sua origem é, portanto, a mesma da de todos os outros seres: a todo-poderosa vontade divina que a fez sair do nada.[28] Em que momento Deus a criou ou a cria? Trata-se de uma questão difícil cuja solução só aparece em sua forma precisa quando estudarmos a narração do *Gênesis* para buscarmos uma interpretação racional.[29] Ao fazê-lo, é importante eliminar um perigoso erro, aquele de Orígenes. Segundo esse Doutor, as almas teriam vivido primeiro no céu de uma existência anterior à vida presente: aqui, tendo pecado, elas se encontrariam precipitadas em seus corpos como em prisões de carne – as almas culpadas decairiam em corpos mais ou menos grosseiros conforme a gravidade de sua culpa. Nessa concepção de homem há um pessimismo latente que o pensamento de Agostinho repugna profundamente. Certamente, ele sempre insistiu na absoluta transcendência hierárquica da alma em relação ao

---

[26] "A alma não é parte de Deus" (N. da T.)
[27] "Non est itaque natura incommutabilis, quae aliquo modo, aliqua causa, aliqua parte mutabilis est: Deum autem nefas est, nisi vere summeque incommutabilem credere. Non est igitur anima pars Dei." *Epist. 166*, II, 3; vol. 33, col. 721. Essa carta tem como título *De originis animae hominis* e constitui um verdadeiro tratado. Cf. *De mor. manichaeorum*, II, 11, 21-24; vol. 32, col. 1354-1355. Ver também a Parte III, cap. 1,1, no começo.
[28] *De anima et ejus origine*, I, 4, 4; vol. 44, col. 477.
[29] Ver Parte III, cap. I, 2.

corpo, mas jamais admitiu, e até mesmo rejeitou com horror, a hipótese de uma humanidade cujos corpos seriam como prisões. Tal como concebe Orígenes, o universo sensível, em geral, e o corpo humano, em particular, foram criados como lugares e instrumentos de suplício; para Agostinho, tudo o que Deus fez é bom; portanto, o corpo foi criado pela bondade intrínseca e não como uma conseqüência ou castigo do pecado; a alma, enfim, não poderia ser precipitada nele como numa prisão, mas, segundo a descrição que acabamos de dar, ela se une ao corpo por amor, como uma força que o ordena e o conserva e que o anima e o move de dentro.[30]

Então, a única questão que resta ser colocada é saber de que modo Deus criou as almas. Agostinho não deixou uma resposta definitiva para esse problema. O que se pode dizer é que ele sempre esteve tentado a admitir que tendo criado a primeira alma humana, de Adão, Deus criou nela, de uma vez por todas, todas as almas dos homens por vir. O sentido dessa resposta aparecerá melhor quando estudarmos a doutrina das razões seminais, mas desde já é possível perceber que tal traducianismo tornaria muito mais fácil explicar a transmissão do pecado de Adão aos outros homens, e, sem dúvida, é por isso que santo Agostinho visivelmente sempre pendeu para essa solução. Não obstante, ele considerava três outras hipóteses como possíveis: Deus criou, expressamente para si mesmo, a alma de cada indivíduo; ou ainda, todas as almas, após terem preexistido em Deus, são enviadas por ele aos corpos que elas devem vivificar; ou enfim, tendo preexistido em Deus, elas desceram voluntariamente aos corpos para animá-los.[31]

---

[30] *De civ. Dei*, XI, 23, 1-2; vol. 41, col. 336-337. Cf. *Epist. 166*, IX, 27; vol. 33, col. 732.
[31] *De lib. arbit.*, III, 20, 56-59; vol. 32, col. 1298-1300. *De Gen. ad litt.*, X, 14-16; vol. 34, col. 418-420 e X, 24; col. 426-427 (contra o materialismo de Tertuliano: X, 25-46; col. 427-428). *Epist.* 166, IV, 8; vol. 33, col. 724 e V, 12; col. 725.
Consultar sobre essa questão: NOURRISSON, *La philosophie de saint Augustin*, vol. I, p. 199-219. FERRAZ, *La psychologie de saint Augustin*, vol. I, p. 19-41. É. PORTALIÉ, *Dict. de théol. catholique*, vol. I, col. 2359-2360.

Agostinho jamais quis escolher entre essas quatro hipóteses, das quais a fé não condena nenhuma e nenhuma é imposta como certa pela razão.[32]

Hesitante quanto ao modo segundo o qual Deus confere a alma ao corpo, Agostinho não tem a menor dúvida quanto à sua subsistência futura, pois a imortalidade da alma é assegurada por sua própria substancialidade. Nos *Solilóquios*, ele toma emprestado do *Fédon* de Platão o argumento bastante conhecido pela subsistência da verdade: a verdade é naturalmente indestrutível; logo, a alma, que é o sujeito da verdade, deve ser igualmente indestrutível.[33] No tratado que consagrou especialmente a provar a imortalidade da alma, Agostinho combina esse argumento com o que Platão fundou sob o princípio da incompatibilidade de essências contrárias; mas modifica ambos profundamente e busca neles uma base única na noção cristã de Deus.

A causa dessa transposição é fácil de ser descoberta. Repondo o que ela tem de essencial, a prova desenvolvida por Platão no *Fédon* volta a dizer que nenhuma essência admite o que lhe é contrário. Ora, a alma humana participa essencialmente da idéia da Vida; portanto, seria contraditório pensar que ela pudesse admitir seu contrário, que é a morte. Logo, a alma é indestrutível. Tomado literalmente, tal argumento parece supor que a alma possui a vida por essência e, por conseguinte, que ela obtém de si mesma sua imortalidade, o que é inadmissível num universo cristão. Por isso, Agostinho transforma o argumento de Platão e reporta o fundamento da indestrutibilidade anímica das essências para Deus.

Primeiro, é certo que a tese platônica é verdadeira em seu princípio: toda essência é indestrutível se for considerado o que

---

[32] *De anima et ejus origine*, IV, 11, 15-16; vol. 44, col. 532-534. *Epist.* 166, IV, 9; vol. 33, col. 724. *De lib. arbit.*, III, 20-21; vol. 32, col. 1297-1302.

[33] *Sol.*, II, 19, 33; vol. 32, col. 901-902. Texto relembrado por Agostinho na *Epist. III*, 4; vol. 33, c. 65. A doutrina é retomada e desenvolvida no *De immortalitate animae*, cap. I-VI; vol. 32, col. 1021-1027.

lhe pertence em virtude de sua definição. Isso é evidente quanto ao corpo, e não apenas quanto à alma, pois o corpo pode tender infinitamente ao nada, mas jamais pode alcançá-lo. Com efeito, o que é um corpo? Uma parte do mundo sensível que, quanto mais tende a se confundir com o universo, mais ocupa um lugar maior; quanto mais se aproxima do universo, mais é; quanto menos se aproxima, menos é. Um corpo existe menos quando é diminuído, e, quanto mais for dividido, mais se aproxima do nada. Mas ele tende para o nada sem poder alcançá-lo. Com efeito, se dividimos um corpo em quantas partes quisermos, o que resta sempre é um corpo e permanece, por conseqüência, divisível. Sempre será possível tirar metade da metade de um corpo ou de um espaço e, assim, prosseguir em direção a um termo do qual nos aproximamos, mas que jamais pode ser alcançado.[34]

Se é assim com o corpo, por uma razão muito mais forte deve ser assim também com a alma, visto que ela é superior ao corpo por lhe conferir vida. Como o corpo, a alma pode tender de alguma maneira em direção ao nada; ela o faz à medida que se diminui, e se diminui à medida que ela se desvia da verdade e do inteligível para se apegar aos erros do mundo sensível. Todavia, por mais diminuída que esteja, a alma permanece alma e sua essência não poderá ser destruída. Para entender isso plenamente, é necessário considerar, de início, o fato de que a permanência das essências é independente

---

[34] "Porro autem minuitur (*scil.* corpus) cum ex eo aliquid praecisione detrahitur, ex quo conficitur ut tali detractione tendat ad nihilum. At nulla praecisio perducit ad nihilum. Omnis enim pars quae remanet, corpus est, et quidquid hoc est, quantolibet spatio locum occupat. Neque id posset, nisi haberet partes in quas identidem caederetur. Potest igitur infinite caedendo infinite minui, et ideo defectum pati atque ad nihilum tendere, quamvis pervenire nunquam queat. Quod item de ipso spatio et quolibet intervallo dici atque intelligi potest. Nam et de his etiam terminatis, dimidiam, verbi gratia, partem detrahendo, et ex eo quod restat, semper dimidiam, minuitur intervallum, atque ad finem progreditur, ad quem tamen nullo pervenitur modo. Quo minus hoc de animo formidandum est. Est enim profecto corpore melior et vivacior, a quo huic vita tribuitur." *De immort. animae*, VII, 12; vol. 32, c. 1027.

das essências e, em seguida, do que há de contraditório em supor que uma substância pensante possa cessar de existir.

Quanto ao primeiro ponto, observar-se-á que nada pode se engendrar nem dar o ser a si mesmo. Com efeito, para se conferir a existência, será necessário existir a fim de poder engendrar, e, ao mesmo tempo, não existir para vir a ser engendrado; portanto, será necessário ser para se fazer ser, o que é absurdo. Por outro lado, é claro que o que é, sem ter sido feito nem engendrado, é naturalmente eterno. É evidente que o corpo não é de tal natureza, uma vez que ele não pára de mudar sob nossos olhos. Então, o mundo do corpo foi feito e, porque a causa é superior ao efeito, foi produzido por uma causa superior a ele. Mas não há o que seja superior ao corpo senão o espírito; portanto, o universo dos corpos foi produzido por um espírito. Por outro lado, o que não é por si deixará de existir se for abandonado e separado do que o faz ser e ser o que é. Logo, o mundo dos sentidos deixaria de existir se sua causa não o mantivesse no ser, mas ele existe por tanto tempo quanto sua causa o mantém e, como ela o mantém, não depende dele existir.[35]

Válido para o mundo dos corpos que não subsistem senão na condição de mudar sem cessar, esse raciocínio é ainda mais evidente para a alma, que encontra em si tudo aquilo de que ela tem necessidade para subsistir.[36] Assim, é evidente desde já que a alma não pode cessar de ser. Mas, é possível ir mais longe e provar que, se ela não pode cessar de ser, ela não pode cessar de viver, pois a alma é vida por definição. Tudo o que é animado, vive; tudo que é inanimado, e poderia ser animado, está morto, ou seja, privado de vida. Portanto, a alma não poderia estar privada de vida, dado que ela é quem confere a vida; a menos que cheguemos ao absurdo de uma vida que seria privada de vida, devemos

---

[35] *De immortalitate animae*, VIII, 14; vol. 32, c. 1028.
[36] S. Agostinho diz que a alma é *per se*. Isso de nenhum modo significa que ela possa subsistir sem Deus, mas que, à diferença dos corpos, ela não tem necessidade de se mover nem de mudar para subsistir. *Op. cit.*, 15; c. 1028-1029.

Terceiro grau: a alma e a vida

reconhecer que a vida não poderia faltar a si mesma e que, conseqüentemente, a alma não morre.[37]

Acrescentamos que, a imortalidade da alma garantida ao mesmo tempo por sua própria essência e pelo poder de Deus que a conserva, pode ser provada por uma via ainda mais direta e que nos remete ao coração da metafísica agostiniana. A única razão que se poderia ter para considerar o corpo destrutível é imaginar sua destruição como resultado de uma subversão que o dividiria até sua destruição. Vimos que isso é uma ilusão. Mas, talvez se possa imaginar uma destruição completa da substância pensante. Feita para conceber a verdade, a alma se diminui na medida em que pensa o erro. Por que não imaginar que a alma chega a se nadificar de tanto diminuir sua essência ao pensar no falso?

Na verdade, é suficiente comparar essa hipótese com a experiência de nossa própria existência para que ela imediatamente apareça como contraditória. Com efeito, o erro pode efetivamente prejudicar nossa alma, mas, assim como dissemos, ele não pode mais do que ela, pois, para enganar-se é necessário viver. Portanto, o erro não pode matar a alma. A verdade é essencialmente tão invencível que o erro, que é o contrário dela, não pode impedir a alma de ser alma, isto é, vida, e, por conseqüência, tampouco pode impedi-la de existir. Vale dizer que absolutamente nada pode impedi-la de ser e subsistir.[38]

---

[37] "Quidquid enim vita desertum mortuum dicitur, id ab anima desertum intelligitur: haec autem vita, quae deserit ea quae moriuntur, quia ipsa est animus, et seipsam non deserit, non moritur animus." *De immort. animae*, IX, 16; vol. 32, c. 1029.

[38] "Sed si per seipsum est (*scil.* animus), quoniam ipse sibi causa existendi est, et nunquam se deserit, nunquam interit, ut supra etiam disputavimus. Si vero ex illa (*scil.* summa) essentia diligenter opus est quaerere quae res ei possit esse contraria, quae animo auferat animum esse quod illa praebet. Quid est igitur? An forte falsitas, quia illa veritas? Sed manifestum est, atque in promptu situm, quantum nocere animo falsitas possit. Num enim amplius potest quam fallere? At nisi qui vivit, fallitur nemo. Non igitur falsitas interimere animum potest." *De immort. animae*, XI, 18; vol. 32, c. 1030-1031.

A busca de Deus pela inteligência

Assim reportada à certeza que temos sobre nosso ser, a imortalidade da alma participa da evidência primeira do pensamento. A tese platônica, que funda a substância da alma sob a indestrutibilidade da verdade sobre a qual ela se ergue, recebe disso uma significação inteiramente nova e vê abrirem-se diante de si possibilidades que Platão não teria suspeitado. Apoiada na experiência do "eu penso", a certeza da imortalidade deixa de ser a conclusão de uma fórmula dialética para tornar-se o ato pelo qual a vida se apreende como inseparável do pensamento no qual ela se apreende. Mas Agostinho ultrapassa também esse estágio: como o "Eu penso" se apoiaria na Verdade suprema, finalmente, ele apóia a imortalidade da alma na necessidade de Deus.

Em vez de considerar a verdade como verdadeira, considerá-la-emos como ser. Chama-se de verdade isso pelo que as coisas, na medida em que são, são verdadeiras. Isso é dizer que as coisas são apenas na medida em que são verdadeiras. Ora, se é assim, a imortalidade da alma está mais assegurada do que nunca. Com efeito, nenhuma essência, enquanto tal, tem um contrário, pois a *essentia* só é em virtude de seu *esse*, em outras palavras, toda essência somente é essência porque é. Ora, o ser não tem outro contrário que o não-ser, isto é, nada. Logo, nada é o contrário de uma essência à medida que ela é.

Se isso é verdadeiro para qualquer essência, por razões mais fortes o é sobre a verdade, pois a verdade não é somente uma essência, é a essência das essências. Com efeito, as coisas só são na medida em que são verdadeiras, de modo que a verdade descobre ser, por assim dizer, o fundamento de sua própria essência. Disso resulta que, nada podendo ser contrário a uma essência em geral, é ainda muito menos possível que algo seja contrário à essência das essências, que é a verdade. Ora, a Verdade é Deus, de quem sabemos que a alma tem seu ser. Assim, visto que a alma tem seu princípio de um princípio que não tem contrário, nada pode fazer com que o ser seja afastado dela e, conseqüentemente, ela não pode deixar de ser. Mas o Ser que ela recebeu da Substância que

Terceiro grau: a alma e a vida

não tem contrário é precisamente a vida, e, assim também, ela não pode morrer.[39]

Uma ligação profunda entrelaça as teses mestras da metafísica agostiniana, a tal ponto que elas parecem se fundir umas nas outras à medida que nos aprofundamos nelas. Ao apreender-se a si mesmo, o pensamento nos liberta do ceticismo; mas pensar é viver; viver é agir como uma substância que anima e, conseqüentemente, também distinguir-se do corpo que a alma vivifica; distinguir-se do corpo é, enfim, apreender-se como uma substância irredutível à extensão.[40] Mas, ao mesmo tempo em que a alma apreende-se como vida e fonte de vida, a alma se apreende como inseparável da certeza que tem de si mesma e, conseqüentemente, como indestrutível, visto que o erro implica a irredutível verdade de sua existência. Enfim, ao aprofundar-se num último esforço em sua própria essência, a alma constata que recebeu esse ser do Ser, cujo contrário, o não-ser, não poderia elevá-lo a Ele. Assim, substância que depende de Deus e depende somente dele, a alma se apreende como uma vida indestrutível, por quem a ordem das Idéias se introduz nos corpos que ela domina. Mas há alma so-

---

[39] "Nam si nulla essentia in quantum essentia est, aliquid habet contrarium, multo minus habet contrarium prima illa essentia, quae dicitur veritas, in quantum essentia est. Primum autem verum est. Omnis enim essentia non ob aliud essentia est, nisi quia est. Esse autem non habet contrarium, nisi non esse: unde nihil est essentiae contrarium. Nullo modo igitur res ulla esse potest contraria illi substantiae, quae maxime ac primitus est. Ex qua si habet animus idipsum quod est (non enim aliunde hoc habere potest, qui ex se non habet, nisi ab illa re quae illo ipso est animo praestantior), nulla res est qua id amittat, quia nulla res ei rei est contraria qua id habet; et propterea esse non desinit... Non igitur potest interire." *De immort. animae*, XII, 19; vol. 32, c. 1031.

[40] "Quapropter cum per illam (*scil.* animam), ut dictum est, corpus subsistat, ipsa in corpus nullo modo verti potest. Corpus enim nullum fit, nisi accipiendo per animam speciem. At anima ut corpus fieret, non accipiendo speciem, sed amittendo, fieri posset: et propterea fieri non potest; ..." *De immort. animae*, XVI, 25; vol. 32, c. 1034. S. Agostinho também esboçou uma prova da imortalidade da alma através do desejo natural de beatitude; ver J. MARTIN, *Saint Augustin*, p. 160-161.

mente onde há consciência; assim, é um novo grau que iremos atravessar ao nos elevarmos da vida à sensação.

IV. QUARTO GRAU:
O CONHECIMENTO SENSÍVEL

Imediatamente acima da vida pura e simples, a alma que se eleva em direção a Deus encontra o conhecimento sensível. A teoria da sensação é uma das que melhor permite discernir o que há de distinto na concepção agostiniana de homem. Sua aparente sutileza dissimula o pensamento mais simples e mais franco, pois em nenhum dos textos em que o problema é abordado – quer acidentalmente, quer em si mesmo – santo Agostinho descartou a linha, simultaneamente inflexível e sinuosa, que escolheu. Tentemos examiná-la por nós mesmos.

Não há qualquer traço de ocasionalismo ou de inatismo do conhecimento sensível na filosofia agostiniana. Todo conhecimento de qualquer coisa material é engendrado simultaneamente por nós, que o conhecemos, e pela coisa que é conhecida.[1] A prova disso é que em nenhum caso a alma pode imaginar objetos que não tenha previamente percebido;[2] a forma da coisa percebi-

---

[1] "Unde liquido tenendum est quod omnis res quamcumque cognoscimus congenerat in nobias notitiam sui. Ab utroque enim notitia paritur, a cognoscente et cognito". *De Trinitate*, IX, 12, 18; vol. 42, col. 970.

[2] *De Trinitate*, IX, 8,14; vol. 42, col. 995. Ver também *Epist.* 7; vol. 33, col. 68-71. Teremos cautela em não estender as conclusões dessa carta para além do que elas dizem. Cremos ler a afirmação de que a sensação é uma ação do corpo sobre a alma nestas linhas: "... nihil est aliud illa imaginatio, mi Nebridi, quam plaga inflicta per sensus,..." (*Op. cit.*, 3; col. 69). Esse texto simplesmente diz que a imaginação é causada diretamente pela sensação, mas não como a sensação a causa, o que é toda a questão.

da indiscutivelmente concorre com o sentido para produzir a sensação, da qual é causa parcial.³ Nesse ponto, a posição de Agostinho é determinada por sua concepção acerca da união entre alma e corpo. Para ele, tal como para Plotino, a relação dessas duas substâncias é uma relação de artesão com utensílio, ou de artista com o instrumento. Então, para Agostinho e para Plotino, a sensação deve ser um caso particular dos usos que a alma faz de seu corpo. Essa hipótese também é verificada pela maneira como Agostinho coloca a questão: "Respondeas mihi, quidam tibi videtur iste esse sensus *quo anima per corpus utitur...*"⁴ Portanto, a essência do conhecimento sensível não é um problema distinto que Agostinho teria para resolver. Dito isso, o problema da estrutura da sensação, ainda que regrada por seu princípio, pede

---

[3] "Nemo de illo corpore utrum sit intelligere potest nisi cui sensus quidquam de illo nuntiarit." *Epist. XIII*, 4; vol. 33, col. 78. Cf. *De Trinitate*, XI, 5, 9; vol. 42, col. 991. Para simplificar a exposição, reunamos aqui os dados essenciais sobre as relações entre a sensação e a imagem. Há quatro formas (*species*) que se engendram uma na outra: primeiro, a forma do objeto; segundo, a forma que ele engendra nos sentidos; terceiro, a forma que é gerada na memória a partir da que foi engendrada nos sentidos; quarto, a forma que a da memória engendra no pensamento que se lembra atualmente (*De Trinitate*, XI, 9, 16; vol. 42, col. 996). Dessas quatro formas, praticamente discernimos apenas duas; para nós, a forma do objeto não se distingue da forma sentida, assim como a forma guardada não se distingue da lembrança que ela engendra no pensamento (*De Trinitate*, XI, 3, 6; vol. 42, col. 989. Cf. XI, 8, 13; col. 944). As quatro formas geram dois gêneros de visão (*visiones*): a visão corporal, na qual o olho é informado (*formatur*) pela forma (*species*) do objeto; e visão espiritual, na qual o pensamento (*cogitatio*) é informado (*formatur*) pela forma (*species*) conservada na memória. A imagem conservada pelo pensamento na memória denomina-se *similitudo*, *imago* ou, no sentido próprio, *phantasia*. Uma imagem composta arbitrariamente formada para representar os objetos não percebidos chama-se *phantasma*: "Alier enim cogito patrem meum quem saepe vidi, aliter auum quem nunquam vidi. Horum primum phantasia est, alterum phantasma". *De musica*, VI, II, 32; vol. 32, col. 1180. Cf. *De vera religione*, X, 18; vol. 34, col. 130. *De Trinitate*, XI, 5, 8; vol. 42, col. 990.

[4] *De quant. animae*, XXIII, 41; vol. 32, col. 1058. Cf. "corpus quo (anima) velut nuntio utitur ad formandum in seipsa quod extrinsecus annuntiatur." *De Genesi ad litt.*, XII, 24, 51; vol. 34, col. 475.

Quarto grau: o conhecimento sensível

esclarecimentos. Como esses conhecimentos se produzem? Resultam de uma ação exercida pelo corpo na alma ou, ao contrário, de uma ação exercida pela alma seja sobre si mesma, seja sobre o corpo? É o que convém examinar.

Dá-se o nome de sensação a toda paixão sofrida pelo corpo quando ela não é ignorada pela alma e não lhe escapa.[5] Todas as partes dessa definição indireta transmitem significados, mas é a última sentença que lhe confere sua significação plena. Dizer que as sensações são paixões sofridas pelo corpo é simplesmente lembrar-se de um fato bem conhecido, a saber, que só há sensação numa ação exercida de fora por um objeto sobre um órgão sensível: a luz sobre o olho, o som sobre a orelha e assim com os outros sentidos.[6] Ao acrescentar que, somente por isso, a paixão

---

[5] "Sensum puto esse, non latere animam quod patitur corpus". *De quant. animae*, XXIII, 41; vol. 32, col. 1058. "Jam video sic esse definiendum, ut sensus sit passio corporis per seipsam non latens animam, nam et omnis sensus hoc est et omne hoc, ut opinor, sensus est". *De quant. animae*, XXV, 48; vol. 32, col. 1063. A expressão *non latet* está calcada no μὴ λαθεῖν de PLOTINO, *Enn.*, IV, 4, 19; ed. É. Bréhier, vol. IV, p. 121, 1. 25.

[6] As indicações esparsas, concernentes à doutrina clássica dos sentidos, nada trazem de original. No que concerne à natureza dos sensíveis, que agem sobre os sentidos, ao contrário, notar-se-á sua classificação hierárquica segundo seu grau de participação na luz, agente ativo de toda nossa excitação física: "Quae cum ita sint, pertinet corporis sensus ad visa corporalia, qui per quinque quasi rivulos distanter valentes distribuitur: cum illud quod est subtilissimum in corpore, et ob hoc animae vicinius quam caetera, id est lux, primum per oculos sola diffunditur, emicatque in radiis oculorum ad visibilia contuenda; deinde mixtura quadam primo cum aere puro, secundo cum aere caliginoso atque nebuloso, tertio cum corpulentiore humore, quarto cum terrena crassitudine, quinque sensus cum ipso, ubi sola excellit, oculorum sensu efficit: sicut in libro quarto, itemque in septimo disseruisse me recolo" *De Genesi ad litt.*, XII, c. 16, n. 32; vol. 34, col. 466. A teoria segundo a qual toda sensação visual supõe raios emitidos por nossos olhos, implicada nessa passagem, encontra-se desenvolvida em *De Genesi ad litt.*, IV, 34, 54; vol. 34, col. 319-320. *De Trinitate*, IX, 3, 3; vol. 42, c. 962. O papel ativo reservado à luz, como único sensível excitante, faz de todas as outras sensações sensações visuais mais ou menos degradadas. Essa tese se explica pela concepção puramente passiva que santo Agostinho formou do assunto

não escapa à alma, marca-se o caráter imediato do conhecimento sensível. Com efeito, essa afirmação significa que a paixão sofrida pelo corpo é suficiente para que ela ocasione o que se designa pelo nome de sensação, sem que nenhuma operação intelectual suplementar seja requerida. Por exemplo: vejo a fumaça e, disso, concluo que há fogo. Ora, é pela vista que conheço a existência da fumaça, e posso também acrescentar que, em certo sentido, é igualmente pela visão que conheço a existência do fogo, mas não os conheço da mesma maneira. No caso da fumaça, basta uma simples modificação do meu corpo por um objeto exterior para que eu conheça sua existência; portanto, uma paixão do corpo se faz conhecer por si mesma e unicamente por si. No caso do fogo, foi necessário que à percepção da fumaça se adicionasse um raciocínio intelectual que me permitiu concluir a existência dele; assim, a paixão sofrida pelo meu corpo é, uma vez mais, a ocasião de meu conhecimento, mas ela não é suficiente para causá-lo, logo, não é uma sensação. Assim, para interpretar essa definição, convém considerar o estado de "não-ignorância" em que a alma se encontra como um gênero do qual a sensação e o conhecimento intelectual são duas espécies, quase como a animalidade é o gênero comum a homens e animais. Ora a alma se encontra em estado de não-ignorância por sua virtude cognitiva própria, e, então, diz-se que ela alcança a ciência; ora ela se encontra devido a uma paixão que

---

(*De civ. Dei*, I. V, c. 9, n. 4; vol. VII, col. 151-152.); para, em seguida, poder atribuir alguma eficácia aos corpos sensíveis, seria necessário recorrer a um princípio material tão análogo quanto possível ao espírito e que participasse, em certa medida, de sua eficácia; tal é precisamente a luz sensível que, sem ser espírito, é o que há de mais próximo a ele no mundo dos corpos (cf. "In corporibus autem lux tenet primum locum" *De lib. arbit.*, l. III, c. 5, n. 16; vol, 32, c. 1279. "... corpus quod incorporeo vicinum est, sicut est ignis, vel potius lux et aer..." *De Genesi ad litt.*, l. VII, c. 15, n. 21; vol. 34, col. 363). Essa tese se une àquela que faz do fogo um instrumento da sensação (*De Genesi ad litt.*, VII, 13, 20; t. 34, col. 362), pois a luz é da ordem do fogo. Sobre o desenvolvimento dessa doutrina na Idade Média, ver Cl. BAEUMKER, *Witelo*, p. 454 e seguintes; e Étienne GILSON, *La philosophie de saint Bonaventure*, cap. IX, p. 274; cap. X, p. 297-298.

seu corpo sofre, e, então, diz-se que ela tem a experiência de uma sensação.[7] Resta saber por que santo Agostinho usa, como subterfúgio, a expressão negativa "não permanecer na ignorância" quando define o conhecimento sensível.

Sua primeira preocupação é dissociar estritamente o objeto percebido e a sensação que temos dele. Longe de merecer o título de ciência, a sensação tem total relação *com o conhecimento e com o espírito, enquanto os sensíveis, ao contrário, encontram-se inteiramente relacionados ao corpo*.[8] Ponto fundamental a partir do qual as conseqüências se desenvolvem numa dupla direção. De início, a natureza dos sensíveis não poderá mais ser concebida senão como excluindo toda sensação bem como toda sensibilidade. Se dizemos que o mel é doce, não é porque ele mesmo sinta a doçura, mas porque nos faz senti-la quando o degustamos. Se dizemos "a luz é brilhante", não é porque ela perceba sua própria natureza, mas porque a luz corporal, que não vê, é apreendida por uma luz espiritual que a vê e a julga como brilhante.[9] Portanto, os sensíveis contêm em si a causa da sensação, mas não a sentem em nenhum grau. Inversamente, a sensação pertencerá totalmente à alma, sem que, de modo algum, o corpo a sinta: *sentire non est corporia sed animae per corpus*. Distinção radical, que levanta um

---

[7] "Quia quamquam sit aliud sensus, aliud scientia, illud tamen *non latere* utrique commune est; ut ipsi homini et bestiae, quamvis plurimum differant, animal tamen esse commune est. Non latet enim quidquid animae apparet, sive per temperationem corporis, sive per intellegentiae puritatem, atque illud primum sensus, hoc autem alterum scientia sibi vindicavit... Non continuo esse scientiam si quid non latet, sed si per rationem non latet: cum autem per corpus non latet, sensum vocari si per seipsam non lateat corporis passio" *De quantit. animae*, XXX, 58; vol. 32, col. 1068.

[8] A doutrina agostiniana da sensação é uma reinterpretação da de Plotino, para quem a alma imprime em si as imagens dos objetos sensíveis percebidos pelo corpo que ela anima: *Enn.*, IV, 4, 23, ed. É. Bréhier, vol. IV, p. 124.

[9] Santo Agostinho lembra-se aqui de seu erro maniqueu: *De Genesi ad litt.*, III, 5, 7; vol. 34, col. 282 e *De Genesi ad litt. lib. imperf.*, 5, 24; vol. 34, c. 228-229. A fórmula que se segue encontra-se em *loc. cit.*, vol. 34, col. 282.

problema cuja discussão irá reter longamente a atenção de Agostinho e cuja solução exercerá uma influência profunda sobre a história do pensamento ocidental. Problema tão difícil de resolver que Agostinho nada faz para diminuir o afastamento que acabou de sublinhar entre a alma e o corpo. Ao contrário, depois de ter reportado unicamente à alma o conhecimento sensível, de que acabou de declarar o corpo ser a causa, ele acrescenta que a noção de uma ação exercida pelo corpo sobre a alma é contraditória. No seu universo hierarquizado, todos os seres necessariamente são superiores ou inferiores uns aos outros unicamente pelo fato de serem diferentes, e, para ele, trata-se de um princípio primeiro que o inferior não poder agir sobre o superior. Aqui, estamos na presença de uma ordem de conhecimentos, logo, de realidades puramente espirituais, que são imediatamente dependentes de estados orgânicos, logo, de realidades corporais. Ora, uma vez que supomos que o inferior não pode agir sobre o superior, é necessário concluir que a paixão sofrida pelo corpo é incapaz de produzir uma sensação na alma.[10] Eis o paradoxo ao qual esse problema se reduz: como conceber o conhecimento sensível se é verdade que ele depende de um estado

---

[10] O aspecto paradoxal do problema foi assinalado pelo próprio santo Agostinho: "Quia vero spiritus omnis omni est corpore sine dubitatione praestantior, sequitur ut non loci positione, sed naturae dignitate praestantior sit natura spiritualis isto corporeo coelo, etiam illa ubi rerum corporalium exprimuntur imagines. *Hic existit quiddam mirabile*, ut cum prior sit corpore spiritus, et posterior corporis imago quam corpus, tamen quia illud quod tempore posterius est, fit in eo quod natura prius est, praestantior sit imago corporis in spiritu, quam ipsum corpus in substantia sua. Nec sane putandum est facere aliquid corpus in spiritu, tamquam spiritus corpori facienti, materiae vice subdatur. Omni enim modo praestantior est qui facit ea re de qua aliquid facit; neque ullo modo spiritu praestantius est corpus; imo perspicuo modo spiritus corpore." *De Genesi ad litt.*, XII, 16, 32-33; vol. 34, col. 466-467. Cf. mais adiante a nota 22, p. 132. Esse princípio é á última muralha na qual se firmarão os agostinianos da Idade Média em sua oposição às doutrinas tomistas; todavia, muito poucos, sequer são Boaventura, ousarão mantê-la com todo seu rigor. Sobre esse ponto, ver *La philosophie de saint Bonaventure*, cap. XII, I; p. 338-342.

Quarto grau: o conhecimento sensível

do corpo e, contudo, é inconcebível a ação de um corpo sobre uma alma? Agostinho muitas vezes tangeu essa dificuldade, mas a discutiu e resolveu com vigor incomparável no livro VI do *De musica*.[11]

Seguindo um método que lhe é familiar e que, por vezes, aplicou com felicidade rara, Agostinho vai buscar a solução do problema não em uma dedução dialética a partir de princípios abstratos, mas na análise exaustiva de um fato de consciência. Suponhamos um verso recitado em nossa presença, por exemplo, este verso de santo Ambrósio:

Deus creator omnium.[12]

Trata-se de um verso somente por seu ritmo, e seu ritmo é feito de números, uma vez que deve sua qualidade de verso a uma relação numérica entre sílabas longas e sílabas breves. Há aqui quatro iambos. Em quais condições sua percepção é possível ao meu pensamento? Trata-se de esclarecê-lo e será possível determiná-lo por um tipo de experiência.

Inicialmente, em virtude da distinção que foi introduzida entre o sentido e o sensível, os números que constituem esse verso existem segundo dois modos diferentes. Encontram-se no movimento do ar que produz o som, quer dizer, no barulho material que ouvimos, o que caracteriza um primeiro gênero de números. Mas encontram-se também nos sentidos de quem os ouve, e isso caracteriza um

---

[11] Vol. 32, col. 1161 e segs. Os cinco primeiros livros dessa obra consagram-se a discussões de prosódia e de métrica, em que a ciência ainda fresca do retórico atua livremente. Contudo, Agostinho declara que são permitidas apenas a fim de atrair para o inteligível os espíritos seduzidos por essa isca sensível: "Illos igitur libros qui leget, inveniet nos cum grammaticis et poeticis animiis, non habitandi electione, sed itinerandi necessitate versatos." *De musica*, liv. VI, c. I, n. 1; vol. 32, col. 1161-1162. A doutrina que iremos estudar é, portanto, uma etapa de um itinerário: "ut a corporeis ad incorpórea transeamus." *Ibid.*, c. 2, n. 2; col. 1163. Quanto ao hino de santo Ambrósio ao qual pertence o verso subseqüente, ver *Confess.*, IX, 12, 32; ed. Labriolle, vol. II, p. 233.

[12] "Deus criador de tudo" (N. da T.).

segundo tipo de números. No mais, tal como o encontramos constituído, esse verso em si não tem uma existência absoluta; embora o número de pés dos quais seja composto e suas relações permaneçam invariáveis, sua duração depende da maneira pela qual for pronunciado. Sem uma voz que seja ritmada e "numerosa", conseqüentemente, capaz de comunicar seu número interior e seu ritmo ao movimento de ar que toca nossa orelha, a impressão sensível jamais poderia se tornar uma música. Eis, portanto, um terceiro número: o da voz que pronuncia o verso, que acaba de se juntar aos dois primeiros números. E há um quarto: o verso que acabou de ser pronunciado diante de nós, é o primeiro verso de um hino de santo Ambrósio, portanto, nós o reconhecemos e, só poderíamos reconhecê-lo porque ele já estava presente na nossa memória, onde há uma palavra interior capaz de, por si só, pronunciá-lo sem tocar nenhuma orelha. Não é tudo, pois não nos contentamos em escutar o verso que é pronunciado, mas julgamos espontaneamente a maneira pela qual é pronunciado, conforme a relação de pés que o compõem ser bem ou mal observada pelo recitador. O quinto e último gênero de número está implicado nos julgamentos segundo os quais decretamos que um verso é pronunciado ou demasiado lentamente ou demasiado rápido e que a dicção de seu intérprete nos agrada ou nos desagrada. Daremos nomes a eles para a comodidade do discurso e teremos: os números sonoros, os números entendidos, os números proferidos, os números retidos e os números juízes.[13]

Nenhuma hesitação é possível quanto ao mais perfeito de todos os gêneros de números; é o último, uma vez que ele implica todos os demais ao passo que os outros não o implicam necessariamente. A impressão espontânea, e anterior a toda reflexão, de

---

[13] Eis sua enumeração segundo a ordem definitiva que lhes assinalará a análise de santo Agostinho: "Vocentur ergo primi judiciales (*judiciários*), secundi progressores (*proferidos*), tertii occursores (*entendidos*), quarti recordabiles (*retidos pela memória*), quinti sonantes (*sonoros*)." *De musica*, VI, 6, 16; vol. 32, col. 1172.

Quarto grau: o conhecimento sensível

prazer ou de dor que sentimos ao ouvir um verso ser pronunciado como se deve ou de maneira incorreta não implica apenas os números existirem na alma de quem os escuta, mas também existirem de um modo particularmente perfeito e eminente, visto que os números estão aí sob uma forma tal que eles nos permitem julgar aos outros. Sendo a regra, eles inevitavelmente sobrepujam aqueles que devem a ela se conformar.[14] Em segundo lugar, os números que produzem outros números devem preceder estes; com efeito, os quatro últimos gêneros de números estão todos submetidos à jurisdição dos primeiros, mas alguns deles apresentam o caráter eminente de serem causas de três outros, trata-se dos números proferidos pela voz e, portanto, são os que colocaremos imediatamente após os números ideais.

Muito mais delicada é a atribuição de uma colocação aos três últimos gêneros de números. Com efeito, está claro que o primeiro princípio de classificação não poderia mais atuar nesse terreno; todos os números que sobram são igualmente números julgados. Quanto ao segundo princípio que invocamos, seu emprego não é dos mais fáceis. Para colocar aqueles que agem antes dos que resultam da ação dos primeiros, primeiro é necessário saber quais desses números produzem os outros. Em primeiro lugar, parece evidente se tratar dos números sonoros, uma vez que os outros não poderiam ser nem percebidos pelos sentidos nem retidos pela memória sem o tremor do ar que constitui os primeiros. Mas, por outro lado, como fazer com que um movimento corporal, tal como a excitação sonora, anteceda a sensação e a lembrança espirituais que temos deles? Mais precisamente, como conceber que o corpo, ou seja, um material, possa produzir qual-

---

[14] *Ibid.*, 4, 6; col. 1165. O princípio em nome do qual Agostinho lhes determina o primeiro lugar é: "non de illis posset (*scil.* hoc numerorum genus), nisi excelleret, judicare"; o princípio em nome do qual o veremos determinar o segundo deve ser diferente, já que os quatro gêneros de número restantes são igualmente julgados pelo primeiro; esse novo princípio será: "facientes factis jure anteponuntur"; *ibid.*, 6; col. 1166.

quer efeito na alma e agir sobre ela? *Mirare potius quod facere aliquid in anima corpus potest.*[15] Eis o paradoxo do qual se trata de extrair o que ele pode conter de verdade.

Chegando a este ponto de nossa análise, a objeção apresenta-se diante de nós com toda sua força e nos coloca, de certo modo, a questão preliminar. O que nos incomoda é fazer os sons corporais antecederem os sons espirituais que eles produzem; mas será necessário inicialmente saber se aqueles produzem estes. A verdadeira questão, para quem escruta esse problema a fundo, é, portanto, muito mais a ordem a ser introduzida entre os elementos complexos de uma percepção do que a possibilidade mesma da sensação. Se a alma é verdadeiramente superior ao corpo, e se é contraditório admitir que o superior se comporte como uma matéria sobre a qual o inferior poderia agir para modificá-la, por isso, torna-se impossível admitir que os números sonoros sejam capazes de engendrar na alma os números ouvidos e retidos. Donde se segue esta conclusão inevitável: quando ouvimos, os números que se produzem na alma não são produzidos pelos que se encontram nos sons: *non ergo, cum audimus, fiunt in anima numeri ab iis quae in sonis cognoscimus.*[16] Mas de onde eles provêm e como a sensação em geral é possível?

Colocada nesses termos, a questão manifestamente ultrapassa os limites do conhecimento sensível e volta a se unir ao

---

[15] *Ibid.*, n. 7; col. 1166.
[16] *Ibid.*, VI, 5, n. 8; col. 1168. Esse princípio é formal. Quando Agostinho fala em outros lugares de uma geração de espécies espirituais por espécies corporais (texto citado p. 120, nota 3), é preciso subentender "no sentido em que essa geração é possível", ou seja, o objeto age sobre nosso corpo e neste engendra sua espécie, mas a alma engendra em si, em seguida, a espécie sensível da qual, por sua ação, ulteriormente retira espécies mais elevadas. Bem longe de "fazer a questão progredir um pouco", o artigo de B. Romeyer (*Archive de Philosophie*, 1930, VII, 2; p. 224-226) parece torná-la mais obscura, pois, ao interpretar ao pé da letra o texto do *De Trinit.*, XI, 9, 16, ele coloca santo Agostinho em plena contradição consigo mesmo. Preferiremos interpretá-lo como um texto acidental em função do tratado no qual a questão é discutida *ex professo*.

Quarto grau: o conhecimento sensível

problema mais vasto das relações entre a alma e o corpo. É muito freqüente representar a alma humana como um puro espírito decaído e que se tornou prisioneiro de seu corpo. Na realidade, como vimos, a alma foi primitivamente criada por Deus com o desejo do corpo, que ela anima e ao qual ela quer se unir. Quanto a esse problema, a Escritura não nos oferece resposta decisiva, e a razão talvez não o resolva com a ajuda de argumentos evidentes, mas uma experiência interior de cada instante nos convida a resolver nesse sentido. O amor da vida que nos diz respeito não é o amor da alma pelo corpo que ela anima, que a perseguirá até que o corpo lhe seja tornado ressuscitado e glorioso?[17] O papel que ela desempenha no corpo, não é o de conferir-lhe a vida? *Factus est homo in animam vivam*, dizem as Escrituras (Gn 1, 21). Ora, fazer o corpo viver, é conferir-lhe sua unidade ao manter o acordo entre suas partes, e defendendo-o de todas as ações nocivas do exterior que podem ameaçá-lo.[18] Portanto, para melhor assegurar tal defesa, trata-se de investigar se a alma não devia perceber as modificações, pelas quais os objetos exteriores afetam o corpo que ela anima, de modo que suas funções animadoras impliquem a sensação.

Se dizemos que os animais vivem verdadeiramente, ao passo que as plantas só fazem vegetar, é sobretudo porque eles sentem.[19]

---

[17] "Sed si ad hoc fit anima, ut mittatur in corpus, quaeri potest utrum, si noluerit, compellatur? Sed melius creditur hoc naturaliter velle, id est, in ea natura creari ut velit, sicut naturale nobis est velle vivere" *De gen. ad litt.*, l. VII, c. 27, n. 38; t. 34, c. 369. Esse mesmo amor da alma por seu corpo faz com que a ressurreição dos corpos seja necessária à perfeita beatitude das almas: "quo appetitu retardatur quodammodo ne tota intentione pergat in illud summum coelum, quamdiu non subest corpus, cujus administratione appetitus ille conquiescat" *Op. cit.*, l. XII, c. 35, n. 68; vol. 34, c. 483.

[18] "Nam et ipse corporis dolor in quolibet animante magna et mirabilis animae vis est, quae illam compagem ineffabili permixtione vitaliter continet, et in quamdam sui moduli redigit unitatem, cum eam non indifferenter, sed, ut ita dicam, indignanter, patitur corrumpi atque dissolvi" *Op. cit.*, l. III, c. 16, n. 25; vol. 34, c. 290.

[19] *Lib. De quant. Animae*, cap. 19, n. 33; vol. 33, co. 1054. Cf. "Haec igitur primo, quod cuivis animadvertere facile est, corpus hoc terrenum atque mortale praesentia

Logo, viver é inseparável de sentir, de onde resulta, reciprocamente, que a sensação deve ser apenas uma função vital exercida pela alma no corpo e para seu benefício. Sendo assim, toda a dificuldade do problema que nos detém tenderia ao fato de que esquecemos o papel eminentemente ativo desempenhado pela alma na economia de um ser vivente. Longe de estar nele para submeter e para perceber, ela está aí somente para agir e dar. No fundo, apenas seu nome é suficiente para designar claramente as funções que ela exerce nele; uma alma é uma animadora, quer dizer, uma força espiritual que constantemente age dentro do corpo submetida a Deus pela dominação deste.[20] Então, tudo o que há de contraditório no problema da sensação, tal como nós o colocamos, resultaria de a termos concebido como essencialmente passiva; se, ao contrário, a sensação se tornar uma ação da alma, a dificuldade talvez se afaste.

Para saber se é assim, consideremos o tipo de sensação mais simples e mais manifestamente ligada ao corpo: o prazer e a dor. Suas condições orgânicas são evidentes e em nenhum caso o aspecto passivo da sensação pode ser mais facilmente conhecido; no entanto, ainda é possível considerar isso sem atribuir à alma qualquer passividade. Enquanto ela vela, tal como supusemos, para assegurar as funções do corpo que anima, o corpo permanece continuamente submisso à ação de outros corpos. Esta ação pode ser exercida, dependendo do caso, para facilitar as operações natu-

---

sua vivificat, colligit in unum atque in uno tenet, diffluere atque contabescere non sinit; alimenta per membra aequaliter, suis cuique redditis, distribui facit; congruentiam ejus modumque conservat, non tantum in pulchritudine, sed etiam in crescendo atque gignendo... Ascende itaque alterum gradum, et vide quid possit anima in sensibus, ubi evidentior manifestiorque vita intelligitur" *Op. cit.*, c. 33, n. 70-71; vol. 32, c. 1074. Esta última fórmula coloca em plena evidência o caráter vital da sensação.

[20] "Ego enim ab anima hoc corpus animari non puto, nisi intentione facientis. Nec ab isto quidquam illam pati arbitror, sed facere de illo et in illo tanquam subjecto divinitus dominationi suae." *De musica*, l. VI, c. 5, n. 9; vol. 32, col. 1168.

Quarto grau: o conhecimento sensível

rais do corpo ou para contrariá-las. Quando a excitação exterior é nociva ao corpo, ela determina uma mortificação que torna mais difícil o exercício de suas funções; então, a alma, que tende incessantemente a assegurá-las, deve fazer o esforço para descartar o obstáculo e, com grande penar, obriga a matéria corporal, submetida à alma, a funcionar como deve. Nesse momento, seu papel habitual de animadora exige um esforço suplementar de atenção. A partir de então, o objeto de sua atenção não pode lhe escapar; ela não pode permanecer na ignorância em relação à paixão corporal, que exige esse esforço excepcional, e isso constitui a sensação de dor.[21] Logo, nomeia-se sensação de dor o ato de atenção exercido pela alma sobre uma modificação nociva do corpo animado. Resta saber se essa definição seria susceptível de ser generalizada.

A princípio, ela pode, diversamente modificada, ser estendida das sensações de dor para as sensações de prazer e para todas as outras sensações orgânicas. A fome ou a sede não são diversas da atenção especialmente dada pela alma à falta de alimento ou bebida de que o corpo sofre momentaneamente. Se forem oferecidos para ele alimentos que restabeleçam o equilíbrio corporal momentaneamente destruído pela necessidade, a alma mostrar-se-á atenta e a sensação que sentirá será de prazer. O excesso de alimentos ingeridos torna-se para o corpo uma mortificação a ponto de retardar suas operações; ao percebê-lo, a alma tem sensações internas de crueza. O mesmo ocorre com todas as outras afecções

---

[21] "Corporalia ergo quaecumque huic corpori ingeruntur aut objiciuntur extrinsecus, non in anima, sed in ipso corpore aliquid faciunt, quod operi ejus aut adversetur, aut congruat. Ideoque cum renititur adversanti, et materiam sibi subjectam in operis sui vias difficulter impingit, fit attentior ex difficultate in actionem; quae difficultas propter attentionem cum eam non latet, sentire dicitur et hoc vocatur dolor aut labor" *De musica*, l. VI, c. 5, n. 9; vol. 32, col. 1168. Cf. *De Genesi ad litt.*, l. VII, c. 14, n. 20; vol. 34, c. 363. *Epist. 118*, 24; vol. 33, col. 443-444. É útil, não para a terminologia, mas para as tendências gerais, uma comparação com PLOTINO, *Enn.*, IV, 3, 21-22. ed. É. Bréhier, p. 89-90; e IV, 4, 19, p. 120-121.

mórbidas do copo das quais ela se encarrega, e, nessa ordem de fatos, não se pode ter qualquer dificuldade.

Mas não se pode adentrar nenhuma outra ordem de sensações, qualquer que seja sua natureza. Para mantermo-nos no exemplo que empreendemos analisar, consideremos as sensações sonoras que nos provoca a leitura de um verso proferido em voz alta. Ninguém duvidará que o movimento de ar que constitui o som físico e material produza um efeito nas orelhas. Ora, a orelha é um dos órgãos de um corpo animado; portanto, ela mesma é animada, o que quer dizer que, no momento em que esse órgão sofre a percussão do ar exterior, que denominamos "som", a alma já exercia seu trabalho animador nesse local. É possível crer que, no momento em que a orelha é tocada pelo som, a alma possa cessar de manter aí o movimento vital que ela constantemente mantém? Evidentemente não; já que a orelha não cessou um instante de ser uma orelha vivente. Por outro lado, é possível supor que sua ação sobre a orelha que anima seja idêntica quando o movimento de ar exterior a abala e quando não a abala? Para tanto, seria necessário que a alma fosse infiel à sua função própria, que é precisamente a de velar por todas as modificações importantes sofridas pelo seu corpo, para assegurar o bom funcionamento dos órgãos. Se o mesmo ocorre com as sensações auditivas, visuais, olfativas, gustativas e táteis, o problema irá se encontrar completamente examinado. Perguntamos como o corpo poderia agir sobre a alma, enquanto o que se passa, na realidade, é algo totalmente diferente. É a alma que age e vela permanentemente por cada um dos órgãos do corpo no qual ela está presente. Quer o corpo se encontre em dificuldade ou, ao contrário, satisfeito, em ambos os casos, ele tem necessidade de que a alma saiba disso. Portanto a paixão material que ele sofre é muito mais um apelo lançado à alma do que uma ação exercida na alma.[22] Tudo se

---

[22] "Et ne longum faciam, videtur mihi anima cum sentit in corpore, non ab illo aliquid pati, sed in ejus passionibus attentius agere, et has actiones sive faciles propter convenientiam, sive difficiles propter inconvenientiam, non eam latere:

Quarto grau: o conhecimento sensível

passa de modo que a atenção da alma para com o corpo se exercesse sobre as modificações favoráveis ou desfavoráveis que ele sofre, de modo que seus atos de atenção às modificações excepcionais sofridas pelo corpo sejam nossas sensações.

Doutrina que satisfaz plenamente as exigências de um espiritualismo absoluto e não menospreza o fato de a sensação constituir, como que por essência, um estado passivo. Quando é comparada ao corpo, ela se oferece a nós sob um aspecto eminentemente ativo. Não somente os termos usados por santo Agostinho são formais – *exserit attentiores actiones...; quibus actionibus...; has operationes...*[23] – como também a definição que nos propuse-

---

et hoc totum est quod sentire dicitur. Sed iste sensus, qui etiam dum nihil sentimus, inest tamen, instrumentum est corporis, quod ea temperatione agitur ab anima, ut in eo sit ad passiones corporis cum attentione agendas paratior, similia similibus ut adjungat, repellatque quod noxium est. Agit porro, ut opinor, luminosum aliquid in oculis, aerium serenissimum et mobilissimum in auribus, caliginosum in naribus, in ore humidum, in tactu terrenum et quasi lutulentum. Sed sive hac sive alia distributione ista conjiciantur; agit haec anima cum quiete, si ea quae insunt in unitate valetudinis, quasi familiari quadam consensione cesserunt. Cum autem adhibentur ea quae nonnulla, ut ita dicam, alteritate corpus afficiunt, exserit attentiores actiones, suis quibusque locis atque instrumentis accommodatas: tunc videre, vel audire, vel olfacere, vel gustare, vel tangendo sentire dicitur; quibus actionibus congrua libenter associat, et moleste obsistit incongruis. Has operationes passionibus corporis puto animam exhibere cum sentit, non easdem passiones recipere" *De musica*, l. VI, c. 5, n. 10; vol. 32, col. 1169. A doutrina agostiniana da sensação foi muito bem compreendida por FERRAZ, *La psychologie de saint Augustin*, p. 117-124. O *mentalismo* acentuado da teoria da sensação, sem dúvida, explica-se pela preocupação, muito viva em Agostinho, de reagir contra o sensualismo materialista de Demócrito e de Epicuro. Ver *Epist*. 118, 29; vol. 33, col. 446. Daí todos os argumentos fundados na desproporção entre o espírito que percebe e o objeto percebido.

[23] "Quamvis ergo prius videamus aliquod corpus, quod antea non videramus, atque inde incipiat imago ejus esse in spiritu nostro, quo illud cum absens fuerit recordemur: tamen eamdem ejus imaginem non corpus in spiritu, sed ipse spiritus in seipso facit celeritate mirabili, quae ineffabiliter longe est a corporis tarditate" *De Genesi ad litt.*, l. XII, c. 17, n. 33; vol. 34, col. 467. Esse texto, com a expressão "celeritate mirabili", será constantemente reproduzido no decorrer da Idade

mos explicar está claramente construída com o intuito de eliminar qualquer idéia de uma ação exercida pelo corpo na alma, para fazer da sensação uma ação da alma interior em relação à própria alma. Em última análise, tal é a razão do desvio que santo Agostinho faz para defini-la. O *non latet* indica precisamente que a alma é uma força espiritual sempre vigilante e presente: para sentir, ela não tem que receber nada dos órgãos que vivifica, basta que as modificações sofridas por esses órgãos não escapem a ela e penetrem no campo de sua atenção. No entanto, em outro aspecto, a sensação permanece um estado passivo, ainda que num sentido que não se pode imaginar ordinariamente: trata-se de uma paixão sofrida pela alma em conseqüência de uma ação que ela exerce sobre si mesma,[24] e que é obrigada a exercer sobre si por conseqüência de sua união com o corpo. Quanto à sensação, que a alma não pode receber pronta de fora, é necessário que a tire de si mesma e também, conseqüentemente, que dê algo de sua própria substância para formar a sensação[25]. Não obstante, ainda que a alma só se submeta à ação de si mesma, quando sente, é necessário que ela faça uso de si mesma e que, de certo modo, ela consuma a si mesma em benefício de seu corpo para acomodar-se a ele e velar por ele. Ela, portanto, essencialmente superior a ele, produz imagens de seu inferior, de certo modo, desertando-se de si

---

Média. "Neque enim corpus sentit, sed anima per corpus, quo velut nuntio utitur ad formandum in seipsa quod extrinsecus nuntiatur" *Ibid.*, c. XXIV, n. 51; vol. 34, c. 475. FERRAZ, *op. cit.*, p. 121-122 aproxima a doutrina agostiniana da sensação de PLOTINO, *Enn.*, IV, 6, 2 e IV, 6, 19. Acrescenta-se: sobre as sensações concebidas como ações: *Enn*, III, 6, 2; IV, 6, 3; como julgamentos: *Enn.*, III, 6, 1; IV, 3, 23; IV, 3, 26; e também como tipos de contemplações inteligíveis: I, 1, 7. Ch. BOYER, *L'idée de vérité dans la philosophie de saint Augustin*, indica III, 6, 2 (*op. cit.*, p. 171).

[24] A expressão e a doutrina foram emprestadas de PLOTINO, *Enn.* IV, 4, 23; ed. É. Bréhier. Vol. IV, p. 124, linhas 1-3.

[25] A expressão é de Agostinho: "Dat enim (*anima*) eis (*corporum imaginibus*) formandis quiddam substantiae suae." *De Trinitate*, liv. X, c. 5, n.7; vol. 42, col. 977.

Quarto grau: o conhecimento sensível

mesma[26] em benefício dele. O quão tirânica e degradante pode ser essa serventia à sensação,[27] não é este o lugar de examinarmos. Presentemente, é suficiente ter marcado o princípio metafísico do qual ela tem sua verdadeira característica: só pode ser a servidão de uma alma que se coloca a serviço do corpo, embora ela permaneça irredutivelmente transcendente (a ele até no ato) da sensação, pelo qual ela se submete a isso.

Quando se compeliu a análise até esse ponto, vê-se aparecer uma conclusão cujo desenvolvimento ulterior torna-se mais e mais inevitável: sem pensamento, sem sensação. Para terminar de nos convencer, bastará colocarmos em evidência toda a atividade espiritual implicada na sensação de um som material, tal qual o nome sonoro de que já falamos.

Eis, diríamos, um tremor exterior que toca o ar e cujo movimento alcança minha orelha; então, ele modifica o estado no qual se encontrava um dos órgãos do meu corpo. Até aqui, não constatamos nem sensação nem o menor traço do pensamento: é unicamente a matéria que se encontra atingida e nós ainda estamos no grau mais baixo, que é o da excitação. Mas a alma se volta para essa modificação corporal e produz em si a sensação sonora, o som ouvido. Dessa vez, passamos do domínio do corpo para o do pensamento, e talvez estejamos mais profundamente engajados nele do que acreditemos, pois, sem saber, alcançamos o terceiro grau ao mesmo tempo que o segundo. Com efeito, falo de ouvir um verso e de julgar a qualidade do ritmo em que é recitado; mas minha orelha jamais me permitirá ouvir um verso; eu não ouço sequer uma palavra, nem uma sílaba, pois uma sílaba é um som com uma certa

---

[26] "Cum autem ab eisdem suis operationibus aliquid patitur, a seipsa patitur, non a corpore, sed plane cum se accommodat corpori; et ideo apud seipsam minus est, quia corpus semper minus quam ipsa est" *De musica*, l. VI, c. 5, n. 12; vol. 32, col. 1169-1170.

[27] *De utilitate credendi*, I, 1; vol, 42, c. 65. Ver também *De musica*, l. VI, c. 4, n. 7; vol. 32, col. 1166-1167; c. 5, n. 14; vol. 32, col. 1170-1171. *De Trinitate, loc. cit.*, nota 2. Cf. capítulo V, § 3.

duração, com um começo, um meio e um fim. O que quero dizer quando digo que ouço uma sílaba longa é, portanto, que minha memória conserva, com a finalidade da sensação, a lembrança de seu início, bem como de todos os seus momentos intermediários, e soma-os. Isso é verdade até para a sílaba mais breve de todas, pois ela dura, por pouco que seja, e, conseqüentemente, a memória está implicada na mais breve de nossas sensações. Ora, a memória pertence mais manifestamente ao pensamento puro do que à sensação sonora elementar produzida por nossa alma, e, aqui, vemos ser esclarecido tudo que a alma introduziu no conhecimento sensível, já que ela não somente a julga, mas a criou. Primeiro, falávamos de ritmos conservados na memória e que nos permitiriam apreciar a maneira pela qual soa às nossas orelhas um verso pronunciado diante de nós; assim, agora é necessário ir mais longe: são os ritmos interiores que, recolhendo de algum modo as sensações sonoras elementares no momento em que cada uma delas cairia no nada, as compõem e as unem. Como dois olhos se assemelham, num campo visual, a uma multiplicidade de objetos e de pontos dispersos no espaço, a memória, essa "luz dos intervalos de duração", faz coexistir uma sucessão de instantes que, sem ela, dispersariam sob o olhar da consciência.[28] *Deus creator omnium*; a percepção mesma

---

[28] "Itemque in auditu, nisi auribus perceptae vocis imaginem continuo spiritus in seipso formaret, ac memoria retineret, ignoraretur secunda syllaba utrum secunda esset, cum jam prima utique nulla esset, quae percussa aure transierat: ac sic omnis locutionis usus, omnis cantandi suavitas, omnis postremo in actibus nostris corporalis motus dilapsus occideret; neque ullum progressum nancisceretur, si transactos corporis motus memoriter spiritus non teneret, quibus consequentes in agendo connecteret. Quos utique non tenet, nisi imaginaliter a se factos in se." *De Genesi ad litt.*, l. XII, c. 16, n. 33; vol. 34, col. 467. Ver sobretudo o amplo desenvolvimento do *De musica*, notadamente: "Quamlibet enim brevis syllaba, cum et incipiat et desinat, alio tempore initium ejus, et alio finis sonat. Tenditur ergo et ipsa quantulocumque temporis intervallo, et ab initio suo per medium suum tendit ad finem. Ita ratio invenit tam localia quam temporalia spatia infinitam divisionem recipere; et idcirco nullius syllabae cum initio finis auditur. In audienda itaque vel brevissima syllaba, nisi memoria nos adjuvet, ut eo momento temporis quo jam non initium, sed finis syllabae sonat, maneat ille

Quarto grau: o conhecimento sensível

desses quatro iambos seria impossível, e eles literalmente não existiriam, bem como as sensações, sem a memória de um pensamento que conserva seus elementos sucessivos à medida que eles aparecem. Desde o grau mais baixo do conhecimento, portanto, é uma alma transcendente ao corpo que intervém.

Essa teoria, que permitiria confirmar um grande número de observações psicológicas,[29] e que também é evidente para as sensações visuais e para as sensações auditivas,[30] marca uma etapa decisi-

---

motus in animo, qui factus est cum initium ipsum sonuit, nihil nos audisse possumus dicere. (...) Quod si de una syllaba brevi minus sequitur mens tardior quod invenit ratio, de duabus certe nemo dubitat, quin eas simul nulla anima possit audire. Non enim sonat secunda, nisi prima destiterit: quod autem simul sonare non potest, simul audiri qui potest? Ut igitur nos ad capienda spatia locorum diffusio radiorum juvat, qui e brevibus pupulis in aperta emicant, et adeo sunt nostri corporis, ut quamquam in procul positis rebus quas videmus, a nostra anima vegetentur; ut ergo eorum effusione adjuvamur ad capienda spatia locorum: ita memoria, quod quasi lumen est temporalium spatiorum, quantum in suo genere quodammodo extrudi potest, tantum eorumdem spatiorum capit." *De musica*, l. VI, c. 8, n. 21; t. 32, col. 1174.

[29] Por exemplo, quando não prestamos atenção ao som que toca nossa orelha, a sensação não é percebida: "Hinc est illud quod plerumque alia cogitatione occupati, coram loquentes non nobis videmur audisse: non quia occursores illos numeros non agit tunc anima, cum sine dubio sonus ad aures perveniat, et illa in passione corporis sui cessare non possit, nec possit nisi aliter moveri quam si illa non fieret; sed quia intentione in aliud subinde exstinguitur motionis impetus, qui si maneret, in memoria utique maneret, ut nos et inveniremus et sentiremus audisse." *De musica*, l. VI, c. 8, n. 21; vol. 32, col. 1174. Logo, a alma produz em si a sensação sonora, mas, sem a atenção, ela não recolhe os elementos sucessivos em sua memória e, por conseguinte, não a percebe. Santo Agostinho reconhece, portanto, a existência de estados psicológicos não-conscientes.

[30] Com efeito, é necessário mover diante de si um corpo sólido para considerar sucessivamente suas diversas faces, e guardar a lembrança de cada uma delas para perceber sua forma em conjunto: uma esfera, um cubo etc. "Siquidem nec in ipsis corporum formis quae ad oculos pertinent, possumus rotunda vel quadra, vel quaecumque alia solida et determinata judicare, et omnino sentire, nisi ea ob oculos versemus: cum autem alia pars aspicitur, si exciderit quod est aspectum in alia, frustratur omnino judicantis intentio, quia et hoc aliqua mora temporis fit; cui variatae opus est invigilare memoriam." *De musica*, l. VI, c. 8, n. 21; vol. 32. col. 1175.

va no itinerário seguido pelo pensamento agostiniano. Ela legitima, de início, uma classificação das operações mais simples do pensamento: julgamentos sensíveis, sensação propriamente dita e memória sensível; mas, sobretudo, ela marca a liberação definitiva de uma alma que se busca e que muitas ilusões retardam-na de se encontrar. Mesmo quando expõe a verdade para os outros, Agostinho sempre mantém presente no pensamento a imagem do homem que ele recentemente tinha sido. Aquele que não podia elevar-se acima dos sentidos e que negava a espiritualidade da alma para só atribuir existência àquilo que os sentidos podem perceber.

Sua experiência maniqueísta não foi esquecida; ele a esqueceu tão pouco que a utiliza. Tal como o "Eu penso" faz a refutação do ceticismo sair do ceticismo (se me engano, eu sou), do mesmo modo a análise do conhecimento sensível faz a refutação do materialismo sair do sensualismo maniqueu. Nossos sentidos, dizem, percebem apenas corpos; portanto, tudo o que existe é corpo. De fato. Mas se constato que a sensação é uma função do pensamento, o materialismo não se enterra em seu próprio triunfo? É precisamente isso que acaba de se produzir sob nossos olhos. Para além da luz corporal, que só o discípulo de Mani vê, e no ato que percebe a existência dela, Agostinho desvela a presença de uma outra luz, causa ativa da percepção e que atesta a existência da primeira: *alia est enim lux quae sentitur oculis; alia qua per oculos agitur ut sentiatur.* Uma é a luz que se sente pelos olhos, outra aquela pela qual os olhos são capazes de sentir, e esta segunda luz, que vela no interior, é própria à alma: *haec lux qua ista manifesta sunt, utique intus in anima est.*[31] Assim, contra toda expectativa, a análise da sensação nos reporta de fora, das coisas sensíveis, para dentro da alma; penetremos nisso mais profundamente, pois por aqui passa o caminho da alma em direção a Deus.

---

[31] Ver página 123, nota 9. *De Genesi ad litt. lib. imperfectus*, c. 5, n. 24; vol. 34, col. 228-229.

V. QUINTO GRAU:
O CONHECIMENTO RACIONAL

A análise do conhecimento sensível acaba de colocar em evidência a existência da alma e do pensamento puro; a análise do pensamento puro irá colocar em evidência a existência de Deus. Aqui, não se trata de demonstrar sua existência dialeticamente por meio de conceitos abstratos; mas, sobretudo, de fazer-nos constatá-la experimentalmente, separando as características do pensamento humano que não se explicam a não ser por Ele. Assim, a mesma via que está aberta diante de nós se oferece para conduzir-nos mais adiante e nós continuamos a subir novamente a corrente do pensamento para segui-la até sua fonte. Os corpos não são causas das sensações, mas a alma as obtém de si mesma. A alma é, do mesmo modo, causa de suas idéias?

1. O mestre interior

À primeira vista, nada parece indicar que seja assim. Além de surgirem do fundo do pensamento, as idéias parecem penetrá-lo de fora. Primeiramente, porque as idéias de um homem não lhe são pessoais, mas comuns a outros homens; portanto, é necessário que as idéias sejam trocadas, transmitidas e passem de um espírito para outro, o que supõe ser possível comunicá-las. Ademais, há um caso típico em que a transferência de idéias de um espírito para outro ocorre, de certa forma, diante dos nossos olhos: o ensino. O mestre fala e o aluno, que entende a linguagem, adquire as idéias do mestre por intermédio de palavras faladas: a alma do aluno ainda não produz idéias, portanto ela parece contentar-se em recebê-las.

Essa interpretação dos fatos mais ordinários é satisfatória? Para que fosse, seria necessário poder sustentar que as idéias nos vêm contidas nas palavras, o que suporia uma correspondência rigorosa e constante entre a linguagem e o pensamento. Ora, tal correspondência não existe e isso é muito fácil constatar. [1]

A primeira experiência, cuja realidade deve permanecer acima de toda discussão, é que a linguagem é o meio mais ordinário de transmissão de idéias. Essa é sua função normal, uma vez que, quer quando falamos com outros, quer quando falamos interiormente conosco mesmos, usamos a palavra a fim de exprimir idéias ou de designar objetos; em resumo, as palavras são essencialmente signos.[2] Acrescentemos simplesmente que elas não são os únicos signos, pois os gestos são signos visuais tal como as palavras são signos auditivos. Se me perguntam o que é um muro, eu poderia responder apontando para um muro; e esse modo de significação ultrapassa o domínio das coisas visíveis, as mais fáceis entre todas de designar. Um mudo fala, por assim dizer, com a ajuda de gestos; ele pergunta, responde, faz com que os outros conheçam tudo o que ele quer, ou quase tudo. Enfim, quando se trata de significar o que é uma ação que não se quer, ou não se

---

[1] Quanto a esse ponto consultar sobretudo o *De Magistro*, Pat. Lat., t. 32, col. 1119-1220. Outros textos importantes serão mencionados no decorrer desta análise. Sobre o conjunto da questão, ver A. MARTIN, *S. Augustini philosophia*. P. Iia, cap. 29, ed. J. Fabre, p. 204-208. W. OTT, *Ueber die Schrift des hl. Augustinus de Magistro*, Hechingen, 1898. J. MARTIN, *Saint Augustin*, 2ª ed., p. 63-69. P. ALFARIC, *L'evolution intellectuelle de saint Augustin*, t. I, p. 494-499. R. JOLIVET, "La doctrine augustinienne de l'illumination", in *Mélanges augustiniens*, p. 77-84.

[2] "Constat ergo inter nos verba signa esse? –Constat." *De magistro*, II, 3; t. 32, col. 1196. É necessário distingüir, de modo geral, os signos (*signa*) das coisas significadas (*significabilia*), *loc. cit.*, 8, col. 1199. De um ponto de vista diferente, distingüir-se-ão os signos visuais e os signos auditivos (*ibid.*, 8, int.). Enfim, entre os signos, serão distingüidas as palavras que designam outros signos — como as palavras "gesto" ou "palavra"—, das palavras que designam coisas, como a palavra "pedra" (*op. cit.*, IV, 7, col. 1198-1199).

pode descrever com a ajuda de palavras, há ainda um recurso que é realizá-la. Se me perguntam o que é a caminhada, basta que eu caminhe para fazer com que ela seja conhecida; se quisermos aprender de um passarinheiro a arte de capturar pássaros piando, é suficiente olhá-lo para se instruir.³ Esses são fatos, não se trata de constatar se as coisas são ensinadas para nós quer por meio de signos, quer por si mesmas; mas de saber qual é o papel exato da palavra ou do objeto que as designa no ato pelo qual elas são designadas.

Inicialmente, observemos que o conteúdo do pensamento não é necessariamente determinado pela presença das palavras que parecem veicular as idéias. A prova disso é que aquele que nos indica o que concebe em seu próprio pensamento, por meio de palavras e de frases, não consegue infalivelmente nos fazer receber o que concebeu. O ouvinte sempre é juiz do que ele ouve dizer, a ponto de freqüentemente julgar melhor do que aquele que fala. Por exemplo, suponhamos um homem convencido da verdade das doutrinas de Epicuro e, portanto, persuadido de que a alma é mortal. Pode ocorrer que esse homem exponha oralmente aos seus ouvintes as provas da imortalidade da alma desenvolvidas por filósofos mais clarividentes que Epicuro; o professor, que as expõe, não sabe sequer se elas são verdadeiras; ademais, ele está convencido de sua completa falsidade, o que não impede que um de seus ouvintes, cujo espírito está mais separado dos sentidos e que seja capaz de apreender as verdades espirituais, não compreenda que essas provas sejam verdadeiras. Eis, então, um mestre que não sabe que a alma é imortal, no momento preciso em que ele pronuncia palavras que julga serem incapazes de demonstrar. Defenderemos que um mestre pode ensinar o que ele ignora?⁴ A realidade é que, em espíritos diferentes, as mesmas fórmulas não têm o mesmo valor de verdade.

---

3   *De magistro*, III, 5-6, t. 32, col. 1197-1198; X, 32, col 1213. Um sumário útil da primeira parte do *De Magistro* encontra-se no cap. VII, 29-30, col. 1205-1207.

4   *De magistro*, XIII, 41; t. 32, col. 1218. A esse argumento se relacionam os do artigo 42 (*ibid.*): as palavras que proferimos nem sempre correspondem ao conteúdo de nosso pensamento; com efeito, ora mentimos, o que equivale a falar

Podemos ir mais longe. Acontece, e é um dos casos mais freqüentes, de as discussões colocarem em conflito dois adversários, que se opõem quanto à mesma fórmula, porque cada um atribui a ela um sentido totalmente diferente. Então, a questão não é mais a verdade dos pensamentos significados; é a significação dos signos que fornece a ocasião de um mal-entendido. Tomemos um exemplo. No decorrer de uma conversa, meu interlocutor me faz observar que os animais são superiores ao homem; eu me irrito com esse paradoxo e me rebelo para refutá-lo; mas logo fica claro que quem fala comigo pensava em algumas superioridades corporais, que realmente pertencem aos animais, enquanto eu pensava na superioridade de ordem espiritual, que incontestemente pertence ao homem. Ousaríamos sustentar que as palavras verdadeiramente causam as idéias em nós, embora as mesmas palavras sejam entendidas em sentidos diferentes por espíritos diversos?[5] A verdade é que as mesmas fórmulas não têm necessariamente a mesma significação para todos que as entendem.

Vamos ainda mais longe: as discussões nem sempre nascem de não atribuirmos o mesmo sentido às mesmas palavras; por vezes, nascem de se atribuir um sentido a palavras que nem mesmo foram pronunciadas. Freqüentemente ouvimos mal, isso é fato, mas nos engajamos de bom grado em longas disputas sobre o que ouvimos mal. Por exemplo, vós insistis ter ouvido ser dita uma palavra que significa "piedade" em língua púnica; insisto em que, para mim, não vos lembrais bem do que vos foi dito, e afirmo que essa palavra significa "misericórdia". Na verdade, acreditei que vós tenhais ouvido ser pronunciada uma palavra totalmente diferente, a palavra "fé", embora não tenha nenhuma semelhança com "piedade", e eis que estou me aproximando de

---

para esconder seu pensamento no lugar de mostrá-lo; ora nossa memória nos sugere uma fórmula pronta que fica no lugar do que nós quereríamos dizer (por exemplo: no caso de distração ao cantar um hino); ora, enfim, nós nos enganamos por simples *laspus linguae*.

[5] *De magistro*, XIII, 41; t. 32, col. 1218-1219.

Quinto grau: o conhecimento racional

vós ao não saber mais o que vos foi dito, agora sou eu que não sei o que me dizeis. Na verdade, se eu tivesse ouvido corretamente, não estaria surpreso que a mesma palavra pudesse significar ao mesmo tempo "piedade" e "misericórdia" em linguagem púnica,[6] mas isso freqüentemente ocorre quando se discute sobre coisas cujos nomes sequer foram pronunciados.

Agostinho, portanto, observou muito bem que as conversas se reduzem freqüentemente a monólogos paralelos. Crê-se trocar idéias, trocam-se apenas palavras, e as palavras recebidas não nos trazem as idéias daquele que as oferece para nós; elas revelam apenas as nossas idéias em nós; nunca é dado para nós o que já tínhamos.

Objetar-se-á que esses são mal-entendidos e que o mal-entendido não é a lei da linguagem nem a regra normal da conversação. Agostinho reconhece: entender corretamente as palavras das quais se conhece o sentido é, em princípio, conhecer o pensamento daquele que as pronunciou;[7] no entanto, uma vez que se concorde com isso, a questão colocada permanece. Dado que constatamos, em alguns casos, uma dissociação manifesta entre linguagem e pensamento, talvez, em outros casos, sua união não seja tão estreita quanto se imagina. Assim, observemos o que se passa no caso em que os dois interlocutores usem as mesmas palavras com o mesmo sentido. Um mestre, que instrui um discípulo, introduz no pensamento deste as idéias significadas pelas palavras que faz uso? Enfim, ocorre, sim ou não, um ensino?

Para responder a essa questão, é preciso esgotar os casos diferentes que ela suscita segundo a natureza dos diferentes ensinamentos que um mestre pode dar a seu discípulo. Caso se trate de instruir alguém quanto ao que tange à natureza das coisas sensíveis, dito de outro modo, de ensinar-lhe o que são alguns objetos materiais que ele não conheça, o problema é fácil de resolver. Uma

---

[6] *De magistro*, XIII, 44; t. 32, col. 1219.
[7] *De magistro*, XIII, 45; inic., t. 32, col. 1219.

experiência constante e imediatamente concludente permite afirmar esta regra: nunca se introduz, no pensamento de outros, idéias que já não tenham sido introduzidas pelas coisas. Por exemplo, um aluno estuda o texto da Escritura; ele lê em *Daniel* (3,94) "*Et saraballae eorum non sunt immutatae*". E pergunta o que podiam ser os "*saraballae*" de três meninos que permanecem intactos em meio ao fogo. Seu professor lhe responde que são "penteados"; eilo esclarecido na condição de saber o que são os penteados, ou seja, se ele viu cabeças humanas e essa parte do vestuário que os cobre. Mas, suponhamos que ele queira esclarecimentos mais precisos e pergunte qual é precisamente o gênero do penteado nomeado "*saraballa*". Será possível descrevê-lo sob a condição de usar com ele palavras e gestos correspondentes às coisas que já tenha visto; ou poderemos desenhá-lo para torná-lo visível e, neste caso, será a visão mesma da coisa, e não palavras, que irá ensinar o que ela é.[8] Em nenhum caso, o professor teria feito penetrar no espírito de seu aluno qualquer idéia que ali não se encontrasse ou cujos elementos componentes ali já não se encontrassem.

    Um caso totalmente diferente, ao menos em aparência, é o do mestre que deve ensinar não tanto o que é uma coisa, mas qual é o sentido de uma idéia. Qualquer um sabe de que maneira procedem os mestres: eles pronunciam uma frase na qual se encontra definida a idéia em questão, seus ouvintes a compreendem, donde se conclui que os mestres acabaram de fazer penetrar uma idéia nova no pensamento de seus ouvintes. De fato, eis um erro completo; pois tal experiência deveria nos levar a concluir exatamente o contrário: se prova algo, o fato de um aluno compreender seu professor prova que seu professor não lhe ensina nada. Para que as palavras apresentem um sentido ao espírito daqueles aos quais elas se endereçam, é preciso necessariamente que eles já tenham esse sentido presente no pensamento e é precisamente esse sentido, de que seu próprio espírito reveste as palavras ouvidas, que faz com que as palavras em questão se tornem compreensí-

---

[8] *De magistro*, X, 33-35, t. 32, col. 1214-1215. XII, 39; 1216-1217.

Quinto grau: o conhecimento racional

veis. Lembremo-nos também do exemplo clássico proposto por Platão no *Mênon*. Sócrates pergunta questões de geometria a um escravo ignorante e constata que o escravo é capaz de descobrir a verdade por si mesmo. O ignorante pôde responder quando foi interrogado, uma vez que já era capaz de responder antes de ter sido interrogado. O que haveria de mais absurdo, a partir de então, que pretender que seu interrogador tenha lhe ensinado algo? Certamente, sucede que depois de ter negado uma proposição por ser falsa, aquele que é interrogado a reconhece, em seguida, como verdadeira; mas isso concerne somente à falibilidade de sua vista, que não lhe permite ver num único golpe todo o conjunto da questão. Para que ele seja levado a discernir completamente a luz interior que ilumina, é necessário que sucessivamente se coloquem para ele questões parciais, até que ele, enfim, perceba o todo. Mas tais interrogações, que o guiam, não são feitas para introduzir nele verdades que ele ignore; elas simplesmente o convidam a reentrar em si mesmo para se instruir das verdades que aí já se encontram.[9]

Que se considerem, ademais, as diversas atitudes possíveis de um ouvinte na presença de um mestre com pretensão de ensinar-lhe; elas não são simplesmente passivas, mas ativas. Em alguns casos, o ensino do mestre fracassa completamente em convencer o ouvinte e em engendrar neste a certeza; o discípulo acredita ou não acredita, forma uma opinião qualquer ou permanece indiferente; de toda maneira, ele não sabe nada com certeza,[10] logo nada lhe foi ensinado. Em outros casos, ao contrá-

---

[9] "Quid autem absurdius quam eum putare locutione mea doceri, qui posset, antequam loquerer, ea ipsa interrogatus exponere? Nam quod saepe contingit, ut interrogatus aliquid neget, atque ad id fatendum aliis interrogationibus urgeatur, fit hoc imbecillitate cernentis, qui de re tota illam lucem consulere non potest; quod ut partibus faciat, admonetur, cum de iisdem istis partibus interrogatur, quibus illa summa constat, quam totam cernere non valebat. Quo si verbis perducitur ejus qui interrogat, non tamen docentibus verbis, sed eo modo inquirentibus, quo modo est ille a quo quaeritur, intus discere idoneus." *De magistro*, XII, 40; t. 32, col. 1217.

[10] Em francês, Gilson diz "science certaine", literalmente "ciência certa" (N. da T.).

rio, o ouvinte constata que seu mestre se engana e que o que este diz é falso; desta vez, também, nada foi ensinado. Enfim, pode ocorrer que o mestre tenha razão e seu discípulo o constate; mas quando o ouvinte percebe que o que lhe é dito é verdadeiro, conhece-o por si mesmo, pois ninguém poderia discernir a verdade para ele em lugar dele; conseqüentemente, nesse caso, uma vez mais, seu mestre não o instruiu.[11]

Assim, por qualquer ângulo que abordemos o problema, somos reduzidos progressivamente a esta conclusão, simultaneamente inevitável e paradoxal: jamais se aprende algo. O *nusquam discere* não significa, tampouco, que o ensino seja algo vão, mas que os dois atos, de ensinar e de aprender, consistem em algo totalmente diverso do que comumente acreditamos ser. Portanto, sua natureza verdadeira é o que se trata de determinar daqui por diante.

Desde o início, o que retém a atenção, quando se tenta explicar a maneira pela qual o espírito humano adquire seus conhecimentos, é um paralelismo rigoroso entre o problema da aquisição de idéias e o problema da aquisição de sensações. A análise do ato de aprender acaba de iluminar este duplo fato: nunca é possível ensinar-nos uma idéia sem nos fazer descobri-la em nós mesmos, nem uma coisa sem nos fazer vê-la. Mas basta aproximar essa conclusão daquelas, às quais o estudo da sensação já nos conduziu, para constatar que elas estão exatamente de acordo. Quer se trate de conhecer um dos objetos da inteligência, ou um dos objetos do sentido, todo conhecimento ocorre dentro e a partir de dentro, sem que nunca algo seja introduzido a partir do exte-

---

[11] *Ibid.*, col. 1217-1218: "Tum vero totum illud quod negaveras fatereris, cum haec ex quibus constat, clara et certa esse cognosceres; omnia scilicet quae loquimur, aut ignorare auditorem utrum vera sint, aut falsa esse non ignorare, aut scire vera esse. Horum trium in primo aut credere, aut opinari, aut dubitare; in secundo adversari atque renuere; in tertio attestari: nusquam igitur discere. Quia et ille qui post verba nostra rem nescit, et qui se falsa novit audisse, et qui posset interrogatus eadem respondere quae dicta sunt, nihil verbis meis didicisse convincitur."

rior. A doutrina de Agostinho parece, portanto, tender a tirar de cada ordem de conhecimento uma mesma lei, que se poderia nomear de lei da interioridade do pensamento. No exterior da alma, pode e deve haver avisadores, monitores ou signos que a convidam a reentrar em si mesma para consultar a verdade, mas sua espontaneidade própria permanece inviolável, pois, se ela se apodera desses signos para interpretá-los, é sempre de dentro que ela tira a substância daquilo que ela parece receber. Falta determinar o que ela encontra dentro de si mesma e o que lhe permite tirá-lo de dentro.

Considerada na relação com o mundo exterior, a alma agostiniana aparece como dotada de uma irredutível espontaneidade; mas tal espontaneidade pode, por sua vez, ser interpretada de maneira muito diferente quando considerada em si mesma. Se o pensamento obtém de si mesmo o que parece receber, talvez isso já se encontre ou pré-formado no pensamento, ou este se averigua capaz de produzi-lo, ou recebe de dentro o que não poderia receber de fora. Para escolher entre essas hipóteses diferentes, novas análises parecem se impor.

A solução mais simples do problema parece ser, primeiramente, o que se designa com o nome de inatismo. Tomado em sentido próprio, esse termo significa que as idéias das coisas estariam presentes na alma desde o tempo em que ela nasceu. A forma mais lógica dessa doutrina foi dada por Platão. Para que a alma possua todas as idéias no momento de seu nascimento, é necessário tê-las contemplado antes de nascer e que sua união com o corpo, que ela anima, tenha feito a alma esquecê-las e que as excitações exteriores sejam para ela como muitas ocasiões de reviver os conhecimentos obscurecidos. Com efeito, em tal doutrina nada penetra na alma a partir de fora; ao contrário, ela encontra tudo dentro de si. Aprender é relembrar-se.

Não existe um único texto em que santo Agostinho afirme indiscutivelmente a preexistência da alma; por outro lado, sobretudo nos seus primeiros escritos, ele emprega os termos "esquecimento" e "reminiscência" como se eles conservassem o sentido preciso que têm na doutrina platônica da preexistência da alma. Portanto,

A busca de Deus pela inteligência

é muito difícil saber se, naquela época, Agostinho se aliava àquela concepção ou se empregava seus termos no sentido propriamente agostiniano de uma reminiscência sem preexistência, o qual definiremos mais tarde. As expressões muito precisas que ele usa entre 387 e 389[12] e a maneira pela qual ele as retratará mais tarde,[13]

---

[12] Em 387, ele escrevia em *Soliloq.* II, 20, 35: "Tales sunt qui bene disciplinis liberalibus eruditi; siquidem illas sine dubio se oblivione obrutas eruunt discendo, et quodammodo refodiunt...": t. 32, col. 902. Esse texto e o seguinte são os textos em que a doutrina da reminiscência se afirma da maneira mais categórica; são também os textos que Agostinho retratará (ver a nota seguinte). Em 388, em *De quantitate animae*: "Magnam omnino, magnam, et qua nescio utrum quidquam majus sit, quaestionem moves, in qua tantum nostrae sibimet opiniones adversantur, ut tibi anima nullam, mihi contra omnes artes secum attulisse videatur; nec aliud quidquam esse id quod dicitur discere, quam reminisci et recordari.", XX, 34, t. 32, col, 1054-1055. Outras alusões no mesmo tratado: XXVI, 50-51, col. 1064; XXXII, 69, col. 1075. Em 389, *Epist. VII ad Nebridium*: "Nonnulli calumniantur adversus Socraticum illud nobilissimum inventum, quo asseritur, non nobis ea quae discimus, veluti nova inseri, sed in memoriam recordatione revocari; dicentes memoriam praeteritarum rerum esse, haec autem quae intelligendo discimus, Platone ipso auctore, manere semper, nec posse interire, ac per hoc non esse praeterita: qui non attendunt illam visionem esse praeteritam, qua haec aliquando vidimus mente; a quibus quia defluximus, et aliter alia videre coepimus, ea nos reminiscendo revisere, id est, per memoriam.", t. 33. col. 68. Se seu pensamento houvesse sido fixo, essa seria uma excelente ocasião para substituir a memória agostiniana do presente pela lembrança platônica do passado. Contudo, agostinho não o faz. P. ALFARIC, *op.cit.*, p. 497, nota 4, parece igualmente admitir que Agostinho tenha mudado de ponto de vista quanto a essa questão. Consultar J. HESSEN, *Die Begründung der Erkenntnis nach dem hl. Augustinus*, p. 55-62 – seus argumentos são bastante fortes e sua conclusão, muito moderada, é que Agostinho, em seus primeiros escritos, "tendia para a doutrina da preexistência da alma". Parece-nos difícil constestá-lo.

[13] A partir do texto das *Retratações* é difícil não concluir nada sobre essa questão. A retratação do texto dos *Solilóquios* parece dirigir-se à mesma tese. Havendo renegar uma passagem cuja redação poderia fazer supor que ele teria compartilhado uma tese com Porfírio ("cavendum fuit ne putaremur illam Porphyrii falsi philosophi tenere sententiam..."), Agostinho recoloca a reminiscência através da iluminação: "Item quodam loco dixi, quod *disciplinis liberalibus eruditi, sine dubio in se illas oblivione obrutas eruunt discendo, et quodam modo refodiunt*

Quinto grau: o conhecimento racional

nos inclinam a pensar que Agostinho admite, no início, a doutrina de Platão em sentido autenticamente platônico. É possível acreditar com muita verossimilhança que ele jamais rejeitará como certamente falsa a idéia de uma possível preexistência da alma em relação ao corpo.[14] Talvez, nos primeiros momentos de sua conversão, Agostinho tenha combinado a doutrina da preexistência da alma com a da reminiscência platônica, complemento natural daquela. Ao contrário, o que é absolutamente certo no agostinianismo definitivo é que a reminiscência platônica encontra-se totalmente liberada da hipótese da preexistência da alma. Como explicar então a persistência da fórmula platônica nos escritos de Agostinho e em que sentido é verdadeiro afirmar que aprender é relembrar-se?

Isso certamente não é verdadeiro no sentido de uma lembrança qualquer do passado. Se a alma tivesse contemplado as idéias anteriormente, de modo que apenas pudesse lembrar delas, deveria possuir em si a totalidade dos conhecimentos acessíveis ao homem. Ora, não é nada disso. A experiência tentada por Sócrates, no *Mênon*, só tem sucesso na condição de se dar em relação aos conhecimentos puramente inteligíveis, ou seja, acessíveis ao intelecto. É o caso das verdades geométricas. Esse também

---

(*Soliloq.*, II, 20, 35). Sed hoc quoque ímprobo: credibilius est enim propterea vera respondere de quibusdam disciplinis, etiam imperitos earum, quando bene interrogantur, quia praesens est eis, quantum id capere possunt, lumen rationis aeternae, ubi haec immutabilia vera conspiciunt; non quia ea noverant aliquando et obliti sunt, quod Platoni vel talibus visum est", 32 col. 590. A passagem que retrata o texto do *De quantitate animae* parece, ao contrário, não poder ser interpretada senão como retratando somente uma expressão "..., non sic accipiendum est, quasi ex hoc approbetur, animam vel hic in alio corpore, vel alibi sive in corpore, sive extra corpus, aliquando vixisse; et ea quae interrogata respondet, cum hic non didicerit, in alia vita ante didicisse " *Retract.*, VIII, 2; 32, col. 594. Deve-se, por outro lado, observar que Agostinho já ensina a doutrina da iluminação nos *Solilóquios* (I, 8, 15; vol. 32, col. 877) e que ele não poderia se contradizer quanto a isso na mesma obra; ademais, (*ibid.*, II, 20, 36, col, 904), ele parece remeter para mais tarde a explicação completa da dificuldade.

[14] Ver capítulo III, p. 110.

seria o caso para todas as verdades relativas à natureza da alma ou à de Deus; mas, de nenhum modo, é o caso quando se trata dos conhecimentos relativos à ordem sensível. Todas as artes práticas, todas as técnicas, pressupõem uma experiência das coisas que nada pode suprir. Aqui, a observação dos fatos reina com maestria, e sabemos que ninguém traz consigo, ao vir ao mundo, o conhecimento da astronomia ou da medicina. Tomemos uma comparação muito simples: se a vista distingue o branco do preto, evidentemente não é porque ela já os tinha discernido antes de ser criada por Deus em nosso corpo. Por que supor que ocorra de modo diferente com o pensamento? Qualquer hipótese que se faça, o fato é que não há reminiscências na ordem do sensível. Aqueles que, como Pitágoras de Samos, acreditavam lembrarem-se em vida de suas experiências anteriores são simplesmente como nós todos somos sonhando, vítimas de ilusões de suas memórias e de lembranças falsas.[15] Logo, é necessário buscar outra solução.[16]

---

[15] "Denique cur de solis rebus intelligibilibus id fieri potest, ut bene interrogatus quisque respondeat quod ad quamque pertinet disciplinam, etiamsi ejus ignarus est? Cur hoc facere de rebus sensibilibus nullus potest, nisi quas isto vidit in corpore constitutus, aut eis qui noverant indicantibus credidit, seu litteris cujusque, seu verbis?" *De Trinitate*, XII, 15, 24; 42, col. 1011-1012.

[16] Ao eliminar a reminiscência, Agostinho elimina *ipso facto* o inatismo. Contudo, freqüentemente se atribui a ele a doutrina das idéias inatas, e, algumas vezes, para distinguir claramente sua doutrina da doutrina da reminiscência; por exemplo, J. MARTIN, *Saint Augustin*, 2ª ed., p. 55: "A teoria da reminiscência sempre ocupou santo Agostinho. Ora, para ele, reminiscência significa sempre inatismo". De fato, a expressão "idéias inatas", para nosso conhecimento, não se encontra nele, e ela tem o defeito de mascarar a verdadeira teoria agostiniana da origem das idéias verdadeiras, que é a presença de Deus. O texto das *Confissões* (X, 12, 10) alegado como uma defesa ao inatismo (*ibid.*, p. 55, nota 3), na realidade não faz qualquer alusão a essa doutrina. No mesmo sentido, *op. cit.*, p. 51: "Desde que começou a escrever, santo Agostinho ensina a doutrina do inatismo; e ele sempre se deteve nela." Os textos alegados como apoio dessa asserção (p. 51-55) mostram que, por inatismo, J. Martin entende designar a doutrina da iluminação; então trata-se apenas de uma palavra mal escolhida, não de um erro quanto ao fundamento da doutrina.

Quinto grau: o conhecimento racional

A segunda que nós apontamos supõe a alma como capaz de produzir seus conhecimentos por si mesma. Aqui, não nos ameaça mais nada do que acabou de nos reter na hipótese de uma preexistência seguida de reminiscência, e sim outras dificuldades, que a reminiscência evitava, nos atacam. Com efeito, qualquer que seja a interpretação da experiência do *Mênon* à qual se atenha, o fato é que um ignorante interrogado convenientemente encontra em si as verdades inteligíveis sobre as quais se lhe interroga. Platão pode ter se enganado ao admitir uma existência anterior em que a alma já tenha conhecido tais verdades, mas, certamente, não se enganou ao admitir que toda razão humana as descobre em si, em razão de que ela volta seus olhares para elas. Ora, encontrar não é produzir, portanto, mesmo se a reminiscência deva ser abandonada na medida em que ela implica a preexistência, o platonismo anuncia um fato irrecusável, e a doutrina do *Mênon*, uma verdade definitiva: a maneira pela qual o pensamento alcança a verdade não permite supor que ele seja o autor dela.

A partir de 387, Agostinho sublinhava o caráter contraditório de uma alma temporal engendrar em si verdades eternas.[17] Logo, o pensamento, que concebe a verdade, obtém de si mesmo o que ele não contém. De onde lhe vem tal riqueza? A verdade permanente do platonismo, aquilo que deve sobreviver ao abandono da reminiscência das idéias como conhecidas no passado, é que o homem não faz a verdade, ela a encontra; não obstante, ele a encontra em condições tais que ela se impõe, da mesma maneira e no mesmo sentido, para além de todas as diferenças de raças, de línguas e de temperamentos, para os indivíduos mais estranhos uns aos outros e mais totalmente diferentes. Como explicar esse fato surpreendente?

---

[17] "Sed cum vel nos ipsi nobiscum ratiocinantes, vel ab alio bene interrogati de quibusdam liberalibus artibus ea quae invenimus, non alibi quam in animo nostro invenimus: neque id est invenire, quod facere aut gignere; alioquin aeterna gigneret animus inventione temporali; nam aeterna saepe invenit; quid enim tam aeternum quam circuli ratio, vel si quid aliud in hujuscemodi artibus, nec non fuisse aliquando, nec non fore comprehenditur?" *De immortalitate animae*, IV, 6; t. 32, col. 1024.

A busca de Deus pela inteligência

Consideremos uma verdade qualquer em relação à qual os pensamentos humanos estejam de acordo. Pode ser a de uma proporção numérica a mais simples que se queira: sete mais três são iguais a dez. Pode ser também a de uma verdade moral ou filosófica, tal como esta definição de sabedoria: uma ciência cuja posse é suficiente para conferir por si mesma a felicidade àqueles que a possuem. Basta formular essas proposições, e todas aquelas que forem do mesmo gênero, na presença de outros homens, para que a verdade delas logo brilhe a todos os espíritos. Como coisa semelhante é possível? Eis a primeira questão a se discutir para chegar-se a uma resposta sólida para o problema do conhecimento. Se supomos que o pensamento do homem é capaz de ele mesmo criar suas idéias, toda essa ordem de fatos se torna ininteligível e a comunicação entre os espíritos se transforma num profundo mistério. Por um lado, com efeito, há tantos pensamentos humanos quanto há homens: *tot sunt mentes hominum quot homines sunt.* Por outro lado, nenhum de nós pode ver nada do pensamento de outrem, tampouco outrem do nosso: *nec ergo de tua mente de aliquid cerno, nec tu de mea.* Entretanto, esses pensamentos hermeticamente fechados uns aos outros descobrem terem conteúdos idênticos. Se, por exemplo, existem as leis dos números, ou uma idéia de Sabedoria, quer vós possais ver sem que eu saiba, que eu possa ver sem que vós pudésseis saber que eu as saiba, e, ademais, que sejamos incapazes de nos fazermos ver uns aos outros; uma vez que jamais se aprende algo de fora, e, não obstante, descobre-se que é idêntico em todos; como supor que essas verdades sejam obra de cada um de nós?[18]

Crer que tal concórdia seja obra de nossos próprios espíritos é, portanto, esquecer as condições pelas quais essa concórdia é possível e recusar concordar com a comunhão dos espíritos na aceitação de uma verdade comum. Na ordem do sensível, é evidente que, se as cores, os sons, os contatos, são os mesmos em

---

[18] *De libero arbitrio,* II, 9, 27, e 10, 28; t. 32, col. 1255-1256.
[19] *De libero arbitrio,* II, 7, 15-19; t. 32, col. 1249-1251.

Quinto grau: o conhecimento racional

indivíduos diferentes, há sensíveis independentes das sensações que os percebem:[19] há um sol e uma luz comuns a todos os olhares e, se duas vistas podem ver a mesma coisa, é porque a coisa é distinta delas. Do mesmo modo, na ordem do conhecimento inteligível, as verdades, que são percebidas ao mesmo tempo por espíritos diversos, são necessariamente distintas de cada um deles.[20]

Tal é, concomitantemente, a origem do erro que os homens cometem em relação ao papel da linguagem e o remédio que nos libera do erro. De certo, a utilidade da linguagem, considerada tal como é, não é pequena; mas nos enganamos quanto ao seu verdadeiro papel. Damos a alguns homens o nome de "mestres" porque eles falam e geralmente transcorre um tempo imperceptível ou nulo entre o momento em que falam e o que nós os compreendemos. Aprendemos interiormente tão logo suas palavras tenham sido pronunciadas exteriormente, do que concluímos que esses homens teriam acabado de nos instruir. Contudo, não são os pensamentos deles que descobrimos; tampouco procuramos descobri-los. Assim, quem seria insensato o bastante para enviar seu filho à escola para ele apreender o que o mestre pensa? Na realidade, os mestres apenas expõem, com a ajuda de palavras, as disciplinas que eles professam ensinar; em seguida, aqueles que se

---

[20] "Quapropter nullo modo negaveris esse incommutabilem veritatem, haec omnia quae incommutabiliter vera sunt continentem; quam non possis dicere tuam vel meam, vel cujusquam hominis, sed omnibus incommutabilia vera cernentibus, tamquam miris modis secretum et publicum lumen, praesto esse ac se praebere communiter; omne autem quod communiter omnibus ratiocinantibus atque intelligentibus praesto est, ad ullius eorum proprie naturam pertinere quis dixerit? Meministi enim, ut opinor, quid de sensibus corporis paulo ante tractatum sit; ea scilicet quae oculorum vel aurium sensu communiter tangimus, sicuti sunt colores et soni, quos ego et tu simul videmus, vel simul audimus, non pertinere ad oculorum nostrorum auriumve naturam, sed ad sentiendum nobis esse communia. Sic ergo etiam illa quae ego et tu communiter propria quisque mente conspicimus, nequaquam dixeris ad mentis alicujus nostrum pertinere naturam. Duorum enim oculi quod simul vident, nec hujus nec illius oculos esse poteris dicere, sed aliquid tertium in quod utriusque conferatur aspectus." *De libero arbitrio*, II, 12, 33; t. 32, col. 1259.

nomeiam "alunos" examinam em si mesmos se o que o professores dizem é verdade. Quem, então, é o verdadeiro mestre? É o professor? Mas, na perspectiva da verdade, o professor está na mesma situação que seu discípulo: muito menos um ensinador do que um ensinado. O mestre verdadeiro é a Verdade, que não é a do professor nem a do aluno, mas comum a ambos, presente em ambos e que, instruindo-os da mesma maneira, os conduz necessariamente a concordarem um com o outro.

Na doutrina de santo Agostinho, é, pois, como origem da concórdia entre os espíritos que Deus recebe o título de "mestre interior". Esboçada desde a conclusão do *De vita beata*;[21] sugerida nos *Solilóquios*,[22] essa doutrina se desdobra em todo o *De magistro* e se afirma explicitamente na conclusão deste. Para tudo o que aprendemos, temos apenas um mestre: a verdade interior que preside a alma, ou seja, o Cristo, virtude imutável e sabedoria eterna de Deus.[23] Toda alma racional o consulta, mas a verdade se revela apenas para a alma que o consulta segundo a medida de sua boa ou má vontade. Portanto, é Ele que, quando falo ou quando falam comigo, torna manifesto uma única e mesma verdade para o pensamento de quem fala ou de quem

---

[21] *De vita beata*, IV, 35; t. 32, c. 976.
[22] *Soliloq.*, I, 1; t. 32, col. 869.
[23] "De universis autem quae intelligimus non loquentem qui personat foris, sed intus ipsi menti praesidentem consulimus veritatem, verbis fortasse ut consulamus admoniti. Ille autem qui consulitur, docet, qui in interiore homine habitare dictus est Christus (*Ef* 3,16-17); id est incommutabilis Dei virtus atque sempiterna Sapientia " *De magistro*, XII, 38; t. 32, col. 1216.
[24] "...sed tunc quoque noster auditor, si et ipse illa secreto ac simplici oculo videt, novit quod dico sua contemplatione, non verbis meis. Ergo ne hunc quidem doceo vera dicens, vera intuentem; docetur enim non verbis meis, sed ipsis rebus, Deo intus pandente, manifestis: itaque de his etiam interrogatus respondere posset."*De magistro*, XII, 40; t. 32, col. 1217. Isso é verdade também no caso da fé: se o próprio Moisés nos falasse, a verdade interior nos ensinaria que ele fala a verdade: *Confess.* XI, 3, 5; ed. Labr, t. II, p. 299.
[25] Mt 23,10. Ver *Retract.*, XII; t. 32, col. 602. *De magistro*, XIV, 46; t. 32, col. 1220. *Epist. 144*, 1; t. 33, col. 590-591. *Epist. 166*, 9, 33; col. 724.

Quinto grau: o conhecimento racional

escuta.²⁴ Este é o ensinamento que Deus nos dá no *Evangelho*: *Unus est magister vester, Christus*.²⁵ A filosofia recebe isso da fé e, em seguida, nos faz compreender que qualquer que seja o objeto de sua ciência, todos os homens são, na mesma escola, condiscípulos de um único e mesmo mestre: *in uma schola communem magistrum incoelis habemus*.²⁶ O Verbo é esse mestre interior através de quem se torna possível a comunhão dos homens em uma mesma verdade.

Assim, no sistema de santo Agostinho, a análise exaustiva de todo conhecimento verdadeiro torna-se acabada na prova da existência de Deus. Pelo fato de sua integração ao agostinianismo, a doutrina platônica da reminiscência sofre uma transformação profunda. O que há de verdade permanente na doutrina do *Mênon* é que o pensamento encontra o inteligível em vez de criá-lo; o erro de Platão foi imaginar não se sabe qual pré-existência da alma em relação ao corpo para atribuir razão a esse fato. Na verdade, Platão tem razão em dizer que a alma encontra a verdade em si mesma; conclui mal, a partir disso, que ela se lembra da verdade como nos lembramos de um conhecimento passado. É verdadeiro que a verdade sempre está ao nosso alcance, graças ao Mestre interior que a ensina para nós,²⁷ basta somente prestamos atenção ao que ele nos ensina. Se santo Agostinho faz

---

[26] *Sermo* 299, 1; t. 38, col. 1367. Cf. *Sermo 23*, II, 2; t. 38, col. 155-156.

[27] "Fieri enim potest, sicut jam in hoc opere supra diximus, ut hoc (*scil*. interrogata respondere) possit (*scil*. anima), quia natura intelligibilis est et connectitur non solum intelligibilibus, verum etiam immutabilibus rebus, eo ordine facta, ut cum se ad eas res movet quibus connexa est vel ad se ipsam, in quantum eas videt, in tantum de his vera respondeat. Nec sane omnes artes eo modo secum attulit, ac secum habet: nam de artibus quae ad sensus corporis pertinent, sicut multa medicinae, sicut astrologiae omnia, nisi quod hic didicerit, non potest dicere. Ea vero quae sola intelligentia capit propter id quod dixi, cum vel a se ipsa vel ab alio fuerit bene interrogata, et recordata respondet." *Retract*., VIII, 2; t. 32, col. 594. Segue-se que, se as questões colocadas remetem ao que há de inteligível no corpo, a experiência sensível torna-se inútil; cf. *Epistola XIII*, ad Nebridium, n. 4; t. 33. col. 78.

também uso das palavras "lembrança" e "reminiscência" para explicar seu pensamento, convém entendê-las num sentido bem diferente daquele de Platão: a memória platônica do passado tem aqui o lugar da memória agostiniana do presente, cujo papel não deixará de sempre ser mais afirmado.[28] Além do que sabemos e pensamos, há aquilo em que não pensamos, mas que poderíamos saber, porque Deus não cessa de ensiná-lo a nós: o aprendizado do Verbo é o que Agostinho nomeia indistintamente de aprender, lembrar-se ou simplesmente pensar. A *cogitatio* agostiniana é tão-somente o movimento pelo qual nossa alma colige, reúne e recolhe, para poder fixar seu olhar sobre eles, todos os conhecimentos latentes que ela possui sem ainda tê-los discernido.[29] Para ele, portanto, pensar, aprender e se lembrar é, verdadeiramente, o mesmo.

Daí se vê, ao mesmo tempo, em que sentido e em que limites é legítimo se falar num inatismo agostiniano. Não somente, como acabamos de ver, esse sentido exclui toda preexistência à maneira platônica, mas ele também exclui que Deus tenha depositado em nós, de uma vez por todas, as idéias todas feitas de modo que nos bastasse buscá-las em nós mesmos para encontrá-las. Tal como já

---

[28] Sobre essa nova acepção da memória, ver o mesmo capítulo, § III, "A vida da alma".

[29] "Quocirca invenimus nihil esse aliud discere ista, quorum non per sensus haurimus imagines, sed sine imaginibus, sicuti sunt, per se ipsa intus cernimus, nisi ea, quae passim atque indisposite memoria continebat, cogitando quasi colligere atque animadvertendo curare, ut tamquam ad manum posita in ipsa memoria, ubi sparsa prius et neglecta latitabant, jam familiari intentioni facile occurrant. (...) Nam cogo et cogito sic est, ut ago et agito, facio et factito. Verumtamen sibi animus hoc verbum proprie vindicavit, ut non quod alibi, sed quod in animo colligitur, id est cogitur, cogitari proprie iam dicatur." *Conf.*, X, 11, 18; ed. Labr., t. II, p. 253. "*Cogitare*" é, portanto, o movimento de um pensamento que recolhe em si os conhecimentos latentes que este contém, quer ele jamais os tenha considerado (como no caso de ele *aprender*), quer já os tenha sabido, depois esquecido, como no caso de ele lembrar. Segue-se que, nesse sentido, aprender é apenas lembrar-se, visto que aquilo em que jamais pensamos é um conhecimento já presente, mas ao qual ainda não teria sido dada atenção. Cf. *De Trinitate*, XIV, 6, 8; t. 42, col. 1042. – A *Cogitatio* cartesiana encontra manifestamente aqui sua origem.

Quinto grau: o conhecimento racional

observamos, todo o nosso conhecimento do mundo exterior pressupõe a sensação. Sem dúvida, em certo sentido as sensações vêm do interior,[30] mas, consideradas quanto ao seu conteúdo representativo, elas não contêm nada que não chegue à alma senão pelo canal dos sentidos. Por outro lado, ao se considerarem os conhecimentos que representam realidades espirituais, é igualmente inútil supor que Deus tenha conferido anteriormente as idéias a nós para explicar que as conhecemos. No que concerne à nossa alma, por exemplo, é-nos suficiente tê-la para podermos conhecê-la; usando nosso intelecto, vemos o que ele é; explorando o conteúdo de nossa consciência, formamos para nós uma idéia da caridade, da alegria, da paz, da paciência, ou seja, de todas as virtudes que nos reaproximam de Deus e de todos os vícios que dele nos distanciam; enfim, é no pensamento que descobrimos Deus como a fonte da verdade, que ele aí nos ensina e que aí contemplamos.[31] Então, não é justo dizer que o inatismo "nativista" não está presente na doutrina de santo Agostinho, uma vez que nela a alma conhece tudo o que pertence à ordem do corpo pelos sentidos

---

[30] Com efeito, quanto à sua substância, as sensações são mentais. Então, nesse sentido, poder-se-ia dizer, sobre a doutrina de Agostinho, o que Descartes afirma da sua: posto que nada adentra na alma a partir do exterior, seu conteúdo total é inato e compreende a sensação. Todavia, Agostinho jamais disse isso, pois ele distingue as idéias que a alma forma com a ajuda do corpo das idéias que ela forma considerando apenas a si mesma. Somente as últimas são propriamente inatas.

[31] "Haec igitur natura spiritualis, in qua non corpora, sed corporum similitudines exprimuntur, inferioris generis visiones habet, quam illud mentis atque intelligentiae lumen, quo et ista inferiora dijudicantur, et ea cernuntur quae neque sunt corpora, neque ullas gerunt formas similes corporum: velut ipsa mens et omnis animae affectio bona, cui contraria sunt ejus vitia, quae recte culpantur atque damnantur in hominibus. Quo enim alio modo ipse intellectus nisi intelligendo conspicitur? Ita et caritas, gaudium, pax, longanimitas, benignitas, bonitas, fides, mansuetudo, continentia, et caetera hujusmodi, quibus propinquatur Deo (*Gl* 5,22-23) et ipse Deus, ex quo omnia, per quem omnia, in quo omnia (*Rm* 11,36)." *De Gen. ad litt.*, XII, 24, 50; t. 34, col. 474. Cf. *Conf.*, X, 14, 22; ed. Labr., t. II, p. 256.

corporais e o que pertence à ordem do pensamento por si mesma: *mens ispa, sicut corporearum rerum notitias per sensus corpus colligit, sic incorporearum rerum per semetipsam, ergo et semetipsam per seipsem novit, quoniam est incorporea.*[32]

Uma vez que tenha sido eliminado todo inatismo entendido no sentido de um dom congênito, permanecem aplicáveis à doutrina de santo Agostinho duas conotações importantes dessa palavra. De início, é legítimo atribuir-lhe um certo inatismo, no sentido em que este termo se opõe ao empirismo aristotélico que faz derivar da sensação o conteúdo de todos os nossos conhecimentos. Como acabamos de ver, Agostinho requer a sensação somente para explicar o conteúdo do nosso conhecimento das coisas corporais; quanto aos incorporais, como a alma e Deus, é pela alma que são conhecidos por nós. Encontra-se aqui a razão profunda de as provas da existência de Deus, tomadas de forma completa, deverem necessariamente passar pela alma no sistema de santo Agostinho. É legítimo elevar-se diretamente do mundo sensível para Deus numa doutrina em que o espiritual só é conhecido por analogia com o sensível; mas tal método deixa de ser aplicável ao agostinianismo, segundo o qual é na alma e pela alma que o pensamento conhece Deus.

Num segundo sentido, ainda mais geral, pode-se dizer que todo conhecimento, cujo objeto seja de natureza corporal ou incorporal, implica um elemento inato no agostinianismo, porquanto tal conhecimento é uma verdade. O inatismo, aqui em questão, não é um dom original concedido à alma de uma vez por todas; ele significa simplesmente que, em todo conhecimento verdadeiro, reencontra-se um elemento cuja origem não está nem nas coisas nem em nós mesmos, mas numa fonte mais interior que o nosso próprio interior. Poder-se-ia ficar tentado a substituir o inatismo pelo "intrinsequismo" para significar a não-exterioridade radical que caracteriza o nosso conhecimento da

---

[32] *De Trinitate,* IX, 3, 3; t. 42, col. 962-963.

Quinto grau: o conhecimento racional

verdade, mas, de fato, isso seria apenas substituir uma metáfora por outra e colocar uma imaginação falsa no lugar de outra. A verdade não nasceu em nós nem conosco, embora ela seja anterior à nossa origem e que nos tenha assistido desde nosso nascimento. Tampouco ela vem de dentro de nós, embora seja lá que a encontramos e por onde ela necessariamente passa. A verdade vem de Deus, pois é mais verdadeiro dizer que nós somos em Deus do que Deus é em nós; por isso, a alma agostiniana, ultrapassando-se de algum modo para ir ao reencontro do mestre divino, não passa por si mesma senão a fim de ultrapassar-se. Então, qual é essa relação de gênero único à qual não se podem aplicar os termos "extrínseco" e "intrínseco"? Talvez estejamos mais próximos de compreendê-lo após termos estudado a doutrina agostiniana da iluminação.

2. A luz da alma

Deus é o mestre interior. Como ele se faz entender por nós e qual é exatamente a natureza de seu ensinamento? Para tornar compreensível seu pensamento sobre esse ponto difícil, Agostinho usa com muita freqüência outra metáfora, a da *iluminação*. Com justiça, ela é considerada tão característica de sua doutrina que, comumente, sua teoria do conhecimento é designada pelo nome "doutrina agostiniana da iluminação divina". Qual é o sentido dessa metáfora?

Primeiro, ela supõe que o ato pelo qual o pensamento conhece a verdade seja comparável àquele pelo qual o olho vê os corpos: *menti hoc est intelligere, quod sensui videre*.[33] Ademais, ela

---

[33] *De ordine*, II, 3, 10; t. 32, col. 999. Cf: "Ego autem ratio ita sum in mentibus, ut in oculis est aspectus". *Soliloq.*, I, 6, 12; t. 32, col. 875. P. Alfaric observa que uma comparação análoga está implicada numa passagem do neoplatônico Ponteio de Cartago, citado por Agostinho, *De div. quaest.* 83, qu. XII; t. 40. col. 14 (*op. cit.*, p. 435). Cf. *Retract.*, I, 26, t. 32, col. 624. Os principais textos sobre a doutrina da iluminação estão reunidos por A. MARTIN, *S. Augustini Philosophia*,

supõe que, como os objetos devem ser tornados visíveis pela luz para serem percebidos pela vista, as verdades científicas devem tornar-se inteligíveis por um tipo de luz para serem apreendidas pelo pensamento. Enfim, ela supõe que, como o sol é a fonte da luz corporal que torna as coisas visíveis, Deus é a fonte da luz espiritual que torna as ciências inteligíveis ao pensamento.[34] Portanto, Deus é para nosso pensamento o que o sol é para nossa vista; como o sol é a fonte da luz, Deus é a fonte da verdade.

Assim como a maior parte das metáforas agostinianas relativas ao conhecimento, a iluminação aparece com uma perfeita nitidez nos *Solilóquios*. Ela surge aqui, como tantas outras metáforas, no ponto de reencontro de uma doutrina filosófica com textos escriturais que se confundem para compor a fórmula. Encontra-se aí, de início, a comparação platônica do Bem, sol do mundo inteligível, com o sol corporal que clareia nosso mundo sensível.[35] Transmitida pelo neoplatonismo para santo Agostinho, ela formará um dos temas que se tornará dos mais freqüentes em sua doutrina, e cuja origem encontra-se nos escritos platônicos, tal como Agostinho observou muitas vezes. Ele louva-os muitas vezes por terem compreendido e ensinado que o princípio espiritual de todas as coisas é necessariamente e simultaneamente, para elas, causa de sua existência, luz de seu conhecimento e regra de

---

II, cap. 32, ed. Fabre, p. 211-214. Consultar também o livro de J. Hessen, já citado, R. JOLIVET, "La doctrine augustinienne de l'illumination". In: *Mélanges Augustiniens*, Paris, Rivière, 1931, p. 52-172. Este trabalho retomado e aumentado com novas notas, foi publicado depois em volume: *Dieu soleil des esprit*, Paris, Desclée de Brouwer, 1934.

[34] "Nam mentis quasi sui sunt oculi sensus animae; disciplinarum autem quaeque certissima talia sunt, qualia illa quae sole illustrantur, ut videri possint, veluti terra est atque terrena omnia: Deus autem est ipse qui illustrat." *Soliloq.*, I, 6, 12; t. 32, col. 875. Cf. I, 14, 24; col. 882.

[35] PLATÃO, *Repúb.*, 517 b. No *De civitate Dei* (XI, 25; t. 41, col. 338), Platão é louvado por ter ensinado que Deus é "intelligentiae dator", o que supõe a identificação de Deus com a idéia do Bem. Toda a alegoria da caverna (PLATÃO, *Repúb.*, VII, 514 ss.) é também resumida por Agostinho nos *Soliloq.*, I, 13, 23; vol. 32, col. 881-882.

Quinto grau: o conhecimento racional

seu viver. Ora, ela é a luz do conhecimento somente porque faz, com relação a elas, o que o sol faz com relação aos objetos. Segundo Plotino, a alma está para Deus na mesma relação que a lua está para o sol, cuja luz ela reflete;[36] portanto, não poderia haver dúvida sobre a doutrina na qual santo Agostinho aqui se inspira. Mas, por outro lado, essa doutrina filosófica o satisfaz plenamente por coincidir com o ensinamento das Escrituras; a filosofia plotiniana da iluminação é, segundo as palavras de Agostinho, "consonans Evangelio"; especialmente conforme o evangelho de João,[37] embora venha a ser confirmada pela autoridade divina de inúmeros outros textos sagrados.[38] É assim que Deus se torna, no agostinianismo, o Pai da luz inteligível, *pater intelligibilis lucis*, e o

---

[36] "Saepe multumque Plotinus asserit sensum Platonis explanans, ne illam quidem, quam credunt esse universitatis animam, aliunde beatam esse quam nostram: idque esse lumen quod ipsa non est, sed a quo creata est, et quo intelligibiliter illuminante intelligibiliter lucet. Dat etiam similitudinem ad illa incorporea de his coelestibus conspicuis amplisque corporibus, tamquam ille sit sol et ipsa sit luna. Lunam quippe solis objectu illuminari putant" *De civit. Dei*, X, 2; t. 41, col. 279. Cf. "Deum de Deo, lumen de lumine; per hoc lumen factum est solis lumen: et lumen quod fecit solem, sub quo fecit et nos, factum est sub sole propter nos. Factum est, inquam, propter nos sub sole lumen quod fecit solem" In *Joan. evang.*, tract. 34, 4; t. 35, col. 1653. Quanto à distinção entre conhecimento inteligível e sensível, PLOTINO, V, 1, 10; V, 9, 1; cf. OTTO, *op. cit.*, p. 47-49.

[37] "Consonans (*scil*. Plotinus) Evangelio, ubi legitur: *Fuit homo missus a Deo, cui nomen erat Johannes; hic venit in testimonium, ut testimonium perhiberet de lumine, ut omnes crederent per eum. Non erat ille lumen, sed ut testimonium perhiberet de lumine. Erat lumen verum, quod illuminat omnem hominem venientem in hunc mundum.* In qua differentia satis ostenditur animam rationalem vel intellectualem, qualis erat in Johanne, sibi lumen esse non posse, sed alterius veri luminis participatione lucere. Hoc et ipse Johannes fatetur, ubi ei perhibens testimonium dicit: *Nos omnes de plenitudine ejus accepimus*" *De civit. Dei*, X, 2; t. 41, col. 280. Esses textos das Escrituras são tomados de João 1,6-9 e 1,16. Sem dúvida, segue-se daí a comparação entre Deus e uma fonte de luz, que será retomada incessantemente na Idade Média.

[38] Os utilizados mais freqüentemente por Agostinho encontram-se em *In Joan. Evang.*, tr. 34; t. 35, col. 1652-1627 e trat. 35, col. 1657-1662.

Pai de nossa iluminação, *pater illuminationis nostrae*.[39] Busquemos quais idéias essas imagens sugerem.

Comparar Deus a um sol inteligível é, de início, marcar a diferença entre o que é inteligível por si e o que deve ser tornado inteligível para sê-lo. O sol é, ele é luminoso e torna luminosos os objetos que ilumina. Assim, há uma grande diferença entre o que é visível por natureza, como a luz solar, e o que é visível somente por uma luz emprestada, como a terra quando o sol a ilumina. Igualmente, é importante distinguir Deus, considerado em seu ser próprio, a inteligibilidade de Deus, que de nada depende a não ser de si mesma, e as ciências, de que toda inteligibilidade é emprestada da de Deus.[40] Essa comparação retira a luz própria das verdades percebidas pela alma, tal como as coisas não têm luz sem o sol que as clareia. Todavia, é necessário observar que isso é somente uma comparação e que, ademais, aqui a inteligibilidade das ciências encontra-se mais reduzida à luz divina do que sua compreensão pelo pensamento. A esse último ponto teremos ocasião de voltar.[41]

---

[39] Ver toda a prece inicial dos *Solilóquios*: "Deus qui nisi mundos verum scire noluisti. Deus pater veritatis, pater sapientiae, pater verae summaeque vitae, pater beatitudinis, pater boni et pulchri, pater intelligibilis lucis, pater evigilationis atque illuminationis nostrae, pater pignoris quo admonemur redire ad te." *Soliloq.*, I, 1, 2; t. 32, col. 870. Por outro lado, a doutrina da presença da Sabedoria divina na alma se inspira no livro da *Sabedoria* (6,15-21), de que Agostinho invoca o testemunho no *De moribus ecclesiae*, I, 17, 32; t. 32, c. 1324-1325.

[40] "Intelligibilis nempe Deus est, intelligibilia etiam illa disciplinarum spectamina; tamen plurimum differunt. Nam et terra visibilis, et lux; sed terra, nisi luce illustrata, videri non potest. Ergo et illa quae in disciplinis traduntur, quae quisquis intelligit, verissima esse nulla dubitatione concedit, credendum est ea non posse intelligi, nisi ab alio quasi suo sole illustrentur. Ergo quomodo in hoc sole tria quaedam licet animadvertere; quod est, quod fulget, quod illuminat: ita in illo secretissimo Deo quem vis intelligere, tria quaedam sunt; quod est, quod intelligitur, et quod caetera facit intelligi." *Soliloq.*, I, 8, 15; t. 32, col. 877. Numa fórmula mais breve: "Lumen et alia demonstrat et seipsum". *In Joan. evang.*, trat. 35, 8, 4; t. 35, col. 1659

[41] Cf. *Solil.*, I, 8, 15: "ex illa similitudine sensibilium etiam de Deo aliquid nunc me docente" t. 32, col. 877. "Lux est quaedam ineffabilis et incomprehensibilis

Quinto grau: o conhecimento racional

Além disso, é evidente que a doutrina da iluminação é uma simples metáfora, e permanece como tal mesmo onde Agostinho não se recusa entendê-la em sentido figurado. Com efeito, ele se opõe ao materialismo maniqueu, que concebia Deus como uma luz corporal e sensível.[42] Ora, Agostinho não poderia confundir a inteligibilidade com uma simples visibilidade material, desde que Plotino lhe revelou a diferença radical que separa a luz sensível da luz inteligível.[43] Exatamente, a fim de se separar dos seus primeiros erros tanto quanto possível, ele acaba por sustentar que Deus é a luz em sentido próprio e que todo o resto o é somente em sentido figurado. Com efeito, de um lado, Deus é propriamente luz por oposição às expressões da Escritura que dizem que ele é pedra ou outras coisas análogas, pois ele faz propriamente conhecer, como a luz faz ver.[44] Por outro lado, é manifesto que, se atribuímos o nome de "luz" a tudo aquilo que faz conhecer, não é o bastante dizer que Deus também é luz, será necessário dizer que somente ele é verdadeiramente e essencialmente luz, muito mais verdadeiramente e mais essencialmente que a luz do sol que nos clareia e que ela é

---

mentium. Lux ista vulgaris nos doceat, quantum potest, quomodo se illud habeat". *Op. cit.*, I, 13, 23, t. 32, col. 88. É importante observar que essa comparação, cara aos platônicos, justificava-se, para Agostinho, por um texto decisivo de são Paulo (*Ef* 5,13) que ele utiliza: "Omne enim quod manifestatur lumen est", *De lib. arbitrio*, II, 19 (Cf. *De Gen. ad litt. imp.*, V, 24; t. 34, col. 228-229). Mas mesmo quando se trata de testemunhos escriturais, Agostinho marca nitidamente seu caráter metafórico: "Loquens ergo per nubem carnis lumen indeficiens, lumen, sapientiae ait hominibus: ego sum lux mundi...". *In Joan. evang.*, trat. 34, 8, 5; t. 35, col. 1654; cf. *ibid.*, 2, col. 1652.

[42] "Noster sol justitiae veritas Christus, non iste sol qui adoratur a paganis et manichaeis, et videtur etiam a peccatoribus, sed ille alius cujus veritate humana natura illustratur, ad quem gaudent Angeli, hominum autem infirmatae acies cordis etsi trepidant sub radiis ejus, ad eum tamen contemplandum per mandata purgantur" *Enarr. in Ps.* XXV, II, 3; t. 36, col. 189. Cf. *In Joan. evang.*, trat. 34, 7, 2; t. 35, col. 1652. *De Genesi contra manich.*, I, 3, 6; t. 34, col. 176.

[43] *Conf.*, VII, 9, 13; *loc. cit.*

[44] *De Gen. ad litt.*, IV, 28, 45; t. 34, col. 314-315.

apenas uma imitação sensível da inteligibilidade divina.[45] Por um tipo de inversão da metáfora, a influência divina se torna o termo positivo do qual a luz visível seria a imagem derivada; não é mais Deus que age como o sol, mas o sol que age como Deus. De toda maneira, e em qualquer sentido que se interprete, a fórmula supõe que um dos termos seja tomado em sentido figurado; ela, portanto, inevitavelmente permanece uma comparação.

A dificuldade real começa quando se busca precisar o que concerne a Deus e o que concerne ao homem no ato do conhecimento. A princípio, é bom notar que, muito longe de dispensar o homem de ter um intelecto que lhe seja próprio, a iluminação divina o supõe. Assim, não poderia haver confusão entre o pensamento humano e a luz divina; totalmente ao contrário, uma coisa é ser uma luz que ilumina, outra coisa é ser o que a luz ilumina; os olhos não são o sol e, quanto a esse ponto, não há qualquer erro possível.[46] Resultam daí as precisões que Agostinho freqüentemente fornece para afastar toda incerteza do sentido verdadeiro de seu pensamento. Mesmo que todos os textos invocados para apoiar essa interpretação não a provem,[47] permanecem irrecusáveis o bas-

---

[45] *De Gen. ad litt.*, IV, 28, 45; t. 34, col. 314-315.

[46] "Ipsa autem visio, intellectus est ille qui in anima est, qui conficitur ex intelligente et eo quod intelligitur: ut in oculis videre quod dicitur, ex ipso sensu constat atque sensibili, quorum detracto quolibet, videri nihil possit" *Soliloq.*, I, 6, 13; t. 32, col. 876. Cf. "Hoc ergo discernite, aliud esse lumen quod illuminat, aliud esse quod illuminatur. Nam et oculi nostri lumina dicuntur, et unusquisque ita jurat, tangens oculos suos, per lumina sua: sic vivant lumina mea! usitata juratio est. Quae lumina si lumina sunt, desit lumen in cubiculo tuo clauso, pateant et luceant tibi: non utique possunt. Quomodo ergo ista in facie quae habemus, et lumina nuncupamus, et quando sana sunt, et quando patent, indigent extrinsecus adiutorio luminis;... sic mens nostra, qui est oculus animae, nisi veritatis lumine radietur, et ab illo qui illuminat nec illuminatur, mirabiliter illustretur, nec ad sapientiam nec ad justitiam poterit pervenire." *In Joan. evang.*, tract. 35, 8, 3; vol. 35, 1658.

[47] Fazemos alusão ao seguinte texto clássico: "... sed potius credendum est mentis intellectualis ita conditam esse naturam, ut rebus intelligibilibus naturali ordine, disponente creatore, subjuncta, sic ista videat in quadam luce sui generis

Quinto grau: o conhecimento racional

tante para que a existência de uma *mens intellectualis*, distinta da iluminação que recebe, não possa ser colocada em questão. Por vezes, Agostinho lhe dá o nome técnico "*intelligentia*" ou "*intellectus*",[48] e especifica expressamente que o intelecto é uma criatura distinta de Deus tal como o criado e o contingente se

---

incorporea, quemadmodum oculus carnis videt quae in hac corporea luce circumadiacent, cuius lucis capax eique congruens est creatus." *De Trinit.*, IX, 15, 24; t. 42, col. 1011. Pode-se traduzir "*sui generis*" por "de um gênero particular" ou por "do mesmo gênero que ela". Cremos que a primeira tradução é a mais natural, e essa já é a notificação do agostiniano MATEUS DE AQUASPARTA (*Quaest. disput.*, ed. Quaracchi, 1903; t. I, p. 243 e 264, ad 10^m). São Tomás adota a segunda tradução (*De spiritualibus creaturis*, X, ad Praeterea), e os intérpretes tomistas geralmente concordam com ele. O problema é, sem dúvida, gramaticalmente insolúvel, mas, no fundo, importa pouco para a questão, pois, em qualquer caso, esse texto só pode significar que a luz em questão é criada, como o é a alma no gênero ao qual ela pertence, mas somente que essa luz é do mesmo gênero que a alma, vale dizer, incorpórea. O Pe. Ch. Boyer tem razão de dizer que, pelo menos no plano do conhecimento normal e não místico, mesmo se admitindo a outra tradução, "uma certa luz de natureza especial" não poderia designar Deus (*op. cit.* p. 199, nota 1); mas, de essa expressão não designar Deus, não resulta que designe um intelecto humano análogo ao intelecto agente do tomismo. Aqui, santo Agostinho fala de outra coisa: ele diz simplesmente que a alma vê o inteligível numa luz incorpórea como ela, do mesmo modo que os olhos do corpo vêem os objetos materiais numa luz corporal como eles. É preciso ter o espírito muito pleno da teoria do intelecto agente para descobri-lo em tal comparação, pois, se queremos pressioná-la para além da razão, ela conduz para o sentido contrário: o intelecto humano está para a luz inteligível tal como o olho humano está para a luz solar. Ora, a luz solar é exterior ao olho; assim, a luz inteligível é exterior ao intelecto. Isso não é, na nossa opinião, o que Agostinho quer dizer; mas é a única coisa que se pode fazê-lo dizer se, no lugar de interpretar "*sui generis*" como opondo o gênero espiritual do pensamento ao gênero corporal da vista, obstina-se por ler aí uma comunidade de ordem ontológica entre o ser da luz e o ser do intelecto.

[48] "... sicuti est nostra intelligentia..." e, mais adiante, "Ipsa enim pax quae praecellit omnem intellectum, non est utique minor nostro intellectu, ut cum iste sit oculis corporalibus invisibilis, illa putetur esse visibilis". *Epist. 147*, ad Paulinam, 18, 45; t. 33, col. 617. Estes termos não vêm de Aristóteles, mas de são Paulo (*Fl* 4,7), e trata-se sempre da incorporalidade da luz divina.

distinguem do incriado e do imutável.⁴⁹ Portanto, não é aqui que se pode ter dificuldade.

Deve-se ir mais longe. O pensamento intelectual que santo Agostinho nos atribui de modo próprio e que é, portanto, uma luz criada, pode ser chamado de *luz natural*, expressão que Agostinho não usou, mas que em nada força seu pensamento. O efeito da iluminação divina não é, ao menos normalmente, de uma iluminação sobrenatural; ao contrário, é a definição da natureza mesma do intelecto humano ser o sujeito receptor da iluminação divina. Aqui, nada se confunde com a ordem sobrenatural nem lhe diz respeito: *potius credendum est mentis intellectualis ita conditam esse naturam ut rebus intelligibilibus, naturali ordine, disponente Conditore, subjuncta, sic ista videat*.⁵⁰ Os termos "*natura*" e "*naturalis ordo*" que aqui reaparecem com insistência, a afirmação de que essa natureza e essa ordem natural foram criadas por Deus, provam com evidência que todo esse processo cognitivo se desenvolve nos limites da natureza. Deus não pode ser substituído no nosso intelecto quando pensamos a verdade; sua iluminação é

---

⁴⁹ O texto foi assinalado numa página excelente do Pe. Ch. Boyer (*op. cit.*, p. 197), com quem estamos satisfeitos em concordar quanto a esse ponto, embora não concordemos com ele quanto às funções desse intelecto: "Proinde cum tantum intersit inter cogitationem qua cogito terram luminis vestram (*scil.* os maniqueus) quae omnino nusquam est, et cogitationem qua cogito Alexandriam quam numquam vidi, sed tamen est; rursusque tantum intersit inter istam qua cogito Alexandriam incognitam, et eam qua cogito Carthaginem cognitam; ab hac quoque cogitatione qua certa et nota corpora cogito, longe incomparabiliter distat cogitatio qua intelligo iustitiam, castitatem, fidem, veritatem, caritatem, bonitatem, et quidquid eiusmodi est: quae cogitatio dicite, si potestis, quale lumen sit, quo illa omnia quae hoc non sunt, et inter se discernuntur, et quantum ab hoc distent, fida manifestatione cognoscitur: et tamen etiam hoc lumen, non est lumen illud quod Deus est; hoc enim creatura est, Creator est ille; hoc factum, ille qui fecit; hoc denique mutabile, dum vult quod nolebat, et scit quod nesciebat, et reminiscitur quod oblitum erat, illud autem incommutabili voluntate, veritate, aeternitate persistit; et inde nobis est initium existendi, ratio cognoscendi, lex amandi" *Contra Faustum Manichaeum*, XX, 7; t. 42, col. 372.

⁵⁰ Ver p. 164, nota 47.

Quinto grau: o conhecimento racional

requerida apenas para tornar nosso intelecto capaz de pensar a verdade em virtude de uma ordem natural expressamente estabelecida por ele. Essa doutrina dá seu sentido preciso aos inumeráveis textos em que santo Agostinho afirma ser a luz divina luz para todos os homens, pecadores ou justos; que ela está sempre presente a todos os homens que vieram a este mundo e que, se negligenciarmos a nos voltar para ela, ela nunca, entretanto, nos falta. O homem, enquanto dotado de intelecto, é naturalmente um ser iluminado por Deus.[51]

Como a iluminação divina se exerce sobre o pensamento? É aqui que uma das verdadeiras dificuldades começa, e não se pode sair dela a menos que se distingam dois casos: em que conhecemos os objetos criados, pela luz divina, sem ver a luz – que é o caso normal; e aquele em que vemos essa luz – caso específico da experiência mística. No primeiro caso, a principal característica da iluminação é ser imediata, ou seja, exercer-se sobre o pensamento sem passar por qualquer intermediário. É assim que Deus preside o pensamento humano: *nulla natura interposita praesidet*;[52] o que Agostinho exprime também ao lembrar de que, se a alma não é Deus, não há nada na criação de mais próximo a Deus que a alma. Por outro lado, aquilo a que a alma é imediatamente submissa em Deus são algumas "realidades inteligíveis" (*res intelligibiles*), que não são distintas das idéias divinas. Santo Agostinho as designa com nomes diferentes, tais como "*idea*", "*formae*", "*species*", "*rationes*" ou "*regulae*".[53] De qualquer maneira, as idéias

---

[51] *De div. quaest. 83*, qu. 54; t. 40, col. 38.

[52] "Audisti quanta vis sit animae ac potentia, quod ut breviter colligam, quemadmodum fatendum est animam humanam non esse quod Deus est; ita praesumendum nihil inter omnia quae creavit, Deo esse propinquius." *De quant. animae*, cap. 34, 77; t. 32, col. 1077. Os Anjos só podem intervir para preparar nossa alma para receber a iluminação, como quem abre as janelas para deixar entrar a luz do sol. Ver *Enarr. in Ps. 118*, 18; t. 37, col. 1553.

[53] "Ideas Plato primus appellasse perhibetur; non tamen si hoc nomen antequam ipse institueret, non erat, ideo vel res ipsae non erant... Nam non est verisimile

são os arquétipos de toda espécie ou de todo indivíduo criado por Deus. Com efeito, tudo foi criado conforme um certo modelo, e o tipo ao qual pertence o homem não é evidentemente o mesmo que o tipo do cavalo. Assim, cada coisa foi criada segundo seu modelo próprio e, posto que tudo foi criado por Deus, os modelos das coisas, ou idéias, só poderiam existir no pensamento de Deus. Logo, ao nos aproximarmos das duas conclusões complementares, obtemos esta terceira: o intelecto humano é imediatamente submisso, em suas operações, às idéias de Deus.

Por subsistirem na inteligência de Deus, as Idéias necessariamente participam de seus atributos essenciais. Como ele, elas são eternas, imutáveis e necessárias. Elas não são, com efeito, as criaturas formadas, mas, ao contrário, as formas de todo o resto. Assim, para elas, nada de nascimento nem fim, ao contrário, elas são as causas de tudo o que nasce e finda. Portanto, dizer que o pensamento humano é imediatamente submisso às idéias divinas, é

---

sapientes aut nullos fuisse ante Platonem aut istas (...) non intellexisse, siquidem tanta in eis vis constituitur ut nisi his intellectis sapiens esse nemo possit. (...) Ideas igitur latine possumus vel *formas* vel *species* dicere, ut verbum e verbo transferre videamur. Si autem rationes eas vocemus, ab interpretandi quidem proprietate discedimus; rationes enim Graece λόγοι appellantur non ideae: sed tamen quisquis hoc vocabulo uti voluerit, a re ipsa non abhorrebit. Sunt namque ideae principales quaedam formae vel rationes rerum stabiles atque incommutabiles, quae ipsae formatae non sunt ac per hoc aeternae ac semper eodem modo sese habentes, quae divina intelligentia continentur. Et cum ipsae neque oriantur neque intereant, secundum eas tamen formari dicitur omne quod oriri et interire potest et omne quod oritur et interit. Anima vero negatur eas intueri posse nisi rationalis, ea sui parte qua excellit, id est, ipsa mente atque ratione, quasi quadam facie vel oculo suo interiore atque intelligibili. (...) Quo constituto atque concesso, quis audeat dicere Deum irrationabiliter omnia condidisse? Quod si recte dici vel credi non potest, restat ut omnia ratione sint condita. Nec eadem ratione homo qua equus; hoc enim absurdum est existimare. Singula igitur propriis sunt creata rationibus. Has autem rationes ubi esse arbitrandum est nisi in ipsa mente Creatoris?" *De div. quaest.* 83, qu. 46, 1-2; t. 40, col. 29-30. Reproduzido também por MALEBRANCHE, *Entretiens sur la métaphysique*, prefácio, ed. P. Fontana, p. 5.

submetê-lo ao imutável e ao necessário. Como e em que medida ele é submisso?

Uma primeira interpretação da resposta agostiniana consistiria em dizer que, para o pensamento humano, ser submisso às idéias divinas, não é diferente de vê-las. Textos não faltam para apoiar essa exegese. Algumas vezes santo Agostinho fala de uma visão das idéias divinas pelo pensamento: *eas intueri posse... oculo suo interiore atque intelligibili*.[54] Ele especifica que não vemos somente a verdade por Deus, mas nele,[55] o que significa afirmar que é na verdade divina que vemos a verdade e que, no tocante a nós, a visão desta verdade divina nos permite conceber as verdades.[56] A questão é, portanto, saber se santo Agostinho realmente nos atribui uma visão direta das idéias de Deus e o conhecimento das coisas em Deus, que necessariamente deveria resultar dessa visão. À questão assim posta, é preciso responder que, na ordem do conhecimento normal, não místico, para nós não há nem intuição das razões eternas nem visão da luz de Deus.

Lembremos de início que, por mais expressivas que sejam, as metáforas de Agostinho permanecem metáforas. Ao examinar em detalhe as expressões que ele usa, ver-se-á que ele guarda o

---

[54] Ver nota precedente.
[55] Ver, especialmente, a invocação dos *Solilóquios*: "Te invoco, Deus veritas, in quo et a quo et per quem vera sunt, quae sunt omnia. Deus sapientia, in quo et a quo et per quem sapiunt, quae sapiunt omnia. Deus vera et summa vita... Deus per quem intelligibiliter lucent, quae intelligibiliter lucent omnia" *Soliloq.*, I, 1, 3; t, 32, col. 870. A mesma gradação mais adiante: "Deus supra quem nihil, extra quem nihil, sine quo nihil est. Deus sub quo totum est, in quo totum est, cum quo totum est", I, 1, 4; col. 871.
[56] "... in ea quae super mentes nostras est incommutabili veritate". *Conf.*, XII, 25, 35; ed. Labr., t. II, p. 355. "In illa aeterna veritate, ex qua (...) facta sunt omnia, formam secundum quam sumus, et secundum quam vel in nobis vel in corporibus vera et recta ratione aliquid operamur, visu mentis aspicimus: atque inde conceptam rerum veracem notitiam, tamquam verbum apud nos habemus, et dicendo intus gignimus..." *De Trinit.*, IX, 7, 12; t. 42, col. 967. Cf. *De vera religione*, XXXI, 58; t. 34, col. 148.

sentimento de mistério e a consciência clara de exprimir o inexprimível. Aqui, "ver" significa "ver sem olhos" (*invisibiliter videre*). Aderir à verdade é tocá-la sem nenhum dos contatos corporais, que são, no fundo, os únicos de que temos experiência: "*incorporaliter*" ou "*miro quodam eodemque incorporali modo adhaerere*". As comparações tomadas do sensível para formular o que transcende o inteligível são insuficientes; no fundo, continuamos a afirmar o contato imediato entre Deus e o pensamento sem chegar a representá-lo para nós. Se a expressão "ver as idéias" não explica o como dessa visão, seu esclarecimento não se encontraria nos textos em que santo Agostinho especifica que vemos a verdade *na* verdade de Deus? Aqui também se trata de uma comparação e de nada diferente. É dito na Escritura (*At* 17,28) que em Deus temos a vida, o movimento e o ser – *in illo vivimus, et movemur et sumus*[57] – e, com efeito, só existimos, agimos e vivemos em virtude de sua onipotência. Do mesmo modo, subsistimos porque nos banhamos, por assim dizer, na virtude divina, que nos faz ser; também por isso, pensamos o verdadeiro apenas na luz de sua verdade. Por mais admiráveis que sejam, essas fórmulas agostinianas exprimem somente a dependência ontológica total do intelecto humano em relação a Deus, do qual tem o ser, a atividade e a verdade. Se a operação de Deus pára, as criaturas param de agir e de ser;[58] se a presença iluminadora da verdade cessar no homem, o espírito do homem é imediatamente lançado

---

[57] Citado no *De Gen. ad litt.*, V, 16, 34; t. 34, col. 333.
[58] "Creatoris potentia, et omnipotentis atque omnitenentis virtus, causa subsistendi est omni creaturae: quae virtus ab eis quae creata sunt regendis, si aliquando cessaret, simul et illorum cessaret species, omnisque natura concideret. Neque enim, sicut structor aedium cum fabricaverit, abscedit, atque illo cessante atque abscedente stat opus eius; ita mundus vel ictu oculi stare poterit, si ei Deus regimen sui subtraxerit. (...) Et illud quod ait Apostolus cum Deum Atheniensibus praedicaret. *In illo vivimus, et movemur et sumus* (*At* 17,28), liquide cogitatum quantum humana mens valet, adiuvat hanc sententiam, qua credimus et dicimus Deum in iis quae creavit, indesinenter operari." *De Gen. ad litt.*, IV, 12, 22-23; t. 34, col. 304-305. Cf. *op. cit.*, VIII, 26, 48; col. 391-392.

Quinto grau: o conhecimento racional

nas trevas.⁵⁹ Não há nada de mais certo sobre esse assunto nos textos de santo Agostinho.⁶⁰

Enfim, é certo que o conhecimento nas idéias divinas não é, em nenhum grau, um conhecimento das coisas nas idéias. Ver as idéias de Deus seria ver Deus. Ora, é muito evidente que não as vemos, uma vez que devemos construir laboriosamente as provas de sua existência que a visão direta tornaria inúteis. Ver as coisas nas idéias de Deus seria também conhecê-las sem necessitar vê-las. Deus conhece *a priori* todas as coisas, mesmo as materiais, já que elas são apenas imitações das idéias divinas. Se conhecêssemos, portanto, plenamente as idéias de Deus, conheceríamos as coisas materiais, que são cópias daquelas, sem termos que perceber as coisas mesmas. Ora, é um fato evidente que a iluminação não dispensa o conhecimento sensível no que concerne o universo material, pelo menos. As sensações apenas nos reportam à luz interior e são necessárias para nos reportar a ela. A quem falta um sentido, faltam, por isso, os conhecimentos que dependem dele: *nec idonea est ipsa mens nostra, in ipsis rationibus quibus facta sunt, ea videre apud Deum, ut per hoc sciamus quot et quanta qualiaque*

---

⁵⁹ "Neque enim, ut dicebamus, sicut operatur homo terram, ut culta atque fecunda sit, qui cum fuerit operatus abscedit, relinquens eam vel aratam, vel satam, vel rigatam, vel si quid aliud, manente opere quod factum est, cum operator abscesserit, ita Deus operatur hominem justum, id est justificando eum, ut si abscesserit, maneat in abscedente quod fecit: sed potius sicut aer praesente lumine non factus est lucidus, sed fit; quia si factus esset, non autem fieret, etiam absente lumine lucidus maneret; sic homo Deo sibi praesente illuminatur, absente autem continuo tenebratur; a quo non locorum intervallis, sed voluntatis aversione disceditur." *De Gen. ad litt.*, VIII, 12, 26. Esse último texto visa diretamente a iluminação da vontade pela graça, mas o que é verdadeiro para essa iluminação também o é para a iluminação do intelecto pelas idéias divinas. Sobre esses textos, ver I. SESTILI, "Thomae Aquinatis cum Augustino de illuminatione concordia". In: *Divus Thomas*, XXX, (1928), p. 54-56.

⁶⁰ Ver I. SESTILI, *art.citado*, e Ch. BOYER, *L'idée de vérité dans la philosophie de saint Augustin*, p. 212-213. Cf. *Gregorianum*, VIII, I (1927), p. 110.

sint etiamsi non ea videmus per corporia sensus.⁶¹ Assim, de qualquer ponto de vista que se considere, a iluminação agostiniana não poderia ser interpretada como uma intuição do conteúdo das idéias de Deus.

Por mais nítida que seja em si mesma, tal conclusão levanta tantos problemas quanto resolve. Resulta daí que o intelecto humano, iluminado por Deus, é capaz de formar um conhecimento verdadeiro das coisas, que ele percebe com a ajuda dos sentidos. Logo, há uma colaboração necessária entre a iluminação divina, o intelecto humano e os sentidos corporais em nosso conhecimento das coisas exteriores e das verdades que se referem a elas. Mas, qual parte exata devemos atribuir a essas causas na formação de nossas idéias? Santo Agostinho vê a sensação apenas como uma ocasião para nos lembrar das idéias, tal como defendia Platão? Ou vê nela um tipo de matéria da qual nosso intelecto abstrai a idéia, como queria Aristóteles? Nem um nem outro, ao que nos parece.

Santo Agostinho não teria ensinado a reminiscência platônica, o que é bastante evidente, dado que, como vimos, é na luz divina perpetuamente presente a nossas almas, e não nas lembranças outrora nela depositadas, que descobrimos a verdade. Se no início ele usou expressões platônicas, mais tarde limitou o sentido delas e, de maneira mais nítida, reduziu-as à sua própria doutrina da iluminação,⁶² Ver as coisas na luz de Deus não implica a memória platônica do passado, mas a memória agostiniana do presente, o que é totalmente diferente.

---

[61] *De Gen. ad litt.*, V, 16, 34; t. 34, col. 33. É nisso que nosso conhecimento das coisas sensíveis difere daquele que têm os anjos, que as vêem diretamente em Deus. Cf. *De civ. Dei*, XI, 29. Malebranche viu perfeitamente que ele não poderia, nesse ponto, reivindicar a autoridade de santo Agostinho: "Confesso que santo Agostinho jamais disse que veríamos os corpos em Deus". *Entretiens sur la métaphysique*, Prefácio, ed. P. Fontana, t. I, p. 14.

[62] *Retract.*, I, 4, 4; t. 32, col. 590. Cf. as páginas excelentes de J. MARTIN, p. 55-58 (não apreciamos seu uso da apalavra "inatividade"). No mesmo sentido, cf. Ch. BOYER, *op. cit.*, p. 210.

Quinto grau: o conhecimento racional

Santo Agostinho admite, ao contrário, uma abstração das idéias a partir do sensível, à maneira de Aristóteles? Os dados do problema nas duas doutrinas são demasiado diferentes, parece-nos, para que suas soluções possam coincidir.[63] Inicialmente, é verdade que, nos dois sistemas o homem é incapaz de formar qualquer idéia das coisas materiais sem a ajuda das sensações. Mas a sensação é muito diferente no agostinianismo e no aristotelismo. Segundo santo Agostinho, sabemos que ela é uma ação exercida pela alma; segundo Aristóteles, é uma paixão sofrida por ela. O ponto de partida das duas doutrinas é, portanto, diferente, e essa divergência inicial em suas concepções sobre a maneira pela qual se exerce a operação do intelecto não pode não afetar em alguma medida a maneira pela qual elas concebem essa operação. A abstração aristotélica é, por definição, uma abstração a partir do sensível aristotélico; por sua vez, esse sensível implica a existência de um plano comum à alma e às coisas que permita às coisas agirem na alma e modificá-la. A alma sensitiva aristotélica, considerada precisamente como sensitiva, não é superior ao corpo sensível considerado como sensível, e isso permite ao corpo agir na alma introduzindo nela a espécie de que a alma tirará o inteligível via abstração. Ao contrário, em virtude da transcendência absoluta da alma em relação ao corpo, santo Agostinho não pode admitir que o sensível seja recebido do objeto na alma; a sensação e a imagem são imediatamente produtos diretos do pensamento. Assim, para expressar com todo rigor, a ordem sensível aristotélica existe na natureza, tal como Agostinho a concebe, mas não na

---

[63] Em sentido contrário à nossa interpretação, consultar sobretudo Ch. BOYER, *L'idée de vérité dans la philosophie de saint Augustin*, Paris, G. Beauchesne, 1921, p. 156-220. "Saint Thomas et saint Augustin", in *Scuola Cattolica*, julho-setembro, 1924, p. 22-34 (cita como apoio de sua interpretação Bossuet, Kleutgen, Zigliara, Lepidi, etc.). "Autour de l'illumination augustinienne", in *Gregorianum*, 1925, p. 449 (não vimos este trabalho). "Saint Thomas et saint Augustin d'après M. Gilson", in *Gregorianum* (1927), VIII, 1, p. 106-110. Consultar igualmente I. SESTILI, "Thomas Aquinatis cum Augustino de illuminatione concordia". In: *Divus Thomas*, XXXI (1928), p. 50-82.

alma.⁶⁴ Sobre o que, então, a abstração poderia se dar, e por que ela deveria transmutar o sensível em inteligível, já que o pensamento, estabelecido imediatamente em seu próprio domínio, opera desde o início sobre o imaterial puro? ⁶⁵

---

⁶⁴ Gostaríamos de observar que são Tomás, ele mesmo, distingue Platão e santo Agostinho de Aristóteles em relação a esse ponto fundamental: "Plato vero, ... sensum etiam posuit virtutem quamdam per se operantem... Et hanc opinionem tangere videtur Augustinus... Aristoteles autem media via precessit, ... ita quod sentire non sit actus animae tantum, sed conjuncti... Quia igitur non est inconveniens quod sensibilia quae sunt extra animam causent aliquid in conjunctum...", etc. *Sum. Theol.*, I, 84, 6, Resp. Esse *conjunctum*, no sentido tomista, faz falta em Agostinho (nós não dizemos: a união da alma e do corpo, mas a união tomista que implica a existência da alma sensitiva) e, com ele, necessariamente falta o fantasma tomista, que é a matéria própria da abstração. Ver também a dissecção metafísica muito certa operada por são Tomás, *loc. cit.*, ad 2ᵐ.

⁶⁵ Pe. Ch. Boyer escreve o contrário: "Ordinariamente, somos desviados de dar à teoria agostiniana do conhecimento uma significação tão peripatética, através do preconceito que, em Aristóteles e em são Tomás, os dados sensíveis colaboram para a formação do inteligível e que, em santo Agostinho, tal colaboração é inconcebível". *L'idée de vérité*, p. 213. Não é nada disso. A diferença reside na relação da alma com o sensível nas duas doutrinas. São Tomás submete a alma ao sensível, então é necessário que a alma tomista elabore como inteligível o sensível, que a submete. A alma agostiniana, ao contrário, é agente no momento da sensação. Logo, não se pode fazer coincidir o sensível tomista, recebido do objeto material pela alma, com o sensível agostiniano, produzido por um pensamento que é inteligível. A distância entre a imagem e a idéia é muito menor no sistema agostiniano do que no sistema tomista. Vê-se, então, onde se encontra a dificuldade persistente que detém Pe. Ch. Boyer: "Muito se esquece, por um lado, que, na teoria aristotélica e escolástica, o fantasma não tem outro papel senão o de apresentar ao intelecto agente um objeto em que realmente se encontre o inteligível, que permanece subtraído do alcance dos sentidos; e, por outro lado, que, segundo o pensamento agostiniano, toda criatura material, sendo um reflexo da verdade perfeita, é constituída em seu fundamento por uma participação do inteligível. Por que essa participação não poderia ser apreendida? As duas metafísicas, quanto ao essencial, coincidem: elas devem conduzir a uma mesma teoria do conhecimento." (*op. cit.*, p. 213). É possível, mas elas não conduzem, e a verdade histórica passa entre os dois termos da alternativa nos quais tentamos cercá-la. O inteligível é apenas virtual no fantasma tomista; e há o inteligível já virtual no mundo material agostiniano, mas não fantasma

Quinto grau: o conhecimento racional

   Parece então claro que o agostinianismo autêntico não tem nenhuma necessidade de um intelecto agente cujas funções seriam mais ou menos parecidas com aquelas que lhe atribuirá, mais tarde, são Tomás de Aquino; mas a questão pode ser posta de maneira mais direta e, se for possível esperar tal resultado, definitiva. Santo Agostinho, com efeito, teve o cuidado de especificar para nós que a iluminação divina só se refere aos inteligíveis, com a exclusão dos sensíveis. No famoso e muito controvertido texto em que ele diz que nosso pensamento vê os inteligíveis numa luz *sui generis*, isto é, numa luz incorporal, como o olho vê o visível numa luz corporal, reencontramos logo depois a seguinte questão: "Enfim, por que só acontece na ordem dos inteligíveis, que aqueles que interrogamos como se deve encontram as respostas que convêm a uma dada disciplina, mesmo quando a ignora? Por que ninguém pode fazer o mesmo em relação às coisas sensíveis, a menos que se trate daquelas que foram vistas no corpo onde subsiste, ou que ele crê sob a indicação daqueles que as viram, quer isso lhe tenha sido escrito, quer lhe tenha sido dito"?[66] Para santo Agostinho, o que condena, sem apelo, a reminiscência platônica é, portanto, não haver conhecimento do sensível sem uma experiência sensível prévia. Em outros termos, se houvesse reminiscência, ela deveria nos conduzir simultaneamente à *ciência* do sensível e à sabedoria do inteligível. Ora, não temos nenhuma ciência que nos venha de dentro; assim, é necessário recolocar a noção platônica de reminiscência pela iluminação que só aborda os únicos inteligíveis puros. Por isso também, a ciência, conhecimento racional das coisas temporais, é tão inferior à sabedoria, conhecimento intelectual das coisas eternas.[67] Resulta

---

sensível, no sentido tomista, que possa penetrar numa alma agostiniana. Ambas as metafísicas coincidem, e, em suas conclusões, mais do que na interpretação filosófica que elas trazem; mas não ambas as psicologias, e esse é o porquê de a teoria do conhecimento não ser a mesma em santo Agostinho e em são Tomás de Aquino.

[66] *De Trinitate*, XII, 15, 24; t. 42, c. 1011.
[67] *De Trinitate*, XII, 15, 25; t. 42, c. 1012.

daí que santo Agostinho deliberadamente subtrai da iluminação divina todo o conhecimento que nosso intelecto poderia abstrair do sensível, e, também, nega que nosso intelecto possa ter o sensível como objeto; somente a razão negocia com o sensível; quanto ao intelecto, unicamente ocupado com a ordem inteligível, ele nada tem a abstrair das coisas materiais e a luz divina, que ele recebe, não lhe é dada para esse fim. Mas, se a iluminação não abstrai, o que ela faz?

Sobre essa questão, pode-se dizer, sem qualquer exagero, que ela exerceu a sagacidade de muitas gerações de historiadores. O dado mais aparente do problema é a ausência de dados. O próprio Agostinho não nos diz como o intelecto opera nem o que ele opera. Alguns simplesmente constatam essa lacuna grave.[68] Outros, ao admitirem que santo Agostinho não tenha dito nada disso,[69] esforçam-se para preencher essa lacuna ao trazerem ao pensamento agostiniano uma atividade abstrativa tal como a que acabamos de falar; por que, com efeito, não seria legítimo completar a doutrina quanto a esse ponto importante ao introduzir o que ela carece num vazio predestinado a recebê-lo? Haveria, contudo, uma hipótese mais simples de ser vislumbrada: não haveria lacuna nesse ponto do sistema de santo Agostinho, basta

---

[68] "Die Frage, wie die in den Dingen liegende, objektive Warheit sich in die wahre Erkenntnis um setze, oder wie die ratio im Wirklichen den Kontakt mit der ratio in der Seele findet, hat Augustinus oft berüft, ohne aber eine endgültige Entscheidung zu treffen". O. WILLMANN, *Geschichte des Idealismus*, II, p. 299. J. HESSEN (*Die Begründung der Erkenntnis nach dem hl. Augustinus*, p. 46) protesta contra aqueles que, como Carl van Endert (*Der Gottesbeweis in der patristischen Zeit*, p. 178), declaram que a teoria da abstração é estranha a santo Agostinho; mas Hessen emprega o temo "abstração" num sentido muito vago; ele quer dizer somente que os sentidos desempenham um papel no conhecimento agostiniano, o que ninguém nega.

[69] "Licet enim gnoseologicum problema data opera et juxta aristoteleam mediae aetatis formulam in sua peculiari et quase mechanica, ut ita dicam, structura, exhibitam, versaverit nunquam Augustinus, ideoque nec unquam explicite loquutus fuerit de specie impressa in intellectu possibili, ab intellectu agente elaborata, ...". I. SESTILI, *art. cit.*, p. 26. Cf. B. ROMEYER, *art. cit.*, p. 201-202.

Quinto grau: o conhecimento racional

que se olhem as coisas do ponto vista próprio a ele e que não se argumente em nome de princípios que ele mesmo nunca aceitou. Na realidade, não há em Agostinho o problema do "*Umsetzung*"[70] do sensível em inteligível; se ele não o resolveu, é porque não o colocou, e querer que o resolva não é preencher uma lacuna de sua doutrina, mas transformá-la numa outra que, por isso mesmo, temos a responsabilidade de lhe impor.

De início, observemos que o ponto de vista de Agostinho é menos o da formação do conceito que o do conhecimento da verdade. Em sua doutrina, tudo se passa como se ele não tivesse dado razão à generalidade das idéias gerais. No lugar de aproximá-lo disso ou de remediar a situação de maneira mais ou menos arbitrária, poder-se-ia, talvez, buscar o porquê de ele não ter sido tocado pela importância do problema.

O universo, tal como ele o concebe, é uma matéria impregnada de inteligível pelas idéias divinas;[71] tudo é ordem, medida e número; as formas dos corpos se reduzem a certas proporções numéricas e as operações da vida também se desenrolam segundo as leis inteligíveis dos números. De direito, o universo é inteligível para um pensamento capaz de reconhecê-lo como tal. Ora, é bem verdade que, por sua corporalidade, o mundo das coisas não poderia penetrar no pensamento que lhe é hierarquicamente superior, e é por isso que toda abstração propriamente dita é impossível nessa doutrina: não há comunicação de substâncias que se estabeleça no sentido do corpo para a alma, mas inversamente, em virtude da superioridade da alma quanto ao corpo, pode haver comunicação de substâncias no sentido da alma para o corpo; o inferior não pode agir sobre o superior, mas o superior pode agir sobre o inferior. Por isso, o pensamento agostiniano pode decifrar dire-

---

[70] "Transformação" (N. da T.).
[71] O mundo corporal de santo Agostinho está mais próximo do mundo de Platão e de Plotino do que daquele de Aristóteles. Em tal universo, as sensações são contemplações inteligíveis de impressões inteligíveis (*En.*, I, 1, 7), e a abstração do tipo aristotélico não tem como se exercer.

tamente, nos números de modificações sofridas por seu corpo, os números dos corpos exteriores que os produzem. Malebranche o notou bem e, por isso, ele também pretende contemplar à sua maneira Agostinho, mas em sentido inverso, arruinando de modo diferente o equilíbrio da doutrina. Para que houvesse abstração aristotélica no agostinianismo, seria necessário introduzir uma ação do corpo sobre a alma, o que aí não encontraria lugar. Para que haja visão em Deus no agostinianismo, à maneira de Malebranche, é necessário suprimir a comunicação direta da alma com o corpo, o que, em nome da transcendência da alma, Agostinho não deixou de atribuir a ela. Entre essas duas concepções antagônicas, o agostinianismo permanece ele mesmo uma doutrina em que o pensamento, capaz de ler diretamente o inteligível na imagem, não tem com o que se preocupar a não ser em saber onde está a fonte da verdade.[72]

Se é assim, as dificuldades inextricáveis acumuladas em torno dessa questão tenderiam, todas, diretamente ou não, a um equívoco fundamental: compara-se a doutrina agostiniana da iluminação com a doutrina aristotélica da abstração, como se pudesse tirar a razão suficiente do conceito de uma doutrina feita para explicar a verdade. Esse foi um dos grandes embaraços do agostinianismo medieval, qual seja, ter inserido a abstração na iluminação, ou, algo ainda mais difícil, tentar fazer a abstração sair da iluminação.[73] Todas as vias foram tentadas: Deus intelecto agente, supressão do intelecto agente em benefício do único inte-

---

[72] Notemos, de passagem, que um certo nominalismo poderá, mais tarde, aliar-se facilmente às tendências agostinianas, precisamente porque a imagem assim entendida é inteligível de direito; mas aqui, ainda, antes de trazer qualquer nominalismo a Agostinho, haveria muito por se discutir. De nossa parte, não atribuiríamos nominalismo a ele, de nenhum modo, embora o nominalismo seja uma das "tangentes" possíveis da doutrina.

[73] Esse fato importante foi desenvolvido com muita perspicácia, em relação a são Boaventura, por J. ROHMER, "La doctrine de l'abstraction dans l'école franciscaine d'Alexandre de Halès à Jean Peckam". In: *Archives d'histoire doctrinale et littéraire du moyen âge*, Paris, 1928, t. III, p. 148-161.

Quinto grau: o conhecimento racional

lecto possível, fusão dos dois intelectos, identificação do intelecto agente com a iluminação divina, tantas soluções e todas puderam reivindicar-se de Agostinho precisamente porque ele não sustentou nenhuma delas. Colocado numa situação menos difícil, o historiador moderno talvez já não esteja obrigado a sair daqui benevolamente, e é precisamente isso que faria se ele se engajasse em provar que a iluminação agostiniana contém isso que apenas a abstração aristotélica tem como função oferecer.[74] Os textos autorizam tal interpretação?

---

[74] As confusões que entranham esse falso ponto de partida aparecem claramente no excelente artigo de É. Portalié, que tenta provar que, segundo santo Agostinho, Deus teria o papel de intelecto agente (*Dict. de théologie catholique*, t. I, col. 2336-2337). Segundo essa interpretação, Deus "falaria à alma, no sentido de que imprimiria a representação das verdades eternas, que seriam a causa do nosso conhecimento". Isso é voltar à interpretação de Guilherme de Auvérnia e de Roger Bacon (ver Ét. GILSON, "Pourquoi saint Thomas a critiqué saint Augustin", In: *Archives d'histoire doctrinale et littéraire du moyen âge*, Paris, 1926-1927, t. I, p. 76-85). Mais exatamente, é crer com eles que a iluminação agostiniana tenha por função produzir conceitos e, neste caso, Deus deveria realmente ser aquele que os dá e que, por conseqüência, desempenha o papel de intelecto agente. Contra E. Portalié, Ch. Boyer sustenta que, em santo Agostinho, não se pode conceber a influência criadora da verdade primeira no espírito "como transmissora de idéias totalmente prontas" (*L'idée de vérité...*, p. 212). É perfeitamente justo, mas não resulta daí que a iluminação agostiniana tenha como fim produzir um intelecto agente como quer o tomismo. O homem agostiniano tem um intelecto que produz seus conceitos e recebe a verdade deles de Deus: nem o intelecto agente tomista nem Deus como intelecto agente. A dificuldade na qual essa confusão entre dois problemas diferentes mergulha os comentadores de Agostinho, para nós, parece se exprimir de maneira definitiva no artigo já citado de I. Sestili, p. 26-27.
Por outro lado, caso em nossa interpretação fosse fundada, poder-se-ia legitimamente perguntar o que se torna o conceito na doutrina de Agostinho. De fato, não conhecemos nenhuma teoria da generalização no agostinianismo; o que parece se explicar pelo fato de que, nessa doutrina, a realidade, bem como a imagem que a representa, já esteja toda próxima da inteligibilidade (ver sobre isso a análise muito rigorosa do P. Blaise ROMEYER, in *Archives de philosophie*, V, 3, (1927), p. 202-203). De fato, os agostinianos interpretarão a *abstração* como um processo psicológico consciente que se reduz a uma certa maneira de

A busca de Deus pela inteligência

Primeiro, ela apresenta a vantagem de resolver uma curiosa contradição: todos os que sustentam que a iluminação agostiniana tem um conteúdo encontram nos textos o apoio de suas interpretações; todos os que negam que a iluminação agostiniana transmita ao intelecto humano idéias totalmente feitas podem alegar textos em seu apoio. Não se pode negar, Agostinho nos fala de uma visão em Deus, e, por outro lado, não há dúvida de que não vemos as coisas em Deus. Com efeito, o que nosso intelecto vê na luz da iluminação, não através da sua, é a verdade de seus próprios julgamentos[75] e não o conteúdo de suas idéias. Assim, cada vez que um agostiniano fala de uma intuição das idéias divinas, o aristotélico cita os textos de santo Agostinho que lembram o papel necessário da sensação; mas as sensações servem ao conceito do objeto sensível, não à verdade do pensamento. Quando, ao contrário, um aristotélico empresta ao agostinianismo uma doutrina do intelecto agente, o agostiniano replica que o intelecto agente só pode ser Deus; mas o intelecto agente aristotélico produz conceitos, ao passo que a iluminação agostiniana produz a verdade. Como excelente historiador que sabia ser, são Tomás de Aquino bem viu que, se introduzirmos um intelecto agente no universo de Platão, não poderia *exercer* as mesmas funções que no

---

"considerar" a imagem (ver J. ROHMER, in *Archives d'histoire doctrinale et littéreire du moyen âge*, art. citado). Por isso, santo Agostinho sempre passa diretamente da imagem ao julgamento (*De Trinitate*, IX, 6, 11; t. 42, col. 967) e também é por isso que o julgamento, não o conceito, é o *verbum mentis*: *De Trinitate*, IX, 7, 12; t. 42, col. 967. Acrescentemos que a causa real da diferença assinalada pelo P. Blaise ROMEYER não nos parece a única e que, contrariamente à sua opinião, estimamos que o intelecto, tal como o objeto, não é o mesmo nas duas doutrinas.

[75] "... intuemur inviolabilem veritatem, ex qua perfecte, quantum possumus, definiamus, non qualis sit uniuscujusque hominis mens, sed qualis esse sempiternis rationibus debeat." *De Trinit.*, IX, 6, 9; t. 42, col. 966. Cf. *ibid.*, "illam (formam aeternae veritatis) cernimus rationalis mentis intuitu", 11, col. 967. "Ipsam quippe regulam veritatis, qua illam clamant esse meliorem, incommutabilem vident, nec uspiam nisi supra naturam vident, quandoquidem se vident mutabiles". *De doc. Christ.*, I, 8, 8-9; t. 34, col. 22-23.

Quinto grau: o conhecimento racional

de Aristóteles. Num mundo aristotélico, é necessário um intelecto agente para fazer o inteligível e disso a abstração se encarrega; no mundo platônico, ao contrário, o intelecto agente não é requerido para produzir os inteligíveis, pois o intelecto humano encontra-os totalmente feitos nas suas imagens, mas somente para conferir a luz inteligível ao sujeito inteligente.[76] A iluminação do pensamento por Deus no agostinianismo; iluminação do objeto por um pensamento que Deus ilumina, no aristotelismo: eis a diferença entre a iluminação-verdade e a iluminação-abstração. Sem dúvida, a iluminação aristotélica do sensível pelo intelecto humano pode pressupor uma iluminação da alma por Deus, mas o fato de que tal conciliação seja teoricamente possível não autoriza concluir que santo Agostinho a tenha efetuado, nem que aqueles que a efetuam entendam a iluminação no mesmo sentido em que a entendia santo Agostinho. Uma vez realizada a conciliação, resta saber se o homem recebe de Deus um intelecto tomista capaz de produzir a verdade de seus julgamentos, ou um intelecto agostiniano sem poder intrínseco de ler em si a verdade.[77]

A segunda vantagem da interpretação proposta seria a de respeitar igualmente os textos que supõem uma atividade real e os que supõem uma passividade real do intelecto humano, pois essa

---

[76] São Tomás de Aquino: "Dicendum quod secundum opinionem Platonis, nulla necessitas erat ponere intelectum agentem ad faciendum intelligibilia in actu, sed forte ad praebendum lumen inteligibile agenti, ut infra dicetur". *Sum Theol.*, I, 79, 3, Resp. Cf. I, 85, 1, Resp., última frase.

[77] Por isso escrevemos: "que ao eliminar radicalmente toda colaboração *especial* de um agente separado da produção do inteligível na alma humana, são Tomás eliminava, ao mesmo tempo que a inteligência agente de Avicena, um aspecto importante do Deus iluminador de santo Agostinho" ("Pourquoi saint Thomas a critiqué saint Augustin", *loc. cit.*, p. 120). SESTILI (*Divus Thomas*, 1928, p. 81) escreve sobre isso: "ignoramus quo jure affirmari possit quod S. Thomas, eliminando intellectum agentem Avicennae, eliminabat Deum Illuminantem augustini". Nós também o ignoramos, e Sestili não se admira aqui senão com seu próprio contra-senso: eliminar "um aspecto importante do Deus iluminador de santo Agostinho" não é eliminar o Deus iluminador de santo Agostinho.

passividade e essa atividade devem ser ambas afirmadas, ainda que não o sejam sob a mesma relação. Ativo, o pensamento agostiniano anima primeiro e em relação ao corpo, e, sob a notificação deste, produz as sensações; em seguida, em relação às imagens particulares assim engendradas, ele une, dissocia, compara e lê o inteligível. Mas logo aparece no pensamento algo que nem os objetos, que ele pensa, nem ele mesmo, que os pensa, poderiam explicar: o julgamento verdadeiro, com o caráter de necessidade que ele implica. A verdade do julgamento é o elemento tal que, sem poder produzi-lo, o pensamento deve receber.

Para compreender exatamente o pensamento de Agostinho, é certo o elemento formal de necessidade implicado em toda verdade na qual se deve reter a visão, pois parece que tal é o ponto exato de aplicação da iluminação divina. Escuto um homem que fala comigo e que expõe suas idéias para mim; ele diz que compreende isso e aquilo e que quer tal ou tal coisa; eu o compreendo, conseqüentemente, formo conceitos e até mesmo acredito nele, mas não sei se isso é verdade, pois não tenho qualquer meio de verificar o que ele me diz: a iluminação divina não desempenha qualquer papel nesse gênero de conhecimento em que a verdade não aparece. Mas, eis que meu interlocutor se põe a falar sobre o pensamento humano em geral; imediatamente, meu ponto de vista muda. Sei se o que ele fala é verdade, e o aprovo; ou sei que é falso, e o refuto. Aqui é exatamente onde a iluminação divina intervém, pois se trata da verdade. Não temos mais que simplesmente crer no fato de tal homem pensar isso em particular, mas saber o que deve pensar o homem em geral. De onde nos vem esta certeza do que deve ser o pensamento humano? Não é da experiência, pois não vimos por nossos olhos um número de pensamentos para formarmos uma idéia sobre o que o pensamento deve ser e, *ademais*, a experiência interna ou externa pode até explicar a formação da idéia, mas não pode, em nenhum caso, explicar sua necessidade.[78]

---

[78] "Itaque cum mihi de sua propria (*scil.* mente) loquitur, utrum intelligat hoc aut illud, an non intelligat, et utrum velit, an nolit hoc aut illud, credo: cum vero de

Quinto grau: o conhecimento racional

Tomemos um exemplo: lembro-me dos muros de Cartago, que vi, e imagino os de Alexandria, que nunca vi; o meu pensamento é suficiente para fazê-lo sem a ajuda da iluminação divina; mas, se penso que as lembranças que me representam Cartago são superiores às imagens que me representam Alexandria, esse julgamento de verdade, fundado sobre regras incorruptíveis e invioláveis, vem do que há de mais alto do que meu pensamento: *viget et clarer desuper judicium veritatis*; com a verdade necessária do julgamento, a iluminação divina deveu intervir.[79] Há, portanto, uma diferença essencial entre a imagem de um objeto percebido, ou sua lembrança conservada na memória, ou enfim toda ficção concebida pelo pensamento à imagem desse objeto, e o julgamento que faço sobre o que o objeto deve ser. É muito natural que eu tenha a imagem de um arco visto em Cartago, pois o vi; mas não se exprime unicamente com a ajuda da experiência que a curva desse arco me agrade e que eu a julgue bela. Para julgar o que as coisas deveriam ser é preciso que nosso pensamento racional esteja submetido à ação das idéias das coisas,[80] e a isso também nomeamos de iluminação.

---

humana specialiter aut generaliter verum dicit, agnosco et approbo. Unde manifestum est, aliud unumquemque videre in se, quod sibi alius dicenti credat, non tamen videat; aliud autem in ipsa veritate quod alius quoque possit intueri: quorum alterum mutari per tempora, alterum incommutabili aeternitate consistere. Neque enim oculis corporeis multas mentes videndo, per similitudinem colligimus generalem vel specialem mentis humanae notitiam; sed intuemur inviolabilem veritatem, ex qua perfecte, quantum possumus, definiamus, non qualis sit uniuscujusque hominis mens, sed qualis esse sempiternis rationibus debeat." *De Trinit.*, IX, 6, 9; t. 42, col. 965-966.

[79] *De Trinit.*, IX, 6, 10; t. 42, col. 966. Cf. *De vera religione*, XXX, 54-56; t. 34, col. 145-147.

[80] "Item cum arcum pulchre et aequabiliter intortum, quem vidi, verbi gratia, Carthagine, animo revolvo, res quaedam menti nuntiata per oculos, memoriaeque transfusa, imaginarium conspectum facit. Sed aliud mente conspicio, secundum quod mihi opus illud placet; unde etiam, si displiceret, corrigerem. Itaque de istis secundum illam judicamus, et illam cernimus rationalis mentis intuitu" *De Trinit.*, IX, 6, 11; t. 42, col. 967. Agostinho também nomeia essa intuição uma

A busca de Deus pela inteligência

Haveria muito a dizer, deliberadamente reconhecemos, contra nossa interpretação da iluminação agostiniana. Pode-se, por sinal, repreendê-la por simplificar em excesso os textos e a doutrina para facilitar sua explicação; mas nós somente a propomos na medida em que os fatos autorizam aceitá-la e, em suma, como uma solução do problema mais psicológica do que histórica. Quais são, enfim, os fatos?

O mais evidente é que, para qualquer interpretação da doutrina à qual nos detenhamos, Agostinho jamais *distinguiu* claramente o problema do conceito e o do julgamento, nem o problema do julgamento em geral e o do julgamento verdadeiro em particular. Sem dúvida, quando cita idéias cuja origem não pode ser sensível, Agostinho alega "numerorum dimensionumque rationes et leges innumerabiles";[81] poder-se-ia, portanto, crer que ele irá resolver conscientemente o problema da origem das *rationes* ao mesmo tempo que o da origem das *leges*. Indo mais longe, não se vê nem mesmo como, em sua doutrina, a solução de um desses problemas poderia não ser a mesma do outro. O homem tem uma série de idéias que são inteiramente independentes de toda origem sensível: o número, o bem, a verdade, o belo, a igualdade, a similitude, a sabedoria. De um lado, Agostinho recusa totalmente qualquer origem empírica delas[82] e, por outro lado, ele rejeita a doutrina do inatismo, no sentido próprio desta palavra, com a preexistência da alma que ela implica. Que outra origem, senão a iluminação divina, poderíamos imaginar para o conteúdo dos nossos conceitos? Assim, de direito e de fato, Guilherme

---

"simplex intelligentia" que alcança as idéias eternas "super aciem mentis". Dessa intuição nasce em nós o verbo interior (*ibid.*, 12, col. 967). Observar-se-á que nada há de místico nesses exemplos.

[81] *Conf.*, X, 12, 19; ed. P. de Labriolle, t II, p. 253. No mesmo sentido: "... ratio et veritas numeri..." *De lib. arbit.*, II, 8, 20; t. 32, col. 1251.

[82] Ver uma excelente demonstração dessa questão em B. KÄLIN, *Die Erkenntnislehre des hl. Augustinus*, Sarnen, 1920; p. 42-50.

Quinto grau: o conhecimento racional

de Auvérnia teria razão:[83] a doutrina agostiniana da iluminação explicaria a origem de nossas idéias como a dos princípios; enfim, ela se substituiria por uma doutrina da abstração e se dirigiria, como de si mesma, na direção do confluente ao qual ela se unirá no século XII: Avicena.

Confessemos que, quando tomamos os textos em sua materialidade,[84] santo Agostinho algumas vezes se exprime como se, entre suas funções diretrizes e reguladoras, as idéias divinas tivessem que imprimir em nosso pensamento noções totalmente prontas.[85] Não obstante, a questão é saber o que ele entende por *notio* e se isso corresponde ou não ao que nomeamos de conceito. Ora, cada vez que Agostinho fala de conhecimentos impressos em nós pela iluminação divina, o contexto permite constatar que ele entende por *notio* os fundamentos de muitas classes de julgamentos verdadeiros possíveis. O que é a *notio impressa boni*? É a

---

[83] Ver Ét. GILSON, "Pourquoi saint Thomas a critique saint Augustin". In: *Archives d'hist. Doctrinale et littéraire du moyen âge*, I (1926), p. 68.

[84] Foi o que fez Guilherme de Auvérnia e o que o levou a ensinar, em nome de Agostinho, a iluminação dos conceitos — doutrina muito próxima daquela do "Deus intelecto agente" de Roger Bacon. Concebe-se facilmente porque o tenha feito. Aristóteles levou os filósofos do século XII a tomarem consciência do problema da origem do conceito; sua solução, que implica um empirismo estendido até as idéias da alma e de Deus, não poderia ser aceito sem resistências. Ora, se ele quer obter na iluminação agostiniana a solução do problema do conceito, não resta outro recurso que o de admitir uma impressão dos conceitos em nosso espírito pela luz divina. Deus é substituído pelo *Dator formarum* de Avicena. Assim, Guilherme de Auvérnia e Bacon, à sua maneira, dão prosseguimento a santo Agostinho, mas não *historicamente*, pois eles o fazem resolver um problema que ele expressamente não colocou e que, talvez, seria excluído pelas tendências profundas de sua doutrina.

[85] Não apenas nos textos citados anteriormente, nos quais Agostinho claramente distingue a *idéia* do número das *leis* do número (todo desenvolvimento do *De Lib. arbit.*, II, 8, 20-22 repousa sobre essa distinção), mas, ainda mais expressamente: "... sapientiae *notionem* in mente habemus impressam..." (*De lib. arbit.*, II, 9, 26; t. 32, col. 1255. "...mentibus tamen nostris impressa est *notio* beatitatis..."*Ibid*. Poder-se-ia objetar a esses textos que, na época do *De lib. arbit.*, Agostinho ainda não havia se desapegado da reminiscência platônica e que,

noção do "secundum quod et probaremus aliquid et aliud alii praeponeremus". O que são as *noções impressas de beleza ou de sabedoria*? São aquelas em virtude das quais "*scimus fidenterque et sine ulla dubitatione dicimus beatos nos esse velle*", ou "*per quam unusquisque nostrum si interrogetur, velitne esse sapiens, ... se velle respondet*". De modo breve, tudo se passa como se Agostinho considerasse o conceito somente como o sujeito dos julgamentos apodícticos que ele fundamenta e como se esse elemento do conceito fosse precisamente o que a iluminação divina se propõe, sobretudo, explicar. Por isso mesmo, a *notio* agostiniana se manifesta irredutível a qualquer origem sensível, pois, a partir da constatação de que isso é, não se pode induzir senão isso que é, ou seja, dos simples conceitos empíricos para a formação daqueles que a iluminação divina não tem especialmente que concorrer. Desde que se ultrapasse, ao contrário, a experiência sensível para alcançar o inteligível, passa-se da definição do fato para a da idéia, coloca-se o que as coisas devem ser no lugar de constatar simplesmente o que elas são e, nesse momento, a iluminação entra em jogo para explicar isso que na *notio impressa* transcende todo empirismo. O próprio Agostinho aprofunda-se nesse sentido muito mais do que seria possível supor. Pouco lhe importa, por exemplo, que uma noção seja geral ou particular; ela supõe a intervenção da iluminação divina tão logo almeje um caráter necessário, pois de nenhum número de observações, por maior que seja, pode-se deduzir que os homens são o que um único homem deve ser para satisfazer à sua própria definição.[86] Segue-se também que contar

---

mais tarde, ele falará somente em "in nescio qua notitia" (*Conf.*, X, 20, 29; ed. Labr., t. II, p. 262). Mas, além de ser sempre perigoso pressionar muito a terminologia de Agostinho, reencontramos, no *De Trinitate*, fórmulas tão fortes como as de suas primeiras obras: "...nisi essset nobis impressa notio ipsius boni..." *Op. cit.*, VIII, 3, 4; t. 42, col. 949. Logo, ele nunca hesitou em afirmar a *impressão* de algumas noções, em nosso pensamento, pela luz divina. Trata-se de definir o sentido do termo em questão.

[86] Ver o texto do *De Trinitate*, IX, 6, 9, citado anteriormente, p. 182-183, nota 78.

Quinto grau: o conhecimento racional

empiricamente unidades sensíveis é uma coisa, conceber pelo pensamento a unidade inteligível é outra coisa e irredutível à primeira, pois todo corpo sensível é divisível, logo múltiplo na realidade, ao passo que a unidade inteligível nos ensina o que a unidade verdadeira *deve* ser: a ausência completa de qualquer multiplicidade.

Para resumir as considerações precedentes, é possível dizer que, de todo modo, santo Agostinho exclui da iluminação divina qualquer conceito de origem empírica, ou, ao menos, tudo o que pode ter uma origem empírica num conceito. Quando ele cita casos de noções que revelam a iluminação divina, os primeiros que lhe vêm ao pensamento são: a justiça, a castidade, a fé, a verdade, a caridade, a bondade e outros do mesmo gênero,[87] que se referem aos inteligíveis puros. Quando o intelecto aplica a iluminação divina aos conceitos sensíveis, como ao de arco ou ao de homem, não é para formar uma noção acerca deles, mas para formular sua lei ou para definir-lhes o tipo necessário, o que nenhuma experiência sensível poderia nos revelar. A experiência, não a iluminação, nos ensina o que é um arco, um homem; a iluminação, não a experiência, nos ensina como um arco perfeito ou um homem aperfeiçoado deve ser. Quanto esse ponto, o pensamento autêntico de santo Agostinho parece não poder ser desconhecido, a menos que se intencione propositalmente modificá-lo para quaisquer fins.

O segundo ponto essencial infelizmente não é suscetível de uma interpretação tão clara. Com efeito, trata-se de saber se as "noções" inteligíveis, que devemos à iluminação, são conceitos propriamente ditos ou simples regras que se aplicariam formalmente aos conceitos. Contra esta segunda interpretação, um excelente intérprete de santo Agostinho defende que somente se pode admitir que a iluminação nos dê conceitos concebidos como fundamentos de alguns julgamentos, sem conferir a essa ilumina-

---

[87] Ver anteriormente, p. 166, nota 49.

ção um papel mais do que regulador e formal. Em resumo, sustentar que a iluminação se dê menos sobre a faculdade de conceber do que sobre a faculdade de julgar seria admitir também que ela se dá sobre a faculdade de conceber.[88] Contudo, talvez fosse necessário deter-se aqui e não atribuir a santo Agostinho precisões que ele mesmo não forneceu. O que é certo, e ninguém até aqui descobriu um só texto em sentido contrário, é que nenhuma das "noções" que devemos à iluminação, na medida em que se deva à iluminação, contém um único elemento empírico. O que é igualmente certo, é que todas essas "noções" não têm outro conteúdo que o julgamento pelo qual elas se explicitam: a justiça, é dar a cada um o que lhe é devido; a sabedoria, é preferir o eterno ao temporal; a caridade, é amar a Deus sobre todas as coisas, e assim por diante. Enfim, também é certo que santo Agostinho freqüentemente qualifica essas noções como "regras" segundo as quais julgamos. Quando se chega a esse ponto, foi-se até onde os textos permitem ir e, se vamos mais longe, não é justo que santo Agostinho tenha a responsabilidade. É necessário dizer, por exemplo, que a iluminação não nos dá nenhuma noção propriamente dita, mas somente os princípios? Ou é necessário dizer que os princípios são "noções"? Ou é necessário chegar a dizer que Deus nos ilumina com "noções", que são distintas da regra dos julgamentos na qual elas se explicitam? É difícil decidir em nome de santo Agostinho, seja por afirmar, seja ao negar. Obtemos dele somente que a iluminação nos dá "noções" de origem não-empírica, cujo conteúdo todo se reduz, para nós, aos julgamentos que as exprimem; ele não nos disse se tais "noções" inteligíveis são algo fora das regras ou dos julgamentos nos quais elas se exprimem; afirmar o papel regulador e formal da iluminação agostiniana é, então, ater-se a um terreno seguro; estar sobre um terreno não menos seguro é também recusar-se a ver nessa iluminação um substituto da abstra-

---

[88] J. HESSEN, *Augustins Metaphysik der Erkenntnis*, Ferd. Dümmler, Berlin, 1931, p. 107.

Quinto grau: o conhecimento racional

ção, pois, mesmo para supor que ela nos dê "noções", ela não nos dá os conceitos abstratos do sensível; querer ir além e decidir se a iluminação nos dá uma "noção" distinta das regras ou dos princípios do julgamento das que designam os nomes "justiça", "sabedoria" ou "caridade", é o que não podemos fazer sem ultrapassar os textos atualmente conhecidos por nós, pois Agostinho não nos disse nada sobre o que tais noções poderiam ser em si mesmas, ele não disse nada que nos autorize seja afirmá-las seja negá-las.

Parece-nos que continua verdadeiro dizer, *salvo meliori judicio*, que o ponto preciso de aplicação da iluminação, tal como Agostinho a concebe, é menos a faculdade de conceber do que a faculdade de julgar, pois, para ele, a inteligibilidade do conceito reside menos na generalidade de sua extensão do que no caráter normativo que sua necessidade lhe confere. Segue-se que o homem se distingue das bestas, porque é possível que um ou outro sentido seja mais poderoso em uma ou outra delas do que em nós: *sed lucem illam incorpoream contingere nequeunt, qua mens quodammodo irradiatur, ut de his omnibus recte judicare possimus; nam in quantum eam capimus, in tantum id possumus*.[89]

Assim, quando se avista o problema do ponto de vista de Agostinho, torna-se inútil pressionar os textos para fazê-los fornecer um sentido inteligível e conformá-los a isso; eles dizem exatamente o que seu autor queria dizer. Imediata e, por conseqüência, intuitiva, a ação das idéias divinas não implica nenhum ontologismo, pois ela é essencialmente reguladora e não comporta conteúdo. Eis por que vimos santo Agostinho qualificar as idéias divinas como regras: *regulae numerorum, regulae sapientiae*.[90]

---

[89] *De civ. Dei*, XI, 27, 2; t. 41, col. 341.
[90] *De lib. arb.*, II, 10, 20; t. 32, col. 1257. Ver igualmente: "Nam hinc est quod etiam impii cogitant aeternitatem, et multa recte reprehendunt recteque laudant in hominum moribus. Quibus ea tandem regulis judicant, nisi in quibus vident quemadmodum quisque vivere debeat, etiamsi nec ipsi eodem modo vivant? Ubi eas vident? Neque enim in sua natura, cum procul dubio mente ista videantur, eorumque mentes constet esse mutabiles, has vero regulas immutabiles

É também por isso que o caráter imediato de sua ação não as deixa fora do homem e pode ser comparado à impressão que um anel produz sobre uma cera mole, na qual a forma dele se imprime;[91] pois a idéia divina não é um conhecimento totalmente feito que passa de Deus para dentro do espírito do homem, é uma lei que o liga (*lex incommutabilis*)[92] e que Deus confere ao homem, ajustando-a à necessidade deste.

Na doutrina de santo Agostinho, bem como em toda filosofia digna desse nome, as teses mestras se correspondem e se equilibram. Assim, talvez não seja impossível prever, desde o presente, que o pensamento humano, submisso às regras divinas da verdade, corresponda a uma vontade humana submissa às regras divinas das virtudes, na ordem da moral, e às influências salutares da graça, na ordem sobrenatural. Enganar-nos-íamos ao acreditar que Agostinho estaria confundindo duas ordens, pois a iluminação da verdade, bem como a da virtude moral, em nada engaja a ordem sobrenatural, e também por isso, partindo dos vazios que a natureza como tal descobre em si, santo Agostinho pode fundar as provas naturais da existência de Deus sobre a análise do pensamento. *Sufficit sibi oculus ad non videndum, hoc est ad tenebras* – eis a verdadeira fórmula do agostinianismo na medida em que ele é uma oposição radical às pretensões que o homem tem de bastar-se a si mesmo: *ad videndum vero lumine suo non sibi sufficit, nisi illi extrinsecus adjutorium clari luminia praebeatur.* O

---

videat, quisquis in eis et hoc videre potuerit; nec in habitu suae mentis, cum illae regulae sint justitiae, mentes vero eorum constet esse injustas. Ubinam sunt istae regulae scriptae, ubi quid sit justum et injustus agnoscit, ubi cernit habendum esse quod ipse non habet? Ubi ergo scriptae sunt, nisi in libro lucis illius quae veritas dicitur?" *De Trinitate*, XIV, 15, 21; t. 42, c. 1052.

[91] "Ubi ergo scriptae sunt (ista regulae), nisi in libro lucis illius quae veritas dicitur? Unde omnis lex justa describitur, et in cor hominis qui operatur justitiam, non migrando, sed tamquam imprimendo transfertur; sicut imago ex anulo et in ceram transit, et anulum non relinquit" *De Trinitate*, XIV, 15, 21; t. 42, col. 1052.

[92] *De vera religione*, XXX, 56; t. 34, col. 147.

Quinto grau: o conhecimento racional

que Agostinho afirmará sobre a graça contra Pelágio[93] já está, como se vê na fórmula de que usa, o que sempre afirmou sobre a iluminação.

O que obscureceu grandemente a interpretação dos textos de santo Agostinho foi a confusão constantemente cometida entre os textos que dizem respeito ao conhecimento natural e aqueles que dizem respeito ao conhecimento místico; com ela lidamos nesse momento. O fato de santo Agostinho, nas elevações hierárquicas que ele viu se multiplicarem, passar freqüentemente sem transição de uma para outra, não prova que ele não as tenha claramente diferenciado em seu espírito. Ao contrário, pode-se estar certo de que ele o fez, tanto que sua doutrina do caráter divino, não humano, da luz inteligível, o obrigara a normalmente manter essa luz fora do alcance do pensamento. Logo, podemos estar certo antecipadamente de que cada vez que ele fala de conhecimento *por* ou *nas* razões eternas, trata-se do conhecimento natural; ao contrário, cada vez que Agostinho fala em conhecer, ou ver, as razões eternas e a luz divina, trata-se do conhecimento místico.

Para esclarecer esse ponto, lembremos inicialmente de um texto explícito em que Agostinho acrescenta o seguinte comentário, depois de ter falado sobre virtudes das quais algumas subsistirão mesmo na vida futura, como a piedade, ao passo que outras deixarão de existir, como a fé: "essas virtudes são vistas pelo intelecto, pois não são corpos e elas não têm imagens semelhantes às dos corpos. Mas diferente é a luz pela qual a alma é iluminada para que veja tudo o que apreende com verdade pelo intelecto, seja nela mesma, *seja naquela luz*. Pois a luz de que tratamos no presente é Deus, ao passo que a alma é uma criatura que, embora feita racional e intelectual à imagem divina, quando se esforça para ver a luz, luta fracamente e fracassa. Contudo, daqui vem a

---

[93] *De gestis Pelagii*, III, 7; t. 44, col. 323-324. É. Portalié, cita esse texto (*art. citado*, col. 2236-2237) justamente como ocasião para marcar o paralelismo entre a iluminação natural e a iluminação sobrenatural.

ela tudo o que ela apreende pelo intelecto como ela pode. Quando ela, portanto, fracassa nesse ponto e, recolhida dos sentidos carnais, ela se encontra de modo mais distinto face a essa visão (não ao mudar de lugar, mas à sua maneira), é acima de si que ela vê essa luz, com a ajuda da qual vê tudo o que vê em si mesma pelo intelecto".[94]

Esse texto tão rico estabelece o que bastaria por si só para provar que a luz na qual conhecemos intelectualmente a verdade (*in illo veraciter intellecta*) é a luz divina, ou Deus.

Provar que santo Agostinho nos concede um intelecto e um conhecimento natural, de nenhum modo prova que ele considera a luz, pela qual o intelecto conhece a verdade, como pertencente ao homem. Só Deus é essa luz, nosso intelecto é apenas o receptor da verdade. Ademais, Agostinho distingue dois casos que sempre distinguiu no interior do conhecimento natural: aquele em que o intelecto apreende a verdade em nós mesmos, e aquele em que ele apreende a verdade na luz divina. No segundo caso, estamos mais longe do que jamais estivemos de ver a luz divina. O homem justo ou caridoso pode conhecer em si mesmo a justiça ou a caridade; mas o homem injusto ou mau, que sabe o que são as virtudes sem tê-las, *conhece-as somente na luz divina*. Há, portanto, uma gradação das iluminações. Em alguns casos, as regras da justiça se imprimem no coração, como a imagem de um timbre na cera, o justo as conhece ao mesmo tempo *em si*, onde elas são mutáveis e caducas como seu próprio coração, e *na* verdade divina, em que ele as conhece como imutáveis e necessárias. Mas há os casos em que essas regras, em vez de se imprimirem no coração, apenas "tocam" o pensamento. Tal é o caso dos maus, que sabem o que é a justiça, embora não a possuam. A prova de que a conhecem é que podem falar sobre ela se perguntados corretamente. O ímpio é, então, um homem cujo intelecto só pode conhecer as

---

[94] *De Gen. ad litt.*, XII, 31, 59; t. 34, col. 479-480.

Quinto grau: o conhecimento racional

regras das virtudes na luz de Deus.[95] Vê-se o quanto a expressão "ver em" está longe de comportar um sentido místico ou uma intrusão do sobrenatural na ordem natural e humana.

É bem diferente quando o intelecto se esforça para ver as regras eternas e a luz divina. Nesse novo caso, um *raptus* divino é indispensável, o qual pode transportar a alma a profundidades diferentes. Aquele que eleva são Paulo ao "terceiro céu" talvez o conduza até a substância divina e até o Verbo criador, na caridade do Espírito Santo;[96] mas Agostinho, sob esse enlevo extraordinário, deixa espaço não somente às "visões" espirituais que se acompanham de imagens, mas também às intuições místicas do inteligível puro de um grau menor. Sem ver a "substância divina", nem o Verbo, o intelecto pode ser elevado à visão das idéias divinas e da luz divina, o que também é uma certa visão de Deus. Assim, a contemplação intelectual torna-se mística em santo Agostinho a cada vez que, em vez de ver de dentro a luz divina, que ilumina a todo homem nesse mundo, ela se eleva *acima* do efeito dessa luz no homem, para alcançá-la diretamente em si mesma: "*supra mentem*". Tal é notadamente a interpretação das elevações místicas que as *Confissões* contêm e, especialmente, do famoso "êxtase de Óstia" que incontestavelmente termina num estado místico caracterizado.[97]

No agostinianismo autêntico, portanto, é incontestável, no plano do conhecimento místico, haver uma visão das idéias

---

[95] *De Trinitate*, XIV, 15, 21; t. 42, col. 1052. Devo ao excelente repertório de textos de P. L. W. KEELER (S. J., *Sancti Augustini doctrina de cognitione*, Romae, 1934, p. 56) ter minha atenção atraída para esse texto notável, e tenho que agradecer expressamente.

[96] *De Gen. ad litt.*, XII, 34, 67; t. 34, col. 483. Cf. outros textos em L. W. KEELER, *op. cit.*, p. 61-64.

[97] Sobre esse ponto, ver o estudo muito perspicaz do P. J. MARÉCHAL, S. J. "La vision de Dieu au sommet de la contemplation". In: *Nouvelle revue théologique*, fevereiro 1930, p. 19-20. No tocante aos julgamentos feitos por Agostinho sobre o êxtase plotiniano, *ibid.*, p. 8-14. O artigo está citado aqui conforme uma reprodução.

divinas e uma visão de Deus nas idéias divinas. Quanto à ordem do conhecimento natural, ao menos três colocações parecem estar asseguradas. A primeira é que a luz inteligível pela qual percebemos as verdades não pertence naturalmente ao nosso intelecto; ela toca nossa alma, mas permanece como o privilégio de Deus, porque ela é Deus. A segunda colocação assegurada é que Deus, luz inteligível, nos faz conhecer o verdadeiro ao criar em nós uma luz criada, que é a luz do nosso intelecto;[98] mas que essa luz inteligível criada, não sendo por si mesma nem imutável nem necessária, em nenhum caso pode ser considerada como contendo em si, seja a razão próxima da imutabilidade, seja a necessidade dos julgamentos verdadeiros. Onde os ímpios vêem as regras eternas? Não na natureza deles mesmos: "neque enim in sua natura"; tampouco em seu pensamento "cum... eorum mentes constat esse mutabiles";[99] logo, a verdade, mesmo quando criada no homem, jamais é conhecida *no homem*, mas *em Deus*. A terceira colocação é que, contudo, esse conhecimento em Deus nunca é, fora da ordem mística, uma visão de Deus, da luz divina, nem das idéias divinas. Contudo, sustentar o contrário, mesmo se o fizermos com muito talento, é entrar em oposição manifesta com o que há de mais constante no pensamento de santo Agostinho; pois não se pode duvidar que, para ele, a contemplação das idéias depende da ordem mística; se se deseja que vejamos as idéias cada vez que fazemos um julgamento verdadeiro, é necessário se engajar em colocar todo homem, até o mais ímpio, num estado místico quase contínuo.

    Nas páginas notáveis que consagrou ao estudo dessa questão, M. J. Hessen empenha-se em demonstrar que santo Agostinho, embora tenha ensinado a visão direta das idéias divinas e da luz inteligível, não é um ontologista, porque a intuição das idéias de Deus não é uma intuição de Deus.[100] O artifício não tem valor,

---

[98] Ver anteriormente, p. 166, nota 49.
[99] O texto citado é *De Trinitate*, XIV, 15, 21.
[100] J. HESSEN, *Augustins Metaphysik der Erkenntnis*, Ferd. Dümmier, Berlim, 1931, p. 216.

Quinto grau: o conhecimento racional

pois as idéias de Deus são Deus na doutrina de santo Agostinho. Elas não foram feitas: *ipsae formatae non sunt*.[101] Assim, elas não são criaturas, então, elas são o Criador, ou seja, Deus. Mas este não é o ponto. Se santo Agostinho tivesse sido ontologista, seria necessário dizer que foi, e dir-se-ia que foi se tivesse ensinado a criação das idéias por Deus – como, por exemplo, fará Escoto Erígena –, mas ele ensina que todo julgamento verdadeiro comporta uma visão das idéias de Deus.

Se, como Hessen, se considera o ontologismo incompatível com o sentido profundo da doutrina, então é preciso dar um outro sentido aos textos que parecem implicar a visão direta das idéias divinas. Citamos dois deles, ambos tomados do *De Trinitate* (IX, 9 e IX, 11)[102] e é certo que, esses textos, que são em número tão pequeno, parecem defender a tese do sábio historiador. Resta interpretá-los. No primeiro, Agostinho declara, numa passagem em que não se pode tratar de mística: "intuemur inviolabilem veritatem, ex qua perfecte, quantum possumus, definiamus, non qualis sit uniuscujusque mens, sed qualis esse sempiternis rationibus debeat". No segundo texto, ele acrescenta: "Itaque de istis secundum illam (sc. *Formam aeternae veritatis*, seu *ideam*) judicamus, et illam cernimus rationalis mentis intuitu". H. Hessen, ele mesmo, estima que, por essas expressões, Agostinho não quer dizer nada de novo nem de diferente em relação a algumas linhas anteriores quando diz "intueri in ipsa veritate."[103] Através disso, ele evidentemente sugere que a "visão *na* verdade" deve ser entendida no

---

[101] *De div. Quaest.* 83, 46, 2; t. 40, col. 30. J. Hessen, que viu a dificuldade, nomeia as idéias "die rationale Seite der göttlichen Wesenheit". É inútil dizer que nenhum texto é citado, nem mesmo em apoio a essa fórmula, ou à tese de que Idéias agostinianas não são Deus. Elas estão no mundo inteligível, mas incriado; logo, divino. Cf. L. W. KEELER, *op. cit.*, p. 52-53, nota *b*, e também R. JOLIVET, "La doctrine augustinienne de l'illumination", In: *Mélanges augustiniens*, p. 86-87.

[102] J. HESSEN, *op. cit.*, p. 210-211.

[103] J. HESSEN, *op. cit.*, p. 211.

sentido de "visão da verdade". Certamente isso é sustentável, mas o contrário também é e parece ainda mais provável. Seria necessário interpretar todos os outros textos através desses dois, ou estes através de todos os outros? Agostinho não é um escritor tão rigoroso quando trata de filosofia, de modo que não se possa lhe atribuir duas expressões impróprias e, ademais, se for necessário. Mas talvez não se tenha tal necessidade, pois Agostinho sem dúvida ficaria surpreso com tanta minúcia verbal.[104] Para ele, ver na verdade é ver a verdade de certa maneira, a única pela qual podemos vê-la. Não vemos a verdade divina do Verbo; contudo, já que ao menos vemos *nela*, não se pode dizer que não a vemos de nenhum modo: "unde (vis interior animae) nosset ipsum incommutabile, quod nisi aliquo modo nosse, nullo modo illud mutabili certa praeponet". O *nullo modo nosset* designa exatamente o gênero de conhecimento da verdade eterna que todo julgamento verdadeiro comporta, pois a presença de tais julgamentos, em nós, impede de sustentar que não conheçamos nada de maneira imutável. Mas esse famoso texto das *Confissões* nos lembra, ao mesmo tempo, que embora a alma seja iluminada por Deus a ponto de ela clamar sem qualquer hesitação que o imutável é superior ao mutável, contudo, ela não conhece o imutável. Resta darmos mais um passo, e é o místico que o faz: "unde nosset ipsum incommutabile... et pervenit ad id, quod est in ictu trepidantis aspectus."[105] É possível, portanto, aceitar todos os textos de Agostinho sem romper a harmonia geral de sua doutrina, e quando uma interpretação histórica conduzir a tal resultado, a sabedoria está em não tomá-la como irreformável, mas, no entanto, em se contentar com isso.

---

[104] No mesmo sentido, R. JOLIVET, "La doctrine augustinienne de l'illumination". In: *Mélanges augustiniens*, p. 86-87.
[105] *Conf.*, VII, 17, 23; ed. Labriolle, t. I, p. 167.

3. A vida da alma

Qualquer que seja a operação intelectual realizada pelo homem, ela tem sempre por objeto descobrir uma verdade desconhecida; nosso destino é o de um ser ignorante em busca do que ignora, de sorte que a vida do pensamento é essencialmente investigação: suponhamos, então, que essa investigação se torne para si mesma o seu próprio objeto e perguntemos em quais condições é possível o desenvolvimento de um pensamento em busca de verdades desconhecidas.

Nada mais simples, primeiramente, do que resolver tal problema. Para buscar conhecer algo, a primeira condição parece ser ignorá-lo. Se o conhecêssemos, não teríamos nenhum desejo de aprendê-lo – ninguém o contestará. Menos aparente e, contudo, não menos certo é que para desejar aprender algo seria necessário não ignorá-lo totalmente e também, em certo sentido, já conhecê-lo. Para nos convencermos, analisemos alguns exemplos simples.

Eis um dos casos mais freqüentes: o desejo de aprender uma ciência ou uma arte que ignoramos, como a retórica. Dado que, por hipótese, desejamos sabê-la, não a conhecemos. Mas, ao mesmo tempo, é claro que ela aparece como desejável e que, conseqüentemente, já formamos uma representação dela. De início, sabemos que é uma ciência, ou uma arte, e que o conhecimento de qualquer ciência ou a prática de qualquer arte são coisas desejáveis em si mesmas. Assim, trata-se de algo cuja natureza e cujo valor não são totalmente desconhecidos. Mas provavelmente sabemos mais. Querer aprender retórica, a menos que a escolha do aluno esteja fixada numa simples palavra, é querer aprender a falar bem e adquirir a arte de persuadir os outros. Apenas a desejamos na medida em que ela permite alcançar um fim muito útil e porque sabemos que sua função específica é nos conduzir a ele; logo, se a ignorássemos totalmente, em sua natureza e suas funções, não poderíamos nem desejá-la, nem amá-la, nem buscar aprendê-la. Um caso ainda mais modesto pode confirmar a mesma conclusão.

A busca de Deus pela inteligência

Seja uma palavra pronunciada diante de nós cuja significação nos é desconhecida, por exemplo *"temetum"*. O simples fato de esta palavra não ter qualquer significado para nós provoca, em nós, o desejo de saber o que ela significa. Assim, dado que se deseja conhecê-la, ela é ignorada. Sim, mas sabemos, ou pelo menos supomos, que é uma palavra, portanto um signo, ou seja, um grupo de sílabas dotado de um sentido. Sabemos mais: conhecemos em geral o interesse que pode haver em apreender o sentido das palavras, pois as línguas são feitas com elas, e as línguas são a condição sem a qual toda sociedade de espíritos seria impossível, já que elas são os meios de transmissão do pensamento. Esse conhecimento, mais ou menos confuso, provoca o desejo de não deixar uma palavra ficar desconhecida e de aprender seus sentidos. Se acabamos de saber que *"temetum"* é uma palavra antiquada, que designava o vinho ou a bebida fermentada do mesmo gênero, sem dúvida julgaremos que o esforço de aprendê-la e de retê-la não vale mais a pena e confia-mo-la à memória. Não encontramos nela o gênero de ciência que buscávamos e que, motivados por ele, nos fizera buscá-la.

Sem dúvida, há fatos que parecem ir diretamente contra os precedentes. Objetaremos os casos em que nenhuma razão para amar a investigação de um objeto possa ser assinalada com precisão e em que nenhum conhecimento do objeto pareça pressupor essa investigação. Com efeito, não há espíritos que não buscam uma coisa mais do que outra, e que buscam simplesmente por buscar? Esses são os curiosos. À diferença dos estudiosos, os curiosos buscam por simples paixão de chegar à descoberta; parece, então, que, longe de se atraírem pelo que sabem de um objeto, o desconhecido enquanto tal é o que os atrai. Sim e não. O curioso ou, como diríamos hoje, o diletante, certamente é atraído pelo desconhecido; mas quando ele percebe a existência do que ignora, interessa-se; mas nos enganaríamos ao crer que a ignorância em si mesma seja, nesse caso, o princípio motor de sua atividade. O homem que busca saber somente para saber, não ama o desconhecido em si; ao contrário, ele o detesta, não pode suportar sua presença, não o quer. O que ele vê no desconhecido é uma ocasião para aprender, e o que lhe move é o desejo de conhecer: *non ipsa incognita, sed ipsum scire amat*. Ele sabe, ao menos, o que quer saber. A prova disso é que ele distingue muito bem o que sabe do que ignora, e o prazer de conhecer é o que ele persegue em sua busca contínua pelas coisas desconhecidas. Logo, também nesse caso, algum conhecimento precede o desejo de conhecimento e torna este possível. Não descobriremos nenhuma exceção a essa regra.

    Imediatamente uma conclusão se impõe: nunca amamos o desconhecido. Cada vez que a alma se move em direção a algo, necessariamente, ela o prefigura e o que ela ama é a representação, verdadeira ou falsa, do que deseja. Tudo se passa com se, quando tende para um objeto, ela lançasse ao encontro dele uma imagem pronta a acolhê-lo. O que a alma deseja é essa imagem a ponto de, se esta não estiver de acordo com aquela ou mesmo não a ultrapassar em perfeição, nosso pensamento não realizado pode se desviar do objeto real encontrado. O que encontramos nem sempre é o que procurávamos e a decepção, que então sentimos, manifesta qual seria o objeto de nossa investigação: não a coisa desconhecida e real, que acabou de ser encontrada, pois, se assim fosse, a alma deveria amá-la tão logo a encontrasse, qualquer que fosse, mas a imagem conhecida que havíamos previamente formado. Ao contrário, se a espera for satisfeita e o objeto responder à forma à qual nosso pensamento tendia anteriormente, não diremos: "Enfim, posso te amar", e sim "*Jam te amabam*".[106] Tanto isso é verdade que o desconhecido, enquanto tal, jamais é o objeto de nosso amor.[107]

---

[106] "Já te amarei". (N. da T.)
[107] Em relação a essa análise, ver *De Trinitate*, X, cap. 1 e 2; t. 42, col. 971-975. Eis a conclusão: "Quilibet igitur studiosus, quilibet curiosus non amat incognita, etiam cum ardentissimo appetitu instat scire quod nescit. Aut enim jam genere notum habet quod amat, idque nosse expetit, etiam in aliqua singula, vel in

A busca de Deus pela inteligência

Apliquemos a conclusão dessa investigação aos dois objetos da filosofia: a alma e Deus. Aquele que parte em busca de um objeto desconhecido muito freqüentemente é movido pelo que ouviu dizer acerca desse objeto. Dá-se o mesmo no que concerne à alma. Sobre o que os outros nos dizem, formamos uma representação fictícia de sua natureza, como teria feito Agostinho ao seguir o materialismo maniqueu. Fazemos mais, conjecturamos sobre o que ela é conforme o que ela parece ser para os outros. Enfim, indo adiante, tentamos apreender diretamente o que ela é em si mesma, não por rumores ou por conjecturas, mas por uma experiência certa e direta. Se acreditássemos nas conclusões que precedem, a busca de nossa alma supõe que não a conhecíamos, mas supõe igualmente que não ignoramos completamente a nossa alma. Ademais, nesse caso particular e verdadeiramente único, pois dificilmente é possível conceber que a alma ignora-se a si mesma; pois, para buscar-se, é necessário que ela pense, e, como ela não pode se buscar sem saber que ela se busca, ela não pode se buscar sem se conhecer;[108] ela tampouco pode se buscar sem se

---

singulis rebus, quae illi nondum notae forte laudantur, fingitque animo imaginariam formam qua excitetur in amorem. Unde autem fingit, nisi ex his quae iam noverat? Cuius tamen formae animo figuratae atque in cogitatione notissimae, si eam quae laudabatur dissimilem invenerit, fortasse non amabit. Quod si amaverit, ex illo amare incipiet ex quo didicit. Paulo ante quippe alia erat quae amabatur, quam sibi animus formans exhibere consueverat. Si autem illi formae similem invenerit quam fama praedicaverat, cui vere possit dicere: "Jam te amabam"; nec tunc utique amabat incognitam, quam in illa similitudine noverat.". *Loc. cit.*, col. 974-975.

[108] "Novit autem (*scil.* anima)quid sit nosse, et dum hoc amat quod novit, etiam *se* cupit *nosse*. Ubi ergo nosse suum novit, si se non novit ? Nam novit quod alia noverit, se autem non noverit: hinc enim novit et quid sit nosse. Quo pacto igitur se aliquid scientem scit, quae se ipsam nescit? Neque enim alteram mentem scientem scit, sed se ipsam. Scit igitur se ipsam. Deinde cum se quaerit ut noverit, quaerentem se jam novit. Jam se ergo novit. Quapropter non potest omnino nescire se, quae dum se nescientem scit, se utique scit. Si autem se nescientem nesciat, non se quaeret ut sciat. Quapropter eo ipso quo se quaerit, magis se sibi notam quam ignotam esse convincitur. Novit enim se quaerentem atque nescientem, dum se quaerit ut noverit." *De Trinitate*, X, 3, 5; t. 42, col. 976.

Quinto grau: o conhecimento racional

conhecer inteiramente, já que, sendo, por essência, conhecimento e vida, ela sabe o que é conhecer e o que é viver.[109] Assim, o problema não é tanto saber de onde a alma obtém esse primeiro conhecimento de si, que a incita a se buscar, mas como ela pode ignorar-se e querer buscar-se.

Visto que a alma não pode não se conhecer, e que, no entanto, ela se busca, talvez ela não pense em si. Com efeito, uma coisa é ignorar um conhecimento, outra, possuir tal conhecimento e tê-lo esquecido temporariamente. Não se diz, por exemplo, que um homem ignora a gramática porque ele não pensa nela, tampouco que um homem ignora a medicina porque sua atenção está voltada para outra coisa. Então, seria possível que a origem do movimento que põe a alma a buscar-se seja a presença latente de sua própria lembrança, à qual ela não presta atenção, mas que se faz lembrar à alma e busca se fazer encontrar. Como ela se esqueceu? A alma não poderia ignorar-se a si mesma durante o tempo em que vivesse segundo sua natureza e que guardasse o lugar que lhe pertence, abaixo de Deus e acima do corpo; *sub illo a quo regi debet, supra ea quae regere debet*. Assim, se a alma busca o belo e o bem somente em Deus, contentando-se em ser bela e boa por semelhança às idéias divinas, que a dominam, ela se atém à sua posição e não arrisca a se esquecer. Já, ao contrário, quando ela pretende bastar-se a si mesma e obter de si a perfeição, que só pode receber de Deus, ela se desvia dele, volta-se para o corpo e diminui em perfeição na mesma medida em que pretende crescer; pois, uma vez desviada d'Aquele, o único que é suficiente, ela não poderia se bastar, nem qualquer outra coisa poderia contentá-la. Com efeito, a partir desse momento, privada do único bem que poderia satisfazê-la, ela vive num estado de perpétua necessidade e

---

[109] "Quid ergo dicemus? an quod ex parte se novit, ex parte non novit? Sed absurdum est dicere, non eam totam scire quod scit. Non dico: totam scit; sed: quod scit tota scit. Cum itaque aliquid de se scit, quod nisi tota non potest, totum se scit." *Ibid.*, 4, 6; col. 976.

de constante pobreza. Sentindo que os conhecimentos sensíveis não lhe são suficientes, ela se preocupa, inquieta-se com prazeres que retira deles, procura outros que não mais a apaziguam, mas a tornam ainda mais ávida, e ela mesma se exaure nessa perseguição vertiginosa de bens que excitam o desejo ao invés de acalmá-lo. Diremos que, depois de um longo tempo de uma vida desse tipo, a alma se torna materializada? Não, porque ela é essencialmente pensamento puro e não poderia perder sua essência. Mas, em virtude da teoria da sensação, que precedentemente estudamos, a alma se recobre de um revestimento de imagens materiais tal que, à força de produzir sensações, ela se confunde com o que pode ser sentido. Obrigada a tirar de sua própria substância o conteúdo das imagens materiais que ela produz — *rapit factas in semetipsa de semetipsa; dat eis formandis quiddam substantiae suae* — a alma acaba por se tomar por isso sem o que ela não é mais capaz de se pensar: *hoc putat esse sine quo se non potest cogitare*. Assim, se a alma se busca, não é porque ela seja ausente ou desconhecida para si mesma, mas, presente e confusamente conhecida, percebendo-se através do véu das sensações, que dissimulam a sua verdadeira natureza; ela simplesmente busca melhor se discernir.[110]

    Todavia, ao dizer que desse modo a alma é excitada a se buscar pela lembrança latente de sua própria natureza espiritual, supomos que uma lembrança esquecida ainda possa subsistir e também agir. É o problema da memória, portanto, que a análise precedente suscita e, com ele, dificuldades metafísicas mais profundas que, a princípio, não se poderiam supor.

    Uma mulher, diz o *Evangelho* (*Lc* 15,8) perde uma moeda e se vale de uma lanterna para procurá-la. Por conseqüência, essa moeda estava escondida da visão da mulher, pois esta procurava, mas presente à memória, pois era capaz de reconhecer a moeda

---

[110] *De Trinit.*, X, 5, 7; t. 42, col. 977. *Op. cit.*, 8, 11, col. 979 e 9, 12, col. 980. Sobre a doutrina da sensação implicada por essa conclusão, ver Parte I, cap. III.

Quinto grau: o conhecimento racional

quando a reencontrasse.[111] Mas poderia ocorrer que, em vez de procurar um objeto perdido com a ajuda de nossa memória, buscássemos o objeto perdido no interior de nossa memória. Isso é o que ocorre quando nos esforçamos para encontrar uma lembrança. Qual é a lembrança, nós ignoramos, já que precisamente a buscamos; e, não obstante, cada vez que uma lembrança diferente se oferece ao pensamento, ele a afasta até que se lhe apresente a lembrança verdadeira para a qual ele enfim diz "aqui está". Mas, para dizê-lo, é preciso que o pensamento a reconheça, e para reconhecê-la, é necessário que ele se lembre. Essa lembrança estava, portanto, esquecida e presente ao mesmo tempo; parcialmente esquecida, por assim dizer, de modo que a memória, amputada uma parte de sua lembrança, estava, mancando, à busca do que lhe faltava.[112] O esforço da alma em busca de si mesma não seria algo do mesmo gênero?

É isso e ainda mais. A alma, dizíamos, busca reconhecer sua própria natureza para além do revestimento (*glutinum*) das sensações com as quais ela se recobre. Assim, ela ignora o que é a sua verdadeira natureza, já que a busca; mas ela sabe, ao menos, que seria bom e desejável conhecê-la, já que se esforça por descobri-la. Onde apreendeu isso? Como ela, que se ignora, saberia ser bom conhecer-se? É necessário, sem dúvida, que no fundo de sua memória esteja escondida a certeza de que, a menos que a alma se conheça a si mesma, jamais alcançará um determinado fim que deve ser alcançado, fim excelente, por conseqüência, tal como a paz, a segurança perfeita, numa palavra, a beatitude.[113] Seria ne-

---

[111] *Conf.*, X, 18, 27; ed. Labr., t. II, p. 260-261.
[112] *Conf.*, X, 19, 28; ed. Labr., t. II, p. 261-262.
[113] "An in ratione veritatis aeternae videt quam speciosum sit nosse semetipsam, et hoc amat quod videt, studetque in se fieri? Quia quamvis sibi nota non sit, notum ei tamen est quam bonum sit, ut sibi nota sit? Et hoc quidem permirabile est, nondum se nosse, et quam sit pulchrum se nosse, jam nosse. An aliquem finem optimum, id est securitatem et beatitudinem suam videt, per quandam occultam memoriam, quae in longinqua eam progressam non deseruit, et credit

cessário admitir que, ao buscar para além das sensações uma imagem mais pura de si mesma, a alma não seja somente chamada por sua presença latente, mas por um ideal latente de paz e de felicidade perfeitas? Busquemos a resposta para essa questão no que já estabelecemos com relação à beatitude.

Qualquer que possa ser sua definição, dizíamos, ela se oferece a princípio ao espírito como algo que todo mundo deseja. Todo homem quer a felicidade e não há ninguém que não a queira. Desde que se ouve seu nome, em qualquer língua que a nomeemos, qualquer um sabe que se trata de uma coisa excelente em si; portanto, é necessário que todo mundo tenha dela algum conhecimento e saiba, ao menos confusamente, o que ela é.[114] De fato, por pouco que se reflita sobre o sentido dessa noção, descobre-se que ela é inseparável de uma outra, a noção de verdade. Com efeito, não há nada que os homens prefiram ao conhecimento da verdade, a ponto de a idéia de uma beatitude perfeita, em que estaríamos ao mesmo tempo felizes e no erro, ser para nós uma contradição de termos. Objetar-se-á, talvez, que muitos homens

---

ad eumdem finem, nisi se ipsam cognoverit, se pervenire non posse?" *De Trinit.*, X, 3, 5; t. 42, col. 975-976. É evidente que aqui, como nos textos das *Confissões* que analisamos, o termo "memória" significa muito mais do que designa sua acepção psicológica moderna: a lembrança do passado. Em santo Agostinho, ele se aplica a tudo o que está presente à alma (presença que se atesta por uma ação eficaz), sem ser explicitamente conhecido nem percebido. Os únicos termos psicológicos modernos que seriam equivalentes à "memória" agostiniana são "inconsciente" ou "subconsciente", conquanto alargados, como se verá adiante, para incluírem na alma, além da presença de seus próprios estados atualmente não percebidos, a presença metafísica de uma realidade distinta, e transcendente, Deus. Sobre essa noção, ver *De Trinitate*, XVI, 6, 7-8, 10; t. 42, c. 1041-1044.

[114] *Conf.*, X, 20, 29; ed. Labr., t. II, p. 262: "Quomodo ergo quaero vitam beatam? Quia non est mihi, donec dicam: sat, est illic. Ubi oportet ut dicam, quomodo eam quaero, utrum per recordationem, tamquam eam oblitus sim oblitumque me esse adhuc teneam, an per appetitum discendi incognitam, sive quam numquam scierim sive quam sic oblitus fuerim, ut me nec oblitum esse meminerim." Para uma crítica das diversas interpretações possíveis dessa lembrança, *ibid.*, X, 21, 30; ed. Labr., t. II, p. 263-264.

Quinto grau: o conhecimento racional

parecem satisfeitos em viver no erro e que obstinadamente proclamam-no verdadeiro. Mas é precisamente porque detestam o erro que o proclamam verdadeiro, pois os homens amam tanto a verdade que querem que tudo o que amam seja a verdade.[115] Também se dirá que há alguns que se agradam em enganar outros e que, por conseqüência, perseguem o erro conscientemente. Sem dúvida, mas é para outros que desejam o erro, não para si mesmos. Inúmeros são os que querem enganar ao outro, mas ninguém quer ser enganado. É incontestável que uma estreita relação une as duas idéias: verdade e beatitude.

Por outro lado, parece igualmente claro que, se a beatitude implica a verdade, toda verdade não basta para engendrar a beatitude. Inumeráveis são os conhecimentos verdadeiros dos quais nenhum é suficiente para nos satisfazer. Daí a inquietude que move a alma humana a passar incessantemente de um objeto a outro, como se a satisfação plena, que um conhecimento não lhe deu, pudesse ser dada por outro; embora, por mais que essa procura perdure, e supondo que ela só nos conduza de verdades a verdades, na realidade, não haja paz para o pensamento, nem, conseqüentemente, beatitude. A inquietude, que perturba e move, sem cessar a alma humana não terá fim a menos que seja alcançada uma verdade determinada, que dispense qualquer busca ulterior porque ela dispensaria qualquer outra verdade. Então, somente a paz sucederia à inquietude, e, ao movimento, o repouso. A paz no repouso é, enfim, a beatitude adquirida: *beata quippe est gaudium de veritate*.[116] Assim, o que nossa alma persegue realmente quando busca conhecer-se a si mesma é uma verdade desejada e buscada por si, uma "verdade-fim", em relação à qualquer outra verdade, mesmo a ciência da alma, seria somente um meio. O desejo de conhecer implica, para além da presença da alma a si mesma, a

---

[115] *Conf.*, X, 23, 34; ed. Labr., t. II, p. 266-267.
[116] *Conf.*, X, 23, 33; ed. Labr., t. II, p. 265-266.

presença da verdade última, cuja posse seria a beatitude.[117] Como essa presença é possível? Isso é o que o recurso à noção de memória permite explicar.

Se tomada no sentido usual, a palavra "memória" designa unicamente a aptidão de conservar as lembranças do passado e de reproduzi-las quando necessário. Mesmo reduzida a essa função modesta, a memória já seria um fenômeno surpreendente. Essa faculdade de um pensamento puramente espiritual e, por conseqüência, alheio a toda espacialidade, pode conservar em si mesma a representação de imensas extensões espaciais, que coexistem sem se impedirem mutuamente. A memória sensível, sobretudo, tem de notável já manifestar o caráter distintivo de toda memória, a saber, tem presentes, e à disposição constante do pensamento, os conhecimentos que o pensamento possui sem ter consciência destes. O que há de misterioso, na forma mais simples da memória, é precisamente a presença latente no pensamento de muitos conhecimentos que ele mesmo não sabe possuir. Tudo se passa como se a alma fosse mais vasta do que ela acredita, a tal ponto que, ultrapassando-se a si mesma, por assim dizer, ela se sente incapaz de abranger totalmente o seu próprio conteúdo. Ora ela quer evocar uma lembrança e esta lhe escapa; ora, ao contrário, ela não pensa em evocá-la e a lembrança se lhe impõe por si mesma.[118] Quando a examinamos, a partir do plano do conhecimento sensível, a profundidade da memória tem qualquer coisa de assustadora.

Ela aparece ainda mais surpreendente se passamos da ordem sensível à ordem inteligível. Somos surpreendidos ao encon-

---

[117] "Amant enim et ipsam (veritatem), quia falli nolunt, et cum amant beatam vitam, quod non est aliud quam de veritate gaudium, utique amant etiam veritatem nec amarent, nisi esset aliqua notitia ejus in memoria eorum." *Conf.*, *ibid*.

[118] *De anima et ejus origine*, IV, 7, 10; t. 44, c. 529-530. *Cf.* os capítulos clássicos das *Conf.* X, 8, 12-15; ed. Labriole, t. II, p. 248-251. Para uma análise psicológica da reprodução da lembrança, ou reminiscência, *De Trinitate*, XI, 7, 11; t. 42, col. 993.

Quinto grau: o conhecimento racional

trar tantas lembranças conservadas em nós, como se os objetos mesmos tivessem sido incorporalmente transportados para dentro do nosso pensamento. Ao menos sabemos de onde esses conhecimentos nos vêm, já que percebemos os objetos pelos sentidos. Mas quando busco e encontro, no meu pensamento, conhecimentos puramente abstratos, como a idéia de essência ou de causa, por onde eles entraram? Evidentemente, por nenhum dos meus sentidos; e, contudo, estão no meu pensamento. Para abrir espaço aos conhecimentos desse gênero, e, de modo geral, a todos aqueles que qualificamos em certo sentido como inatos, somos obrigados a estender o conceito de memória a tudo o que o pensamento aprende do Mestre interior, vê na luz divina do Verbo que o ilumina, ou pode descobrir por uma apreensão imediata de si mesmo. A partir de então, o caráter de passado deixa de ser constitutivo da lembrança e, como a alma se lembra de tudo que lhe é presente, sem ela ter consciência disso, pode-se dizer que há uma memória do presente muito mais vasta que a memória do passado;[119] tudo o que sabemos sem pensar é atribuído a ela.[120] De modo que, mais do que nunca, a alma aparece como incapaz de sondar sua própria profundeza.[121]

---

[119] "... memoriae tribuens omne quod scimus, etiamsi non inde cogitemus, ...intelligentiae vero proprio modo quodam cogitationis informationem." *De Trinitate*, XV, 21, 40; t. 42, col. 1088.

[120] "Magna ista vis est memoriae, magna nimis, Deus meus, penetrale amplum et infinitum. Quis ad fundum ejus pervenit? Et vis est haec animi mei atque ad meam naturam pertinet, nec ego ipse capio totum, quod sum. Ergo animus ad habendum se ipsum angustus est, ut ubi sit quod sui non capit?" *Conf.*, *loc. cit.*, 15, p. 250. Sobre a memória das lembranças intelectuais, a lembrança da lembrança, das paixões e do esquecimento, *op. cit.*, IX-XVI, ed. cit., t. II, p. 251-259. A esse propósito, lembramos que Agostinho claramente afirmou a existência de uma memória puramente intelectual: "Memoriam tibi nulla videtur esse posse sine imaginibus vel imaginariis visis, quae phantasiarum nomine apellare tuisti; ego aliud acistimo". *Epist.* 7, 1, 1; t. 33, col. 68.

[121] "Quapropter sicut in rebus praeteritis ea memoria dicitur, qua fit ut valeant recoli et recordari: sic in re praesenti quod sibi est mens, memoria sine absurditate dicenda est, qua sibi praesto est ut sua cogitatione possit intelligi, et utrumque

A busca de Deus pela inteligência

Alargada do passado ao presente e da lembrança de coisas à de idéias, depois à de si mesma, a memória poderia alargar-se a ponto de conter Deus? Num primeiro sentido, que não oferece dificuldade, é possível se responder pela afirmativa. A partir do momento em que o homem conhece a existência de Deus, seja pela fé, que a ensina, seja pela razão, que a demonstra, esse conhecimento está na memória como todos os do mesmo gênero, e o homem lembra-se dele.[122] A questão é muito mais difícil quando se trata de compreender Deus na memória, e não mais simplesmente a lembrança da nossa idéia de Deus. Com efeito, por um lado, Deus não pode estar na nossa memória das coisas corporais, pois ele não é um corpo; nem na nossa memória de nós mesmos, pois ele não é o nosso espírito, mas o Senhor do espírito; nem sequer, de modo geral, em qualquer ordem de lembranças, pois, antes de conhecê-lo não poderíamos nos lembrar dele. Por outro lado, não é impossível e, talvez seja necessário, submeter o conceito de memória a uma nova e última extensão para dar conta dos fatos que analisamos previamente. Se Deus está verdadeiramente presente à alma como o Mestre que a instrui e a luz que a ilumina, mesmo quando a alma não dá ouvidos aos ensinamentos dele nem volta os olhos para a luz dele, não estamos na presença de uma daquelas lembranças sobre as quais acabamos de falar?

Para transpor esse último passo, Agostinho é conduzido a estender a memória para além dos limites da psicologia, até a metafísica. Considerando a alma como um tipo de receptáculo onde Deus estaria contido junto com muitas outras presenças latentes, segue-se que Deus não poderia encontrar-se fechado dentro dela. Deus não está em nosso pensamento como uma coisa

---

sui amore conjungi."*De Trinitate*, XIV, 11, 14; t. 42, col. 1047-1048. Cf. *De Trinitate*, XIV, 6, 8; t. 42, col. 1041-1042; e *Conf.*, X, 25, 36: "... quoniam sui quoque meminit animus..."; ed. Lab., t. II, p. 267.

[122] *Conf.*, X, 24, 35; ed. Lab., t. II, p. 267. Cf. "Habitas certe in ea (*scil.* memoria) quoniam tui memini, ex quo te didici, et in ea te invenio, cum recordo te". *Op. cit.*, 36, p. 268.

Quinto grau: o conhecimento racional

cercada, tampouco como uma lembrança profunda que ora o pensamento perde, ora encontra; em resumo, não é em nós, é em Deus que encontramos Deus. Entretanto, em outro sentido, já que somente o encontramos nele sob a condição de passarmos através do que há de mais profundo em nós, é necessário admitir como um tipo de pano de fundo metafísico da alma, e como um recesso ainda mais secreto que os outros, que de algum modo seria o habitáculo mesmo de Deus. É nesse sentido que todas as metáforas que usamos sucessivamente devem ser interpretadas, pois nenhuma delas significa nada a não ser essa presença transcendente de Deus na alma, que ele ensina ou que ele ilumina; tomar consciência dessa presença, bem permanente e muito raramente experimentada, é o que santo Agostinho nomeia de "lembrar-se de Deus": *quando autem hoc discit intimo Domini sui, Spiritu ejus accepto sentit omnino quia hoc discit intimo magisterio*. Lembrar-se de Deus, portanto, não é apreendê-lo como uma imagem passada, mas prestar atenção à sua presença perpétua: *Domini autem Dei sui reminiscitur, ille quippe semper est*. Lembra-se de Deus é também voltar-se para sua luz inextingüível, que, mesmo quando nossos olhos se lhe desviam, não cessa de impressioná-los: *commemoratur, ut convertatur ad Dominum tanquam ad eam lucem qua etiam cum ab illo averteretur quodam modo tangebatur*. A memória de Deus na alma, de que Agostinho fala, é, portanto, somente um caso particular da onipresença de Deus nas coisas: *et ubique est, propter quod ista in illo et vivit et movetur et est* (At 17,28), *et ideo reminisci ejus potest*[123] Mas é um caso particular, a ponto de ser o único, posto que somente nele a criatura traz uma consciência íntima dessa presença divina. Deus *está com* todas as coisas; só o homem, se quiser,

---

[123] Todos estes textos são emprestados do *De Trinitate*, XIV, 15, 21; t. 42, col. 1052. Para designar a memória transpsicológica em que se opera o contato com a luz divina e se engendra a verdade, Agostinho usa diversas metáforas tais como "illa... abstrusior profunditas nostrae memoriae..." (*De Trinitate*, XV, 21, 40; t. 42, col. 1088); "in... abdito mentis ...", *De Trinitate*, XIV, 7, 9; t. 42, col. 1043.

pode *estar com* Deus, pois somente o homem experimenta e conhece a presença universal de Deus nas criaturas.

Através disso, e somente através isso, a teoria agostiniana do conhecimento e a prova da existência de Deus que ela supõe encontram sua verdadeira significação. É interpretá-las mal ver nelas um encadeamento de conceitos abstratos artificialmente associados tendo em vista tornar evidente a existência de Deus. Contrariamente, o ponto de vista de santo Agostinho supõe que esse encadeamento de conceitos e o movimento do pensamento, que os encadeia, só poderiam se tornar inteligíveis pela presença de Deus, que move em sua direção o pensamento. É Deus que a alma busca sem saber, quando busca a si mesma e, para além da alma, a verdade beatificante que todo homem deseja.[124] Ela tende para ele além dos extremos confins de sua memória[125] e é ele, na sua verdade subsistente, que ela se esforça para alcançar;[126] mas ela tende para ele apenas porque ele está com ela e a vivifica de dentro, como a alma vivifica o corpo que ela anima: *ut vita carnis anima est, ita beata vita hominis Deus est*.[127] Princípio beatificante da alma, que é o princípio da vida, Deus é, portanto, a vida da nossa vida: *vita vitae meae*.[128] Interior à nossa alma, que é o que há em nós de

---

[124] "Quomodo ergo te quaero, Domine? Cum enim te, Deum meum, quaero, vitam beatam quaero". *Conf.*, X, 20, 29; ed. Lab., t. II, p. 262.

[125] "Ecce quantum spatiatus sum in memoria mea quaerens te domine, et non te inveni extra eam". *Conf.*, X, 24, 35; ed. Lab., t. II, p. 267. "Admonitio autem quaedam, quae nobiscum agit, ut Deum recordemur, ut eum quaeramus, ut eum pulso omni fastidio sitiamus, de ipso ad nos fonte veritatis emanat. Hoc interioribus luminibus nostris jubar sol ille secretus infundit." *De beata vita*, IV, 35; t. 32, c. 976.

[126] "Sed ubi manes in memoria mea, Domine, ubi illic manes? (...) Ubi ergo te inveni, ut discerem te? Neque enim jam eras in memoria mea, priusquam te discerem. Ubi ergo te inveni, ut discerem te, nisi in te supra me?" *Conf.*, X, 25, 36 – 26, 37; ed. Lab., t. II, p. 267-268.

[127] *De civit. Dei*, XIX, 26; t. 41, col. 656.

[128] "Ita etiam te, vita vitae meae..." *Conf.*, VII, 1, 2; ed. Lab., t. I, p. 146. "Deus autem tuus etiam tibi vitae vita est". *Conf.*, X, 6, 10; ed. Lab., t. II, p. 247.

Quinto grau: o conhecimento racional

mais interior, e superior à verdade, que é o que há de mais elevado em nosso pensamento, Deus está além do que temos de mais profundo e é superior ao que temos de mais elevado: *interior intimo meo et superior summo meo.*[129] Logo, Deus é a luz do nosso coração, o pão nutritivo de nossa alma, a virtude que fecunda nosso espírito e o seio do nosso pensamento: *Deus lumen cordis mei, et panis oris intus animae meae, et virtus maritans mentem meam et sinum cogitationis meae;*[130] muito menos do que prová-lo, trata-se de encontrá-lo.

Tal é também, parece-nos, o cume de onde descem novamente, como que por duas inclinações iguais, a metafísica e a moral de santo Agostinho. O homem sofre de uma insuficiência radical enquanto criatura tirada do nada. Não se bastando na ordem do ser, ele não poderia bastar-se na ordem do conhecimento, nem na ordem da ação;[131] mas a mesma falta que ele sofre o orienta para Aquele, que é o único que pode lhe preencher. Daí a inquietude fecunda que trabalha sem cessar no homem, mas que, feita por Deus, salva o homem só lhe permitindo encontrar a paz e o repouso unicamente em Deus.[132] Eis a verdade fundamental, fruto de sua experiência dolorosa, que Agostinho se esforça por

---

[129] *Conf.*, III, 6, 11; ed. Lab., t. I, p. 53-54.
[130] *Conf.*, I, 13, 21; ed. Lab., t. I, p. 18. Cf. essa imagem com uma força menos cativante, mas com inspiração análoga: "Bonum enim nostrum, de cujus fine inter philosophos magna contentio est, nullum est aliud quam illi cohaerere, cujus unius anima intellectualis incorporeo, si dici potest, amplexu veris impletur fecundaturque virtutibus." *De civit. Dei*, X, 3, 2; t. 41. col. 281.
[131] Sobre esse ponto, ver o texto capital do *De civitate Dei*, XI, 25: "Si ergo natura nostra esset a nobis, profecto et nostram nos genuissemus sapientiam nec eam doctrina, id est aliunde discendo, percipere curaremus; et noster amor a nobis profectus, et ad nos relatus, et ad beate vivendum sufficeret, nec bono alio quo frueremur ullo indigeret: nunc vero quia natura nostra, ut esset, Deum habet auctorem, procul dubio ut vera sapiamus ipsum debemus habere doctorem; ipsum etiam ut beati simus suavitatis intimae largitorem." T. 41, col. 339.
[132] "Feciste nos ad te et inquietum est cor nostrum donec requiescat en te." *Conf.*, I, 1, 1; ed. Labr., t. I, p. 2.

colocar em evidência em todos os domínios da vida interior. Para formulá-la, ele usa as mais variadas metáforas (o Mestre, a Luz, a Vida), com o sentimento muito vivo de o que elas têm de inadequado e a esperança de completar uma com a outra. Com efeito, por imperfeitas que sejam, todas orientam nosso pensamento para o mesmo ponto de convergência: o vazio co-natural à criatura, terreno de escolha e lugar de espera, onde não cessa de se exercer a influência "recondutora" pela qual Deus remete incessantemente a si mesmo o homem. Assim, o sentido verdadeiro da iluminação agostiniana é que a ação iluminadora de Deus é, antes de tudo, uma ação vivificante: *illuminatio nostra participatio Verbi est, illius scilicet Vitae quae lux est hominum*.[133] Para remontar à fonte única de todas as influências divinas, deveremos, portanto, estender nossa pesquisa da ordem do conhecimento à da ação.

4. As indeterminações agostinianas

Seja qual for o esforço que se faça, permanecem indeterminações em toda exposição da noética agostiniana. Talvez isso exista no próprio agostinianismo, e uma de suas causas principais parece se encontrar no uso que santo Agostinho fez da doutrina de Plotino. Se devemos acreditar em Agostinho nesse ponto, a questão é simples, pois Agostinho disse, e parece que sempre pensou, que devia, entre outras coisas, toda sua teoria do conhecimento a Plotino.

É possível facilmente se convencer disso ao ler as notáveis declarações da *Cidade de Deus*, escritas num tempo em que seu fervor neoplatônico tinha, no entanto, diminuído muito: "Esses filósofos, a quem acabamos de dar mais importância em relação aos outros filósofos, em glória e em renome, viram que Deus não é um corpo, por isso transcenderam todos os corpos buscando Deus. Eles viram que tudo que é mutável não é o Deus supremo,

---

[133] *De Trinitate*, IV, 2, 4; t. 42, col. 889. Alusão à *João* 1,1-14.

eis por que transcenderam toda alma e todos os espíritos mutáveis ao buscar o Deus supremo... Tais homens, que nós colocamos justamente à frente dos outros, distinguiram o que é visível para o pensamento do que os sentidos podem alcançar, sem afastar os sentidos do que eles podem, nem lhes atribuir mais do que podem. Enfim, eles disseram que há uma luz dos pensamentos em todo aprendizado e que é Deus por quem todas as coisas foram feitas."[134] É muito dizê-lo, e há um outro texto, inúmeras vezes citado, que nos mostra Agostinho ainda mais generoso. Não é somente a iluminação pelo Deus criador, mas também a iluminação pelo Verbo, que ele atribui a Plotino: "Eu li ali, sem dúvida não com os mesmos termos, mas sempre a mesma coisa, apoiado por inúmeras razões variadas, que no começo era o Verbo, e o Verbo era em Deus e o Verbo era Deus. Ele era no começo em Deus, tudo foi feito por ele, e nada do que foi feito foi feito sem ele. O que foi feito, é vida nele, e a vida era a luz dos homens...; e que a alma de todo homem, embora dê testemunho da luz, não é a luz, mas é o Verbo de Deus, Deus ele mesmo, que é da luz verdadeira que ilumina todo homem que vem a este mundo."[135] Enfim, Agostinho encontrou a sua doutrina da iluminação em Plotino.

    Tais textos evidentemente supõem que Agostinho teria atribuído a Plotino a doutrina cristã da criação pelo Pai e pelo Verbo criador. Nada, a priori, se opõe a sermos testemunhas do que se atém à sua letra. O fato estaria de acordo com a hipótese, muitas vezes já proposta, de que o próprio Agostinho jamais teria distinguido exatamente a concepção cristã da criação *ex nihilo*, da concepção neoplatônica de uma emanação, irradiação ou geração das coisas a partir do Uno. Se ele entende a criação como Plotino, por que não atribuiria a Plotino a noção de criação?

    Sem discutir aqui um problema ao qual iremos retornar, devemos, contudo, observar que Agostinho não ignorava o que

---

[134] *De civ. Dei*, VIII, 6 e 7; t. 41, col. 231 e 232.
[135] *Conf.*, VII, 9, 12; ed. Labriolle, t. 1, p. 158-159.

o separava de Plotino quanto a esse ponto, pois ele mesmo o disse em um texto cuja notoriedade nada deixa a desejar: "Salvo ter assumido a natureza humana, e que Ele se fez carne, o Verbo Filho de Deus é um outro (*alius*), mas não é outro em relação ao Pai (*aliud*), isto é, ele é uma outra pessoa, mas não uma natureza diferente. Porque ele não foi criado a partir de um outro, nem de nada, mas nasceu do Pai". Em outros termos, a noção de geração implica necessariamente que o que é engendrado seja da mesma natureza do que o engendra, e isso a despeito da distinção das pessoas que subsiste entre quem engendra e quem é engendrado. Por isso, pessoalmente distinto do Pai, o Filho que nasceu dele é, com ele, "unius ejusdemque naturae, aequalis, coaeternus, omni modo similis, pariter immutabilis, pariter invisibilis, pariter incorporeus, pariter Deus; hoc omnino quod Pater, nisi quod Filius est ipse, non Pater". Inversamente, e pela mesma razão, tão logo se encontre em presença de alguma coisa inferior a Deus, portanto, também de outra natureza, pode-se estar certo de que isso não nasceu de Deus, não foi engendrado por ele, mas criado *ex nihilo*. A idéia de que Deus poderia criar a partir de sua própria substância, ou que pudesse emanar dele alguma coisa inferior a ele é uma quimera que se deve cautelosamente descartar: *Si autem... de seipso diversum aliquid in deterius creat, et de incorporeo Deo corpus emanat, absit ut hoc catholicus animus bibat: non enim est fluentum fontis divini, sed figmentum cordis humani.*[136]

    Esse texto é interessante por um ponto de vista duplo. De início, ele nos ensina que Agostinho discerniu muito claramente a diferença fundamental que separa as noções de geração e de emanação, por um lado, da noção de criação, por outro. Tudo que é Deus é engendrado, e nada do que é Deus é criado; tudo o que é outro em relação a Deus é criado, e nada do que é outro

---

[136] De anima et ejus origine, II, 5, 9; t. 44, col. 500. Devemos ter dado atenção a esse texto capital ao interessante trabalho de O. PERLER, *Der Nus bei Plotin und das Verbum dei Augustin als vorbilcliche Urshache der Welt*, Paderborn, 1931, p. 87, nota 2.

Quinto grau: o conhecimento racional

quanto a Deus é engendrado. Por onde vemos, ao mesmo tempo, qual oposição fundamental separa Plotino de santo Agostinho. Na doutrina de Plotino, há somente as relações de geração e de emanação, sem que intervenha, em momento algum, a noção judaico-cristã de criação. Resulta que não se encontra em nenhuma parte de seu sistema o abismo ontológico que, no cristianismo, separa radicalmente a criatura do Criador. O Uno engendra a Inteligência, que engendra a Alma, que, por sua vez, engendra as almas. Enquanto nos atemos a essa ordem de gerações, tudo é divino. Na doutrina de Plotino, portanto, é possível ir muito mais longe do primeiro princípio, sem sair do divino, do que poderíamos na de santo Agostinho. Em compensação, embora pela mesma razão, afasta-se muito mais cedo da perfeição do primeiro princípio em Plotino do que em santo Agostinho. O Uno de Plotino engendra a Inteligência; ela é engendrada, então também divina, mas já inferior àquele que a engendra. O Pai da Trindade Cristã engendra o Filho, então o Filho é Deus e também igual àquele que o engendra. Do mesmo modo, a Alma é inferior à Inteligência, mas o Espírito Santo é igual ao Pai e ao Filho. Em Plotino, uma desigualdade incessantemente crescente, desde o começo e ao longo de toda a linha de gerações; em santo Agostinho, uma igualdade constante, enquanto houver geração, seguida de uma ruptura brusca no momento em que o fato da desigualdade obriga a colocar a noção de criação.

Parece incontestável que santo Agostinho tenha tido a idéia clara do que devia lhe permitir distinguir claramente sua doutrina da de Plotino. Se, em vez de se dirigir contra Vicêncio Victor, que considerava os corpos como emanados de Deus, o texto que comentamos tivesse sido contra Plotino e sua cosmologia, dever-se-ia dizer, também, que Agostinho tinha consciência clara do que o separava de Plotino. De fato, nada nos permite dizer que ele tenha visto qual distância os separava. Jamais, para nosso conhecimento, vê-se ele formular a menor reserva sobre esse ponto. Quando ele elogia os platônicos, é por terem sabido que Deus fez o corpo inteiro do mundo, suas figuras, suas qualidades, seu movimento regrado, a vida das árvores, dos animais, dos homens, dos anjos; tudo foi feito por Aquele para quem é uma e a mesma coisa viver, conhecer, ser feliz e existir: *Propter hanc incommutabilitatem et simplicitatem intellexerunt eum, et omnia ita fecisse, et ipsum a nullo fieri potuisse; atque ibi esse rerum principium rectissime crediderunt, quod factum non esset, et ex quo facta cuncta essent.*[137]

Se ele tivesse alimentado a menor dúvida sobre a pureza da noção de criação na doutrina de Plotino, Agostinho deveria ter formulado isso no momento em que ele usava expressões desse tipo. Contudo, ele não o fez, nem aqui nem nas *Confissões*, o que nos convida a supor que, ao menos, desde o começo ele leu as *Enéadas* como um cristão.[138] Certamente não é verdade, portanto, que Agostinho jamais tenha entendido a noção cristã de criação no sentido da emanação plotiniana; ao contrário, tudo convida a supor que ele sempre confundiu a emanação plotiniana com a noção cristã de criação.

Se isso é, na verdade, um fato, como tudo convida a crer, é um fato de uma importância capital para a compreensão do agostinianismo em geral e da epistemologia agostiniana em particular. Tendo interpretado a emanação plotiniana em termos de criação cristã, Agostinho não teve consciência do que acrescentou à noética neoplatônica e tanto menos ponderou as modificações que deveriam ser feitas para transpô-la para o plano cristão. Estamos mais longe de Plotino do que estava santo Agostinho, e se temos menos prazer em lê-lo do que Agostinho teve, tendo menos entusiasmo, as ilusões permitidas a ele são interditas a nós. É verdadeiro dizer que, em Plotino, o Uno é o "Pai das luzes" como é Deus no texto famoso da *Epístola*

---

[137] *De civ. Dei*, VIII, 6; *loc. cit.*
[138] Cf. Ét. GILSON, *Revue Philosophique* (nov.-dez. 1919) p. 503. No mesmo sentido, Ch. BOYER, S. J., *Christianisme et néo-platonisme dans la formation de saint Augustin*, p. 5 e p. 102-109. L. W. KEELER, S. J., *S. Augustini doctrina de cognitione*, p. 37, nota *a*

de Tiago.[139] Para Plotino, como para santo Agostinho, nosso pensamento só pode ver os objetos numa luz inteligível que vem de uma fonte; luz que ele pode chegar a ver e, através dela, o seu princípio.[140] Certamente Agostinho não se enganava ao encontrar em Plotino uma doutrina totalmente pronta da iluminação divina. No entanto, ele estava longe de saber quão distante estava dela!

A relação do pensamento com a luz inteligível é muito diferente num cristão do que é em Plotino. Nesta, a alma do homem é o resultado, não de uma criação divina, mas de uma geração. Por essa razão, como vimos, ela é divina. Já que a alma é engendrada na ordem do divino, a luz que a ilumina permanece divina mesmo ao tornar-se da alma. Plotino não teve, portanto, nenhum problema a apresentar sobre isso e não apresentou. Santo Agostinho, ao contrário, deveria tê-lo apresentado. Ele certamente pressentiu o problema, mas não buscou solução para ele porque não encontrava em Plotino sequer a questão e tampouco, por razão mais forte, a solução. De Plotino, Agostinho herdou a convicção absoluta de que a ordem inteligível é divina por pleno direito. Tudo o que é verdadeiro – ou seja, eterno, imutável e necessário –, pertence exclusivamente a Deus. Não obstante, o fato de ser criado situa o homem abaixo e fora da ordem divina; assim, é preciso necessariamente que seja distinta a relação entre um pensamento agostiniano criado e a luz divina, que o ilumina, da relação entre um pensamento plotiniano engendrado com a luz da Inteligência e com o Uno. Para Plotino, a alma se encontra por direito pleno no reino divino do inteligível, pois ela é nele; eis por que, como ele mesmo diz com força notável, é em si mesma que a alma encontra a luz que a ilumina, porque ela é essa luz. Para fugir em direção à "sua querida pátria", isto é, para o lugar de onde viemos e onde está o Pai, é

---

[139] PLOTINO, *En.*, VI, 7, 29. Cf. TIAGO, *Epístola*, 1, 17.
[140] PLOTINO, *En.*, V, 5, 7.

suficiente que o homem tome consciência de sua verdadeira natureza: "És tu inteiro uma luz verdadeira, ... uma luz absolutamente sem medida, porque és superior a toda medida e a toda quantidade? Tu te vês nesse estado? *Tu agora te tornaste uma visão*, tenha confiança em ti; mesmo permanecendo aqui, tu subiste; e não tens necessidade de guia; fixa tua visão e vê."[141]

O que separa santo Agostinho de Plotino, aqui, não é somente o tom, é a doutrina. Se a alma plotiniana conta apenas consigo mesma para descobrir em si a luz, é porque a possui; a alma agostiniana, ao contrário, somente pode contar com Deus para receber dele a luz que ela mesma não poderia possuir. Em resumo, a luz da alma cristã, porque essa alma foi criada, é uma luz criada: a doutrina agostiniana da iluminação pressupõe a noção cristã de criação. A partir de então, irá se colocar com acuidade em sua doutrina o problema de saber como é possível uma verdade, ao mesmo tempo divina por essência e criada em nós.

Se, como parece, Agostinho não percebia que ele introduzia essa dificuldade no plotinismo ao introduzir nele a idéia de criação, daí por diante, o fato é que ela está aí. Pelo menos uma indicação poderia tê-lo tornado ciente disso. Admitamos, se quisermos, que ele deve a Plotino o essencial de sua noética. Ora como é possível que a mesma doutrina do conhecimento verdadeiro, que jamais termine na prova da existência de Deus em Plotino, sempre termina assim em santo Agostinho?

Para uma alma plotiniana, divina em si mesma e que jamais se separa da ordem divina, mas a habita permanentemente com a sua parte mais alta, sem dúvida a noção da prova da existência de Deus não faz sentido. Um deus não tem a necessidade de que lhe provemos a existência da divindade. Mas ocorre

---

[141] PLOTINO, *En.*, 1, 6, 8 e 9; trad. E. Bréhier, t. I, p. 105. As profundas divergências, e que atingem o coração dos dois sistemas, que essa diferença de pontos de vista introduz entre as duas doutrinas da salvação foram trazidas à luz por M. DE CORTE, *Aristote et Plotin*, Paris, Desclée de Brower, 1935; cap. III, "La purification plotinienne", e cap. IV, "La dialectique de Plotin".

Quinto grau: o conhecimento racional

de modo totalmente diverso com uma criatura: a luz divina que ela descobre em si é criada e, portanto, é por uma indução verdadeira do efeito à causa, por uma prova verdadeira, que a afirmação da existência de Deus se torna possível. Há uma diferença de natureza, e não apenas de grau entre o retorno da alma plotiniana em direção à sua própria luz e seu princípio, e a elevação progressiva do pensamento agostiniano em direção à causa transcendente de sua verdade.

Infelizmente é isso que o entusiasmo de Agostinho pelo neoplatonismo não lhe permitiu ver. Pois se não havia, para Plotino, dificuldade em conceber que a verdade, divina por excelência, pudesse habitar uma alma igualmente divina; havia, para Agostinho, uma considerável dificuldade em explicar como a verdade, que é divina, pode, não obstante, tornar-se a verdade da criatura. Sem ter visto que era ele que a introduziu em Plotino, ele não tinha consciência disso e não pôde pensar resolvê-la. Desta segunda indeterminação, filha da primeira, nasceram algumas dificuldades mais graves que ocuparam a escola agostiniana do século XIII, e ainda hoje colocam em conflito intérpretes de santo Agostinho. Na verdade, só se poderia sair delas abandonando resolutamente Plotino e admitindo Aristóteles, o que foi o golpe de gênio de são Tomás de Aquino.

O que torna difícil manter a posição agostiniana é, com efeito, a convicção herdada de Plotino de que a verdade é muito boa para o homem. Se ela está em algum lugar, Deus está. Mas, como ela poderia se tornar nossa? Se ela é de Deus, ela é imutável e necessária, ou seja, a verdade; se foi criada em nós, só pode ser, enquanto criada, mutável, temporal e contingente como o intelecto que a recebe. Mas esse é também a verdade? Posto que, por hipótese, Deus não criou em nós um intelecto tomista, capaz de produzir a verdade, mas simplesmente um pensamento suscetível de recebê-la, como, por que tipo de influência a luz divina poderá se introduzir em nós sem deixar de ser divina? Se é essa luz, enquanto divina, que brilha em nós, todo nosso conhecimento verdadeiro será sobrenatural de pleno direto; se é uma luz simplesmente criada, como, ainda assim, possuiria os atributos divinos essenciais à verdade? A isso Agostinho respondeu somente com uma metáfora: a luz divina nos "toca"; mas teria sido necessário, ele explica, a natureza e a possibilidade mesma de tal contato.[142]

A raiz dessas dificuldades encontra-se no fato de santo Agostinho ter acreditado que poderia dar um sentido cristão à doutrina de Plotino, sem fazê-la sofrer os remanejamentos internos tornados necessário pelo fato de introduzir a idéia de criação. Por outro lado, concebe-se que não considerou ter feito isso, se é verdade que ele a teria introduzido sem saber. Nessa perspectiva, sua doutrina assemelha-se a um templo pagão, onde seus contemporâneos por vezes se contentavam em instalar um altar cristão. Não é de se espantar que o platonismo habitado por esse pensamento cristão tenha manifestado uma certa tendência de expulsá-lo. Plotino não tinha construído sua doutrina para dar-lhe abrigo. Certamente, não há ontologismo no pensamento de Agostinho, mas havia muito, e do mais caracterizado, no pensamento de Plotino, usado por Agostinho. É o ontologismo que se reaviva de tempos em tempos, e então, freqüentemente erra ao invocar a autoridade do nome de santo Agostinho. Talvez seja necessário buscar uma resposta na questão "*cur divus Thomas?*" Seja como for, o historiador deve manter presentes no pensamento essas indeterminações e suas causas somente para evitar buscar respostas a questões que santo Agostinho não colocou.

---

[142] Cf. É GILSON, "Sur quelques difficultés de l'illumination augustinienne". In: *Hommage à M. le Professeur M. de Wulf*, Louvain, 1934, p. 321-331. Encontrar-se-á opiniões análogas em M. GRABMANN, *Der göttliche Grund menschlider Wahrheitserkenntnis*, Münster, 1926, p. 28 – B. KÄLIN, *Die Erkenntnislehre des hl. Augustinus*, Sarnen, 1920, p. 60 – J. BARION, *Plotin und Augustinus*, Berlin, 1935, p. 152.

SEGUNDA PARTE
A BUSCA DE DEUS PELA VONTADE

Totum exigit te, qui fecit te.
Sermo XXV.

I. A SABEDORIA

Um pensamento que se move porque busca discernir Deus e que percebe em si a presença latente dele, tal é o resultado ao qual nos conduz a análise metafísica da vida interior de Agostinho. É deste ponto, portanto, que devemos partir se quisermos deduzir a ordem da vida, ou seja, as regras da ação.

A primeira lição que se destaca dessa busca, e cujo alcance é o mais universal, é uma certa concepção do conhecimento humano; desta vez, não se trata mais de uma teoria metafísica do conhecimento, mas de uma regra prática referente à maneira pela qual o homem deve usar sua faculdade de conhecer: o que ele deve saber, como e por quê.

Primeiro, conhecemos através disso que precede o motivo do saber e seu fim, a felicidade: *nulla est homini causa philosophandi, nisi ut beatus sit.*[1] Buscar conhecer é, antes de tudo, buscar o objeto cujo encontro apaziguará nosso apetite de conhecer e, por isso, estabelecerá nosso estado de beatitude. Ora, tal constatação é suficiente por si mesma para transformar a atividade do nosso pensamen-

---

[1] *De civ. Dei*, XIX, 1, 3; t. 41, col. 623. Sobre esse aspecto do pensamento agostiniano, consultaremos, com proveito, as reflexões profundas de É. BAUDIN, "Le pragmatisme religieux de Pascal". In: *Revue des sciences religieuses*, V (1925) p. 61-63.

to. Com efeito, duas concepções do conhecimento são igualmente possíveis: o saber pelo saber, isto é, uma busca sem fim e que, de certo modo, nutre-se a si mesma, pois se sabemos apenas por saber, jamais chega o momento em que sabemos o bastante; ou saber para ser feliz, nesse caso há um fim para a busca, portanto, limites e um método que se ordena para alcançá-los, de modo que, nesta segunda hipótese, no lugar de vagar sem lei, o pensamento do homem procede na direção de uma meta fixa, por caminhos determinados. Ao estabelecer que o motivo secreto de nosso pensamento é o desejo de um conhecimento beatificador, optamos efetivamente pela segunda dessas concepções de saber humano.

Tomar consciência deste fato, aparentemente tão simples e tão manifesto, não é nada menos que conferir o sentido pleno à palavra "filosofia". Com efeito, consideremos as seitas em sua incrível variedade. Varão, num tratado hoje perdido, *De philosophia*, classificou as escolas segundo as que localizam o soberano bem somente na alma, somente no corpo, ou na alma e no corpo ao mesmo tempo; depois, deduzindo daí as seitas reais ou possíveis, ele chegou ao número 288, ou seja, 288 desacordos quanto aos meios, mas 288 acordos quanto ao fim, uma vez que todas conviriam ao menos neste ponto: para o homem trata-se, sobretudo, de obter o bem e evitar o mal.[2] Ora, essa concordância não é sem causa. Deus pode até ter permitido ao homem errar quanto aos meios, mas não perder-se a ponto de se esquecer de seu fim: *philosophiam quae se docere aliquid profitetur, unde fiant homines beati*.[3] O que a filosofia ensina aos homens conhecerem é, portanto, o que pode torná-los felizes.

A partir disso, é necessário ir mais longe: o que é a filosofia? O amor da sabedoria – definição da coisa pela análise de seu próprio nome e que é admitida universalmente. Se, por um lado, o conhecimento humano, enquanto se ordena em direção à felici-

---

[2] *De civ. Dei*, XIX, 1, 2; t. 41, col. 623.
[3] *De civ. Dei*, XVIII, 39; t. 41, col. 599. No mesmo sentido: *De lib. arb.*, II, 9, 26; t. 32, col. 1254.

dade, é a filosofia, e se, por outro lado, a filosofia é o amor da sabedoria, então segue-se que a sabedoria é o conhecimento beatificador que a filosofia busca. Em que consiste a sabedoria?

A primeira resposta que se oferece ao pensamento é que a sabedoria é uma espécie de ciência. Com efeito, nomeia-se "ciência" todo conhecimento certo e indubitável;[4] a sabedoria não seria um conhecimento digno desse nome se não apresentasse as características de uma certeza absoluta e se, por conseqüência, não fosse um conhecimento científico. Na realidade, é absolutamente verdadeiro que a sabedoria é uma espécie da qual a ciência é o gênero. No entanto, quando o Apóstolo declara que uma é concedida para uns e a outra para outros, ele parece nos convidar a distingui-las.[5] De fato, a confusão entre a sabedoria propriamente dita e a ciência seria fatal à idéia de sabedoria. Qualquer que seja o objeto, a sabedoria pode ser somente um conhecimento que põe em jogo as atividades mais nobres do pensamento humano, já que ela deve nos conduzir à beatitude como nosso último fim. Logo, se quisermos saber a que ordem de conhecimentos a sabedoria pertence, tratemos de determinar as atividades mais nobres.

Ora, há em nós, por assim dizer, dois homens: o homem exterior e o homem interior. Diz respeito ao homem exterior tudo o que nos é comum com os animais: corpo material, vida vegetativa, conhecimentos sensíveis, imagens e lembranças das sensações. Ao contrário, diz respeito ao homem interior, tudo o que

---

[4] "Quid? Hoc nonne concedis, scientiam non esse nisi cum res aliqua firma ratione percepta et cognita est? — Concedo". *De quantitate animae*, XXVI, 49; t. 32, col. 1063. *Ibid.*, XXX, 58, col. 1068.

[5] "Quamuis enim et illa quae sapientia est, possit scientia nuncupari... tamen ubi dicit (Apostolus): *alii quidem datur per Spiritum sermo sapientiae, alii sermo scientiae secundum eundem spiritum* (1 Cor 12,8), haec utique duo sine dubitatione distinguit, licet non ibi explicet quid intersit, et unde possit utrumque dignosci. Verum Scripturarum sanctarum multiplicem copiam scrutatus, invenio scriptum esse in libro Job eodem sancto uiro loquente: *ecce pietas est sapientia; abstinere autem a malis est scientia* (Jo 18,28). In hac differentia intelligendum est ad contemplationem sapientiam, ad actionem scientiam pertinere." *De*

pertence propriamente a nós e não se encontra nos animais. Julgamos nossas sensações, comparamo-las entre si, medimos os corpos e as figuras submetendo-os às proporções e aos números: em cada uma dessas operações, como vimos, intervêm as razões eternas e divinas, que são perceptíveis apenas ao pensamento propriamente dito: *mens*. O homem é, portanto, essencialmente seu pensamento, ou, em outros termos, a *mens* é o homem interior.[6]

Limitado à *mens*, o pensamento é um e deve permanecer como tal; nenhuma análise poderia dividir espacialmente a simplicidade de uma essência espiritual. Todavia, um em si, ele exerce funções bastante diferentes. Se o pensamento fosse deixado a si mesmo, indubitavelmente só se ocuparia com o conhecimento dos inteligíveis; é nisso que ele se encontra em si e em seu próprio ofício: a contemplação pura, livre de toda preocupação relativa à ação. Mas esse pensamento é de um homem, vale dizer, de um ser que definimos como uma "alma feita para reger um corpo"; ora, reger um corpo é viver e, portanto, é encontrar-se engajado na ação: eis, então, o homem obrigado a usar coisas e, portanto, também a conhecê-las, ou seja, a aplicar seu pensamento a outros fins que não sejam a contemplação. Considerado nesse segundo uso, o pensamento certamente não deixa de ser ele mesmo. É sempre ele, mas aplicado a objetos que não são os seus objetos próprios, e empregado a fins que não são seus fins mais altos. Por que, dir-se-ia, esse uso duplo do que é essencial no homem? Não seria mais simples deixar o pensamento a si mesmo, encarregando uma faculdade das perturbações de suas necessidades inferiores? Mas o pensamento agostiniano, sendo por excelência o homem mesmo, é uno por natureza. Para conceber a razão secreta dessa dualidade de funções numa natureza única, Agostinho usa uma analogia que coloca em destaque a eminente dignidade do ser humano. Segundo a narra-

---

rinitate, XII, 14, 22; t. 42, col. 1009-1010. A mesma exegese em *Enarr. in Ps. 135*, 8; t. 37, col. 1759-1760. Cf. *De div. quaest. ad Simplic.*, II, 3; t. 40, col. 140.

[6] O texto essencial sobre esse tema é *De Trinitate*, XII, cap. 1 e 2; t. 42, col. 997-999.

tiva do *Gênesis*, de todos os seres viventes, o homem é o único para quem Deus não pôde encontrar uma companhia capaz de lhe ajudar sem tirá-la do próprio homem, por isso o casal, único na criação, do homem e da mulher, que são ao mesmo tempo dois em um: dois, contudo uma mesma carne. Do mesmo modo, o pensamento humano, por natureza consagrado à contemplação, teria necessidade de um auxiliar que provesse as necessidades temporais da vida, ao passo que o pensamento se ocuparia com suas mais altas funções; e isso só poderia ser, uma vez mais, uma ajuda dele, e que, portanto, ele mesmo oferece, mas exercendo uma função diferente. Em vez de dizer que essas duas funções são duas numa mesma carne, digamos que são duas, num mesmo pensamento: *duo in mente una*.[7] Para a clareza da análise, convém dar dois nomes diferentes a essas duas funções distintas; serão designadas pelos nomes de "*razão superior*" e "*razão inferior*", respectivamente, sem ser esquecido o fato essencial de sua unidade: as duas razões são somente dois ofícios de uma única e mesma razão.[8] Em qual desses dois ofícios reside a Sabedoria?

Uma vez que implica a posse da beatitude, a Sabedoria é fim por definição. Logo, se uma das duas atividades essenciais do pensamento desempenha a função de meio em relação à outra, ela não pode ser a sabedoria, mas sim a outra para a qual essa prepara e para onde conduz. Ora, conforme o que acabamos de dizer, o pensamento se ocupa com a ação somente a fim de tornar

---

[7] *De Trinitate*, XII, 3,3; t. 42, col. 999. Cf.: "... in mente uniuscujusque hominis quaesivimus quoddam rationale conjugium contemplationis et actionis, officiis per quaedam singula distributis, tamen in utroque mentis unitate servata,..." *Op. cit.*, XII, 12, 19; col. 1008, e 21, col. 1009.

[8] "Cum igitur disserimus de natura mentis humanae, de una quadam re disserimus, nec eam in haec duo quae commemoravi, nisi per officia geminamus". *De Trint.*, XII, 4, 4; t. 42, col. 1000. Essa distinção desempenhará um papel capital nas filosofias agostinianas da Idade Média. Ver, por exemplo, Ét. GILSON, *La philosophie de saint Bonaventure*, p. 347; pp. 363-364. Cf. J. ROHMER, "Sur la doctrine franciscaine des deux faces de l'âme", in *Archives d'hist. doctr. et litt. du moyen âge*, t. II, p. 73-77.

possível o exercício da contemplação. A dualidade de funções que o caracteriza se exprimirá na distinção fundamental entre dois gêneros de vida: a vida ativa e a vida contemplativa, das quais são símbolos as antíteses de Raquel e de Lia ou de Marta e de Maria. A vida ativa é caminhar, trabalho, esforço, luta; ela prossegue entre as coisas desse mundo e tende para um termo que só pode ser alcançado plenamente no outro. A vida contemplativa é a recompensa desse esforço e o preço dessa luta; ela é, portanto, o repouso obtido no fim, a visão, parcial aqui embaixo, da verdade beatificadora, a esperar sua posse total no além.[9] Essa subordinação incondicional da ação à contemplação faz-se sentir em todos os planos da vida espiritual. Com certeza absoluta, poder-se-ia dizer que toda nossa vida terrestre é uma ação que se exerce em vista da contemplação celeste. Nos limites mesmos desta vida, pode-se dizer que toda nossa atividade moral, com a aquisição de virtudes e a realização de boas obras que ela implica, é apenas uma preparação para a contemplação mística de Deus, da qual desfruta um pequeno número dos homens mais perfeitos.[10] Abaixo dessa ordem mística e sobre o plano subalterno do conhecimento racional, a vida prática da cidade, com suas exigências de todos os tipos, subordina-se ao livre exercício da

---

[9] "Proinde cum duae virtutes propositae sint animae humanae, una activa, altera contemplativa; illa qua itur, ista quo pervenitur; illa qua laboratur, ut cor mundetur ad videndum Deum; ista qua vacatur et videtur Deus: illa est in praeceptis exercendae vitae huius temporalis, ista in doctrina vitae illius sempiternae. Ac per hoc illa operatur, ista requiescat; quia illa est in purgatione peccatorum, ista in lumine purgatorum. Ac per hoc in hac vita mortali, illa est in opere bonae conversationis; ista vero magis in fide (enquanto fundamentalmente do *intellectus*); et apud perpaucos per speculum in enigmate et ex parte in aliqua visione incommutabilis veritatis". *De consensu Evangelistarum*. I, 5, 8; t. 34, col. 1045-1046. A mesma doutrina em *Contra Faustum Manichaeum*, XXII, 52; t. 42, col. 432-433. Compreende-se mal o erro cometido sobre este ponto essencial por W. MÜLLER, *Das Problem der Seelenschönheit im Mittelatter*, p. 42. Fecha-se com esse autor o acesso às partes mais profundas de seu próprio tema.

[10] Sobre isso, ver as análises úteis do Pe. Fulbert CAYRÉ, *La contemplation augustinienne*, p. 33, p. 37-38; p. 60-66.

contemplação. Mas aqui, precisamente porque estamos no grau mais baixo da vida espiritual, a distinção alcança toda a sua acuidade: no seio da atividade cognitiva, ela traz o aspecto de uma oposição verdadeira entre um conhecimento que ainda é apenas uma certa maneira de agir e outro que já é uma certa maneira de contemplar.

Com efeito, uma vez que existem dois ofícios ou funções possíveis do pensamento, há ocasião para se efetuar uma escolha. Oferecem-se ao homem duas atitudes, ou duas orientações possíveis, entre as quais é necessário ele optar; tal decisão engaja toda nossa personalidade e as razões que a legitimam estão escondidas nas sinuosidades mais secretas do coração do homem. Optando pelo repouso na contemplação, o pensamento necessariamente se volta para a fonte de todo saber, as Idéias divinas, segundo as quais ele julga tudo, e às quais ele se submete para julgar, por elas, todo o resto: isso é a sabedoria. O exercício da razão superior é, então, essencialmente submissão do indivíduo ao que lhe ultrapassa e adesão do pensamento à fonte de luz que aclara todos os pensamentos. Suponhamos, ao contrário, que o homem opte pelo exercício exclusivo da razão inferior: ele não se volta para as Idéias, mas para seus reflexos mutáveis, ou seja, para as coisas sensíveis, das quais ele, para seu proveito próprio, apodera-se para gozá-las e explorá-las; isso é a ciência. Em poucas palavras, ao nos voltarmos para as Idéias, a sabedoria nos orienta para o divino e o universal; ao nos voltarmos para as coisas, a ciência nos submete ao criado e nos confina aos limites do individual.[11]

Com qual nome caracterizar o movimento de um pensamento que se apega às coisas para gozá-las como um fim? Uma

---

[11] "Et in hominibus quidem haec ita discerni probaliter solent, ut sapientia pertineat ad intellectum aeternorum, scientia vero ad ea quae sensibus corporis experimus." *De div. quaest. ad Simplicianum*, II, 3; t. 40, t. 140. "... scientia, id est, cognitio rerum temporalium atque mutabilium navandis vitae hujus actionibus necessaria...". *De Trinitate*, XII, 12, 17; t. 42, col. 1007. "Distat tamen ad aeternorum contemplatione actio qua bene utimur temporalibus rebus, et illa sapientia, haec scientiae deputatur." *De Trinitate*, XII, 14, 22; t. 42, col. 1009.

vez mais, a Escritura vem a nosso socorro e nos sugere esse nome: avareza, que ela qualifica como *radix omnium malorum*.[12] A avareza é a disposição da alma que se recusa a possuir em comum e a partilhar, mas quer e amontoa para si, confina-se às coisas e se apropria delas como se existissem somente para a satisfação de uma cupidez pessoal. Ora, existe uma avareza de espírito. É a disposição de um pensamento que, constatando seu poder sobre as coisas, concebe um gosto tal por essa dominação, que se apega a elas como a um fim; na origem dessa avareza encontra-se o orgulho, que é, segundo outras palavras da Escritura, *initium peccati*.[13] O homem se vê e se conhece como uma parte do universo regido por Deus; sabe que é convocado a colocar-se em seu lugar numa ordem universal, à qual ele tem o dever de se subordinar reportando qualquer coisa ao fim comum, e não a si mesmo como fim. Suponhamos, então, que ele se recuse a aceitar essa ordem e que, reportando as coisas a ele, prefira a parte ao todo. Como se poderia qualificar esse comportamento insano, mas muito explicável, já que agora a parte que o homem prefere é ele mesmo? É um tipo de apostasia, de negação de Deus, cuja raiz é um orgulho que se transforma prontamente em avareza. Com efeito, a partir do momento em que o pensamento prefere-se ao todo, ele pode, e deve, usar as razões eternas, somente nas quais conhece toda a verdade, mas ele subjuga as idéias universais a fins particulares; então, ele entra em luta contra elas; fazendo seu o que é para todos, ele toma tudo para si. Nessa luta, o pensamento dispõe de uma arma, seu corpo, que ele possui propriamente e que é legitimamente a seu favor e, por intermédio do corpo, tenta monopolizar tudo aquilo a que não tem direito. Voltado para as formas e os movimentos dos

---

[12] 1 *Tm* 6,10.
[13] *Ecl* 10.15. Podemos também dar a esse movimento o nome de "cupidez", pois é a definição desse vício: "nihil aliud est cupiditas, nsi amor rerum transeuntium...". *De div. quaest. 83*, XXXIII; t. 40, col. 23. É por isso que a *cupiditas* é dita "omnium malorum radix (*ibid.*, col. 24). O contrário de *cupiditas* é a *charitas* ou *dilectio*: "Amor autem rerum amandarum, charitas vel dilectio melius dicitur." (*Ibid.*).

A Sabedoria

objetos materiais, o pensamento, primeiramente, engendra em si as sensações deles; depois, conserva suas imagens, a fim de manter as coisas à sua disposição, de nutrir-se interiormente e de possuí-las para si. A alma mergulha nesse tesouro de formas sensíveis amontoadas, e aí se chafurda como num lodaçal de voluptuosidades carnais: conseqüência natural e inevitável do primeiro movimento de um pensamento que se prefere ao todo; pois o homem que se prefere, quer tudo para si e, tendo para si apenas seu corpo, dado que o inteligível é universal, encontra para deter somente o que seu corpo é capaz de se apoderar. Segue-se que a alma se engaja num tipo de fornicação espiritual, de que sua imaginação é simultaneamente instrumento e sede,[14] e que, interior ao homem, torna-se um perigo permanente, quase impossível de se evitar.

 A ciência, certamente, não é idêntica a essa depravação do pensamento, mas pode-se dizer que existe um mau uso da ciência, que, possuindo-a a título de fim, inspira-se num espírito análogo e, no fundo, nasce da mesma origem. O desejo de conhecer as coisas para gozá-las e de transformar em fim o que poderia ser só um meio, é exatamente essa avareza de espírito que quer para si e coloca a parte no lugar do todo. Nos dois casos, o orgulho está na origem; uma avareza o segue, da qual o corpo é ao mesmo tempo o instrumento e o beneficiário, de sorte que o pensamento que quer a ciência pela ciência progressivamente se sujeite à matéria e se desvie das idéias.[15] Ao contrário, como procede a sabedoria?

 Suponhamos efetuada a escolha inversa, ou melhor, suponhamos que ela se efetue por uma dialética que nos liberta da servidão ao corpo. Desde que a alma começou seu movimento de redirecionamento, ela se desvia da matéria para voltar-se na direção das razões eternas, ou seja, idéias imutáveis e necessárias de Deus. Ora, buscar alcançá-las não é ceder a um movimento de avareza, visto que as idéias divinas são universais e comuns a todos os espíritos.

---

[14] *De Trinit.*, XII, 8, 13; t. 42, col. 1005; e 10, 15, col. 1006, com a nota das *Retract.*, II, 15, 3; t. 32, col. 636.
[15] *De Trinit.*, XII, 12, 17; t. 42, col. 1007. Cf. XII, 14, 22; t. 42, col. 1009.

Esforçar-se para vê-las não é um movimento de orgulho; uma vez que não se pode alcançá-las sem se submeter a elas; isso é muito mais a humildade. Julgar as coisas em função dessas idéias, enfim, não é colocar a parte acima do todo, pois não se pode conhecer as razões eternas sem alcançar Deus, e tão logo ele seja alcançado, tudo se ordena em relação a ele. Tal é precisamente a sabedoria: contemplação, não ação; voltada para o eterno, não para o temporal; comum a todos, não individual e possuída com avareza; que submete o indivíduo ao todo, e não que usa do todo tendo em vista o indivíduo. A oposição entre ciência pura e sabedoria pura é, portanto, completa; as características desses dois modos de conhecimento se contradizem ponto a ponto.[16]

Por mais definitivo que seja, esse ponto de vista não está completo. Tal análise prova que, para quem estabelecer a ciência e a escolha como fim, a sabedoria é inacessível; nesse sentido, a oposição entre elas é total e irredutível. Ocorreria necessariamente o mesmo ao se optar pela sabedoria? Escolhê-la como fim equivaleria a sacrificar a ciência?

Primeiro, é evidente que a sabedoria tem necessidade da ciência para alcançar seu fim próprio. Com efeito, o conhecimento do eterno deve ordenar e reger o temporal; mas, para agir sobre este, é necessário conhecê-lo. As virtudes, por exemplo, que são boas maneiras de agir, supõem que se saiba como lidar com o temporal para agir.[17] Assim, subordinada à sabedoria da qual se torna instrumento, a ciência continua distinta daquela, mas torna-se boa, legítima, necessária. A ciência é assim na medida em que pode ser não apenas um instrumento a serviço da sabedoria, uma vez que esta esteja adquirida, mas também um meio de adquiri-la.

---

[16] Cf. *De lib. arb.*, II, 16, 43; t. 32, col. 1264.
[17] "Habet enim et scientia modum suum bonum; si quod in ea inflat vel inflare assolet, aeternorum charitate vincatur, quae non inflat sed ut scimus, aedificat (1 Cor 8,1). Sine scientia quippe nec virtutes ipsae, quibus recte vivitur, possunt haberi, per quas haec vita misera sic gubernetur, ut ad illam quae vere beata est perveniatur aeternam." *De Trinitate*, XII, 14, 21; t. 42, col. 1009.

A Sabedoria

Com efeito, a sabedoria chega a seu termo quando apreende as idéias eternas e, por estas, Deus. Uma vez conquistado esse ponto, estamos no eterno, no incorporal, e nosso pensamento toca as idéias, de alguma maneira, como nossas mãos tocam os corpos no espaço material que nos cerca. Mas como é difícil transcender assim o mundo dos corpos e, para que nos elevemos ao reino do inteligível, mantermo-nos aí! O brilho das idéias puras se encurta e nos precipita na direção contrária: *et fit rei non transitoriae transitoria cogitatio*. Todavia, mesmo após a mais profunda de nossas quedas, nunca tudo está perdido, e é aqui que a ciência oferece seus bons ofícios. Primeiramente, recolhe essa experiência e a confia à memória, onde ela se torna um objeto de meditação para o espírito. Por meio de atenção e de reflexão, lembramo-nos das vias seguidas pelo pensamento para alcançar o inteligível e, através disso, tornamo-nos capazes de reencontrá-lo. Então, tudo se passa como quando ouvimos uma melodia bela e sabida: ela se desenrola no tempo, e, contudo, é no silêncio imóvel da alma que percebemos seu número; aí também ela se conserva e é aí, enfim, que podemos reencontrá-la uma vez que ela deixe de soar; do mesmo modo, a ciência recolhe as experiências da sabedoria e impede que, perdendo totalmente sua lembrança, depois de qualquer uma elas, tenhamos que recomeçar sua conquista desde o início.[18]

Há, portanto, uma maneira de nada sacrificar: colocar cada coisa em seu lugar. Que seja necessário passar a sabedoria à frente da ciência, é algo evidente[19] e isso não é apenas a melhor salvaguarda da sabedoria, mas também da ciência. Confundi-las é colocar no mesmo plano o superior e o inferior. Sacrificar a sabedoria é abdicar a dignidade do homem, que reside no melhor uso do que

---

[18] *De Trinitate*, XII, 14, 23; t. 42, col. 1010-1011.
[19] "Si ergo haec est sapientiae et scientiae recta distinctio, ut ad sapientiam pertineat aeternarum rerum cognitio intellectualis; ad scientiam vero temporalium rerum cognitio rationalis: quid cui praeponendum sive postponendum sit, non est difficile judicare." *De Trinitate*, XII, 15, 25; t. 42, col. 1012. "... tamen etiam

há de mais elevado em nós; sacrificar a ciência é mutilar inutilmente e perigosamente a sabedoria. Certamente, como diz são Paulo numa palavra de que nos lembramos, não é sempre para os mesmos que é dado serem sabedores e serem sábios. Entretanto, acrescenta o Apóstolo, sabedoria e ciência vêm, ambas, do mesmo espírito divino. É-nos permitido trabalhar, portanto, para ultrapassar a oposição entre elas e, sem suprimir uma distinção que permanece fundamental, ordená-las numa unidade harmoniosa.

Essa concepção particularmente agostiniana das relações da ciência com a sabedoria repousa sob uma dupla série de equivalências paralelas, que devem ser mantidas presentes no pensamento para compreendermos os textos geralmente muito complexos nos quais se exprime. De um lado, temos um conhecimento do intelecto ou da razão superior,[20] voltado para as Idéias divinas da ordem da contemplação, fundado sobre um ato de submissão

---

    istorum duorum quae nos posuimus evidentissima differentia est, quod alia sit intellectualis cognitio aeternarum rerum, alia rationalis temporalium, et huic illam praeferendam esse ambigit nemo." *Ibid.* Cf. J. MAUSBACH, *Die Ethik des heiligen Augustinus*, Herder, 1909, t. I, p. 103, nota 1.

[20] Vimos (Parte I, cap. III, p. 96-97) que o intelecto se distingue da razão como a intuição simples da verdade se distingue do discurso. Por outro lado, é incontestável que Agostinho atribua a sabedoria tanto ao intelecto como à razão superior. Então, deve haver um sentido da palavra "intelecto" que reúna o sentido da palavra "razão", e é necessário que a razão, enquanto superior, se confunda com o intelecto. Talvez, encontrar-se-ia um meio de resolver essa dificuldade de terminologia — sabe-se que elas são freqüentes em santo Agostinho — com a ajuda de um texto no qual ele designa propriamente o movimento discursivo do pensamento pelo termo "*ratiocinatio*": sendo o "*ratio*", então, a visão simples do resultado obtido pelo raciocínio. Não haveria, portanto, nenhuma dificuldade em atribuir a sabedoria à razão superior, pois ela é a visão simples das Idéias às quais o pensamento se eleva pelo raciocínio: "Quia paulo ante dixisti, propterea me tibi debere assentiri scientiam nos habere ante rationem, quod cognito aliquo nititur, dum nos ratio ad incognitum ducit: nunc autem invenimus non rationem vocandam esse dum hoc agitur; non enim sana mens agit hoc semper, cum semper habeat rationem; sed recte ista fortasse ratiocinatio nominatur; ut ratio sit quidam mentis aspectus, ratiocinatio autem rationis inquisitio, id est, aspectus illius, per ea quae aspicienda sunt, motio. Quare ista opus est ad

a Deus e beatificador: a sabedoria. De outro lado, temos um conhecimento da razão inferior, voltada para as coisas sensíveis, da ordem da ação, fundado sob um ato de avareza e degradante: a ciência. Assim, esses dois termos conotam no agostinianismo significações morais e religiosas definidas que, por vezes, tornam difícil uma interpretação exata. O critério lógico de uma certeza infalível não basta para definir a ciência agostiniana enquanto tal, pois essa característica lhe é comum à sabedoria, da qual vimos que a ciência se distingue. A verdadeira diferença que as opõe cabe à natureza de seus objetos. Aquele da sabedoria é tal que, em razão de sua inteligibilidade, qualquer mau uso dele é impossível; o da ciência é tal que, em razão de sua materialidade, ele é constantemente exposto a ser capturado pela cupidez. Daí a dupla qualificação que a ciência pode receber conforme ela se subordine ao apetite, como ocorre quando toma a si mesma como fim, ou se subordine à sabedoria, como quando ela se ordena para o soberano bem.[21] Colocada no lugar que lhe cabe, a ciência encontra seu emprego legítimo entre o conhecimento sensível dos corpos e a intuição pura das idéias divinas.[22] Não se trata, portanto, exatamente de definir a sabedoria como faziam os antigos – *sapientia*

---

quaerendum, illa ad videndum. Itaque cum ille mentis aspectus, quem rationem vocamus, conjectus in rem aliquam, videt illam, scientia nominatur: cum autem non videt mens, quamvis intendat aspectum, inscitia vel ignorantia dicitur." *De quant. animae*, XXVII, 53; t. 32, col. 1065.

[21] "Sensu quippe corporis corporalia sentiuntur: aeterna vero et incommutabilia spiritalia ratione sapientiae intelliguntur. Rationi autem scientiae appetitus vicinus est: quandoquidem de ipsis corporalibus quae sensu corporis sentiuntur, ratiocinatur ea quae scientia dicitur actionis; si bene, ut eam notitiam referat ad finem summi boni; si autem male, ut eis fruatur tamquam bonis talibus in quibus falsa beatitudine conquiescat." *De Trinitate*, XII, 12, 17; t. 42, col. 1007.

[22] "Relinquentibus itaque nobis ea quae exterioris sunt hominis, et ab eis quae communia cum pecoribus habemus introrsum ascendere cupientibus, antequam ad cognitionem rerum intelligibilium atque summarum quae sempiternae sunt veniremus, temporalium rerum cognitio rationalis occurrit." *De Trinitate*, XII, 15, 25; t. 42, col. 1012. Esse texto resume o desenvolvimento do *De quantitate animae*, XXXIII, 70-76; t. 32, col. 1073-1077.

est rerum humanarum divinarumque scientia;[23] pois somente o conhecimento das coisas divinas concerne à sabedoria e, correlativamente, o conhecimento das coisas humanas deve ser reservado à ciência; mas não é menos verdadeiro que a ciência pode participar, à sua maneira, das características da sabedoria, a ponto de tornar-se um dom do Espírito Santo, como a sabedoria, ao se subordinar a ele.

De fato, Agostinho jamais tentou construir sistematicamente o edifício da sabedoria cristã, nem realizar a síntese da contemplação e da ciência de que muitas vezes ele proclamou a necessidade. Tendo colocado os dados do problema, ele deixou para a Idade Média o cuidado de buscar a solução. Agostinho, portanto, não se preocupa em convencionar definitivamente o número de etapas a percorrer para alcançar a sabedoria; ele não vê nenhum inconveniente em cada um contá-las de maneira própria, nem em ele mesmo contá-las de muitas maneiras diferentes. Podem-se reter três, ou quatro ou sete;[24] no conjunto, o esquema permanece sensivelmente mais constante e se reduz, em suma, a dois tipos principais. Se os graus da vida espiritual são contados a partir do momento em que começa a vida da sabedoria, todas essas etapas serão percorridas sob a influência sobrenatural da graça e será obtida, por exemplo, a classificação do *De doctrina christiana*: temor a Deus, que é o começo da Sabedoria (*Ecl* 1, 16; *Sl* 110,10), piedade, ciência, força, conselho, pureza do coração e sabedoria. Se, ao contrário, os graus da vida da alma são contados a partir de seu início e anteriormente à graça, encontra-se primeiramen-

---

[23] *De Trinitate*, XIV, 1, 3; t. 42, col. 1037-1038. Essa doutrina explica por que os agostinianos da Idade Média sempre se oporão à qualquer discussão efetiva entre a filosofia e a teologia. Separar a ciência da sabedoria é tornar ambas impossíveis. Ver sobre esse tema, Ét. GILSON, *La philosophie de saint Bonaventure*, Paris, J. Vrin, 1924, cap. II.

[24] Santo Agostinho conta sete no *De doctrina christiana*, II, 7, 9-11; t. 34, col. 39-40, e no *De quantitate animae*, XXXIII; t. 32, col. 173-1077. Nós nos deteremos nesse número, que corresponde ao dos dons do Espírito Santo e à última de suas classificações, que inclui a primeira.

te, como seu grau mais baixo, a vida tal como nós a descrevemos, isto é, a atividade da alma como organizadora e conservadora do corpo, pela qual a matéria vivente participa do número e da ordem das idéias. O segundo grau é o da sensação, que é apenas uma forma mais alta da vida: *evidentior manifestiorque vita*, mas com a qual aparece o perigo de uma subordinação excessiva da alma ao corpo que ela anima. O terceiro grau, sem nos elevar acima da ordem natural, é próprio à alma humana: é o da arte e da ciência propriamente dita, em que vemos artifícios de todos os tipos, inventados pelos homens, para cultivar os campos, construir as vilas, constituir as línguas, escrever os livros, organizar a família, a cidade, os Estados, criar as obras de arte e os sistemas de idéias. Grandiosas coisas como todas essas, e que pertencem somente ao homem, mas que, todavia, permanecem comuns aos bons e aos maus, aos sábios e aos ignorantes; pois toda essa ciência, vista sob um aspecto, é apenas ignorância. É somente no quarto grau que começa o verdadeiro bem e, conseqüentemente, também o mérito verdadeiro. Aqui, por uma decisão que introduz a alma na sabedoria, a alma começa a se distanciar do baixo para se voltar para o alto. Declarando-se superior não somente ao seu próprio corpo, mas também a todo o universo sensível, ela reputa como vãos todos os bens que não lhe pertencem propriamente e que são relevantes apenas à ordem material. Essa é uma longa etapa a percorrer. De início, a alma trabalhará particularmente para limpar-se de suas sujeiras, para tornar-se pura e imaculada, a fim de se abrir para os raios da luz divina. Assim, ela começará pelo amor a Deus, ou seja, o temor da morte e do nosso destino futuro; depois virá a piedade, ou seja, a submissão à Sagrada Escritura e a aceitação da verdade desta pela fé.[25] Transformada pela fé, nossa ciência se subordina à obra da sabedoria e se beneficia com o socorro da graça; aquilo que era apenas uma curiosidade vã, sem princípio e sem termo, torna-se um desejo legítimo de

---

[25] Pode-se, parece que sem muita arbitrariedade, completar uma das duas classificações com a outra.

conquistar a inteligência da verdade revelada. Segue-se disso a ciência agostiniana propriamente dita, com o aspecto característico que ela conservará nos pensadores da Idade Média.

A verdade salutar, à qual aderimos pela fé, nos é conhecida pelas Escrituras. Logo, é necessário poder lê-las e interpretá-las, o que já supõe o conhecimento de três línguas: o latim, o grego e o hebreu.²⁶ Mas compreender a letra das Escrituras não é o bastante; é preciso, no mais, conhecer a natureza de todos os seres dos quais se fala: minerais, plantas e animais. O simbolismo do texto sagrado é ininteligível a quem não sabe o que são em si mesmas as

De quantitate animae (XXXIII, 70-76)	De doctrina christiana (II, 7, 9-11)
1. Animatio	—
2. Sensus	—
3. Ars	—
4. Virtus	—
a)	1. Timor
b)	2. Pietas
c)	3. Scientia
5. Tranquilitas	4. Fortitudo
6. Ingressio	
a)	5. Consilium
b)	6. Purgatio cordis
7. Contemplatio	7. Sapientia

Não defendemos que os dois textos coincidam, tampouco que se completem exatamente da maneira que indicamos. Não estamos absolutamente certos, particularmente, de que os seis primeiros dons do Espírito Santo, no *De doctrina christiana*, sejam recuperados no quarto grau do *De quantitate animae*. A *Virtus* conteria as seis virtudes sobrenaturais, de *Timor* a *Purgatio cordis*; inversamente, *Sapientia* conteria simultaneamente *Tranquilitas*, *Ingressio*, *Contemplatio*. O que nos parece certo é que, quanto mais perscrutarmos de perto esses dois textos, mais incidiremos em julgá-los complementares

²⁶ *De doctr. christ.*, II, 11, 16; t. 34, col. 42. Cf. *ibid.*, 14, 21; col. 45. A esse texto se filiam, na Idade Média, preocupações linguísticas tais como as de Roger Bacon, *Opus Majus*, ed. H. Bridges, t. I, p. 66; ele acrescentará ao grego e ao hebreu, o árabe.

coisas nas quais buscamos símbolos;[27] daí a necessidade de um conhecimento amplo das ciências naturais, que compreenda a geografia, a mineralogia, a botânica e a zoologia. Embora apenas apresentem, desse ponto de vista, um interesse medíocre, as artes mecânicas e a astronomia deverão ser acrescentadas a elas, pois não se pode considerá-las como totalmente inúteis.[28] A dialética é absolutamente necessária, pois permite revelar e refutar os sofismas em qualquer questão relativa às Escrituras; por outro lado, ela ensina a arte da definição e da divisão dos assuntos, sem o que nenhuma exposição da verdade é possível.[29] Ajuntemos a isso a eloqüência, que permite tornar a verdade persuasiva, uma vez

---

[27] *De doctr. christ.*, II, 16, 24; t. 34, col. 47. Cf. *ibid.*, 29, 45; t. 34, col. 56. Esse texto servirá de justificação a todos os autores de bestiários e lapidários na Idade Média. De um modo geral, as enciclopédias medievais, de Isidoro de Sevilha a Rábano Mauro, e até mais adiante, serão apenas a execução do projeto esboçado por Agostinho no *De doctrina christiana*: constituir o *corpus* das ciências necessárias à sabedoria cristã: "Sicut autem quidam de verbis omnibus et nominibus hebraeis, et syris, et aegyptiis, vel si qua alia lingua in Scripturis sanctis inveniri potest, quae in eis sine interpretatione sunt posita, fecerunt ut ea separatim interpretarentur; et quod Eusebius fecit de temporum historia propter divinorum librorum quaestiones, quae usum ejus flagitant; quod ergo hi fecerunt de his rebus, ut non sit necesse christiano in multis propter pauca laborare; sic video posse fieri, si quem eorum qui possunt, benignam sane operam fraternae utilitati delectet impendere, ut quoscumque *terrarum locos*, quaeve *animalia* vel *herbas* atque *arbores* sive *lapides* vel *metalla* incógnita, speciesque quaslibet Scriptura commemorat, ea generatim digerens, sola exposita litteris mandet. Potest etiam de *numeris* fieri, ut eorum tantummodo numerorum exposita ratio conscribatur, quos divina Scriptura meminit... Quod utrum *de ratione disputandi* fieri possit, ignoro; et videtur mihi non posse, quia per totum textum Scripturarum colligata est nervorum vice; ...". *De doctr. christiana*, II, 39, 59; t. 34, col. 62. A estatura do espírito enciclopédico de Isidoro de Sevilha e de Beda o Venerável é, por vezes, apresentada como um signo distintivo da mentalidade medieval por oposição à mentalidade patrística. De fato, os compiladores da Idade Média estão simplesmente conformados a um *desideratum* expresso de santo Agostinho. Cf. Mich. DE BOÜARD, *Une nouvelle encyclopédie médiévale: le Compendium Philosophiae*, Paris, E. de Boccard, 1936.

[28] *De doctr. christ.*, II, 29, 46; t. 34, col. 57; II, 30, 47; t. 34, col. 57.

[29] *Ibid.*, II, 31, 48-49. II, 34, 52 e 35, 53; t. 34, col. 57-58 e 59-60.

descoberta;[30] a ciência dos números, que nos conduz tão facilmente à contemplação das razões eternas;[31] enfim, a história e o direito, que, entre as disciplinas relativas às sociedades humanas, não poderiam ser negligenciadas,[32] e veremos que, se o princípio da subordinação das ciências à sabedoria for mantido intacto, a possibilidade de fixar um termo preciso ao uso das ciências torna-se cada vez mais problemático à medida que examinamos a questão mais de perto. Sem dúvida, Agostinho se esforça, de início, para distinguir a ciência das instituições humanas, que são de importância secundária, daquela das instituições divinas, que são fundamentais; mas as primeiras não poderiam ser totalmente ignoradas, de sorte que toda fórmula precisa torna-se finalmente impossível. O cristão deve rejeitar as superstições pagãs: evitar os conhecimentos, mesmo os verdadeiros, que são inúteis à ciência da salvação; mas, quanto ao restante, ele não deve desprezar nada do que é verdadeiro e útil nas ciências profanas.[33] Do mesmo modo que os hebreus, ao saírem do Egito, apropriaram-se legitimamente dos vasos de ouro e de dinheiro, das vestimentas e de outros objetos que eles destinavam a um uso melhor; do mesmo modo Cipriano, Lactâncio, Hilário, todos os Padres Gregos e, antes deles, Moisés, que se instruiu junto aos sábios egípcios, não hesitaram em se apoderar dos conhecimentos úteis à verdadeira religião.[34] Assim, nada, em princípio, é mais claro do que o direito e

---

[30] *Ibid.*,, II, 36, 54; col. 60.
[31] *Ibid.*, 38, 56; col. 61.
[32] *Ibid.*, II, 28, 42, t. 34, col. 55-56. II, 39; col. 62.
[33] *Ibid.*, II, 18, 28; t. 34, col. 49-50.
[34] O texto fundamental no qual se inspirará a Idade Média é o seguinte: "Philosophi autem qui vocantur, si qua forte vera et fidei nostrae accomodata dixerunt, maxime Platonici, non solum formidanda non sunt, sed ab eis etiam tamquam ab injustis possessoribus in usum nostrum vindicanda. Sicut enim Aegyptii non solum idola habebant et onera gravia, quae populus Israel detestaretur et fugeret, sed etiam vasa atque ornamenta de auro et de argento, et vestem, quae ille populus exiens de Aegypto, sibi potius tamquam ad usum meliorem clanculo vindicavit; non auctoritate propria, sed praecepto Dei, ipsis Aegyptiis nescienter commodantibus

o dever do cristão; quanto à aplicação, nada é mais ambíguo e indeterminado. Sem jamais discutir isso, na Idade Média, cada um o interpretará segundo seu temperamento particular. Aqueles que amarem a pesquisa científica, subordinarão a totalidade das ciências conhecidas ao estudo das Escrituras e requererão o desenvolvimento intensivo delas em benefício da fé; aqueles que provarem desconfiança e desdém com relação à ciência, farão apelo ao mesmo princípio para lhe restringir o uso. O que jamais variará é o ideal de uma sabedoria cristã que reúna em si as ciências e de um sistema de conhecimentos humanos organizados sob a hegemonia das Escrituras, elas mesmas depositárias da verdade salutar[35] revelada aos homens por Deus.[36]

A partir do quarto grau, tendo o homem realizado a conversão decisiva da alma para Deus, não lhe resta mais do que se

---

ea, quibus non bene utebantur (*Ex* 3,22 e 12,35): sic doctrinae omnes Gentilium non solum simulata et superstitiosa figmenta gravesque sarcinas supervacanei laboris habent, quae unusquisque nostrum duce Christo, de societate Gentilium exiens, debet abominari atque devitare; sed etiam liberales disciplinas usui veritatis aptiores, et quaedam morum praecepta utilissima continent, deque ipso uno Deo colendo nonnulla vera inveniuntur apud eos; quod eorum tamquam aurum et argentum, quod non ipsi instituerunt, sed de quibusdam quasi metallis divinae providentiae, quae ubique infusa est, eruerunt, et quo perverse atque injuriose ad obsequia daemonum abutuntur, cum ab eorum misera societate sese animo separat, debet ab eis auferre christianus ad usum iustum praedicandi evangelii. Vestem quoque illorum, id est, hominum quidem instituta, sed tamen accomodata humanae societati, qua in hac vita carere non possumus, accipere atque habere licuerit in usum convertenda christianum." *De doctr. christ.*, II, 40, 60; t. 43, col. 63. Quanto ao exemplo dado pelos padres latinos e gregos, *ibid.*, 61, col. 63.

[35] Salutar, para santo Agostinho, refere-se tanto à saúde como à salvação (N. da T.).

[36] Quanto às diferentes concepções dessa sabedoria cristã na Idade Média e aos problemas que sua definição precisa levantava, ver Th. HEITZ, *Essai historique sur les rapports entre la philosophie et la foi de Bérenger de Tours à S. Thomas d'Aquin*, Paris, Lacoffre, 1909. Ét. GILSON, *Études de philosophie médiévale*, Strasbourg, 1921, p. 30-51; p. 76-124. *La philosophie de saint Bonaventure*, Paris, 1924, p. 89-118. M.-D. CHENU, "La théologie comme science au XIIe siècle". In: *Archives d'histoire doctrinale et littéraire du moyen âge*, t. II, p. 31-77.

manter no estado de pureza ao qual chegou, o que é o quinto grau. Agora a alma tende para Deus, ou seja, para a contemplação da verdade, com uma confiança inacreditável; sente-se próxima da recompensa alta e profunda pela qual tanto penou. Vem, em seguida, o sexto grau, em que a alma dirige seu olhar para Deus, que somente os corações puros podem contemplar; e então, é a vez do sétimo, a visão e a contemplação da verdade enfim descobertas: a sabedoria. Muito menos que um grau propriamente dito, a sabedoria é o termo ao qual conduzem todos os graus precedentes; não a ultrapassamos, permanecemos nela. Como explicar essa alegria, essa posse do bem supremo e verdadeiro, essa emanação de uma eternidade serena? Apenas as almas grandes e incomparáveis, que viram e ainda vêem essas coisas, como são Paulo, disseram-nos o que julgaram ser bom dizer. Quanto a nós, podemos nos assegurar que nos será dado, com a ajuda da graça divina, chegarmos à causa suprema, ao autor soberano e ao princípio primeiro de todas as coisas, basta que entremos na vida que nos é prescrita e que a sigamos fielmente até o término. Nesse momento também se descobrirá plenamente a vaidade de todo o restante. Nessa contemplação da verdade, por mais imperfeita que seja, há uma volúpia profunda, uma tal pureza, uma tal limpidez, uma certeza tão total que nada de diferente, em comparação, parece merecer o nome de "conhecimento". Agora, a sede da alma de aderir totalmente à verdade inteira é tal que até a morte, que temia outrora, doravante lhe aparece apenas como uma fuga e uma evasão para fora do corpo do qual ela se separa, ou seja, como o mais precioso de todos os bens.[37]

---

[37] *De quantit. animae*, XXXIII, 76, t. 32, col. 1076-1077.

II. OS ELEMENTOS DO ATO MORAL

Ao submeter-se à sabedoria, o pensamento se ordena para seu fim; por isso ele se torna capaz de ordenar para ela as ações do homem e de lhes conferir seu caráter de moralidade. Quando se coloca em seu lugar, o pensamento sabe como dispor todas as coisas no lugar que lhes pertence e de que maneira se comportar com relação a elas. O primeiro efeito desse desenvolvimento inicial é que, a partir de então submetido à ação reguladora das Idéias, o pensamento julga tudo do ponto de vista de Deus.

1. As regras das virtudes. A lei da ordem

Para espantar-se ao ver a moral espontaneamente desdobrar-se do conhecimento verdadeiro, seria necessário desconhecer a identidade fundamental entre as essências das coisas e as regras da ação. Ora, essa identidade resulta do caráter universal da iluminação divina, tal como descrevemos.[1] As definições do círculo e da esfera são verdades eternas, necessárias, contraídas pelo pensamento que pode apenas reconhecê-las e a elas se submeter para julgar através delas todo o resto. Mas não há verdades apenas na ordem do conhecimento, há também na ordem da ação e, como são igualmente verdades, devem apresentar as mesmas características e ter a mesma origem que as primeiras. Nada é mais claro para a reflexão filosófica, também não há

---

[1] Ver Parte I, cap. V, "O conhecimento racional".

nada que seja mais certo para quem sabe ler as escrituras e adquirir a inteligência delas. Com efeito, é dito no livro da *Sabedoria*: "*Circuivi ego et cor meum, ut scirem et considerarem, et quaererem, et quaererem sapientiam et numerum*" (Ecl 7,26). Eis, então, a sabedoria colocada sob o mesmo plano que o número. Temos apenas que deduzir as conseqüências de um fato tão importante.

A sabedoria é a verdade na qual o homem vê o soberano bem e o possui. Pode haver desacordo quanto às vias a serem seguidas para chegar a ela, mas não quanto à meta a ser alcançada. Antes mesmo de sermos felizes, portanto, a noção do que é a beatitude está impressa em nosso pensamento, e, conseqüentemente, também antes de sermos sábios temos presente ao espírito a noção clara do que é a sabedoria.[2] Isso ocorre com essa verdade, em que reside o princípio primeiro de toda a moral, bem como com as verdades matemáticas; eu não a vejo nem no meu pensamento, nem no dos outros; tampouco outrem a vê no meu. Não há uma sabedoria por homem, mas uma única sabedoria comum a todos os homens, e que é também seu bem comum soberano.[3]

Esse notável acordo entre os pensamentos não se limita ao princípio moral; estende-se necessariamente a todas as conseqüências que dele decorrem. Do mesmo modo que os homens vêem em comum o que é a sabedoria, vêem manifestamente que é preciso se esforçar para adquiri-la.[4] Assim, também, cada um vê que é necessário respeitar a justiça, subordinar o inferior ao superior, manter a igualdade entre coisas iguais e dar a cada um o que lhe per-

---

[2] *De lib. arb.*, II, 9, 26; t. 32, col. 1254-1255.
[3] *De lib. arb.*, II, 9, 27; t. 32, col. 1255. Sobre esse ponto, ver Parte I, cap. V, 1, "O mestre interior", p. 154.
[4] "Item credo te non negare studendum esse sapientiae, atque hoc verum esse concedere... Hoc item verum, et unum esse, et omnibus qui hoc sciunt, ad videndum esse commune, quamvis unusquisque id nec mea, nec tua, nec cujusquam alterius, sed sua mente conspiciat, cum id quod conspicitur, omnibus conspicientibus communiter praesto sit, numquid negare poterimus?" *De lib. arb.*, II, 10, 28; t. 32, col. 1256.

Os elementos do ato moral

tence. Poder-se-ia alongar indefinidamente essa lista de verdades comuns a todos: o incorruptível é superior ao corruptível, o eterno ao temporal, o inviolável ao que se pode infringir — tantas proposições necessárias, cada pensamento encontra em si e, entretanto, elas não pertencem exclusivamente a nenhum. Ora, sabemos qual é a origem de conhecimentos parecidos; são as *regras*, ou *luzes*, ensinadas ao nosso pensamento pelo Mestre interior, ou desveladas aos olhos da alma pela Luz que clareia todo homem vindo a este mundo. Do mesmo modo, portanto, que há as leis imutáveis dos números, cujas natureza e evidência estão imediatamente na posse dos espíritos que as consideram, também há regras verdadeiras e imutáveis da sabedoria,[5] evidentes ao pensamento que se volta para elas e comuns a todos. Essas duas ordens de leis são da mesma natureza ou, ao contrário, deve-se considerá-las como irredutíveis?

Seria muito ousado dizer que a sabedoria provém do número ou que se reduz a ele. Gente que conte bem, há muita; sábios, há pouquíssimos ou, para melhor dizer, não há um sequer. A sabedoria primeiro aparece como muito mais rara que a ciência dos números e, por conseguinte, também como de natureza superior. Contudo, quando consideramos a verdade imutável das matemáticas em nós mesmos, parece que, para descobri-la, deveríamos penetrar num tipo de recuo interior e, qualquer que seja o nome pelo qual o designamos, dentro de uma região secreta e onde os números têm, por assim dizer, sua permanência. São encontrados apenas longe dos corpos, como algo concebível, mas tão difícil de formular que, por lassitude, voltamos logo ao mundo dos corpos; e, para podermos nos exprimir, em vez de

---

[5] "Jam hujusmodi plura non quaeram: satis enim est quod istas tamquam *regulas et quaedam lumina virtutum*, et vera et incommutabilia, et sive singula sive omnia communiter adesse ad contemplandum eis qui haec valent sua quisque ratione ac mente conspicere, pariter mecum vides certissimumque esse concedis." *De lib. arb.*, II, 10, 29; t. 32, col. 1256. "Manifestissimum est igitur omnes has, quas regulas diximus et lumina virtutum, ad sapientia perinere." *Ibid.*, col. 1257.

falarmos dos números inteligíveis em si mesmos, falamos dos objetos que estão diante dos nossos olhos, como todo mundo fala. Ora, é exatamente a mesma coisa que se passa quando dirigimos toda a atenção do nosso espírito para as regras da sabedoria. Se, portanto, a sabedoria e o número – que, a propósito, a Escritura associa estreitamente –, residem ambos na mesma região secreta das verdades inteligíveis, como é possível que a ciência do número apareça aos homens como inferior à sabedoria?

Na realidade, basta escrutar mais atentamente o texto da Escritura para encontrar uma resposta a essa difícil questão. Com efeito, lê-se que a Sabedoria *"attingit a fine usque ad finem fortiter, et disponit omnia suaviter"* (Sb 8,1). Ora, o poder que se estende com força de uma extremidade do mundo à outra é, sem dúvida, o número; aquele que ordena tudo com doçura é a sabedoria propriamente dita e, uma vez que ela realiza ambos, o número e a ordem evidentemente sobrevêm da mesma sabedoria. A única diferença que os distingue concerne menos à origem que à natureza dos objetos aos quais se aplicam. Com efeito, Deus conferiu o número a todas as coisas, mesmo àquelas que são as mais ínfimas e se encontram no grau mais baixo das criaturas; não obstante, os corpos, que são os últimos seres, têm seus números; a sabedoria, ao contrário, não pertence a nenhum corpo, ela sequer foi concedida a todas as almas, mas somente às almas racionais em que ela reside. Por isso, julgando por suas regras os corpos que estão abaixo de nós e obedecendo às leis dos números, sentimos pouca estima por esses números. Como poucos espíritos são sábios, embora muitos tolos saibam contar, os homens admiram a sabedoria e menosprezam o número; mas desde que elevemos nossos espíritos em direção de suas leis, constatamos que elas transcendem nosso pensamento e que subsistem, imutáveis, na verdade. Aqueles que sabem e que refletem, descobrem, então, a unidade da natureza que faz do número e da sabedoria uma mesma realidade inteligível. O que é de ordem inferior é o número sensível e realizado na matéria, mas as coisas enumeradas não são os números e, para um pensamento purificado que chega a alcançá-los em si mesmos, nenhuma diferença separa os números que a Sabedoria dá e a Sabedoria que os dá. Eles são a participação na Sabedoria possível aos corpos: incapazes de a conhecer e, por conseqüência, de possuí-la verdadeiramente, são ao menos capazes de recebê-la. Tal como uma única fogueira aquece os corpos vizinhos e ilumina aqueles cujo distanciamento a impede de lhes aquecer, a mesma fonte aquece os espíritos com o calor da sabedoria e difunde a luz dos números sobre os corpos, cuja materialidade os distancia dela.[6] É a mesma e idêntica Sabedoria que, penetrando toda a criação, submete às mesmas leis o mundo dos corpos e o dos espíritos.

Há no agostinianismo, portanto, uma iluminação física e uma iluminação moral, comparáveis em todos os pontos com a iluminação intelectual, e que repousam sobre as mesmas bases metafísicas. Aquilo que não se basta na ordem do ser, nem, por isso mesmo, na ordem do conhecimento, tampouco se basta na ordem da ação. O problema da relação do homem com Deus se coloca de novo nessa última ordem, e sua solução é exatamente a mesma que para as ordens precedentes.

Considerado como um ser dotado de conhecimento, o homem recebe de Deus uma luz natural; considerado como ser submetido às necessidades da ação, o homem recebe de Deus uma consciência moral, *conscientia*. Ademais, em ambas as ordens, o

---

[6] *De lib. arb.*, II, 11, 30-31; t. 32, col. 1257-1258. O art. 32 (*ibid.*) explica que o conhecimento dos números é o mais equivocado porque é o mais comum. Encontra-se essa observação freqüentemente comentada na Idade Média: "Sed quemadmodum in uno igne consubstantialis, ut ita dicam, sentitur fulgor et calor, nec separari ab invicem possunt, tamen ad ea calor pervenit quae prope admoventur, fulgor vero etiam longius latiusque diffunditur; sic intelligentiae potentia, quae inest sapientiae, propinquiora fervescunt, sicuti sunt animae rationales; ea vero quae remotiora sunt, sicuti corpora, non attingit calore sapiendi, sed perfundit lumine numerorum". Essa é apenas, acrescenta Agostinho, uma comparação imperfeita e não há uma perfeita. Notar a fórmula: "quanquam sapientia absit ut in comparatione numeri inveniatur inferior, cum eadem sit." *Ibid.*, col. 1258. Cf. *De ordine*, II, 16, 44; t. 32, col. 1015.

homem recebe de Deus a necessidade de seus julgamentos. Há em Deus uma lei, que está nele como ele mesmo, e à qual encontra-se submisso tudo aquilo que não é ele, é a *lei eterna*. Seu conteúdo é a prescrição da razão divina, ou da vontade de Deus, que ordena conservar a ordem natural e impede que esta seja perturbada.[7] Essa lei imutável ilumina nossa consciência como a luz divina ilumina nossa inteligência. O que os princípios primeiros da consciência, vistos nas idéias eternas, são para nossa razão na ordem da ciência, os princípios primeiros da moral são para nossa consciência na ordem da ação. Há, também em nós, como um tipo de lei, prescrições imperativas de nossa consciência, cujas regras são como evidências primeiras e que se nomeiam *lei natural*.[8] Seu caráter de evidência deve-se a ela não ser diferente de um tipo de transcrição, em nossa alma, da lei eterna que subsiste imutavelmente em Deus.[9] Assim, todas as prescrições particulares de nossa consciência moral, todas as legislações mutáveis que regem os povos, descendem de uma única e mesma regra, adaptada inces-

---

[7] "Lex vero aeterna est ratio divina vel voluntas Dei, ordinem naturalem conservari jubens, perturbari vetans". *Cont. Faustum manich.*, XXII, 27; t. 42, col. 418.

[8] "Quandoquidem manu formatoris nostri in ipsis cordibus nostris veritas scripsit: Quod tibi non vis fieri, ne facias alteri (Mt 7,12). Hoc et antequam Lex daretur nemo ignorare permissus est (...) . Sed ne sibi homines aliquid defuisse quaererentur, scriptum est et in tabulis quod in cordibus non legebant. Non enim scriptum non habebant, sed legere nolebant. Oppositum est oculis eorum quod in conscientia videre cogerentur. (...) Judicas enim malum esse in eo quod pati non vis: et hoc te cogit nosse lex intima, in ipso tuo corde conscripta." *Enarr. in Ps. 57*, I; t. 36, col. 673-674. Encontrar-se-á, nesse texto, uma longa enumeração das evidências morais da consciência. Cf. *Enarr. in Ps. 118*; XXV; 4; t. 37, col. 1574. As diferentes leis e seus domínios estão estudadas em detalhe em B. ROLAND-GOSSELIN, *La morale de saint Augustin*, Primera Parte, "L'ordre moral".

[9] "Haec autem disciplina ipsa Dei lex est, quae apud eum fixa et inconcussa semper manens, in sapientes animas quasi transcribitur; ut tanto se sciant vivere melius, tantoque sublimius, quanto et perfectius eam contemplantur intelligendo, et vivendo custodiunt diligentius." *De ordine*, II, 8, 25; t. 32, col. 1006. Cf. *Enarr. in Ps. 145*, 5; t. 37, col. 1887-1888. Este último texto é belíssimo e muito rico de sentido.

santemente às necessidades mutáveis e diversas, mas que, em si mesma, jamais muda. Tudo o que há de legítimo no indivíduo e na cidade deriva dela; ela é verdadeiramente a lei das leis.

A exigência fundamental que essa lei eterna impõe ao universo em geral e ao homem em particular é que tudo esteja perfeitamente ordenado: *ut omnia sint ordinatissima*.[10] Ora, o que a ordem quer em toda parte e sempre é que o inferior esteja submetido ao superior.[11] Sem dúvida, corretamente falando, tudo o que Deus criou é bom; desde a criatura racional até o mais ínfimo dos corpos, não há nada de que o homem não possa usar legitimamente, mas a dificuldade dele consiste em distinguir entre os objetos, todos bons, que, contudo, não são igualmente bons. É necessário que ele os pese, aprecie-os em seus valores justos, subordine os bens exteriores ao corpo, o corpo à alma (no homem) e, depois, na alma, submeta os sentidos à razão e a razão a Deus.[12]

A iluminação divina não se limita a nos prescrever regras de ação ao curvar nossa consciência diante da lei natural, ela nos dá também o meio de colocá-las em prática. No agostinianismo deve-se, portanto, falar numa iluminação das virtudes que é como a das ciências. Como nossa verdade é apenas uma participação da Verdade e nossa beatitude, uma participação da

---

[10] "Ut igitur breviter aeternae legis notionem, quae impressa nobis est, quantum valeo verbis explicem, ea est qua justum est ut omnia sint ordinatissima." *De lib. arbit.*, I, 6, 15; t. 32, col. 1229.

[11] Definição de ordem: "Ordo est parium dispariumque rerum sua cuique loca tribuens dispositio". *De civit. Dei*, XIX, 13, 1; t. 41, col. 640. "Hisce igitur motibus animae cum ratio dominatur, ordinatus homo dicendus est. Non enim ordo rectus, aut ordo appellandus est omnino, ubi deterioribus meliora subjiciuntur." *De lib. arb.*, I, 8, 18; t. 32, col. 1231.

[12] "Sicut enim bona sunt omnia quae creavit Deus, ... ita bene agit in his anima rationalis, si ordinem servet, et distinguendo, eligendo, pendendo subdat minora majoribus, corporalia spiritualibus, inferiora superioribus, temporalia sempiternis." *Epist. 140*, II, 4; t. 33, col. 539. Cf. *De lib. arb.*, I, 8, 18; t. 32, col. 1231; I, 15, 32; col. 1238-1239.

Beatitude, do mesmo modo, cada homem só se torna virtuoso ao conformar sua alma às *regras* imutáveis e às *luzes* das Virtudes, que vivem eternamente na Verdade e na Sabedoria comuns a todos os homens. As quatro virtudes cardinais de prudência, de força, de temperança e de justiça, não têm outra origem;[13] inversamente, a origem comum dos vícios é o movimento de uma vontade que, desviando-se das realidades inteligíveis e comuns a todos, volta-se para os corpos para apropriar-se deles. Quais são as funções dessas quatro virtudes fundamentais?

A temperança refreia os desejos carnais e os impede de dominar o pensamento; ela prepara as vias para a aquisição da sabedoria ao nos impedir de desejar contra o espírito; mas ela apenas as prepara, pois, aqui embaixo, nada é sábio a ponto de ter superado perfeitamente todo conflito entre a carne e o espírito.[14] A prudência discerne o bem do mal e faz-nos evitar todo erro na escolha do que se deve fazer ou evitar, por exemplo; é ela que nos ensina que é mau consentir ao pecado e bom não ceder ao arrebatamento do desejo. A justiça tem como função atribuir a cada um o que lhe é devido; através dela se estabelece no homem um tipo de ordem em virtude da qual o corpo se submete à alma e a alma a Deus. Mas essa ordem de natureza está em nós muito imperfeitamente e tende progressivamente a se estabelecer graças à

---

[13] *De lib. arb.*, II, 19, 52; col. 1268. Notar novamente neste texto a expressão "*lumina virtutum*": "Neque prudentia cuiusquam fit prudens alius, aut fortis fortitudine, aut temperans temperantia, aut justus justitia hominis alterius quisquam efficitur; sed coaptando animum illis incommutabilibus regulis luminibusque virtutum, quae incorruptibiliter vivunt in ipsa veritate sapientiaque communi, quibus et ille coaptavit et fixit animum, quem istis virtutibus praeditum sibi ad imitandum proposuit." "Verum tu in hac causa etsi ad scholam Pythagorae provoces vel Platonis, ubi eruditissimi atque doctissimi viri multo excellentiore ceteris philosophia nobilitati veras virtutes non esse dicebant, nisi quae menti quodam modo imprimuntur a forma illius aeternae immutabilisque substantiae, quod est Deus". *Contra Julianum Pelagianum*, IV, 3, 17; t. 44, col. 745. Cf. *Sermo 341*, 7, 8; t. 39, col. 1498. Sobre a influência dessa doutrina na Idade Média, ver *La philos. de saint Bonaventure*, p. 406.

[14] *De civ. Dei*, XIX, 4, 3; t. 41, col. 628-629.

virtude da força. O homem naturalmente crê que é capaz de alcançar o bem soberano e a beatitude a partir desta vida, ainda que estejamos acabrunhados de inumeráveis males, dos quais um desses pretensos sábios só acreditou poder se livrar pela morte; a força nos torna capazes de suportar essas misérias, esperando a beatitude verdadeira, que unicamente nos liberará.[15]

É somente quando se alcança este ponto que a doutrina agostiniana da iluminação revela sua completa significação. Concluímos o estudo dela ao situar sua expressão mais profunda na fórmula que faz de Deus a vida da alma; ora, é precisamente ao conferir as virtudes à alma que Deus lhe confere a vida. Embora ela não seja nem sábia, nem justa, nem piedosa, a alma despojada dessas virtudes não é menos alma, mas é, por assim dizer, uma alma morta e privada de vida. Capaz de animar seu corpo, ela, por sua vez, tem necessidade de ser animada. Deus a ilumina ao dar-lhe a sabedoria, a piedade, a justiça, a caridade, e, do mesmo modo, todas as outras virtudes.[16] Nesse sentido, ele faz em relação à alma o papel que a alma faz em relação ao corpo: ele confere à alma ordem, que é a lei do universo. Sob tais condições, portanto, o homem estaria perfeitamente ordenado?[17]

---

[15] *De civ. Dei*, XIX, 4, 4; t. 14, col. 629-630.

[16] "Ecce de anima loquebar. Est anima: etsi non sit sapiens, etsi non sit justa, anima est;... Aliud illi ergo est esse animam, aliud vero esse sapientem, esse iustam ... Est ergo aliquid quo nondum est sapiens, ... non tamen nihil est, non tamen nulla vita est: nam ex operibus quibusdam suis ostendit se vitam, etsi non se ostendit sapientem ... Cum vero se erigit ad aliquid quod ipsa non est, et quod supra ipsam est, et a quo ipsa est, percipit sapientiam, justitiam, pietatem: sine quibus cum esset, mortua erat, nec vitam habebat qua ipsa viveret, sed qua corpus vivificaret. Aliud est enim in anima unde corpus vivificatur, aliud unde ipsa vivificatur. Melius quippe est quam corpus; sed melius quam ipse est Deus. Est ergo ipsa, etiamsi sit insipiens, injusta, impia, vita corporis. Quia vero vita ejus est Deus, quo modo cum ipsa est in corpore, praestat illi vigorem, decorem, mobilitatem, officia membrorum; sic cum vita ejus Deus in ipsa est, praestat illi sapientiam, pietatem, justitiam, caritatem". *In Joan. Evang.*, XIX, 5, 12; t. 35, col. 1549-1550.

2. A vontade e o amor

Se, do ponto de vista de sua origem, nenhuma diferença distingue a verdade moral de qualquer outra verdade, não se pode afirmar o mesmo em relação ao homem encarregado de colocá-la em prática. O conjunto das essências eternas e das coisas temporais, que participam dessas essências, forma uma hierarquia de realidades superiores ou inferiores umas às outras; as relações que nascem dessa hierarquia constituem o que denominamos ordem. A natureza é regida necessariamente por essa ordem, que Deus lhe impôs, e o homem, na medida em que é uma parte da natureza, submete-se à ordem divina sem poder subtrair-se dela. Ao contrário, uma diferença capital aparece com as ações que dependem da vontade humana; no lugar de serem necessariamente regidas pela ordem divina, essas ações têm como objeto realizá-la. Aqui, não se trata mais de submeter-se à lei, mas de querê-la e de colaborar com seu cumprimento. O homem conhece a regra; a questão é se ele a quer.[17] Conseqüentemente, tudo depende da decisão que o homem tomar ou não tomar, de fazer reinar em si mesmo a ordem que ele vê ser imposta por Deus à natureza.[18] Aqui, estamos verdadeiramente no cruzamento dos caminhos.

A força de que uma decisão tão importante depende é tão-somente a vontade. O papel que desempenha essa faculdade é capital, pois dependem dela não apenas todas as determinações e decisões que tomamos na ordem prática, mas também estão sob seu controle imediato todas as operações de nossas faculdades cognitivas na ordem teórica. Não é, pois, exagerado dizer que

---

[17] "Age nunc, videamus, homo ipse quomodo in seipso sit ordinatissimus". *De lib. arbit.*, I, 7, 16; t. 32, col. 1229-1230.
[18] *Epist. 140*, 2, 4; t. 33, col. 539.
[19] "Gradatim enim se (*scil.* anima), et ad mores vitamque optimam non jam sola fide, sed certa ratione perducit. Cui numerorum vim atque potentiam diligenter intuenti nimis indignum videbitur et nimis flendum, per suam scientiam versum

assim como é a vontade, tal é o homem, a tal ponto que uma vontade partida contra si mesma é um homem dividido contra si mesmo.[20] É importante colocar em evidência esse papel dominador, dado que ele marca com seu caráter toda a psicologia agostiniana. Nós o manifestaremos de início na linha dos sentimentos, depois na do conhecimento.

Todos os movimentos sensíveis da alma se reportam às quatro paixões fundamentais: o desejo (*cupiditas*), a alegria (*laetitia*), o medo (*metus*) e a tristeza (*tristitia*). Ora, desejar é consentir ao movimento pelo qual a vontade se coloca na direção de um objeto; alegrar-se é se comprazer na posse do objeto obtido; temer é ceder ao movimento de uma vontade que recua diante de um objeto e dele se desvia; experimentar a tristeza, enfim, é não consentir a um mal efetivamente sofrido. Assim, todo movimento da alma tende ou na direção de um bem a ser adquirido ou conservado, ou para longe de um mal a se evitar ou descartar:[21] o movimento livre da alma para adquirir ou para evitar algo é a vontade.[22] Logo, todos os movimentos da alma dependem da vontade.

A demonstração parece menos fácil no que concerne à ordem do conhecimento. Contudo, qualquer que seja a operação cognitiva da alma que se considere, ela também aparece submetida à vontade. Na sensação, que é a mais simples de todas, a aten-

---

bene currere citharamque concinere, et suam vitam seque ipsam quae anima est, devium iter sequi, et dominante sibi libidine cum turpissimo se vitiorum strepitu dissonare. Cum autem se composuerit et ordinaverit, ac concinnam pulchramque reddiderit, audebit jam Deum videre, atque ipsum fontem unde manat omne verum ipsumque Patrem Veritatis." *De ordine*, II, 19, 50-51; t. 32, 1018-1019.

[20] *Conf.*, VIII, 5, 11; ed. P. de Labriolle, t. I, pp. 184-185. VIII, 9, 21. 10, 24; t. I, p. 193-196. Cf. as observações de FERRAZ, *La psychologie de saint Augustin*, p. 80-86.

[21] *De civ. Dei*, XIV, 6; t. 41, col. 409.

[22] "Voluntas est animi motus, cogente nullo, ad aliquid vel non amittendum vel adipiscendum." *De duabus animabus*, X, 14; t. 42, col. 104. Sobre essa definição concernindo ao pecado original, ver *Retract.*, I, 15, 2; t. 32, col. 609.

ção, ou seja, a vontade, intervém para manter o órgão sensorial fixado ao objeto no decorrer de toda a duração desse ato.[23] Em cada sensação, conseqüentemente, a vontade tem o papel de uma força ativa sem a qual o órgão sensorial não se aplicaria ao objeto e a sensação não teria lugar.[24] Se essa força deixar de existir, é verdade que o órgão poderá permanecer fixado ao objeto e o objeto continuar a lhe informar a sua imagem, mas a sensação deixará de ser percebida e tudo se passará como se o objeto não estivesse ali. Quantas imagens desfilam assim sob nossos olhos das quais, entretanto, não tomamos conhecimento! Ao contrário, se a vontade de sentir cresce em intensidade, não será mais somente uma sensação que se produzirá, mas um amor, um desejo e uma paixão verdadeira de sentir, pela qual o corpo todo poderá ser afetado.[25]

Na realidade, o caso aparentemente simples de uma impressão sensível não percebida é mais complexo do que pode parecer. Quando nossa vontade fixa um dos nossos órgãos sensoriais em algum objeto sensível, ela intervém simultaneamente em dois sentidos diferentes: primeiro, para manter o órgão em contato com o objeto, mas também para imprimir na memória a lembrança da sensação enquanto ela se dissipa, e é principalmente desta segunda operação que a sensação deve estar consciente. Se falam

---

[23] *De Trinit.*, XI, 2, 2; t. 42, col. 985-986. O desenvolvimento está resumido na fórmula final: "Haec igitur tria, corpus quod videtur, et ipsa visio, et quae utrumque conjugit intentio, manifesta sunt ad dignoscendum...".

[24] "*Quae cum ita sint*, tria haec quamvis diversa natura, quemadmodum in quamdam unitatem contemperentur meminerimus; id est, species corporis quae videtur, et impressa ejus imago sensui quod est visio sensusve formatus, et voluntas animi quae rei sensibili sensum admovet, in eoque ipsam visionem tenet." *De Trinit.*, XI, 2, 5; t. 42, col. 987. "Voluntas autem tantam vim habeat copulandi haec duo, ut et sensum formandum admoveat ei rei quae cernitur, et in ea formatum teneat". *Ibid.*, col. 988. As observações seguintes devem muito ao excelente capítulo de W. KAHL, *Die Lehre vom Primet des Willens bei Ausustinus, Duns Scotus und Descartes*, cap. III, p. 24-42.

[25] *Op. cit.*, XI, 2, 4-5; t. 42, col. 987-988.

diante de nós enquanto pensamos em outra coisa, dizemos, em seguida, que não ouvimos nada. Isso é inexato; nós ouvimos, mas não nos lembramos de nada porque nossa vontade, estando distraída, não fixou a lembrança dos sons à medida que eles tocavam nossas orelhas.[26] Ao provar que a sensação está submetida ao controle da vontade, provamos, portanto, a dominação da vontade sobre a memória. Ora, o que é verdadeiro para a memória, é igualmente para todos os sentidos internos e, principalmente, para a imaginação. Como ela retém as sensações e fixa as lembranças, a vontade compõe ou separa as imagens, assim recebidas e conservadas, de maneira a fazê-las reentrar, ao seu agrado, nas combinações mais diversas. Logo, ela combina como quiser os elementos tomados do mundo sensível para criar um mundo imaginário segundo os movimentos livres dela. Daí, não obstante, a quantidade de erros a que nos conduz essa vontade *conjuctricem ac separatricem*,[27] fazendo-nos admitir seus produtos imaginários como uma imagem fiel à realidade.

É possível ultrapassar completamente a ordem sensível e reencontrar a influência dominadora da vontade também nas operações do entendimento puro? Disso não se pode duvidar. Se a vontade é a força ativa que provoca a sensação, também é ela que provoca o conhecimento racional. Estudando a atividade intelectual do homem, vimos isso através da concepção de verdade que se engendra nela. Mas, antes de assim engendrar em nós o conhecimento, é necessário que o desejemos; conhecemos porque queremos conhecer e só buscamos conhecer porque que-

---

[26] *De musica*, VI, 8, 21; t. 32, col. 1174 (ver anteriormente a análise da percepção de um verso ou de uma frase musical, p. 134-136). *De Trinitate*, XI, 8, 15; t. 42, col. 996. Pela mesma razão, é a vontade que busca e encontra na memória as imagens que nela fixou: *De Trinitate*, XI, 3, 6; t. 42, col. 989.

[27] *De Trinit.*, XI, 10, 17; t. 32, col. 997. No *De musica*, Agostinho nomeia *phantasia* a imagem que reproduz pura e simplesmente uma lembrança, e *phantasma* a imagem de um objeto não percebido, que nós formamos com a ajuda de lembranças; *op. cit.*, VI, 11, 32; t. 32, col. 1180-1181.

remos encontrar. Se esse desejo de conhecer se torna intenso, dar-se-lhe-á o nome de "estudo", que designa precisamente a vontade ardente de saber pela qual se adquire a ciência;[28] mas, de qualquer aquisição de conhecimento que se trate, ela sempre será determinada por um movimento de busca que parte da vontade. Assim, estando todas as operações da alma sob a dependência de nossas determinações voluntárias, é verdadeiro dizer que a vontade é o homem. Mas, quanto à vontade, por sua vez, qual é o seu princípio?

    Segundo a física grega, especialmente a de Aristóteles, cada corpo é arrebatado, por um tipo de peso natural, em direção a um lugar determinado do universo. Suponhamos que os elementos físicos, dos quais o mundo é composto, tenham sido confundidos e misturados num tipo de caos; eles tenderão espontaneamente a se mover para se dissociar, e a alcançar, cada um, o lugar natural que lhe é próprio; uma vez lá, eles pararão: o fogo no alto, o ar abaixo do fogo, a terra em baixo e a água abaixo da terra. Essa tendência co-natural ao corpo físico é, portanto, o que faz o fogo, deixado a si mesmo, subir, e o que faz uma pedra, deixada a si mesma, cair; até que o fogo não tenha alcançado a região superior do mundo e que a pedra não tenha alcançado o centro da terra. Suprimamos, pelo pensamento, o peso dos corpos: o universo se tornaria totalmente inerte, completamente imóvel, morto. Santo Agostinho concebe de uma maneira análoga o homem e sua vontade. Em cada alma, como em cada corpo, há um peso que a arrebata incessantemente e move-a continuamente a buscar o lugar natural de seu repouso; isto é o amor. Meu peso, diz Agostinho, é meu amor: *pondus meum*

---

[28] *De Trinit.*, IX, 12, 18; t. 32, col. 972: "Nam voluntas jam dici potest, quia omnis qui quaerit invenire vult; et si id quaeritur quod ad notitiam pertineat, omnis qui quaerit nosse vult. Quod si ardenter atque instanter vult, studere dicitur ... Partum ergo mentis antecedit appetitus quidam, quo id quod nosse volumus quaerendo et inveniendo, nascitur proles ipsa notitia: ...".

Os elementos do ato moral

amor meus; eo feror quocumque feror;[29] disso decorrem conseqüências importantes para a natureza de nossa atividade voluntária.

De início, é evidente que se o amor é o motor íntimo da vontade, e se a vontade caracteriza o homem, pode-se dizer que o homem é essencialmente movido por seu amor.[30] Não há nele qualquer coisa acidental ou sobreposta, mas sim uma força interior à sua essência, como o peso na pedra que cai. Por outro lado, já que, por definição, o amor é uma tendência natural para um certo bem, ele se agitará para alcançar seu fim durante o tempo em que não o tiver obtido. O que seria um amor ocioso e que não faz nada? *Da mihi vacantem amorem et nihil operantem!* É um mito. De fato, o amor do homem jamais repousa; o que produz pode ser bom ou mau, mas sempre produz algo. Crimes, adultérios, homicí-

---

[29] *Conf.*, XIII, 9, 10; ed. Labr., t. II, p. 373. Cf. "Nec aliquid appetunt etiam ipsa contra poderibus suis, nisi quod animae amoribus suis." *Epist.* 55, X, 18; t. 33, col. 212-213. "Animus quippe, velut pondere, amore fertur quocumque fertur". *Epist.* 157, II, 9; t. 33, col. 677. "Neque enim vir bonus merito dicitur qui scit quod bonum est, sed qui diligit ... Si essemus lapides, aut fluctus, aut ventus, aut flamma, vel quid ejusmodi, sine ullo quidem sensu atque vita, non tamen nobis deesset quasi quidam nostrorum locorum atque ordinis appetitus. Nam velut amores corporum momenta sunt ponderum, sive deorsum gravitate sive sursum levitate nitantur. Ita enim corpus pondere, sicut animus amore, fertur quocumque fertur." *De civ. Dei*, XI, 28; t. 41, col. 341-342. O estreito parentesco entre o amor e a vontade se explica pelo fato de que, segundo santo Agostinho, o amor é apenas uma vontade intensa: "... voluntatem nostra, vel amorem seu dilectionem quae valentior est voluntas: ..." *De Trinit.*, XV, 21, 41; t. 42, col. 1089.

A noção de *delectatio*, cuja importância é uma aliada incessantemente crescente na história do agostinianismo, associa-se estreitamente com a de amor, que acabamos de definir: "Non ergo invideamus inferioribus quam nos sumus, nosque ipsos ... ita Deo ... ordinemus, ut... solis... superioribus delectemur. Delectatio quippe quasi pondus est animae. Delectatio ergo ordinat animam. *Ubi enim erit thesaurus tuus, ibi erit et cor tuum* (Mt 6,21): ubi delectatio, ibi thesaurus: ubi autem cor, ibi beatitudo aut miseria." *De musica*, VI, 11, 29; vol. 32, col. 1179. A razão disso é que o "deleite" é aquilo que o amor persegue em seu objeto: "Non enim amatur, nisi quod delectat." *Sermo* 159, 3; vol. 38, col. 869; ver o sermão inteiro.

[30] A ação da vontade no homem inteiro se exerce por intermédio de imagens e de idéias de que ela dispõe. Na psicologia agostiniana, a vontade não é "geradora"

dios, luxúrias, é o amor que causa tudo isso, bem como os atos de caridade pura ou de heroísmo. Tanto no bem como no mal sua fecundidade é infatigável, e é, para o homem que ele conduz, uma fonte inesgotável de movimento.[31]

Se é assim, nada seria menos razoável do que pretender isolar o homem de seu amor, ou impedir que o use; igualmente, isolá-lo de si e impedi-lo de ser ele mesmo. Subtraído do homem o amor que lhe entranha de objeto em objeto em direção a algum fim confusamente pressentido, necessariamente teremos um corpo material, que, ao menos, cede ao seu próprio peso. O problema moral que se coloca não é, portanto, saber se é necessário amar, mas o que é necessário amar. "O que se diz a vós? Para nada amar? Nunca! Imóveis, mortos, abomináveis, miseráveis, eis o que vós seríeis se não amásseis nada. Amais, mas prestais atenção ao que deve ser amado".[32] Logo, a virtude é querer o que devemos querer, ou seja, amar o que devemos amar.

A primeira conseqüência da atribuição desse papel central ao amor é que tal o valor do amor, tal o valor da vontade e, enfim, tal o valor do ato que o desencadeia.[33] Com efeito, dissemos que o homem age segundo suas paixões, as quais, por sua vez, são apenas expressões diretas de seu amor. Então, se seu amor

---

de representações, mas ela é "copuladora". Em outras palavras, é ela que aplica nossas faculdades de sentir, de imaginar e de pensar a seus atos ou as desvia; por isso a influência dominante que ela exerce ao entranhar todas as atividades do homem no sentido de seu amor dominante. Ver *De Trinitate*, XI, 7, 12; t. 42, col.993-994, e 8, 15, col. 995-996.

[31] *Enarr. in Ps. 31*, II, 5; t. 36, col. 260.

[32] "Cum... nihilque aliud curae esse debeat quomodo vivatur, nisi ut quod amandum est eligatur: ..." *Sermo* 96, I, 1; t. 38, col. 585. *De bono viduitatis*, XXI, 26; t. 40, col. 448.

[33] "Rectae autem sunt voluntates et omnes sibimet religatae, si bona est illa quo cunctae referuntur: si autem prava est, pravae sunt omnes. Et ideo rectarum voluntatum connexio iter est quoddam ascendentium ad beatitudinem, quod certis velut passibus agitur; pravarum autem atque distortarum voluntatum implicatio, vinculum est quo alligabitur qui hoc agit, ut projiciatur in tenebras exteriores". *De Trinitate*, XI, 6, 10; t. 42, col. 992.

for bom, suas paixões e sua vontade serão igualmente boas; se for mau, elas, por sua vez, serão más: *recta itaque voluntas est bonus amor et voluntas perversa malus amor*.[34] Por outro lado, já que a qualidade do amor determina a da vontade, como a vontade determina o ato: tal é o amor, assim é o ato. É um erro acreditar que há paixões boas ou más em si mesmas, independentemente da intenção que as anima. Todos os homens, bons ou maus, provam todas elas, mas os bons têm paixões boas e os maus, más. Há, portanto, cóleras justas e compaixões legítimas, medos salutares e desejos santos; tudo depende do amor que os inspira.[35] Do mesmo modo, é um erro crer que haja objetos bons ou maus em si mesmos; todos podem ser ocasião de vontades boas ou más e, conseqüentemente, também de atos louváveis ou lamentáveis.

A avareza é má não por erro do ouro, mas do homem que ama o ouro com um amor perverso e viola a ordem ao preferir uma porção de matéria à justiça, que é incomparavelmente superior. A luxúria não é um vício atribuível à beleza dos corpos, mas à alma que, sem temperança, prefere perversamente as voluptuosidades corporais às realidades espirituais, cuja beleza é mais durável e cujo desfrute é mais puro. Não se pode censurar a jactância à glória nem o orgulho ao poder, mas ao amor por um elogio recebido contra o testemunho da consciência, ou de um poder que se ergue acima de um poder mais legítimo. A malícia do ato nunca tange ao que seu objeto tem de bom, mas à perversão do

---

[34] *De civit. Dei*, XIV, 7, 2; t. 41, col. 410. Com este comentário: "Amor ergo inhians habere quod amatur, cupiditas est; id autem habens eoque fruens, laetitia est; fugiens quod ei adversatur, timor est; idque si acciderit sentiens, tristitia est. Proinde mala sunt ista, si malus amor est: bona, si bonus." Segue-se, desse texto, que *cupiditas* não significa necessariamente uma desordem da vontade (ainda que esse seja seu sentido mais comum: cf. p. 230, n. 13). É possível ter uma boa cupidez se o amor correspondente for bom. Toda a doutrina da *cupiditas* de são Bernardo supõe este sentido. Cf. S. BERNARDO, *De diligendo Deo*, cap. XV.

[35] Ver a discussão de Agostinho contra a *apatia* estóica: *De civ. Dei*, XIV, 8-9; t. 41, col. 411-417.

nosso amor por esse bem; nosso desvio, nesse caso, não é amar o bem, mas violar a ordem ao não preferir o melhor.[36]

A segunda conseqüência do mesmo fato é que, como todas as paixões estão unidas no amor do qual elas derivam, todas as virtudes são uma no amor que corrige essas paixões e as dirige para um fim legítimo. Por isso, a dependência recíproca e a inseparabilidade que elas têm.[37] Todo mundo concorda que a virtude é a única via que conduz à beatitude, fim da vida moral. Se o amor é, portanto, a vontade, a virtude suprema é também o amor supremo: *quod si virtus ad beatam vitam nos ducit, nihil omnino esse virtutem affirmaverim, nisi summum amorem*. Quanto às virtudes que se subordinam a isso, elas facilmente a isso se reduzem. A temperança é o amor que se dá total e inteiramente àquilo que ama; a força é o amor que suporta tudo facilmente em prol daquilo que ama; a justiça é o amor que serve apenas ao objeto amado e, por conseqüência, domina todo o resto; a prudência é o amor em seu discernimento sagaz entre aquilo que favorece e aquilo que dificulta. Desse modo, se dissermos que dois homens são iguais em força, mas que um deles a emprega com prudência, à força do outro faltará prudência e, por isso mesmo, a ela faltará força. Ao contrário, num amor perfeito pelo fim supremo, nenhuma discórdia, nenhuma desigualdade seria possível entre as virtudes. A temperança é um amor que se reserva inteiramente para Deus; a força suporta tudo com facilidade por amor a Deus; a justiça serve apenas a Deus e domina a partir disso, com retidão, tudo que está submetido ao homem; a prudência é um amor que sabe discernir o que a liga a Deus e o que a separa dele.[38] A idéia cen-

---

[36] "Ac per hoc qui perverse amat cujuslibet naturae bonum, etiamsi adipiscatur, ipse fit in bono malus, et miser meliore privatus". *De civit. Dei*, XII, 8; t. 41, col. 355-356. Sobre o papel que desempenha o fim na qualificação moral do ato, ver *Contra Academicos*, III, 16, 35; t. 32, col. 952-953, e os textos reunidos por B. ROLAND-GOSSELIN, *La morale de saint Augustin*, Paris, 1925, p. 94-101.

[37] *De Trinitate*, VI, 4, 6; vol. 42, col. 927.

[38] *De moribus eccles. catholicae*, I, 15, 25; t. 32, col. 1322. A definição da temperança como um amor total e sem reservas se explica pelo fato de que, quando Deus

tral da moral à qual somos conduzidos é o amor pelo bem supremo, ou seja, a caridade.[39]

3. A Caridade

A caridade é o amor pelo qual se ama o que se deve amar.[40] Como ela é o amor, a caridade deve poder ser assemelhada a um

---

é o objeto amado, *modus diligendi est sine modo diligere*. Sobre o desenvolvimento das noções de caridade e de liberdade que essa tese implica, ver adiante cap. II, § 3, "A Caridade", e cap. III, "A liberdade cristã".

[39] Quanto a esse assunto, bem como a outros, a terminologia de Agostinho é assaz flutuante. Tanto quanto for permitido julgar conforme textos muito diversos, o sentido mais geral da palavra "caridade" seria: "todo amor de uma pessoa para com outra pessoa (em oposição ao amor por coisas)." Partindo daí, distinguir-se-á: 1º caridade divina; 2º caridade humana. Na caridade humana distinguem-se também: 1º caridade lícita; 2º caridade ilícita (ver *Sermo 349*, I-III; t. 39, col. 1529-1531). Esse uso é sistemático e refletido em santo Agostinho. Para ele, como veremos, *caritas* = *dilectio*, e *dilectio* = *amor*; uma vez que, então, é possível haver amores bons ou maus, e deve haver caridades boas ou más. Nesse ponto, através de textos escriturais, ele se justifica contra o uso contrário de alguns escritores que ele não nomeia — *De civ. Dei*, XIV, 7, 2; t. 41, col. 410. Todavia, segundo o próprio Agostinho, "*amor*" é o termo que melhor convém para designar, ao mesmo tempo, o amor pelo bem e pelo mal; o termo "*dilectio*", embora aplicado ao amor desregrado, se formos rigorosos, designa o amor pelo bem "omnis dilectio, sive quae carnalis dicitur, quae non dilectio, sed magis amor dici solet (dilectionis enim nomen magis solet in melioribus rebus dici, in melioribus accipi)." *In Epist. Joan. ad Parthos*, VIII, 5; t. 35, col. 2038. O mesmo ocorre no que concerne à caridade; para evitar qualquer equívoco, nas passagens que se seguem, também limitaremos a extensão do conceito de caridade aos dois sentidos seguintes: amor lícito do homem pelo homem, amor do homem para com Deus ou de Deus pelo homem. Ademais, esses são os dois sentidos próprios do termo; Agostinho falou apenas excepcionalmente em "caridades ilícitas" (ver, para o emprego ordinário do termo, *In Joan. Evang. tract.* 87, 1; t. 35, col. 1852. *Adnot. in Job.*, t. 34, col. 878). Quando se emprega, em sentido estrito, o amor lícito pelo homem ou por Deus, todos os sentidos de caridade se unem, já que o amor lícito do homem é o amor que o homem tem para com Deus; *Sermo* 265, VIII, 9; t. 32, col. 1222-1223.

[40] "Et ut generaliter breviterque complectar quam de virtute habeam notionem, quod ad recte vivendum attinet, virtus est charitas, qua id quod dilligendum est diligitur." *Epist.* 167, 4, 15; t. 33, col. 739.

dos pesos que arrastam a vontade em direção a seu objeto. Em certo sentido, ela é análoga aos pesos que conduzem os corpos naturais para seu lugar de repouso;[41] estamos muito bem fundamentados para dizê-lo pois, em última análise, na verdade, é o amor divino que move os corpos físicos bem como as vontades humanas. Todavia, a despeito da diferença radical que distingue os movimentos naturais dos movimentos livres e voluntários, a caridade tende para Deus, que é uma pessoa, enquanto o corpo tende para seu lugar natural, que é uma coisa. Ora, não amamos uma pessoa como amamos uma coisa, pois amamos as coisas para nós, ao passo que amamos as pessoas por si mesmas. Na medida em que é possível dizer que um corpo ama seu lugar natural, ele deseja o seu próprio bem,[42] mas na medida em que o homem ama Deus, só pode querer o bem de Deus.

Ademais, essa diferença apenas coloca em evidência uma ambigüidade que é, de certo modo, essencial à noção de amor. Consideramos esse sentimento como um tipo de peso que conduz a vontade na direção daquilo em que ela se deleita; então, o amor busca o seu próprio deleite e, se ele move a vontade, é em prol dela e para proveito dela. O fato é tão manifesto que vimos Agostinho atribuir exatamente a mesma ação sobre a alma à faculdade da *delectatio*[43] e à vontade.[44] Por outro lado, já que o amor por alguém tende ao bem deste, como uma mesma vontade pode tender simultaneamente para dois fins diferentes, o seu bem e o bem de seu bem?

---

[41] *Conf.*, XIII, 7, 8; ed. Labriolle, t. II, p. 371.
[42] *In Epist. Joan. ad Parthos*, tr. VIII, 5; t. 35, col. 2038. Eis por que o amor das pessoas é apenas o que merece verdadeiramente o nome de amor: "Nihil enim aliud est amare, quam propter seipsam rem aliquam appetere." *De div. quaest.* 83; 35, 1; col. 40, col. 23.
[43] Gilson refere-se ao termo latino *delectatio*, sem equivalente na língua portuguesa. (N. da T.)
[44] Ver p. 257, nota 29.

Os elementos do ato moral

Para resolver essa dificuldade, primeiro, consideremos o caso relativamente simples em que aquilo que um homem ama é um outro homem, isto é, a caridade para com o próximo. É claro que, em caso parecido, aquele que ama caridosamente um outro homem não deixa de amar o seu próprio bem pelo fato de querer o bem de outrem. Amar com toda a alma a outro não é renegar-se nem se sacrificar a si mesmo, é amar a outro como a si mesmo, em pé de perfeita igualdade. Aquele que eu amo é igual a mim; eu sou igual àquele que amo e, por isso, eu o amo como a mim mesmo, tal como Deus o prescreveu.

A igualdade de tratamento entre quem ama e a pessoa amada aparece com evidência, por exemplo, no caso da caridade para com os pobres.

A Escritura diz que sempre haverá pobres entre nós, mas isso é um fato que ela constata, nada mais, e não devemos desejar que haja pobres para podermos exercer as obras de misericórdia. Damos pão a um faminto; está certo, mas seria melhor que não houvesse famintos e que não tivéssemos ninguém para quem dar. Vestem-se aqueles que estão sem vestimentas, e é necessário fazê-lo; mas, oxalá todos tivessem vestimentas e não fosse necessário vestir ninguém. Os deveres de caridade são necessários devido às necessidades que eles aliviam, mas suprimais a miséria, e tornareis inúteis as obras de misericórdia. E é necessário acreditar que o ardor da caridade se encontre apagado, ou mesmo amenizado? De modo nenhum. Ama-se mais um homem feliz e a quem não se poderia dar nada; a afeição que temos por ele é livre de todo pensamento dissimulado, pois se a damos para um pobre, isso pode ocorrer por desejo de humilhá-lo, dominá-lo, e de sujeitá-lo. O que é, portanto, necessário querer àquele que é amado é que ele seja nosso igual, *opta aequalem*, e que nós sejamos submissos, ele e nós, Àquele a quem nada se poderia dar.[45]

---

[45] In Epist. Joan. ad Parthos, tr. VIII, 4, 5; col. 2037-2039. Notar-se-á como essa concepção de caridade cristã envolve a noção de justiça, à qual freqüentemente nos aprazemos em opô-la. A concepção comumente conhecida hoje em dia,

A busca de Deus pela vontade

Inversamente, toda caridade para com outra pessoa quer também o seu próprio bem. Isso é muito evidente por si mesmo, uma vez que a definição de amor implica o desejo de um bem que se quer possuir; ora, nada se possuiria sacrificando-se para o objeto do amor. A observação o confirma. Com efeito, é manifesto que todo amor entre pessoas tende à reciprocidade. Aquele que ama exprime por signos o sentimento que o anima, na esperança de que lhe será entregue amor por amor. Se ele obtém êxito, ele se inflama mais quanto mais vê o amor se acender na alma de quem ama. Isso equivale a dizer que todo amor entre pessoas terminaria por se apagar, se não fosse de algum modo recompensado; esse sentimento não pode viver na ausência total de reciprocidade.

Isso não é tudo. O amor faz mais do que suscitar e requerer a presença do mesmo sentimento em duas pessoas diferentes, ele as unifica e faz com que elas parem, pelo menos numa certa medida, de ser duas. A partir de então, cada uma prova um sentimento que faz querer para a outra o que a outra quer para aquela; as vidas dos que se amam tendem progressivamente a ser apenas uma: *quid est ergo amor nisi quaedam vita duo aliqua copulans vel copulare appetens?*[46] Por isso o problema que buscávamos resolver aparece finalmente como ilusório. Amar o outro como a si mesmo não poderia implicar nenhuma contradição, pois o amor tende à unidade e nenhuma oposição é possível no interior do que é um.

Todavia, é evidente que tal solução do problema seja aplicável ao amor de Deus? Amar a outro por ele mesmo, é tratá-lo com uma igualdade tão perfeita que é confundir-se com ele; ele é um bem em si e um bem para nós, portanto, é seu bem e o nosso que se encontram envolvidos num mesmo amor. Mas, em se

---

de que a idéia cristã de caridade é uma idéia envelhecida e que os tempos modernos substituíram por um ideal de justiça, repousa sobre uma ignorância completa da doutrina cristã tal como Agostinho a interpreta. Por esse texto de Agostinho, vê-se que no ideal dito moderno da justiça não há mais justiça, mas menos caridade.

[46] *De Trinitate*, VIII, 10, 14; t. 42, col. 960. Cf. *Conf.*, IV, 6, 11; ed. Labr., t. I, p. 73-74.

tratando de Deus, não é *um* bem, é *o* bem que amamos. Ora, não somos o Bem, mas um bem particular entre muitos outros. Como seria possível tratá-lo em pé de igualdade? Para amar tal bem como ele merece, é necessário amá-lo absolutamente, sem igualdade, e, ao contrário, com completa desigualdade. A mesma justiça, que requeria a igualdade entre nós e o objeto de nosso amor no amor dos homens, exige que Deus seja o objeto de um amor absoluto, sem que nosso próprio bem possa entrar em comparação com ele. Aqui, portanto, a medida é amar sem medida: *ipse ibi modus est sine modo amare*.[47] Resta saber se ela é conciliável com a noção de amor e, também, se é possível dar esse nome a uma relação em que somos subordinados, diminuídos, aniquilados.

    Sobretudo nesse caso, renunciar a si é a melhor maneira de se satisfazer; perder sua alma é salvá-la. Com efeito, quando se ama um outro a fim de assegurar sua própria felicidade, é absurdo renunciar à reciprocidade e se aniquilar em proveito do objeto que amamos. A razão é clara: não há benefício que sobrepuje o que destruiríamos em nós se nos nadificássemos para colocar outrem em nosso lugar; mas ocorre de maneira muito diferente quando se trata do Bem absoluto. Possuí-lo é possuir tudo, conseqüentemente, para quem o tem é inútil ter outra coisa a mais; e, não obstante, isto não somente seria inútil, mas nocivo e, de certo modo, contraditório, pois quem pretendesse possuir o Bem absoluto e mais outra coisa, teria, na realidade, esse bem e menos aquilo que se pretenderia conservar; o benefício, que se esforçaria em guardar, serviria somente para afastar o Bem e impedir a adesão a ele. Assim, existe um caso, e único, em que a felicidade da alma exige que ela se esqueça inteiramente de si mesma e se renuncie: o amor de Deus. Único, esse amor deve ser plenamente gratuito para ser plenamente recompensado. O amor que se dá sem

---

[47] Essa fórmula, que será célebre na Idade Média, não é de Agostinho, mas de seu amigo Severino, que resumiu com uma expressão bastante feliz o pensamento de Agostinho: *Epist*. 190, t. 33, col. 419. Comparar com S. BERNARDO, *De diligendo Deo*, cap. I; ed. Watkin W. WILLIAMS, Cambridge, 1926, p. 9.

reservas e que, ao dar-se assim, assegura para si a posse do Bem, é precisamente a caridade.

Em santo Agostinho, essa doutrina não corresponde ao elã momentâneo de uma efusão mística; ela formula a exigência mais constante da vida cristã e por isso ele a pregava voluntariamente a todo seu povo: "Interrogai a vós mesmos, ponderai cuidadosamente o que tendes de caridade e, aquilo que encontrardes, acrescenteis. Tende cuidado com tal tesouro, pois ele é vossa riqueza interior. Todas as outras coisas de preço alto, dizemos que nos são caras e temos razão. Mas qual é o sentido dessa expressão familiar: 'isso me é mais caro do que aquilo'? O que quer dizer 'mais caro' a não ser 'mais precioso'? Mas se é o mais precioso que é o mais caro, o que há de mais caro que a caridade, meus Irmãos? Qual será, por exemplo, seu preço? Onde se encontrará algo que lhe pague? O preço do trigo se paga com vossa moeda; o preço de uma terra, com vosso dinheiro; o preço de uma pérola, com vosso ouro; mas o preço da caridade, convosco. Quando vós procurais o pagamento necessário para uma terra ou uma pérola, vós buscais e encontrais o necessário; mas se quereis comprar a caridade, é necessário que vós sejais buscados, é necessário que vós sejais encontrados. E por que vós temeis dar-vos a nós? Vós tendes, talvez, pavor de vos perderes ao dar-vos; mas é justamente ao não vos dar que vós vos perdeis. A Caridade ensina-o pela boca da Sabedoria; ela disse a palavra que era necessária para nos impedir de temer a palavra: 'Dê-te, tu mesmo'; pois aquele que quiser vender-vos uma terra vos dirá 'dê-me o teu ouro'; e se ele quisesse vender-vos outra coisa, diria 'dê-me teu dinheiro'. Escutai, portanto, o que diz a Caridade pela boca da Sabedoria: 'Meu filho, dê-me teu coração' (Pr 23,26). Ela nos diz 'Dê-me' o quê? 'Meu filho, teu coração'. Tudo estava mau quando esse coração dependia de ti e era para ti; tu te deixaras arrebatar por vaidades, por amores lascivos e perniciosos. Tira-o de lá. Mas aonde levá-lo? Onde colocá-lo? 'Dê-me teu coração', nos diz a Sabedoria; se ele estiver em mim, tu não o perderás. Vejais agora 'Tu amarás o Senhor teu Deus com todo teu coração e com toda tua alma e com todo teu pensamento'! Que permanecerá desse coração para se amar a si mesmo? O que permanecerá de tua alma? Que te pemanecerá de teu pensamento? *Ex toto*, nos diz Deus. É tudo que Aquele que te criou te exige".[48]

Totum exigit te, qui fecit te. Se tal é o caráter absoluto de sua exigência, a caridade não tem um lugar em particular na vida moral do homem, ela é essa vida moral. Um amor para com Deus que começa, é, para a alma, o começo de sua justificação: se seu amor progride, a justiça cresce proporcionalmente; se o amor torna-se perfeito de uma vez, a justiça da alma é perfeita.[49] Entendamos essa doutrina em seu sentido pleno: um amor para com Deus integralmente realizado confunde-se com uma vida moral integralmente realizada. Assim, com efeito, amar absolutamente o Bem absoluto e, conseqüentemente, possuí-lo sem reservas não é a beatitude e o termo mesmo de toda vida moral? Isso é tão verdadeiro que um amor por Deus que chegou a seu ponto de perfeição ocuparia e preencheria completamente a alma inteira. Por definição, não haveria mais nenhum lugar nessa alma para nada de outro; tudo o que ela faria, portanto, faria por pura caridade; cada um de seus atos, qualquer que fosse, partiria de um amor perfeito e absoluto por Deus, de modo que tudo o que ela fizesse seria bom, de uma bondade infalível. *Dilige, et quod vis fac*:[50] amai, nos diz santo Agostinho, e fazei em seguida o que quiserdes.

Tese de uma verdade absoluta, mas que vale apenas para uma caridade perfeita. No caso de uma caridade imperfeita — e quem ousaria se gabar por amar Deus com um amor totalmente

---

[48] *Sermo 34*, IV, 7; t. 38, col. 211-212. Cf. *Sermo 91*, III, 5; t. 38, col. 568. *Sermo 334*, 3; t. 38, col. 1469. *Epist. 155*, IV, 14-15; t. 33, col. 672-673.

[49] "Charitas ergo inchoata, inchoata justitia est; charitas provecta, provecta justitia est; charitas magna, magna justitia est; charitas perfecta, perfecta justitia est". *De natura et gratia*, LXX, 84; t. 44, col. 290. Sobre a ordem a ser seguida para adquirir a caridade (portanto, a Sabedoria) a partir do medo de Deus, ver o método descrito no *De div. quaest. 83*, 36; t. 40, col. 25-27.

[50] *In Epist. Joan. ad Parthos*, VII, 8; t. 35, col. 2033.

despojado? —, a tese seria verdadeira apenas relativamente e na proporção exata do grau dessa caridade. Quem pretenderia, portanto, nessa vida ter vencido tão completamente toda cupidez que somente a caridade preencheria integralmente sua alma?[51] Bem longe de autorizar um abandono fácil na direção de si e que faz desviarem as melhores almas, o preceito de Agostinho permanece como expressão de um ideal inacessível em sua pureza; ele significa o dever que nos incumbe de fazer com que nossas almas sejam cada vez mais impregnadas com a caridade que, na medida mesma em que esta sobrepuja a cupidez em nós, permite que nos abandonemos aos movimentos de uma vontade santificada em sua raiz e que, a partir de então, só poderia trazer bons frutos.[52]

A segunda conseqüência dessa doutrina é que, ao situar a caridade no princípio de toda vida moral, não estamos na direção da supressão da moral, isto é, na direção da supressão dos preceitos morais em benéfico de um único, nem mesmo na direção da supressão das virtudes em benefício de uma única. A caridade consuma as virtudes, não as consome, e, se é verdade que é suficiente possuí-la plenamente para ter todas as outras, é porque ela as implica e as enuncia em vez de dispensar-nos delas.[53] Enfim, pela mesma razão e exatamente no mesmo sentido, nos enganaríamos buscando no agostinianismo a justificação de qualquer quietismo em que o amor dispensaria as obras, pois ele é a exata condenação disso. Tal como concebe Agostinho, o amor é essencialmente ativo, princípio de movimento e de operação; já que a caridade é, portanto, o amor, basta ela ser posta para vê-la se desenvolver espontaneamente nas obras meritórias e fecundas:

---

[51] *Epist.* 167, IV, 15; t. 33, col. 739.
[52] A esse título, a caridade se opõe exatamente à cupidez: "Quo modo enim radix omnium malorum cupiditas, sic radix omnium bonorum charitas est". *Enar. In Ps.* 90, 1, 8; t. 37, col. 1154. Cf. *Liber de gratia Christi*; XVIII, 19-XX, 21; t. 44, 370.
[53] *Enarr. In Psalm.* 31, 5; t. 36, col. 260-261. *Enarr. in Psalm.* 121, 1; t. 37, col. 1618.

charitas... ubi fueri necesse est ut operetur.⁵⁴ Daí se estabelece sem esforço uma relação íntima entre o que há de mais abstrato na vida moral, o amor puro, e o que há de mais concreto na particularidade de nossa atividade cotidiana; o amor por Deus espontaneamente desabrocha nos atos que o exprimem e, portanto, toda a moralidade inevitavelmente deve daí se desenvolver.

    Chegando a esse ponto, enfim descobrimos a fonte profunda de onde jorra a vida moral em sua indivisível unidade. O que é Deus? O Bem absoluto, objeto de amor perfeito e, conseqüentemente, de caridade. Mas o que também é Deus? O amor perfeito que ele tem por sua perfeição suprema e, também, por sua Caridade. Tal é a definição que nos dá a Escritura: *Deus charitas est*.⁵⁵ Ademais, uma conseqüência nova aparece com plena evidência: Deus é caridade, a vida moral é caridade. Portanto, é necessário que Deus esteja em nós, que ele circule, por assim dizer, em nós, como uma água viva da qual se soltam a uma só vez nossas virtudes e nossos atos. Para vivermos da caridade, é necessário que, ao mesmo tempo que tendemos para Deus, isto é, em sua direção, já possuamos uma garantia da beatitude futura, ou seja, possuamos Deus. Com efeito, a caridade não é somente isso pelo quê obteremos Deus, é Deus já possuído, obtido e, por assim dizer, circulando em nós pelo dom de si mesmo que ele nos concedeu.⁵⁶ Logo, a caridade é como o penhor da posse divina e mais do que um

---

⁵⁴ *Ibid.*, 31, 6; col. 261.
⁵⁵ I *Jo* 4, 8. Em santo Agostinho, há dois sentidos da palavra "caridade": a Caridade substancial e subsistente, que é Deus, e a caridade que é o amor por Deus na alma, ou a alma mesma enquanto é amor por Deus: "Deus igitur et animus quo amatur, charitas proprie dicitur purgatissima et consummata, si nihil aliud amatur: hanc et dilectionem dici placet." *De div. quaest. 83*, 36, 1; t. 40, col. 25. *Sermo 21*, 2; t. 38, col. 143. "Charitas usque adeo est donum Dei ut Deus vocetur." *Sermo 156*, 5; t. 38, col. 852. Ver também *De Trinitate*, XV, 19, 37; t. 42, col. 1086, onde a apropriação da caridade pelo Espírito Santo é claramente exposta. Cf. S. BERNARDO, *De diligendo Deo*, XII; ed. cit., p. 61, linhas 1-2.
⁵⁶ "Deambulat autem in nobis praesentia majestatis, si latitudinem invenerit charitatis... Si dilatemur, deambulat in nobis Deus: sed ut dilatemur, operetur ipse Deus." *Sermo 163*, 1, 1; t. 38, col. 889.

penhor, pois um penhor pode ser tomado de volta, ao contrário, a caridade de Deus é dada de uma vez por todas e não mais se retoma. Não se diz, então, que dela temos o penhor, mas sim um pagameno da beatitude futura; quer dizer um presente que não será tomado de volta, como um pagamento que será completado e perfeito: nós temos a caridade; mais tarde teremos a Caridade.[57] Como é possível a posse de Deus no amor, por mais incompleta que seja ao homem daqui de baixo, é o que a doutrina da graça permite explicar.

---

[57] *Sermo 23*, cap. VIII; t. 38, col. 158-159. Dessa concepção de caridade se desdobram dois corolários: Primeiro, da fé, da esperança e da caridade; esta última é a única virtude que não morrerá, posto que ela é o penhor da beatitude (*Sermo 158*, 9; t. 38, col. 167); Segundo, correlativamente, sendo o dom de Deus possuído pela alma, a caridade é o maior dom que Deus pôde nos outorgar (*Sermo 145*, 4; t. 38, col. 793. Cf. são Paulo, 1 *Cor* 13, 1-3).

III. A LIBERDADE CRISTÃ

O papel da graça é concebido somente em função dos males para os quais ela é o remédio. Primeiro, há uma insuficiência radical; depois, uma desordem possibilitada por essa insuficiência; em resumo, há o mal. A existência do mal coloca um problema que atormentou Agostinho longamente, desde sua conversão.[1] Se a palavra "Deus" tem um sentido, só pode significar um ser perfeito, autor responsável de todas as coisas. Ora, dizer que há um mal no homem é admitir a imperfeição do universo. Como conciliar a imperfeição da obra com a perfeição do obreiro e como remediar isso?

1. O mal e o livre-arbítrio

O problema depende essencialmente da metafísica, pois a vontade humana é apenas um fragmento da ordem universal. Para resolvê-lo é necessário partir da consideração do ser.

Deus é, por definição e em virtude das provas que estabelecem sua existência, o soberano bem. Sendo o bem supremo, não há nenhum bem acima ou fora dele. Assim, Deus não pode mudar uma vez que, não havendo qualquer bem a ser adquirido, ele não tem nada a perder nem a ganhar. Isso é o que exprimimos dizen-

---

[1] Ver *Conf.*, VII, 3, 4-5, ed. Labr., t. I, p. 148-149. Sobre essa questão, ver o estudo detalhado de R. JOLIVET, "Le problème du mal chez saint Augustin". In: *Études sur saint Augustin*, (Arch. de Philos., VII, 2, 1930), p. 1-104.

do que Deus é imutável e eterno. As criaturas, ao contrário, só existem por ele, mas não são dele. Se fossem dele, elas seriam idênticas a ele, ou seja, não mais seriam criaturas. A origem delas, sabemos, é totalmente outra. Criadas, elas foram tiradas do nada por ele. Ora, o que vem do nada não participa somente do ser, mas do não ser. Logo, nas criaturas há um tipo de falta original que, por sua vez, engendra a necessidade de adquirir e, conseqüentemente, de mudar. Tal é a origem metafísica de sua mutabilidade.[2] É o que quer exprimir a filosofia de Platão ao dizer que as coisas não podem ser ditas absolutamente ser nem não ser: *nec ommino esse nes omnino non esse*.[3] A dificuldade é precisar a relação do ser com o não-ser em cada caso particular.

Para sair do embaraço, basta constatar os atributos universais que fazem as coisas criadas serem boas. Qualquer que seja a substância que consideremos, espiritual ou corporal, Deus lhe conferiu a medida, a forma e a ordem (*modus, species, ordo*). Se essas três perfeições forem grandes, a criatura que as possui será um bem grande; se forem modestas, essa criatura será apenas um bem pequeno; se forem nulas, a criatura não será nenhum bem.

---

[2] "Summum bonum, quo superius non est, Deus est: ac per hoc incommutabile bonum est; ideo vere aeternum et vere immortale. Caetera omnia bona non nisi ab illo sunt, sed non de illo. De illo enim quod est, hoc quod ipse est: ab illo autem quae facta sunt, non sunt quod ipse. Ac per hoc si solus ipse incommutabilis, omnia quae fecit, quia ex nihilo fecit, mutabilia sunt." *De natura boni*, I, t. 42, c. 55 (Deus é dito "verdadeiramente imortal", por oposição à alma que, não o sendo por si mesma, é apenas enquanto criada por Deus. Ver anteriormente p. 114-115). *Enchiridion*, XII, 4; t. t, c. 236-237. *Contra Secundinum manichaeum*, VIII; t. 42, c. 584. Quanto à influência dessa doutrina em Descartes, ver Ét. GILSON, *La liberté chez Descartes et la théologie*, 1913, p. 211-235. *De natura boni*, X, t. 42, c. 544.

[3] *Conf.* VII, 11, 17; ed. Labr., t. I, p. 162. *De natura boni*, X, t. 42, c. 544. Parece que Agostinho conservou algo da identificação platônica entre existência e imutabilidade. O Deus de Agostinho é o Deus cristão na medida em que ele é o Ser, mas a noção de existência, característica de Jeová, é interpretada por ele como um tipo de energia de imutabilidade. Ver *De Trinitate*, XV, 2, 3; t. 42, c. 912.

Mas a natureza é proporcional ao bem; assim, medida, forma e ordem superiores implicam uma natureza superior; inferiores, supõem uma natureza inferior; nulas, correspondem a uma natureza nula. Ora, *nulla natura* é, como queiramos, natureza nula ou nula natureza; de todo modo, é o nada. Assim, dado que toda natureza consiste em três perfeições, toda natureza é boa por definição.[4]

Se assim é o bem, o mal só pode ser a corrupção de uma das perfeições na natureza que as possui. A natureza má é aquela em que medida, forma ou ordem estão corrompidas, e ela é má somente na exata proporção do grau de sua corrupção. Não corrompida, essa natureza seria toda ordem, forma e medida, quer dizer, boa; mesmo corrompida, ela permanece boa enquanto natureza e é má apenas no tanto em que é corrompida.[5] Essa relação do mal com o bem num sujeito é exprimida ao se dizer que o mal é uma *privação*. Com efeito, ele é a privação de um bem que um sujeito deveria possuir, uma falta de ser o que ele deveria ser e, por conseguinte, um puro nada.[6]

Em conseqüência dessa doutrina, não basta admitir que os maniqueus erraram ao considerar o mal como um ser, visto que é uma pura ausência de ser; é preciso ir mais longe e dizer que, sendo nada por definição, o mal sequer pode ser concebido fora de um bem. Para que haja um mal, é necessário que haja privação; portanto, é necessário que haja uma coisa privada. Ora, enquanto tal, essa coisa é boa e somente enquanto privada é má. O que não é não tem defeitos. Assim, cada vez que falamos do mal, supomos implicitamente a presença de um bem que, não sendo tudo que deveria

---

[4] *De natura boni*, III; t. 42, c. 553 e XXIII, c. 558.
[5] *De natura boni*, IV; t. 42, c. 553 e VI, c. 553-554.
[6] "... quia non noveram malum non esse nisi privationem boni usque ad quod omnino non est". *Conf.*, III, 7, 12; ed. Labr., t. I, p. 54. "Quid est autem aliud quod malum dicitur, nisi privatio boni?". *Enchiridion*, XI; t. 40, c. 236.

ser, é, por isso, mau. O mal não é somente uma privação, é uma privação que reside num bem como em seu sujeito.[7]

Agostinho não se contentou em afirmar essa tese geral, ele aplicou-a especificamente ao caso do mal voluntário, que é o pecado. Com efeito, o ato voluntário e livre pode ser assimilado por uma substância qualquer, que seja dotada de medida, de forma e de ordem. Se essas perfeições não são o que deveriam ser num ato determinado, então, ele se ocorre imperfeito, portanto mau. Mas, aqui também, a malícia do ato está somente nisso de que ele se encontra privado; se ele não fosse nada, não estaria privado de nada. Uma vontade má é, portanto, uma vontade que, enquanto tal, é boa, mas à qual falta ser plenamente o que deveria ser; aqui, não mais do que em outros lugares, o mal não pode existir fora do bem.[8]

Uma vez colocados esses princípios, torna-se possível explicar a presença do mal no mundo. Ao manifestar sua natureza puramente privativa, eles liberam Deus da censura de tê-los criado, pois o que não é nada não pode ter sido criado; provam também que, no criar de Deus, o mal seria inevitável, pois criar é tirar do nada e o que vem do nada é corruptível; enfim, eles permitem resolver este difícil problema: se a criação *ex nihilo* implicasse necessaria-

---

[7] "Natura humana, etsi mala est, quia vitiata est, non tamen malum est, quia natura est. Nulla enim natura, in quantum natura est, malum est, sed prorsus bonum, sine quo bono ullum esse non potest malum". *Op. imperf. Cont. Julianum*, III, 206; t. 45, c. 1334. Por analogia, o erro é somente uma ausência de ser num pensamento que concebe as coisas diferentemente do que elas são. Logo, jamais há falsidade nas coisas; o verdadeiro é; o falso não é. *Soliloq.*, II, 3, 3; t. 32, c. 886-887. II, 4, 5; col. 887. II, 5, 8; c. 889. *Conf.*, VII, 15, 21; ed. Labr., t. I, p. 165.

[8] "Porro mala voluntas, quamvis non sit secundum naturam, sed contra naturam, quia vitium est; tamen eius naturae est, cuius est vitium, quod nisi in natura non potest esse; sed in ea, quam creavit ex nihilo ...". *De civitate Dei*, XIV, 11, 1; t. 41, c. 418. "ut ... bona tamen sine malis esse possint, sicut Deus ipse verus et summus ...; mala vero sine bonis esse non possint, quoniam naturae, in quibus sunt, in quantum naturae sunt, utique bonae sunt". *Ibid.*, c. 418. *De lib. arb.*, II, 17, 46; t. 32, c. 1265-1266.

mente o mal, não seria melhor nada criar? Para discutir essa última questão, é bom distinguir entre o mal natural e o mal moral. Então, ela se subdivide em duas outras: por que criar naturezas corruptíveis? Por que criar vontades falíveis?

Quanto ao que concerne ao mal natural, bastará lembrarmos de que as coisas, na medida em que são, só podem ser consideradas boas. Sem dúvida, elas nascem, corrompem-se e morrem. O universo é o teatro das destruições contínuas que, no caso dos seres vivos e do homem em particular, são acompanhadas pelos mais cruéis sofrimentos, agonias e lutos. Entretanto, não é necessário esquecer que cada um dos seres, que se colocam uns nos lugares dos outros, é em si um bem real e que sempre os seres são bens que perpetuamente se sucedem no teatro do universo. No mais, há uma beleza e uma perfeição na sucessão deles e podemos encontrar uma razão satisfatória para a destruição violenta de muitos. Por mínima que seja a perfeição de cada coisa, isso se deve somente ao que ela tem de bom e ao que, segundo Deus, ela deve ter. Foi ele também que dispôs todas as coisas de maneira que as fracas cedam lugar às fortes, as menos fortes às mais fortes e as coisas terrestres aos corpos celestes, que são superiores a elas. Enfim, ao sucederem-se umas às outras, na medida em que desaparecem e se recolocam, as coisas engendram uma beleza de um gênero distinto do que se oferece aos nossos olhos no espaço. Trata-se, por assim dizer, de uma beleza que ocorre no tempo. Aquilo que morre ou cessa de ser o que era não enfeia nem desonra a ordem ou o equilíbrio do universo; muito pelo contrário, do mesmo modo que um discurso bem composto é belo, ainda que as sílabas e os sons que o compõem corram sem cessar, como se cada um morresse para deixar nascer aquele que o substituirá; também o universo dura à maneira de um poema cujo desenvolvimento faz sua beleza.[9]

---

[9] *De natura boni*, VIII; t. 42, c. 544. Sobre a beleza da ordem universal, *De civitate Dei*, XII, 4-5; t. 41, c. 351-353. Os argumentos pelos quais Agostinho mostra que a imperfeição de detalhes concorre com a harmonia do conjunto serão retomados à exaustão no decorrer da Idade Média: *De ordine*, I, 1, 2; t. 32,

A busca de Deus pela vontade

Quanto ao que concerne o mal moral, o problema parece mais difícil de ser resolvido. Se as ações dos homens não são sempre o que deveriam ser, sua vontade é a responsável. O homem escolhe livremente suas decisões e é por ser livre que é capaz de fazer mal. A questão é, portanto, saber como um Deus perfeito pôde doar-nos o livre-arbítrio, ou seja, uma vontade capaz de fazer o mal.

Assim colocado, o problema volta a ser saber se e em que medida a vontade livre pode ser contada entre o número dos bens. A resposta para essa questão não poderia ser diferente da que concerne aos objetos corporais. No mundo dos corpos, há muitas coisas das quais podemos fazer mau uso; isso não é razão para dizer que elas são más e que Deus não deveria tê-las nos dado, pois, tomadas em si mesmas, elas são bens. Por que não haveria na alma bens do mesmo gênero, ou seja, dos quais poderíamos fazer mal uso e que, contudo, uma vez que são bens, não podem ter sido dados a nós senão pelo autor de todo bem? É uma grave diminuição para um corpo humano ser privado de suas mãos; as mãos são algo bom e útil; contudo, aquele que comete com elas ações criminosas ou vergonhosas usa-as mal. Um corpo humano sem pés seria evidentemente muito imperfeito e, contudo, quem se serve dos seus para ir prejudicar outrem ou para desonrar a si mesmo, faz deles mau uso. O que é verdadeiro para esses órgãos é também para todos os outros, por exemplo, os olhos e, por isso, podemos dizer o mesmo sobre a vontade. Tomada em si mesma, ela é boa, pois é aquilo sem o que ninguém poderia levar uma vida direita; portanto, ela nos vem de Deus e deveríamos reprovar aqueles que a usam mal, não aquele que a deu para nós.[10]

---

c. 979. *De musica*, VI, 11, 30; t. 32, c. 1179-1180. *De civitate Dei*, XI, 22; t. 41, c. 335-336, com a crítica de Orígenes na seqüência. Quanto à influência dessa doutrina nos metafísicos posteriores, ver Ét. GILSON, *La liberté chez Descartes et la théologie*, Paris F. Alcan, 1913; p. 211-235.

[10] *De lib. arb.*, II, 18, 48; t. 32, c. 1266. Nesse sentido, a existência dos pecadores contribui para a perfeição do universo (*Enchiridion*, 96, 24; t. 40, c. 279; e 100, 26; c. 279), mas eles não contribuem como pecadores; contribuem como vonta-

A liberdade cristã

Talvez sejamos tentados a resistir a essa conclusão como puramente dialética e abstrata. Ademais, dar-nos uma vontade capaz de fazer o mal não seria nos dar um dom tão perigoso que ele somente constituiria um verdadeiro mal? É verdade que toda liberdade encerra um perigo, mas a nossa é também a condição necessária para o maior dos bens que pode nos acontecer: a beatitude. Em si, a vontade livre não poderia ser um mal; tampouco é um bem absoluto, como a força, a temperança ou a justiça, dos quais não se poderia fazer mau uso sem destruí-los; ela é um tipo de bem mediano, cuja natureza é boa, mas cujo efeito pode ser mau ou bom segundo a maneira pela qual o homem o usa.[11] Ora, o uso do livre-arbítrio está à disposição do próprio livre-arbítrio. Fonte de toda ciência, a razão conhece a si mesma; conservadora de todas as lembranças, a memória lembra-se de si mesma; mestra de todas as coisas de que dispõe livremente, a vontade livre é igualmente mestra de si mesma.[12] Logo, dela, e só dela, depende o mau uso do bem que ela é.

Por outro lado, a possibilidade desse mau uso seria necessariamente a condição do bom, e da felicidade que esse bom uso implica. Quando se apega ao bem imutável e universal, que é a verdade, para fruí-lo, nossa vontade possui a vida feliz, que é o bem supremo do homem. Ora, essa beatitude não é idêntica à Verdade, da qual ela é apenas a posse individual. Por adesão a uma única e mesma Verdade e a uma única e mesma Sabedoria comuns a todos, todos os homens tornam-se felizes e sábios; mas um homem não pode ser feliz pela beatitude de outro homem,

---

des livres e capazes de pecar ou não pecar: *De lib. arb.*, III, 9, 26; t. 32, c. 1283-1284. III, 11, 32-33; t. 32, c. 1287-1288.

[11] *De lib. arb.*, III, 19, 50; t. 32, c. 1267-1268. Ver o resumo excelente dado nas *Retract.*, I, 9, 6; t. 32, c. 598.

[12] "Noli ergo mirari si, caeteris per liberam voluntatem utimur, etiam ipsa libera voluntate per eam ipsam uti nos posse; ut quodammodo se ipsa utatur voluntas quae utitur caeteris, sicut seipsam cognoscit ratio, quae cognoscit et caetera." *De lib. arb.*, II, 19, 51; t. 32, c. 1268.

tanto menos pode ser prudente, justo ou forte pela prudência, pela justiça ou pela força de outrem.[13] Eis por que é necessária ao homem uma vontade pessoal e livre, bem médio em si mesmo, que permaneça livre para se voltar ao bem supremo e para possuí-lo na beatitude, ou para afastar-se dele para gozar de si mesmo e das coisas inferiores, no que consiste o mal moral e o pecado. Aversão ao Soberano Bem e conversão aos bens secundários, são, em suma, os dois atos livres que decidem nossa felicidade ou infelicidade eternas.[14]

É assim, diríamos, mas como é possível que a vontade tenha optado pelo pecado? Deus é a causa de tudo; então, ele é causa do movimento de aversão pelo qual o livre-arbítrio se desvia do bem supremo para se apegar aos bens inferiores, e, uma vez que esse movimento é indubitavelmente um pecado, segue-se que Deus é a causa do pecado. Ora, se esse movimento não vem de Deus, de onde vem? A única resposta sincera que podemos dar a essa questão é que nada sabemos; não se trata de ignorarmos onde se encontra o verdadeiro responsável, mas de não podermos conhecer o que não é nada. *Sciri enim non potest quod nihil est.* Qual é o sentido metafísico dessa resposta?

Todo bem vem de Deus; toda natureza é um certo bem; logo, toda natureza vem de Deus. Essa conclusão absoluta se aplica tanto às coisas sensíveis como às coisas inteligíveis. Vemos um ser em que se encontram medida, ordem e número, não hesitamos em reconhecer que Deus é seu autor. Despojamos desse ser, ao contrário, o que ele tem de medida, de ordem e de número; se os retiramos completamente, não restará absolutamente nada. Enquanto subsiste um rudimento de forma, por mais grosseiro e imperfeito que possa ser, permanece um começo de bem que, como um tipo de matéria, poderá progressivamente ser conduzido à sua perfeição. Assim, um esboço de ser é um certo bem, a supres-

---

[13] *De lib. arb.*, II, 19, 52; t. 32, c. 1268.
[14] *De lib. arb.*, II, 19, 52-53; t. 32, c. 1268-1269.

são total do bem equivale por definição a uma supressão total de ser. A partir disso, então, torna-se contraditório imaginar uma causa positiva, tal como Deus, na origem do movimento de aversão pelo qual a vontade livre se desvia dele. Sem dúvida, Deus criou a vontade mestra de si mesma e capaz de se apegar ao soberano bem ou de se desviar deste; mas se a vontade assim criada *poderia* se desligar de Deus, ela não *deveria*; sua queda, uma vez que ocorreu, não foi a queda natural e fatal de uma pedra que cai, mas a queda livre de uma vontade que se abandona.[15] Simples defeito, falta de ordem e, por conseqüência, falta de ser, o movimento da queda original não tem outra origem a não ser o nada, ou seja, o não-ser. Como, não sendo nada, o pecado teria uma causa eficiente? É apenas uma deficiência de causa que pode ser posta em questão. Buscar a causa de uma falta ou de uma falta de ser é buscar uma causa positiva do silêncio ou das trevas. O silêncio é apenas uma ausência de som; as trevas são apenas uma ausência de luz;[16] paralelamente, poderíamos dizer, o pecado é em nossa vontade tão-somente uma ausência de amor por Deus. Mutável, porque criada do nada e, conseqüentemente, imperfeita, nossa vontade somente pôde ter se deixado cair do criador às criaturas para introduzir em si e no universo a desordem inicial do pecado.[17] Acrescentemos que para reparar essa desordem, da qual Deus não é responsável de modo algum, ele vem a nosso socorro; ele estende a mão ao homem decaído para reerguê-lo do pecado e recria, pela graça, a ordem primitiva destruída pelo pecado.[18]

---

[15] *De lib. arb.*, III, 1, 2; t. 32, c. 1271. *De div. quaest. 83*, qu. I-IV; t. 40. c. 11-12.

[16] "Nemo igitur quaerat efficientem causam malae voluntatis; non enim est efficiens, sed deficiens: quia nec illa effectio, sed defectio. Deficere namque ab eo quod summe est, ad id quod minus est, hoc est incipere habere voluntatem malam. Causas porro defectionum istarum, cum efficientes non sint, ut dixi, sed deficientes, velle invenire tale est, ac si quisquam velit videre tenebras, vel audire silentium ...". *De civitate Dei*, XII, 7; t. 41, c. 355.

[17] *De civitate Dei*, XII, 8; t. 41, c. 355

[18] *De lib. arb.*, II, 20, 54; t. 32, c. 1270.

2. O pecado e a graça

Sendo o soberano bem, Deus se basta; assim, é livremente e gratuitamente que ele dá tudo o que dá e, nesse sentido, não há qualquer uma de suas obras que não seja uma graça. Para ser, o homem não deveu merecê-lo, pois, para merecer, primeiramente teria sido necessário que fosse. Ora, não sendo, não obstante, ele foi feito; e não apenas feito como uma pedra ou um animal, mas feito à imagem de seu criador. Nesse sentido impróprio, a natureza seria, então, uma graça,[19] mas uma graça universal e comum a todos, por assim dizer. Acima dela encontra-se outra muito diferente: não mais aquela pela qual o Verbo eterno nos fez todos homens, mas aquela pela qual o Verbo encarnado fez de certos homens seus fiéis.[20] É a graça propriamente dita. É importante conhecer ambas, compreender sua necessidade e descrever seus efeitos.

Sendo absolutamente livre em seu ato criador, Deus poderia, se quisesse, criar o homem no estado no qual o vemos presentemente. Não teria havido nada de indigno em Deus ao querer fazer as almas tais como são atualmente as nossas, certamente ignorantes, mas dotadas de uma luz natural, que permite que se liberem progressivamente das trevas da ignorância, e de uma vontade capaz de adquirir todas as virtudes.[21] Entretanto, Deus não o quis. O estado no qual ele criou o homem era em muito supe-

---

[19] "Communis est omnibus natura, non gratia. Natura non putetur gratia; sed et si putetur gratia, ideo putetur gratia quia et ipsa gratis concessa est" *Sermo* 26, IV, 4; t. 38, c. 172-173. Cf: "... illam generalem gratiam... qua creatus est homo..." *ibid.*, VIII, 9; c. 174-175. Cf.: *Retract.*, XXV; t. 32, col. 624, que remonta à *Epistolae ad Romanos inchoata expositio*, t. 35, col. 2087.

[20] "Excepta ergo illa gratia, qua condita est humana natura (haec enim Christianis Peganisque communis est), haec est major gratia, non quod per Verbum homines creati sumus, sed quod per Verbum carnem factum fideles facti sumus." *Sermo* 26; V, 6; t. 38, c. 173.

[21] Trata-se da hipótese vislumbrada no *De libero arbitrio*, III, 20, 56; t. 32, c. 1298; ela é confirmada nas *Retract.*, I, 9, 6; t. 32, c. 598: "... quamvis ignorantia et

rior a seu estado presente. Antes do pecado o homem levava uma vida cuja essência mesma era seu amor pacífico por Deus. Amando Deus sem esforços, o homem não cometia pecado algum; não estava submetido a nenhum mal, a nenhuma dor, a nenhuma tristeza; ele era, portanto, incorruptível e imortal.[22] Além desse estado de paz perfeita – *summa in carne sanitas, in anima tota tranquilitas* – o primeiro homem desfrutava de uma luz clara em seu pensamento. Não somente estamos no direito de conjeturá-lo partindo do fato de que Adão foi criado sem imperfeições naturais, mas também a Escritura diz expressamente que ele impôs nomes a todas as espécies de animais, indício não desprezível de sabedoria.[23] Enfim, possuindo uma ciência entendida, sem ter penado para adquiri-la, o primeiro homem evitava espontaneamente o erro. A pena na conquista do saber, a ignorância e o erro que se misturam ao saber penosamente conquistado, não estão ligados à instituição primeira de nossa natureza, eles são os castigos do pecado.[24]

O que significa, então, o estado de natureza nessa doutrina? Pelo que podemos julgar segundo a análise dos textos, não implica em grau nenhum um direito da criatura, seja moral e fundado em seus méritos – o que é evidente –, seja metafísico e fundado na definição de sua essência, o que pelo menos é provável. Agostinho claramente pautou o primeiro ponto, assim como acabamos de ver; pautou o outro por preterição, seja porque não tenha percebido claramente a natureza do problema, seja porque o transpôs conscientemente para um plano diferente do nosso. Não se encontra nele, pelo menos em nosso conhecimento, definição do que a essência metafísica do homem possa ter implicado como pertencente por direito à sua natureza; o ponto de vista em

---

difficultas, etiamsi essent hominis primordis naturalia, nec si culpandus, sed laudandus esset Deus..."
[22] *De civitate Dei*, XIV, 10; t. 41, c. 417. Cf. XIV, 26; c. 434-435. *De genesi ad litt.*, XI, 1, 1; t. 44, c. 781.
[23] *Op. imperf. Cont. Julianum*, V, 1; t. 45, c. 1432.
[24] *De lib. arb.*, III, 18, 52, t. 32, c. 1296.

que ele constantemente se coloca é histórico e puramente de fato. Deus criou o homem num certo estado de natureza; se o tivesse criado num outro estado, inferior, teria havido um outro estado de natureza;[25] no fim das contas, tanto um como outro seriam apenas um dom gratuito de Deus.

Não poderíamos ficar surpresos ao ver santo Agostinho atribuir sucessivamente à graça todos os dons que constituem a instituição primeira da natureza. Criado por Deus no estado de retidão, assim como ensina a Escritura (*Ecl* 7,30), gozava a perfeita subordinação de seu corpo à sua alma somente como um dom gratuito do criador. O amor (*amor impertubatus*) pelo qual o homem aderia a Deus como ao seu bem, e do qual decorriam

---

[25] As diferenças entre o agostinianismo e o tomismo que a adoção desse ponto de vista acarreta aparecem plenamente no notável trabalho de J.-B. KORS, *La Justice primitive et le péché originel d'après S. Thomas* (Bibliothèque Thomiste, II), Le Saulchoir, 1992, p. 7-22. Notadamente esta observação: "Teoricamente, portanto, santo Agostinho não coloca a questão da pura natureza. Ele considera somente o fato de que Deus criou o homem na retidão" (p. 11). Não conhecemos nenhum texto que vá contra essa asserção, tampouco que autorize limitá-la. Do mesmo modo, também: "Assim, ele (Agostinho) não considera a natureza em sua constituição essencial, mas tal como ela foi criada por Deus. Esta é, para ele, a verdadeira natureza, no sentido próprio da palavra" (p. 10); asserção que justifica este texto decisivo: "... naturam, qualis sine vitio primitus condita erat: ipsa enim vere ac proprie natura hominis dicitur". *Retract.*, I, 10, 3; t. 32, c. 600. O outro sentido, impróprio segundo santo Agostinho, da palavra "natureza" é aquele que designa outro estado de fato, no qual nascemos depois do pecado: "Translato autem verbo utimur, ut naturam dicamus etiam, qualis nascitur homo..." *Ibid*. Em tudo isso não há traço da natureza pura tomista, cuja definição filosófica se funda na essência do homem, e que o pecado não poderia ter corrompido sem destruir totalmente o homem. Se entendemos, como são Tomás, por *bonum naturae humanae* "ipsa principia natura ex quibus ipsa natura constituitur, et proprietates ex his causate", devemos dizer que "primum... bonum naturae nec tollitur nec dimimuitur per peccatum"(*Sum. Theol.*, I\ª, II\ª, qu. 85, art. I, Resp.) Veremos que segundo santo Agostinho, ao contrário, a natureza pode ter sido e está corrompida, uma vez que ela não seria primitivamente senão a ordem mesma estabelecida por Deus e destruída, em seguida, pelo pecado.

A liberdade cristã

todos seus outros privilégios, pertencia-lhe apenas em virtude de uma livre e generosa repartição divina. O que chamamos hoje em dia de graça santificante, a adoção do homem por Deus que faz com que suas criaturas se tornem seus filhos, era apenas o mais precioso e o mais magnífico de seus dons.[26] Enfim, a imortalidade de que o homem gozava, no estado de natureza assim definido, pertencia a ele em virtude de outra graça[27] que não necessariamente decorria de seu estado de justiça original,[28] pois sua imortalidade não consistia em não poder morrer, mas somente em poder não morrer, ao não se separar da árvore da vida da qual ele de fato se separou pelo pecado. De todo modo, nada do que o homem tinha pertencia a ele por direito; não se poderia espantar que ele tenha perdido tanto ao pecar.

Preenchido por seus dons, o homem tinha somente que perseverar para continuar a gozar deles, e nada lhe era mais fácil que a perseverança. Embora Agostinho não diferencie expressamente o que hoje se chama de graça santificante do que nomeamos hoje de graça atual, ele atribui, sem nenhuma dúvida possível, esta última ao homem tal qual Deus o criou. Adão gozava, para perseverar no bem, uma graça tal e qual a que gozamos para nos liberar do mal. Sem qualquer luta interior, sem tentações internas e sem perturbação, ele vivia em paz no lugar de sua bea-

---

[26] "Unicum enim Filium Deus habet, quem genuit de substantia sua ... Nos autem non de substantia sua genuit; creatura enim sumus, quam non genuit; sed fecit; et ideo, ut fratres Christi secundum modum suum faceret, adoptavit. Iste itaque modus quo nos Deus, cum iam essemus ab ipso non nati, sed conditi et instituti, verbo suo et gratia sua genuit ut filii ejus essemus, adoptio vocatur". *Contra Faustum manichaeum*, III, 3; t. 42, c. 215. Ver É. PORTALIÉ, *art. cit.*, col. 2393, *b*, e J.-B. KORS, *op. cit.*, p. 13.

[27] "Mortalis ergo erat conditione animalis, immortalis autem beneficio Conditoris. Si enim corpus animale, utique mortale, quia et mori poterat, quamvis et immortale, ideo quia et non mori poterat". *De genesi ad litt.*, VI, 25, 36; t. 34, c. 354. "... qui status eis de ligno vitae, quod in medio paradiso cum arbore vetita simul erat, mirabili Dei gratia praestabatur...". *De civit. Dei*, XIII, 20; t. 41, c. 394.

[28] Ver J.-B. KORS, *op. cit.*, p. 9.

titude.²⁹ Portanto, o homem preferiu a si mesmo e, por isso, se desviou de Deus, essa queda deve ser considerada em razão de uma simples fraqueza do livre-arbítrio humano; Deus lhe dera tudo o que era necessário para levá-lo a evitar a queda.

A natureza exata do ato prevaricador que modificou tão profundamente o estado do homem é muito complexa. Observando do exterior, foi essencialmente a transgressão de uma ordem fácil de se respeitar. Deus teria proibido ao homem de comer um determinado fruto, assim, impôs-lhe a obediência, virtude que, em uma criatura racional, é a mãe e a guardiã de todas as virtudes. Esse preceito não havia sido manifestamente dado a não ser a fim de assegurar a obediência em si, pois nada seria mais fácil do que se abster dessa fruta em um lugar de felicidade onde todo alimento existia em abundância. Ademais, lembremos que esses desejos tampouco ofereciam resistência à vontade de um homem. Dado que a desordem é uma seqüência do pecado, ela não poderia ser a causa dele.³⁰ Assim, não é na dificuldade do preceito nem em alguma insubordinação do corpo humano que se encontra a origem do mal, mas somente na vontade do homem e especialmente em seu orgulho. Por sua vez, o que é o orgulho senão o desejo de uma posição e de uma independência perversa? Querer elevar-se a uma dignidade que não é a sua: por parte do homem, foi essa confiança em si mesmo que lhe fez desertar o princípio ao qual ele devia se apegar para se comprazer em si e, em certo sentido, para ser para si mesmo seu próprio princípio.³¹ Movi-

---

[29] *De correptione et gratia*, XI, 29; t. 44, col. 933-934.

[30] "Sed obedientia commendata est in praecepto, quae virtus in creatura rationali mater quodammodo est omnium custosque virtutum... Hoc itaque de uno cibi genere non edendo, ubi aliorum tanta copia subjacebat, tam leve praeceptum ad observandum, tam breve ad memoria retinendum, ubi praesertim nondum voluntati cupiditas resistebat, quod de poena transgressionis postea subsecutum est, tanto maiore injustitia violatum est, quanto faciliore posset observantia custodiri". *De civ. Dei*, XIV, 12; t. 41, c. 420.

[31] Segundo *Ecl* 10,15. "Quid est autem superbia, nisi perversae celsitudinis appetitus? Perversa enim celsitudo est, deserto eo cui debet animus inhaerere principio, sibi

mento espontâneo de uma criatura tirada por Deus do nada e que precedeu mesmo a tentação do demônio, pois a promessa de ser semelhante a Deus não o teria seduzido se ele já não tivesse começado a se comprazer consigo mesmo. Eis o mal secreto que o ato exterior apenas tornou visível:[32] o orgulho de ser para si mesmo sua própria luz, a recusa de ficar voltado para a verdadeira luz, que, contudo, fazia dele uma luz. Falha tão profunda que é de algum modo inconsciente de sua verdadeira natureza, pois, em vez de se detestar, ela se dá imediatamente como desculpa. "A serpente me seduziu, e eu comi este fruto"; o orgulho busca reportar a outrem o crime do qual é responsável; a transgressão voluntária da ordem acusa a si mesma no momento preciso em que ela tenta se desculpar.[33]

Tal é a razão pela qual Agostinho não pára de afirmar que o erro original foi um efeito do livre-arbítrio do homem e, portanto, deve ser imputado primeiramente à sua vontade: *quia vero per liberum arbitrium Deum deservit, justum judicium Dei expertus est.*[34] A partir de então, vemos plenamente o quanto era verdade dizer que Deus fez tudo bom e que o movimento que separou o

---

quodammodo fieri atque esse principium. Hoc fit, cum sibi nimis placet. Sibi vero ita placet, cum ab illo bono immutabili deficit, quod ei magis placere debuit quam ipse sibi. Spontaneus est autem iste defectus: quoniam si voluntas in amore superioris immutabilis boni, a quo illustrabatur ut videret, et accendebatur ut amaret, stabilis permaneret, non inde ab sibi placendum averteretur..." *De civ. Dei*, XIV, 13, 1; t. 41, c. 420-424.

[32] "Manifesto ergo apertoque peccato, ubi factum est quod Deus fieri prohibuerat, diabolus hominem non cepisset, nisi jam ille sibi ipsi placere coepisset. Hinc enim et delectavit quod dictum est: *Eritis sicut dii* (Gn 3,5). Quod melius esse possent summo veroque principio cohaerendo per oboedientiam, non suum sibi existendo principium per superbiam. Dii enim creati, non sua veritate, sed Dei veri participatione sunt dii... Illud itaque malum, quo cum sibi homo placet, tamquam sit et ipse lumen, avertitur ab eo lumine, quod et si placeat et ipse fit lumen: illud, inquam, malum praecessit in abdito, ut sequeretur hoc malum quod perpetratum est in aperto ". *De civ. Dei*, XIV, 13, 2; t. 41, col. 421-422.

[33] *De civ. Dei*, XIV, 14; t. 41, c. 422.

[34] *De correptione et gratia*, X, 28; t. 44, col. 933. Cf. *Retract.*, I, 15, 2; t. 32, col. 608.

homem de seu fim veio somente do próprio homem. A natureza humana poderia decair, sem o que não teria havido erro, mas ela não devia necessariamente decair, sem o que o ato que ela cometeu poderia não ter sido um único. Ao nos desviarmos voluntariamente de Deus, ou seja, recusando querê-lo e amá-lo, todos nós optamos em Adão mais pela avara e orgulhosa posse das criaturas do que pela submissão ao Bem universal, subvertemos a ordem divina ao preferir a obra ao Obreiro. Logo, eis o que é feito, ou melhor, defeito, pois o pecado nada produziu a não ser desordem;[35] então, é necessário considerar suas conseqüências e seu remédio.

As duas conseqüências do erro original, ao qual Agostinho sempre associa ao mencioná-las, são a concupiscência e a ignorância.[36] Dado que esses dois vícios tinham sido excluídos por Deus

---

[35] "Bona igitur voluntas opus est Dei: cum ea quippe ab illo factus est homo. Mala vero voluntas prima, quoniam omnia mala opera praecessit in homine, defectus potius fuit quidam ab opere Dei ad sua opera, quam opus ullum."

[36] Os intérpretes de Agostinho discutem se a concupiscência é o pecado original ou somente uma acusação (*reatus*) desse pecado. O mesmo sentido da palavra "*reatus*" – acusação, acusação e culpabilidade, ou somente culpabilidade – está implicado na discussão. É. PORTALIÉ (*art. cit.*, col. 2395, 3ª questão) sustenta que Agostinho não identificou o pecado original com a primeira concupiscência, que é somente o efeito dele. J.-B. KORS (*op. cit.*, p. 16, nota 7) declara não poder compreender como É. Portalié pôde dizer algo parecido: "o santo doutor se exprime muito claramente em sentido contrário". Não obstante, é É. Portalié que tem a razão. Há para isso uma razão de princípio: a concupiscência é uma desordem; se Deus criou o homem sujeito à concupiscência, não se vê diferença essencial entre o estado de natureza desejado por Deus e o estado de natureza decaída. Por outro lado, há textos formais que J.-B. Kors deveria ter discutido antes de condenar a interpretação contrária. Agostinho diz explicitamente sobre Adão antes da queda: "ubi praesertim nondum voluanti cupiditas resistebat, quod de poena transgressionis postea subsecutum est..." (ver p. 284, nota 30). Portanto, a concupiscência é um desregulamento consecutivo ao orgulho da vontade, que, este, é o pecado original em sua essência. Todos os textos alegados por J.-B. KORS, p. 16, explicam-se pelo fato de que, no estado de natureza caída, o pecado original não mais se distingue da punição que lhe tange: a concupiscência e a ignorância. É neste sentido que "peccatum originale sic peccatum est, ut ipsum sit et poena peccati", como resulta do contexto (*ibid.*, nota 3).

da natureza humana tal como ele a havia concebido, pode-se dizer sem exagero que, pela vontade má do primeiro homem, a natureza humana encontra-se mudada.[37] No lugar da ciência de que Adão desfrutava sem ter que adquiri-la, a ignorância presente da qual tentamos penosamente sair; no lugar da maestria exercida pela alma sobre a carne, a revolta do corpo contra o espírito. Essas desordens são os pecados, tal como foi o ato do qual elas decorreram; elas são o pecado original, prolongando-se nas conseqüências que ele engendrou e que, nesse sentido, também são ele.[38]

O que sobra da natureza instituída por Deus depois de uma tal desordem? O mal, que tinha sido em Adão apenas um erro, propagando-se até nós, tornou-se o mal de uma natureza. Uma natureza viciada e viciosa a partir de então substituiu uma natureza boa.[39] No entanto, não seria necessário crer que a natureza primeira, quista por Deus, tenha sido completamente destruída pelo erro de Adão. Tal natureza não era diferente de um dom de Deus; se Deus retirasse tudo o que ele deu, deixaria totalmente de ser.[40] Sabemos que não é o caso, já que permanece com o homem, além da vida animal, com a ordem que ela comporta e o poder de se multiplicar na posteridade, um pensamento que, embora entrevado, continua capaz de conhecer o verdadeiro e de amar o

---

[37] "... quando ille (*scil.* primus homo) propria voluntate peccatum illud grande peccavit, naturamque in se vitiavit, mutavit, obnoxiavit humanam...". *Op. imperf. Cont. Julianum*, IV, 104; t. 45, c. 1401.

[38] Sobre o problema da transmissão do pecado original, ver É. PORTALIÉ, *art. citado*, col. 2394-2398. J.-B. KORS, *op. cit.*, p. 20-22.

[39] *De div. quaest. ad Simplic.*, I, 1, 11; t. 40, col. 107.

[40] "Neque enim damnando aut totum abstulit quod dederat, alioquin non esset omnio..." *De civ. Dei*, XXII, 24, 1; t. 41, c. 788. "Nullum quippe vitium ita contra naturam est, ut naturae deleat etiam extrema vestigia". *De civ. Dei*, XIX, 12, 2; t. 41, col. 639. "Neque enim totum aufert (Deus) quod naturae dedit: sed aliquid adimit, aliquid relinquit, ut sit qui doleat quod adimit." *De civ. Dei*, XIX, 13, 2; t. 41, col. 641.

bem, ao adquirir progressivamente, por um exercício lento, as artes, as ciências e as virtudes;[41] porque há virtudes naturais mesmo no homem decaído. Alguns romanos, por exemplo, fizeram prova de força, de temperança, de justiça ou de prudência. É necessário ver nisso igualmente vestígios de uma ordem destruída, ruínas cuja subsistência torna possível uma restauração e que Deus conserva com esse fim; em todo caso, quer se trate de um resto de disposição habitual à virtude ou de uma força excepcional para executar um ato heróico, elas são um dom de Deus no homem que as realiza ou que as testemunha. Como Deus confere à natureza todo ser e toda operação, é ele que preserva no homem decaído o poder de executar quaisquer ações virtuosas;[42] é dele, portanto, que chega ao homem todo bom uso do livre-arbítrio.[43] Deixado a si mesmo, o homem possuiria propriamente apenas o poder de fazer o mal, a mentira e o pecado.[44] Ademais, o reconhecimento do que Deus conserva na natureza do ser e da eficá-

---

[41] "... non in eo (*scil.* homine) tamen penitus exstincta est quaedam velut scintilla rationis, in qua factus est ad imaginem Dei". *De civ. Dei*, XXII, 24, 2; t. 41, col. 789. De onde temos todo um longo desenvolvimento que poderia ser chamado "o elogio do homem caído", *ibid.*, XXII, 24, 3-5; col. 789-792. A beleza brilhante disso que nos resta dá uma idéia fraca do que o homem recebeu.

[42] Sobre a questão das virtudes naturais dos pagãos, ver os capítulos substanciais de J. MAUSBACH, *Die Ethik des hl. Augustinus*, t. II, p. 258-294. Ver igualmente É. PORTALIÉ, *art. cit.*, col. 2386-2387.

[43] "Cum enim omnia bona dicerentur ex Deo, id est et magna, et media, et mínima: in mediis quidem bonis invenitur liberum voluntatis arbitrium, quia et male illo uti possumus; sed tamen tale est, ut sine illo recte vivere nequeamus. Bonus autem usus ejus jam virtus est, quae in magnis reperitur bonis, quibus male uti nullus potest. Et quia omnia bona... ex Deo sunt, sequitur, ut ex Deo sit etiam bonus usus liberae voluntatis, quae virtus est et in magnis numeratur bonis ". *Retract.*, I, 9, 6; t. 32, col. 598. A seqüência, "Deinde..." *etc.*, mostra que Agostinho distingue esta graça da graça salvífica.

[44] "Nemo habet de suo nisi mendacium atque peccatum". *In Johan.*, V, 1; t. 35, col. 414. "Cum dico tibi: sine adjutorio Dei nihil agis, nihil boni dico, nam ad malem agendum habes sine adjutorio Dei liberam voluntatem: quanquam non est illa libera." *Sermo* 156, 11, 12; t. 38, col. 856. Sobre o sentido desta última observação, ver adiante cap. III, § 3, "A graça e a liberdade".

cia depois do erro não deve mascarar para nós o fato de que nada do que Deus preserva de perfeições tem qualquer valor na salvação. Raras e precárias, as virtudes que subsistem não podem reencontrar seu valor sobrenatural primitivo a não ser que Deus o faça por um socorro especial e adaptado às necessidades da natureza decaída: a graça.[45]

Considerado esse novo ponto de vista, a graça recebe uma significação muito diferente da que lhe atribuímos no início, pois se ela mal se distingue da natureza antes da queda, ao contrário, distingue-se radicalmente do estado de natureza decaída. Ora, dissemos que esse segundo sentido da palavra "graça" é seu sentido próprio. Entenderemos por isto o conjunto de dons gratuitos de Deus que têm por fim tornar possível a salvação do homem em estado de natureza decaída. O que há de comum entre o sentido impróprio e o sentido próprio da palavra é a gratuidade absoluta do dom pelo qual Deus constitui a natureza ou dá a graça; o que há de próprio no segundo sentido é que, ocorrendo numa natureza pervertida, ela não tem como objetivo fundar a ordem de

---

[45] Santo Agostinho cuidadosamente assinala:
1º Que as virtudes pagãs, embora sejam virtudes morais reais, têm sempre a aparência das virtudes cristãs; Deus as confere a nós para incitar-nos, pelo exemplo delas, a adquirir as verdadeiras virtudes, se elas nos faltam, é para nos impedir de nos glorificarmos, se já as possuímos. *De civ. Dei*, V, 18, 3; t. 41, col 165. *Ibid.*, V, 19; col. 105-106. *Epist. 138*, II, 17; t. 33, col. 533 (em que essa idéia se religa ao tema da ordem da cidade terrestre). *Epist. 144*, 2; t. 33, col. 591. *De patientia*, XXVII, 28; t. 40, col. 624. *De gratia Christi*, XXIV, 25; t. 44, col. 376. *Op. imp. Cont. Julian.*, IV, 13, 16; t. 44, col 744.
2º Essas virtudes naturais são estéreis de todo valor sobrenatural. Não obstante, elas se tornam como vícios quando o homem, tal como sempre inclinado está a fazer, atribui a si mesmo o mérito delas e por elas se vangloria. O único fim legítimo é Deus; toda ação, mesmo materialmente louvável, que se relaciona ao homem, deixa, então, de ser virtude e torna-se viciosa pelo mesmo fato. Ver *De civitate Dei*, XXI, 16; t. 41, col. 730; e, sobretudo, *op. cit.*, XIX, 25, o capítulo intitulado "*Quod non possint ibi verae esse virtutes, ubi non est vera religio*"; t. 41, col. 656. *De div. quaest. 83*, 66, 5; t. 40, col. 63.

Deus, mas restabelecê-la ao reencaminhar uma desordem de que, no entanto, só o homem é o autor.[46]

A característica essencial da graça assim definida é ser sobrenatural por definição. A esse título, ela se distingue radicalmente da ajuda universal que Deus presta ao ser das criaturas e a cada uma de suas operações em particular. Podemos, se quisermos, dar a todos os dons de Deus o nome de graça, posto que são gratuitos – esse é o primeiro sentido da palavra que examinamos –; mas trata-se aqui do dom especial pelo qual é dado ao homem caído o que ele perdeu através de sua queda. Adotado como filho de Deus e irmão de Jesus Cristo na criação, o homem perdeu esta qualidade pelo pecado. Desde então, nada do que faz, mesmo com a ajuda universal de Deus sem a qual deixaria de ser, tem o menor valor para Deus. Para que seus atos recubram um valor qualquer de mérito é necessário que Deus o dê; é isso que ele faz através da graça, em virtude dos méritos de Jesus Cristo.[47]

Para definir o caráter sobrenatural do dom que deve restaurar a natureza, Agostinho constantemente apela a um dos princípios fundamentais de sua metafísica: todo ser é um bem; todo bem é obra de Deus, que tem simultaneamente o Ser e o Bem supremos; ao contrário, toda falta tende ao não ser de onde o que não é Deus tira sua origem. Assim, pode-se encontrar a razão suficiente para a introdução do mal nesse mundo ao considerar apenas a única natureza do homem, pois, como vimos, o erro original foi uma simples defecção. Mas como a restauração do bem destruído pelo homem poderia ser atribuída a ele? Para instituir a natureza, não foi necessário nada menos do que o poder criador de Deus; para restabelecê-la, torna-se necessária uma verdadeira recriação. Veremos, ao estudarmos as relações entre a

---

[46] *Epist. 177*, 7; t. 33; col. 767-768. *Epist. 194*, III, 8; t. 33, col. 877. *Epist. 217*, III, 11; t. 33, col. 982.
[47] Sobre o papel de Jesus Cristo como mediador, na teologia agostiniana, ver É. PORTALIÉ, *art. cit.*, col. 2366-2374.

A liberdade cristã

graça e a liberdade, a quais erros pode conduzir o desconhecimento desse princípio. Por enquanto, basta-nos marcar sua necessidade e colocar os fundamentos de toda doutrina da liberdade cristã. Para cair, o homem só tinha o querer; mas não basta querer se reerguer para podê-lo.[48] Criado por Deus à sua imagem e semelhança, o homem perdeu, por sua culpa, seus dons eminentes; para dá-los, seria necessário Deus, quem primitivamente os deu.[49] Em que medida e para quem Deus dispensa esse dom?

Primeiramente, consideremos o homem depois do erro, mas antes de a lei ter sido promulgada ao povo judeu. As gerações, que então se sucederam, viviam no pecado sem mesmo ter conhecimento disso. Cegas ao bem pelo erro de Adão e ainda não advertidas pela Lei, seguiam o mal sem saber.[50] O efeito próprio da Lei promulgada por Deus foi precisamente dar aos homens a consciência de sua culpabilidade. A Lei, portanto, não veio nem para introduzir o pecado no mundo, pois ele já estava aí, nem para extirpá-lo, pois somente a graça é capaz disso. Ela simplesmente veio para mostrar e dar ao homem, com o sentimento de sua culpa, o da necessidade da graça. O pecado, que permanecia secreto antes da proibição, quando se torna prevaricação brilha aos olhos.[51] Mas, longe de conhecer a Lei a ser seguida, muito longe de suprimir a concupiscência, pode-se dizer que a lei agrava a concupiscência ao fazer disso uma violação das prescrições divinas.[52] Aquele que só vive sob o reinado da lei perma-

---

[48] "... quia sponte homo, id est libero arbitrio, cadere potuit, non etiam surgere..." *Retract.*, I, 9, 6; t. 32, col. 598.
[49] *De spiritu et littera*, XXVIII, 48; t. 44, col. 230. *Retract.*, II, 24, 2; t. 32, col. 640.
[50] "Sed mortuum fuerat (*scil.* peccatum), id est occultatum, cum mortales nati sine mandato legis homines viverent sequentes concupiscentias carnis sine ulla cognitione, quia sine ulla prohibitione." *De div. quaest. ad Simplic.*, I, 1, 4; t. 40, col. 104.
[51] *Op. cit.*, I, 1, 2; col. 103. I, 1, 6, col. 105.
[52] *Op. cit.*, I, 1, 3; col. 103. I, 1, 105, col. 108.

nece escravo da concupiscência engendrada pelo pecado; ele sabe que ela o domina; sabe que ela lhe é interdita; sabe também que ela lhe é justamente interdita e, no entanto, cede a ela.[53] Somente aqueles que são sustentados com a eficácia da graça podem fazer mais do que conhecer a lei: realizá-la.

Para o homem, portanto, a aquisição da graça é uma condição necessária para a salvação. Alguns crêem obtê-la por meio de suas boas obras, mas isso é inverter indevidamente os termos do problema. A graça não seria gratuita, ou seja, não seria graça, se fosse possível merecê-la. Ora, o começo da graça é a fé. A fé ocorre antes das obras; não porque as dispense e as suprima, mas, ao contrário, porque estas decorrem dela. Em outros termos, ninguém deve pensar que recebeu a graça devido às boas obras que realizou; mas que não poderia realizar boas obras a menos que, com a fé, tenha recebido a graça.[54] Assim, o homem começa a ter a graça quando começa a crer em Deus, sob um aviso que lhe vem seja de dentro, seja de fora. A princípio concebida, depois nascida na alma, essa nova vida faz um homem novo daquele no qual a partir de então ela irá se desenvolver.

Se a graça precede as obras e seus méritos, isso equivale a dizer que ela não poderia resultar em nós de uma aquisição, segue-se que ela é o fruto de uma eleição.[55] Mas, qual é a causa des-

---

[53] *De diversis quaest. ad Simplic.*, I, 1, 7-14; t. 40, col. 105-108.

[54] "... eo ipso quo gratia est evangelica, operibus non debetur: *alioquin gratia jam non est gratia* (Rm 11,6). Et multis locis hoc saepe testatur (*scil.* Apostolus), fidei gratiam praeponens operibus, non ut opera exstinguat, sed ut ostendat non esse opera praecedentia gratiam, sed consequentia: ut scilicet non se quisque arbitretur ideo percepisse gratiam, quia bene operatus est; sed bene operari non posse, nisi per fidem perceperit gratiam." *De diversis quaest. ad Simplic.*, I, 2, 2; t. 40, col. 111.

[55] "Vocantis est ergo gratia; percipientis vero gratiam consequenter sunt opera bona, non quae gratiam pariant, sed quae gratia pariantur. Non enim ut ferveat calefacit ignis, sed quia fervet; nec ideo bene currit rota ut rotunda sit, sed quia rotunda est: sic nemo propterea bene operatur ut accipiat gratiam, sed quia accepit." *Op. cit.*, I, 2, 3; t. 40, col. 113.

A liberdade cristã

ta? O problema é muito mais difícil de se resolver, dado que toda eleição é uma escolha. Ora, uma escolha supõe motivos e admitimos, diante da escolha de Deus, que não há nem poderia haver alguma razão nas criaturas para serem escolhidas. A gratuidade pura da graça parece excluir até a possibilidade de uma eleição. A única maneira de sair da dificuldade é, portanto, admitir que, como a eleição divina não pode se fundar numa justiça que ainda não existe, Deus confere primeiro a justiça, antes de escolher aquele que receberá a graça. Em outras palavras, a partir do momento em que a eleição não pode preceder a justificação, é necessário que a justificação preceda a eleição.[56] O problema parece mais ter sido apenas deslocado do que resolvido. Qual é o motivo desta justificação?

Com a questão assim colocada, poderíamos inicialmente ficar inclinados a responder: é a fé. Mas acabamos de ver que a fé é o começo da graça; logo, ela já é a graça e, igualmente, pressupõe a justificação que demandamos a ela explicar.[57] Diríamos que Deus justifica uns e reprova outros porque ele prevê as boas ou as más obras que eles realizarão? Mas ainda a mesma dificuldade retorna sob outra forma: são os méritos futuros que causam a graça, ao passo que a graça é a única causa concebível dos méritos.[58] Buscar-se-á uma escapatória na hipótese de um concurso de Deus, que chama, e da boa vontade, que responde a seu apelo? É bem verdade que de modo parecido a boa vontade nada poderia fazer sem a justificação divina, mas seria igualmente verdade dizer que o decreto justificador de Deus nada poderia sem o consentimento de

---

[56] "Non ergo secundum electionem propositum Dei manet, sed ex proposito electio: id est non quia invenit Deus opera bona in hominibus quae eligat, ideo manet propositum justificationis ipsius; sed quia illud manet ut justificet credentes, ideo invenit opera quae jam eligat ad regnum caelorum. Nam nisi esset electio, non essent electi... Non tamen electio praecedit justificationem sed electionem justificatio". *Op. cit.*, I, 2, 6; t. 40, col. 115

[57] *Op. cit.*, I, 2, 7; t. 40, col. 115.

[58] *Op. cit.*, I, 2, 11; t. 40, col. 117.

nossa vontade.⁵⁹ É a escolha de Deus, e apenas ela, que faz a vontade do eleito se tornar boa. Assim, nessa hipótese a questão se complica em vez de encontrar sua resposta, pois o problema não é mais saber somente por que Deus justifica mais um do que outro, mas saber como é possível que alguns daqueles que Deus chama não respondem a seu apelo, visto que, segundo a palavra da Escritura, muitos são chamados, mas poucos eleitos.

Na verdade, se Deus quisesse, poderia chamar todos os homens de tal maneira que nenhum recusasse entregar-se a seu chamado, e poderia fazê-lo sem derrogar em nada o livre-arbítrio do homem. Com efeito, toda vontade age e se determina em razão de certos motivos; em virtude de sua ciência infinita, Deus sabe com antecedência por quais motivos e sob quais influências um livre-arbítrio particular daria ou recusaria seu consentimento.⁶⁰ Duas vias se abrem, portanto, à nossa vontade para assegurar a execução dos seus propósitos sem ameaçar nossa liberdade. Se ele criou circunstâncias nas quais prevê que nossa livre escolha se decidirá por tal maneira mais do que por outra, Deus infalivelmente obtém de nós, sem modificar nossa vontade, os atos livres que sua justiça e sua sabedoria querem obter. Mas mesmo se ele submete nossa vontade à influência de graças às quais ele sabe que ela con-

---

⁵⁹ Op. cit., I, 2, 12; t. 40, col. 117-118. Enchiridion, XXXII; t. 40, col. 247, 248.
⁶⁰ Sendo a liberdade um fato, já que toda vontade é livre por definição, e sendo a presciência infalível de Deus indubitável, posto que Deus é perfeito, é necessário que a presciência se concilie com a liberdade. Argumentando contra Cícero, Agostinho busca resolver o problema mostrando que, se vontade igual liberdade, a presciência divina dos atos voluntários é, por definição, uma presciência dos atos livres. Por conseguinte, seria contraditório que a presciência divina dos atos voluntários os tornasse necessários, uma vez que atos voluntários são essencialmente atos livres. Sobre essa questão, ver De civit. Dei, V, 9-10; t. 41, col. 148-153. De lib. arb., III, 3, 8; t. 32, col. 1275, e III, 4, 9-11, col. 1275-1276. Essa doutrina será determinante em santo Anselmo, que, na seqüência de Agostinho, ensina que Deus prevê o necessário como necessário e o contingente como contingente: De concórdia praescientiae... Dei cum libero arbítrio, I, 3; Pat. lat., col. 158, col. 511-512.

sentirá, Deus não faz com que deixe de ser uma vontade nem que deixe de ser livre. O deleite com a graça é, para a vontade, um motivo ao qual ela consente tão livremente quanto consentiria ao deleite com o pecado se lhe faltasse a graça. Quando Deus quer salvar uma alma, basta-lhe escolher, sejam as circunstâncias exteriores às quais ela se encontrará inclinada, sejam as graças às quais sua vontade deverá se encontrar submetida, para que ela consinta com a graça salvacionista. Quanto às outras, ele poderia chamá-las da mesma maneira, mas não o faz porque, ainda que ele tenha chamado muitos, poucos são eleitos.[61] A graça agostiniana pode, portanto, ser irresistível sem ser constrangedora, pois ou ela se adapta à livre escolha daqueles que ela decidiu salvar, ou, transformando internamente a vontade à qual se aplica, a graça faz a vontade se deleitar livremente com isso que seria repugnante sem a graça. Logo, a predestinação divina não é senão a previsão infalível de suas obras futuras, pela qual Deus prepara as circunstâncias e as graças salutares aos seus eleitos.[62]

---

[61] "An forte illi, qui hoc modo vocati non consentiunt, possent alio modo vocati accommodare fidei voluntatem, ut et illud verum sit; *multi vocati, pauci electi*; ut quamvis multi uno modo vocati sint, tamen quia non omnes uno modo affecti sunt, illi soli sequantur vocationem, qui ei capiendae reperiuntur idonei, ... Ad alios autem vocatio quidem pervenit; sed quia talis fuit qua moveri non possent, nec eam capere apti essent, vocati quidem dici potuerunt sed non electi; et non jam similiter verum est: igitur non miserentis Dei, sed volentis atque currentis est hominis: quoniam, non potest effectus misericordiae Dei esse in hominis potestate, ut frustra ille misereatur, si homo nolit; quia si vellet etiam ipsorum misereri, posset ita vocare, quomodo illis aptum esset, ut et moverentur et intellegerent et sequerentur". *De div. quaest. ad Simplicianum*, I, 2, 13; t. 40, col. 118. "Illi enim electi, qui congruenter vocati; illi autem qui non congruebant neque contemperabantur vocationi, non electi, quia non secuti, quamvis vocati. Item verum est: *non volentis neque currentis, sed miserentis est Dei*, quia etiamsi multos vocet, eorum tamen misereatur quos ita vocat, quomodo eis vocari aptum est ut sequantur... nullius Deus frustra misereatur; cujus autem misereatur, sic eum vocat, quomodo scit ei congruere, ut vocantem non respuat". *Ibid.*, col. 119. Ver, sobre essa questão, os textos reunidos por PORTALIÉ, *art. citado*, col. 2391 C.

[62] "Haec est praedestinatio sanctorum, nihil aliud: praescientia scilicet, et praeparatio beneficiorum Dei, quibus certissime liberantur, quicumque liberantur.

A busca de Deus pela vontade

Buscando assim a conciliação da liberdade humana com a predestinação na presciência divina,[63] santo Agostinho tem clara consciência de recuar, uma vez mais, na resposta à angustiante questão "por que Deus justifica este mais do que o outro?"; pois, enfim, se Deus sabe antes quais serão todas as nossas respostas possíveis, ele não pode deixar de saber quais graças nos oferecer para que infalivelmente as aceitemos.[64] Com feito, não temos resposta para questões como essa. Deus tem piedade daqueles que quer salvar e os justifica; quanto àqueles de que ele não quer ter piedade, endurece-os ao não lhes oferecer a graça nas condições em que eles a aceitariam. Podemos estar certos de que não há nenhuma iniqüidade em Deus. Logo, se ele tem piedade de quem lhe agrada e endurece quem lhe agrada, é em virtude de uma secreta e impenetrável eqüidade, da qual podemos conhecer a existência, mas cujos motivos não saberíamos escrutar. Nos contratos que os homens fazem entre si, não se acusa de injustiça aquele que reivindica seu débito, e menos ainda aquele que quer

---

Caeteri autem ubi nisi in massa perditionis justo divino judicio relinquuntur? Ubi Tyrii relicti sunt et Sidonii, qui etiam credere potuerunt, si mira illa Christi signa vidissent? Sed quoniam ut crederent, non erat eis datum, etiam unde crederent est negatum. Ex quo apparet habere quosdam in ipso ingenio divinum naturaliter munus intellegentiae, quo moveantur ad fidem, si congrua suis mentibus, vel audiant verba, vel signa conspiciant: et tamen si Dei altiore judicio, a perditionis massa non sunt gratiae praedestinatione discreti, nec ipsa eis adhibentur vel dicta divina vel facta, per quae possent credere, si audirent utique talia vel viderent." *De dono perseverantiae*, XIV, 35; t. 45, col. 1014. Cf.: "Ista igitur sua dona quibuscumque Deus donat, procul dubio se donaturum esse praescivit, et in sua praescientia praeparavit. Quos ergo praedestinavit, ipsos et vocavit vocatione illa, quam me saepe commemorare non piget... Namque in sua quae falli mutarique non potest praescientia, opera sua futura disponere, id omnino, nec aliud quidquam est praedestinare". *Op. cit.*, XVII, 41; t. 45, col. 1018-1019. No tocante ao modo de ação da graça sobre a vontade, ver cap. III, § 3, "A graça e a liberdade".

[63] Entendemos isso, com santo Agostinho, não como uma presciência puramente passiva à maneira que entenderam alguns molinistas, mas como "praescientia et praeparatio beneficiorum" no duplo sentido que acabamos de definir.

[64] *De div. quaest. ad Simplic.*, I, 2, 14; t. 40, col. 119.

A liberdade cristã

fazer remissão do que lhe é devido. Mas quem é juiz para saber se convém redimir uma dívida: aquele que deve, ou aquele a quem se deve? Este último, e apenas ele, sem nenhuma dúvida. Ora, desde a queda, todos os homens formam uma massa pecadora e devedora de penas que devem sofrer com relação à justiça suprema. Se Deus redime esse suplício justificando o culpado, ou se o exige abandonando-o, nenhuma injustiça é cometida. Quanto a saber quem deve sofrer sua pena e quem dela deve ficar isento, não é a nós, devedores, que cabe decidir. Deus não obriga alguns homens a pecar porque ele justifica outros, e ele não justifica alguns a não ser em nome de uma inescrutável eqüidade cujas razões escapam ao nosso julgamento.[65]

Assim, a última palavra de Agostinho sobre esse problema obscuro é uma confissão de ignorância: o homem se inclina diante de um mistério que ele não pode escrutar. Notaremos, no entanto, em que termos se encontra descrito o poder misterioso que preside nosso destino. Não é um poder cego nem uma vontade arbitrária, é uma justiça e uma verdade: *neminem damnat nisi qequissima veritate; aequitate occultissima et ab humanis sensibus remotissima judicat*; essas expressões, e outras parecidas, provam que o segredo que nos escapa recobre, segundo santo Agostinho, uma perfeita equidade. Ademais, é claro que a previsão exata dos atos humanos por Deus não altera em nada a liberdade deles nessa doutrina. Ao se fazer tal como ela deveria ser para incitar no homem o ato livre que ela quer obter, a graça divina concilia a inefabilidade na realização dos atos previstos com o livre-arbítrio das vontades que os produzem. Aqui, contudo, nasce uma nova dificuldade, desta vez não de ordem moral, mas de ordem psicológica. Ao admitir também que a predestinação divina seja

---

[65] *De div. quaest. ad Simplic.*, I, 2, 16; t. 40, col. 120-121. Cf. *ibid.*, 22; t. 40, col. 127-128. *De dono perseverantiae*, XIV, 35, col. 1014-1015. *De praedestinatione sanctorum*, VIII, 14; t. 44, col. 971. *Ibid*, 16, t. 45, col. 972-973. *Epist. 194*, VI, 23; t. 33, col. 882. *Epist. 214*, 6-7; t. 33, col. 970-971.

justa, os atos inevitáveis que o homem faz sob a influência da graça conservam ainda um caráter de liberdade?

3. A graça e a liberdade

O problema mais temível, em meio aos que a doutrina agostiniana da graça levanta, é o de sua conciliação com o livre-arbítrio.[66] Ora, é literalmente exato dizer que, do ponto de vista de santo Agostinho, esse problema não existe. Quando me examino e escruto o conteúdo do meu pensamento, constato que existo, que sou, que penso e que vivo; isso é evidente.[67] Minha vontade é dada para mim como um fato subtraído de toda discussão possível. Ora, para santo Agostinho, querer é usar o livre-arbítrio, cuja definição sempre se confunde com a de vontade.[68]

Tal é o primeiro ponto que é preciso ter em mente ao abordar o problema da graça: o fato do livre-arbítrio não está em questão; ademais, como ele se confunde com a vontade, e a vontade é um bem inalienável ao homem, em nenhum momento e sob nenhuma forma o livre-arbítrio do homem pode estar em questão. Certamente, a escolha voluntária nunca ocorre sem motivos, e alguns motivos podem pesar sobre ela com uma força irresistível; o livre-arbítrio é precisamente uma escolha que se exerce em virtude de motivos. A pedra que cai, não cai sem causa, mas cai sem motivos: ela não tem o livre-arbítrio; ao contrário uma vontade

---

[66] Encontrar-se-á uma crítica construtiva a este capítulo em B. ROMEYER, "Trois problèmes de philosophie". In: *Arch. de Philosophie*, t. VII, caderno 2, p. 228-243. Essas páginas tão preciosas foram um convite a aprofundamentos nos quais a falta de competências teológicas, indispensáveis em matéria como essa, nos aconselhou a neles não nos engajarmos.
[67] *De duabus animabus*, IX, 13; t. 42, col. 104.
[68] Esse ponto foi muito bem marcado por J. MARTIN, *S. Augustin*, 2ª ed., p. 176-179, onde encontraremos todas as referências necessárias.

A liberdade cristã

que quisesse sem motivos seria uma noção contraditória e impossível; não se pode suprimir o livre-arbítrio sem, no mesmo instante, destruir, no mesmo golpe, a vontade.

Evitemos, portanto, misturar os problemas de santo Agostinho com os nossos, se quisermos compreender a solução que ele oferece aos seus. O que ele busca? De modo algum, saber se nós temos uma vontade; ele sabe que temos uma. Tampouco se temos um livre-arbítrio, pois o identifica à vontade. Sequer o que deve querer essa vontade ou esse livre-arbítrio, já que o fim deles é querer Deus e amá-lo. O que Agostinho se pergunta não é se amar Deus está ao alcance de nosso livre-arbítrio, mas se está em nosso poder. Ora, o poder de fazer o que escolhemos fazer é mais do que o livre-arbítrio, é a liberdade. Não há problema da graça e do livre-arbítrio em santo Agostinho, mas um problema da graça e da liberdade. Em que termos ele se coloca?

Para compreender exatamente sua natureza, convém se reportar à doutrina de Pelágio que, sem ser a causa da doutrina agostiniana da graça, dá ocasião para a maioria das exposições que Agostinho nos ofereceu.

Reduzida a seus elementos essenciais, e tal como santo Agostinho a compreendeu, a doutrina de Pelágio define o pecado como sendo apenas um mau uso do livre-arbítrio; não diminui nem sua liberdade nem sua bondade natural, nem, conseqüentemente, seu poder de fazer o bem. Se é assim, o socorro da graça não tem que se aplicar à vontade, que, não estando corrompida, não tem essa necessidade; ele se reduz, conseqüentemente, ao perdão da ofensa feita a Deus pela realização do ato mau. Deus não confere a graça de agir bem a uma vontade tornada impotente, ele agracia como um juiz que perdoa e remove o erro cometido. Segue-se uma profunda transformação na economia geral do dogma da redenção. Com efeito, a vontade livre, estando intacta depois da queda do primeiro homem, deve ter permanecido tal e, uma vez que sua natureza não foi corrompida, todo homem vê o dia no mesmo estado de liberdade que Adão ao sair das mãos de Deus. A partir disso, a humanidade, não estando decaída, não tem mais necessidade da justificação, se esta se refere à remissão de ofensas; o sacrifício do Cristo, que outrora foi uma brilhante demonstração da infinita bondade de Deus e uma poderosa incitação ao bem que se direciona à humanidade inteira, opera em todo homem somente a remissão dos pecados, sem atingir a vontade: *sola remissio peccatorum*.[69] Não há como endireitar o que o erro não deformou realmente.

Sendo tal a doutrina, seria de se espantar que Agostinho tenha se erguido contra ela? Certamente não se pode negar que, quanto a esse ponto, havia uma história do pensamento agostiniano. As expressões que ele usa não são de todo idênticas antes e depois de Pelágio. Tendo que lutar contra um adversário definido, Agostinho polemizará, será orador, retórico, advogado; buscará fórmulas lapidares, sempre muito perigosas; algumas vezes ele tentará tantas que, para querer corrigir uma com a outra, às vezes permanecerão aquém, às vezes além de seu verdadeiro pensamento. Por mais interessante que pudesse ser o estudo dessas variações, ou melhor, dessas modulações, deve-se colocá-lo de lado para entendermos o que há de constante na atitude de Agostinho. Com efeito, ela contém um elemento de uma constância invariável, o fato de Agostinho ter refutado Pelágio antes mesmo de conhecê-lo. O que domina toda a história da controvérsia é que o pelagianismo era a negação radical da experiência pessoal de Agostinho ou, se preferirmos, a experiência pessoal de Agostinho era em sua essência, e até em suas particularidades mais íntimas, a negação mesma do pelagianismo.

Com efeito, a que conclusão a doutrina de Pelágio conduzia? Àquela em que a graça não tem que intervir antes do pecado para preveni-lo mas somente depois, para apagá-lo. Livre para cumprir ou para não cumprir a lei, a vontade sempre pode cumpri-la. A que conclusão, ao contrário, conduz a experiência de Agostinho? A que, durante longos anos, ele via a lei sem poder cumpri-la. E não apenas viu a lei, mas viu a lei cumprida sob seus

---

[69] *De gratia et lib. arb.*, XIV, 27; t. 44, col. 897.

A liberdade cristã

olhos por outros, enquanto, com toda sua alma desejando imitá-los, foi necessário confessar-se incapaz. Somente são Paulo, através de sua luminosa doutrina do pecado e da graça, soube dissipar essa contradição interna na qual Agostinho se debatia em vão por anos. Posto que a vontade deseja o bem, então ela é por essência destinada a realizá-lo; não obstante, posto que ela é incapaz de realizar o bem que deseja, então há nela algo corrompido; nomeemos como causa dessa corrupção o pecado, e prescrevamos o remédio para ele, a Redenção do homem por Deus, desenvolvida com a graça de Jesus Cristo. A economia da vida moral, impenetrável para os filósofos, a partir de então torna-se transparente, porque essa doutrina é a única que leva em conta todos os fatos e principalmente este: por mais tempo que uma vontade contar apenas consigo mesma para fazer o bem, ela permanece impotente. A solução do enigma, aqui como alhures, é que é necessário receber o que se quer ter quando se é incapaz de dá-lo a si mesmo. Graças ao sacrifício do Cristo, a partir de então, há um socorro divino sobrenatural pelo qual a lei se torna realizável pela vontade humana, e da qual a essência mesma do pelagianismo é desconhecer a necessidade.

Em qual ponto a leitura de são Paulo foi uma iluminação decisiva para Agostinho, pode-se ver pelas palavras da Escritura que ele lembra ao fazer o relato dessa descoberta, a saber, precisamente as da *Epístola aos Romanos*:[70] "Não faço o bem que quero, e faço o mal que não quero. Mas se é o que não quero que faço, não sou eu portanto que o faço, mas algo que habita em mim: o pecado. Encontro, então, diante de mim a lei quando quero fazer o bem... e consinto a ela com alegria no interior de mim mesmo, mas encontro em meu corpo uma outra lei, que se revolta contra a lei do meu pensamento e me subordina à lei do pecado. Infeliz de mim! Quem me libertará deste corpo de morte? – A graça de

---

[70] A tradução deste trecho foi feita a partir do francês, ou seja, da tradução oferecida por Ét. Gilson (N. da T.).

Jesus Cristo nosso Senhor".[71] Quando se tem presente ao pensamento o que foi essa iluminação para Agostinho – a qual, descobrindo nele o sentido de sua dolorosa impotência, revela-o de algum modo a si –, então, tende-se a julgar vãs as discussões relativas à influência de Pelágio em sua doutrina da liberdade. Como seria possível que a necessidade de se opor aos erros pelagianos o teria levado a exagerar os direitos da graça e a compreender o livre-arbítrio, se é verdade que o livre-arbítrio esteve sempre fora de discussão e que, no mais, Agostinho conferirá tudo à graça desde o dia em que leu são Paulo e o compreendeu? Jamais Agostinho irá mais longe, porque ele foi diretamente até o fim: o homem só pode fazer o que Deus lhe dá força para fazer; *Da quod jubes, et jube quod vis:*[72] dá-me o que tu exiges, e exijas o que tu queres. Eis um dos temas essenciais das *Confissões*, e se Agostinho as escreveu em 400, pergunta-se o que, depois de 410, ele poderia ter acrescentado a essa fórmula para ultrapassá-la.

Quando apreendemos essa idéia essencial, certamente não nos encontramos à altura de compreender o detalhe das polêmicas agostinianas, mas temos o fio condutor, que permite errar nesse dédalo com a certeza de sempre nos reencontrarmos. À tese de Pelágio, Agostinho oporá constantemente a seguinte: "Nem o conhecimento da lei divina, nem a natureza, nem a única remissão dos pecados constituem a graça, mas ela nos é dada por Jesus Cristo nosso Senhor, a fim de que, por ela, a lei seja cumprida, a natureza resgatada e o pecado vencido".[73] Façamos, pois, abstração do detalhe da controvérsia para retermos somente as articulações mestras do pensamento agostiniano: ele aparecerá em sua força e em sua simplicidade.

---

[71] Ver S. AGOSTINHO, *Conf.*, VII, 21, 27; ed. Labr., t. I, p. 171.

[72] *Conf.*, X, 29, 40; X, 31, 45; X, 37, 60, ed. Labr., T. II, p. 270, 274, 285. *De grat. et lib. arbitrio*, XV, 31; t. 44, c. 899. (Cf. Os primeiros esboços da fórmula em J. MARTIN, *S. Augustin*, p. 193-194). Agostinho escreverá com razão: "... longe antequam Pelagiana haeresis extitisset, sic disputavimus, velut jam contra illos disputaremus". *Retract.*, I, 9, 6; t. 32, col. 598.

[73] *De grat. et lib. arbitrio*, XIV, 27; t. 44, col. 897.

A liberdade cristã

De início, imitando o próprio Agostinho, lembramos que a exaltação da graça deixa absolutamente intacto o livre-arbítrio; salientamos isso porque a razão exige e pode-se acrescentar que a Escritura o atesta;[74] de todo modo, seria impossível excluí-lo sem fazer a vontade esvaecer e, por conseqüência, também a graça, que não teria mais um sujeito a quem se aplicar. A diferença entre o homem que tem a graça e aquele que não tem não está no fato de possuir ou não seu livre-arbítrio, mas em sua eficiência. Aqueles que não têm a graça reconhecem-se pelo fato de seu livre-arbítrio não se aplicar em querer o bem ou, se eles querem, em serem incapazes de realizá-lo; ao contrário, aqueles que têm a graça querem fazer o bem e obtêm sucesso nisso.[75] Assim, a graça pode ser definida: o que confere à vontade seja a força para querer o bem, seja para realizá-lo. Ora, esta força dupla é a própria definição de liberdade. Em que condições ela é adquirida por nós?

Alguns, como Pelágio, estimam que o livre-arbítrio é a condição mesma da graça. Ao se esforçar, lutando e buscando Deus, a vontade do homem adquire méritos; a graça é apenas o dom de

---

[74] *De grat. et lib. arbitrio*, II, 2; t. 44, col. 881. "Revelavit autem per Scripturas suas sanctas, esse in homine liberum voluntatis arbitrium". Ver também a declaração inicial da obra, *ibid.*, I, 1; col. 880; cf. a fórmula conhecida: "et Dei donum est (*scil.* a graça) et liberum arbitrium." *op. cit.*, IV, 7, col. 886. Sobre o espírito que deve presidir na interpretação desse tratado, ver *Epist.* 214, t. 33, col. 969.

[75] "Numquid non liberum arbitrium Timothei est exhortatus Apostolus dicens: *Contine te ipsum* (1 *Tm* 5,22)? Et in hac re potestatem voluntatis ostendit, ubi ait: non habens necessitatem, potestatem autem habens suae voluntatis, ut servet virginem suam (1 *Cor* 7,37). Et tamen: *non omnes capiunt verbum hoc, sed quibus datum est.* Quibus enim non est datum, aut nolunt, aut non implent quod volunt; quibus autem datum est, sic volunt ut impleant quod volunt." *De grat. et lib. arbit.*, IV, 7; t. 44, c. 866. "*Velle enim*, inquit (Apostolus), *adjacet mihi, perficere autem bonum non invenio.* His verbis videtur non recte intelligentibus velut auferre liberum arbitrium. Sed quomodo aufert, cum dicat: *Velle adiacet mihi?* Certe enim ipsum velle in potestate est, quoniam adjacet nobis: sed quod perficere bonum non est in potestate, ad meritum pertinet originalis peccati." *De div. quaest. ad Simplic.*, I, 1, 11; t. 40, col. 107. Cf. *Ibid.*, I, 1, 14; col. 108.

Deus que os coroa. Mas tal concepção é contraditória com a noção de graça: por sua definição e também por seu nome ela é um dom gracioso, gratuito. Uma graça que fosse merecida seria uma dívida e não uma graça verdadeira. De fato, basta observar o que se passa para constatar que ao conceder a graça, Deus não restitui o bem pelo bem, mas o bem pelo mal. São Paulo, convertido pela luz divina depois de ter perseguido a Igreja, e Agostinho, que a graça de Deus vai buscar no mais profundo de seus desregramentos e de sua miséria, estão aqui para testemunhá-lo. A graça de Deus não nos é dada segundo nossos méritos, já que não apenas não vemos boas ações às quais possa ser atribuída, mas a vemos também a cada dia atribuída a ações manifestamente más. Ao contrário, a partir do momento em que a graça é dada, os méritos começam; se ela nos falta, nosso livre-arbítrio, sempre intacto, não faz senão ir de queda em queda.[76] Tal tese deve ser admitida em seu sentido mais absoluto. *Bonum certamen certavi*, diz são Paulo. Para combater o bom combate, ele deve ter tido essa idéia: a graça inspirou-a nele. Para ser bem sucedido, ele deve ter tido a força: a graça conferiu-a para ele. Obtendo novamente sucesso, ele tornou a obter a vitória: é também a graça que a coroou. Então, se Deus o coroa para tal vitória, não são os méritos humanos que ele coroa, mas seus próprios dons: *si ergo Dei dona merita tua, non Deus coronat merita tua tanquam merita tua, sed tanquam dona sua*.[77] Sob uma nova fórmula, a tese fundamental das *Confissões* reaparece: não podemos oferecer a Deus o que ele exige a não ser que ele o tenha previamente dado.

---

[76] *De grat. et lib. arb.*, V, 11-12; t. 44, c. 888-889; e VI, 13; col. 889.
[77] *Ibid.*, VI, 15; c. 891, e "Dona sua coronat Deus, non merita tua", *ibid.*, VI, 15; c. 890. Para uma fórmula de sua oposição a Pelágio sobre esse ponto, ver XVI, 28-29; c. 897-898. Cf.: "Justitia tua (*sc.* Domine) sola me liberat; mea sola non sunt nisi peccata". *Enarr. in Ps. 70*, 1, 20; t. 36, c. 890. "Nihil es per te, Deum invoca; tua peccata sunt, merita Dei sunt; supplicium tibi debetur, et cum praemium venerit, sua dona coronabit, non merita tua". *Enarr. in Ps. 70*, II, 5; t. 36, c. 895.

A liberdade cristã

Sob essa estrita sujeição à graça, o que se torna a vontade humana? A resposta tem poucas palavras: ela conserva seu livre-arbítrio, ela alcança a liberdade.

Ela conserva a princípio seu livre-arbítrio, pois, mesmo ao admitir que a graça dá tudo ao livre-arbítrio, ainda é necessário que ele esteja presente para receber. O que tendes que não tenhais recebido? – pergunta o *Salmo* (101, 28). Mas então, quem receberia, se nossa vontade e conseqüentemente também nosso livre-arbítrio não estivessem presentes para receber? Pois receber é aceitar, é consentir, é agir; é também agir querendo, ou seja, como convém que uma vontade aja e ao seguir sua própria natureza. Mas uma vontade que age como vontade atesta, por isso, seu livre-arbítrio. A palavra célebre: *quid habes quod non accepisti?*, bem longe de negar o livre-arbítrio, ao contrário, implica-o.[78] Quando Deus dá à vontade o querer e a ajuda a fazer o que ele comanda, é, sem embargo, ela que quer e faz o que ele comanda: *adjuvat ut faciat cui jubet*.[79] Deus vem em ajuda do homem que age, não para dispensá-lo de agir, mas para permiti-lo; assim, é necessário que, mesmo sob a pressão vitoriosa da graça, o livre-arbítrio esteja sempre presente.[80]

Contudo, ele permanece livre, se for verdade que Deus prepara sempre a graça, que é necessária para que a vontade daqueles que Deus quer salvar dê seu consentimento a ele? Deve-se responder pela afirmativa, em nome da psicologia da vontade tal como a descrevemos previamente. Por essência ela é amor ou, como diz também Agostinho, deleitação.[81] Um tipo de peso interior a arre-

---

[78] *De spiritu et littera*, XXXIV, 60; t. 44, c. 240. Cf.: "Qui ergo fecit te sine te non te justificat sine te. Ergo fecit nescientem, justificat volentem". *Sermo 169*, XI, 13; t. 38, c. 923.
[79] *De grat. et lib. arb.*, XV, 31; t. 44, c. 899.
[80] "... gratiam Dei... qua voluntas humana non tollitur, sed ex mala mutatur in bonam et, cum bona fuerit, adjuvatur; ..." *De grat. et lib. arb.*, XX, 41; t. 44, c. 905. "Neque enim voluntatis arbitrium ideo tollitur, qua juvatur; sed ideo juvatur, quia non tollitur". *Epist. 157*, I, 10; t. 33, c. 677.
[81] Ver anteriormente, p. 257, nota 29.

bata em direção a certos objetos mais do que a outros e esse movimento, que a leva para fins diferentes, é sua liberdade. Qualquer que seja o objeto com o qual ela se deleita, ela se deleita livremente; qualquer que seja a origem da atração que ela sente mais em direção a um fim que na direção de outro, essa atração não pode colocar sua liberdade em perigo, uma vez que se trata da escolha mesma pela qual a vontade se exprime. Então, qual é o efeito produzido pela graça sobre a liberdade? Ela substitui na liberdade deleitação do mal pela do bem. Ao contrário, a lei, irrealizável pela vontade do homem decaído, torna-se ao contrário objeto de amor e de deleite para o homem em estado de graça. A caridade, no homem, em nada diferente nele do amor por Deus e por sua justiça, que é inspirada na alma pela graça e que, não obstante, faz com que o homem passe a encontrar espontaneamente sua alegria naquilo que ele até então repugnava.[82]

Assim, portanto, nada impede que a graça se aplique vitoriosamente à vontade sem com isso alterar a liberdade. Admite-se, sem dificuldade, que o homem age livremente quando desco-

---

[82] "*Condelector legi Dei secundum interiorem hominem*: cum ipsa delectatio boni, qua etiam non consentit ad malum, non timore poenae, sed amore justitiae (hos est enim condelectari), non nisi gratiae deputanda sit". *Cont. duas epis. Pelagianorum*, I, 10, 22; t. 44, col. 561. "Nihil hic ergo aliud dictum existimo: *suavitatem fecisti cum servo tuo* (Sl 118, 65), nisi, fecisti ut me delectaret bonum. Quando enim delectat bonum, magnum est Dei donum". *Enarr. in Ps. 118*, XVII, 1; t. 37, col. 1547. "Cum ergo Deus facit suavitatem, id est, cui propitius inspirat boni delectationem; atque, ut apertius explicem, cui donatur a Deo charitas Dei..." *Ibid.*, 2; col. 1518. "Docet ergo Deus suavitatem inspirando delectationem, docet disciplinam temperando tribulationem, docet scientiam insinuando cognitionem. Cum itaque alia sint quae ideo discimus ut tantummodo sciamus, alia vero ut etiam faciamus; quando Deus ea docet, sic docet ut scienda sciamus, aperiendo veritatem, sic docet ut facienda faciamus, inspirando suavitatem" *Ibid.*, 3, col. 1549. Cf. *Enarr. in Ps. 118*, XXII, 7; t. 37, col. 1565-1566. *De peccatorum meritis et remissione*, II, 17, 27; t. 44, col. 168. Sabe-se a importância da idéia de *delectaion* em Jansênio; ver especialmente *Augustinus*, T. III, Liv. VII, cap. III, *Delectatio efficit voluntatem et libertatem, hoc est, facit velle et libere velle*; Ed. Rouen, 1652, t. III, p. 309-311. Suas análises profundas são sempre úteis de serem consultadas, mas ele cometeu o

A liberdade cristã

nhece o dom divino da graça e se estabelece no pecado. Mas o que se passa nesse caso? Ele ouve o chamado da graça; ela lhe aparece como um bem em certa medida desejável, mas a concupiscência lhe traz mais deleite e, como a deleitação é tão-somente o movimento mesmo da vontade para seu objeto, o homem em que a paixão domina prefere inevitavelmente o pecado à graça. Nesse sentido, é rigorosamente verdadeiro dizer que nós sempre faremos necessariamente o que nos deleitar mais: *quod enim amplius nos delectat, secundum id operemur necesse est*.[83] Mas seria um erro crer que a deleitação prevalente abolisse o livre-arbítrio, de que ela é apenas a manifestação. A deleitação do pecado que me tenta não é algo que se acrescenta à minha vontade para arrebatá-la

---

erro inicial de separar em partes, como coisas, os diferentes momentos de uma análise que são inseparáveis na realidade. Assim, Jansênio raciocina sempre como se a *delectatio* fosse, na vontade, um peso diferente da vontade. Ela é, para ele, também diferente do conhecimento (*Loc. cit.*). Por isso, ele introduzia na vontade agostiniana um motivo determinante, de natureza heterogênea, que, apesar de todos os seus esforços ulteriores, dá à ação da graça divina o aspecto de um determinismo externo sob o qual a liberdade da vontade desaparece. Nesse desvio do agostinianismo autêntico, é curioso notar qual papel desempenha a definição da deleitação dada pelos apócrifos *De spiritu et littera* e *De substantia dilectionis*; ver JANSÊNIO, *Augustinus*, ed. citada, v. III, p. 185 E e p. 309. A diferença fundamental entre as duas doutrinas, nesse aspecto, parece-nos ser que, para Jansênio, a deleitação é a causa da volição: "Cum igitur vera causa, cur arbitrium ad appetendum aliquid moveatur, sit delectatio, qua intrinsecus in ipsa voluntate mulcetur; ..." (*Augustinus*, t. III, p. 310 B), ao passo que, segundo santo Agostinho, a deleitação é somente o amor, que é apenas o peso interior da vontade, a qual, por sua vez, é somente o livre-arbítrio.

[83] "Regnant autem ista bona (*scil.* fructus Spiritus), si tantum delectant, ut ipsa teneant animum in tentationibus, ne in peccati consensionem ruat. Quod enim amplius nos delectat, secundum id operemur necesse est: ut verbi gratia occurrit forma speciosa feminae et movet ad delectationem fornicationis: sed si plus delectat pulchritudo illa intima et sincera species castitatis, per gratiam quae est in fide Christi, secundum hanc vivimus et secundum hanc operamur". *Epist. ad Gal.*, 49; t. 35, col. 2140-2141. "Manifestum est certe secundum id nos vivere quod sectati fuerimus; sectabimur autem, quod dilexerimus: si tantumdem utrumque diligitur, nihil eorum sectabimur; sed aut timore aut inviti trahemur in alterutram partem". *Ibid.*, 54, col. 2142.

para baixo, é a espontaneidade mesma do meu pensamento no movimento que a arrebata ao mal; a deleitação do bem que a graça substitui pela primeira não é, pois, tampouco uma força que, de dentro, a violenta, mas o movimento espontâneo da vontade mudada e liberta, que então tende toda para Deus; o homem é verdadeiramente livre quando age de sorte que o objeto de sua deleitação seja precisamente a liberdade.[84]

Apesar das repetidas asserções de Agostinho, geralmente hesita-se em reconhecer de que maneira precisa sua doutrina assegura os direitos do livre-arbítrio. Alguns crêem ser útil insistir no fato de a liberdade agostiniana não ser a pura volição, mas uma volição que sempre supõe um objeto conhecido e que, conseqüentemente, implica uma escolha.[85] O fato não é duvidoso e vimos como Agostinho demonstra que jamais se quer o desconhecido, mas ele deixa a verdadeira questão intacta. A escolha livre certamente não se confunde com uma volição bruta no sistema de santo Agostinho, mas certamente se confunde com o livre-arbítrio, que segue sua deleitação, boa ou má. É preciso compreender que, agindo sobre a vontade, a graça não somente diz respeito ao livre-arbítrio, mas também lhe confere a liberdade. Com efeito, a liberdade (*libertas*) é apenas o bom uso do livre-arbítrio (*liberum arbitrium*). Ora, se a vontade sempre permanece livre,

---

[84] "Ecce unde liberi, unde condellectamur legi Dei: libertas enim delectat. Nam quamdiu timore facis quod justum est, non Deus te delectat, quamdiu adhuc servus facis, te non delectat: delectet te, et liber es". In. *Joan. Evang.*, XLI, 8, 10; t. 35, col. 1698. Jansênio (*Augustinus*, ed. citada, v. III, p. 311) qualifica essa fórmula de "nobilissima fulgentissimaque", e, com efeito, ela é assim se for uma vez entendida exatamente. A liberdade plena só é obtida quando a alma age por amor pela deleitação libertadora que a arranca do pecado.

[85] Ver, por exemplo, É. PORTALIÉ, art. citado, col. 2389 A. – J. MARTIN, *Saint Augustin*, p. 186-187. Suas precauções parecem-nos justificadas, mas inoperantes na espécie, pois Jansênio, contra quem elas são tomadas, as havia tomado antes de É. Portalié. O problema parece-nos estar em outro lugar; mas qualquer que seja o intérprete que se engane, haverá apenas aqueles que não tentaram desembaraçar a questão para não se explicarem.

no sentido de livre-arbítrio, ela não é, por conseqüência, sempre boa e não é sempre livre, no sentido de liberdade.[86] Se ela quiser o bem e realizá-lo, qualquer que seja a origem de seu querer e de seu poder, nossa vontade estará de uma só vez em estado de liberdade e de livre-arbítrio; mas é fato que ela quer freqüentemente o mal, ou que, querendo o bem, não possa realizá-lo. Assim, de onde vem, nesse livre-arbítrio, tal ausência de liberdade? Do pecado, que são Paulo nos ensina ser uma defecção original de nossa vontade. Portanto, quando nos perguntamos se o livre-arbítrio

---

[86] No pensamento de Agostinho, há uma distinção perfeitamente clara entre o sentido de *liberum arbitrium* e o de *libertas*. Essa distinção, por vezes, exprime-se muito precisamente em sua linguagem; por exemplo: "Item ne quisquam etsi non de operibus, de ipso glorietur *arbitrio voluntatis*, tanquam ab ipso incipiat meritum, cui tanquam debitum reddatur preemium, bene operandi *libertas*." *Enchiridion*, XXXII; t. 40, col. 247. Reencontramo-la, com a mesma clareza, no seguinte texto: "Redimuntur autem (*scil.* homines) in *libertatem* beatitudinis sempiternam, ubi jam peccato servire non possint. Nam si, ut dicis, boni, alique voluntarii possibilitas sola *libertas* est, non habet *libertatem* Deus, in quo peccandi possibilitas non est. Hominis vero *liberum arbitrium* congenitium et omnino inamissibile si quaerimus illud quo beati omnes esse volunt, etiam hi qui ea nolunt quae as beatitudinem ducunt." *Op. imperf. cont. Julian.*, VI, 11; t. 45, col. 1521. Assim, está clara a oposição entre o livre-arbítrio do homem, cujo mau uso não destrói a natureza, e a liberdade, que é o seu bom uso. Seguem-se, na exegese dos textos agostinianos relativos à liberdade, duas regras a serem seguidas.

1º Na língua agostiniana, quanto ao homem e nesta vida, *liberum arbitrium* supõe a possibilidade de fazer o mal. Cf.: "Liberum arbitrium et ad malum et ad bonum faciendum confitendum est nos habere." *De correptione et gratia*, I, 2, 4; t. 44, col. 936. Em Deus, naturalemnete não é assim, (ver *Op. imperfectum contra Julianum*, V, 38; t. 45, col. 1474. Cf. Adhémar D'ALÈS, "Sur la trace de saint Augustin". In: *Études*, 1930, p. 85, nota), mas deve-se acrescentar que, com S. Jerônimo e P. Lombardo (*II Sent.*, 25, 2), quando a palavra se aplica a Deus, ela traz um sentido muito diferente daquele que tem quando se aplica ao homem.

2º O latim dispõe apenas de um único adjetivo, "*liber*", para designar o estado daquele que goza o livre-arbítrio e daquele que goza a liberdade; constantemente há ambigüidade nos textos em que ele é empregado. Por exemplo: "Semper est autem in nobis voluntas libera, sed non semper est bona". *De grat. et lib. arbit.*, XV, 31; t. 44, col. 899; "*libera*", aqui, pode significar somente "dotada de livre-arbítrio". Ademais, ele acrescenta ao adjetivo "*liber*", o advérbio "*vere*", para

passa a ser capaz, por suas próprias forças, de amar Deus, nos perguntamos, portanto, se a vontade do homem basta para restabelecer a ordem criada pela onipotência divina. O que Pelágio ensina, sem perceber o alcance de sua própria doutrina, é que o homem pode fazer o que um poder divino foi requisitado para

---

deixar claro que se trata de *"libertas"* (*Epist.* 217, VI, 23; t. 33, col. 987). Há, portanto, espaço para se consagrar uma exegese especial sobre o sentido desse adjetivo em cada caso particular. Eis alguns desses casos: "posset enim (homo ante peccatum) perseverare si vellet: quod ut nollet, de libero descendit arbitrio (como poder fazer o mal), quod tunc ita liberum erat, ut et bene vellet et male. Quid autem liberius (no sentido de *libertas*) libero arbítrio, quando non poterit servire peccato, ..." *De correptione et gratia*, XI, 32; t. 44, col. 936; "... cum arbitrio voluntatis, ideo *vere libero* (no sentido de *libertas*), quia per gratiam liberato..." (*ibid.*, 42; col. 942); "... arbitrium, inquam, liberum (no sentido de livre-arbítrio), sed non liberatum (pela liberdade)" (*Ibid.*).

3º O termo *"libertas"*, quando designa o estado daquele que é "liberatus", significa a confirmação da vontade no bem pela graça. Não há, portanto, valor fixo, dado que essa confirmação pode alcançar graus variados; assim, a *libertas* de Adão consistia em poder não pecar; perdida pela queda, ela é dada para a alma através da graça de Jesus Cristo; mas a verdadeira *libertas* existirá apenas na beatitude, na qual a vontade não poderá mais pecar: "Prima ergo libertas voluntatis erat, posse non peccare; novissima erit multo major, non posse peccare". *De correptione et gratia*, XII, 33; t. 44, col. 936. Enquanto se espera, a *libertas* é em cada um tanto maior quanto mais completamente *liberatus* se for. Ter-se-á uma idéia da obscuridade da terminologia de Agostinho pela seguinte fórmula das *Retract.*, I, 15, 4: "In tantum enim libera est, in quantum liberata est, et in tantum appellatur voluntas. Alioquin tota cupiditas (potius) quam voluntas proprie nuncupanda est" (t. 32, col. 609). Dizer que a vontade está *libera* (no sentido de *libertas*), enquanto *liberata*, é algo claro; mas reservar o termo *"voluntas"* para a vontade liberada seria recair em outras confusões, pois uma *cupiditas* é também uma *voluntas*. O sentido moral de vontade – uma vontade que é o que deve ser –, aqui está em jogo com o sentido psicológico do termo definido previamente na p. 256, nota 28.

A terminologia agostiniana é clarificada e fixada em santo Anselmo. Ele substitui *liberum arbitrium* pela expressão *libertas arbitrii*. O homem sempre tem um *arbitrium*, mas que nem sempre é *liber* (Cf. *De libero arbítrio*, cap. II, Pat. lat., t. 158, col. 492 e cap. III, col. 494). *Libertas* é, aqui, sinônimo de *potestas non peccandi*. Sobre as querelas concernentes à liberdade de indiferença que resultaram dessas ambigüidades, ver Ét. GILSON, *La liberté chez Descartes et la théologie*, Paris, 1913, p. 286 e ss.

A liberdade cristã

criar. O que não mais existe é a ordem da criação; para restabelecê-la é necessária uma nova criação. Ora, o "recriador" só pode ser um criador, ou seja, Deus. Pode-se sempre cair por si mesmo, mas não é possível sempre se reerguer; nunca se pode, quando a queda é infinita, a menos que Deus, ele mesmo, nos estenda a mão e nos reerga.[87] Isto é precisamente o que ele faz ao nos conferir a graça: ao restaurar em nós o amor de Deus, do qual nossa vontade primeira era capaz, a graça lhe restitui sua dominação sobre o corpo e sobre as coisas materiais; longe de abolir a vontade, a graça refaz uma boa vontade, liberta-a; do livre-arbítrio, sempre intacto em sua essência, ela refaz uma liberdade.

Somente quando se vê a noção de liberdade no seu sentido propriamente agostiniano, pode-se dar o sentido exato a toda uma série de fórmulas aparentemente paradoxais, que provocaram a curiosidade e alimentaram controvérsias seculares, às vezes por falta de terem sido reportadas à significação precisa que santo

---

[87] "Sed tu fortasse quaesiturus es, quoniam movetur voluntas cum se avertit ab incommutabili bono ad mutabile bonum, unde iste motus existat; qui profecto malus est, tametsi voluntas libera, quia sine illa nec recte vivi potest, in bonis numeranda sit. Si enim motus iste, id est aversio voluntatis a Domino Deo, sine dubitatione peccatum est, num possumus auctorem peccati Deum dicere? (...) Motus ergo ille aversionis, quod fatemur esse peccatum, quoniam defectivus motus est, omnis autem defectus ex nihilo est, vide quo pertineat, et ad Deum non pertinere ne dubites. Qui tamen defectus quoniam est voluntarius, in nostra est positus potestate. Si enim times illum, oportet ut nolis; si autem nolis, non erit. Quid ergo securius quam esse in ea vita, ubi non possit tibi evenire quod non vis? Sed quoniam non sicut homo sponte cecidit, ita etiam sponte surgere potest; porrectam nobis desuper dexteram Dei, id est Dominum nostrum Jesum Christum, fide firma teneamus, et exspectemus certa spe, et caritate ardenti desideremus." *De libero arbitrio*, II, 20, 54; t. 32, c. 1270. Cf. III, 17, 47-48, c. 1294-1295. *De Trinitate*, XII, 11, 16; t. 42, c. 1007. *De natura et gratia*, XXXIII, 25; t. 44, c. 259. Sobre a impossibilidade de o homem recriar com suas próprias forças a ordem divina: "Non vos, sed ego sum Deus: ego creavi, ego recreo; ego formavi, ego reformo; ego feci, ego reficio. Si non potuisti facere te, quomodo potes reficere te?" *Enarr. in Ps. 45*, 14; t. 36, c. 524. "A te deficere potes, tu teipsum reficere non potes: ille reficit, qui fecit". *Enarr. in Ps. 94*, 10; t. 37, c. 1224.

Agostinho lhes atribuiria. Com efeito, dado que em tal doutrina a liberdade se confunde com a eficácia de um livre-arbítrio orientado para o Bem, e que o ofício próprio da graça é conferir esta eficácia, não somente não pode haver oposição entre a liberdade e a graça, mas, ao contrário, é unicamente a graça que confere a liberdade ao homem. Quanto mais a vontade se assujeita à graça, portanto, mais é sã, e quanto mais sã, tanto mais livre.[88] Se supomos, por conseqüência, um livre-arbítrio que estivesse submetido somente a Deus, isso seria para ele a liberdade suprema: *illo solo dominante, liberrimus*,[89] pois é no serviço a Cristo que consiste a verdadeira liberdade: *libertas Vera est Christo servire*. Palavras que se unem a estas de são Paulo (Rm 6,20-21): "Quando estiverdes sujeitados ao pecado, estareis libertos da justiça; hoje, libertos do pecado, vós vos tornastes os servidores de Deus"; o que Agostinho traduz numa fórmula ainda mais concisa: *Eris liber, si fueris servus: liber peccati, servus justitiae*.[90]

Através dessa identificação da liberdade com a graça, Agostinho não reconciliava simplesmente o livre-arbítrio com a vida sobrenatural, ele também resolvia a dificuldade com a qual concluiríamos nosso estudo sobre a caridade cristã: como chegar à beatitude, que é Deus, se apenas se chega a ela através da caridade, que igualmente é Deus?[91]

Precisamente, se a liberdade se reduz à graça, é também à graça que nos reconduz à caridade: *lex itaque libertatis, lex*

---

[88] "Desinant ergo sic insanire, et ad hoc se intelligant habere, quantum possunt, liberum arbitrium, non ut superba voluntate respuant adjutorium, sed ut pia voluntate invocent Dominum. Haec enim voluntas libera tanto erit liberior quanto sanior; tanto autem sanior, quanto divinae misericordiae gratiaeque subjectior." *Epist. 157*, II, 7-8; t. 33, c. 21.
[89] *De moribus Ecclesiae*, 1, 12, 21; t. 33, c. 21.
[90] *In Joan. Evang.*, Tract. 41, 8, 8; t. 35, c. 1696. *De gratia et lib. arbitrio*, XXV, 31; t. 44, c. 899-900.
[91] Ver capítulo precedente, p. 267-269.

A liberdade cristã

charitatis.[92] A caridade é o amor por Deus.[93] Ora, esse amor é precisamente o que o pecado destruiu em nós, e o que a graça restaura. Assim, não há de se espantar que os pelagianos nos atribuam o mérito da caridade, como eles nos atribuem o da graça; mas em nenhuma outra parte o erro deles é mais profundo, precisamente porque, de todas as graças, a caridade é a mais elevada. Quem sobrepujar esse ponto, portanto, sobrepuja toda a doutrina da graça.[94] Ora, segundo são João, a caridade é tão eminentemente um dom de Deus que ela é o próprio Deus.[95] Por conseguinte, como sustentar que nós não a tenhamos recebido? Mas se, ao recebê-la, é Deus que recebemos, como se espantar que possamos possuir, aqui de baixo, os sinais de nossa beatitude futura? Por essa graça, Deus está em nós como está no céu;[96] através dela ele nos dá um amor que nos faz desejar amá-lo ainda mais,[97] e nós só o amamos, enfim, porque ele nos amou primeiro: *nos*

---

[92] *Epist. 167*, VI, 19; t. 33, c. 740. *De lib. arbit.*, II, 13, 37; t. 32, c. 1261. Quanto à relação com a teoria do conhecimento: *De vera religione*, 31, 58; t. 34, c. 147-148.

[93] "Sed ut aliquid gustu accipias, *Deus charitas est*. Dicturus es mihi: putas quid est charitas? Charitas est qua diligimus. Quid diligimus? Ineffabile bonum, bonum beneficium, bonum bonorum omnium creatorem". *Sermo 21*, 2; t. 38, c. 143.

[94] *De grat. et lib. arb.*, XVIII, 37; t. 44, c. 903-904; XIX, 40; t. 44, c. 905. Cf. *Sermo 145*, 4; t. 38, c. 793.

[95] "Charitas autem usque adeo donum Dei est, ut Deus dicatur". *Epist. 186*, III, 7; t. 33, c. 818.

[96] "Quisquis habet charitatem, utquid illum mittimus longe, ut videat Deum? Conscientiam suam attendat, et ibi videt Deum. Si charitas ibi non habitat, non ibi habitat Deus: si autem charitas ibi habitat, Deus ibi habitat. Vult illum forte videre sedentem in coelo; habeat charitatem, et in eo habitat sicut in coelo". *Enarr. in Ps. 149*, 4; t. 37, c. 1951.

[97] "Cur ergo dictum est: *diligamus invicem, quia dilectio ex Deo est*; nisi quia praecepto admonitum est liberum arbitrium, ut quaereret Dei donum? Quod quidem sine suo fructu prorsus admoneretur, nisi prius acciperet aliquid dilectionis, ut addi sibi quaereret unde quod jubebatur impleret." *De gratia et lib. arbitrio*, XVIII, 37; t. 44, c. 903-904.

*non diligeremus Deus, nisi nos prior ipse diligeret.*⁹⁸ Nesse ponto, ainda mais do que alhures, é de dentro que Deus confere à alma o movimento e a vida: busquemos segundo qual lei e quais obras essa vida da alma vai se desenvolver.

---

⁹⁸ *De gratia et lib. arbitrio*, XVII, 38; t. 44, c. 904. Funda-se na palavra de João, I Jo 4, 19: "Nos diligimus, qua ipse prior dilexit nos". Seguem-se as impressionantes fórmulas de são Bernardo que são somente um aprofundamento daquela: "Bonus es, Domine, animae quaerenti te; quid ergo invenienti? Sed enim in hos est mirum quod nemo quaerere te valet nisi qui prius invenerit. Vis igitur inveniri ut quaeraris, quaeri ut inveniaris. Potest quidem quaeri et inveniri, non tamen praeveniri." *De diligendo Deo*, cap. VII; ed. W. W. Williams, Cambridge, 1926, p. 41. Cf. S. AUGUSTIN, *Conf.*, XI, 2, 4; ed. P. de Labriolle, t. II, p. 299. Daí, enfim, a célebre frase de PASCAL, em *Mystère de Jesus*: "Consola-te, não me buscarias se não me tivesses encontrado". *Pensées*, ed. L. Brunschvicg, ed. Minor, p. 576.

IV. A VIDA CRISTÃ

Uma vez que tenha entrado na alma, a caridade divina, como é da essência do amor, revela-se indefinidamente e incansavelmente fecunda; exteriorizando-se numa vida da qual ela é a fonte secreta, ela se realiza em uma multiplicidade de ações particulares. Cada uma dessas ações, enfim, é uma certa atitude adotada pelo homem com relação a objetos e seres. Descrever a vida cristã, portanto, é mostrar qual é, em relação às coisas, a atitude de uma alma onde reina como mestre o amor a Deus.

1. O homem cristão

Quando se reduzem às formas mais simples as diversas maneiras pelas quais os homens se comportam em relação às coisas, encontram-se finalmente apenas duas: fruí-las ou usá-las. Fruir é fixar sua vontade numa coisa por amor a essa coisa. Usar é servir-se de uma coisa como um meio para obter outra.[1] Portanto, frui-se do que se considera como um fim; usa-se o que se considera apenas como um meio.

A essa distinção entre a natureza dos atos humanos necessariamente corresponde uma distinção entre seus objetos. Se ape-

---

[1] "Frui enim est amore alicui rei inhaerere propter seipsam. Uti autem, quod in usum venerit ad id quod amas obtinendum referre, si tamen amandum est. Nam usus illicitus, abusus potius vel abusio nominandus est". *De doctrina christiana*, I, 4, 4; t. 34, c. 20.

nas fruímos de fins e como os fins subordinam-se uns aos outros até que todos sejam tidos sob um único, que é o último, há apenas, em última análise, um só e único objeto que seja verdadeiramente fim: aquele que constitui para nós o fim último, a beatitude. Ao contrário, todos os outros objetos subordinam-se a ele como meios a seu fim. Fruir da Beatitude e usar todo o resto com vistas a obtê-la: tal é a regra primeira da vida cristã. Todos os nossos erros estão em querermos fruir daquilo que se deveria querer usar.[2] Mas nós já sabemos o que é essa Beatitude, ou fim último: é o soberano bem, ou seja, isso que nada se pode conceber de melhor, portanto Deus.[3] Assim, a regra a que acabamos de chegar pode se resumir numa fórmula ainda mais precisa: *solo Deo fruendum*;[4] deve-se fruir somente de Deus e simplesmente usar o resto com o intuito de fruir de Deus.

Não obstante, para poder aplicar esse princípio aos problemas que o detalhe da vida moral coloca, é preciso que o homem saiba estimar as coisas em seu justo valor e conformar sua vontade a essa justa estimativa. Amar o que não se deve amar, não amar o que se deve amar, amar desigualmente o que se deve amar igualmente ou amar igualmente o que se deve amar desigualmente, eis o mal. O bem, lembremos-nos, é amar as coisas com um

---

[2] "Res ergo aliae sunt quibus fruendum est, aliae quibus utendum, aliae quae fruuntur et utuntur. Illae quibus fruendum est nos beatos faciunt. Istis quibus utendum est, tendentes ad beatitudinem adjuvamur et quasi adminiculamur, ut ad illas quae nos beatos faciunt, pervenire, atque his inhaerere possimus. Nos vero qui fruimur et utimur, inter utrasque constituti, si eis quibus utendum est frui voluerimus, impeditur cursus noster et aliquando etiam deflectitur, ut ab his rebus quibus fruendum est obtinendis vel retardemur, vel etiam revocemur, inferiorum amore praepediti." *De doct. christ.*, I, 3, 3; t. 34, c. 21.

[3] "Nam cum ille unus cogitatur deorum Deus, ab his etiam qui alios et suspicantur et vocant et colunt deos sive in coelo sive in terra, ita cogitatur ut aliquid quo nihil sit melius atque sublimius illa cogitatio conetur attingere." *De doctr. christ.*, I, 7, 7; t. 44, c. 22. Essa fórmula é uma das fontes prováveis de santo Anselmo, *Proslogion*, cap. II; Pat. lat., t. 158, col. 227.

[4] *Op. cit.*, I, 22, 20; t. 44, c. 26.

amor que se conforma à ordem: *ille autem juste es sancte vivit qui ordinatam dilectionem habet*.[5] Ora, o mal moral, considerado na disposição da vontade que o determina, é o vício; o bem moral, ou boa disposição da vontade, é a virtude. Segue-se disso a definição lapidar de santo Agostinho: *ordo est amoris*.[6] A virtude é a submissão do amor à ordem. A hierarquia dos fins permite determinar à qual ordem a vontade deve se sujeitar.

No mais baixo grau da escala dos fins encontram-se os bens exteriores e materiais: alimentos, vestimentas, ouro e dinheiro. Tomados em si mesmos são bens verdadeiros. Dado que foram criados, Deus os quis num lugar determinado no universo. Não se pode, portanto, considerá-los como maus sem cair no erro dos maniqueus. O que é mau não é usá-los, mas deles fruir esquecendo, assim, a palavra d'Aquele que disse: é a mim que o ouro e o dinheiro pertencem. Ao contrário, é bom usar essas coisas tendo em vista fins espirituais e subordiná-las completamente a Deus.[7]

Acima desses bens secundários, encontramos nosso próximo, isto é, os outros homens. Como são criaturas de Deus, eles também são bens e, por conseqüência, podem servir como fins à nossa vontade. Todavia, deve-se observar que aqui também há uma ordem. Se dispuséssemos de um excedente de riquezas para distribuir, sem perceber qualquer razão para dar mais a um do que a outro, nós tiraríamos a sorte para saber a quem dar. Ora, esse sorteio foi feito conosco pela natureza, tal como Deus a estabeleceu. Nossos pais, a princípio nossos ascendentes mais próximos, são designados para serem os primeiros beneficiários de nossa caridade.[8] Depois deles vêm os amigos, seguidos pelos desconhecidos e pelos indiferentes, segundo a ordem que as circunstâncias e o de-

---

[5] *De doctr. christ.*, I, 27, 28; t. 44, c. 29.
[6] "Unde mihi videtur, quod definitio brevis et vera virtutis: ordo est amoris". *De civit. Dei*, XV, 22; t. 41, c. 467. Sobre o fundamento dessa doutrina, ver anteriormente Parte II, cap. II, §1, "As regras das virtudes. A lei da ordem".
[7] *Sermo* 50, 5, 7; t. 38, c. 329.
[8] *De doctr. christiana*, I, 28, 29; t. 34, c. 30.

senvolvimento de suas necessidades nos indicarem. Mas como seria necessário amarmos ao próximo? A Escritura, ela mesma, responde: *diliges proximum tuum tanquam teipsum*. Desse modo, é necessário saber como se deve amar a si mesmo para deduzir como se deve amar ao outro.

Aparentemente simples, na realidade esse novo problema é duplo, pois o homem é duplo: alma e corpo. O corpo do homem é um bem, e, certamente, para cada um tomado em particular, é um grande bem. A propósito, é fato que todo homem ama seu corpo e que, conforme a palavra da Escritura, ninguém odeia sua própria carne (*Ef* 5,29). Segue-se disso que esse amor é legítimo, mas como o corpo não é o que há de melhor no homem, não é o corpo que nosso amor por nós mesmos deverá preferir se ele quiser ser um amor ordenado. O homem é algo grande: *magna enim quaedam res est homo*. Mas a que se refere essa grandeza? A Deus tê-lo feito à sua imagem e semelhança. Ora, sabemos que Deus não é um corpo. Se o homem é, portanto, a imagem de Deus, não pode ser por seu corpo, mas somente por seu pensamento e por sua alma. Logo, tendo em vista sua alma, cada um deve amar seu corpo; ou, em outros termos, só devemos usar os bens exteriores com vistas a nosso corpo, e usar nosso corpo com vistas a nossa alma. Mas quanto a essa alma, deve-se usá-la ou fruí-la?

Deve-se apenas usá-la. Por melhor e mais elevada que nossa alma seja em si mesma, ela não é o bem soberano, mas somente um bem finito e limitado. Não sendo o soberano bem, não poderia ser para nós o fim derradeiro, em direção ao qual todos os nossos desejos devem se ordenar. Por outro lado, já que não há nada entre a alma e Deus, o homem que usa seu corpo tendo em vista sua alma deve usar sua alma com vistas a fruir de Deus. Ademais, este é o ensinamento que a Escritura nos dá: tu amarás o Senhor teu Deus com todo teu coração, com toda tua alma e com todo teu pensamento – *tota mente* – ou seja, sem que absolutamente nada permaneça em ti como um fim e que tu tenhas direito de reservá-lo para dele fruir. O homem, e isso é o que faz sua grandeza, é uma coisa que deve ser colocada integralmente a serviço de Deus.⁹

Se voltarmos agora ao problema do amor ao próximo, constatamos que ele está, de fato, resolvido. O homem deve amar seu corpo para sua alma e sua alma para Deus. Se devemos, portanto, amar ao nosso próximo como a nós mesmos, só devemos amar nele seu corpo tendo em vista sua alma, e sua alma tendo em vista Deus. Agostinho chega aqui à idéia de uma vida moral e de uma vida social constituídas sob uma mesma e única base: o homem virtuoso usa tudo, e isso inclui a si mesmo, tendo em vista Deus, e ele quer um universo em que, como nele, todos os seres só usem de si mesmos tendo em vista Deus.

Chegando a este grau de virtude, em que a vontade ordena cada fim segundo seu valor exato e o ama conforme o que ele merece, o homem leva uma vida moral tão perfeita quanto possível. Não é de se espantar que se aprenda que sua vida seja toda feita de caridade e liberdade. Aquele que ama Deus em todas as coisas e todas as coisas em Deus, manifestamente participa dessa vida divina que somente a graça confere ao homem, mas, ao mesmo tempo, como a graça desvincula o livre-arbítrio do corpo para vinculá-lo a seu fim derradeiro, quem usa todas as coisas tendo em vista Deus frui, por isso mesmo, a perfeita liberdade. O que atingimos aqui, para além de definição técnica e abstrata da liberdade cristã, é o que se poderia chamar de espírito.¹⁰ Sabemos que há uma Lei, prescrita e mantida por Deus;¹¹ o homem, portanto, deve segui-la e, uma vez que ele é apenas uma criatura finita nas mãos de seu Criador, ele não poderia escapar disso de nenhum modo. Não obstante, é verdade que a essa lei, à qual ele deve se submeter, o homem tem duas maneiras muito diferentes de se

---

⁹ *De doctr. christiana*, I, 22, 21; t. 34, c. 26-27. Sobre os fundamentos dessa doutrina, ver Parte II, cap. II, § 3, "A Caridade".
¹⁰ *Sermo 156*, XIII, 14; t. 38, c. 857.
¹¹ Ver Parte II, cap. III, § 2, "O pecado e a graça".

submeter: ou por temor dos castigos que a sancionam, ou por amor a Deus, que a ordena. Quem se revolta contra a lei, sob risco de ser submetido a ela mais tarde pelo castigo, ou que a ela se submete desde o presente, mas somente por medo das penas por vir, obedece como um escravo; seu livre-arbítrio continua intacto, mas ele se submente à lei de Deus como constrangimento e servidão. Quando, ao contrário, vem a graça e com ela a caridade, a lei não é mais suportada, mas abraçada e querida pelo amor de Deus. Então o espírito de servidão dá lugar ao espírito de liberdade. Certamente, mesmo quando o espírito de liberdade anima o homem, este permanece conduzido, mas corre de si mesmo quando Deus o conduz: *ducimini, sed currite et vos*; Deus o conduz, mas ele não se deixa arrastar, ele segue: *ducimini, sed sequimini*. Ele continua uma pedra no edifício divino, mas essa pedra vivente não se deixa ser erguida como uma massa inerte e passivamente colocada no lugar pelo arquiteto, ela, por assim dizer, alinha-se no lugar que ela sabe lhe estar destinado: *lapides vivi*.[12] Assim, também o medo desaparece com a servidão; a vontade abraça alegremente esse Fim, cuja aceitação a libera de todo o resto; fruindo apenas dele, só se submete a ele; usando tudo o que não é ele, dominando tudo isso, quer dizer, sua alma, seu corpo, as outras almas, os outros corpos, as riquezas e os bens materiais de todo tipo que a ele se subordinam. O cristão que vive assim a vida da graça é, então, mestre de todas as coisas e, porque sabe reportá-las ao único fim delas, frui em paz a liberdade dos filhos de Deus.

No mais, não se acredita que a aquisição da virtude e da liberdade cristã se realize num instante. De início, é necessário um esforço da vontade, porque ninguém nasce para a vida cristã a

---

[12] "Neque enim templum suum sic de vobis aedificat Deus, quasi de lapidibus qui non habent motum suum: levantur, ab structore ponuntur. Non sic sunt lapides vivi: et vos tamquam lapides vivi coaedificamini in templum Dei (*Ef* 2,22 e 1*Pd* 2,5). Ducimini, sed currite et vos; ducimini, sed sequimini: quia cum secuti fueritis, verum erit illud, quia sine illo nihil facere potestis." *Sermo 156*, XII, 13; t. 38, c. 857. Sobre o papel libertador da caridade na medida em que ela substitui o medo, ver *Sermo 53*, X, 11; t. 38, col. 369. *Quaest. in Heptateuchon*, V, 15; t. 34, col. 754-756.

A vida cristã

não ser que o queira. Essa vida pode ser considerada como uma série de progressos e retrocessos, todos relativos à nossa vontade:[13] quando ela se volta das coisas para Deus, ela progride; quando se desvia de Deus e volta-se para as coisas, regride.[14] Mas esses movimentos, pelos quais a vida cristã não cessa de crescer ou decrescer em nossa alma, dependem, por sua vez, da graça, uma vez que a concupiscência só diminui no homem na medida em que a caridade cresce.[15] A liberação final, se ela dever ocorrer, será somente o coroamento de uma vitória adquirida por um combate tão longo quanto a vida e que esta mesma vida conhece.

Com efeito, a vida cristã forma um estado essencialmente transitório, por natureza diferente do que era a vida humana antes da Lei ou sob a Lei, daquele no qual ela estará na glória ou na miséria eternas. Antes da Lei, como vimos,[16] o homem segue a concupiscência sem sequer saber que vive no pecado. Sob a Lei, o pecado permanece, posto que o homem vive sem a graça libertadora, e também sua culpabilidade aumenta, dado que ela se agrava em prevaricação ao se violar uma lei que não existia antes.[17] Esses estados, que se sucederam na história da humanidade, sucedem-se ainda hoje no homem.[18] Como outrora os judeus,

---

[13] "Aetas corporis non est in voluntate. Ita nullus secundum carnem crescit quando vult; sicut nullus quando vult nascitur: ubi autem nativitas in voluntate est, et crementum in voluntate est. Nemo ex aqua et Spiritu nascitur nisi volens. Ergo si vult, crescit: si vult, decrescit. Quid est crescere? Proficere. Quid est decrescere? Deficere." *In Epist. Joan. ad Parthos*, III, 1; t. 35, col. 1997-1998.

[14] "Conversa (*scil.* anima) ergo a Domino ad servum suum (*scil.* corpus), necessario deficit: conversa item a servo suo ad Dominum suum, necessario proficit". *De musica*, VI, 5, 13; t. 32, col. 1170.

[15] *De Trinitate*, XIV, 17, 23; t. 42, col. 1054. *Enchiridion*, CXXI, 32; t. 40, col. 288.

[16] Ver p. 290-291.

[17] Além do fato de que a transgressão de uma lei é um erro mais grave que um pecado puro e simples, Agostinho considera o prazer mau que se pode ter ao violar a lei: "quia suasio delectationis ad peccatum vehementior est, cum adest prohibito". *De div. quaest. 83*, 66, 5; t. 40, col. 63.

[18] "Ex quo comprehendimus quatuor esse differentias etiam in uno homine, quibus gradatim peractis in vita aeterna manebitur". *Op. cit.*, I; col. 62.

aquele que conhece a Lei e não vive na graça, sabe que não é necessário pecar; talvez ele queira mesmo não pecar, mas não pode: *etiamsi noli peccare, vincitur a peccato*.[19] O combate que ele trava termina infalivelmente com uma derrota. Como no segundo estado, aquele do homem que já vive na graça é uma luta, uma ação, mas em que o lutador não está condenado à derrota. Se ele crê plenamente em seu libertador e não se atribui qualquer mérito próprio, o homem pode vencer a deleitação da concupiscência quando ela o arrasta para o mal. Seguem-se daí as características distintivas desse terceiro estado que constitui propriamente a vida cristã.

O efeito da graça divina não é o de suprimir a concupiscência. Tanto antes como depois, a concupiscência sempre está presente e nos solicita. Embora não nos seja mais solicitada para pecar, ela continua presente e ativa, como um adversário com o qual sempre é necessário lutar e ao qual é um pecado sucumbir.[20] Todavia, uma diferença capital separa o reino da Lei do da graça: a concupiscência em nós está mitigada, mas não estamos mais entregues a ela sem socorro.[21] Eis por que a vida cristã é um combate perpétuo, que não conhece paz verdadeira, mas

---

[19] *Op. cit.*, 5; col. 64. Eis por que a Lei é uma lei de morte, por oposição à vida da graça: "Lex ergo peccati et mortis, id est, quae imposita est peccantibus atque morientibus, jubet tantum ne concupiscamus, et tamen concupiscimus. Lex autem spiritus vitae, quae pertinet ad gratiam et liberat a lege peccati et mortis, facit ut non concupiscamus". *Op. cit.*, 1; col. 61.

[20] "Sed de ista concupiscentia carnis falli eos credo, vel fallere; cum qua necesse est ut etiam baptizatus, et hoc si diligentissime proficit, et Spiritu Dei agitur, pia mente confligat. Sed haec etiamsi vocatur peccatum, non utique quia peccatum est, sed quia peccato facta est (sobre esse ponto, ver p. 286-287), sic vocatur: sicut scriptura manus cujusque dicitur quod manus eam fecerit. Peccata autem sunt, quae secundum carnis concupiscentiam vel ignorantiam illicite fiunt, dicuntur, cogitantur: quae transacta etiam reos tenent, si non remittantur." *Cont. duas epist. Pelag.*, I, 13, 27; t. 44, col. 563.

[21] "Tertia actio est, quando jam plenissime credimus Liberatori nostro, nec meritis nostris aliquid tribuimus, sed ejus misericordiam diligendo, jam non vincimur delectatione consuetudinis malae, cum ad peccatum nos ducere nititur; sed

A vida cristã

que a prepara.²² Para ultrapassar esse estado, em que a caridade divina repele mais ou menos vitoriosamente a concupiscência sem destruí-la, é necessário ultrapassar os limites da própria vida. Enquanto estamos neste corpo manchado, nossa alma pode certamente obedecer a Deus, mas nossa carne permanece sob a lei do pecado. Somente depois da ressurreição, e numa outra vida, quando o corpo glorificado estiver perfeitamente submetido à alma, uma paz perfeita reinará no homem, graças à perfeição da caridade.²³

Assim como a vida do corpo, a vida cristã tem suas idades diferentes, que correspondem às do corpo. Primeiro, consideremos o homem puramente natural, tal como no tempo de seu nascimento: a primeira idade de sua vida, totalmente ocupada com desvelos do corpo e particularmente com a alimentação, será mais tarde completamente esquecida por ele. Em seguida vem a infância, quando a memória começa a despertar; depois chega a adolescência, em que o homem se torna capaz de se reproduzir e de ser pai; à adolescência sucede-se a juventude, a idade em que se iniciam as obrigações públicas; a partir de então, a imposição das leis começa a pesar duramente e a interdição do pecado, ativando de algum modo o elã da paixão, redobra o pecado; pois esse não é simplesmente o mal que é cometido, mas o mal proibido. Depois da época problemática da juventude, o adulto conhece, enfim, um período de relativa paz, ao qual sucede a ve-

---

tamen adhuc eam interpellantem patimur, quamvis ei non tradamur." *De div. quaest.* 83, LXVI, 3; t. 40, col. 62.

[22] "Et ille homo nunc describitur esse sub gratia, qui nondum habet perfectam pacem, quae corporia resurrectione et immutatione est futura". *Op. cit.*, 6; col. 65-66. Esse combate é descrito no *De agone christiano*, I-XII; t. 6, col. 289-299.

[23] "In prima ergo actione, quae est ante Legem, nulla pugna est cum voluptatibus hujus saeculi; in secunda, quae sub Lege est, pugnamus, sed vincimur; in tertia pugnamus et vincimus; in quarta non pugnamus, sed perfecta et aeterna pace requiescimus. Subditur enim nobis quod inferius nostrum est, quod propterea non subdebatur, quia superiorem nobis deserueramus Deum." *De div. quaest.* 83, LXVI, 7; t. 40, col. 66.

lhice, na qual as doenças e uma fraqueza crescente conduzem progressivamente à morte. Tal é a vida do homem que vive do corpo e se apega às coisas temporais. É a vida do homem velho (*vetus homo*), do homem exterior, terrestre. Embora ela não seja a mais profunda vida humana, ela tem seu gênero de beleza. É necessário, portanto, que ela se submeta a uma certa ordem, se quisermos que os homens que a vivem alcancem o gênero de felicidade que os reis, os príncipes ou as leis bem feitas podem assegurar a nossas cidades: é somente por esse preço, mesmo na ordem da vida puramente terrestre, que é possível haver povos bem organizados.[24]

Muitos homens se detêm nessa vida que acabamos de descrever e neles há apenas o homem terrestre, exterior, em poucas palavras, o homem velho. Alguns conduzem sua vida terrestre na desordem, outros a passam na ordem; enfim, há certos homens que vão além do que exigiria uma justiça puramente servil, sabem abraçar a lei por amor à lei; mas, todos eles, desde o dia de seu nascimento até o de sua morte, estão igualmente encerrados no interior dessa vida terreste. Ao contrário, com outros homens, embora tenham necessariamente começado do mesmo modo ao levar uma vida terrestre e comum, produz-se como que um segundo nascimento. A partir do momento em que recebem a graça, eles renascem de alguma maneira de dentro; neles se desenvolve uma vida nova que, crescendo progressivamente, elimina pouco a pouco a vida terrestre e a substitui até que, após a morte, finda substituindo-a completamente. Esse segundo homem é o homem

---

[24] "Haec est vita hominis viventis ex corpore, et cupiditatibus rerum temporalium colligati. Hic dicitur vetus homo, et exterior, et terrenus, etiamsi obtineat eam quam vulgus vocat felicitatem, in bene constituta terrena civitate, sive sub regibus, sive sub principibus, sive sub legibus, sive sub his omnibus: aliter enim bene constitui populus non potest, etiam qui terrena sectatur; habet quippe et ipse modum quemdam pulchritudinis suae." *De vera religione*, XXVI, 48; t. 34, c. 143. Sobre as fontes escriturais da doutrina (*1 Cor.* 15,44-49), ver *De Genesi ad litteram*, VI, 19, 30; t. 34, col. 351-352. *Contra Faustum Manicheum*, XXIV, 1-2; t. 42, col. 473-478. *De Trinitate*, XIV, 17, 23; t. 42, col. 1054-1055. *Op. imperf. cont. Julian.*, VI, 40; t. 45, col. 1601-1602.

novo (*novus homo*), homem interior e celeste, cujas idades se distinguem não por anos, mas pelo progresso espiritual que ele realiza. No curso da primeira idade, ele se amamenta dos exemplos que a narração das Escrituras contém e com isso se nutre. Depois, como a criança esquece sua primeira idade, esse homem novo que se desenvolve eleva-se acima da autoridade humana; ele a esquece e se esforça para alcançar a lei suprema apoiando-se em sua razão.[25] A terceira idade espiritual, que corresponde à adolescência, é aquela em que a alma, fecundada pelo pensamento, e o apetite carnal, pela razão, arredam-se por amor às leis de uma vida direita; se eles não pecam, não é por medo, pois eles não sentem qualquer inclinação para o pecado. A quarta idade é a da juventude, em que o homem interior, completamente formado, pode sofrer e resistir vitoriosamente a todos os assaltos desse mundo. Vem, então, a idade adulta, com sua paz e sua tranqüilidade, cheia de tesouros do reino da sabedoria. A sexta idade é aquela do esquecimento completo da vida temporal e da passagem, pela morte do corpo, à vida eterna. A sétima, enfim, é a vida eterna, em que não há mais épocas nem idades, mas que constitui o fim estável e permanente do homem espiritual, como a morte do corpo é o fim do homem terrestre. Nascido do pecado, o homem velho finda pela morte; nascido da graça, o homem novo volta à vida.[26] De toda maneira, é evidente que o homem pode levar, de uma extremidade à outra, a primeira dessas duas vidas sem a segunda, mas não a segunda sem a primeira. Do mesmo modo, enfim, como teremos ocasião de manifestar plenamente a seguir, o gênero humano todo, cuja vida pode ser considerada como a de um único homem, desde Adão até o fim do mundo, distribui-se em dois gêneros: a multidão dos ímpios, que levam a vida do homem terrestre desde a

---

[25] Sobre o sentido dessa etapa, ver *De vera religione*, XXIX, 52; t. 34, c. 145.

[26] *De vera religione*, loc. cit., 49; c. 143-144. Só há, portanto, justificação perfeita e perfeita caridade no além; ver o tratado *De perfectione justitiae hominis*, VIII, 18; t. 44, c. 299.

criação até o fim dos tempos, e o povo dos homens espirituais, nascidos da graça, chamados para viver na cidade de Deus para toda a eternidade.[27]

2. A sociedade cristã

É um traço notável da doutrina de santo Agostinho que ela sempre considera a vida moral como implicada numa vida social. Para ele, o indivíduo jamais se separa da cidade. Para descobrir a causa profunda desse fato, torna-se necessário voltarmos mais uma vez à raiz de toda vida moral, ou seja, ao amor e, por conseqüência, à vontade.

Para compreender a origem da vida social, observemo-la em vias de formação, num espetáculo público tal como uma representação teatral. Quando os espectadores se reúnem para assisti-la, ignoram-se uns aos outros e não formam uma sociedade; mas se algum ator atuar com talento, aqueles aos quais agrada a atuação desse ator desfrutam-na com deleite a ponto de algumas vezes sentirem o mais vivo prazer que a arte teatral pode reservar. Mas eles não se contentam em amar o ator que lhes proporciona essa alegria; um tipo de simpatia recíproca logo se estabelece entre todos aqueles que o amam. Se os espectadores, agora, amam-se uns aos outros, evidentemente não é devido a eles mesmos, mas por causa daquele que amam com um mesmo amor. A prova disso é que quanto mais um ator nos agrada, mais multiplicamos

---

[27] "Sicut autem isti ambo nullo dubitante ita sunt, ut unum eorum, id est veterem atque terrenum, possit in hac tota vita unus homo agere, novum vero et coelestem nemo in hac vita possit nisi cum vetere; nam et ab ipso incipiat necesse est, et usque ad visibilem mortem cum illo, quamvis eo deficiente, se proficiente, perduret: sic proportione universum genus humanum, cujus tamquam unius hominis vita est ab Adam usque ad finem hujus saeculi, ita sub divinae providentiae legibus administratur, ut in duo genera distributum appareat. Quorum in uno est turba impiorum... in altero, series populi uni Deo dediti..." *De vera religione*, XXVII, 50; t. 34, c. 144. Cf. B. PASCAL, ed. L. Brunschvicg, ed., minor, p. 80 e nota I.

os aplausos para levar os outros espectadores a admirarem-no; gostaríamos de aumentar o número de seus espectadores, excitamos os indiferentes e, se alguém procura nos conter, detestamos o desprezo que ele sente pelo objeto de nossa afeição. Assim, o amor por um objeto engendra espontaneamente uma sociedade formada por todos aqueles cujos amores coincidem e que exclui todos os que dele se desviam. Essa conclusão, cujo alcance é universal, verifica-se particularmente no que concerne ao amor por Deus. Aquele que ama Deus se encontra, por isso, em relação de sociedade para com todos os que o amam; ele os quer amando o mesmo objeto que ele, mas ele os quer assim com uma vontade infinitamente mais poderosa, pois não se trata mais de um simples prazer teatral, mas da Beatitude. Ademais é isso que faz com que o justo ame em Deus todos os homens, mesmo que eles fossem alhures seus inimigos. Como ele os temeria? Eles não podem lhe arrancar seu bem. Ele apenas os agrada, sabendo que se seus inimigos se voltassem para Deus de maneira ainda mais completa, esses homens abraçariam Deus como o único Bem que confere a beatitude, e necessariamente amariam o justo como um associado a eles no amor de um bem tão grande.[28]

Resulta dessa nova característica do amor que ao redor dele se engendra espontaneamente uma sociedade de que ele é a ligação. Daremos o nome de "cidade" ao conjunto de homens que une o amor comum deles por um certo objeto, diremos que há tantas cidades quantos amores coletivos. Ora, basta lembrarmos das conclusões que precedem para compreendermos que, por haver nos homens dois amores,[29] deve haver também duas cidades,

---

[28] *De doctrina christiana*, I, 29, 30; t. 34, col. 30. Teologicamente, o fundamento dessa comunidade de amor se encontra no fato de Deus ter criado no início um homem só, Adão, em quem as razões seminais de todos os outros homens estavam contidas. A concórdia de sentimentos é, portanto, uma tentativa de restauração da unidade primitiva da natureza humana. Ver *De civ. Dei*, XIII, 22; t. 41, col. 373; e 27, 1; col. 376; XIII, 14; col. 386; XIV, 1; col. 403.

[29] *De Gen. ad litt.*, XI, 15, 20; t. 34, col. 437. Por ter sua origem no amor de cada homem, a sociedade é somente o que são os indivíduos que a compõem: "nam

às quais se reduzem todos os outros agrupamentos humanos. O conjunto de homens que levam a vida do homem velho, do homem terrestre, e que se encontram unidos por seu amor comum às coisas temporais, forma uma primeira cidade: a *Cidade terrestre*. O conjunto dos homens unidos entre si pelo elo do amor divino forma uma segunda cidade, a *Cidade de Deus*.[30] Uma vez que as duas cidades sejam concebidas em sua essência pura, a filosofia moral vai se desenvolver como filosofia da história: discernir, sob a multiplicidade dos povos e dos acontecimentos, a persistência das duas cidades desde o início do mundo e destacar a lei que permite pressagiar um destino para elas.

O conjunto dos homens que vivem numa cidade se denomina povo. Se dermos, portanto, o nome de cidade a todo conjunto de homens unidos por seu amor a um objeto comum, saberemos o que é um povo: um povo é a associação de uma multidão de seres racionais, associados pela vontade e posse comuns do que eles amam. Que esses seres devem ser racionais, é evidente, uma vez que de outro modo eles seriam incapazes de conhecer o mesmo objeto e de perceber a comunidade de seu amor. Que sejam

---

singulus quisque homo, tu in sermone una littera, ita quuasi elementus est civitatis et regni, quantalibet terrarum occupatione latissimi..." *De civ. Dei*, IV, 3; t. 41, col. 114.

[30] "Duas istas civitates faciunt duo amores: Jerusalem facit amor Dei; Babyloniam facit amor saeculi". *Ennar. in Ps. 64*, 2; t. 36, col. 773. "Fecerunt itaque civitates duas amores duo, terrenam scilicet amor sui usque ad contemptum Dei, coelestem vero amor Dei usque ad contemptum sui." *De civ. Dei*, XIV, 28; t. 41, col. 436. "Quas etiam mystice appellamus civitates duas, hoc est duas societates hominum: quarum est una quae praedestinata est in aeternum regnare cum Deo; altera aeternum supplicium subire cum diabolo." *De civ. Dei*, XV, 1, 1; t. 41, col. 437. (Sobre a origem comum das duas cidades em Adão, *op. cit.*, XII, 27, 2; t. 41, col. 376. "Ac per hoc factum est, ut, cum tot tantaeque gentes per terrarum orbem diversis ritibus moribusque viventes multiplici linguarum, armorum, vestium sint varietate distinctae, non tamen amplius quam duo quaedam genera humanae societatis existerent, quas civitates duas secundum Scripturas nostras merito appellare possimus. Una quippe est hominum secundum carnem, altera secundum spiritum vivere in sui cujusque generis pace volentium; et cum id quod expetunt assequuntur, in sui cujusque generis pace viventium." *De civ. Dei*, XIV, 1; t. 41, col. 403.

A vida cristã

associados por sua posse comum, é, para nós, a origem de toda sociedade. O que dissemos sobre os homens deve, portanto, também ser dito sobre os povos. Os homens, diríamos, são suas vontades, ou seja, seus amores. Também é possível dizer tal amor, tal povo, pois se o amor é o elo constitutivo da cidade, ou seja, da sociedade,[31] basta saber o que um povo ama para saber o que ele é: *ut videatur qualis quisque populis sit, illa sunt intuenda quae diligit.*[32] Apliquemos às duas cidades esse método de discernimento.

O que uma sociedade ama é o fim comum a ser obtido e pelo qual todos seus membros estão associados. Ora, há pelo menos um fim comum a toda sociedade, seja ela qual for: a paz. Sem dúvida, imediatamente se objetará que o contrário parece não menos evidente: as guerras civis e as guerras entre nações parecem não apoiar essa tese. Na realidade, esses fatos só contradizem tal fim em aparência. Não há sociedades sem guerras, é evidente; mas por que essas sociedades fazem a guerra, a não ser para estabelecer a paz? Com efeito, a paz que as sociedades querem, não importa qual paz, é uma pura tranqüilidade de fato, mantida a todo preço e não importando as bases sobre as quais ela repousa. A paz verdadeira é a que satisfaz plenamente as vontades de todos tão bem que depois de tê-la obtido, elas não desejam nada mais. Nesse sentido é verdadeiro dizer que não se faz a guerra pela guerra, mas pela paz; quando os homens lutam, sua vontade não é que a paz não exista, mas que ela exista conforme a vontade deles.[33]

---

[31] Ver a nota precedente, terceiro texto citado, em que "*civitates*" é apresentada como equivalente místico de "*societates*".

[32] "Populus est coetus multitudinis rationalis rerum quas diligit concordi communione sociatus: profecto ut videatur qualis quisque populus sit, illa sunt intuenda quae diligit. Quaecumque tamen diligat, si coetus est multitudinis, non pecorum, sed rationalium creaturarum et eorum quae diligit concordi communione sociatus est, non absurde populus nuncupatur; tanto utique melior, quanto in melioribus, tantoque deterior, quanto est in deterioribus concors." *De civ. Dei*, XIX, 24; t. 41, col. 655.

[33] *De civ. Dei*, XIX, 12, 1; t. 41, col. 637-638.

A busca de Deus pela vontade

Assim, toda sociedade quer a paz. Mas qual é a condição fundamental sem a qual toda paz é apenas provisória e aparente? É a ordem. Para que um conjunto de partes, e não obstante de vontades, concordem quanto à busca simultânea de um mesmo fim, é necessário que cada uma esteja no seu lugar e desempenhe sua função própria exatamente da maneira que deve ser desempenhada. O fato é bastante evidente mesmo no interior de um organismo humano material tal como o corpo humano; não o é menos no interior da alma humana, nem, por conseqüência, no interior de uma sociedade. A paz do corpo é o equilíbrio bem ordenado de seus apetites; a paz da alma racional é o acordo entre o conhecimento racional e a vontade; a paz doméstica é a concórdia dos habitantes de uma mesma habitação quanto ao comando e à obediência; a paz da cidade é a mesma concórdia estendida da família a todos os cidadãos; a paz da cidade cristã, enfim, é uma sociedade perfeitamente ordenada de homens que fruem de Deus e se amam mutuamente em Deus. Logo, em todas as coisas, a paz é a tranqüilidade da ordem.[34] Há duas ordens segundo as quais podem ser organizadas duas cidades?

Essas duas ordens existem e nós já as conhecemos, posto que se confundem com as duas raças espirituais que previamente distinguimos: a que vive do corpo, a que vive da graça. De um lado, os ímpios que trazem a imagem do homem terrestre desde o começo até o fim do mundo; eis uma primeira cidade, constantemente ocupada em se organizar segundo uma ordem que lhe é própria, voltada para a dominação e para a fruição das coisas materiais. Certamente, a ordem dessa cidade, no fundo, é apenas uma derisão da ordem verdadeira, contra a qual está em revolta permanente. Mas, enfim, se os ladrões e as feras obedecem a esses tipos de leis e respeitam certo tipo de paz, por uma razão mais

---

[34] "Pax civitatis: ordinata imperandi atque obediendi concordia civium. Pax coelestis civitatis, ordinatissima et concordissima societas fruendi Deo et invicem in Deo. Pax omnium rerum, tranquillitas ordinis. Ordo est parium dispariumque rerum sua cuique loca tribuens dispositio." *De civ. Dei*, XIX, 13, 1; t. 41, col. 640.

A vida cristã

forte, os seres racionais não poderiam viver sem engendrar um tipo de sociedade. Por pior que seja, ela é, no tanto que ela é, boa.[35] Não nos espantemos, portanto, em ela conservar uma aparência de beleza mesmo na depravação.

Todavia, a paz dos ímpios é uma falsa paz e, comparada àquela dos justos, tampouco merece tal nome. No fundo, sua ordem aparente é apenas uma desordem. O tirano que se empenha em estabelecê-la, submetendo todos os membros da cidade, na realidade, usurpa o lugar de Deus. A cidade celeste, ao contrário, ordena tudo com vistas a assegurar a liberdade cristã para seus cidadãos, ou seja, o uso de todas as coisas que conduz à fruição de Deus. Assim, podemos conceber sua ordem e sua unidade como uma simples extensão da ordem e da união que reinam na alma de cada justo. Unicamente estabelecida na verdadeira ordem, somente ela frui da paz verdadeira; somente ela é a habitação de um povo digno desse nome; enfim, somente ela é verdadeiramente uma cidade.[36] Assim, as duas cidades distinguem-se e se opõem, como os fins aos quais elas se ordenam.

---

[35] "Quanto magis homo fertur quodammodo naturae suae legibus ad ineundam societatem pacemque cum hominibus, quantum in ipso est, omnibus obtinendam: cum etiam mali pro suorum pace belligerent, omnesque, si possint, suos facere velint, ut uni cuncti et cuncta deserviant; quo pacto, nisi in ejus pacem, vel amando, vel timendo consentiant? Sic enim superbia perverse imitatur Deum. Odit namque cum sociis aequalitatem sub illo, sed imponere vult sociis dominationem suam pro illo. Odit ergo justam pacem Dei et amat iniquam pacem suam: non amare tamen qualemcumque pacem nullo modo potest. Nullum quippe vitium ita contra naturam est, ut naturae deleat etiam extrema vestigia." *De civ. Dei*, XIX, 12, 2; t. 41, col. 639. "Quid est autem civitas, nisi multitudo hominum in quoniam vinculum redacta concordiae?" *Epist. 138*, II, 10; t. 33, col. 529.

[36] "Quapropter ubi non est ista justitia, ut secundum suam gratiam civitati obedienti Deus imperet unus et summus, ne cuiquam sacrificet, nisi tantum sibi; et per hoc in omnibus hominibus ad eamdem civitatem pertinentibus atque obedientibus Deo, animus etiam corpori, atque ratio vitiis, ordine legitimo fideliter imperet; ut quemadmodum justus unus, ita coetus populusque justorum vivat ex fide, quae operatur per dilectionem, qua homo diligit Deum, sicut diligendus est Deus, et proximum sicut semetipsum: ubi ergo non est ista justitia, profecto non

A busca de Deus pela vontade

Essas conclusões levantam um problema considerável, pois introduzem uma ambigüidade fundamental na noção de Cidade de Deus, e, embora Agostinho a tenha conscientemente aceitado como tal, ela fez com que seus comentadores freqüentemente se perdessem. Com efeito, por um lado, levada a suas últimas conseqüências, a distinção das duas cidades tende a deixar subsistir apenas a Cidade de Deus. Somente ela é uma cidade porque somente ela é o que uma cidade deve ser. Não bastaria, portanto, dizer que a república romana foi injusta, pois, na verdade, ela sequer era digna do nome "república", e a mesma conclusão se aplicaria com todo rigor à república de Atenas ou aos impérios edificados pelos Assírios e pelos Egípcios.[37] Por outro lado, não se pode negar que a república romana tenha sido uma república verdadeira, dado que, conforme nossa definição do que é um povo, ela era um grupo de seres racionais associados para a fruição comum daquilo que eles amavam. Então, era um povo mau, mas era um povo, ou seja, uma verdadeira cidade, ainda que desprovida de justiça e, por conseqüência, privada de virtudes verdadeiras.[38] Se admitimos o primeiro sentido, a antítese mesma das duas cidades se dissipa, já que resta apenas uma; se admitirmos a segunda, como as duas cidades antagônicas subsistirão lado-a-lado e quais serão suas relações?

Para Agostinho, não é duvidoso que a única cidade digna desse nome seja a cidade celeste, uma vez que toda cidade repousa sobre a paz e que somente ela frui a verdadeira paz. Todavia, o problema que o preocupou mais longamente é o segundo, cujos dados supõem que a cidade terrestre merece, em certo sentido, o

---

est coetus hominum juris consensu et utilitatis communione sociatus. Quod si non est, utique populus non est, si vera est haec populi definitio. Ergo nec respublica est, quia res populi non est, ubi ipse populus non est." *De civ. Dei*, XIX, 23, 5; t. 41, col. 655.

[37] *De civ. Dei*, XIX, 24; t. 41, col. 655- 656.

[38] *De civ. Dei*, XX, 24-25; t. 41, col. 655-656.

nome de cidade. A longa narrativa do *De civitate Dei*, cuja influência na teologia da história, e talvez sobre a história, será decisiva até Bossuet e adiante, é tão-somente a resposta a essa questão.[39] Talvez pela primeira vez, nessa obra, graças à luz da revelação que desvela a origem e o fim escondidos do universo, uma razão humana ousa tentar fazer a síntese da história universal. Aqui, mais do que em qualquer outra parte do sistema agostiniano, a razão só pode avançar em seguida da fé, uma vez que se trata de organizar o conhecimento daquilo que se vê com o conhecimento daquilo que ainda não é. Com efeito, apenas a revelação nos ensina a criação de Adão por Deus e, nele, a das duas cidades entre as quais se divide o gênero humano do qual Adão foi o pai;[40] depois, o nascimento de Caim, membro da cidade terrestre, que efetivamente funda uma vila (*Gn* 4,17), como que para enfatizar melhor que seu reino é desse mundo, ao passo que Abel, membro da cidade de Deus, não funda nenhuma, como que para afirmar que essa vida é somente uma peregrinação em direção a uma habitação mais feliz.[41] É ainda a revelação que nos permite seguir no curso da história a construção progressiva da cidade celeste e de prever a sua realização. O fim último, com efeito, é o estabelecimento da cidade de Deus perfeita na beatitude eterna de que desfrutará o povo dos eleitos. A construção progressiva dessa

---

[39] Ver HARDY, *Le De civitate Dei source principale du Discours sur l'histoire universelle*, Paris, É. Leroux, 1913. Cf. as observações muito justas nas p. 47-48. Ao que se pode acrescentar que Agostinho não apenas inventa aqui a teologia da história, mas constitui a noção de *humanidade*, tal como ela será retomada e reinterpretada incessantemente, até Auguste Comte, como uma sociedade composta mais de mortos que de vivos, englobando o devir, e ligada por elos puramente espirituais. Ademais, junto com o *Discours sur l'histoire universelle* de Bossuet, a *Cidade de Deus* compõe uma parte da *Bibliothèque positive*, de 158 volumes, que Comte catalogou. Ela se encontra na quarta seção, da Síntese, em quarto lugar: 1° Aristóteles, *Moral e Política*; 2° a Bíblia, 3° o Corão, 4° a *Cidade de Deus*. Cf. A. COMTE, *Système de politique positive*, t. IV, p. 560.

[40] *De civ. Dei*, XII, 27, 2; t. 41, p. 376.

[41] *De civ. Dei*, XV, 1, 2; t. 41, p. 437.

cidade segundo os desígnios da providência é a significação profunda da história, e isso confere a razão de ser para cada povo, lhe assinala seu papel e esclarece seu destino.

Por suas definições, as duas cidades se excluem; Agostinho jamais imaginou que elas pudessem coincidir. Contudo, de fato, é necessário que elas ao menos coexistam e, por conseqüência, também que encontrem um *modus vivendi* que deixe à cidade de Deus a possibilidade de se desenvolver. Com efeito, quando se examina a respectiva situação delas, facilmente se descobre que há um plano no qual as duas cidades, por assim dizer, encontram-se e vivem misturadas, o da cidade terrestre. Os habitantes da cidade de Deus, aqui em baixo, são aparentemente confundidos com aqueles que habitam apenas a cidade terrestre. Como poderiam evitá-lo? São homens como os outros: seu corpo exige sua parte de bens materiais em razão dos quais a cidade terrestre é organizada; eles participam da ordem desta, de sua paz, beneficiando-se, tal como os outros, das vantagens que ela provê e suportam os impostos que ela impõe.[42] Mas, a despeito de uma vida aparentemente comum, os dois povos que coabitam a mesma cidade terrestre jamais se misturam verdadeiramente. Os cidadãos da cidade celeste vivem com os outros, mas não como os outros; ainda que exteriormente realizem os mesmos atos, realizam-nos com um espírito diferente. Para aqueles que vivem a vida do homem velho, os bens da cidade terrestre são fins dos quais eles fruem; para os que, nessa cidade, levam a vida do homem novo, nascido da graça, os mesmos bens são apenas meios que eles usam reportando-os a seu verdadeiro fim.[43]

---

[42] "Miser igitur populus ab isto alienatus Deo. Diligit tamen etiam ipse quamdam pacem suam non improbandam, quam quidem non habebit in fine, quia non ea bene utitur ante finem. Hanc autem ut interim habeat in hac vita, etiam nostri interest; quoniam, quamdiu permixtae sunt ambae civitates, utimur et nos pace Babylonis, ex qua ita per fidem populus Dei liberatur, ut apud hanc interim peregrinetur." *De civ. Dei*, XIX, 26; t. 41, col. 656-657.

[43] "Idcirco rerum vitae huic mortali necessariarum utrisque hominibus et utrique domui communis est usus; sed finis utendi cuique suus proprius, multumque

A vida cristã

Da desigualdade fundamental de atitude em presença dos mesmos objetos nascem inúmeros problemas, todos concernentes às relações do espiritual com o temporal. Desse tipo é a questão freqüentemente debatida do direito de propriedade que Agostinho resolve em função dos princípios que acabamos de expor.[44] Alguns estimam que toda propriedade é má, ímpia e contraditória com o ensinamento do Evangelho; outros, ao contrário, só vivem para acumular riquezas e são presas de uma insaciável sede de possuir. Ambos se enganam, ainda que por motivos diferentes, quanto ao sentido verdadeiro da propriedade; podemos possuir, pois toda a questão está na maneira de possuir.

Aqueles que incansavelmente acumulam bens perecíveis para fruir deles como fins menosprezam a relação essencial das criaturas com Deus. Na realidade, dado que Deus é o criador, ele possui todas as obras em suas mãos e é o único a possuí-las. Tudo lhe pertence porque ele tudo criou.[45] Assim, num sentido, é verdade que o homem não tem nada e que toda propriedade, que se crê fundada unicamente nos direitos do homem, é uma maneira de usurpação. Por outro lado, se descemos desse plano para o das relações entre homens, é claro que existe um direito de propriedade, não mais dos homens com relação a Deus, mas de um homem

---

diversus. Ita etiam terrena civitas, quae non vivit ex fide, terrenam pacem appetit; in eoque defigit imperandi obediendique concordiam civium, ut sit eis de rebus ad mortalem vitam pertinentibus humanarum quaedam compositio voluntatum. Civitas autem coelestis, vel potius pars ejus quae in hac mortalitate peregrinatur, et vivit ex fide, etiam ista pace necesse est utatur, donec ipsa, cui talis pax necessaria est, mortalitas transeat;" *De civ. Dei*, XIX, 17; t. 41, col. 645. Sobre a oposição fundamental entre *uti* e *frui*, ver anteriormente, p. 316-317.

[44] As interpretações freqüentemente fantasiosas que são dadas sobre esse aspecto da doutrina agostiniana foram criticadas, num capítulo excelente, por B. ROLAND-GOSSELIN, *La morale de saint Augustin*, p. 168-218. (Sobre o comunismo pelagiano ao qual santo Agostinho se opõe, ver O. SCHILLING, *Die Staats-und-soziallehre des hl. Augustinus*, Freib. I. Br., 1910). Relativamente ao problema da escravidão, ver NOURRISSON, *La philosophie de saint Augustin*, t. II, p. 54-56.

[45] *Ennar. in Ps. 49*, 17; t. 36, col. 576.

em relação a outro. A ocupação legítima, a compra, a troca, a doação, a herança, são muitos os títulos para uma posse justa; apoderar-se por outras vias de um bem já possuído por outrem é substituir uma posse legítima pelo que é necessariamente roubo e usurpação.[46]

Ao levarmos em conta esse duplo ponto de vista, os textos freqüentemente contraditórios de santo Agostinho adquirem um sentido satisfatório. Jamais, em qualquer passagem de seus escritos, ele considerou a propriedade humana como ilegítima e aconselhou sua abolição. Ao contrário, se consideramos as relações entre o homem e Deus, pode ser verdadeiro dizer que os bens legitimamente possuídos na ordem temporal só o são possuídos ilegitimamente na ordem espiritual. A partir desse novo ponto de vista, os proprietários legítimos de bens terrestres não são sempre aqueles que os possuem, e a Escritura tem razão em dizer[47] que o fiel possui as riquezas do mundo inteiro, ao passo que o infiel sequer tem um óbolo. Com efeito, a propriedade não se define somente por seu título de aquisição, mas também pelo uso da coisa adquirida. Usar mal um bem é possuí-lo mal; possuí-lo mal não é possuí-lo. Então, se consideramos a questão teoricamente, podemos dizer que de direito todas as coisas pertencem aos que sabem usá-las tendo em vista Deus e a beatitude, esse é o único uso legítimo. Uma redistribuição dos bens terrestres de acordo com esse princípio seria uma revolução profunda, mas ela não é nem possível nem desejável. Onde encontrar os justos, mesmo que em pequeno número, a quem render os bens mal possuídos?[48] Ademais, supondo que os encontremos, eles não desejariam de modo

---

[46] Encontraremos todas as referências necessárias quanto a esse ponto em B. ROLAND-GOSSELIN, *op. cit.*, p. 187-189.

[47] Segundo os editores beneditinos, na versão dos Setenta, *Pr* 17, conforme o versículo 6: Pat. lat., t. 33, col. 665, nota a.

[48] Parece-nos que aqui está o sentido da fórmula que citamos mais adiante: "Cernis ergo quam multi debeant reddere aliena, si vel pauci quibus reddantur, reperiantur: ...". Não seria difícil encontrar proprietários injustos obrigados a dar o que têm, mas seria mais difícil encontrar os possuidores justos capazes de utilizar bem suas posses.

A vida cristã

algum os bens que lhes deveriam ser atribuídos, pois quanto menos amamos o dinheiro, melhor o possuímos. As coisas só podem permanecer, portanto, no estado em que estão. Se as propriedades forem corretamente distribuídas e possuídas segundo as regras do direito civil, isso não faria com que os que as possuem as usassem como deveriam. A iniqüidade não deve ser tolerada, pois as regras do direito civil impedem, ao menos, que aqueles que usam mal os bens, em relação a si mesmos, tenham como usá-los mal contra os outros.[49] É em outra vida que a justiça reinará em sua forma perfeita, na cidade celeste onde os justos terão tudo o que sabem usar e usarão isso como convém usá-lo.[50]

Quando refletimos sobre os elementos que implica essa solução do problema, ela coloca às claras a concepção agostiniana da relação entre a cidade celeste e a cidade terrestre. Transpor as regras que valem para uma ao plano da outra é confundir e

---

[49] B. Roland-Gosselin resume com exatidão o pensamento de Agostinho nesta fórmula: "Aqui em baixo, exceto de for nocivo à paz social, não é o bom uso das coisas, mas sua posse legítima, que funda o direito de propriedade. Um ladrão não é absolvido porque distribui esmolas com o produto de seus furtos, e o pior avaro tem o direito de possuir o bem paternal." *Op. cit.*, p. 206-207. Remete a *De bono conjugali*, XIV, 16.

[50] "Jamvero si prudenter intueamur quod scriptum est: *fidelis hominis totus mundus divitiarum est, infidelis autem nec obolus*; nonne omnes qui sibi videntur gaudere licite conquisitis, eisque uti nesciunt (oposição entre *uti* e *frui*), aliena possidere convincimus? Hoc enim certe alienum non est, quod jure possidetur; hoc autem jure quod juste, et hoc juste quod bene. Omne igitur quod male possidetur, alienum est; male autem possidet qui male utitur. Cernis ergo quam multi debeant reddere aliena, si vel pauci quibus reddantur, reperiantur; qui tamen ubi ubi sunt, tanto magis ista contemnunt, quanto ea justius possidere potuerunt. Justitiam quippe, et nemo male habet et qui non dilexerit non habet. Pecunia vero, et a malis male habetur, et a bonis tanto melius habetur, quanto minus amatur. Sed inter haec toleratur iniquitas male habentium, et quaedam inter eos jura constituuntur, quae appellantur civilia; non quod hinc fiat ut bene utentes sint, sed ut male utentes minus molesti sint, donec fideles et pii, quorum iure sunt omnia... perveniant ad illam civitatem, ubi haereditas aeternitatis est; ubi non habet nisi justus locum, nonnisi sapiens principatum, ubi possidebunt quicumque ibi erunt, vere sua." *Epist. 153*, VI, 26; t. 33, col. 665.

conturbar tudo.⁵¹ A cidade terrestre tem sua ordem, seu direito, suas leis. Organizada com vistas a certo estado de concórdia e de paz, ela deve ser respeitada, defendida, mantida, tanto mais para que os cidadãos da cidade de Deus vivam nela, participem dos bens que ela assegura e fruam a ordem que ela realiza. Mas é também verdadeiro que essa ordem relativa está muito longe de coincidir com a ordem absoluta e que, em muitos pontos, opõe-se a esta; pois a lei temporal prescreve o que assegura a ordem e a paz social, ao passo que a lei eterna ordena submeter o temporal ao eterno.⁵² Seguramente é desejável e também possível, em certa medida, que as duas ordens coincidam; a segunda faz sobressair essencialmente uma ordem ideal, cuja realização perfeita só terá lugar no além.

Se é assim, o difícil é saber o que a cidade de Deus pode legitimamente alcançar e, se necessário, exigir da cidade terrestre em semelhante assunto. Uma vez que seus cidadãos sejam, em parte, os mesmos, que cada uma tenha sua ordem e seu direito próprios, e que, no entanto, os conflitos entre essas duas ordens sejam inevitáveis; como definir os direitos e os deveres do cristão em caso de conflito? Seria necessário tudo reformar ou, ao contrário, tudo suportar?

Primeiramente, não será inútil observar que a cidade terrestre não tem nada a temer da cidade de Deus, ao contrário. Certamente, os princípios em nome dos quais seus cidadãos agem são muito diferentes, mas os que regulam a vida cristã só exigem, ainda mais eficazmente, o que as leis que governam a cidade querem obter. Isso não parece evidente inicialmente, pois o Evange-

---

⁵¹ Entenda-se bem, não se trata de respeitar as injustiças cometidas contra a lei civil: um bem mal adquirido deve ser devolvido: "... non intercedimus ut secundum mores legesque terrenas non restituantur aliena". (*Loc. cit.*, col 665); mas, além dessas restituições deverem se fazer com doçura, em nenhum caso se trata de tomar de um possuidor algo que possua legalmente sob pretexto de usá-lo religiosamente mal. Ver *Epist.* 157, 39; t. 33, col. 692.

⁵² *De lib. arbit.*, I, 15, 32; t. 32, col. 1238-1239.

A vida cristã

lho prega a não "resistência" ao mal, e ensina até que se deve dar o bem em troca do mal. Ora, como admitir que o Estado possa aceitar não se defender contra seus inimigos?[53]

Por mais especiosa que pareça, a objeção não é muito forte. Com efeito, qual é o fim da sociedade civil? A concórdia e a paz. É para melhor assegurá-lo que as leis evitam se vingar, o que não é diferente de proibir retribuir o mal com o mal. Sem dúvida, a lei cristã vai ainda mais longe, mas, ao fazê-lo, ela só faz contribuir para estabelecer o reino do bem sobre o mal na cidade, o que é a mais segura condição da ordem. Na realidade, nenhuma oposição pode surgir entre as duas cidades, tanto que a cidade terrestre se assujeita às leis superiores da justiça; um Estado que poderia ter soldados, funcionários e, de maneira geral, cidadãos segundo o ideal do cristianismo, certamente não teria nada mais a desejar.[54]

Quando a cidade terrestre infringe suas próprias leis e as da justiça, o que acontece? Simplesmente os cidadãos da cidade celeste, que são membros daquela, continuam a observar as leis civis que a cidade terrestre fez profissão de esquecer. Na desordem que resulta do desprezo geral das leis, os justos têm muito a sofrer e a perdoar. O que podem corrigir ao seu redor, eles corrigem; o que não podem emendar, suportam com paciência; e, de resto, eles persistem na observação da lei que os outros optam por menosprezar. Então aparece plenamente a distinção radical das duas cidades no seio de seu acordo. Enquanto a sociedade civil observa as leis que ela deu a si mesma, do mesmo modo os membros da cidade de Deus, que são parte dela, parecem observá-las. Tudo se passa como se ambos visassem unicamente a ordem e a paz da cidade terrestre em que habitam. Desde então, todavia, sua ma-

---

[53] Ver a carta de Volusiano para Agostinho e as objeções que ela contém, *Epist. 136*; t. 33, col. 514-515.
[54] *Epist. 138*, II, 12-15; t. 33, col. 530-532. No que concerne à legitimidade da guerra do ponto de vista cristão, ver B. ROLAND-GOSSELIN, *op. cit.*, p. 142-149.

neira de observar as leis é muito diferente, pois os cidadãos da cidade terrestre a consideram como um fim, ao passo que os justos trabalham para mantê-la como um simples meio para alcançar a cidade de Deus. Assim, na ruína de uma cidade terrestre que se abandona a si mesma, vê-se com evidência que, durante o tempo em que os justos observavam as leis com todo o mundo, não era a ela que eles serviam, visto que quando ela não existe mais, por assim dizer, e quando ela renuncia a se lhes impor, eles ainda a observam. Se, então, os cidadãos da cidade de Deus continuam a praticar a moderação, a continência, a benevolência, a justiça, a concórdia e todas as outras virtudes numa cidade que as dispensa, eles jamais as praticaram visando essa cidade, embora as tenham praticado para o proveito dela. O cristão é o mais certo observador das leis da cidade, precisamente porque ele só as observa em prol de fins superiores aos da cidade.[55]

Em tal doutrina, ao que podem se limitar os conflitos entre o Estado e a Igreja? Deus, ele mesmo, colocou a regra que os define: dê a César o que é de César, e a Deus o que é de Deus. Quando César pede o que lhe é devido, o cristão lhe dá, não por amor a César, mas por amor a Deus. Como o soberano bom, o mau tem seu poder de Deus, que o consente ao mau para fins cuja natureza nos é desconhecida, mas cuja existência não é duvidosa; não há risco para o cristão.[56] Quando César reclama para si o que só é devido a Deus, o cristão recusa, não por ódio a César, mas por amor a Deus.[57] Também aqui a cidade terrestre nada tem a temer do cristão, dado que, cidadão submisso, ele amará mais sofrer a injustiça do que se armar de violência e mais su-

---

[55] *Epist. 138*, II, 17; t. 33, col. 530-533. Esse texto luminoso especifica também que se Deus preservou o respeito à virtude na Roma antiga, foi a fim de preparar as vias para a cidade divina e de tornar possível a constituição. Esse é o tema histórico central da *Cidade de Deus*.

[56] Textos reunidos por G. COMBÈS, *op. cit.*, p. 83-85.

[57] *Epist. 185*, II, 8: t. 33, col. 795-796.

A vida cristã

portar os castigos desmerecidos do que se esquecer da lei divina da caridade.[58]

De acordo com esses princípios, santo Agostinho jamais preconizou a adoção de uma forma determinada de governo civil. A história de Roma, sempre presente em sua memória, bastaria para convencê-lo de que, segundo as circunstâncias e, sobretudo, a natureza do povo que se trata de governar, uma constituição pode ser preferível a outra. Se uma sociedade for composta de homens ponderados, guardiões vigilantes do bem comum e dos quais cada um faz seu interesse pessoal vir depois do de todos, nada impede de autorizar a escolha dos magistrados encarregados de administrar a república; mas se esse mesmo povo acaba se depravando progressivamente, de modo que os cidadãos prefiram seus interesses privados ao interesse público, as eleições se tornariam venais e o governo passaria às mãos dos piores criminosos. Por que não seria legítimo que um homem de bem surgisse então e retirasse desse povo o direito de conferir os cargos públicos e a reserva seja a um pequeno número de magistrados seja mesmo a um único?[59] Somente a lei eterna é imutável; as leis temporais não são. Do

---

[58] "Sicut ergo spe salvi, ita spe beati facti sumus: et sicut salutem, ita beatitudinem non jam tenemus praesentem, sed exspectamus futuram, et hoc per patientiam; quia in malis sumus, quae patienter tolerare debemus, donec ad illa veniamus bona, ubi omnia erunt, quibus ineffabiliter delectemur; ..." *De civ. Dei*, XIX, 4, 5; t. 41, col. 631. "Propter quod et Apostolus admonuit Ecclesiam ut oraret pro regibus ejus atque sublimibus, addens et dicens: *ut quietam et tranquillam vitam agamus cum omni pietate et caritate* (1 Tm 2,2). Et propheta Jeremias, cum populo Dei veteri praenuntiaret captivitatem, et divinitus imperaret ut obodienter in Babyloniam irent, Deo suo etiam ista patientia servientes, monuit et ipse ut oraretur pro illa, dicens, *quia in ejus est pace pax vestra* (Jr 29,7), utique interim temporalis, quae bonis malisque communis est." *De civ. Dei*, XIX, 26; t. 41, col. 656-657. Cf. *De civ. Dei*, VIII, 19; t. 41, col. 243-244, e os sermões sobre o martírio de santo Estêvão, *Sermones 314-319*; t. 38, col. 1425-1442. De acordo com seus princípios, Agostinho sempre foi adversário da pena de morte e da tortura; sobre isso, ver G. COMBÈS, *op.cit.*, p. 188-200.

[59] *De lib. arbit.*, I, 6, 14; t. 32, col. 1229. *De civ. Dei*, V, 17; t. 41, col. 160-161. Fonte de são TOMÁS DE AQUINO, *Summa Theolog.*, Iª, IIª, qu. 97, art. I, Concl.

mesmo modo, quando se gaba da felicidade dos imperadores cristãos, Agostinho atenta para não se confundir a ordem temporal com a ordem espiritual; é necessário que a felicidade deles consista menos na prosperidade secular que detêm do que na justiça de sua administração e na sua submissão a Deus.⁶⁰

Poder-se-ia sentir-se inclinado a crer que a heterogeneidade radical dos dois domínios assegura a completa independência entre eles na doutrina de Agostinho; não é desse modo, e outras considerações vêm restabelecer na prática as relações com que a teoria pareceria romper. É um fato, por exemplo, que após tê-la repugnado por muito tempo, Agostinho progressivamente se inclinou para uma colaboração cada vez mais estreita entre a autoridade religiosa e a autoridade civil. O espetáculo de sua própria vila, apoderada pela Igreja católica por simples temor das leis imperiais, tocou vivamente seu espírito e, até o fim de sua vida, ele admite cada vez com menos escrúpulos a legitimidade do recurso ao trabalho secular contra os hereges e os cismáticos.⁶¹ Devemos ver nessa atitude a renegação do ideal mesmo da cidade celeste e uma tentativa de fazê-la coincidir com a cidade terrestre?

A confusão na qual nos encontramos diante de textos diversos *concerne à* confusão que espontaneamente se estabelece no pensamento entre dois pares de termos *antinômicos*: Estado e Igreja, por um lado, e Cidade terrestre e Cidade de Deus, por outro. Ora, do ponto de vista de santo Agostinho, esses dois pa-

---

⁶⁰ *De civ. Dei*, V, 24; t. 41, col. 170-171. Interessa-lhe sobretudo provar, contra os pagãos, pelo exemplo de Constantino, que o reino de um imperador cristão pode ser feliz: *op. cit.*, V, 25; col. 171-172. Cf. *Epist. 138*, III, 16-17; t. 32, col. 532.

⁶¹ Ver o texto típico: *Epist. 93*; t. 33, col. 321; especialmente, *op. cit.*, 1, 2; "O si possem tibi ostendere, ex ipsis Circumcellionibus quam multos jam catholicos manifestos habeamus, damnantes suam pristinam vitam... qui tamen ad hanc sanitatem non perducerentur, nisi legum istarum, quae tibi displicent, vinculis tamquam phrenetici ligarentur." (t. 33, col. 322). A perseguição é legítima se é a perseguição do mau pelo bom: "Aliquando ergo et qui eam (*scil.* persecutionem) patitur, injustus est, et qui eam facit, justus est. Sed plane semper, et mali persecuti sunt bonos, et boni persecuti sunt malos: illi nocendo per injustitiam,

res não coincidem. A cidade terrestre não é o Estado. Com efeito, todos os membros dessa cidade estão predestinados à danação final; ora, os futuros eleitos necessariamente são parte do Estado onde nasceram e onde vivem; logo, não se pode confundir a cidade terrestre, entidade mística segundo a expressão de Agostinho, com tal ou qual cidade concreta realizada materialmente no tempo e no espaço. Inversamente, por mais surpreendente que possa parecer, a Igreja não é a Cidade de Deus, pois essa cidade é a sociedade de todos os eleitos passados, presentes ou futuros. Ora, manifestamente houve justos eleitos antes da constituição da Igreja do Cristo; há, agora, fora da Igreja e talvez entre os perseguidos, futuros eleitos que se submeterão à sua disciplina antes de morrer; enfim e sobretudo, há na Igreja muitos homens que não estarão no número dos eleitos: *habet secum, quamdiu peregrinatur in mundo, connexos communione sacramentorum, nec secum futuros in aeterna sorte sanctorum.* Santo Agostinho exprime rigorosamente seu pensamento quando declara que as duas cidades estão misturadas aqui embaixo e que continuarão assim até que o julgamento final separe definitivamente os cidadãos de ambas: *perplexae quippe sunt istae duae civitates in hoc saeculo, donec ultimo judicio dirimantur.*[62] Ora, o que então restará pre-

---

illi consulendo per disciplinam" (*Op. cit.*, II, 8; t. 33, col. 325). "Vides itaque... non esse considerandum quod quisque cogitur, sed quale sit illud quo cogitur, utrum bonum an malum" (*Op. cit.*, V, 16; col. 329). Daí a legitimidade, e também a excelência das leis trazidas pelos imperadores cristãos contra os sacrifícios dos pagãos (*Op. cit.*, III, 10; col. 326). Segue-se, enfim, a evolução de Agostinho em sentido favorável ao emprego da força contra os heréticos: "His ergo exemplis a collegis meis mihi propositis cessi. Nam mea primitus sententia non erat, nisi neminem ad unitatem Christi esse cogendum; verbo esse agendum, disputatione pugnandum, ratione vincendum, ne fictos catholicos haberemus, quos apertos haereticos noveramus. Sed haec opinio mea, non contradicentium verbis, sed demonstrantium superabatur exemplis. Nam primo mihi opponebatur civitas mea, quae cum tota esset in parte Donati, ad unitatem catholicam timore legum imperialium conversa est; ..." etc. (*op. cit.*, V, 17; col. 330). A esse respeito, ver NOURRISSON, *La philosophie de saint Augustin*, t. II, p. 65-73.

[62] *De civit. Dei*, I, 35; t. 41, col. 45-46. Ver também XVIII, 49; col. 611. Encontrar-se-ão excelentes observações sobre esse assunto em J. N. FIGGIS, *The political*

sente evidentemente não será a Igreja de um lado e o Estado de outro, mas a sociedade divina dos eleitos e a sociedade diabólica dos reprovados; tomados em sua significação essencial, os dois pares de termos são, portanto, inteiramente distintos.

Contudo, sucede muito freqüentemente que Agostinho se exprima de uma maneira bastante ambígua, o que explica alguns comentadores terem se deixado enganar. Numa passagem célebre da *Cidade de Deus* (XX, 9, 1), ele declara enfaticamente que a Igreja é, desde o presente, o reino do Cristo e o Reino dos Céus; isso não é precisamente reapresentar de outra forma a identificação que acabamos de rejeitar? De modo nenhum, pois o reino do Cristo, que atualmente é a Igreja – visto que ele está com ela até a consumação dos séculos – não é a Cidade de Deus. Com efeito, esse reino deixa crescer o joio entre o trigo, ao passo que não haverá mais joio misturado ao bom grão na cidade celeste;[63] é verdade, portanto, que a Igreja é o reino de Deus, mas não que ela é a Cidade de Deus. Tudo que se pode dizer é que, por essência, o

---

aspects of S. Augustine's City of God; principalmente no cap. III, p. 51-53 e no cap. IV, p. 68-70.

[63] Reuter pensa que esse texto identifica a Igreja com a *communio sanctorum*. Em seu desejo de refutar Reuter, que desconhece quase totalmente o aspecto hierárquico e concreto da Igreja, Figgis (*op. cit.*, p. 69) opõe a ele as opiniões de Scholz e de Seidel, segundo os quais Agostinho falaria aqui da Igreja como um corpo visível e hierarquicamente organizado. Com efeito, Reuter engana-se; mas Figgis também se engana ao concluir que Agostinho opera uma "identificação da Igreja com a *Civitas Dei*". Nessa passagem, Agostinho identifica a Igreja com o reino de Deus, mas distingüe dois reinos de Deus: um provisório, onde ainda se encontram escândalos, precisamente os escândalos que o Filho do homem destruirá por seus anjos no fim dos tempos, quando o joio será separado do bom grão; e o reino definitivo de Deus, que contém apenas os eleitos e se confunde com a cidade de Deus: "Alio modo igitur intelligendum est regnum caelorum, ubi ambo sunt, et ille scilicet qui solvit quod docet (*scil.* aquele que não faz o que ele ensina), et ille qui facit; ... alio modo autem regnum caelorum dicitur, quo non intrat nisi ille qui facit. Ac per hoc ubi utrumque genus est (*scil.* os bons e os maus), Ecclesia est qualis nunc est: ubi autem illud solum erit, Ecclesia est qualis

A vida cristã

Estado é naturalmente estrangeiro e indiferente aos fins sobrenaturais; ele é, segundo a enérgica definição que se dá do Mundo, "a sociedade humana se organizando à parte de Deus";[64] nessas condições, não há por que se espantar que os membros do Estado, que são somente membros do Estado, sejam desde já os cidadãos destinados à Cidade terrestre e, então, pode-se confundi-los legitimamente.[65] Por outro lado, ainda que a Igreja não seja a Cidade de Deus, ela é a única sociedade humana que trabalha para construí-la; expressamente quista, fundada e assistida por Deus para recrutar os eleitos do reino celeste, é natural que, em princípio, seus membros sejam seus futuros cidadãos. Segue-se a antítese simplificadora à qual Agostinho por vezes reduz a história: duas cidades, Babilônia e Jerusalém, com dois povos, os reprovados e os eleitos, e dois reis, o diabo e Cristo.[66]

Não se pode, portanto, considerar Agostinho nem como tendo definido o ideal medieval de uma sociedade civil submissa à

---

tunc erit, quando malus in ea non erit. Ergo Ecclesia et nunc regnum Christi, regnumque coelorum. Regnant itaque cum illo etiam nunc sancti ejus, aliter quidem, quam tunc regnabunt: nec tamen cum illo regnant zizania, quamvis in Ecclesia cum tritico crescant" *De civ. Dei*, XX, 9, 1; t. 41, col. 672-673. Esse texto confirma a distinção entre o conceito de Cidade de Deus e o conceito de Igreja ao invés de infirmá-la.

[64] "Human society organizing itself apart from God"; fórmula de Creighton, citada por FIGGIS, *op. cit.*, p. 58.

[65] "Generaliter quippe civitas impiorum, cui non imperat Deus obedienti sibi, ut sacrificium non offerat, nisi tantummodo sibi, et per hoc in illa et animus corpori, ratioque vitiis recte ac fideliter imperet, caret justitiae veritate". *De civ. Dei*, XIX, 24; t. 41, col. 656.

[66] "Quid autem illi diversi errores inimici Christi *omnes* tantum dicendi sunt? Nonne et *unus*? Plane audeo et unum dicere: quia una civitas et una civitas, unus populus et unus populus, rex et rex. Quid est, una civitas et una civitas? Babylonia una; Jerusalem una. Quibuslibet aliis etiam mysticis nominibus appelletur, una tamen civitas et una civitas; illa rege diabolo; ista rege Christo." *Enar. in Ps. 61*, 6; t. 36, col. 733. "Babylon civitas dicitur secundum saeculum. Quomodo uma civitas sancta, Jerusalem; uma civitas iniqua, Babylon; omnes iniqui ad Babyloniam pertinent, quomodo omnes sancti ad Jerusalem". *Enar. in Ps. 86*, 6; t. 37, col. 1106.

A busca de Deus pela vontade

primazia da Igreja,[67] nem como tendo condenado antecipadamente tal concepção. O que é verdadeiro, estrita e absolutamente, é que em nenhum caso a Cidade terrestre e, menos ainda, a Cidade de Deus poderiam ser confundidas com uma forma de Estado, qualquer que fosse; mas, é uma questão totalmente diferente, e um ponto sobre o qual Agostinho certamente não teria nada a objetar, o Estado poder e dever eventualmente ser utilizado para os fins próprios da Igreja, e, através dela, para os da Cidade de Deus. Embora ele jamais tenha formulado o princípio de um governo teocrático, a idéia não é inconciliável com sua doutrina, pois, se o ideal da Cidade de Deus não implica essa idéia, não a exclui.[68] Estrangeira a todas as nações e a todos os Estados, a cidade de Deus recruta por toda parte os cidadãos que a compõem; indiferente à diversidade das línguas, dos usos e dos costumes, nada atacando, nada destruindo do que é bom e útil, ao contrário, ela trabalha para consolidar nas mais diferentes nações o que cada

---

[67] "Ein Unterschied zwischen dem heidnischen und dem christianisierten römischen Staate war für Augustin nicht vorhanden. Er sah in diesem wie in jenem nur den auf Sünde beruhenden weltlichen Staat. Die einzige auf göttlichem Rechte beruhende Ordnung war ihm der Gottesstaat der Kirche". H. V. EICKEN, *Geschichte und System der mittelelterlichen Weltanschauung*, 3ª ed., 1917, p. 144. Vê-se imediatamente, pelas análises que precedem, o quanto V. Eicken está longe do verdadeiro ponto de vista de Agostinho.

[68] Trata-se, aqui, apenas da doutrina de Agostinho, não do que ela se tornará na Idade Média. Sobre isso podemos observar: I. A doutrina que confunde a Cidade de Deus com um império teocrático, embora isso seja um verdadeiro contra-senso, era inevitável, pois as circunstâncias políticas e sociais favoreceram sua eclosão. II. Agostinho engajou-se nessa direção (a) ao admitir a legitimidade do recurso ao exército secular contra os heréticos; (b) ao impor ao Estado, como um dever, subordinar-se aos fins da Igreja, que são os fins da Cidade de Deus — subordinação cujas modalidades e cujos limites não poderiam ser determinados *a priori*. A respeito disso, ver a excelente observação de FIGGIS, *op. cit.*, p. 79-80, e também: "Ora, Agostinho, como quer que seja interpretado, nunca identificou a *Civitas Dei* com qualquer Estado terrestre; mas preparou o caminho para outras pessoas o fazerem." *Op. cit.*, p. 84.

A vida cristã

uma delas coloca a serviço da paz terrestre, assegurando que nada se oponha ao estabelecimento final da paz de Deus.[69] Assim preparara-se aqui embaixo, sem poder alcançá-la aqui, a vida social perfeita – *quoniam vita civitatis utique socialis est* – em que reinará a ordem absoluta pela união das vontades numa beatitude comum, a vida eterna no seio de Deus.

Muito se dissertou sobre o sentido e o alcance dessa doutrina. Alguns a vêem como uma sobrevivência maniqueísta: a Cidade de Deus opondo-se à cidade terrestre, em Agostinho, tal como o reino maniqueu do bem e da luz se opõe ao do mal e das trevas.[70] Contudo, primeiramente, não parece que Agostinho tenha tido a menor suspeita dessa filiação, pois as fontes de sua doutrina, às quais ele nos remete, são unicamente escriturais. A idéia de uma cidade de Deus lhe foi expressamente sugerida pelo

---

[69] "Haec ergo coelestis civitas dum peregrinatur in terra, ex omnibus gentibus cives evocat, atque in omnibus linguis peregrinam colligit societatem, non curans quidquid in moribus, legibus, institutisque diversum est, quibus pax terrena vel conquiritur, vel tenetur; nihil eorum rescindens, nec destruens, immo etiam servans ac sequens quod, licet diversum in diversis nationibus, ad unum tamen eumdemque finem terrenae pacis intenditur, si religionem qua unus summus et verus Deus colendus docetur, non impedit. Utitur ergo etiam coelestis civitas in hac sua peregrinatione pace terrena et de rebus ad mortalem hominum naturam pertinentibus humanarum voluntatum compositionem, quantum salva pietate ac religione conceditur, tuetur atque appetit, eamque terrenam pacem refert ad coelestem pacem: quae vere ita pax est, ut rationalis dumtaxat creaturae sola pax habenda atque dicenda sit: ordinatissima scilicet et concordissima societas fruendi Deo, et invicem in Deo; quo cum ventum fuerit, non erit vita mortalis, sed plane certeque vitalis; nec corpus animale, quod dum corrumpitur, aggravat animam, sed spiritale sine ulla indigentia ex omni parte subditum voluntati. Hanc pacem, dum peregrinatur in fide, habet; atque ex hac fide iuste vivit, cum ad illam pacem adipiscendam refert quidquid bonarum actionum gerit erga Deum et proximum, quoniam vita civitatis utique socialis est." *De civ. Dei*, XIX, 17; t. 41, c. 646. Ter-se-á uma idéia das repercussões propriamente filosóficas dessa doutrina ao ler Leibniz, *Discours de métaphysique*, cap. XXXV-XXXVII; e MALEBRANCHE, *Méditations chrétiennes*, XIV; ed. H. Gouhier, Paris, 1928, p. 305 e ss..

[70] G. COMBÈS, *op. cit.*, p. 36.

A busca de Deus pela vontade

Salmo 86,6: *Gloriosa dicta sunt de te, civitas Dei*; por outro lado, a oposição clássica entre Babilônia e Jerusalém bastaria para sugerir a idéia de uma cidade má oposta à cidade divina[71] e, enfim, a antítese das duas cidades já estaria formulada pelos escritores anteriores conhecidos por Agostinho, tais como Ticôneo, e isso dispensa qualquer hipótese psicológica inverificável sobre a germinação dessa idéia em seu pensamento.[72] Qualquer que seja sua origem, deve ficar claro que, de todo modo, a doutrina agostiniana das duas cidades não somente nada tem de maniqueísta em seu conteúdo definitivo, mas é resolutamente antimaniqueísta. Segundo Mani e seus discípulos, haveria uma oposição entre duas cidades, uma boa por natureza, outra naturalmente má; segundo santo Agostinho, a idéia de uma natureza má é contraditória em termos, a tal ponto que mesmo a cidade terrestre é boa por natureza e má somente pela perversidade de sua vontade;[73] o agostinianismo, sendo uma doutrina em que mesmo as trevas são boas, no tanto que são, constitui a negação mesma do dualismo maniqueu.

---

[71] "Et videte nomina duarum istarum civitatum, Babylonis et Jerusalem. Babylon confusio interpretatur, Jerusalem visio pacis". *Enar. in Ps. 64*, 2; t. 36, col. 773. Cf. *Enar. in Ps. 86*, 6; t. 37, col. 1105-1106. *De civ. Dei*, XI, 1; t. 41, col. 315-317. Outras possíveis fontes escriturais são sugeridas por P. de Labriolle (edição de *Conf.*, XII, 11, 12; t. 11, p. 337, nota 1), que, com razão, remete ao Apocalipse.

[72] Ver textos parecidos na edição das regras de Ticônio, por F. C. BURKITT, *The Rules of Tyconius*, em que se encontra a oposição entre *Civitas Dei* e *civitas diaboli*. Quanto a esse ponto, consultar J. N. FIGGIS, *The political aspects of St. Augustine's City of God*, p. 46-47 e p. 127, nota 5. Cf., no mesmo sentido, H. SCHOLZ, *Glaube und Unglaube in der Weltgeschichte*, 1911, p. 78 e B. GEYER, em *Ueberwegs-Grundriss*, 11ª ed., Berlin, 1928, t. II, p. 114.

[73] "... nos ergo has duas societates angelicas inter se dispares atque contrarias, unam et natura bonam et voluntate rectam; aliam vero natura bonam, sed voluntate perversam, aliis manifestioribus divinarum scripturarum testimoniis declaratas, quod etiam in hoc libro, cui nomen est Genesis, lucis tenebrarumque vocabulis significatas existimavimus, ..." *De civ. Dei*, XI, 33; t. 41, col. 347. "Angelorum bonorum et malorum inter se contrarios appetitus non naturis principiisque diversis, cum Deus omnium substantiarum bonus auctor et conditor utrosque creaverit, sed voluntatibus et cupiditatibus exstitisse, dubitare fas non est; ..." *Op. cit.*, XII, 1, 2; t. 41, col. 349.

A vida cristã

É ademais inútil ir buscar tão longe as fontes da doutrina, pois ela não dissimula nada de suas origens nem de suas intenções. Aqui, como em todo lugar, a fé precede a inteligência e a engendra; é necessário, portanto, partir da Escritura para descobrir o ponto de vista de Agostinho. O que o impressiona é que a revelação nos faz conhecer os acontecimentos como a criação e a queda, que nos permaneceriam desconhecidas e que, portanto, são a chave para a história universal; em seguida, ela nos ensina os fins de Deus e assim nos permite prever que a história futura terá um sentido como tem a do passado. Tudo o que se encontra no universo visto, do ponto de vista do espaço – ser, bondade, ordem, proporção, beleza, verdade – tudo isso se encontra na sucessão dos estados desse universo através dos diversos momentos da duração. O ponto de partida de Agostinho é, portanto, a revelação, que, conferindo à história a universalidade que nosso empirismo fragmentário não pode alcançar, ao desvelar a ela principalmente sua origem e seu fim, torna possível a teologia da história e confere ao universo uma inteligibilidade na ordem do tempo.

Ao adotar esse primeiro ponto de vista, santo Agostinho necessariamente se engaja na admissão de um segundo, o da unidade necessária da humanidade e de sua história. Uma vez que Deus previu, quis e conduziu a seqüência dos eventos históricos, desde seu princípio até o termo que se aproxima, necessariamente todo povo e todo homem têm seu papel num mesmo drama e concorrem, na medida quista pela Providência, à realização do mesmo fim. Assim, em certo sentido, a humanidade toda é verdadeiramente tão-somente um único homem submetido por Deus às provas purificantes e iluminadoras de uma revelação progressiva. Entretanto, graças e luzes não serão plenamente eficazes a não ser para os futuros eleitos, membros da comunhão de santos ou, como dirá Leibniz, dessa "república de espíritos", cuja constituição e acabamento são a causa final do universo e de sua história. Daí, a idéia tão profunda de uma cidade mística feita mais de mortos e de seres por vir do que de viventes, sociedade perfeita e a única plenamente digna desse nome, posto que fundada sob o amor de Deus, só ela realiza o ideal social da paz e da justiça, sociedade-fim, numa palavra, de que todas as outras são resíduos ou meios. Logo, não é por acidente que a doutrina de Agostinho se expande em teologia da história, mas por uma fidelidade completa às exigências de seu método e de seus princípios fundamentais.

TERCEIRA PARTE
A CONTEMPLAÇÃO DE DEUS EM SUA OBRA

> Quid autem amo, cum te amo
> *Conf.*, X, 6, 8.[1]

---

[1] "Mas o que amo, quando te amo?" (N. da T.)

Uma vez que seu ponto de partida é a fé, a inteligência ergue-se essencialmente da graça e, tal como Agostinho a concebe, os teólogos modernos a classificavam, sem dúvida, entre os dons do Espírito Santo.[2] Todavia, sobrenatural em sua origem e em sua natureza, a inteligência produz efeitos observáveis na ordem natural. À sua luz, os conhecimentos, que a razão somente por si não poderia ter adquirido, tornam-se acessíveis; a partir disso nasce e se constitui uma ordem de certezas que a razão só pode reconhecer como suas, dado que as produz, e das quais tem clara consciência de não ser a causa suficiente, já que não pode alcançar qualquer ciência das coisas divinas, a menos que esta seja ensinada por Deus. Essa é a ordem que foi justamente nomeada "contemplação agostiniana",[3] em que a inteligência purificada encon-

---

[2] "Et ideo Deus, quando vult docere, prius dat intellectum, sine quo ea quae ad divinam doctrinam pertinent, homo non potest discere". *En. in Ps. 118*, XVII; t. 37, col. 1548.

[3] Esse é o título do livro em que Fulbert Cayré, ao que sabemos pela primeira vez, definiu claramente a natureza dela e explorou seu domínio: *La contemplation augustinienne. Principes de la Spiritualité de saint Augustin*, Paris, A. Blot, 1927. As páginas consagradas às *Confissões* (p. 79-88) e o capítulo VII, "La recherche

A contemplação de Deus em sua obra

tra as premissas da beatitude na fruição de uma verdade ao menos parcialmente descoberta.[4] As páginas consagradas por Agostinho à meditação desses problemas são as mais belas que escreveu e vibram com uma alegria mística que, mesmo se fosse possível, qualquer tentativa de reproduzir o tom delas seria um tipo de impiedade. Aqui, a história das idéias deve limitar-se a tarefas mais modestas e somente marcar as etapas dessas elevações, nas quais a reflexão filosófica espontaneamente emudece em prece para encontrar seu último aprofundamento.

Daqui por diante, o homem sabe que tem um Deus e o quer como sua beatitude; portanto, ele o ama; mas o que ama ao amá-lo?[5] Para responder essa questão, a contemplação agostiniana busca discernir de maneira cada vez melhor o objeto de seu amor a fim de gozar dele cada vez mais plenamente. Incapaz de ver Deus em si mesma – talvez salvo no caso excepcional do êxtase –, ela o considera em suas obras, ou seja, primeiramente no mundo dos corpos de que o homem é parte; em seguida, na alma humana, que é a imagem mais clara de Deus. Contemplar é, portanto, dirigir às coisas um ato de atenção firme, que constitui a questão para a qual a visão delas é a resposta.[6] Mas isso não é o suficiente. Para fazer uma pergunta que ofereça resultado, é necessário ser capaz de compreender a resposta. Admitamos que interrogamos o mundo dos corpos. Para interpretar exatamente o que a visão

---

de Dieu" (principalmente p. 215, nota 1) nos ajudaram muito a obter clareza do sentido verdadeiro dos três últimos livros dessa obra capital. Acrescentamos que, por uma conseqüência natural, as conclusões do Pe. Cayré ajudarão a compreender melhor muitos escritos da Idade Média que se movem no plano da contemplação agostiniana assim definida; por exemplo, o *Itinerário da alma para Deus*, de são Boaventura.

[4] "... primordia illuminationis tuae...". *Conf.* XI, 2, 2; ed. P. de Labriolle, t. II, p. 297.
[5] "Quid autem amo, cum te amo?" *Conf.* X, 6, 8; ed. P. de Labriolle, t. II, p. 245. "Quid ergo amo, cum Deum meum amo?" *Op. cit.*, X, 7, 11; p. 247.
[6] "Interrogatio mea intentio mea, et responsio eorum species eorum". *Conf.*, X, 6, 9; ed. citada, t. II, p. 246. "Et vox dicentium est ipsa evidentia". *Op. cit.*, XI, 4, 6; t. II, p. 300.

dele nos ensina, é preciso poder julgar. Ora, não julgamos senão o que dominamos; assim, somente um pensamento purificado e liberado do sensível pode interrogar o universo com competência, e, fazendo isso, nenhuma dúvida subsiste sobre a resposta recebida.

Com efeito, o mundo dos corpos aparece como uma massa divisível em partes e que só se realiza fragmentariamente no espaço; a alma, ao contrário, é indivisível porque é espiritual; daí o poder que ela tem de animar o corpo e de regê-lo, o que supõe que ela seja superior a ele. Mas, uma vez que Deus anima e rege a alma como a alma anima e rege o corpo, é necessariamente superior tanto a um quanto ao outro. A resposta unânime dos seres ao pensamento que lhes interroga e os julga é que eles não são Deus, mas que é Deus quem os fez.[7] Para fornecer essa resposta, o céu e a terra apenas têm que se mostrar tais como são: os teatros das mudanças incessantes, dado que tudo se desenrola num perpétuo movimento. Ora, mudar é perder o que se tinha e adquirir o que ainda não se tinha; assim, o que muda se torna o que não era e deixa de ser o que era, o que equivale a dizer que não é eterno. Por outro lado, o que não é eterno não existiu sempre, e o que é sem ter sido sempre necessariamente foi feito. Ademais, tudo o que é feito o é por outrem, dado que, para fazer-se a si mesmo, seria necessário existir, a fim de se dar o ser, antes de ter o ser, porque ele foi recebido, o que é absurdo. Tínhamos, portanto, razão em dizer que o as-

---

[7] *Conf.*, X, 6, 9-10; ed. citada, t. II, p. 246-247.

pecto do mundo é uma resposta esclarecedora à questão: "qual é o seu autor?"[8] Foi Deus quem o criou, mas de que maneira? E o que a criação nos ensina sobre seu Criador?[9]

---

[8] *Conf.*, XI, 4, 6; ed. citada, t. II, p. 300.

[9] Essas questões são estudadas por Agostinho, de forma puramente exegética, como em seus *Comentários sobre o livro da Gênese*, ou sob forma de meditações e de confissões. Com efeito, os quatro últimos livros das *Confissões* contêm a confissão do estado em que se encontra Agostinho na época em que ele os escreveu (X, 3, 3; ed. citada, p. 241). O livro X considera principalmente seu estado moral; os livros XI-XIII dizem respeito mais a seu estado intelectual, Agostinho confessa nestes o que sabe e o que ignora de Deus: "... scientiam et imperitiam meam ..." *Op. cit.*, XI, 2, 2; II. P. 297. Dada a posição do problema do conhecimento tal como o definimos (Parte I, capítulo II, "Primeiro grau: a Fé"), confessar a ciência se torna, para Agostinho, confessar o que ele compreende da Escritura: "Ecce vox tua gaudium meum, vox tua super affluentiam voluptatum. Da quod amo: amo enim ... Confitear tibi quidquid invenero in libris tuis..."; *Conf.*, 2, 3; t. II, p. 298. Cf. "... ut aperiantur pulsanti mihi interiora sermonum tuorum..." *Ibid.*, 2, 4; p. 299.

I. A CRIAÇÃO E O TEMPO

Enquanto foi adepto do maniqueísmo, Agostinho professou um materialismo radical. Inicialmente, esse materialismo se aplicava a Deus. Segundo a doutrina de Mani, Deus é luz, ou seja, uma substância corporal, brilhante e muito tênue. Essa mesma substância, depois de ter resplandecido em Deus, brilha nos astros, luz em nossa alma e luta contra as trevas sobre a terra.[1] Nessa época, portanto, Agostinho considerava Deus como um corpo sutil e resplandecente;[2] correlativamente, sendo Deus luz por essência, tudo o que é corpo e participa em algum grau da luz, apresentava-se como uma parte de Deus: "Eu pensava, Senhor Deus e Verdade, que vós fôsseis um corpo brilhante e imenso, e eu uma porção desse corpo".[3] Reagindo a esse primeiro erro, Agostinho ensinará a criação *ex nihilo*. Para ele, o mundo só pode ter duas origens: ou Deus o criou do nada, ou tirou-o de sua

---

[1] *De haeresibus*, XLVI; t. 42, c. 34-35. Cf. P. ALFARIC, *L'évolution intellectuelle de S. Augustin*, Paris, 1918; p. 95-98.

[2] *Conf.*, III, 7, 12; ed. Labr., t. I, p. 54. VII, 1, 1; t. I, p. 145, 1. 3-5.

[3] *Conf.*, IV, 16, 31; ed. Labr., t. I, p. 88. Cf. 29-30; ed. citada, p. 87. Referências aos textos de Agostinho contra o "panteísmo", em J. MARTIN, *Saint Augustin*, p. 123, nota 1; cf. *ibid.*, p. 123-126. Intencionalmente evitamos o epíteto "panteísmo" que se aplica indevidadente ao maniqueísmo; um *dualismo* radical como o de Mani não poderia ser um *panteísmo*; isso é uma confusão entre a alma e Deus. Quanto aos textos do *De civitate Dei* (IV, 9-12, 29, 30, 31; VII, 5 e 6), que J. Martin assinala como dirigidos contra o panteísmo dos pagãos, eles certamente justificariam o emprego desse termo (principalmente *De civ. Dei*, IV, 12; t. 41, c. 123).

própria substância. Admitir a última hipótese, é admitir que uma parte da substância divina possa se tornar finita, mutável, submissa às alterações de todos os tipos e também a destruições, que sofrem as partes do universo.[4] Se tal suposição é contraditória, conclui-se que Deus teria criado o universo do nada.[5] Entre o divino e o mutável, portanto, a oposição é irredutível,[6] mas o problema apenas torna mais difícil saber como o eterno e o imutável podem ter produzido o temporal e o mutável.

De início, o que significa *criar do nada?* Deus não é como um artesão que, considerando uma forma qualquer em seu pensamento, a impõe à matéria que ele tem à sua disposição (argila, pedra, madeira etc.). Ao contrário, as diversas matérias que o artesão humano encontra à sua disposição, Deus foi quem as fez. O que o ato criador significa é, portanto, a produção do ser daquilo que é, e essa produção é possível unicamente para Deus, porque somente ele é o Ser: *quid enim est, nisi quia tu es?*[7] Assim, sem qualquer matéria preexistente, Deus quis que as coisas fossem e elas foram; isso é precisamente o que se denomina criar *ex nihilo*.

---

[4] Deus não pode mudar porque mudar é fatalmente tornar-se melhor ou pior, e Deus é perfeito: *Contra Secund. manich.*, VIII; t. 42, c. 584. *De civitate Dei*, VI, 12; t. 41, c. 123. *Conf.*, XII, 7, 7, ed. Labr., t. II, p. 333-334. *De Genesi ad litt.*, VII, 2, 3; t. 34, col. 356-357.

[5] "Quapropter cum abs te quaero, unde sit facta universa creatura, quamvis in suo genere bona, Creatore tamen inferior, atque illo incommutabili permanente ipsa mutabilis; non invenies quid respondeas, nisi de nihilo factam esse fatearis.". *Contra Secund. manich.*, VIII; t. 42, c. 584. "... ita ut creatura omnis sive intellectualis sive corporalis, ... non de Dei natura, sed a Deo sit facta de nihilo..." *De Genesi ad litt. imperf. liber*, I, 2; t. 34, col. 221.

[6] *De actis cum Felice manichaeo*, II, 18; t. 42, c. 548. Esses textos, opostos aos maniqueus, insistem na criação *ex nihilo*, porque o *nihil* explica que a criatura teria podido cometer o mal ao cair no pecado.

[7] *Conf.*, XI, 5, 7; ed. citada, t. II, p. 300-301. O texto do *De vera religione*, XI, 22; t. 34, c. 132 (citado por J. MARTIN, *op. cit.*, p. 127), traz um tom tomista; mas recolocado em seu contexto, não é evidente que Agostinho veja aqui Deus como causa do ser; apesar da letra do texto, parece que Agostinho pensa em Deus sobretudo como causa da vida.

A criação e o tempo

Por que Deus quis criar as coisas? Se buscamos uma causa para o universo anterior e distinta da vontade de Deus, a questão é inconsistente porque a causa única das coisas é a vontade de Deus que, sendo a causa de tudo, não tem causa. Buscar a causa da vontade de Deus é, portanto, buscar algo que não existe.[8] Não ocorre o mesmo se perguntamos por que a vontade de Deus poderia querer um universo tal como o nosso. A resposta a essa questão não escapa ao alcance da razão natural, dado que Platão formulou-a no *Timeu*, nisso concordando com o ensinamento das Escrituras. Deus é essencialmente bom; não obstante, todas as coisas são boas na medida mesma em que são; eis por que, segundo a narração da *Gênese*, Deus contempla o mundo depois de tê-lo criado e vê que sua obra foi boa, e é também isso que sugere Platão, de forma imagética, ao dizer que Deus ficou pleno de alegria quando concluiu o universo. Com efeito, não há artesão mais excelente que Deus, nem arte mais eficaz que a do Verbo de Deus, nem razão melhor para a criação do mundo do que a produção de uma obra boa por um Deus bom. Eis a resposta que conclui todas as controvérsias relativas à origem do mundo: *hanc causam, id est ad bona creanda bonitatem Dei*; a bon-

---

[8] Dois textos célebres serão invocados em apoio a essa tese: "Si ergo isti dixerint: quid placuit Deo facere coelum et terram? respondendum est eis, ut prius discant vim voluntatis humanae, qui voluntatem Dei nosse desiderant. Causas enim voluntatis Dei scire quaerunt, cum voluntas Dei omnium quae sunt, ipsa sit causa. Si enim habet causam voluntas Dei, est aliquid quod antecedat voluntatem Dei, quod nefas est credere. Qui ergo dicit: quare fecit Deus coelum et terram? respondendum est ei: quia voluit. Voluntas enim Dei causa est coeli et terrae, et ideo major est voluntas Dei quam coelum et terra. Qui autem dicit: quare voluit facere coelum et terram, majus aliquid quaerit quam est tuntas Dei: nihil autem majus inveniri potest." *De Genesi contra Manichaeos*, I, 2, 4; t. 34, c. 175. Cf. *De div. quaest. 83*; XXVIII; t. 40, c. 18: "Qui quaerit voluerit Deus mundum facere, causam quaerit voluntatis Dei. Sed omnis causa efficiens est. Omne autem efficiens majus est quam id quod efficitur. Nihil autem majus est voluntate Dei. Non ergo ejus causa quaerenda est." t. 40, c. 18.

dade divina não permitiu que uma boa criação permanecesse no nada.[9] Mas como ela saiu dele?

O primeiro problema a ser resolvido é relativo ao momento da criação. A Escritura declara: *In principio creavit Deus coelum et terram* (Gn 1,1). É possível haver muitas maneiras de compreender o sentido de "*in principio*", mas, qualquer que seja a interpretação à qual nos atenhamos, pelo menos é evidente que a Escritura refere-se com isso a um começo a todas as criaturas. Ora, dado que o tempo é mudança por definição, ele também é uma criatura. Houve, portanto, um começo e, por conseqüência, nem as coisas que duram nem o tempo são eternos.[10]

Ao colocar essa conclusão, Agostinho pensa em eliminar a ilusão tenaz de um tempo anterior à existência do mundo e de um dado momento em que Deus o teria criado. Com efeito, como não se vê por que tal momento teria sido escolhido por preferência em relação a outro numa duração indistintamente vazia, conclui-se que, se ele existe, o mundo sempre existiu. Isso é o que fazem os maniqueus, por exemplo, quando perguntam o que Deus fazia *antes* de criar o céu e a terra, se o mundo não é eterno. Eles também poderiam perguntar por que Deus criou o

---

[9] *De civ. Dei*, XI, 21-22; t. 41, col. 333-36. *Conf.* XIII, 2, 2; ed. Labr., t. II, p. 367. *Epist.* 166, 5, 15; t. 33, c. 727: "Si autem causa creandi quaeritur, nulla citius et melius respondetur, nisi quia omnis creatura Dei bona est. Et quid dignius quam ut bona faciat bonus Deus, quae nemo potest facere nisi Deus?". "In eo vero quod dicitur, *vidit Deus quia bonum est*, satis significatur, Deum nulla necessitate, nulla suae cujusquam utilitatis indigentia, sed sola bonitate fecisse quod factum est, id est quia bonum est" *De civ. Dei*, XI, 24; t. 41, col. 338. A conciliação do voluntarismo dos textos precedentes com esse platonismo é fácil, dado que Deus é o Bem e que a vontade de Deus é Deus: "Res quae facta est congruere bonitati propter quam facta est indicetur" (*ibid.*).

[10] *De Gen. ad litt. imperf.*, III, 8 t. 34, c. 223: "Sed quoquo modo hoc se habeat (res enim secretissima est, et humanis conjecturis impenetrabilis), illud certe accipiendum est in fide, etiamsi modum nostrae cogitationis excedit, omnem creaturam habere initium; tempusque ipsum creaturam esse, ac per hoc ipsum habere initium, nec coaeternum esse Creatori."; t. 34, c. 223.

mundo em tal lugar do espaço e não em outro, pois a imaginação pode dar livre passagem a si mesma tanto em um caso como em outro. Na verdade, não há espaço real fora do universo, tampouco havia *antes* o céu e a terra. Se nos colocamos no lugar da hipótese segundo a qual a criação do mundo não é algo realizado, há apenas Deus. Ora, sendo uma perfeição totalmente realizada, Deus é imutável e não comporta qualquer mudança; em relação a Deus não há nem antes nem depois, ele *é*, numa eternidade imóvel.[11] Por outro lado, se nos posicionamos no ponto de vista da criatura, de que o tempo é parte, nossa hipótese supõe que a criatura ainda não existe, de modo que, para ela tampouco existe o tempo, nem antes nem depois.[12] A verdade é que uma imaginação falsa sofre todas as conseqüências de tal discussão e que tentamos em vão transpor um problema do tempo em termos de eternidade. Sabemos que Deus, sendo eterno, criou tudo, mesmo o tempo; nós fracassamos na nossa tentativa de estabele-

---

[11] "Si autem (Manichaei)... dicunt: quid placuit Deo facere coelum et terram? Non enim coaevum Deo mundum istum dicimus, quia non ejus aeternitatis est hic mundus, cujus aeternitatis est Deus. Mundum quippe fecit Deus, et sic cum ipsa creatura quam Deus fecit, tempora esse coeperunt; et ideo dicuntur tempora aeterna. Non tamen sic sunt aeterna tempora quomodo aeternus est Deus, quia Deus est ante tempora, qui fabricator est temporum". *De Genesi contra Manich.*, I, 2, 4; t. 34, c. 175 (ver adiante, p. 364, nota 14, uma fórmula mais rigorosa, que reserva a eternidade unicamente para Deus). Cf. *Conf.*, XI, 13, 15-16; ed. Labr., t. II, p. 306-307. *De civitate Dei*, XI, 4-5; t. 41, col. 319-321.

[12] "Sed etsi in principio temporis Deum fecisse coelum et terram credamus, debemus utique intelligere quod ante principium temporis non erat tempus. Deus enim fecit et tempora: et ideo antequam faceret tempora, non erant tempora. Non ergo possumus dicere fuisse aliquod tempus quando Deus nondum aliquid fecerat. Quomodo enim erat tempus quod Deus non fecerat, cum omnium temporum ipse sit fabricator? Et si tempus cum coelo et terra esse coepit, non potest inveniri tempus quo Deus nondum fecerat coelum et terram." *De Genesi contra Manich.*, I, 2, 3; t. 34, c. 174-175. Cf.: "Nullo ergo tempore non feceras aliquid, quia ipsum tempus tu feceras"; *Conf.*, XI, 14, 17; ed. Labr., t. II, p. 307. *Ibid.*, XI, 30, 40; t. II, p. 325-326. "... procul dubio nen est mundus factus in tempore, sed cum tempore. ... Cum tempore autem factus est mundus, si in ejus conditione factus est mutabilis motus..." *De civ. Dei*, XI, 6; t. 41, col. 321-322.

cermos uma representação distinta da relação que une o tempo à eternidade, porque agora se trata de comparar dois modos de duração heterogêneos, fundados sob dois modos de ser heterogêneos, dos quais um, o de Deus, nos escapa quase completamente: nós, submissos até em nosso pensamento à lei do devir, não poderíamos representar para nós o modo de ser do permanente.

Para sair dessa temível dificuldade, os filósofos estóicos imaginaram um ciclo eterno, composto por longos períodos se sucedendo segundo uma ordem fixa e que restabeleceria perpetuamente na natureza as mesmas renovações, as mesmas destruições, em resumo os mesmos eternos recomeços. Dentre os argumentos alegados a favor dessa tese, o mais sutil se funda sobre a impossibilidade que haveria, para toda e qualquer ciência, de compreender o infinito. Com efeito, se o infinito como tal é incompreensível, Deus só pode ter tido e ter em si razões finitas de suas obras finitas. Por outro lado, sua bondade jamais pode ter sido ociosa e não se pode crer que após um período de inação ele tenha subitamente se tomado de remorso e se empenhado em criar o mundo. A única solução do problema que o universo levanta, portanto, consistiria em supor que o mundo subsiste em permanência, mas que os seres de número finito, que o compõem, sucedem-se continuamente, desaparecendo para voltar como num circuito fechado.

Assim, se admitimos que o mundo sempre existiu, nenhuma razão há para perguntarmos por que não começou mais cedo ou mais tarde; mas, para essa questão resolvida, coloca-se outra ainda mais grave, e que permanece sem resposta. Na hipótese do eterno retorno, o problema fundamental da filosofia se torna insolúvel, pois não há mais qualquer lugar para uma beatitude digna deste nome num universo desse gênero. A felicidade, dissemos, é a posse estável e assegurada do bem soberano; que posse estável poderíamos ter dele num mundo onde, ao contrário, estamos certos de que será necessário periodicamente perder tal bem, com a esperança de reencontrá-lo, mas de só reencontrá-lo para perdê-lo novamente? Como amar plenamente e sem reservas o que sabemos estar condenado a escapar um dia? E que felicidade é a nossa, se perpétuas interrupções devem fatalmente rompê-la? Quanto a dizer que Deus não pode compreender o infinito, isso é esquecer que os números o são e, por conseqüência, recusar a Deus a ciência dos números. Com efeito, é certo que os números são infinitos, pois todo número, por maior que seja, pode não apenas ser duplicado, mas multiplicado, nas proporções se se quiser e por quantas vezes se quiser. Por outro lado, não há dois números iguais, cada um deles sendo definido em sua essência pelas propriedades que pertencem somente a ele; enfim, é certo que o número é dotado de uma eminente dignidade, uma vez que o *Timeu* nos mostra Deus compondo o universo segundo suas leis, o que a escritura também nos ensina: *qui profet numerose saeculum* (em *Setenta* 7 Is 40, 26); ou ainda: *omnia in mensura, et numero et pondere disposuisti* (*Sb* 11,21). É necessário, portanto, admitir simultaneamente que os números são infinitos e que, dado que Deus conhece o número, ele conhece o infinito. Sem dúvida, tal proposição parece contraditória, pois tudo o que está compreendido em alguma ciência parece tornar-se de uma só vez finito e limitado, de modo que a compreensão do infinito como tal torna-se impossível. Contudo, válida contra a ciência humana, essa reflexão deixa de sê-lo quando se trata da ciência divina, a única que aqui está em questão. Para a perfeita simplicidade da inteligência de Deus, não há número: representá-la como uma faculdade discursiva, que vai de uma quantidade dada a uma outra maior e assim por diante indefinidamente, é esquecer que Deus vê tudo numa intuição simples e que, conseqüentemente, até o infinito concerne a uma ciência à qual não temos o direito de estabelecer qualquer limite.[13]

---

[13] "Infinitas itaque numeri, quamvis infinitorum numerorum nullus sit numerus, non est tamen incomprehensibilis ei cujus intelligentiae non est numerus. Quapropter si, quidquid scientia comprehenditur, scientis comprehensione finitur, profecto et omnis infinitas quodam ineffabili modo Deo finita est, quia scientiae ipsius incomprehensibilis non est." *De civ. Dei*, XII, 18; t. 41, col. 367-368. Cf. XII, 13, 1; col. 360-361 e XII, 20, 1, col. 369.

A contemplação de Deus em sua obra

Uma vez que não há qualquer razão para afirmar que o universo sempre tenha existido, não resta dúvidas quanto à verdade de seu começo no tempo. Mas é preciso ir mais longe. Supondo que o mundo tenha sempre existido, não se tem, por isso, o direito de considerá-lo como uma criatura coeterna a Deus. Na realidade, o conceito de *criatura coeterna* é impossível e contraditório, pois ele supõe a atribuição de um modo de duração homogêneo a modos de ser heterogêneos.[14] Para conciliar a formação do mundo por Deus com a duração eterna que alguns platônicos atribuem ao mundo, eles usam uma comparação ingênua. Suponhamos um pé eternamente colocado sobre a poeira; a marca desse pé encontrar-se-ia eternamente sobre essa poeira, de modo que o pé seria manifestamente a causa de sua marca, sem que, contudo, a causa fosse anterior ao seu efeito, nem o efeito posterior à sua causa. Do mesmo modo, no que concerne ao mundo, pode-se admitir, que Deus sempre tenha existido e que sempre tenha criado o mundo, de sorte que a criação teria um princípio na ordem do ser sem tê-lo na ordem do tempo;[15] ela seria uma criatura eterna.

---

[14] "Et nulla tempora tibi coaeterna sunt, quia tu permanes; at illa si permanerent, non essent tempora". *Conf.*, XI, 14, 17; ed. Labr., t. II, p. 307-308. "... ne aliquam (creaturam) Creatori coaeternam esse dicamus, quos fides ratioque sana condemnat..." *De civitate Dei*, XII, 15, 1; t. 41, 363. "Non tamen dubito nihil omnino creaturae Creatori esse coaeternum". *Op. cit.*, XII, 16; t. 41, col. 365. "Ubi enim nulla creatura est, cujus mutabilis motibus tempora peragantur, tempora omnino esse non possunt. Ac per hoc et si (angeli) semper fuerunt, creati sunt; nec si semper fuerunt, ideo Creatori coaeterni sunt" *Ibid*, 2; c. 364. "Quapropter, si Deus semper dominus fuit, semper habuit creaturam suo dominatui servientem; verumtamen non de ipso genitam sed ab ipso de nihilo factam; nec ei coaeternam; erat quippe ante illam, quamvis nullo tempore sine illa, non eam spatio transcurrente, sed manente perpetuitate praecedens." *Ibid.*, 3; c. 365.

[15] "Verum id quo modo intelligant invenerunt, non esse hoc videlicet temporis, sed substitutionis (*scil*. da existência) initium. Sicut enim, inquiunt, si pes ex aeternitate semper fuisset in pulvere, semper ei subesset vestigium; quod tamen vestigium a calcante factum nemo dubitaret, nec alterum altero prius esset, quamvis alterum ab altero factum esset: sic, inquiunt, et mundus atque in illo dii creati et

A criação e o tempo

Para descobrir o sofisma latente numa metáfora desse gênero, admitamos que o mundo tenha perpetuamente existido no passado: é evidente que, então, o tempo teria perpetuamente existido, mas disso não se seguiria que o mundo seria eterno, pois um tempo perpétuo não é uma eternidade. A essência do tempo é ter somente uma existência fragmentária, pois o passado de algo que dura não existe mais no instante em que esse algo dura; o seu vir a ser ainda não existe; quanto a seu presente, ele só pode consistir num instante indivisível, pois, por menos que o estendamos na duração, ele se divide num passado que já não é mais e num futuro imediato que ainda não é.[16] As três dimensões que se tem costume de distinguir se reduzem a uma única, o presente, em que o passado sobrevive na memória e em que o futuro preexiste, de algum modo, sob forma de uma espera fundada na percepção atual das causas presentes. Mas o presente indivisível não deixa de se dissipar para ceder lugar a um outro, de modo que, em qualquer proporção que a duração dele seja estendida, o tempo se reduz ao impermanente, cujo ser, composto de uma sucessão de instantes indivisíveis, permanece alheio, por definição, à imobilidade estável da eternidade divina: *tempus autem quoniam mutabilitate transcurrit, aeternitati immutabili non potest esse coaeternum.*[17] Entre Deus e a criatura, há a mesma diferença que entre uma consciência, na qual todas as notas de uma melodia estariam simultaneamente presentes, e a nossa consciência, que

---

semper fuerunt, semper existente qui fecit, et tamen facti sunt" *De civ. Dei*, X, 31; t. 41, c. 311.

[16] "Si quid intelligitur temporis, quod in nullas jam vel minutissimas momentorum partes dividi possit, id solum est, quod praesens dicatur; quod tamen ita raptim a futuro in praeteritum transvolat, ut nulla morula extendatur. Nam si extenditur, dividitur in praeteritum et futurum: praesens autem nullum habet spatium" *Conf.*, XI, 15, 20; ed. Labr., t. II, p. 310. Cf. XI, 20, 26, p. 314. Não é necessário notar que essa concepção do tempo será a mesma de Descartes.

[17] *De civ. Dei*, XII, 15, 2; t. 41, col. 364.

só as percebe uma a uma, ligando aquela que ouve à lembrança das que foram ouvidas e à espera daquelas que ele ainda não ouve. Mas, como representar essa relação a nós?

A dificuldade não está somente em a eternidade nos escapar; o tempo, que nos domina, permanece uma realidade misteriosa para nós: toda sua substância refere-se ao instante indivisível que é o presente. Ora, o que é indivisível não poderia ser mais longo ou mais curto do que é; assim, como podemos falar de um tempo mais longo ou mais curto ou mesmo de um tempo que é o dobro de outro?[18] Contudo, de fato, medimos o tempo. Como, então, podemos medir a duração de um passado que já não é, de um futuro que ainda não é ou de um presente instantâneo?

Para resolver esse problema, propôs-se identificar o tempo ao movimento. Ao admitir essa solução, que parece uma simplificação excessiva da solução de Aristóteles, a dificuldade desaparece, pois, se o tempo é apenas movimento, é claro que o movimento pode ser para si mesmo a sua medida e, conseqüentemente, sempre se poderá medir o tempo com o tempo, o movimento com o movimento. Mas outra dificuldade, muito mais grave, aparece: o movimento de um corpo é essencialmente seu deslocamento entre dois pontos situados no espaço; ora, esse deslocamento espacial permanece o mesmo, qualquer que seja o tempo gasto pelo corpo para efetuá-lo.

Ademais, se o corpo permanece imóvel no mesmo ponto, não há mais qualquer movimento, e, contudo, posso apreciar o tempo de sua imobilidade com uma exatidão mais ou menos rigorosa. Uma coisa é, portanto, o movimento que o tempo mede, outra coisa o tempo que o mede; o tempo não é o movimento dos corpos.[19]

---

[18] Sobre a história dessa questão, consultar P. DUHEM, *Le système du monde*, Paris, Hermann, 1913; t. I, cap. 5.
[19] *Conf.*, XI, 24, 31; t. II, p. 318-319.

A criação e o tempo

É verdade que essa conclusão, por sua vez, levanta um novo problema: o da medida do tempo. Se é com o tempo que meço o movimento, com o que posso medir o tempo? Com o tempo? Sim, em certo sentido, pois pode-se medir a duração de uma sílaba longa com a de uma breve, ou a de um poema com o número de versos que ele contém, versos que, por sua vez, se medem pelo número de pés, a duração de seus pés, pelas das sílabas, e, enfim, a das sílabas longas, pela das breves. Mas, aqui também, falamos de quê? Se se tratasse de uma distância sobre o papel, seria o espaço que mediríamos, não o tempo. Se se trata de versos pronunciados pela voz, a dissociação do tempo do movimento reaparece sob outra forma, pois um verso curto pode ser pronunciado de maneira a durar mais tempo do que um verso longo, e vice-versa. O mesmo ocorre com um poema, de um pé ou de uma sílaba,[20] deve-se buscar a medida deles neles mesmos.

Para compreender, tanto quanto possível, a relação do permanente com o transitório, pois aqui está todo o problema, Agostinho recorre a uma metáfora e propõe considerar o tempo como um tipo de distensão da alma (*distentio animi*), que, tornando possível a coexistência do futuro e do passado no presente, permite também perceber a duração e medi-la.[21] Ao se considerar o tempo em si mesmo, nenhuma medida é possível, pois só se mede um tempo passado, ou seja, que já não dura e já não é; ora, não se pode medir o que já não é. Se, ao contrário, reportamos o tempo à alma, e especialmente à memória, as medidas em questão tornam-se possíveis. O que deixou de ser em si, continua a existir na lembrança que guardamos disso; a impressão que as coisas transitórias deixam em nós sobrevive a essas coisas mesmas e, ao nos permitir compará-las, torna possível para nós uma certa medida

---

[20] *Conf.*, XI, 26, 33; t. II, p. 319-320.
[21] "... tempus esse quamdam distentionem..." *Conf.*, XI, 23, 30; ed. Labr., t. II, p. 318. "Inde mihi visum est nihil esse aliud tempus quam distentionem sed cujus rei, necio, et mirum, si non ipsius animi". *Conf.*, XI, 26, 33; t. II, p. 320 (Cf. J. MARTIN, *op. cit.*, p. 138-140).

dos intervalos delas.[22] Ora, o que é verdadeiro para a lembrança do passado também é para a espera do futuro. Há, portanto, uma possibilidade de coincidência de três dimensões do tempo, ainda que o instante presente, o único real, seja em si mesmo indivisível. Contudo, essa possibilidade só existe graças à alma. Para concebê-la, é necessário representar o presente da alma como uma atenção, direcionada simultaneamente em direção ao que ainda não é, pela espera, e na direção do que não é mais, pela lembrança. Tal atenção dura; ela é, por assim dizer, o lugar de passagem daquilo que ela espera para aquilo de que ela se lembra.[23] Estudando a sensação, já fomos conduzidos a essa "luz dos intervalos de duração" que é a única a permitir aos elementos de uma percepção complexa coexistirem sob o olhar da consciência.[24] É ela que reencontramos aqui, desta vez, mais estudada em si mesma, mais do que por aquilo que ela explica. Do ponto de vista em que atualmente nos posicionamos, ela aparece como a aptidão de uma atividade vital indivisível que se distende, por assim dizer, do presente, em que ela subsiste, para a direção dupla do futuro, que ela espera, e do passado, do qual ela se rememora.[25] O que é verdadeiro para a duração de um poema, lido ou ouvido, também é para a duração de um de seus versos ou de apenas uma de suas síbalas; o mesmo ocorre com toda a vida de um homem da qual as ações são partes; enfim, o mesmo vale para a seqüência inteira de gerações huma-

---

[22] "In te, anime meus, tempora metior". *Conf.*, XI, 27, 36; t. II, p. 322.

[23] *Conf.*, XI, 28, 37; ed. Labriol., t. II, p. 323-324. Consultaremos, com proveito, a tradução de Labriolle a essa difícil passagem.

[24] Ver Parte I, cap. IV, "Quarto grau: o conhecimento sensível", p. 135.

[25] "Dicturus sum canticum, quod novi: antequam incipiam, in totum exspectatio mea tenditur; cum autem coepero, quantum ex illa in praeteritum decerpsero, tenditur et memoria mea, atque *distenditur vita hujus actionis* meae in memoriam propter quod dixi et in exspectationem propter quod dicturus sum: praesens tamen adest attentio mea, per quam traicitur quod erat futurum, ut fiat praeteritum" *Conf.*, XI, 28, 38; ed. Labr., t. II, p. 324. Cf. *ibid.*, 37 p. 324. "Et quis negat praesens tempus carere spatio, quia in puncto praeterit? Sed tamen perdurat attentio, per quam pergat abesse quod aderit." Não é necessário indicar as analogias que unem o bergsonismo a essa psicologia da duração.

nas, de que a vida de cada um de nós é uma parte.[26] Como, se é assim, a questão de saber o que Deus fazia *antes* de criar teria um sentido, dado que, antes de haver uma consciência humana, que recolha o futuro e o passado em sua atenção presente, as palavras "antes" e "depois" não teriam qualquer significação?[27] Mas quem não vê também qual esforço literalmente sobre-humano nos seria necessário poder fazer para compreendermos a relação do tempo criado com a eternidade criadora? O homem somente poderia chegar à conclusão de subtrair seu pensamento do fluxo que o arrasta, de se solidificar, por assim dizer, e, recolhendo num presente permanente a totalidade do que não é mais e do que ainda não é, de passar realmente do tempo à eternidade.[28]

Logo, além do problema psicológico do tempo, há um problema metafísico que condiciona a solução daquele. O que é em nós a incapacidade de perceber simultaneamente e na unidade de um ato indivisível, é, para as coisas, a incapacidade de existir simultaneamente na unidade de uma permanência estável. Sucede-se o que não é capaz de coexistir.[29] Portanto, para conceber a

---

[26] *Conf.*, XI, 28, 38; ed. Labr., t. II, p. 324.

[27] Notaremos que o tempo tampouco foi criado com a matéria primeira (*coelum et terram*, ver cap. II, "A matéria e as formas"), pois a matéria, considerada à parte das formas que ela pode receber, não comporá a distinção no movimento que o tempo requer. Ver *Conf.*, XII, 9, 9; t. II, p. 335-336; e XII, 12, 15; p. 339.

[28] "Quis tenebit illud et figet illud, ut paululum stet et paululum rapiat splendorem semper stantis aeternitatis et comparet cum temporibus numquam stantibus et videat esse incomparabilem et videat longum tempus nisi ex multis praetereuntibus motibus, qui simul extendi non possunt, longum non fieri; non autem praeterire quicquam in aeterno, sed totum esse praesens, nullum vero tempus totum esse praesens; et videat omne praeteritum propelli ex futuro et omne futurum ex praeterito consequi et omne praeteritum ac futurum ab eo, quod semper est praesens, creari et excurrere? Quis tenebit cor hominis, ut stet et videat, quomodo stans dictet futura et praeterita tempora nec futura nec praeterita aeternitas?" *Conf.*, XI, 11, 13; ed. Labr., t. II, p. 305-306; e XI, 31, 41; t. II, p. 326. Cf. XII, 29, 40; t. II, p. 360, 1. 19-26.

[29] "Si enim recte discernuntur aeternitas et tempus, quod tempus sine aliqua mobili mutabilitate non est, in aeternitate autem nulla mutatio est: quis non videat,

A contemplação de Deus em sua obra

eternidade, não bastaria imaginar o universo como um canto familiar, cuja consciência imensa sempre saberia exatamente em qual ponto de seu desenvolvimento ele se encontra. Deus subsiste além de tal pensamento, ele é o criador de todo pensamento; pois para ele não há nem passado nem futuro, mas um conhecimento de coisas indivisível e uno, como o ato mesmo pelo qual ele as criou.[30] É de se esperar, portanto, que o estudo desse ato guarde dificuldades extremas a quem tentar examiná-lo.

---

quod tempora non fuissent, nisi creatura fieret, quae aliquid aliqua motione mutaret, cujus motionis et mutationis cum aliud atque aliud, *quae simul esse non possunt*, cedit atque succedit, in brevioribus vel productioribus morarum intervallis tempus sequeretur?" *De civ. Dei*, XI, 6; t. 41, col. 321. "... in aliquo mutabili motu, cujus aliud prius, aliud posterius praeterierit, eo quod simul esse non possunt: ..." *De civ. Dei*, XII, 15, 1; t. 41, col. 363-364.

[30] *Conf.*, XI, 31, 41; t. II, p. 326-327.

II. A MATÉRIA E AS FORMAS

No começo (*in principio*) Deus fez o céu e a terra. A fim de pôr fim às dificuldades que levanta o emprego do termo "*principium*", Agostinho prefere interpretá-lo em sentido simbólico. Segundo ele, em vez de significar o começo do tempo, essa expressão designa o princípio de todas as coisas que é o Verbo.[1] Desse modo, o problema *de originatione rerum radicali*, como o nomeará Leibniz, é transportado da metafísica do tempo para a metafísica das causas. Não se trata mais de saber se o eterno pode criar o temporal, mas como o imutável pode criar o movente: a doutrina das idéias divinas oferece o meio para resolver essa dificuldade.

Em qualquer sentido que se entenda "*in principio*", é fato que, segundo o *Gênesis*, Deus criou no princípio o céu e a terra. O que se deve entender por essas expressões?[2] De início, é evidente que o relato da criação não deve implicar qualquer duração de

---

[1] "His (Manichaeis) respondemus, Deum in principio fecisse coelum et terram, non in principio temporis, sed in Christo, cum Verbum esset apud Patrem, per quod facta et in quo facta sunt omnia (Jo 1, 1-3)." *De Genesi cont. Manich.*, I, 2, 3; t. 34, c. 174. A criação das coisas pelo Verbo é simbolizada pelo ensinamento oral do Cristo (Verbo), que se dá a entender aos homens a partir de fora, para que eles o busquem dentro. Nesse sentido, a doutrina agostiniana da criação se une à do Mestre interior. Ver a exposição dessa correspondência em *Conf.*, XI, 8, 10 (ed. Labri., t. II, p. 303), em que sua expressão apresenta um tom místico (*loc. cit.*, linhas 13-19). Cf. *op. cit.*, XI, 9, 11; t. II, p. 304.

[2] Uma discussão muito acirrada desse difícil problema encontra-se em A. GARDEIL, *La structure de l'âme et l'experience mystique*, Paris, J. Gabalda, 1927, t. I, p. 155-204. Algumas de suas conclusões são contestadas por Bl. ROMEYER, nos *Archives de philosophie*, V, 3 (1928), p. 200.

tempo na ação criadora. Deus tudo criou simultaneamente e o conjunto da obra de seis dias diferenciados pelo relato do *Gênese* deve ser entendido como um único dia, ou melhor, como um único instante.[3] A *Bíblia* só se exprime dessa maneira imagética para se conformar à fraqueza de nossa imaginação[4] e provavelmente também para profetizar o devir sob forma de uma imagem do passado; além de não ensinar uma sucessão real de dias passados na obra criadora, ela anuncia a sucessão, desta vez real, das sete idades do mundo no devir.[5] Então, é necessário admitir que Deus criou tudo de uma só vez.[6] Mas o que significa a palavra "tudo"?

Primeiramente, significa o céu e a terra; mas não se deve entender o céu e a terra organizados que temos diante dos olhos. O

---

[3] O ato criador dura um *ictus*: "in ictu condendi..." *De Gen. ad litt.*, IV, 33, 51; t. 34, col. 318. Para um comentário dessa expressão, ver *op. cit.*, IV, 34, 55; t. 34, col. 320. "Sic enim fecit (Deus) quae futura essent, ut non temporaliter faceret temporalia, sed ab eo facta currerent tempora..." *Ibid.*, 35, 56; t. 34, col. 320. "Non itaque temporali, sed causali ordine prius facta est informis formabilisque materi, et spiritualis et corporalis, de qua fieret quod faciendum esset.." *Op. cit.*, V, 5, 13; t. 34, col. 326. Nesse texto, notamos a clara afirmação da existência de uma matéria dupla, espiritual e corporal, sobre a qual iremos voltar. Essa doutrina terá um papel importante nos agostinianos da Idade Média e será refutada por são Tomás de Aquino. "Haec enim jam per moras temporum fiunt, quae tunc non erant, cum fecit omnia simul, unde etiam tempora inciperent". *Op. cit.*, V, 6, 19; t. 34, col. 328. Sobre esse ponto, ver um excelente capítulo de J. MARTIN, *Saint Augustin*, p. 284-308.

[4] *De Genesi ad litt. lib. imp.*, VII, 28; t. 34, c. 231.

[5] A Idade Média, com Joaquim de Fiore, por exemplo, deduzirá dessa doutrina o direito de profetizar a história do mundo conforme a do passado. Ver *De Genesi cont. Manich.*, II, 3, 4; t. 33, c. 197-198 (Cf. *ibid.*, I, 29, 35-25, 43; c. 189-194). *De catechizandis rudibus*, XXII, 39; t. 40, c. 338-339. Ademais, contra o sentido óbvio ou real do *Gênese*, Agostinho refere-se a outro texto da Escritura, *Ecl* 18, 1: "Qui manet in aeternum creavit omnia simul" (citado em *De Genesi ad litt. lib. imp.*, VII, 28; t. 34, c. 231); ele também opõe ao cap. I do *Gênesis* o cap. II, 5: "Factus est ergo dies, quo die fecit Deus coelum et terram et omne viride agri", *loc. cit.*, t. 34, c. 197; e *De Genesi ad litt.*, V, 1, 3; t. 34, col. 321-322; V, 3, 6; t. 34, col. 323.

[6] "Fecit enim Deus omne tempus simul cum omnibus creatura temporalibus, quae creaturae visibiles coeli et terrae nomine significantur". *De Genesi contra*

céu de que fala o primeiro versículo do *Gênesis* designa uma matéria espiritual formada completamente e definitivamente desde o momento de sua criação, ou seja, os Anjos. Criados, portanto não coeternos a Deus, os Anjos comportam um substrato material e mutável, tal como toda outra criatura, mas a doçura da contemplação beatífica fixa, por assim dizer, a mutabilidade natural deles e os liga inabalavelmente a Deus.[7] Imutáveis de fato, em virtude de sua beatitude, eles são subtraídos da mudança e, por conseqüência, não caem na ordem do tempo; contudo, móveis por natureza, eles não se elevam até a eternidade.[8]

Em oposição a essa matéria espiritual definitivamente formada, Deus criou a terra, isto é, uma matéria absolutamente informe. Por essas palavras, apenas se quer significar que Deus criou primeiro uma matéria para revesti-la de formas no dia seguinte. Essa matéria não precede a criação do restante no tempo, visto que tudo foi criado simultaneamente; mas a precede na ordem da causalidade. A voz não existe à parte das palavras articuladas, que, por assim dizer, são suas formas; contudo, distingue-se e é o suporte delas; do mesmo modo, a matéria criada por Deus, com o nome de "terra", sem ser anterior às suas formas no tempo, precede-as como condição de subsistência.[9] Assim, completamente vazia de formas, ela

---

Manich., II, 3, 4; t. 34, col. 197-198. Nas *Confissões*, ao contrário, ele subtrai o céu (os Anjos) e a terra (a matéria informe) do domínio do tempo.

[7] *De civit. Dei*, XII, 15; t. 41, col. 363-365. *Conf.*, XII, 9-9; ed. Labr., t. II, p. 335-336. Essa interpretação está presente entre as diversas interpretações possíveis no *De Genesi ad litt.*, I, 1, 3; t. 34, col. 247; e somente ela é retida nas *Confissões*. Cf. *De Gen. ad litt.*, IX, 21, 38; t. 34, col. 311. Sobre o conhecimento matutino e vespertino que os Anjos têm de Deus, *op. cit.*, IV, 29-32; t. 34, col. 315-317. Agostinho deixa ao intérprete uma gama bastante vasta para a explicação do *Genesis*; ele admite a possibilidade de outras interpretações, além da sua própria, se todas estiverem de acordo com a letra do texto sagrado, e nenhuma pretenda impor-se como a que Moisés tinha em vistas quando escreveu seu relato. Ver *Conf.*, XII, 18-23; *ed. cit.*, t. II, p. 347-353.

[8] *Conf.*, XII, 11, 12; t. II, p. 337. XII, 13, 16; t. II, p. 339-340.

[9] "Non quia informis materia formatis rebus tempore prior est, cum sit utrumque simul concreatum, et *unde* factum est, et *quod* factum est. Sicut enim vox

não poderia ser o teatro das variações distintas sem as quais vimos que o tempo é impossível; como o céu, ou seja, os Anjos, a matéria primeira tampouco é parte da ordem do tempo; ela não é contada no número de dias da criação.

Ainda que jamais tenha existido à parte das formas que a revestem, essa *informidade* material não deve ser concebida como um puro nada. Quando tentamos defini-la, só podemos concebê-la negativamente, recusando todas as formas, uma após outra, sejam sensíveis, sejam inteligíveis, de modo que parece que a conhecemos somente ignorando-a ou que estamos reduzidos a ignorá-la para conhecê-la. Todavia, por mais indeterminada que seja, ela é algo, a saber, isso através do que os corpos passam incessante-

---

materia est verborum, verba vero formatam vocem indicant; non autem qui loquitur, prius emittit informem vocem, quam possit postea colligere, atque in verba formare: ita creator Deus non priore tempore fecit informem materiam, et eam postea per ordinem quarumque naturarum, quasi secunda consideratione formavit; formatam quippe creavit materiam. Sed quia illud *unde* fit aliquid, etsi non tempore, tamen quadam origine prius est quam illud quod *inde* fit, potuit dividere Scriptura loquendi temporibus, quod Deus faciendi temporibus non divisit." *De Genesi ad litt.*, I, 15, 29; t. 34, col. 257. Essa doutrina se inspira num texto de *Sb* 11,18: "Qui fecisti mundum de materia informi". Agostinho continuamente faz uso dele. Ver, por exemplo: "Informis ergo illa materia quam de nihilo Deus fecit, appellata est primo coelum et terram...". *De Genesi cont. Manich.*, I, 7, 11; t. 34, c. 178. "Hanc autem adhuc informem materiam, etiam terram invisibilem atque incompositam voluit appellare..." *Ibid.*, 12; c. 179. Os equivalentes bíblicos de "informitas" são, segundo Agostinho, os seguintes: "Haec ergo nomina omnia, sive *coelum* et *terra*, sive *terra invisibilis et incomposita* et *abyssus* cum *tenebris*, sive *aqua* super quam Spiritus ferebatur, nomina sunt informis materiae" *ibid.* "Non itaque temporali, sed causali ordine, prius facta est informis formabilisque materies et spiritalis et corporalis". *De Genesi ad litt.*, V, 5, 13 e 16; t. 34, col. 326. Outro equivalente é o "caos" dos poetas gregos: *De Genesi contra Manich.*, I, 5, 9; t. 34, c. 178. *De Genesi ad litt. imp. lib.*, IV, 12; t. 34, col. 224. Quanto à influência desses textos nas cosmogonias medievais, ver Ét. GILSON, "La cosmogonie de Bernardus Silvestris". In: *Arch. d'hist. doctr. et litt. du moyen âge*, III (1928), p. 10-11. Consultar, sobretudo, o excelente e claro resumo sobre Agostinho fornecido numa obra atribuída (incorretamente, ao que nos parece) a Guigo II o Cartuxo, mas que é certamente de Adam Scot: *Liber de quadripertito exercitio cellae*. Pat. Lat., t. 153, col. 845-846.

mente de uma forma a outra e, de certo modo, a mutabilidade deles.[10] Eis por que santo Agostinho a considera vivendo um tipo de vida miserável e tendo propriamente apenas essa flutuação de uma forma a outra, em que se exaure seu próprio ser.[11] Assim entendida, de tudo o que é, ela é o que se encontra o mais distante possível de Deus, dado que ele é o Ser e ela é quase o nada;[12] entretanto, ela não é um puro nada.

---

[10] Sobre a possibilidade de conhecer a matéria em si mesma: *Conf.*, XII, 5, 5; ed. Labr., t. II, p. 332. Sobre sua realidade: "... et intendi in ipsa corpora eorumque mutabilitatem altius inspexi, qua desinunt esse quod fuerant et incipiunt esse quod non erant, eumdemque transitum de forma in formam per informe quiddam fieri suspicatus sum, non per omnino nihil... Mutabilitas enim rerum mutabilium ipsa capax est formarum omnium, in quas mutantur res mutabiles. Et haec quid est? ... Si dici posset "nihil aliquid" et "est non est", hoc eam dicerem; et tamen jam utcumque erat, ut species caperet istas visibiles et compositas.". *Conf.*, XII, 6, 6; ed. Labr., t. II, p. 333. Cf. XII, 15, 22; t. II, p. 344, 1. 14-20: "... et tamen hoc paene nihil, in quantum non omnino nihil erat...". XII, 8, 8; t. II, p. 334: "illud autem totum porpre nihil erat, quoniam adhuc omnino informe erat; jam tamen erat, quod formari poterat". "... informis materia, quae, quamvis de nihilo facta est, est tamen ..." *De Genesi ad litt. imp. liber.*, XV, 48; t. 34, col. 240. O embaraço de Agostinho é aqui muito real, pois para ele tudo o que é, enquanto é, é bom; e um ser só é bom e também só é por sua forma. Assim, se a matéria se distingue tão pouco do nada, ela só pode distinguir-se dele pela forma, mas, então, não lidamos mais com a matéria: "Id ergo est, unde fecit Deus omnia, quod nullam speciem habet, nullamque formam; quod nihil est aliud quam nihil. Nam illud quod in comparatione perfectorum informe dicitur, si habet aliquid formae, quamvis exiguum, quamvis inchoatum, nondum est nihil..." *De vera religione*, XVIII, 35; t. 34, col. 137. Ver, sobre esse ponto, Ch. BOYER, *L'idée de vérité dans la philosophie de saint Augustin*, p. 117-119. A. GARDEIL, *La structure de l'âme et l'expérience mystique*. Paris, J. Gabalda, 1927; t. I, p. 163-168. Para um estudo do difícil problema das relações de Agostinho com o *Timeu* de Platão relativamente a esse assunto, recorremos a L. ROBIN, *Études sur la signification et la place de la physique dans la philosophie de Platon*. Paris, F. Alcan, 1919. R. OMEZ, "La notion platonicienne Χωρα". In: *Revue des sciences philos. et théologiques*, out. 1925, t. XIV, p. 433-452. M.-J. LAGRANGE, "Platon théologien". In: *Revue Thomiste*, maio-junho (1926) p. 433-452.

[11] *De Genesi ad litt.*, II, 11, 24; t. 34, col. 272.

[12] "Dicant, quid te promeruerunt spiritalis corporalisque natura, quas fecisti in sapientia tua, ut inde penderent etiam inchoata et informia quaeque in genere

A contemplação de Deus em sua obra

Para conceber a formação dessa maneira, é necessário partir da existência das coisas nas Idéias de Deus. A palavra "idéia" remonta a Platão, mas a coisa mesma existia antes dele, uma vez que é eterna. Ademais, deve-se supor que outros homens as tivessem conhecido antes dele, com algum nome que eles as designaram, pois houve sábios anteriormente a Platão, até mesmo fora da Grécia, e não há sabedoria sem o conhecimento das idéias. De todo modo, o nome delas significa exatamente o que são. Na realidade, a tradução latina correta da palavra grega que as designa seria "*forma*" ou "*species*". Freqüentemente é traduzida por "*ratio*", mas *ratio* corresponde exatamente a λόγος e não a ἰδέα. É, portanto, por "forma" que se deve traduzir seu nome quando se quer exprimi-las corretamente. Todavia, como *ratio* pode designar as idéias enquanto princípios de conhecimento e de inteligibilidade dos seres, pode-se admitir que significa, no fundo, a mesma coisa.[13] Por fim, *idea, forma, species* e *ratio* são, segundo ele, termos sinônimos.

As idéias agostinianas são, portanto, "formas principais, ou essências estáveis e imutáveis das coisas; não sendo elas mesmas formadas, elas são eternas e sempre estão no mesmo estado, como contidas na inteligência de Deus; elas não nascem nem perecem, mas é por elas que é formado tudo que pode nascer e perecer, e tudo que nasce e perece."[14] As coisas também sempre existem de

---

suo vel spiritali vel corporali euntia in immoderationem et in longinquam dissimilitudinem tuam, spiritale informe praestantius, quam si formatum corpus esset, corporale autem informe praestantius, quam si omnino nihil esset, atque ita penderent in tuo verbo informia, nisi per idem verbum revocarentur ad unitatem tuam et formarentur et essent ab uno te summo Bono universa bona valde". *Conf.*, XIII, 2, 2; ed. Labr., t. II, p. 367. Nesse completo texto, que propositalmente evitamos dividir, nota-se que a matéria espiritual informe é superior à matéria corporal formada; então ela possui incontestavelmente uma certa atualidade (ver A. GARDEIL, *op. cit.*, t. I, p. 163), que é afirmada, em outros lugares, também em relação à matéria corporal informe. Cf. *De Genesi ad litt.*, I, 4, 9; t. 34, col. 249.

[13] Ver Parte I, cap. V, § 2, p. 167, nota 53.
[14] Ver o texto citado, *ibid*.

pelo menos duas maneiras diferentes: em si mesmas e em sua própria natureza, ou em Deus e em suas idéias eternas. Essa dupla existência é simultânea. Quando um carpinteiro fabrica um cofre, esse cofre existe inicialmente em seu pensamento, depois no objeto material que foi fabricado; mas sua existência material não impede que ele continue a existir no pensamento do carpinteiro que o fez.[15] Logo, todas as coisas que estão atualmente no mundo estão ao mesmo tempo nas idéias divinas; não somente na idéia geral da espécie à qual elas pertencem, mas na idéia individual que as representa em Deus.[16] A doutrina constante de santo Agostinho é que a formação dos seres por suas idéias constitui precisamente a obra que o *Gênesis* descreve, sob forma imagética, no relato dos seis dias.

Uma parte importante das dificuldades de interpretação que essa doutrina da criação levanta, sem dúvida, diz respeito a Agostinho ter se esforçado, aqui também, para interpretar os dados "existenciais" da *Bíblia* segundo a ontologia de Platão.

Aceitando essa parte fundamental da herança platônica, Agostinho implicitamente se obrigava a retraduzir, em linguagem "essencial", tudo o que a *Bíblia* ensina sobre Deus, não apenas tomado em si, mas também como criador e conservador do homem e do universo. Não se pode dizer quantos historiadores se debruçaram sobre esse fenômeno extraordinário e, em certo sentido, inexplicável. Vê-se um convertido ao cristianismo que lê pela primeira vez em sua vida alguns tratados de Plotino e o que descobre neles é o mesmo Deus do cristianismo, com todos os seus principais atributos. Desde então, o Uno de Plotino se torna para

---

[15] *In Joan. Evang.*, I, 17; t. 35, col. 1387. *De vera religione*, XXII, 42; t. 34, col. 140. *De Genesi cont. Manich.*, I, 8, 13; t. 34, col. 179.

[16] Agostinho afirma isso no que concerne ao homem: *Epist. 14*, 4; t. 33, col. 80. J. MARTIN (*Saint Augustin*, p. 131) observa que *De Genesi ad litt.*, V, 15, 33; t. 34, col. 332 e ss. e *De Trinitate*, IV, 1, 3; t. 42, col. 888 parecem estender essa doutrina à universalidade dos seres criados.

Agostinho Deus-Pai, primeira pessoa da Trindade. No seu pensamento, a Inteligência de Plotino confunde-se com a segunda pessoa da Trindade, a saber, com o Verbo anunciado no prólogo do *Evangelho de são João*: "E aí, eu li, não em termos próprios, mas num sentido muito parecido, apoiado por muitas razões de todos os tipos, que no começo era o Verbo, e o Verbo era em Deus, e o Verbo era Deus. Todas as coisas foram feitas por ele e nada do que foi feito foi feito sem ele".[17] Em suma, desde que Agostinho leu Plotino, ele encontrou as três noções essencialmente cristãs: Deus-Pai; o Verbo, Deus com o Pai e a Criação.

É incontestável que Agostinho tenha lido tudo isso em Plotino, mas é muito menos certo que aí estivesse. Sem dúvida, fracassaríamos ao pressionar Plotino a dizer como ele concebe o Uno, uma vez que o coloca como inefável. Por outro lado, seria inexato dizer que Plotino concebia o Uno como uma essência, uma vez que para ele, como o Bem de Platão, o Uno se colocaria além da essência e do ser. Contudo, quando Plotino fala sobre a origem radical das coisas, tudo se passa como se o Uno engendrasse o restante, em virtude da perfeição de sua essência, que não difere daquela do Bem da República de Platão. O Bem é perfeito de pleno direito. Ora, é próprio do que é perfeito engendrar a sua própria semelhança. Assim, o sol engendra a luz; o animal adulto, seus filhotes; a árvore madura, seu fruto. Não é de outra maneira que o Uno produz a Inteligência suprema e todo o restante com ela. Essa produção é livre? Sim, mas se o Uno deve ser dito independente e livre é porque, na ordem ontológica, aquele de quem tudo depende não depende de nada. A liberdade do Uno é apenas outro nome de sua transcendência. Guardemo-nos, portanto, de transformá-la numa liberdade de ação e de escolha. Ademais como escolheria? A escolha é uma opção possibilitada pelo conhecimento que um ser tem de outros seres. Ora, o Uno é anterior ao ser e ao conhecimento: "Quanto ao princípio que

---

[17] *Conf.*, VII, 9, 13; trad. P. de Labriolle, t. I, p. 158.

A matéria e as formas

não é engendrado", diz Plotino, "acima do qual não há nada, mas que é eternamente o que é; que razão ele poderia ter para pensar?"[18] Respondamos com Plotino: com efeito, não há nenhuma, mas apressemo-nos em acrescentar que somente isso seria suficiente para que o Uno jamais pudesse se tornar o Deus do cristianismo, nem o mundo que ele engendra, o mundo criado dos cristãos.

Para compreender que santo Agostinho tenha acreditado tê-los encontrado aí, é necessário lembrar-se da posição em que ele se encontrava após sua conversão. Esse novo cristão em busca de uma teologia que seria necessário ele mesmo elaborar, jamais conheceu outra metafísica que não a de Plotino e a dos platônicos. Como essa era a única técnica à sua disposição, foi necessário usá-la, certamente não sem violentá-la para dobrá-la à força às exigências do cristianismo, mas, algumas vezes, concedendo-lhe mais do que ele tinha consciência. Certamente é o Criador cristão que Agostinho adora, mas a criação que ele pensa em filosofia às vezes traz as marcas da metafísica de Plotino. O universo de Plotino permanece tipicamente platônico, ao menos em seu primeiro princípio estar além do ser e da divindade e em, correlativamente, o ser e o deus supremo, a Inteligência, não serem aqui o primeiro princípio. Isso torna a comparação da emanação platônica com a criação cristã dificilmente possível.

Uma metafísica do Uno não é uma metafísica do Ser. Dado que nada pode engendrar-se a si mesmo, o que o Uno engendra deve ser diferente do Uno, ou seja, múltiplo. Assim, a Inteligência é ao mesmo tempo o mais alto dos deuses e o mais alto dos seres, mas não o primeiro princípio. Comparar a cosmologia de Plotino à do cristianismo é, portanto, comparar uma doutrina em que a existência do primeiro ser, cujo nome é "deus", depende do primeiro princípio, porque ele é o primeiro princípio, com

---

[18] PLOTIN, *Ennéades*, VI, 7, 37; ed. É. Bréhier, Paris, Les Belles-Lettres, t. VI², p. 112.

uma doutrina em que Deus criou todo o resto. Não é tudo. De qualquer maneira que se entenda a emanação em Plotino, é um erro capital vê-la como uma comunidade do ser. A discussão que coloca em desacordo seus intérpretes muito freqüentemente diz respeito a se perguntar se o Uno de Plotino é criador do ser do mundo ou se o mundo tem apenas o ser do Uno, como seria num panteísmo. Ora, segundo Plotino, o problema do panteísmo não pode ser colocado em termos de ser. Uma vez que o Uno está além do ser, o universo não pode participar do ser do Uno. Perguntar-se se a doutrina de Plotino é um criacionismo ou um panteísmo é pedir para uma doutrina que está sustentada no par Uno-múltiplo resolver problemas ligados ao par Ser-seres. Estejamos certos, por antecipação, que nenhuma conclusão jamais poderá sair de tais discussões. Por outro lado, e esta terceira observação tem sua importância, qualquer que seja a relação dos seres múltiplos com o Uno, a Inteligência depende disso exatamente no mesmo sentido que todo o resto. Termo supremo da ordem do múltiplo, ela faz parte desta. Salvo as diferenças de colocação fundadas sobre os graus de proximidade dos seres inteligíveis quanto ao Uno, todos estes que seguem a Inteligência pertencem à mesma ordem que ela, onde se encontram de pleno direito. Ela é conhecimento, ser e deus; eles também são conhecimentos, seres e deuses. Se o problema do panteísmo se colocasse em Plotino, seria aqui; não entre o Uno e o mundo, mas entre Inteligência, ser e deus supremos e os outros seres ou deuses que dela decorrem. Mesmo agora, os dois sistemas do mundo permaneceriam incomensuráveis. O problema da relação mútua de uma pluralidade de deuses, todos contidos na ordem do múltiplo, não corresponde em nada ao problema da relação entre uma multiplicidade de seres, dos quais nenhum é um deus, e o Ser que unicamente é Deus.

    Agostinho não poderia tentar a transposição, da qual nasce sua doutrina da criação, sem se embaraçar mais ou menos nessas dificuldades. Em sentido próprio, a palavra "criação" designa o ato pelo qual Deus produz existências sem o concurso de qualquer outra causa. Essa noção, antes de tudo existencial, só pode encontrar seu sentido pleno numa metafísica em que Deus, primeiro princípio do universo, é o Ser no sentido absoluto do termo. Tal é a metafísica proveniente do Antigo Testamento. Yahveh não diz somente *"Eu sou"*, mas também *"que a luz seja; e a luz foi"*. O dom gratuito do ser pelo Ser, tal é, portanto, a criação. Ao tentar interpretar essa noção com a ajuda do plotinismo, Agostinho facilmente podia superar a dissociação entre o Uno e o Ser operada por Plotino. Tratava-se, então, de uma reforma teológica, interior à noção de Deus, e que o dogma da Trindade, recentemente definido pelo Concílio de Nicéia, tornava fácil. O mais difícil era superar essa identificação de Deus e do Ser com o eterno e com o imóvel, que o platonismo lhe sugeria e na qual vimos que ele efetivamente se deteve. A isto se referm, em última análise, as hesitações que justamente foram assinaladas em sua doutrina da criação. Seguramente, Agostinho sabe muito bem que essa palavra designa o dom do ser pelo Ser; mas, uma vez que, para ele, o Ser se reduz à *essentia*, em sua doutrina a criação naturalmente tende a se reduzir à relação entre o que "é verdadeiramente" e o que não merece verdadeiramente o nome de ser, ou seja, entre o imutável e o mutável, entre o eterno e o temporal, o mesmo e o outro, o uno e o múltiplo. Em razão de sua essência metafísica, essas relações pertencem à ordem da participação dos seres em suas Essências. Elas já se encontravam assim em Platão; permaneceram como tais em Plotino, e Agostinho experimentou as maiores dificuldades para metamorfosear, em relações de existência, as relações corretamente concebidas para relacionar essências entre si. Enfim, Agostinho engajou-se na empresa, sem nenhuma dúvida impossível, de interpretar a criação em termos de participação.

 O fato seria incompreensível para um Padre da Igreja tão grandioso, se a impecabilidade de sua teologia não o autorizasse a tentar a operação sem temer pela integridade do dogma. Como sua teologia da Trindade, sua teologia da criação é irrepreensível. Respeitando escrupulosamente os dados da Revelação, cujo caráter existencial é tão surpreendente, Agostinho concebe a criação como a obra pessoal do Deus de Abraão, de Isaac e de Jacó. Por um decreto livre, esse Deus produz o mundo *ex nihilo*, sem qualquer matéria preexistente. Assim, o mundo não é eterno, pois começou, se não no tempo, ao menos com o tempo. A criação não é produzida na história, mas ela é o começo da história. Para quem segue a tradição fielmente, o caráter de *acontecimento*, próprio ao nascimento do mundo, impõe-se com notável evidência. Do ser surge bruscamente o que não era; isso é o que se exprime tão claramente tal como faz o santo Agostinho das *Confissões*: "Como, meu Deus, vós fizestes o céu e a terra? ... Não é no universo que vós criastes o universo, pois não havia lugar onde ele pudesse nascer antes que ele nascesse para ele ser. Vós não tínheis nada em mãos de que pudésseis vos servir para formar o céu e a terra: de onde veio a vós essa matéria, que vós não havíeis feito e de que fizestes alguma coisa? Com efeito, o que *é* senão porque vós *sois*?"[19] E ainda: "Assim, sois vós, Senhor, que fizestes o céu e a terra; ... vós que *sois*, pois eles *são*".[20]

Impossível dizer melhor; mas as dificuldades surgem quando, como filósofo, Agostinho se esforça para compreender a fé. Pois Moisés realmente escreveu tudo isso, e o que Moisés afirma é a verdade mesma que lho diz; mas, tendo-o escrito, Moisés partiu sem nada explicar. Nesse ponto, como quando se tratava de compreender o verbo *Sum*, não temos outro recurso a não ser implorar à Verdade para que ela nos faça compreender isso que ela concedeu a Moisés dizer.[21] No entanto, como saber quem fala quando a Verdade não fala pela boca de um profeta? Uma vez mais, ao que parece, é à Verdade que Agostinho interroga, mas Platão é quem responde, cristianizando-se justamente o quanto

---

[19] *Conf.*, XI, 5, 7; trad. P. de Labriolle, t. II, p. 301. Permite-se reduzir ligeiramente a tradução dessa passagem.
[20] *Conf.*, XI, 4, 6; ed. citada, t. II, p. 300.
[21] *Op. cit.*, XI, 3, 5; t. II, p. 299-300.

for necessário para, a partir de então, Agostinho poder facilmente platonizar.

Inicialmente, o que a Verdade assim consultada ensina à razão sobre o sentido das palavras de Moisés é que Deus *concriou simultaneamente* o céu e a terra, isto é, a matéria e as formas que a determinam e a distinguem em seres, embelezando-a. Através disso, de início, elimina-se a imaginação de um Deus imutável que, como se estivesse no tempo, teria passado seis dias a criar o mundo, depois da matéria eterna, porque concebida como se não tivesse sido criada, da qual o Demiurgo de Platão teria necessidade para formar o mundo. Mas, o que é matéria que Deus criou? É, diz Agostinho, algo de informe e de caótico: a *aqua* fluida e indeterminada sobre a qual, diz a Escritura, pairava o Espírito, ou ainda o *abyssus* ou a *terra invisibilis et incomposita* de que não se permite distinguir e apreender qualquer forma definida.[22] Não é um traço próprio da doutrina de Agostinho que a matéria não possa ser criada por Deus e à parte de toda forma. Ao contrário, o que é revelador de seu platonismo latente é sua resposta à seguinte questão: "ao criar a matéria, Deus criou o ser?" Numa ontologia existencial, a resposta só poderia ser sim ou não. Numa ontologia existencial cristã, ela só poderia ser sim: dado que é criada por Deus, a matéria existe. Ao contrário, numa ontologia essencial, a resposta não é nem sim nem não. O ser não sendo mais do que uma função da essencialidade, seu valor torna-se variável; e, visto que a matéria se apresenta como o princípio, ou substrato, da mutabilidade, seu indício de ser é naturalmente o mais baixo possível. Assim, não se dirá que ela é nada, visto que ela foi criada, pois Deus criou algo ao criá-la; mas será descrita como "algo que é nada" (*nihil aliquid*), ou como um "é não é" (*est non est*), ou mesmo, deixando-se arrastar até onde a lógica conduz, conceder-se-á que, privada de toda forma e tomada em si mesma, ela não é nada diferente de um nada. Enfim, Agostinho

---

[22] *Op. cit.*, XII, 6, 6; t. II, p. 333.

herda aqui todas as dificuldades inerentes à noção platônica de matéria concebida como um quase não-ser, mas acrescenta a isso a dificuldade de origem cristã, que só faz torná-las mais temíveis: o quase não-ser, no entanto, é, dado que o ato criador causa o ser e a matéria foi criada.

Se não é propriamente sobre a matéria que se dá o ato criador do ser, seria sobre a forma? Agostinho prefere exprimir-se de outro modo e dizer que ambas são criadas em conjunto, *ex nihilo*: a matéria representando *de que* a criação é feita, e sua síntese constituindo *o que* foi feito. É um ponto delicado de se entender, e concebe-se que ele foi interpretado diversamente. O caráter platônico da doutrina é tão visível que seríamos tentados a reduzir a noção agostiniana da criação à noção platônica de participação. Isso seria, sem dúvida, ir longe demais. Comentador do *Gênesis*, Agostinho jamais se esquece de relembrar que tudo o que é, e não é Deus, começou a ser depois de não ter sido; eis por que, para ele, o composto de matéria e forma, que é uma criatura, é um *concreatum*[23] cujo ser total tem Deus como causa. O platonismo de Agostinho de modo nenhum enfraqueceu ou limitou em seu pensamento o caráter total do ato criador, que é reencontrado na obra dele na noção que se faz do efeito desse ato. Seu Deus é também o Deus cristão que criou o ser, mas é um Deus supremamente ser, no sentido platônico do termo, que criou o ser no sentido platônico do termo. Nada de mais natural. Agostinho não poderia conceber a criação, que é o dom do ser, a não ser em função de sua concepção do ser. Seu Deus criador é, portanto, Aquele que "é o que ele é", causa primeira de "o que os seres são".

Compreende-se melhor assim por que, quando Agostinho quer definir as criaturas como tais, os *creata*, remete-as à causa que fez elas serem "o que elas são". Para ele, as palavras "*creata*" e "*facta*" são vocabulários emprestados da língua comum; quando se quer encontrar um equivalente técnico deles, a escolha é pela

---

[23] *De Genesi ad. litt.*, I, 15, 29; t. 34, col. 257.

expressão "*ex informitate formata*" (coisas formadas a partir do informe),[24] pois o informe é a matéria ou *isso de que* os seres são feitos, mas os seres mesmos são *isso que* Deus faz. Se criar é produzir os seres, e se o ato criador só obtém seu efeito pleno ao causar os seres, a criação consiste em conferir para esse quase não-ser, que é a matéria, o modo de existência estável e definido que ele não pode ter a não ser pela forma. Ora, o que é a forma senão uma participação nas regras eternas que são as idéias de Deus? Essa fixação e estabilização da matéria pela forma de que resulta o ser é, então, o que pensa Agostinho sobretudo quando fala em criação. Afinal de contas, poder-se-ia prevê-lo. O ato próprio de um *Deus-Essentia* é produzir os *entia* dando-lhes existir no sentido próprio que Agostinho atribuía a esse termo, ou seja, "de ser o que eles são".

De qualquer maneira que seja interpretado, o ato divino da criação comporta a produção de dois efeitos diferentes em sua unidade indivisível: ele faz e ele perfaz.[25] O ato de fazer consiste essencialmente em dar o ser bruto, informe, que é somente uma pura capacidade de receber a forma das idéias; mas ao mesmo

---

[24] *De Gen. ad litt.*, V, 5, 14; t. 34, col. 326.

[25] Segundo Pe. Gardeil, na produção do mundo por Deus, haveria lugar para distinguir: 1º) a criação propriamente dita, que diz respeito ao ser da matéria, espiritual e corporal, designada no Gênesis pelas palavras *coelum et terram*; 2º) a informação dessa matéria pelas idéias divinas. De fato, "a criação informe e a formação dessa matéria pelas Idéias, sendo simultâneas, constituem uma equivalência da criação total". É da ambigüidade latente dessa doutrina que S. Tomás teria livrado para sempre a metafísica ao incluir na criação a formação que Agostinho ainda remeteria à participação: *Sum. theol.* I, 44, 2. Ver sobre esse ponto A. GARDEIL, *La structure de l'âme et experience mystique*, t. I, p. 156-159 e t. II, apêndice II, "Saint Thomas et l'illuminisme augustinien", p. 313-325. Pe. Gardeil talvez atribua à terminologia de Agostinho mais rigor do que ela tem ao supor que, nos comentários ao Gênesis, emprega-se "*formare*" por oposição a "*creare*". Quando se admite isso, com ele, um texto como o seguinte torna-se decisivo: "Et ideo Deus retissime creditur omnia de nihilo fecisse, quia etiamsi omnia formata de ista materia facta sunt, haec ipsa materia tamen de omnio nihilo facta est". (*De Genesi cont. Manich.*, I, 6, 10; t. 34, col. 178). Na realidade, esse texto diz somente que a matéria formada, sendo a mesma que a matéria informe, foi

tempo em que Deus cria os seres em suas próprias substâncias, cria-os em suas formas. Segue-se que esses dois efeitos são simultâneos e parece igualmente evidente, o que quer que se tenha dito, que ambos recaem diretamente no golpe do ato criador, pois se criar é dar ser à matéria, que é apenas um *penitus nihil*, por uma razão ainda mais forte criar é dar o ser à forma, que, somente esta, constitui a matéria em sua realidade acabada: a única diferença entre a produção dos dois efeitos é que, à medida que ele faz (*fecit Deus coelum et terram*), Deus dá o ser a uma matéria que tende ao nada por sua informidade, ao passo que à medida que

---

criada como ela do nada e que, portanto, as coisas formadas e a matéria informe são igualmente *ex nihilo*. Disso não resulta que a outra parte da operação, isto é, a formação da matéria, não pertença também à ordem da criação. Na realidade, segundo ele, *formare* jamais se opõe a *creare*, ao contrário, "In his vero quae jam ex informitate formata sunt, evidentiusque appelatur creata, vel condita, primum factus est dies" (*De Gen. ad litt.*, V, 5, 14; t. 34, col. 326). Eis por que, nessa doutrina, o mundo formado e a matéria informe resultam de um único ato de Deus, que recebe o expressivo nome de *concriação*: "Nec putandus est Deus informem prius fecisse materiam et intervallo aliquo interposito temporis formasse, quod informe prius fecerat, sed sicut a loquente fiunt verba sonantia, ubi non prius vox informis post accipit formam, sed formata profertur, ita intellegendus est Deus de materie quidem informi fecisse mundum, sed simul eam concreasse cum mundo." *Contra adversarium Legis et Prophetarum*, I, 9, 12; t. 42, col. 610. Cf. o texto citado anteriormente, p. 373-374, nota 9. Na realidade, como bem mostrou P. Ch. Boyer (*L'idée de vétité selon S. Augustin*, p. 118-119), o pensamento de Agostinho segue uma progressão inversa; ele se empenha em provar não que as formas também são criadas, mas que a matéria o é: "Quoniam de illo et in illo est omnium speciosissima species incommutabilis; et ideo ipse unus est qui cuilibet rei, non solum ut pulchra sit, sed etiam ut pulchra esse possit attribuit. Quapropter rectissime credimus omnia Deum fecisse de nihilo." *De fide et symbolo*, II, 2; t. 40, col. 182-183 (citado por Ch. BOYER, p. 118-119). Cf. *De Genesi ad litt. imp. lib.*, III, 10; t. 34, col. 223-224; notar o "Quanquam enim scriptum legerimus..."; em outras palavras, embora a *Escritura* ensine que Deus tenha feito tudo da matéria, ele também criou a matéria. Dito isso, resta dizer que Pe. Gardeil tenha tido a intuição justa de que uma ambigüidade subsistia no pensamento de santo Agostinho, a qual nós tentamos definir. Em vez de subtrair a formação da criação, Agostinho parece ter concebido a criação como um tipo de formação, e é certamente essa verdade que vem à luz através das profundas observações de Pe. Gardeil.

ele diz (*Dixit Deus, fiat*), ou seja, à medida que ele criou como Verbo, Deus de algum modo imprimiu nessa matéria um movimento de conversão a ele, o que é somente uma imitação da eterna coesão do Verbo com seu Pai. Como o Verbo é a imagem perfeita do Pai em virtude de sua perfeita adesão a ele, assim a matéria se torna uma imagem imperfeita do Verbo e de suas idéias[26] graças à sua conversão a ele; criar é produzir indivisivelmente o informe e chamá-lo para formá-lo.[27]

A partir de então, sabemos que Deus produziu e formou simultaneamente tudo; por outro lado, constatamos que seres novos aparecem continuamente diante de nossos olhos: como resolver essa aparente contradição? Para sair dessa dificuldade, santo Agostinho distingue dois tipos de criaturas: as que foram afixadas em sua forma definitiva desde a obra de seis dias e aque-

---

[26] O papel criador das idéias do Verbo não poderia ser posto em questão se consultássemos os textos de Agostinho "An eo ipso quod scriptum est *Fiat firmamentum*, haec ipsa dictio Verbum est Patris, unigenitus Filius, in quo sunt omnia quae creantur, etiam antequam creantur, et quidquid in illo est, vita est; quia quidquid per eum factum est, in ipso vita est, et *vita utique creatrix*, sub illo autem creatura?" *De Genesi ad litt.*, II, 6, 12; t. 34, col. 268 (sublinhado por nós). Algumas linhas adiante, ele nomeia a Idéia "creandi ratio" e "causam rei creandae...". A sabedoria angélica evidentemente resulta de uma "formação" da matéria espiritual pelas idéias; Agostinho declara-a criada: "craetam in illis sapientiam..." *Op. cit.*, II, 8, 16; t. 34, col. 269. Do mesmo modo, mais adiante, as duas operações estão manifestamente presentes como um ato indivisível de criação: "sed ipsa primo creabatur lux, in qua fieret cognitio Verbi Dei, per quod creabatur, atque ipsa cognitio illi esset ab informitate sua converti ad formantem Deum, et creari, atque formari" *Op. cit.*, III, 20, 31; t. 34, col. 292. É "*lux*", não "*coelum*", que é criada aqui, e é "*ipsa cognitio*" que se reduz a "*creari atque formari*".

[27] "An cum primum fiebat informitas materiae sive spiritalis sive corporalis, non erat dicendum *Dixit Deus fiat*...; sed tunc imitatur Verbi formam, semper atque incommutabiliter Patri cohaerentem, cum et ipsa pro sui generis conversione ad id quod vere ac semper est, id est ad creatorem suae substantiae, formam capit, et fit perfecta creatura... : fit autem Filii commemoratio, quod etiam Verbum est, eo quod scriptum est *Dixit Deus fiat*; ut per id quod principium est, insinuet exordium creaturae existentis ab illo adhuc imperfectae; per id autem quod Verbum est, insinuet perfectionem creaturae revocatae ad eum, ut formaretur inhaerendo Creatori, et pro suo genere imitando formam sempiterne atque

las que foram criadas apenas em germe, por assim dizer, de modo que ainda resta desenvolvê-las.[28]

Os seres completamente acabados da criação são: os anjos, obra do primeiro dia;[29] o próprio dia, o firmamento; a terra, o mar, o ar e o fogo, que são os quatro elementos; os astros[30] e, por fim, a alma do homem, que se encontrava criada antes de ser inserida em seu corpo.[31] De outro modo, foram simplesmente préformadas durante a criação: as sementes primordiais de todos os seres vivos por vir,[32] sejam animais, sejam vegetais;[33] aqui está contido o corpo de Adão, que, por sua união com a alma já terminada completamente, deveria formar o primeiro homem.[34]

---

incommutabiliter inhaerentem Patri, a quo statim hoc est quod ille." *De Genesi ad litt.*, I, 4, 9; t. 34, col. 249. Notar-se-á o emprego das expressoões "*perfecta creatura*", "*perfectionem creaturae revocatae*"; elas correspondem exatamente ao pensamento de Agostinho sobre a criação. A matéria *informis* não é uma criatura acabada; assim, sua criação não está acabada, tampouco ela. Se consideramos o fato de *facere* e *formare* serem simultâneos, parece que a produção do ser total, matéria e forma, recai sobre o ato da criação. Estamos inteiramente de acordo com Pe. Gardeil ao admitir que, como todos os textos mostram, santo Agostinho distingue *creare* e *formare*: mas em vez de dizer que *formatio* não é *creatio* no agostinianismo, pensamos que *formatio* é *creatio* mais *illuminatio*. Em resumo, a formação consiste em completar a criação da matéria pela criação da forma. Segue-se que a interpretação do primeiro *Fiat* do Verbo é válida para cada um dos *Fiat* seguintes: *De Genesi ad litt.*, II, 1, 1; t. 34, col. 263. A conversão inicial da matéria, operada por Deus é a primeira daquelas que, numa ordem diferente, remeterão progressivamente o homem à ciência, depois à Sabedoria e à beatitude. Ver *De Genesi ad litt.*, I, 5, 10; t. 34, col. 249-250. Cf. Parte I, "A busca de Deus pela inteligência".

[28] *De Genesi ad litt.*, VII, 24, 35; t. 34, col. 368. Ver A. GARDEIL, *op. cit.*, t. I, p. 165-166.

[29] *De Genesi ad litt. lib. imp.*, III; t. 34, col. 222-224. *De Genesi ad litt.*, I, 9, 15; t. 34, col. 251-252. II, 8, 16-19; c. 269-270.

[30] Ver essa "*recapitulatio*" em *De Genesi ad litt.*, VI, 1, 2; t. 34, col. 339.

[31] *De Genesi ad litt.*, VII, 24, 35; t. 34, c. 368. Ver A. GARDEIL, *op. cit.*, I, p. 160-161.

[32] A expressão *semen, semina* aplica-se somente aos germes dos seres viventes. Sobre a fórmula acidental, usada em sentido contrário no *De Genesi ad litt. lib. imp.*, II, 10 e IV, 12; ver as justas observações de A. GARDEIL, t. I, p. 164, n. 4.

[33] *De Genesi ad litt.*, V, 4, 9-11; t. 34, c. 324-325 – V, 7, 20; col. 328; texto interessante pelos "números" internos que ele atribui às razões seminais.

[34] *De Genesi ad litt.*, VI, 6, 10; t. 34, c. 343. VI, 11, 19; t. 34, c. 347.

A matéria e as formas

Quando se quer exprimir a maneira de ser das criaturas que não foram pré-formadas durante a criação, santo Agostinho declara que elas foram feitas: *invisibiliter, potentialiter, causaliter, quomodo fiunt futura non facta*. As expressões técnicas pelas quais ele designa essa maneira de existir são *"rationes causales"* ou *"rationes seminales"*,[35] que comumente se traduzem por "razões seminais". Graças a esses germes latentes, que contêm todas as coisas que a seqüência do tempo verá se desenvolver, pode-se dizer que o mundo foi criado por Deus pleno de causas dos seres por vir. Num sentido, então, o universo foi criado perfeito e acabado, posto que nada do que nele se manifesta escapa ao ato criador; em outro sentido, o universo foi criado apenas incompleto, posto que tudo que deveria aparecer mais tarde nele foi criado em estado de germe ou de razão seminal. Como é possível representar esses germes?[36]

Considerados em suas naturezas, os germes, ou razões seminais, são essencialmente úmidos, isso quer dizer que pertencem

---

[35] *De Genesi ad litt.*, VI, 6, 10; t. 34, c. 343. Cf. *ibid.*, IX, 17, 32; t. 34, c. 406: "... eorum quasi seminales rationes habent, ...". Expressão e noção de origem estóica, retomada e adotada por Plotino a fim de eliminar o fatalismo que ela ameaçava introduzir. Ver *En.* III, 1, 7; ed. E. Bréhier, t. III, p. 14. Por outro lado, Plotino recusava igualmente submeter as razões seminais a uma Providência particular como a providência criadora dos cristãos (*En.* III, 2, 1; ed. Cit., p. 24 e nota I). Agostinho, ao contrário, teve que inserir as razões seminais numa concepção cristã de Providência criadora. Essa doutrina agostiniana foi freqüentemente estudada de um ponto de vista apologético, com a preocupação de buscar em que medida ela permitiria ao cristianismo assimilar o transformismo. Encontrar-se-á uma bibliografia sobre essa questão em J. Mc. KEOUGH, *The meaning of the rationes seminales in St. Augustine*, Washington, 1926, p. 113-114, e no artigo de R. de SINETY, "Saint Augustin et le transformisme". In: *Études sur saint Augustin* (*Arch. de Philos.*, VII, 2, 1930, p. 244-272).

[36] Sobre o estado acabado ou esboçado do universo, ver *De Genesi ad litt.*, II, 15, 30; t. 34, col. 275, e a explicação desenvolvida: VI, 11, 18; t. 34, col. 364; *ibid.*, 19; col. 347. Sobre o mundo grávido de seres por vir, o texto mais característico é o *De Trinitate*, III, 9, 16; t. 42, c. 877-878: "Nam sicut matres gravidae sunt fetibus, sic ipse mundus gravidus est causis nascentium quae in illo non creantur, nisi ab illa summa essentia, ubi nec oritur nec moritur aliquid, nec incipit esse nec desinit."

ao elemento água, um dos quatro elementos que Deus criou desde o princípio. Além dessa natureza, as razões seminais possuem um princípio de atividade e de desenvolvimento, causa de sua fecundidade. Em conformidade com a metafísica platônica, que a Escritura confirma, Agostinho considera-as como números, que trazem consigo, para desenvolvê-las no tempo, as virtudes eficazes implicadas nas obras acabadas por Deus antes do repouso do sétimo dia.[37] Assim entendida, a criação estaria acabada desde o princípio, na produção das coisas *ubi facta sunt omnia simul*, pois todas as energias, que deveriam mais tarde desdobrar seus efeitos, estariam implicadas nos elementos. Os números, que veiculam através do tempo essas energias primitivas, nada acrescentam de verdadeiramente novo à soma do ser produzido pela criação. Logo, é verdadeiro dizer, como afirma a Escritura, que no sétimo dia Deus repousa (*Gn* 2,2); pois tudo foi desde então produzido em germe nessas sementes úmidas providas de números eficazes;

J. MARTIN (*op. cit.*, p. 311, nota 3) compara, com razão, a LEIBNIZ (*Principes de la nature e de la grace*, n. 15). Cf. "Sicut autem in ipso grano invisibiliter erant omnia simul quae per tempora in arborem surgerent, ita ipse mundus cogitandus est, cum Deus simul omnia creavit, habuisse simul omnia quae in illo et cum illo facta sunt, quando factus est dies: non solum coelum cum sole et luna et sideribus, quorum species manet motu rotabili, et terram et abyssos, quae velut inconstantes motus patiuntur, atque inferius adjuncta partem alteram mundo conferunt; sed etiam illa quae aqua et terra produxit potentialiter atque causaliter, priusquam per temporum moras ita exorirentur, quomodo nobis jam nota sunt in eis operibus, quae Deus usque nunc operatur." *De Genesi ad litt.*, V, 13, 45; t. 34, col. 338.

[37] "Et recte ab eo coepit (*Deus*) elemento (*aqua*), ex quo cuncta genera nascuntur vel animalium, vel herbarum atque lignorum, ut agant temporales numeros suos naturis propriis distributos. Omnia quippe primordia seminum, sive unde omnis caro, sive unde omnia fruteta gignuntur, humida sunt, et ex humore concrescunt. Insunt autem illis efficacissimi numeri, trahentes secum sequaces potentias ex illis perfectis operibus Dei, a quibus in die septimo requievit." *De Genesi ad litt.*, V, 7, 20; t. 34, col. 328. "Sed etiam ista secum gerunt tamquam iterum seipsa invisibiliter in occulta quadam vi generandi..." *Ibid.*, VI, 10, 17; col. 346.

mas é igualmente verdadeiro dizer que Deus não cessa de operar (*Jo* 5,17) dado que, se Deus não cria mais, ele mantém todas as coisas no ser por seu poder, rege-as por sua sabedoria e faz com que os germes criados por ele alcancem o desenvolvimento perfeito que ele lhes prescreveu.[38]

Vista sob este aspecto, a doutrina agostiniana das razões seminais desempenha um papel muito diferente do que algumas vezes vemos ser atribuído a ela. Longe de serem invocadas para explicar a aparição de alguma coisa nova, como seria uma evolução criadora, elas servem para provar que algo aparentemente novo, não o é na realidade, e que, a despeito das aparências, é verdadeiro dizer que Deus *creavit omnia simul*. Eis por que, no lugar de conduzirem à hipótese de qualquer transformismo, as razões seminais são constantemente invocadas por Agostinho para conferir razão à fixidez das espécies. Os elementos dos quais as razões seminais são feitas têm sua natureza e sua eficácia próprias; por isso, um grão de trigo engendra trigo e não favas, ou um homem engendra outro homem e não um animal de outra espécie.[39] As razões seminais são mais um princípio de estabilidade do que de novidade.

---

[38] "Neque enim et ipsa (*Sapientia*) gradibus attingit aut tamquam gressibus pervenit. Quapropter quam facilis ei efficacissimus motus est, tam facile Deus condidit omnia; quoniam per illam sunt condita: ut hoc quod nunc videmus temporalibus intervallis ea moveri ad peragenda quae suo cuique generi competunt, ex illis insitis rationibus veniat, quas tamquam seminaliter sparsit Deus in ictu condendi..." *De Genesi ad litt.*, IV, 33, 51; t. 34, col. 318. Sobre a conservação do mundo por Deus, *op. cit.*, IV, 12, 22-16, 28; t. 34, col. 304-307. Cf. V, 11, 27; col. 330-331. V, 20, 40-23, 46, col. 335-338.

[39] "Et elementa mundi hujus corporei habent definitam vim qualitatemque suam quid unumquodque valeat vel non valeat, quid de quo fieri possit vel non possit. Ex his velut primordiis rerum, omnia quae gignuntur, suo quoque tempore exortus processusque sumunt, finesque et decessiones sui cuiusque generis. Unde fit ut de grano tritici non nascatur faba, vel de faba triticum, vel de pecore homo, vel de homine pecus." *De Genesi ad litt.*, IX, 17, 32; t. 34, col. 406. Sobre a concepção teológica do milagre relacionada a isso, ver J. MARTIN, *op. cit.*, p. 317-345.

A contemplação de Deus em sua obra

Quando olhamos isso mais de perto, essa concepção de universo aparece em perfeito acordo com as tendências profundas do agostinianismo. Com efeito, ela elimina a suspeita de qualquer eficácia criadora na atividade do homem e dos outros seres criados. O cultivador, que dirige o curso da água segundo suas necessidades, semeia os grãos e planta mudas na terra; o médico que administra remédios ou aplica emplastros sobre uma ferida; ambos são igualmente incapazes de produzir novos seres, criando-os. Tudo que fazem é utilizar as forças íntimas e secretas da natureza: *natura id agit interiore motu, nobisque occultissimo*. Qualquer que seja a atividade causal do homem, portanto, ela somente se aplica exteriormente às forças secretas, e é Deus que cria de dentro: *creationem rerum visibilium Deus interius operatur*. Daí resulta um universo cujo aspecto característico é cuidadosamente salvaguardado pela tradição agostiniana. As atividades criadas não fazem mais do que colocar em jogo e utilizar a eficácia criadora de Deus. O que o apóstolo Paulo ensina sobre a ordem espiritual pode ser literalmente transportado para a ordem material: aquele que planta e aquele que rega nada são, mas só Deus, que dá o nascimento (I *Cor* 3,7). Os pais que engendram nada são, mas é Deus que forma o filho; a mãe que traz a criança, uma vez concebida, e a nutre não é nada, mas Deus dá seu crescimento. Com efeito, ele, por sua operação, até este dia, faz com que as razões seminais desdobrem seus números e desenvolvam de suas rugas secretas as formas visíveis que contemplamos.[40] Em vez de tirar a forma da potência passiva da matéria, como fazem as causas segundas no aristotelismo tomista, no agostinianismo as ati-

---

[40] *De Genesi ad litt.*, IX, 15, 27; t. 34, col. 401. *Ibid.*, 16, 29; col. 405. *De Trinitate*, III, 8, 14-15; t. 42, col. 876-877. III, 9, 16; t. 42, col. 878. *Ibid*, 9, 18; 878-879. *De civitate Dei*, XII, 25; t. 41, col. 374-375. XXII, 24, 2; t. 41, col. 788-789. Essa doutrina será retomada na Idade Média por muitos teólogos, notadamente são Boaventura. Cf. Ét. GILSON, *La Philosophie de saint Bonaventure*, p. 281-301. Abandonada a si mesma, sem nenhum tipo de contrapeso, essa tendência leva ao sistema de Malebranche, em que as causas secundárias são completamente desprovidas de eficácia, que está reservada unicamente a Deus.

A matéria e as formas

vidades criadas simplesmente põem às claras os efeitos implicados por Deus nas razões seminais desde o momento da criação.

A última tarefa que Agostinho demanda à doutrina das razões seminais é resolver, de acordo com a letra do *Gênesis*, o problema difícil da criação do homem. Segundo a definição que já comentamos, o homem é um animal racional e submetido à morte; enquanto racional, ele se distingue das bestas; enquanto submetido à morte, distingue-se dos anjos.[41] Se sua essência é, portanto, ser um animal racional, o homem não é nem seu corpo em separado nem sua alma racional em separado, mas o composto de um com o outro.[42] Tal fórmula seria satisfatória mesmo do ponto de vista de São Tomás de Aquino, mas não se poderia dizer o mesmo sobre o modo como santo Agostinho a interpreta. Às vezes fórmulas diferentes traem a que precede, por exemplo, esta: o homem é uma alma que se serve de seu corpo.[43] Talvez estejamos na raiz de onde nascem as hesitações sobre esse assunto.

Santo Agostinho concebe a natureza da alma em função do que sabemos sobre sua origem. Ora, quanto a esse ponto o relato do *Gênesis* encerra graves dificuldades. Da primeira vez, a *Bíblia* diz que Deus fez o homem à sua imagem e semelhança, e que criou o homem e a mulher no sexto dia (*Gn* 1, 26-27). Da segunda vez, a *Bíblia* diz que Deus formou o homem do limo da terra e que concluiu Eva de Adão depois do repouso do sétimo dia (*Gn* 2,7). Admitir duas criações para o mesmo ser é evidente-

---

[41] "Homo enim, sicut veteres definierunt, animal est rationale, mortale:..."*De Trinitate*, VII, 4, 7; t. 42, col. 939. Sobre a razão de Agostinho insistir em *mortale*: "... sicut homo medium quiddam est, sed inter pecora et Angelos; ut, quia pecus est animal irrationale atque mortale, angelus autem rationale et immortale, medius homo esset, inferior Angelis, superior pecoribus, habens cum pecoribus mortalitatem, rationem cum angelis, animal rationale mortale". *De civitate Dei*, IX, 13, 3; t. 41, col. 167.

[42] "... quoniam homo non est corpus solum, vel anima sola, sed qui ex anima constat et corpore". *De civit. Dei*, XIII, 24, 2; t. 41, c. 399.

[43] "Homo igitur, ut homini apparet, anima rationalis est, atque terreno utens corpore". *De moribus eccl. cath.*, I, 27, 52; t. 32, c. 1332.

mente impossível; ademais, já sabemos que Deus criou tudo simultaneamente (*Ecl* 18,1); assim, é necessário que os dois textos do *Gênesis* representem duas partes diferentes do homem e, portanto, que a segunda, formada depois da primeira, tenha sido criada ao mesmo tempo. A doutrina das razões seminais vem precisamente ajudar Agostinho a sair dessa dificuldade. Ele admite inicialmente que o *Gênesis* 1, 26-27 designa a produção da alma e que *Gênesis* 2,7 designa a formação do corpo humano. Segundo essa interpretação, não há dúvidas de que o relato da formação do homem com o limo da terra e da formação de Eva com uma costela do homem não se reportam à criação através da qual todas as coisas foram feitas de uma única vez, mas àquela que se desenrola com os séculos e através da qual Deus opera até hoje.[44] Então, tendo a alma sido criada sob sua forma perfeita desde a origem, a primeira criação do homem, mencionada pela *Bíblia* no *Gênesis* 1, 26-27, seria a da alma acabada e do corpo sob forma de razão seminal; a segunda criação mencionada em *Gênesis* 2,7 significaria que Deus desenvolveu e terminou a razão seminal assim criada, causando através disso o corpo de Adão e de Eva em seu estado de perfeição.[45]

Essa interpretação do *Gênesis* conduz Agostinho para uma concepção de alma do homem que permanecerá característica da

---

[44] *De Genesi ad litt.*, VI, 3, 4; t. 34, col. 340-341. VI, 5, 7; col. 342.

[45] "Illud ergo videamus, utrum forsitan verum esse possit, quod certe humanae opinioni tolerabilius mihi videtur, Deum in illis primis operibus quae simul omnia creavit, animam etiam humanam creasse, quam suo tempore membris ex limo formati corporis inspiraret, cujus corporis in illis simul conditis rebus rationem creasse causaliter, secundum quam fieret, cum faciendum esset, corpus humanum. Nam neque illud quod dictum est, *ad imaginem suam*, nisi in anima; neque illud quod dictum est, *masculum et feminam*, nisi in corpore recte intelligimus. Credatur ergo, si nulla Scripturarum auctoritas seu veritatis ratio contradicit, hominem ita factum sexto die, ut corporis quidem humani ratio causalis in elementis mundi; anima vero jam ipsa crearetur, sicut primitus conditus est dies, et creata lateret in operibus Dei, donec eam suo tempore sufflando, hoc est inspirando, formato ex limo corpori insereret." *De Genesi ad litt.*, VII, 24, 35; t. 34, col. 368.

escola agostiniana da Idade Média, embora ele mesmo não a tenha proposto a não ser em termos hipotéticos. O que nos convida a falar de uma matéria corporal é a mutabilidade dos corpos, pois a matéria lhes é atribuída somente como sujeito de suas mutações contínuas. Ora, a alma tampouco cessa de mudar; por que, conseqüentemente, não lhe atribuir uma matéria?[46] Agostinho especifica que, para ser matéria da alma, é necessário que isso de que ela foi tirada tenha sido algo distinto da alma. Não se pode dizer, por exemplo, que Deus teria criado a alma irracional e, em seguida, a teria formado como alma racional. Tal hipótese favoreceria o erro da metempsicose e, ademais, seria contraditória, pois tal como a terra da qual a carne foi feita não seria carne, do mesmo modo a matéria da qual a alma foi feita não poderia ser a alma. Quanto a ir mais adiante e dizer o que ela foi, é algo impossível;[47] tudo o que podemos acrescentar é que, tal como a dos anjos,[48] a matéria da alma deve ter sido formada por uma ilumi-

---

[46] *De Genesi ad litt.*, I, 19, 21-38, 41; t. 34, col. 260-262. VII, 28, 43; c. 372. X, 2, 3; t. 34, c. 409-410.

[47] "Sic fortasse potuit et anima, antequam ea ipsa natura fieret, quae anima dicitur... habere aliquam materiam pro suo genere spiritualem, quae nondum esset anima..." *De Genesi ad litt.*, VII, 6, 9; t. 34, col. 359. "Frustra ergo jam quaeritur ex qua veluti materie facta sit anima, si recte intellegi potest in primis illis operibus facta, cum factus est dies. Sicut enim illa quae non erant, facta sunt, sic et haec inter illa. Quod si et materies aliqua formabilis fuit, et corporalis et spiritualis, non tamen et ipsa instituta nisi a Deo, ex quo sunt omnia, quae quidem formationem suam non tempore, sed origine praecederet, sicut vox cantum; quid nisi de materia spirituali facta anima congruentius creditur?" *De Genesi ad litt.*, VII, 27, 39; t. 34, col. 369-70. Cf. *op. cit.*, VII, 21, 31; t. 34, col. 366. O que permanence como uma hipótese provável para Agostinho tornar-se-á uma certeza para os agostinianos da Idade Média, sob a influência de Ibn Gebirol.

[48] No que concerne aos anjos, ver A. GARDEIL, *op. cit.*, t. I, p. 174-197; principalmente a fórmula impressionante: "quae (materia spiritualis) nisi ad Creatorem illuminanda converteretur, fluitaret informiter; cum autem conversa et illuminata est, factum est quod in Verbo Dei dictum est: *Fiat lux.*" *De Genesi ad litt.*, I, 9, 17; t. 34, col. 253.

nação divina que, revestindo-a de uma forma inteligível, conferiu-lhe imediatamente a racionalidade.[49]

Por várias vezes, no coração de sua longa carreira, santo Agostinho perguntou-se se a alma do homem seria a mais elevada das almas criadas por Deus ou se não seria necessário admitir, acima dela, a existência de uma alma do mundo que serviria para Deus como instrumento na administração do universo. Platão acreditava nisso;[50] Agostinho, por sua vez, estima sobretudo que essa é uma questão tão grande e difícil, que ele se reconhece incapaz de resolver, seja pela autoridade da Escritura, seja pela evidência da razão.[51]

---

[49] " ... satis ostendens ubi sit homo creatus ad imaginem Dei, quia non corporis lineamentis, sed quadam forma intelligibili mentis illuminatae." *De Genesi ad litt.*, III, 20, 30; t. 34, col. 292.

[50] *De civit. Dei*, XIII, 16, 2; t. 41, c. 388-389. XIII, 17, 1; 41, c. 389.

[51] Sua última palavra sobre a questão se encontra nas *Retrat.* I, 5, 3; t. 32, col. 591, que corrige o *De immort. animae*, XV, 24. *Ibid.*, I, 11, 4; t. 32, col. 602, que corrige o *De musica*, VI, 14, 32.— Cf. *De consensu Evangelistarum*, I, 23, 35; t. 34, col. 1058. De todo modo, se há uma alma do mundo, ela seria uma criatura ("vitalem creaturam") e não Deus ("invisibilis spiritus, qui tamen etiam ipse creatura esset, id est non Deus, sed a Deo facta atque insita natura..."); e, vindo de Deus, poderia ser o que o *Gênesis* nomeia de *spiritus Dei* (Gn 1,2). Logo, ao contrário do que pensaram alguns filósofos do século XII, não seria o Espírito Santo: *De Genesi ad litt. lib. imp.*, IV, 17; t. 34, col. 226. Ver FERRAZ, *La psychologie de saint Augustin*, p. 86-90.

III. OS VESTÍGIOS DE DEUS

O universo, do qual Agostinho acaba de descrever a criação, é inteiramente organizado segundo o modelo das idéias divinas; tudo o que ele tem de ordem, de forma e de fecundidade vem delas, de modo que o liame fundamental que religa o mundo a Deus é uma relação de semelhança. Como é possível representar essa relação sem a qual o universo deixaria imediatamente de ser inteligível e também de existir?

Para concebê-la, voltemos ao princípio da criação. Deus é o Ser por excelência, a tal ponto que este é o nome pelo qual é designado ao enviar Moisés aos filhos de Israel: *Ego sum qui sum*. Ora, o ato de existir é precisamente aquilo que designa a palavra "essência". Assim como de "*sapere*" deriva-se "*sapientia*", do mesmo modo também de "*esse*" deriva-se o termo "*essentia*". Pode-se dizer, portanto, que, dado que ele é o Ser por excelência, Deus é a essência suprema e, por isso mesmo, a perfeita imutabilidade. Quanto às coisas que ele criou e tirou do nada, ele não lhes concedeu serem o que ele mesmo é – o que seria contraditório –, mas concedeu-lhes serem mais ou menos e, através disso, ordenou as naturezas de suas essências segundo graus diferentes: *aliis dedit esse amplius, aliis minus; atque ita naturas essentiarum gradibus ordinavit*.[1] A desigualdade e a disposição hierárquica das essências fundam-se, portanto, na desigualdade das participações possíveis com o Ser e cada essência está representada por uma das idéias de Deus.

---

[1] *De civ. Dei*, XII, 2; vol. 41, col. 350. Eis por que a essência suprema, que é Deus, não tem contrário.

Assim, todas as coisas são o que são por participação nas idéias de Deus, mas, para se alcançar a raiz dessa relação, é necessário ultrapassá-la e estender a relação de participação à participação. Em outras palavras, graças à maneira pela qual elas imitam as idéias, todas as coisas são semelhantes a Deus. Há, portanto, uma Castidade em si, por participação na qual todas as almas castas são castas; e uma Sabedoria, cuja participação torna sábias as almas sábias; e uma Beleza, por participação na qual são belas todas as coisas belas. Mas se todas as coisas são o que são porque se assemelham à outra, necessariamente deve haver uma Semelhança, por participação na qual todas as coisas semelhantes são semelhantes. Essa semelhança primeira é o Verbo.[2] Imitação perfeita do Pai, o Filho representa identicamente aquele que o

---

[2] Agostinho diz, nas *Conf.*, VII, 9, 13 (ed. Labr., t. I, p. 158-159) que leu todo o início do *Evangelho de são João* "non quidem his verbis, sed hoc idem omnino" nos platônicos. A interpretação desse texto é difícil. Inicialmente, o *Logos* de Plotino, que é comparado ao *Verbum* de Agostinho, é completamente diferente deste. Como observa explicitamente É. BRÉHIER (*Ennéades*, t. III, p. 21), o *Logos* de Plotino não é uma hipóstase distinta, como é o Verbo cristão; ele emana ao mesmo tempo da Inteligência e da Alma do mundo e o Verbo não. Mesmo se o *Logos* fosse uma hipóstase, ele seria uma quarta pessoa divina, o que é contraditório com o dogma da Trindade. De fato, o único análogo plotiniano ao Verbo é o νοῦς, que também é um "logos", o *Logos* do Uno, como a Alma é o *Logos* da Inteligência (*Enn.*, V, 1, 6, linhas, 44-48; t. V, p. 23). Esse νοῦς é uma imagem do Uno (*Enn.*, V, 1, 6, *ibid*), seu primeiro nascimento (*Enn.*, V, 2, 1, linhas, 4-13; t. V, p. 33); ele se assemelha ao Uno como seu princípio e aquilo do qual ele é o *Logos* (*Enn.*, V, 5, 10; linhas 10-14; p. 102). Agostinho, portanto, realmente leu Plotino e leu no tratado *Sobre as três Substâncias Principais*, que citou formalmente (*De civ. Dei*, X, 23; P. L., t. 41, c. 300) uma doutrina do νοῦς semelhante à doutrina joanina do Verbo. Entretanto, as duas hipóstases, eternamente engendradas e co-presentes ao primeiro princípio, diferem profundamente. Inicialmente, o Verbo não é somente o primeiro engendrado pelo Pai, é o único engendrado por ele, o que não equivale ao νοῦς de Plotino. Em seguida, esse νοῦς de Plotino não é Deus no mesmo sentido que o Uno é Deus; ele está abaixo da divindade, ao passo que o Filho e o Pai são Deus no mesmo sentido. Enfim, o νοῦς de Plotino é inferior ao Uno, ao passo que o Filho da trindade cristã é igual ao Pai. Logo, para ter reencontrado são João, 1, 1-5, *idem omnino*, em Plotino, é necessário que santo Agostinho tenha lido as *Enéadas* como cristão.

engendra, pois, do mesmo modo que não há nada mais casto do que a Castidade, nada mais sábio que a Sabedoria e nada mais belo que a Beleza; assim tampouco há algo mais semelhante do que a Semelhança; eis por que a Semelhança do Pai lhe é tão semelhante que reproduz a natureza paterna de maneira plena e acabada.[3]

Resulta disso que esse universo de imagens onde vivemos não é somente composto por imagens que são como são em razão das Idéias que elas representam, mas também que ele é, universalmente falando, composto de imagens, pois existe uma Imagem em si,[4] uma Participação em si e, por isso, perfeita, em virtude da qual tudo o que é pode participar de Deus e imitá-lo.[5]

O que é uma imagem? É essencialmente uma *semelhança expressa*. Logo, não se deve confundir a imagem com a semelhança, da qual aquela é apenas uma espécie. De certo, toda imagem é semelhante àquilo de que é a imagem, mas a recíproca não é verdadeira, porque nem tudo que é semelhante a outra coisa é imagem. Para uma semelhança ser imagem, é necessário que seja uma semelhança entre um ser engendrado e aquele que o engendra. Nesse sentido, a semelhança de si mesmo que um homem engen-

---

[3] "Ut autem nihil castius ipsa castitate, et nihil sapientius ipsa sapientia, et nihil pulchrius ipsa pulchritudine, ita nihil similius ipsa similitudine dici, aut cogitari, aut esse omnino potest. Unde intelligitur ita Patri esse similem similitudinem suam, ut ejus naturam plenissime perfectissimeque impleat." *De Genesi ad litt. lib. imperf.*, XVI, 58; t. 34, col. 242. "De ipsa (*scil*. Veritate) vero nec Pater (judicat), non enim minor est quam ipse, et ideo quae Pater judicat, per ipsam judicat. Omnia enim quae appetunt unitatem, hanc habent regulam, vel formam, vel exemplum, vel si quo alio verbo dici se sinit, quoniam sola ejus similitudinem a quo esse accepit, implevit" *De vera religione*, XXXI, 58; t. 34, col. 147-148.

[4] *De Genesi ad litt. lib. imperf.*, XVI, 57; t. 34, col. 242.

[5] "Quapropter etiam similitudo Dei, per quam facta sunt omnia, proprie dicitur similitudo, quia non participatione alicujus similitudinis similis est, sed ipsa est prima similitudo, cujus participatione similia sunt, quaecumque per illam fecit Deus." *De Genesi ad litt. lib. imperf.*, XVI, 57; t. 34, col. 242. Cf. *Retract.*, I, 26; t. 32, col. 626. *Sermo II*, 8, 9; t. 38, col. 32.

dra num espelho é verdadeiramente sua imagem, pois é ele quem a produz;[6] pela mesma razão, o Verbo pode ser dito imagem de Deus, posto que o Pai lhe engendra como a perfeita semelhança de si mesmo.[7] A relação inicial de Deus consigo mesmo, pela qual ele se exprime totalmente na Imagem em si, que é o Verbo, é a fonte e o modelo de todas as relações que permitirão às criaturas virem a ser e subsistirem.[8]

Como a Semelhança em si impõe às coisas as formas delas? Trata-se de um problema que excede as forças da razão humana, mas do qual se pode ter alguma idéia, graças ao princípio de que a semelhança é, nas criaturas, o sucedâneo da unidade perfeita

---

[6] "Omnis imago similis est ei cujus imago est; nec tamen omne quod simile est alicui, etiam imago est ejus: sicut in speculo et pictura, quia imagines sunt, etiam similes sunt; tamen si alter ex altero natus non est, nullus eorum imago alterius dici potest. Imago enim tunc est, cum de aliquo exprimitur." *De Genesi ad litt. lib. imperf.*, XVI, 57; t. 34, col. 242. Essa definição de imagem será freqüentemente retomada na Idade Média; ver, por exemplo, Ét. GILSON, *La philosophie de saint Bonaventure*, p. 211.

[7] "Imago enim si perfecte implet illud cujus imago est, ipse coaequatur ei, non illud imagini suae." *De Trinitate*, VI, 10, 11; t. 42, col. 931. "Deus quem genuit, quoniam meliorem se generare non potuit (nihil enim Deo melius), generare debuit aequalem. Si enim voluit, et non potuit, infirmus est; si potuit et noluit, invidus est. Ex quo conficitur aequalem genuisse Filium." *De div. quaest. 83;* qu. L; t. 40, 31-31. Nessa característica reconhece-se a ausência de inveja do Deus de Platão (*Timeo*, 29 E), e, na Idade Média, ela desempenhará um papel decisivo no problema da origem das coisas. Notemos que, no texto de Platão, essa qualidade explica por que ele fez as coisas semelhantes a si mesmo. A. Rivaud, em sua edição do *Timeo* (p. 142), se refere a uma texto de Diógenes Laércio, I, 30 "que cita um ditado atribuído a Tales". Cf. A.-E. TAYLOR, *A commentary on Plato's Timaeus*, p. 78.

[8] "... datur intelligi esse aliquid..., a quo Principio unum est quidquid aliquo modo unum est..." *De vera religione*, XXXVI, 66; t. 34, c. 151. "Ubi est prima et summa vita, cui non est aliud vivere et aliud esse, sed idem et esse et vivere; et primus ac summus intellectus, cui non est aliud vivere et aliud intelligere, sed id quod est intelligere, hoc vivere, hoc esse est, unum omnia: tamquam Verbum perfectum, cui non desit aliquid et ars quaedam omnipotentis atque sapientis Dei, plena omnium rationum viventium incommutabilium; et omnes unum in ea sicut ipsa unum de uno cum quo unum." *De Trinitate*, VI, 10, 11; t. 42, col. 931.

que pertence apenas a Deus. Ser é ser um.⁹ Somente Deus é absolutamente porque apenas ele é absolutamente um. Logo, se tomamos as coisas com rigor, nada pode ser, menos Deus que é a própria unidade; mas a semelhança desempenha, na doutrina agostiniana, um papel intermediário entre a unidade absoluta, que é Deus, e a pura multiplicidade, que se confundiria, no limite, com o nada. Ser semelhante a outra coisa é, em certa medida, ser essa coisa, mas também é não sê-la, dado que é apenas ser semelhante a ela. Assim, a semelhança é um meio-termo entre a identidade e a alteridade absolutas, e por isso ela torna possível a existência das coisas criadas, que, sem serem verdadeiramente unas, são o bastante para poderem existir.

Por exemplo, consideremos os corpos materiais; nenhum deles é realmente um, posto que todo corpo enquanto tal é divisível; contudo, se não houvesse certa unidade em cada corpo, em algum grau, tal corpo não poderia ser de modo nenhum.¹⁰ Ora,

---

⁹ "Haec vero quae tendunt esse, ad ordinem tendunt: quem cum fuerint consecuta, ipsum esse consequuntur, quantum id creatura consequi potest. Ordo enim ad convenientiam quamdam quod ordinat redigit. Nihil est autem esse quam unum esse. Itaque in quantum quidque unitatem adipiscitur, in tantum est. Unitatis est enim operatio, convenientia et concordia, qua sunt in quantum sunt, ea quae composita sunt: nam simplicia per se sunt, quia una sunt; quae autem non sunt simplicia, concordia partium imitantur unitatem, et in tantum sunt in quantum assequuntur." *De mor. Manich.*, II, 6, 8; t. 32, col. 1348. Cf. *De Genesi ad litt. lib. imperf.*, XVI, 59; t. 34, col. 242-243. Dificilmente tem-se necessidade de observar que as idéias políticas e sociais de santo Agostinho encontram aqui sua justificação metafísica. A ordem, a concórdia das partes do corpo social e a paz, que disso resulta, não são necessárias apenas para que a cidade exista pura e simplesmente, pois a concórdia dos elementos de um todo complexo é o sucedâneo da unidade real, de modo que, na medida em que a cidade é ordenada, ela existe. Ver anteriormente, p. 333, e mais adiante, p. 402.

¹⁰ "Nunc vero cum dicit corporibus: vos quidem nisi aliqua unitas contineret, nihil essetis, sed rursus si vos essetis ipsa unitas, corpora non essetis..." *De vera religione*, XXXII, 60; t. 34, c. 149. "Omne quippe corpus verum corpus est, sed falsa unitas. Non enim summe unum est, aut intantum id imitatur ut impleat; et tamen nec corpus ipsum esset, nisi utcumque unum esset. Porro utcumque unum esse non posset, nisi ab eo quod summe unum est, id haberet." *Op. cit.*, XXXIV, 63; t. 34, col. 150.

essa unidade relativa é precisamente a semelhança que a confere. De início, um corpo só é o corpo que é em razão da homogeneidade de suas partes constitutivas: para que a água seja água é necessário que todas as suas partes sejam de água, e pode-se dizer a mesma coisa quanto a cada um dos outros elementos. Por conseguinte, para que um corpo seja definido como tal, é necessário que se realize numa certa espécie. Ora, a unidade de uma espécie consiste apenas na semelhança dos indivíduos que a compõem; se bem que a noção de árvore ou de animal não teria nenhum sentido fora da similitude das árvores ou dos animais entre si, e como o que é verdadeiro sobre a árvore é para o carvalho, para a faia e para todas as outras espécies, pode-se dizer que a semelhança dos indivíduos funda a unidade relativa da espécie, como a semelhança das partes entre si funda a unidade relativa do indivíduo.[11] Passemos da ordem material à ordem espiritual. Uma alma só é uma alma sob condição de permanecer constante consigo mesma, ou seja, de manifestar com regularidade as mesmas virtudes e de realizar as mesmas ações; essa unidade interna corresponde à similitude entre partes que faz a unidade dos corpos. Por outro lado, as relações que se estabelecem de uma alma com outra fundam-se igualmente em semelhanças de diversos graus que dão nascimento a diversas unidades espirituais. A amizade não tem outro fundamento a não ser a similitude dos costumes,[12] e vimos, ao

---

[11] "Jam vero in singulis rebus, et terram, eo quod similes inter se habeat partes suas, fieri ut terra sit; et aquam qualibet quaque parte similem esse caeteris partibus, nec aliter aquam esse potuisse; et quantumlibet aeris, si caetero esset dissimile, nullo pacto aerem esse potuisse; et ignis lucisve particulam, eo quod non sit dissimilis reliquis partibus, fieri ut sit quod est: ita de unoquoque lapidum vel arborum vel corpore cujuslibet animantis discerni et intellegi potest, quod non solum cum aliis sui generis rebus, sed in seipsis singulis non essent, nisi partes inter se similes haberent." *De Genesi ad litt. lib. imp*, XVI, 59; t. 34, col. 243. No *De musica* (VI, 17, 57; t. 32, col. 1192), a unidade de um elemento como a terra se funda no fato de que toda partícula de terra implica dimensões do espaço, que são as mesmas em cada partícula de terra.

[12] "Jam porro animarum, non solum aliarum cum aliis amicitia similibus moribus confit, sed etiam in unaquaque anima similes actiones atque virtutes, sine quibus constantia esse non potest, beatam vitam indicant. Similia vero omnia haec,

estudar a cidade, que sua unidade concerne à comunhão que une todos os seus membros no amor de um mesmo bem. Portanto, qualquer que seja o objeto considerado, material ou espiritual, individual ou social, ele aparece como constituído por números, relações, proporções, igualdades, conveniências que, por sua vez, são apenas os esforços da criatura para imitar a relação primitiva de semelhança através da qual se põe a igualdade perfeita de Deus consigo mesmo, sua unidade essencial e indivisível.

Assim é no Verbo que encontramos a raiz do uno e do ser, mas nele também se pode encontrar a raiz do belo. Quando uma imagem se iguala adequadamente a isso de que é imagem, ela realiza uma correspondência, uma simetria, uma igualdade e uma semelhança perfeitas. Entre o modelo e sua imagem, nenhuma diferença, logo, nenhum desacordo e nenhuma desigualdade; a cópia corresponde ponto a ponto e identicamente ao original; daí, sua beleza e o título de forma (*species*) que se lhe atribui.[13] Ora, essa beleza original fundada na semelhança é reencontrada em todas as belezas participadas. Tanto mais belo é um corpo quanto mais for constituído por partes mais semelhantes entre si.[14] De modo geral, é a ordem, a harmonia, a proporção, vale dizer, a unidade produzida pela semelhança que engendra a beleza.[15]

Pode-se observar a verdade dessa constatação, primeiro, na ordem dos corpos naturais. Com efeito, a harmonia e a proporção são somente casos particulares da semelhança, pois as coisas

---

non autem ipsam Similitudinem possumus dicere." *De Genesi ad litt. lib. imp*, XVI, 59; t. 34, col. 243.

[13] "In qua imagine speciem nominavit (*scil.* Hilarius), credo, propter pulchritudinem ubi jam est tanta congruentia et prima aequalitas et prima similitudo, nulla in re dissidens, et nullo modo inaequalis et nulla ex parte dissimilis, sed ad identidem respondens ei cujus imago est" *De Trinitate*, VI, 10, 11; t. 42, col. 931.

[14] "Et tanto est pulchrius corpus, quanto similioribus inter se partibus constat." *De Genesi ad litt. lib. imp*, ibid., col. 243.

[15] "Cum autem omne quod esse dicimus, in quantum manet dicimus, et in quantum unum est, omnis porro pulchritudinis forma unitas sit..." *Epist. 18*, 2; t. 33. col. 85. *De musica*, VI, 17, 56; t. 32. col. 1191.

harmoniosas e proporcionais são tais à medida que seus elementos constitutivos dispõem-se segundo relações idênticas ou parecidas entre si. Ora, toda árvore germina, cresce, floresce e frutifica segundo uma certa ordem e um certo ritmo; todo ser vivo compõe-se de partes simétricas cuja correspondência assegura sua unidade e sua beleza; o universo inteiro é belo somente porque é feito de seres que são o que são, cada um deles, em razão da similitude de suas partes e que são todos semelhantes entre si por sua relação comum com a unidade criadora.[16]

Se passamos da ordem natural à da arte, a relação de semelhança com a beleza é ainda mais evidente. Perguntemos a um artesão que constrói um arco por que ele se esforça para fazer com que um dos lados seja igual ao outro. Sem dúvida, ele responderá que é para que as partes correspondentes do edifício sejam iguais. Se o pressionamos e perguntamos por que as quer iguais, sua resposta será que é necessário, porque é belo, e ele não quererá entender mais, pois trata-se de um homem que julga apenas por seus olhos, sem buscar por que seus olhos julgam. Mas, em seguida, coloquemos a mesma questão a um homem capaz de contemplar o inteligível, ele nos responderá que, com efeito, isso é necessário para que o arco seja belo, mas que sua beleza diz respeito a suas partes, sendo parecidas entre si, encontrarem-se ordenadas e reunidas numa certa unidade. Unidade bem distante da unidade verdadeira, por certo, mas unidade real, apesar de tudo, dado que repousa na semelhança que confere aos corpos aquilo que eles podem receber de unidade.[17]

O que é verdadeiro sobre o ser e a beleza na natureza e na arte não é menos verdadeiro sobre a verdade. Em todos os seres, e até nos corpos, há um tipo de verdade e de falsidade; mais exatamente, talvez, poder-se-ia dizer que os seres são em virtude de

---

[16] *De Genesi ad litt. lib. imp*, XVI, 59; t. 34, col. 243: "Simila vero omnia haec...". Cf. *De musica*, VI, 7, 19; t. 32, col. 1173.
[17] *De vera religione*, XXXII, 59-60; t. 34, col. 148-149. *De lib. arb.*, II, 16, 42; t. 32, col. 12-63-1264.

uma certa verdade que lhes é essencial, de modo que tudo o que é verdadeiro é verdadeiro somente porque é e, inversamente, porque o que é, é na medida em que é verdadeiro.[18] Com efeito, as coisas são somente por Deus e enquanto imagem das idéias de Deus. Logo, pode-se afirmar que elas são na medida em que realizam essa Unidade, que é o princípio delas e de que elas se esforçam para exprimir em si mesmas a semelhança. Assim como a imagem que conseguiu se igualar perfeitamente com o seu princípio é simultaneamente o Ser e a Verdade; do mesmo modo, as imagens, que não conseguem se igualar, carecem de ser e de verdade na medida em que elas fracassam nisso. Tudo o que se pode dizer é, portanto, que elas são semelhantes na medida em que são e que, também na mesma medida, são verdadeiras. Nesse sentido, o Verbo de Deus pode ser dito a forma de tudo aquilo que é, dado que a título de Semelhança suprema do Pai, ele confere a todas as coisas o ser, a unidade, a beleza e a verdade delas.[19]

---

[18] *De immort. Animae*, XII, 19; t. 32, col. 1031. Cf. *Soliloq.*, II, 815; t. 32, col. 891.

[19] "At si corpora in tantum fallunt, in quantum non implent illud unum quod convincuntur imitari, a quo Principio unum est quidquid est, ad cujus similitudinem quidquid nititur, naturaliter approbamus; quia naturaliter improbamus quidquid ab unitate discedit, atque in ejus dissimilitudinem tendit: datur intellegi esse aliquid, quod illius unius solius, a quo Principio unum est quidquid aliquo modo unum est, ita simile sit ut hoc omnino impleat ac sit idipsum; et haec est Veritas et Verbum in Principio, et Verbum Deus apud Deum. Si enim falsitas ex iis est quae imitantur unum, non in quantum id imitantur, sed in quantum implere non possunt; illa est Veritas quae id implere potuit, et id esse quod est illud; ipsa est quae illud ostendit sicut est: unde et Verbum ejus et Lux ejus rectissime dicitur (Jo 1,9). Caetera illius unius similia dici possunt in quantum sunt, in tantum enim et vera sunt: haec est autem ipsa ejus similitudo, et ideo Veritas. Ut enim veritate sunt vera, quae vera sunt, ita similitudine similia sunt, quaecumque similia sunt. Ut ergo veritas forma verorum est, ita similitudo forma similium est. Quapropter vera quoniam in tantum vera sunt, in quantum sunt; in tantum autem sunt, in quantum principalis unius similia sunt: ea forma est omnium quae sunt, quae est summa similitudo Principii; et Veritas est, quia sine ulla dissimilitudine est." *De vera religione*, XXXVI, 66; t. 34, c. 151-152.

Assim, o universo agostiniano obtém sua estrutura metafísica de uma participação complexa na natureza do ser divino e que se funda sobre relações transcendentes das pessoas divinas entre si. Deus é o Ser e, por conseqüência, o bem que, exprimindo-se em si mesmo, coloca-se como o Uno, o Belo e o Verdadeiro, fonte universal de todas as perfeições participadas. Logo, em certo sentido, qual seja, na ordem do ser, nada há no universo nem em qualquer de suas características que não encontre sua razão suficiente e sua explicação derradeira senão em Deus; mas, em outro sentido, a obra de Deus, que só se explica por Deus, torna-se o meio que nós temos de conhecê-lo. Se o universo é uma imagem, essa imagem deve poder nos permitir que decifremos, em alguma medida, a natureza de seu autor. Eis por que, elevando-se da obra ao obreiro, devemos tentar reencontrar os traços ou vestígios que ele aí deixou para reconduzirmo-nos a ele e fazermo-nos participar de sua beatitude.

Deus é Trindade. Freqüentemente se insistiu, e com razão, no fato de que, para Agostinho, não se trata de uma característica acrescida à da divindade. Deus não é Deus e, à parte, um em três pessoas; sua própria natureza divina é ser trino.[20] Nessas condições, se há vestígios de Deus na natureza, eles devem trazer em si o testemunho da trindade tanto como o de sua unidade. Vê-se imediatamente, pelo que precede, que santo Agostinho não carece de recursos para descobrir traços desse gênero; a complexidade da estrutura metafísica dos seres, correspondendo à complexidade interna das relações de Deus consigo mesmo que ela exprime, permite estabelecer analogias trinitárias variadas entre o mundo e seu autor, as quais os agostinianos da Idade Média se empenharão em reunir e também em multiplicar.[21] Quaisquer que sejam, todas essas comparações sofrem de não poderem exprimir a uni-

---

[20] Ver os textos reunidos por M. SCHMAUS, *Die psychologishche Trinitätslehre des hl. Augustinus*, p. 102.

[21] Agostinho propôs sucessivamente os *vestígios* mais diversos da Trindade, sem que nenhum excluísse os outros: *mesura, numerus, pondus*, no *De Trinitate*, XI, 11, 8; vol. 42, col. 998. – *unitas, species, ordo*, no *De vera religione*, VII, 13; vol.

dade dos três termos sem excluir a multiplicidade, ou vice-versa. Eis por que santo Agostinho se interessa preferencialmente pelas analogias tomadas da ordem do conhecimento e, em particular, da ordem da sensação.

A ordem sensível diz respeito apenas ao "homem exterior", por isso não se poderia buscar aqui uma *imagem* de Deus propriamente dita,[22] mas somente um *vestígio*, ou seja, uma analogia longínqua e indeterminada, mas mais fácil de apreender em razão de seu caráter sensível: *et si non expressiorem, tamen fortassi ad dignoscendum faciliorem.* Qualquer um dos nossos cinco sentidos poderia servir como ilustração dessa tese, mas será suficiente que examinemos o mais nobre de todos porque é o mais próximo do conhecimento intelectual: o sentido da visão.[23]

Quando vemos um objeto, nada é mais fácil do que distinguir três termos: a coisa que é vista, por exemplo, uma pedra ou uma chama; a visão dessa coisa, ou seja, a forma impressa pelo

---

34, col. 129. – *esse, forma, manentia*, na *Epist.* II, 3; vol. 33, col. 76. – *modus, species, ordo*, no *De natura boni contra manichaeos*, III; vol. 42, col. 553. – *quo res constat, quo discernitur, quop congruit*, no *De div. quaest 83*, XVIII, vol. 40, col 15. – As três partes da filosofia: *physica, logica, ethica* ou *naturalis, rationalis, moralis*, a que se referem as três excelências de Deus como *causa subsistendi, ratio intelligendi* e *ordo vivendi*, no *De civ. Dei*, XI, 25; vol. 41, col. 338-339; – no homem exterior, a trindade da *cogitatio*, que compreende *memoria sensibilis, interna visio, voluntas quae utrumque copulat*, no *De Trinitate*, XI, 3, 6; vol. 42, col. 988; essa trindade diz respeito ao homem exterior por causa do caráter sensível de seu dado inicial; sobre a *cogitatio* assim entendida, *ibid.*, 8, 13-15: col. 994-996. – Encontrar-se-ão no livro de M. Schmaus (*op. cit.*, p. 190-194) analogias sensíveis ainda mais modestas, como *fons, fluvius, potio* e outras análogas.

[22] "Non sane omne quod in creaturis aliquo modo simile est Deo, etiam ejus imago dicenda est; sed illa sola qua superior ipse solus est. Ea quippe de illo prorsus exprimitur, inter quam et ipsum nulla interjecta natura est." *De Trinitate*, XI, 5, 8; t.. 42, col. 991. "Quare cum homo possit particeps esse sapientiae secundum interiorem hominem, secundum ipsum ita est ad imaginem, ut nulla natura interposita formetur; et ideo nihil sit Deo conjunctius. Et sapit enim et vivit et est, qua creatura nihil est melius." *De div. quaest 83*; L, 2; t. 40, col. 33.

[23] *De Trinitate*, XI, 1, 1; vol. 42, col. 985.

objeto no órgão visual;[24] por fim, a atenção do espírito que mantém a vista fixa no objeto enquanto dura a percepção. Essas três coisas são evidentemente distintas; pois o corpo material e visível tomado em si é uma coisa; a forma que ele imprime no órgão sensível, é outra; enfim, a atenção do espírito difere tanto do corpo insensível que vemos como do órgão sensorial que o vê, dado que ela pertence apenas ao pensamento. Ao mesmo tempo, há algo como uma geração da visão pelo objeto, já que, sem a ação exercida por esse objeto sobre o sentido, a visão não se produziria. Temos aqui o exemplo de três termos que são a uma só vez distintos e estreitamente unidos – tão unidos que pelo menos dois deles são difíceis de serem discernidos[25] –, e que formam um primeiro vestígio da Trindade.[26]

Uma vez descartado o objeto sensível, sua imagem continua presente para a memória, de modo que a vontade pode se voltar novamente para ela, toda vez que queira, para desfrutá-la e contemplá-la. Daí, uma segunda trindade sensível que constitui um segundo vestígio de Deus no homem exterior: a lembrança, a visão interior dessa lembrança e a vontade que as une. Na trindade precedente, dois dos três termos pertenciam a substâncias diferentes; com efeito, o corpo sensível é uma substância material inteiramente estranha à ordem do pensamento; a visão, ao contrário, já seria da ordem da alma, dado que supõe um órgão animado por uma força interior; enfim, a vontade pertenceria intei-

---

[24] Aqui, santo Agostinho não fala da sensação visual, mas do sentido informado ou da forma impressa no sentido pelo objeto: "Ipsaque visio quae quid aliud, quam sensus ex ea re quae sentitur informatus? ... corpus quo formatur sensus oculorum, cum idem corpus videtur, et ipsa forma quae ab eodem imprimitur sensui, quae visio vocatur... sensus ergo vel visio, id est sensus non formatus extrinsecus..." *De Trinit.*, XI, 2, 2; t. 42, col. 985.

[25] Ver a nota precedente. Para provar a realidade da impressão produzida pelo objeto sobre o sentido, embora a impressão sensorial, para nós, não se distinga da forma do objeto, santo Agostinho apela às imagens remanescentes: *De Trinit.*, XI, 2, 4; t. 42, col. 987.

[26] *De Trinit.*, XI, 2, 5; t. 42, col. 987.

ramente à ordem espiritual pura, ou seja, ao pensamento propriamente dito. Aqui, ao contrário, a operação é como um ciclo que se realiza inteiramente no seio da alma. Sem dúvida, a origem da lembrança é exterior, pois se trata da lembrança de uma sensação ou de imagens combinadas por meio das lembranças de sensações; mas, uma vez adquirida a imagem, basta que a vontade lhe dirija o olhar da alma, para que daí resulte o conhecimento e para que este dure tanto quanto a vontade quiser fazê-lo durar.[27]

Se partimos da forma (*species*) do corpo para chegar àquela que o pensamento puro contempla, encontramos, em suma, quatro formas ou espécies, que nascem sucessivamente uma da outra, da primeira até a última. A partir da forma do corpo visto nasce a que aparece no olho que a vê; desta segunda forma nasce a da memória, e desta, enfim, nasce a que é considerada o olhar do pensamento.[28] A vontade une, portanto, por assim dizer, três vezes a espécie geradora àquela que ela engendra. Na primeira vez, ela

---

[27] As duas trindades sensíveis são comparadas na seguinte passagem: "Quod ergo est ad corporis sensum aliquod corpus in loco; hoc est ad animi aciem similitudo corporis in memoria; et quod est aspicientis visio ad eam speciem corporis ex qua sensus formatur; hoc est visio cogitantis ad imaginem corporis in memoria constitutam ex qua formatur acies animi; et quod est intentio voluntatis ad corpus visum visionemque copulandam, ut fiat ibi quaedam unitas trium, quamvis eorum sit diversa natura (*scil.* na primeira trindade); hoc est eadem voluntatis intentio ad copulandam imaginem corporis quae est in memoria, et visionem cogitantis, id est, formam quam cepit acies animi rediens ad memoriam: ut fiat et hic (*scil.* na segunda trindade) quaedam unitas ex tribus, non jam naturae diversitate discretis, sed unius ejusdemque substantiae; quia hoc totum intus est, et totum unus animus." *De Trinitate*, XI, 4, 7; t. 42, col. 990. Cf. XI, 7, 12; col. 993: "Quamvis enim haec trinitas, de qua nunc quaeritur, forinsecus invecta est animo; intus tamen agitur et non est quidquam ejus praeter ipsius animi naturam."

[28] *Acies cogitantis*, diz santo Agostinho. Essa expressão, que ele freqüentemente emprega no *De Trinitate*, para ele parece corresponder a uma faculdade verdadeira: "Sensus enim accipit speciem ab eo corpore quod sentimus, et a sensu memoria, a memoria vero acies cogitantis". (*Op. cit.*, XI, 8, 14; t. 42, col. 995). Trata-se de uma metáfora emprestada da ordem sensível da visão. Em sentido próprio, *acies* significa o olhar, que, passando através da pupila, discerne a luz

une a forma do corpo sensível àquela que esta forma engendra nos sentidos; na segunda vez, ela une a forma engendrada nos sentidos com aquela que resulta disso na memória; na terceira vez, ela une a forma da memória com aquela que resulta na intuição do pensamento. Dessas três tríades, apenas a primeira e a última engendram um conhecimento e por isso nós retivemos apenas estas como vestígios da Trindade. Mas, em todas as três, a vontade intervém para acoplar a forma geradora à forma engendrada, o que orienta imediatamente nosso pensamento na direção de uma analogia sensível de relações divinas.

O objeto material que imprime sua forma no sentido é comparável ao Pai; a forma impressa por ele nos sentidos é comparável ao Filho; a vontade que une o objeto ao sentido, enfim, é comparável ao Espírito Santo. Contudo, apressemo-nos em acrescentar que essa comparação está longe de valer inteiramente. O Pai basta por si mesmo para engendrar o Filho; aqui, ao contrário, o objeto não basta para engendrar uma forma sem a presença e o concurso do sentido, no qual o objeto a engendra. Pode-se afirmar, portanto, que o objeto não é verdadeiramente pai, nem a forma verdadeiramente engendrada, uma vez que é necessário ainda um terceiro termo do qual ela possa ser formada. O mesmo ocorre no que concerne à vontade. Na Trindade divina, o Espírito Santo procede igualmente do Pai e do Filho; na sensação ou na lembrança de uma imagem, ao contrário, a vontade é anterior ao objeto, à forma que ele produz e à lembrança que conservamos dele. Antes de ver uma coisa, já tínhamos uma vontade capaz de provocar a sensação aplicando o sentido à coisa; logo, a vontade precede os outros dois termos, ela não procede deles.[29] Para chegar a analo-

---

das trevas (*Enarr. in Ps. 16*, 8; t. 36, col. 146); por analogia, santo Agostinho admite que o pensamento pode se fixar mais numa idéia que em outra; o olhar que o pensamento dirige desse modo, graças à atenção (*intentio*) é precisamente o que é denominado de *acies mentis*.

[29] *De Trinitate*, XI, 5, 9; vol. 42, col. 991-992. Sobre essa questão, ver M. SCHMAUS, *Die Psychologische Trinitätslehre des hl. Augustinus*, p. 201-220,

gias mais profundas, é necessário passar do homem exterior ao homem interior e, para além dos vestígios, buscar as imagens do criador em nós.

---

que oferece uma boa análise comentada do *De Trinitate*, livro XI, e uma bibliografia de trabalhos sobre a analogia de Deus no homem exterior (p. 319, nota 9).

IV. A IMAGEM DE DEUS

Agostinho não tem qualquer ilusão sobre o alcance de nosso conhecimento em relação à natureza divina; o que a alma sabe de modo mais claro, depois de ter tentado apreender Deus, é como ela o ignora.[1] Deus também declara de bom grado que se calar é a melhor maneira de honrá-lo.[2] Não obstante, Agostinho entrega-se a um esforço considerável para alcançar pela inteligência o objeto de sua fé, e os resultados que obteve exerceram uma profunda influência sobre o pensamento medieval.[3]

Não há definição de Deus, pois ele é o ser mesmo, preservado de qualquer determinação: *Deum nihil aliud dicam esse, nisi*

---

[1] "... de summo illo Deo, qui scitur melius nesciendo..." *De ordine*, II, 16, 44, t. 32, c. 1015. "... et ipsum parentem universitatis; cujus nulla scientis est in anima; nisi scire quomodo eum nesciat." *Ibid.*, 18, 47; c. 1017.

[2] "Illi enim haec verba horrescunt, qui nondum viderunt ineffabili majestati nulla verba congruere...; ut inde admonerentur, etiam illa quae cum aliqua dignitate Dei se putant homines dicere, indigna esse illius majestate, cui honorificum potius silentium quam ulla vox humana competeret." *Contra Admantum*, XI; t. 42, c. 142. "Ego vero, cum hoc de Deo dicitur, indignum aliquid dici arbitrarer si aliquid dignum inveniretur quod de illo diceretur". *De div. quaest. ad Simplic.*, II, 2, 1; t. 40, col. 138.

[3] Além dos pontos essenciais que iremos estudar, Agostinho deixou inúmeras indicações esparsas sobre os atributos de Deus; sobre essa questão, consultar o bom capítulo de NOURRISSON, *La philosophie de saint Augustin*, p. 273-299; as páginas muito densas de J. MARTIN, *Saint Augustin*, p. 110-117 e de M. SCHMAUS, *Die psychologie Trinitätslehre des hl. Augustinus*, p. 82-100; especialmente as indicações bibliográficas dadas na p. 100, nota 3.

idipsum esse.[4] A fim de precisar seu pensamento nesse ponto importante, Agostinho formula uma doutrina que permanecerá definitivamente adquirida pela filosofia e pela teologia cristãs: Deus é isso que ele tem – *quae habet haec et est, et ea omnia unus est*.[5] Embora a criatura possua certo número de perfeições, não as tem de modo que se torne impossível não possuí-las; logo, ela tem cada uma delas, mas não é elas. Eis por que todos os atributos do homem são distintos de sua substância e, por isso mesmo, distintos uns dos outros. Ao contrário, Deus, sendo o ser absoluto, não é nem sábio, nem forte, nem justo; antes, a sabedoria, a força e a justiça são Deus, pois confundem-se nele com o ser dele:[6] Deus não tem atributos, ele os é. Nessas condições, como poderíamos conseguir concebê-lo; nós que só podemos pensá-lo ao distingui-lo de suas perfeições para atribuí-las a ele?

O homem estaria condenado a um silêncio completo no tocante à natureza divina, se não soubéssemos que todas as coisas

---

[4] *De moribus ecclesiae*, XIV, 24; t. 32, col. 1321. Cf. *De Trinitate*, V, 2, 3; t. 42, c. 912, que se refere ao texto do *Êxodo* 3,14: "Ego sum qui sum" e "Qui est misit me ad vos". Sobre a relação do ser com a eternidade, ver o comentário que faz desse texto o *Enarr. In Ps. 101*, 11, 10; t. 37, col. 1310-1312. Sobre essa questão, consultar M. SCHMAUS, *Die psichologische Trinitätslehre des hl. Augustinus*, p. 82-85.

[5] *De civ. Dei*. IX, 10, 3; t. 41, c. 327. Essa fórmula será uma das origens da doutrina medieval sobre a distinção entre a essência e a existência, particularmente como Boécio a conceberá.

[6] "Humano quippe animo non hoc est esse quod est fortem esse, aut prudentem, aut justum, aut temperantem: potest enim esse animus, et nullam istarum habere virtutem. Deo autem hoc est esse quod est fortem esse aut justum esse, aut sapientem esse, et si quid de illa simplici multiplicitate, vel multiplici simplicitate dixeris, quo substantia ejus significetur." *De Trinitate*, VI, 4, 6; t. 42, col. 927. "... cui non est aliud vivere et aliud vivere et aliud esse, sed idem est esse et vivere..." etc. *Op. cit.*, VI, 10, 11; t. 42, col. 931. "Una ergo eademque res dicitur, sive dicatur aeternus Deus, sive immortalis, sive incorruptibilis, sive immutabilis; itemque cum dicitur vivens, et intellegens, quod est utique sapiens..." etc. *Op. cit.*, XV, 5, 7; t. 42, c. 1062. Cf. XV, 6, 9; col. 1062. Cf. XV, 6, 9; col. 1063. Evitar-se-á dizer que Deus é *substância*, pois esse termo suporia que Deus é um sujeito cujos atributos são acidentes; o termo próprio a se empregar para designar Deus é *essência*: *De Trinitate*, V, 2, 3; t. 42, col. 912 e VII, 5, 10; col. 942.

trazem a marca do princípio do qual elas receberam o ser, pela Semelhança em si que é o Verbo. A única via, que permanece aberta para o homem se elevar a algum conhecimento de Deus, passa, portanto, pela consideração de seus efeitos.

A fim de seguir essa via com segurança, dois erros opostos devem ser evitados pelo pensamento que eles ameaçam: crer que nada do que se sabe sobre as coisas pode ser, em algum grau, afirmado acerca de Deus; e crer que o que se sabe sobre as coisas pode ser afirmado acerca de Deus no mesmo sentido que sobre as coisas. Na realidade, a distância que separa o Criador das criaturas é imensa e, todavia, não é em vão que se empregam as palavras que designam as criaturas para falar do Criador. Entretanto, só se pode fazer isso ao tomar algumas precauções, e ao preço de um considerável esforço de pensamento. Suponhamos, por exemplo, que eliminamos da ciência humana a sua mutabilidade, isto é, as passagens que ela efetua de um conhecimento a outro quando ela tenta lembrar-se e considerar algo em que não pensava no instante anterior; deixemos a ela somente uma verdade certa e inabalável, que abraçaria a tudo numa contemplação única e eterna; ou, melhor, não digamos que deixamos isso à ciência, pois a ciência humana não comporta nada assim; mas se tentarmos imaginar isso, da melhor maneira que pudermos, teremos um relance da ciência divina que, por mais diferente que possa ser da nossa, será ao menos semelhante o suficiente para ambas receberem o mesmo nome. Com efeito, ambas têm em comum serem não-ignorâncias; acerca daquilo que ambas sabem, pode-se dizer com igual razão que isso não lhes escapa e, portanto, que ambas são ciências: *ad non latere quoquo modo pertinet communicatio ipsa vocabuli*.[7]

A operação que acabamos de realizar na ciência humana poderia ser repetida com outros atos humanos, mesmo com as paixões. Eliminando da cólera o problema que lhe acompanha e conservando somente seu poder vingativo, elevo-me a um conhe-

---

[7] *De div. quaest. ad Simplic.*, II, 2, 3; t. 40, col. 140.

cimento aproximativo do que se nomeia de "cólera de Deus". O mesmo ocorre em relação à misericórdia, pois, se retiramos dela a compaixão, que nos faz sofrer pela miséria da qual temos piedade, resta a pacífica bondade daquele que conhece o mal dos outros e quer remediá-lo. Assim, qualquer que seja a operação humana de que partimos, suprimamos aquilo que se relaciona com a nossa infirmidade e com a nossa ignorância, para retermos o que ela comporta de perfeição e obteremos um nome cujo sentido possa legitimamente se aplicar a Deus.[8]

Deus é mais inacessível ao pensamento quando considerado na Unidade de sua natureza; Deus é ainda mais inacessível, se isso for possível, considerado em sua Trindade. Todavia, aqui também, temos o direito de buscar conhecê-lo partindo de suas criaturas; a própria *Escritura* nos convida a isso, dado que Deus disse na *Bíblia* "*faciamus hominem ad imaginem et similitudinem nostram*".[9] Ora, vimos que uma imagem é uma semelhança expressa. Então, por que não buscaríamos nessa criatura, que é o homem, a imagem da Trindade criadora?

De fato, não há nada na natureza que não guarde alguma semelhança com a Trindade e que não possa nos ajudar a concebê-la; todavia, tomada em sentido próprio, a dignidade da imagem pertence somente ao homem.[10] No homem, ela pertence propriamente apenas à sua alma; na alma, ela pertence propriamente

---

[8] *Ibid.* e 4, col. 141. Toda essa teoria tende a provar em qual sentido a "presciência" divina merece verdadeiramente o nome de ciência. Cf. *De Trinitate*, V, 1, 2; t. 42, col. 911-912.

[9] "Façamos o homem à nossa imagem e semelhança" (*Gn* 1,26). (N. da T.)

[10] "Ergo intelligimus habere nos aliquid ubi imago Dei est, mentem scilicet atque rationem. Ipsa mens invocabat lucem Dei et veritatem Dei. Ipsa est qua capimus justum et injustum; ipsa est qua discernimus verum a falso; ipsa est quae vocatur intellectus, quo intellectu carent bestiae; quem intellectum quisquis in se negligit, et postponit caeteris, et ita abjicit quasi non habeat, audit ex Psalmo: *nolite esse sicut equus et mulus, quibus non est intellectus* (Sl 31,9)." *Enarr. in Psalm.* 42, 6; t. 36, c. 480). Encontra-se um texo análogo em Bérenger de Tours: *Berengarii Turonensis de sacra coena adversus Lanfrancum*, ed. A. F. e F. Th. VISCHER

apenas ao pensamento (*mens*), que nela é a parte superior e mais próxima de Deus.[11]

Agora resta saber como essa imagem se exprime no pensamento. Em busca de analogias que o ajudam a sondar o mistério, Agostinho hesita entre várias imagens possíveis de Deus no homem. Três retiveram principalmente sua atenção: *mens, notitia, amor* é a primeira; *memoria sui, intelligentia, voluntas* é a segunda; *memoria Dei, inteligentia, amor* é a terceira.[12] Primeiramente, o que elas têm em comum é que as três têm como sede a *mens*, olho espiritual da alma.[13] Em seguida, ao fazer do homem uma ima-

---

(Berolini, 1834), p. 101; desde então, é duvidoso que se possa interpretá-lo como uma declaração de racionalismo. Cf. "Fecit (Deus) et hominem ad imaginem et similitudinem suam in mente: ibi est enim imago Dei; ideo mens ipsa non potest comprehendi nec a se ipsa, ubi est imago Dei". *De symbolo*, I, 2; t. 40, c. 628.

[11] A origem dessa terminologia se encontra em são Paulo (*Ef* 4, 23): "... spiritu mentis vestrae ...", comentado por santo Agostinho em *De Trinitate*, XIV, 16, 22; vol. 42, col. 1052-1054. Agostinho refere-se também a Paulo (*Rm* 12,2; 1*Cor* 14,14). Ele admite que, no texto de Paulo, os dois termos são sinônimos: "... spiritum mentis dicere voluit eum spiritum, quae mens vocatur" (*loc. cit.*, col. 1053). Sinônimos nesse caso, pois toda *mens* é *spiritus*; mas nem sempre é assim, pois todo *spiritus* não é *mens*. Há um *spiritus* superior ao pensamento humano: Deus; há outros *spiritus* que lhe são inferiores, i. e., a alma, a imaginação etc. Na realidade, a *mens* é a parte superior do *spiritus*, que é alma humana (*De Trinitate*, IX, 2, 2; vol. 42, col. 962; e XIV, 16, 22; t. 42, col. 1053). Sobre essa questão, consultar especialmente a profunda exposição de Pe. GARDEIL, em *La structure de l'âme et l'experience mystique*, Paris, J. Gabala, 1927; vol. I, p. 50-130; vol. II, p. 281-312. Este é o melhor ponto de partida para um estudo sobre os difíceis textos de Agostinho relativos à imagem de Deus no pensamento humano. Consultar igualmente o inventário bastante consciencioso e completo do *De Trinitate* de M. SCHMAUS, *Die psychologie Trinitätslehre des hl. Augustinus*, p. 195-416. Enfim, pode-se ter o prazer de ler as análises de Agostinho no estilo de Bossuet, *Élévations à Dieu sur tous les mystères de la vie chrétienne*.

[12] A primeira trindade (*mens, notitia, amor*) é analisada no *De Trinitate*, IX, 2, 2-5, 8; t. 42, col. 961-965. A segunda (*memoria, intelligentia, voluntas*) encontra-se no *De Trinitate*, X, 11, 17-12, 19; t. 42, col. 982-984. A terceira (*memoria Dei, intelligentia, amor*) encontra-se no *De Trinitate*, XIV, 8, 11-12, 16; t. 42, col. 1044-1049.

[13] "Detracto etiam corpore, si sola anima cogitetur, aliquid ejus est mens, tamquam caput ejus, vel oculus, vel facies: sed non haec ut corpora cogitanda sunt. Non

gem de Deus, elas introduzem no pensamento humano não uma qualidade acidental, mas essencial. Dado que o homem foi criado *ad imaginem*, sua semelhança para com Deus está inscrita em seu ser a título de propriedade inamissível. Essa imagem de Deus pode ser deformada em nós pelo pecado e deve ser reformada pela graça; mas ela não pode ter se perdido de nós, porque não é necessariamente uma participação atual de Deus na alma, mas a possibilidade sempre aberta dessa participação.[14] Enfim, a consubstancialidade, ao menos relativa, dos elementos que formam essas trindades criadas permite-nos, em alguma medida, imaginar o que é a consubstancialidade real das três pessoas da Trindade. Esse último traço exercerá uma influência profunda na psicologia agostiniana da Idade Média. A preocupação de não admitir qualquer distinção real entre a alma e suas faculdades, ou entre as faculdades da alma entre si, afirma-se em toda a história dessa escola; ela se exprime pelo desejo de conservar na alma uma unidade suficiente para que, malgrado a diversidade de suas partes, ela nos ofereça uma imagem reconhecível da Trindade.[15] Seja qual for, portanto,

---

igitur anima, sed quod excellit in anima mens vocatur". *De Trinitate*, XV, 7, 11; t. 42, c. 1065. "... in eo quod ipse homo in sua natura melius caeteris animalibus, melius etiam caeteris animae suae partibus habet, quod est ipsa mens: cui quidam rerum invisibilium tributus est visus, et cui tamquam in loco superiore atque interiore honorabiliter praesidenti, judicanda omnia nuntiant etiam corporis sensus; et qua non est superior, cui subdita regenda est, nisi Deus." *De Trinitate*, XV, 27, 49; t. 42, c. 1096.

[14] "Quamvis enim mens humana non sit ejus naturae cujus est Deus, imago tamen naturae ejus qua natura melior nulla est, ibi quaerenda et invenienda est in nobis, quo etiam natura nostra nihil habet melius. Sed prius mens in se ipsa consideranda est antequam sit particeps Dei, et in ea reperienda est imago ejus. Diximus enim eam etsi amissa Dei participatione obsoletam atque deformem, Dei tamen imaginem permanere. Eo quippe ipso imago ejus est, quo ejus capax est, ejusque particeps esse potest; quod tam magnum bonum, nisi per hoc quod imago ejus est, non potest." *De Trinitate*, XV, 27, 49; t. 42, c. 1096.

[15] O texto agostiniano fundamental que será oposto a qualquer distinção real das faculdades da alma é este:"Haec igitur tria: memoria, intellegentia, voluntas, quoniam non sunt tres vitae, sed una vita, nec tres mentes, sed una mens,

a trindade criada que Agostinho tem em vista, ela deverá manifestar, no seio da *mens*, a existência de três termos consubstanciais, embora distintos, e iguais entre si em suas relações.[16]

Todas as análises desenvolvidas por santo Agostinho sobre esse assunto têm uma importância histórica. Sumariamente transmitidas à Idade Média por Pedro Lombardo, que as reuniu em seus *Livros das sentenças*,[17] elas serão um tema obrigatório, para todo

---

consequenter utique nec tres substantiae sunt, sed una substantia. Memoria quippe, quae vita et mens et substantia dicitur, ad se ipsam dicitur; quod vero memoria dicitur, ad aliquid relative dicitur. Hoc de intellegentia quoque ed de voluntate dixerim: et intellegentia quippe et voluntas ad aliquid dicitur. Vita est autem unaquaeque ad se ipsam, et mens, et essentia. Quocirca tria haec eo sunt unum, quo una vita, una mens, una essentia: et quidquid aliud ad se ipsa singula dicuntur, etiam simul, non pluraliter, sed singulariter dicuntur... Quapropter quando invicem a singulis et tota et omnia capiuntur, aequalia sunt tota singula totis singulis, et tota singula simul omnibus totis; et haec tria unum, una vita, una mens, una essentia". *De Trinitate*, X, 11, 18; t. 42, c. 983-984. Esse texto virá a ser conhecido sobretudo por intermédio do apócrifo *De spiritu et anima*, obra do cisterciense Alcher de Claraval; ver, nas obras de santo Agostinho, Pat. lat., t. 40, cap. XIII; c. 788-789; cf. cap. 19, c. 794.

[16] "Fortassis ergo mens totum est, et ejus quasi partes amor quo se amat, et scientia qua se novit, quibus duabus partibus illud totum constat? An tres sunt aequales partes, quibus totum unum completur? Sed nulla pars totum, cujus pars est, complectitur: mens vero cum se totam novit, hoc est perfecte novit, per totum ejus est notitia ejus; et cum se perfecte amat, totam se amat, et per totum ejus est amor ejus... Quomodo autem illa tria non sint ejusdem essentiae, non video, cum mens ipsa se amet, atque ipsa se noverit; atque ita sint haec tria, ut non alteri alicui rerum mens vel amata vel nota sit. Unius ergo ejusdemque essentiae necesse est haec tria sint: et ideo si tamquam commixtione confusa essent, nullo modo essent tria, nec referri ad invicem possent. Quemadmodum si ex uno eodemque auro tres anulos similes facias, quamvis connexos sibi, referuntur ad invicem, quod similes sunt; omnis enim similis alicui similis est; et trinitas annulorum est, et unum aurum: at si misceantur sibi, et per totam singuli massam suam conspergantur, intercidet illa trinitas, et omnino non erit; ac non solum unum aurum dicetur, sicut in illis tribus anulis dicebatur, sed jam nulla aurea tria." *De Trinitate*, IX, 4, 7; t. 42, c. 964-965. Essa metáfora anuncia a de Dante, *Parad.*, XXXIII, 115-120. Cf. *De Trinitate*, IX, 5, 8; t. 42, c. 965.

[17] *Petri Lombardi Libri IV sentenciarum*, ed. Quaracchi, 2ª ed. 1916, Lib. I, dist. 3, cap. 2 e 3; t. I, p. 33-39. A Trindade em que Pedro Lombardo insiste é a segunda: *memoria, intelligentia, voluntas*, ed. citada, p. 33-36.

professor de teologia, de meditação e de ensino. Para o historiador moderno que se esforça para reencontrar o sentido autêntico das doutrinas, essas análises são indispensáveis ao estudo da psicologia e da teologia natural de santo Agostinho. É tentador, mas seria perigoso, isolar, no problema da Trindade, o da *mens* para reportá-lo ao estudo da alma humana. Satisfatória, em nossa opinião, quanto à ordem e às distinções, tal transferência cortaria as raízes teológicas da psicologia agostiniana e as raízes psicológicas da teologia agostiniana; logo, não separemos artificialmente o que a filosofia uniu.

Quando amo algum objeto, meu amor implica três termos – eu, aquilo que amo e meu amor –, pois o que eu amo não é o amor, mas o objeto do meu amor. Suponhamos que eu mesmo seja esse objeto; de três, os termos se reduzem a dois, pois dizer que um homem se ama e que é amado por si mesmo é dizer duas vezes o mesmo. Então, resta somente a presença do amor e do objeto amado. O objeto amado é o pensamento considerado aqui como uma essência;[18] o amor ainda não é o ato pelo qual a vontade ama, mas já é a disposição natural do pensamento para querer desfrutar de si, disposição pronta a se atualizar. Assim, temos dois termos relativos um ao outro. Mas pode-se acrescentar que a relação entre eles é uma relação de igualdade, pois o pensamento quer a si todo inteiro; seu amor por si é a afirmação natural de si mesmo: aquele que ama é exatamente igual ao que é amado.[19] Por outro lado, é evidente que não se pode amar sem conhecer. Logo, o pensamento não pode se amar sem se conhecer, coisa que, aliás, lhe é fácil, uma vez que, por ser incorporal, ele é essencialmente

---

[18] "Mens vero et spiritus non relative dicuntur, sed essentiam demonstrant." *De Trinitate*, IX, 2, 2; t. 42, c. 962. "Mens vero aut spiritus (quamvis) non sint relativa...," *op. cit.*, IX, 4, 6; t. 42, c. 964.

[19] "Mens igitur cum amat se ipsam, duo quaedam ostendit, mentem et amorem. Quid est autem amare se, nisi praesto sibi esse velle ad fruendum se? Et cum tantum se vult esse, quantum est, par menti voluntas est, et amanti amor aequalis." *De Trinitate*, IX, 2, 2; t. 42, c. 962.

inteligível. Ora, como o amor da alma por si é rigorosamente igual a ela, do mesmo modo, o conhecimento que ela tem de si lhe é rigorosamente igual. O que ela ama, neste caso, não está acima, como ocorre quando ama Deus; tampouco está abaixo dela, como quando ama os corpos; está justamente no seu nível. Segue-se que o pensamento, o amor e o conhecimento são três e que os três são um, e os três, que são um, são iguais: imagem fiel da Trindade.[20]

O caráter distintivo dessa primeira imagem é o de se desdobrar toda no interior da substância da *mens*, anteriormente aos atos que a manifestarão. O que assegura a unidade substancial da *mens* com seu amor e seu conhecimento é o que funda ao mesmo tempo a substancialidade do conhecimento e de seu amor. Se o amor por si mesmo ou o conhecimento de si estivessem no pensamento como acidentes num sujeito, o pensamento só poderia amar ou conhecer a si; mas ele pode amar ou conhecer qualquer outra coisa. Logo, ele não é um pensamento que teria o conhecimento de si ou o amor por si, mas um pensamento que, sendo substancialmente conhecimento e amor, encontra-se naturalmente em estado de se conhecer e se amar, esperando que ame e conheça o restante. Reciprocamente, o amor e o conhecimento que o pensamento tem de si mesmo são substâncias em razão do fato de serem a substância dele.[21] A substancialidade deles é feita da sua consubstancialidade; eis por que esses três termos formam uma trindade.

---

[20] "Sicut autem duo quaedam sunt, mens et amor ejus, cum se amat; ita quaedam duo sunt, mens et notitia ejus, cum se novit. Ipsa igitur mens et amor et notitia ejus tria quaedam sunt, et haec tria unum sunt; et cum perfecta sunt, aequalia sunt." *De Trinitate*, IX, 4, 4; t. 42, c. 963. Cf. *Sermo 52*, 7, 18-10, 23; t. 38, col. 361-364. *De civ. Dei*, XI, 26; t. 41, col. 339-340.

[21] "Simul etiam admonemur, si utcumque videre possumus, haec in anima exsistere, et tamquam involuta evolvi ut sentiantur et dinumerentur substantialiter, vel, ut ita dicam, essentialiter, non tamquam in subjecto, ut color, aut figura in corpore, aut ulla alia qualitas aut quantitas. Quidquid enim tale est, non excedit subjectum in quo est. Non enim color iste aut figura hujus corporis potest esse et

A contemplação de Deus em sua obra

Essa primeira trindade nos é dada, portanto, no estado de involução: *tanquam involuta*. O pensamento pode se esforçar muito para desenvolvê-la de algum modo (*evolui*) dentro de sua própria substância, mas, mesmo desenvolvida, ela permanece uma imagem virtual. Ora, a Trindade das pessoas divinas é, ao contrário, perfeitamente atualizada; por isso a segunda imagem, que vamos examinar, é mais evidente do que a primeira;[22] no lugar de

---

alterius corporis. Mens autem amore quo se amat, potest amare et aliud praeter se. Item non se solam cognoscit mens, sed et alia multa. Quamobrem non amor et cognitio tamquam in subjecto insunt menti; sed substantialiter etiam ista sunt, sicut ipsa mens; quia et si relative dicuntur ad invicem, in sua tamen sunt singula quaeque substantia. Nec sicut color et coloratum relative ita dicuntur ad invicem, ut color in subjecto colorato sit, non habens in seipso propriam substantiam; quoniam coloratum corpus substantia est, ille autem in substantia: sed sicut duo amici etiam duo sunt homines, quae sunt substantiae; cum homines non relative dicantur, amici autem relative". *De Trinitate*, IX, 4, 5; t. 42, c. 963-964.

[22] "In nono (libro), ad imaginem Dei, quod est homo secundum mentem, pervenit disputatio: et in ea quaedam trinitas invenitur, id est, mens, et notitia qua se novit, et amor quo se notitiamque suam diligit; et haec tria aequalia inter se, et unius ostenduntur esse essentiae. In decimo hoc idem diligentius subtiliusque tractatum est, atque ad id perductum, ut inveniretur in mente evidentior trinitas ejus, in memoria scilicet et intellegentia et voluntate." *De Trinitate*, XV, 3, 5; t. 42, c. 1060. Cf. XIV, 7, 10; t. 42, col. 1043-1044. M. Schmaus propõe uma interpretação diferente da relação entre as duas primeiras trindades e a apóia em argumentos bastante fortes (*Die psychologie Trinitätslehre des hl. Augustinus*, p. 250-273, cf. p. 268). Segundo ele, o pensamento de Agostinho teria evoluído entre a redação do livro IX e do livro XIV do *De Trinitate*. Ao escrever o livro IX, Agostinho entendia *notitia* no sentido de um conhecimento atual (ver sobretudo os argumentos da p. 251); apenas mais tarde, quando uma segunda trindade mais expressa se oferece ao pensamento, ele reduziria o sentido de *notitia* ao de um conhecimento habitual e, assim, faria da primeira trindade uma trindade virtual. A questão poderia estar resolvida, na medida do possível, apenas por uma escrupulosa exegese dos textos. Se ele tivesse mudado de opinião durante esse intervalo, seria curioso santo Agostinho não ter corrigido a exposição do livro IX para adaptá-la à do livro XIV; isso teria sido fácil. Ademais, M. Schmaus, que cita textos muito fortes ao apoio de sua tese, não discutiu aqueles que vão ou parecem ir no sentido contrário, notadamente no livro IX. Por exemplo, o texto que ele interpreta mais adiante (p. 256), em que *notitia* e *amor* são definidos como *substâncias*, dificilmente concorda com sua interpretação, que quer tomá-los como atos.

se encontrar no pensamento, no conhecimento e no amor, ela encontra-se na memória, na inteligência e na vontade.

Tal como Agostinho concebe a memória, ela não é diferente do conhecimento do pensamento por si mesmo. Por que lhe dar esse nome? Como vimos, o pensamento é substancialmente inseparável do conhecimento de si; por outro lado, nosso conhecimento atual (*cogitatio*) nem sempre se dá sobre nosso pensamento para, de algum modo, colocá-lo diante de si e considerá-lo. Freqüentemente sucede que, embora esteja totalmente presente a si mesmo, o pensamento não se percebe. Para exprimir essa presença inapercebida, pode-se aplicar a ele o mesmo nome que às lembranças ou conhecimentos que se possui, mas nos quais atualmente não se pensa. Com efeito, o caso é o mesmo. Eu conheço uma ciência, mas não penso nela: digo que ela está presente na minha memória; meu pensamento está sempre presente, mas não o considero: digo que tenho memória de mim. Ademais, é por isso que, quando o pensamento vem a se perceber, não se diz que ele se conhece, mas que se reconhece.[23]

De todo modo, nossa exposição corresponde à última interpretação que santo Agostinho elaborou sobre seu próprio pensamento.

[23] "Tanta est tamen cogitationis vis, ut nec ipsa mens quodam modo se in conspectu suo ponat, nisi quando se cogitat: ac per hoc ita nihil in conspectu mentis est, nisi unde cogitatur, ut nec ipsa mens, qua cogitatur quidquid cogitatur, aliter possit esse in conspectu suo, nisi se ipsam cogitando. (...) Proinde restat ut aliquid pertinens ad ejus naturam sit conspectus ejus, et in eam, quando se cogitat, non quasi per loci spatium, sed incorporea conversione revocetur: cum vero non se cogitat, non sit quidem in conspectu suo, nec de illa suus formetur obtutus, sed tamen noverit se tamquam ipsa sit sibi memoria sui. Sicut multarum disciplinarum peritus ea quae novit, ejus memoria continentur, nec est inde aliquid in conspectu mentis ejus, nisi unde cogitat; cetera in arcana quadam notitia sunt recondita, quae memoria nuncupatur. Ideo trinitatem sic commendabamus, ut illud unde formatur cogitantis obtutus, in memoria poneremus; ipsam vero conformationem, tamquam imaginem quae inde imprimitur; et illud quo utrumque conjungitur, amorem seu voluntatem. Mens igitur quando cogitatione se conspicit, intellegit se et recognoscit: gignit ergo hunc intellectum et cognitionem suam." *De Trinitate*, XIV, 6, 8; t. 42, c. 1041-

A contemplação de Deus em sua obra

De direito, o pensamento não teria que fazer nada para se conhecer, a não ser tomar consciência de si e se apreender. De fato, pelas razões que vimos, ele só apreenderá através disso uma aparência falsa, sua própria imagem deformada e materializada por um revestimento espesso de imagens sensíveis. Portanto, para alcançar-se em sua natureza verdadeira, o pensamento deve atravessar essa crosta de sensações aglutinadas e se descobrir tal como é. Ora, o que ele é, em sua própria natureza, é o modelo divino à imagem do qual o pensamento foi formado. Com efeito, é por isso que a influência das razões eternas, combinada com a memória latente que a alma tem de si, é necessária para que o pensamento se descubra tal como é. Se essa influência se exerce, o pensamento naturalmente vai engendrar um conhecimento verdadeiro de si mesmo; ele se exprime; ele se diz de alguma maneira, e o resultado dessa expressão de si por si é o que se denomina um *verbo*.

Agora, no ato pelo qual o pensamento se exprime, portanto, nós chegamos a uma imagem da geração do Filho pelo Pai. Com efeito, tal como o Pai concebe eternamente uma expressão perfeita de si mesmo, que é o Verbo, do mesmo modo o pensamento humano, fecundado pelas razões eternas do Verbo,

---

1042. O caráter atual do segundo ternário aparece manifestamente nesse texto. M. Schmaus é igualmente dessa opinião (*op. cit.*, p. 271); todavia, ele sustenta que Agostinho pensa igualmente aqui numa trindade inconsciente porque simplesmente habitual (p. 269, p. 271). É indubitável que toda presença atual de três termos pressupõe a preexistência habitual deles (é nesse sentido que interpretaríamos os textos reproduzidos em *op. cit.*, p. 271, nota 7). Logo, diríamos que santo Agostinho fala aqui explicitamente de uma trindade de atos (mas algumas vezes lembrando de suas condições habituais), mais do que lhe atribuir a hesitação contínua pela qual M. Schmaus lhe censura: "Beide Auffassungen ziehen sich sonach durch das ganze Werk hindurch. Jedoch kommt dem in der Tageshelle des Bewusstseins sich bewegenden Ternar ein gewisser Vorrang zu" (*op. cit.*, p. 271-271). Ademais, talvez queiramos, uns e outros, encontrar mais precisão no pensamento de Agostinho do que ele comporta, ou mesmo algum gênero de precisão abstrata que seu pensamentto exclui.

A imagem de Deus

também engendra interiormente um conhecimento verdadeiro de si mesmo. Essa expressão atual é evidentemente distinta da memória latente de si que ela exprime; contudo, não se desliga desta; o que se desliga desta é apenas o verbo exterior pelo qual nosso conhecimento interno se exterioriza sob forma de palavras e de outros signos. Estamos na raiz da iluminação agostiniana. Se, como vimos, todo conhecimento verdadeiro é necessariamente um conhecimento das verdades eternas do Verbo, o ato mesmo de conceber a verdade é em nós uma imagem da concepção do Verbo pelo Pai, no seio da trindade.[24]

Mas a geração do verbo no interior do pensamento implica um terceiro elemento. Com efeito, por que o pensamento presente a si mesmo quis se buscar, reencontrar-se através do revestimento das imagens sensíveis e, finalmente, exprimir-se? Isso ocorre porque ele não somente conhece a si mesmo, mas ama a si mesmo. Tal como a *memoria* da segunda trindade corresponde à *mens* da primeira, assim *intelligentia* e *voluntas* correspondem a *notitia* e *amor*. O que engendramos é o que queremos ter e possuir; o que engendramos, é a isso que nos afeiçoamos e temos complacência. Logo, o amor é duplamente interessado em toda geração: ele a

---

[24] "In illa igitur aeterna Veritate, ex qua temporalia facta sunt omnia, formam secundum quam sumus, et secundum quam vel in nobis vel in corporibus vera et recta ratione aliquid operamur, visu mentis aspicimus: atque inde conceptam rerum veracem notitiam, tamquam verbum apud nos habemus, et dicendo intus gignimus; nec a nobis nascendo discedit. Cum autem ad alios loquimur, verbo intus manenti ministerium vocis adhibemus, aut alicujus signi corporalis, ut per quandam commemorationem sensibilem tale aliquid fiat etiam in animo audientis, quale de loquentis animo non recedit." *De Trinitate*, IX, 7, 12; t. 42, c. 967. Cf. o importante texto *In Joan. Evang.*, tr. I, 8; t. 35, c. 1383. Essa observação pode ser estendida, *mutatis mutandis*, do conhecimento intelectual ao conhecimento sensível. A produção da sensação pela alma é um *dictio*, e a analogia com a geração do Verbo pelo Pai, embora mais longínqua, não é menos real: "Et quemadmodum cum per sensum corporis *dicimus* corpora, fit aliqua eorum similitudo in animo nostro..." *De Trinitate*, IX, 11, 16; t. 42, c. 969. Ver p. 132-133.

causa e, depois, tendo-a causado, afeiçoa-se a seu produto. O que é verdadeiro sobre toda geração é verdadeiro sobre a geração do verbo interior pelo qual o pensamento exprime a si mesmo. O verbo que o amor engendrou e o pensamento que o engendra encontram-se finalmente unidos novamente por um liame espiritual que os une estreitamente sem confundi-los, e que é também o amor.[25] Assim, o verbo não é somente conhecimento, mas um conhecimento inseparável do amor: *verbum est igitur... cum amore notitia*[26] – tanto é assim que uma nova igualdade perfeita se reconstitui sob nossos olhos para formar uma segunda imagem da Trindade.[27]

Talvez seja possível perguntar por que o amor não é considerado como engendrado e o que o distingue de um verbo exprimido. A questão é difícil e obscura.[28] Todavia, é certo que o amor, causa da geração do verbo pelo pensamento, não poderia ser confundido com a expressão que disso resulta. Por outro lado, é o mesmo e idêntico amor, causa da geração, que abraça o fruto dessa geração e com ele se compraz. O desejo de conhecer torna-se amor pelo conhecimento e, uma vez que o precede em nascimento, não resulta do conhecimento.[29] Há aqui, portanto, uma

---

[25] "Nemo enim aliquid volens facit, quod non in corde suo prius dixerit. Quod verbum amore concipitur, sive creaturae, sive Creatoris, id est, aut naturae mutabilis, aut incommutabilis veritatis." *De Trinitate*, IX, 7, 12-13; t. 42, c. 967. "Verbum ergo nostrum et mentem de qua gignitur, quasi medius amor conjungit, seque cum eis tertium complexu incorporeo, sine ulla confusione constringit." *Ibid.*, c. 968.

[26] *De Trinitate*, IX, 10, 15; t. 42, c. 969.

[27] *Op. cit.*, IX, 11, 16; t. 42, col. 969-970. Santo Agostinho enfatiza fortemente que os termos dessa trindade se condicionam reciprocamente: a inteligência estando contida na memória, e, por sua vez, tendo uma memória, enquanto a vontade tem ciência do que ela quer (*De Trinitate*, XV, 21, 41; t. 42, c. 1089). A ausência de toda distinção real entre as faculdades da alma necessariamente implica essa conseqüência.

[28] *De Trinitate*, IX, 12, 17; t. 42, col. 970.

[29] "Qui appetitus, id est, inquisitio, quamvis amor esse non videatur, quod id quod notum est, amatur; hoc enim adhuc ut cognoscatur agitur: tamen ex eodem

nova imagem da Trindade, três termos e não dois: a memória, ou presença do pensamento a si mesmo, o conhecimento de si que o pensamento exprime e o amor, que os une; os três são um e formam uma única substância, pois o pensamento conhece a si mesmo o tanto quanto ele é, e ama a si mesmo o tanto quanto ele é e se conhece.

Acima dessa segunda imagem, encontra-se uma terceira, que não estabelece simplesmente uma relação da alma consigo mesma, mas entre a alma e Deus, do qual ela é imagem.[30] Essa imagem aparece no pensamento quando, através do esforço que descrevemos ao estudar a busca de Deus pela razão e pela vontade, ele engendra em si a inteligência e a sabedoria. Se a alma não faz esse esforço, ela pode lembrar-se de si mesma e se amar, mas sua vida não permanece menos do que uma loucura. Se, ao contrário, ela se volta para a direção de Deus, que a fez, e se com isso ela toma consciência de seu caráter de imagem divina, então, lembrar-se de si, exprimir-se num verbo e amar-se equivalerão a lembrar-se de Deus, da maneira pela qual ele se exprime e pela qual ele se ama. Através disso, engendra-se no homem uma sabedoria que é uma participação da sabedoria de Deus e que restabelece uma sociedade

---

genere quiddam est. Nam voluntas jam dici potest, quia omnis qui quaerit invenire vult... Partum ergo mentis antecedit appetitus quidam, quo id quod nosse volumus quaerendo et inveniendo, nascitur proles ipsa notitia: ac per hoc appetitus ille quo concipitur pariturque notitia, partus et proles recte dici non potest; idemque appetitus quo inhiatur rei cognoscendae, fit amor cognitae, dum tenet atque amplectitur placitam prolem, id est, notitiam, gignentique conjungit. Et est quaedam imago Trinitatis, ipsa mens, et notitia ejus, quod est proles ejus ac de se ipsa verbum ejus, et amor tertius, et haec tria unum atque una substantia. Nec minor proles, dum tantam se novit mens quanta est; nec minor amor, dum tantum se diligit quantum novit et quanta est." *De Trinitate*, IX, 12, 18; t. 42, c. 971-972. Cf. *op. cit.*, XI, 7, 11-12; t. 42, c. 993-994; et XI, 8, 15; t. 42, c. 995-996.

[30] "Haec igitur trinitas mentis non propterea Dei est imago, quia sui meminit mens, et intelligit ac diligit se: sed quia potest etiam meminisse, et intelligere et amare a quo facta est. Quod cum facit, sapiens ipsa fit. Si autem non facit, etiam cum sui meminit, seseque intelligit ac diligit, stulta est. Meminerit itaque Dei

rompida desde muito tempo entre a criatura e seu Criador.[31] Pois é bem verdade que Deus sempre está com o homem, dado que seu poder, sua luz e seu amor não cessam de conferir a este o ser, o conhecimento e a vida; mas não é verdade que o homem esteja sempre com Deus, uma vez que nos esquecemos sem cessar daquele de quem temos tudo. Ser com ele é precisamente lembrar-se dele, conhecê-lo pela inteligência e amá-lo; é, portanto, renovar em si a imagem que, quando muito obliterada no homem, caiu num esquecimento tal que nenhuma advertência exterior pode reavivar.[32]

Essas analogias são o que a alma pode apreender de mais claro em seu esforço para penetrar o mais alto dos mistérios. Quando já as considerou, resta a ela dar-se conta da distância infinita que ainda a separa de tal objeto. Nem o estudo da imagem divina em nós, nem mesmo os termos das fórmulas dogmáticas que usamos para definir a Trindade nos conferem uma real inteligência dela. Também, depois de ter consagrado os catorze primeiros livros do *De Trinitate* ao aprofundamento desse mistério,

---

sui, ad cujus imaginem facta est, eumque intelligat atque diligat." *De Trinitate*, XIV, 12, 15; t. 42, c. 1048. Cf. 14, 20; c. 1051.

[31] De fato, a *imagem* jamais é completamente apagada do homem pelo pecado, pois ela é conatural ao homem. Quanto a essa questão, ver M. SCHMAUS, *op. cit.*, p. 293-294, e anteriormente, p. 281.

[32] "Illa autem ceteris natura praestantior Deus est. Et quidem *non longe positus ab unoquoque nostrum*, sicut Apostolus dicit, adjungens, *In illo enim vivimus, et movemur, et sumus* (At 17,27-28). Quod si secundum corpus diceret, etiam de isto corporeo mundo posset intelligi. Nam et in illo secundum corpus vivimus, movemur, et sumus. Unde secundum mentem quae facta est ad ejus imaginem, debet hoc accipi, excellentiore quodam, eodemque non visibili, sed intelligibili modo... Proinde si in ipso sunt omnia, in quo tandem possunt vivere quae vivunt, et moveri quae moventur, nisi in quo sunt? Non tamen omnes cum illo sunt eo modo quo ei dictum est: *ego semper tecum* (Sl 72,23). Nec ipse cum omnibus eo modo quo dicimus, Dominus vobiscum. Magna itaque hominis miseria est cum illo non esse, sine quo non potest esse. In quo enim est, proculdubio sine illo non est: et tamen si ejus non meminit, eumque non intelligit, nec diligit, cum illo non est." *De Trinitate*, XIV, 12, 16; t. 2, c. 1048-1049. Sobre o

A imagem de Deus

Agostinho emprega o XV e último para descrever as diferenças radicais que separam a Trindade criadora de suas imagens criadas. Na raiz de todas essas diferenças, encontra-se a perfeita simplicidade de Deus. Quando falamos de vida, de conhecimento, de memória ou de qualquer outra perfeição, pensamos nos atributos de um ser finito tal como nós somos. Em Deus, ao contrário, toda perfeição se confunde com seu ser e se identifica perfeitamente com cada uma das três pessoas divinas; quando falamos como se tratasse de lhe atribuir qualidades, trata-se, na realidade, da substância ou da essência. A alma humana não é nenhuma dessas trindades; tudo o que se pode dizer é que elas estão nela; a Trindade, ao contrário, não está em Deus, ela é Deus.[33]

O que é verdadeiro para as imagens criadas da Trindade não é menos verdadeiro para as fórmulas que a definem. Deus é uma única substância ou, se queremos traduzir com mais exatidão o grego οὐσία uma única essência. Com efeito, o termo "*essentia*" deriva do verbo "*esse*"; ele concorda, portanto, com o ensinamento que Deus nos deu quando ele se definiu, para seu servo Moisés, como o Ser por excelência.[34] Mas essa essência é uma essência tão perfeitamente simples que não tem acidentes. Tudo que se atribui a ele pertence essencialmente a ele: o Pai é Deus, o Filho é Deus, o Espírito Santo é Deus, ou seja, aqui não há três deuses, mas a essência única de um só Deus. No mesmo sentido, se passamos das pessoas aos atributos, o Pai é grande, o Filho é grande e o Espírito Santo é grande, ou seja, não há três grandes, mas só um: uma única essência, uma única grandeza.

---

    papel da graça na renovação da imagem, ver *Op. cit.*, XIV, 17, 23, col. 1054. Cf. sobre esse ponto A. GARDEIL, *op. cit.*, t. I, p. 121-122.

[33] *De Trinitate*, XV, 5, 7-8; t. 42, c. 1061-1063. Cf. XV, 7, 11-13, c. 1065-1067. XV, 22, 42; c. 1089-1090. XV, 23, 43-44; c. 1090-1091. *Epist* 169, 2, 5-6; t. 33, c. 744-745. Sobre as diferenças entre o Verbo divino e os verbos humanos, *De Trinitate*, XV, 9, 10-15; t. 42, c. 1069-1079.

[34] *De Trinitate*, V, 2, 3; t. 42, c. 912 (refere-se a *Ex* 3,14). Cf. V, 8, 9, fim do artigo, c. 917. VII, 5, 10; c. 942-943.

Essa Trindade, que é uma única essência ou substância, é feita de três pessoas. A fórmula grega comumente aceita é μίαν οὐσίαν, τρεῖς ὑποστάσεις. Sua tradução latina exata "*unam essentiam, tres substantias*" não oferece um sentido conveniente, pois não se pode dizer decentemente "uma essência, três substâncias". Muitos latinos usaram essa fórmula por falta de uma melhor, mas seria melhor dizer que Deus é uma essência e três pessoas: *unam essentiam vel substantiam, tres autem personas*. Através disso afirma-se o fato de que o Pai não é o Filho, de que o Filho não é o Pai, e que o Espírito Santo não é o Pai nem o Filho.[35] Tendo formulado a verdade desse modo, o espírito humano fez quase tudo que poderia fazer. O que não se pode esclarecer é o que são essas pessoas e como se explica sua unidade. Se dizemos "três pessoas, uma essência", é para não calá-lo, mas não para exprimi-lo.[36]

---

[35] *Op. cit.*, V, 9-10; t. 42, c. 917-918. Cf. VII, 4, 7-9; t. 42, 939-942.
[36] "Tamen, cum quaeritur quid tres, magna prorsus inopia humanum laborat eloquium. Dictum est tamen: tres personae, non ut illud diceretur, sed ne taceretur", *De Trinitate*, V, 9, 10; t. 42, c. 918. Ver outros textos e referências em J. MARTIN, *Saint Augustin*, p. 121, nota 4.

CONCLUSÃO

O AGOSTINIANISMO

Muito se discutiu sobre a evolução intelectual de santo Agostinho, talvez por ter-se querido reduzir à evolução de um intelecto aquilo que foi o movimento de um homem em busca da verdade. Ademais, o historiador das idéias não é encarregado de tomar uma posição acerca desse problema de psicologia individual, mas está incumbido de definir o sentido que Agostinho atribuía a uma história que sua doutrina jamais deixou de comentar de diversas maneiras.

Resumida de uma forma abstrata, pode-se dizer que a experiência de Agostinho volta-se para uma descoberta da humildade. O erro da inteligência está ligado à corrupção do coração pelo orgulho;[1] o homem só encontra a verdade beatificadora ao curvar sua inteligência à fé e sua vontade à graça, pela humildade.[2]

Catecúmeno desde a infância, além de não batizado,[3] Agostinho permaneceu ignorante quanto aos dogmas essenciais do cristianismo.[4] Mesmo após sua adesão formal à fé, ele ainda se enga-

---

[1] "Primum autem peccatum, hoc est primum voluntarium defectum, esse gaudere ad propriam potestatem" *Epist. 118*, III, 15; t. 33, c. 439.

[2] De humildade, de humildade e sempre de humildade, é a fórmula de Agostinho uma vez convertido "Ea est autem (*scil.* via ad obitendam veritatem) prima humilitas; secuda humilitas; tertia humilitas" *Epist. 118*, III, 22; t. 33, c. 442.

[3] *Conf.*, I, 11, 17; ed. P. de Labriolle, t. I, p. 15-16. Mônica reservara o batismo para mais tarde, a fim de lhe conservar o benefício de uma completa remissão dos pecados que ele cometeria na idade adulta. Notar que no decorrer de uma doença de infância, Agostinho pedia com insistência pelo batismo.

[4] Ver os textos de Ch. BOYER, *Christianisme et neo-platonisme dans la formation de saint Augustin*, 1920, p. 24-25.

Conclusão

nará quanto ao sentido da encarnação[5] e professará a heresia de Plotino sem sabê-lo.[6] À essa ignorância espiritual é preciso acrescentar, como fator determinante de sua história, o naufrágio precoce de sua moralidade. Nessa obscuridade e desordem, restam duas luzes: ele jamais deixou de acreditar que, de certo modo, o Cristo era a única via que conduziria o homem à beatitude; jamais se deu um grande exemplo ao jovem Agostinho com o qual ele não inflamasse de desejo de imitá-lo. Esses dois traços essenciais de seu caráter entraram em jogo quando ele leu o *Hortensius*, hoje perdido, de Cícero. Dado que havia neste uma Sabedoria, e suprema, este seria conveniente a Agostinho; mas, uma vez que só podia encontrá-la em Cristo, a leitura de Cícero encaminha-o para o estudo das Sagradas Escrituras.[7] O que encontraria nelas?

O primeiro contato de um professor de retórica com a *Bíblia* foi um desastre. Nada de mais mal escrito, nem que respondesse menos ao ideal evocado por Cícero; nada de mais ridículo para um leitor como Agostinho, do que, interpretando-a num sentido material, representar Deus como um homem parecido conosco e que passeia no jardim do Éden e conversa com Adão da maneira como os homens conversam entre si. É no auge dessa decepção que ele acata os maniqueus.[8] Por mais surpreendente que pareça, a sedução que essa seita exerceu sobre ele, confirma o

---

[5] *Conf.*, VII, 19, 25: "Ego vero aliud putabam tantumque sentiebam de Domino Christo meo, quantum de excellentis sapientiae viro, cui nullus posset aequari, praesertim quia mirabiliter natus ex virgine ad exemplum contemnendorum temporalium prae adipiscenda immortalitate divina pro nobis cura tantam auctoritatem magisterii meruisse videbatur. Quid autem sacramenti haberet *Verbum caro factum est*, ne suspicari quidem poteram."; Ed. Labr, t. I, p. 166.

[6] *Conf.*, ibid., p. 168-169.

[7] "... et hoc solum me in tanta flagrantia refrangebat, quod nomen Christi non erat ibi, quoniam hoc nomen... filii tui, in ipso adhuc lacte matris tenerum cor meum pie biberat et alte retinebat..." *Conf.*, III, 4, 8; III, 5, 9; ed. Labr., t. I, p. 50-51. Sobre esse acontecimento, ver P. ALFARIC, *op. cit.*, p. 70. Ch. BOYER, *op. cit.*, p. 34, nota 1.

[8] "... Incidi in homines..." *Conf.*, III, 6, 10; ed. Labr., t. I, p. 51.

testemunho de Agostinho, e prova que ele buscava verdadeiramente a sabedoria no Cristo, pois os discípulos de Mani tinham ininterruptamente o nome de Cristo na boca e invocavam o testemunho das Escrituras,[9] o que satisfazia plenamente as aspirações cristãs de Agostinho; mas, por outro lado, eles prometiam uma interpretação das Escrituras que era satisfatória para a razão e que fazia apelo à fé somente na medida exata em que a razão fosse capaz de justificá-la, o que agradava ao jovem leitor do *Hortensius*. O problema era encontrar uma sabedoria filosófica nas Escrituras,[10] e isso é precisamente o que os maniqueus prometiam.[11]

Feita a abstração dos detalhes, a fantástica cosmologia elaborada pelos maniqueus[12] reduzia-se a um dualismo, fundado num materialismo radical. Mani ensinava a existência de dois princípios das coisas, igualmente eternos e perpetuamente opostos: a Luz e as Trevas. A Luz é essencialmente idêntica a Deus; ao contrário, as Trevas são o mal; e a história do mundo é a história da luta travada entre esses dois princípios.

Esse dualismo radical deve sua consistência ao materialismo que o apóia. Se Deus é luz, ele é material. Sem dúvida, os

---

[9] *Conf.*, III, 10, 6; ed. Labr., t. I, p. 51. *Contr. Epist. Manichaei*, V, 6; t. 42, c. 176. Sobre os elementos cristãos do maniqueísmo, ver F. BURKITT, *The religion of the Manichaeans*, Cambridge, 1925.

[10] Ver as páginas excelentes de P. ALFARIC, *L'évolution intellectuelle de saint Augustin*, p. 70-73, com esta conclusão bastante exata: "Mas ele sentia, doravante, a necessidade de encontrar uma doutrina que lhe permitisse ser cristão fazendo um uso livre de sua razão. Nesse momento, o Maniqueísmo lhe veio muito oportunamente oferecer o meio para isso".

[11] *De utilitate credendi*, I, 2; t. 42, c. 66.

[12] Para uma exposição detalhada, ver os capítulos substanciais de P. ALFARIC, *L'évolucion intellectuelle de saint Augustin*, pp. 79-158. Do mesmo autor: *Les écritures manichéennes*, 2 vols. Paris, É. Nourry, 1918. Consultar igualmente o importante artigo de G. BARDY, *Le Manichéisme*. In: *Dict. de théologie cath.*, vol. IX, col. 1841-1895; especialmente no que concerne à dogmática maniqueísta, col. 1872-1879. Santo Agostinho resumiu brevemente sua interpretação do maniqueísmo no *De haeresibus*, cap. XLVI; vol. 42, c. 33-38.

Conclusão

maniqueístas afirmavam que a luz é incorpórea e, em certo sentido, contribuíram para desviar Agostinho da interpretação material da *Bíblia* da qual ele havia partido; mas isso servia apenas para conduzi-lo a um materialismo mais sutil e, por isso, mais difícil de ser eliminado. Os discípulos de Mani ridicularizavam a interpretação literal das Escrituras, que reduzia Deus a apenas um homem como nós. O Deus deles, sendo uma substância luminosa, brilhante e infinitamente sutil, apresentava-se como "incorporal". Em certo sentido, ele era assim. O maniqueísmo teve primeiramente, para Agostinho, o mérito de eliminar da *Bíblia* esse Deus parecido com o corpo humano e provido de membros análogos aos nossos, o que o chocava profundamente. Todavia, o "incorporalismo"[13] de Mani não era um espiritualismo;[14] de a Luz não ser um corpo como o nosso, não resultaria que ela não fosse matéria e, em todo caso, é sempre em sentido materialista que Agostinho a teria interpretado.[15] Não somente entendia essa luz em sentido material, mas ele materializava também tudo que, sendo de natureza luminosa, devia ser considerado como uma parcela de

---

[13] Optamos pelo termo "incorporalismo" ao traduzirmos "incorporalisme", ambos vocábulos inexistentes em suas respectivas línguas originais. (N. da T.)

[14] G. BARDY, *art. cit.*, col. 1873, parece-nos estar enganado quanto a esse ponto. P. ALFARIC (*op. cit.*, nota 7), ao contrário, parece admitir com razão, segundo nossa opinião, que Mani não ensinava um verdadeiro espiritualismo metafísico e eliminava da idéia de Deus apenas um corporalismo antropomórfico e grosseiro.

[15] *De haeresibus*, XLVI; t. 42, c. 34-35: "Lucemque istam corpoream..., Dei dicunt esse naturam" (*loc. cit.*, c. 35). De acordo com aquilo que Agostinho cria: "... qui cogitare aliquid substantiae nisi tale non poteram, quale per hos óculos videri solet." *Conf.*, VII, I, 1; ed. Labr., t. I, p. 145.

Deus. Tal seria, notadamente, o caso da alma,[16] assim como o das representações que ela contém.[17]

Nessas condições, não somente a espiritualidade de Deus permanecia profundamente incompreensível para Agostinho, mas toda solução metafísica ao problema do mal se tornaria, pelo mesmo fato, impossível. Se Deus é material, por razões mais fortes, as Trevas o são; a materialidade é, de alguma maneira, sua definição; se o princípio do mal é material, então é necessariamente real; por essa razão, é real todo mal particular que participa deste princípio, de modo que, de qualquer ponto de vista, o mal aparece como uma realidade positiva cuja coexistência com um Deus perfeito torna-se difícil de ser concebida.[18] Se estivesse liberto do materialismo, Agostinho não teria imaginado que o mal era um corpo e, então, poderia concebê-lo como a simples privação de um bem;[19] contudo, o dualismo maniqueísta, embora não deduzisse isso originalmente, vivia do materialismo da seita e de sua cegueira em relação ao que é puramente espiritual.

---

[16] "Sed qui mihi hoc proderat putanti, quod tu, Domine Deus veritas, corpus esses lucidum et immensum, et ego frustum de illo corpore". *Conf.*, IV, 16, 31; ed. Labr., t. I, p. 88. O epíteto do "panteísmo" que se aplica freqüentemente a essa doutrina é deslocado; um dualismo não poderia ser panteísta; Mani professava uma confusão entre a parte luminosa do homem e Deus.

[17] Ver a análise que Agostinho faz de seu primeiro escrito, *De pulchro et apto* (hoje em dia perdido), em *Conf.*, IV, 15, 24-27; ed. Labr., t. I, p. 83-86; ele seria um ensaio de estética materialista.

[18] "Hinc enim et mali substantiam quamdam credebam esse talem et habere suam molem tetram et deformem sive crassam, quam terram dicebant, sive tenuem atque subtilem, sicuti est aeris corpus: quam malignam mentem per illam terram repentem imaginantur... Et melius mihi videbar credere nullum malum te creasse – quod mihi nescienti non solum aliqua substantia sed etiam corporea videbatur quia et mentem cogitare non noveram nisi eam subtile corpus esse, quod tamen per loci spatia diffunderetur – quam credere abs te esse qualem putabam naturam mali." *Conf.*, V, 10, 20; ed. cit, p.109-110.

[19] *Conf.*, III, 7, 12; ed. Labr., t. I, p. 54: "... quia non noveram malum non esse nisi privationem boni usque ad quod omnino non est. Quod unde viderem, cuius videre usque ad corpus erat oculis et animo usque ad phantasma?"

Conclusão

Tocamos aqui, com Agostinho, a raiz de todos os erros nos quais ele se encontrava engajado. Mais profunda do que o maniqueísmo, que, em certo sentido, era uma rejeição a ela – isso explica que ela tenha sobrevivido com ele por tanto tempo.[20] A origem dos males de que ele sofria seria um tipo de incapacidade radical para conceber uma realidade não-corporal;[21] mas a origem desta incapacidade seria sua confiança numa razão viciada por um coração corrompido. No pensamento de Agostinho, o maniqueísmo afundou-se em razão de sua própria inconsistência. Ele era anunciado como uma explicação racional das Escrituras, mas uma simples comparação com as doutrinas científicas o faria aparecer inteiramente insensato.[22] O resultado dessa comparação foi o abandono do maniqueísmo e a adesão provisória ao academicismo de Cícero.[23] Agostinho via este, naquele tempo, apenas como um ceticismo universal,[24] temperado com dois elementos que restringiam sua profundidade bem como seu alcance.

Em primeiro lugar, é preciso notar que, no momento em que Agostinho se desespera por não encontrar nenhuma verdade, ele não transige sobre a noção de verdade. Em vez disso, reconhece a existência de uma determinada ciência, a matemática, e, porque atribui um alto valor às certezas desta, menospreza todos os

---

[20] *Conf.*, VII, 5, 7; *ed. citada*, t. I, p. 150-152.
[21] *Conf.*, V, 10, 19: "Et quoniam cum de Deo meo cogitare vellem, cogitare nisi moles corporum non noveram — neque enim videbatur mihi esse quidquam, quod tale non esset — ea maxima et prope sola causa erat inevitabilis erroris mei." *Ed. Citada*, t. I, p. 109. "Tum vero fortiter intendi animum, si quo modo possem certis aliquibus documentis manichaeos convincere falsitatis. Quod si possem spiritalem substantiam cogitare, statim machinamenta illa omnia solverentur et abicerentur ex animo meo: sed non poteram." *Conf.*, V, 14, 25; *ed. citada*, t. I, p. 114.
[22] *Conf.*, V, 3, 3; V, 5, 9; *ed. citada*, t. I, p. 90 e 98-99. Sobre as leituras filosóficas então feitas por Agostinho e sua crítica do maniqueísmo, ver P. ALFARIC, *L'évolucion intellectuelle de S. Augustin*, Paris, 1918, p. 229-258.
[23] *Conf.*, V, 10, 19; *ed. citada*, t. I, p. 108-109.
[24] *Conf., loc. cit.* Cf. *De civ. Dei*, IV, 30. Mais adiante, ele os considerará como platônicos que dissimulam seus dogmas sob um ceticismo de fachada.

demais conhecimentos. Um é o cético que não acredita na verdade, outro é o cético que duvida porque é muito exigente em matéria de certeza. O que falta ao jovem Agostinho é a possibilidade de alcançar a evidência da matemática no domínio da metafísica e da física;[25] seu ceticismo é um dogmatismo momentaneamente desencorajado.

Eis aqui o segundo traço que caracteriza o academicismo de Agostinho. Além do alto ideal de certeza que permanece com ele, descobre-se o movimento que o arrebata na direção de certezas concretas. Ele suspende seu assentimento, mas a incerteza o suplicia: *timens praecipitium et suspendio magis necabar*.[26] Longe de ter se estabelecido num ceticismo como Montaigne, Agostinho atravessa o seu com impaciência, como se houvesse uma ponte entre os dois dogmatismos, a qual ele estava ávido por deixar para trás.

Enquanto essa evolução ocorria, o materialismo radical, de que sofria Agostinho, não cessava de se manifestar em seu pensamento e de influenciá-lo. Para Agostinho, essa era uma evidência tal que ele sequer poderia pensar em colocá-la em dúvida; sob pressão de diversas influências, ela começava a ceder terreno.

A parte mais exterior de seu materialismo e que cedeu primeiro pode ser denominada de seu antropomorfismo bíblico. Quando em Milão, já recobrado de seu maniqueísmo, mas sem nada para colocar nesse lugar, ouve santo Ambrósio comentar alegoricamente o Evangelho. Para além da letra e para além das

---

[25] "Tenebam cor meum ab omni assensione timens praecipitium et suspendio magis necabar. Volebam enim eorum quae non viderem ita me certum fieri, ut certus essem quod septem et tria decem sint. Neque enim tam insanus eram, ut ne hoc quidem putarem posse comprehendi, sed sicut hoc, ita cetera cupiebam sive corporalia, quae coram sensibus meis non adessent, sive spiritalia, de quibus cogitare nisi corporaliter nesciebam." *Conf.*, VI, 4, 6; *ed. citada*, t. I, p. 123. É apenas necessário notar que aqui está uma daquelas profundas afinidades que religam o pensamento de Agostinho ao de Descartes.

[26] Cf. a anedota do mendigo ébrio, *Conf.*, VI, 6, 9-10; t. I, p. 126-128.

Conclusão

imagens materiais, o Bispo de Milão sempre busca o espírito:[27] *littera occidit, spiritus autem vivificat*. A partir desse momento, os antropomorfismos, censurados aos católicos pelos maniqueístas, desaparecem como uma ilusão. Pela primeira vez, Agostinho acabava de encontrar o espiritualismo, que se levanta contra a letra [28] – progresso inicial modesto, mas cujas conseqüências logo iriam se multiplicar.

Por isso, a atenção de Agostinho inicialmente voltou-se sobre a imprudência que ele havia cometido ao recorrer aos maniqueístas: para conhecer o ensinamento da Igreja, informou-se com os piores inimigos dela.[29] Mas essa posição logo foi ultrapassada. Se a interpretação das Escrituras que a Igreja propõe é superior à dos seus inimigos, por que não examinar os títulos de autoridade que ela arroga a si mesma? Desconfiar dos inimigos da Escritura convida a crer em seus amigos; pode-se chegar a concordar com estes com plena confiança?

Sente-se mais inclinado a isso se a primeira experiência for totalmente a favor da Igreja. O obstáculo que desviava Agostinho era a Igreja impor a fé como condição da inteligência. Ora, os maniqueus, que prenunciam a razão antes da fé, apresentaram suas provas. Eles propõem, sob a aparência da razão, um amontoado de absurdos e, quando a prova destes é pedida, referem-se à autoridade de seus doutores. O método maniqueísta conduz à fé o absurdo, de modo que nunca se chega a razão, nem no início nem no final da busca. Dos dois desdobramentos, o que a Igreja propõe ainda é o melhor: ela propõe a fé no início, mas para nos dar, em seguida, a razão.

A essa constatação soma-se outra: o ato de crer, longe se ser irracional, é perfeitamente normal. Constantemente fazemos uso dele na vida; é característico do homem, crer em muitas coisas,

---

[27] Há um bom espécime da exegese de S. Ambrósio em P. de LABRIOLLE, *Saint Ambroise*, p. 181.
[28] *Conf.*, VI, 4, 6; *ed. citada*, t. I, p. 123.
[29] *De utilitate credendi*, VI, 13; t. 42, c. 74.

sem tê-las visto, pela fé naqueles em que confia. Assim, o que há de absurdo em crer em alguns testemunhos que atestam a verdade do conteúdo das Escrituras?[30] Não obstante, como não ver que essa autoridade de fato exercida pelas Escrituras exige ser explicada? No fundo, Agostinho jamais perdeu a fé na existência de um Deus providência, seja qual tenha sido sua idéia de Deus e a extensão de seu ceticismo;[31] por conseguinte, como não suspeitar uma finalidade na autoridade? Como não pensar que Deus teria querido a autoridade das Escrituras e da Igreja que as interpreta para oferecer a doutrina da salvação a todos os homens, numa linguagem simples e ao alcance deles?[32] Mas não é somente ao ignorante e ao simples que a autoridade da fé pode ser salutar; ela é assim para o sábio que, nem sempre permanecendo no nível de sua própria sabedoria, fica feliz ao reencontrar o apoio da autoridade em seus momentos de lassitude.[33] Assim, pode-se crer antes de compreender, pois há razões positivas para crer. A autoridade precede a razão no catolicismo, mas há razões para aceitar sua autoridade, ademais, em certo sentido, em nada se creria se não se houvesse inicialmente compreendido que é necessário crer.[34] Daqui para

---

[30] *Conf.*, VI, 5, 7; *ed. citada*, t. I, p. 124-125.
[31] *Conf.*, VI, 5, 8; *ed. citada*, t. I, p. 125.
[32] *Ibid.*, e *De lib. Arbit.*, II, 1, 15; t. 32, c. 1242.
[33] Aspecto da doutrina colocada em evidência por P. BATIFFOL, *Le catholicisme de saint Augustin*, vol. I, p. 14.
[34] "Auctoritas fidem flagitat, et rationi praeparat hominem. Ratio ad intellectum cognitionemque perducit. Quanquam neque auctoritatem ratio penitus deserit, cum consideratur cui sit credendum..." *De utilitate credendi*, XXIV, 45; t. 34, c. 141. "Nullus quippe credit aliquid nisi prius cogitaverit esse credendum". *De praedestinatione sanctorum*, II, 5; t. 44, c. 962. Acrescentemos que a anterioridade da fé em relação à razão é puramente cronológica. De fato, é necessário sempre começar por crer antes de saber, quando se quer aprender (*De moribus ecclesiae*, II, 3; t. 32, c. 1311-1312), o que não impede que o conhecimento racional seja, enquanto conhecimento, de uma ordem superior à da fé: "Ad discendum item necessario dupliciter ducimur auctoritate atque ratione. Tempore auctoritas, re autem ratio prior est". Ver esse artigo inteiro em *De ordine*, II, 9, 26; t. 32, col. 1007. Por ter ignorado a origem agostiniana dessa fórmula, qualificou-

Conclusão

dar o último passo e curvar a razão diante da fé, há apenas uma pequena distância. Finalmente, Agostinho a transpõe[35] e adere à doutrina da salvação contida nas Escrituras, garantida pela autoridade da Igreja e fundada sobre o Cristo, filho de Deus.

Sustentar, como se pretendeu, que Agostinho ainda não era um cristão[36] é ir contra todos os textos e, sob o pretexto do espírito crítico, arruinar o método histórico; imaginar que, a partir desse momento, sua conversão estava perfeita e acabada, seria menosprezar o caráter que Agostinho sempre atribuiu à sua conversão. Para ele, ela jamais consistiu num ato instantâneo; ela foi um movimento contínuo que começara com a leitura do *Hortensius*,[37] prolongou-se através da descoberta do sentido espiritual da Escritura e alcançou o ato de fé na Igreja do Cristo, em que acabamos de chegar. Agostinho tem, portanto, a fé, ele está na Igreja, mas sua fé é ainda informe, sobrecarregada de ignorâncias e resta aprender distintamente o conteúdo dela.[38]

Nessa época, dois obstáculos ainda o separam de uma fé que não era mais "informis et praeter doctrinae normam fluitans"; inicialmente, seu materialismo persistente, com o problema do

---

se de "racionalistas" alguns filósofos da Idade Média nos quais ela era reencontrada; sobre esse equívoco, ver JACQUIN, "Le rationalisme de Jean Scot". In: *Revue des sciences philos. et théologiques* (1908), t. II, p. 747-748.

[35] *Conf.*, Liv. VI e VII. Quato à formula que segue, *op. cit.*, VI, 7, 11; t. I, p. 156.

[36] Em nossa opinião, é o erro cometido pelo trabalho, muito útil em outras considerações, de P. ALFARIC, *L'évolucionisme intellectuelle de saint Augustin*, p. 380-381. Para negar o sentido óbvio de declarações tão precisas como as de santo Agostinho, seria necessário algo diferente da exegese e da psicologia pessoal de seu historiador; sobre isso, ver P. MONCEAUX, em *Journal des savants*, novembro-dezembro, 1920, e A. LOISY, em *Revue d'histoire et de litt. religieuse*, 1920, p. 568.

[37] "... et sugere coeperam ut ad te redirem". *Conf.*, III, 4, 7; 6, 1, p. 19-50.

[38] Essa situação foi claramente descrita por Agostinho, *Conf.*, VII, 5, 7; vol. I, p. 150-152; ver a conclusão: "stabiliter tamen haerebat in corde meo in catholica Ecclesia fides Christi tui, domini et salvatoris nostri, in multis quidem adhuc informis et praeter doctrinae normam fluitans, sed tamen non eam relinquebat animus, immo in dies magis magisque imbibebat".

mal que ele transforma num enigma insolúvel;[39] em seguida, a corrupção de seus costumes. Isso se deveu a Agostinho não estar somente em busca de uma teoria, mas de uma prática. A sabedoria que ele busca é uma regra de vida; aderir a ela é praticá-la. Ora, o que o aflige é a vida de cristãos que, como santo Antonio eremita ou santo Ambrósio, traduz em atos uma sabedoria evidente: desapego dos bens desse mundo, continência, castidade, liberdade da alma em relação ao corpo; – nada falta do que manifesta uma maestria perfeita em si mesmo. Por isso, Agostinho encontra-se diante de um dilema do qual não sabe como se livrar. Segundo sua experiência pessoal, a continência é impossível; segundo a experiência dos santos dos quais leu a história ou teve diante de seus olhos, a continência é possível. Agostinho, portanto, não somente é um crente que não conhece exatamente o conteúdo de sua fé, mas também um homem que aspira à vida cristã sem poder realizá-la. Sua libertação definitiva se fará em duas etapas: o neoplatonismo e são Paulo.

Seu reencontro com o neoplatonismo ocorreu por intermédio de um homem inflado de um orgulho assustador e que colocou nas mãos de Agostinho uma tradução latina dos livros de Plotino, e talvez também de Porfírio.[40] O efeito desse reencontro foi ter-lhe revelado o espiritualismo filosófico. A princípio, Agosti-

---

[39] Conf., VII, 1, 1; t. I, p. 145; VII, 3, 5; t. I, p. 149.
[40] Conf., VII, 9, 13; t. I. p. 158. Agostinho precisa adiante que o tradutor desses livros era Mário Vitorino (Conf., VIII, 2, 3; t. I, p. 177-178). As traduções de Vitorino, aparentemente anteriores à sua conversão ao cristianismo, infelizmente estão perdidas. Não sabemos, portanto, de quais escritos platônicos se trata. A palavra *platonicorum* sugere mais autores. Tendo Agostinho citado Plotino, Jamblico, Porfírio, Hermes Trismegisto e Apuleio, é possível hesitar entre esses nomes (*De civ. Dei*, VIII, 12; t. 32, col. 237, e VIII, 23-24, col. 247-253), mas Plotino aparentemente foi sua fonte principal (na controversa lição do *De beata vita*, 4: *Platonis, platonicis* ou *Plotini*; ver J. BARION, *Plotin und Augustinus*, p. 39-40 e nota 16). Para completar o testemunho do livro VII das *Confissões* sobre esse ponto, ver *De civ. Dei*, IX, 7; t. 41, col 271; X, 2, col. 279-280; X, 14, col. 292-293; X, 16; col. 293-294; X, 23, col. 300 e 24, col. 300-302. Sobre os escritos de Vitorino, ver P. MONCEAUX, *Histoire littéraire de l'Afrique chrétienne*

Conclusão

nho encontrou nesses livros a doutrina do Verbo divino, da criação do mundo no Verbo e da iluminação dos homens por uma luz divina de natureza puramente espiritual, mas não encontrou a encarnação.[41] Outra aquisição decisiva para ele foi a descoberta de que Deus, sendo a verdade imaterial e imutavelmente subsistente, é o Ser, por comparação ao qual as coisas mutáveis não merecem verdadeiramente o nome de "seres". Sobre eles não se pode dizer que verdadeiramente sejam, nem que não sejam.[42]

Para Agostinho, um terceiro raio de luz foi a idéia de que tudo o que é, enquanto é, é bom. Quando se objeta que os seres

---

depuis les origines jusq'à l'invasion arabe, Paris, É. Leroux, 1905; t. III, p. 373-422. Os escritos de Vitorino estão reunidos em MIGNE, *Pat lat.*, t. VIII, col. 993-1510. Concernente às relações entre o pensamento de Agostinho e o de Vitório, ver R. SCHMID, *Marius Victorinus rhetor und seine Beziehungen zu Augustin*, Kiel, 1895. De modo geral, parece que se exagerou quanto ao neoplatonismo dos escritos de Vitório conservados para nós, sobretudo em seu *Adversus Arium*. É desejável que a questão seja retomada por um historiador da teologia.

[41] Não se deve esquecer que Agostinho já professava a fé quando leu as doutrinas "não nos mesmos termos, mas completamente no mesmo sentido" nos platônicos; tampouco que sua doutrina da fé, naquela época, era ainda flutuante e mal resolvida. Logo, exagera-se quando se sustenta, seja que ele se converteu a Plotino antes de se converter ao Cristo, seja que sua descoberta de Plotino não teve qualquer influência sobre sua conversão ao Cristo. Como Agostinho mesmo diz, ele colheu todas as verdades quando as encontrou nos pagãos, como aquele ouro que Deus ordenou a seu povo carregar saindo do Egito (*Conf.*, V, 9, 15), pois toda verdade, venha de onde vier, pertence a Deus. Ver *De doctr. christiana*, II, 18, 28; t. 34, col. 49; e II, 40; t. 34, col. 63. Cf. *Epist.* 166, 9; vol. 33, col. 724. Afirmar que, no momento em que descobriu Plotino, ele não pensava mais ou ainda não pensava como cristão é, portanto, adotar sobre sua evolução um ponto de vista totalmente alheio ao de Agostinho. Chega-se, então, sob o pretexto do espírito crítico, a aspirar conhecer melhor do que Agostinho a própria história dele e a desqualificar o único testemunho que a reconta para nós.

[42] Sobre a concordância do neoplatonismo com o *Prólogo do Evangelho de João*, ver *Conf.*, VII, 9, 13; ed. Labr., t. I. p. 158-162. Sobre a doutrina de Deus como verdade subsistente e Ser, ver *op. cit.*, VII, 10, 16 e II, 17; t. I, p. 161-162. Os problemas postos pelas relações da doutrina de Agostinho com a de Platão ainda aguardam um historiador que os discuta a fundo. Sobre o conjunto da questão, ver sobretudo Jacok BARION, *Plotin und Augustinus. Untersunchungen zum Gottesproblem*, Berlin, 1935.

não são bons porque se corrompem, esquece-se que para poderem se corromper, é necessário precisamente que sejam bons. O mal é a supressão do ser, de modo que, se passamos do limite à supressão total do bem, realizando o mal absoluto, por definição, isso equivale à supressão total do ser. Logo, isso seria o nada. Isso significa dizer que o mal é somente a ausência e a falta de algo; longe de ser um ser, o mal não é nada.[43]

Daí, uma última conclusão se impõe, a qual definitivamente liberta Agostinho de sua angústia metafísica. Uma vez que o mal não é nada, Deus não poderia ser seu autor. Tudo o que é, enquanto é, é bom. O que é verdadeiro para os seres materiais, é também para os seres espirituais; o que é verdadeiro para suas substâncias é verdadeiro para seus atos, mesmo para os atos malvados, como os pecados, pois eles implicam um certo bem à medida que implicam o ser. A partir do momento em que aperfeiçoa essa evidência, Agostinho encontra, enfim, algum repouso: sua loucura se apazigua, sua alma se eleva ao conhecimento de Deus, ele vê em Deus uma infinita substância espiritual e, pela primeira vez, alcança uma visão que não era da carne, mas do espírito.[44]

Essencialmente, essa foi a descoberta que o neoplatonismo lhe trouxe. Não se pode exagerar sua importância, contanto que a ela não se reduza a conversão de Agostinho. Para ele, ela foi uma depuração e uma espiritualização de seu cristianismo. Assim advertido por Plotino, Agostinho reentra em si mesmo e, com a ajuda de Deus, descobre a natureza espiritual, imaterial, da Luz imutável de que fala são João. Em resumo, Plotino torna Agostinho capaz de conceber a espiritualidade do Deus cristão e a irrealidade do mal. Que essa iluminação tenha sido para ele indissoluvelmente filosófica e religiosa é incontestável: Agostinho acabava de descobrir a natureza puramente espiritual do Deus

---

[43] *Conf.*, VII, 12, 18; ed. citada, t. 1, p. 163. Sobre essa doutrina, ver anteriormente cap. III, § 1.
[44] *Conf.*, VII, 14, 20; ed. citada, t. 1, p. 164-165.

Conclusão

cristão ao qual ele já aderira pela fé.[45] Estamos, portanto, na presença de uma iluminação filosófica integrada a uma experiência religiosa e que não podem ser separadas sem arbitrariamente se falsear o testemunho de Agostinho.

Seja qual for a narrativa desse acontecimento que se consulte, a do *Contra Acadêmicos* ou a das *Confissões*, constata-se que seu efeito, surpreendente ao nosso ver, foi de levar Agostinho a ler são Paulo.[46] A razão escondida dessa conexão de estranha aparência é que, a partir de então, Agostinho encontra-se diante de duas evidências: (1) a admirável vida de Cristo, na qual ele crê através das Escrituras, e a dos santos que o imitaram; e (2) a evidência manifesta da filosofia de Plotino, que ele acabara de descobrir. Ora, o bem e o verdadeiro não podem se contradizer; logo, seria necessário que a doutrina cristã estivesse essencialmente de acordo com a de Plotino, e, para verificar essa hipótese, ele se apodera, vibrando, das *Epístolas* de são Paulo. Aqui, a última e definitiva iluminação esperava por ele: a doutrina do pecado e da redenção pela graça de Jesus Cristo.

Do Prólogo do *Evangelho de são João*, Agostinho reencontrava tudo em Plotino, salvo o essencial, qual seja, que o Verbo se

---

[45] *Contra Academicos*, II, 2, 5; t. 32, c. 921-922.

[46] *Contra Academicos*, loc. cit., c. 921-922: "Respexi tantum, confiteor, quasi de itinere in illam religionem, quae pueris nobis insita est, et medullitus implicata: verum autem ipsa me ad se nescientem rapiebat. Itaque titubans, properans, haesitans, arripio apostolum Paulum. Neque enim vere isti, inquam, tanta potuissent, vixissentque ita ut eos vixisse manifestum est, si eorum Litterae atque rationes huic tanto bono adversarentur. Perlegi totum intentissime atque cautissime." Cf. *Conf.*, VII, 21, 27; ed. cit., t. I, pp. 170-171.

O entusiasmo primeiro de Agostinho pelo platonismo e pelo neoplatonismo irá incessantemente se atenuando com os anos. Em toda sua vida, ele considerou Platão como o filósofo por excelência e o platonismo como o vestíbulo filosófico do cristianismo (*De vera religione*, I, 4, 7; t. 34, col. 126. *Epist 118*, III, 21; t. 33, col. 442. *De civitate Dei*, VII, 9-10; t. 41, col. 233-235); mas se os platônicos estão o mais perto do cristianismo que os filósofos podem estar, estão todavia longe e, mais tarde, Agostinho se censurou por tê-los louvado exageradamente em sua primeiras obras. (Cf. *Retract.*, I, 1, 4; t. 32, col. 587). Para uma lista de erros que Agostinho censura neles, ver NOURRISSON, *op. cit.*, p. 62-75.

fez carne e mora entre nós. A leitura dos neoplatônicos pode, portanto, ter nos feito conhecer a verdade, mas não nos dá qualquer meio para alcançá-la. Ao se encarnar, o Verbo veio dar aos homens algo a mais que preceitos: um exemplo capaz de remeter as almas a si mesmas e de conduzi-las em direção a Deus.[47] Ao ler são Paulo, Agostinho constata não apenas a concordância entre o bom e o verdadeiro, que ele esperava descobrir; ele constata sobretudo que toda a verdade filosófica já foi revelada aos homens por Deus e proposta por um autoridade divina, que dispensava que as razões falíveis deles se esgotassem em longas buscas. Ademais, constata a razão profunda de sua impotência moral. Com efeito, o cristianismo de são Paulo é a possibilidade de fazer o platonismo passar da mente para dentro do coração e da teoria à prática. Dizer, como Plotino, que o espírito é distinto da carne não é, de modo algum, libertar o espírito da carne. Logo, por mais que Agostinho siga Plotino em suas ascensões metafísicas ao inteligível, ele cairia novamente pelo peso de seus hábitos carnais, a menos que são Paulo lhe tivesse revelado a lei do pecado e a necessidade da graça que dele nos libera.[48] Somente após essa última descoberta, a visão da filosofia apareceu-lhe em toda sua grandeza;[49] mas é também a partir desse momento que a filosofia deveria para sempre significar Sabedoria, e a Sabedoria devia sempre implicar a vida da graça, a aceitação daquilo que Deus dá aos humildes, que o aceitam, e a recusa aos soberbos, que almejam obter por si mesmos.

Assim, o jovem Agostinho apenas recomeçava, por sua própria conta, a experiência já vivida por Justino, Minúncio Félix e Lactâncio, e ele devia chegar ao mesmo resultado: a solução para os problemas que a razão se coloca só pode ser fornecida por uma

---

[47] *Cont. Acad.*, III, 19, 42; t. 32, c. 956-957. *De Ordine*, II, 5, 16; t. 32, c. 1002. *Epist. 118*, III, 17; t. 33, c. 440-441 (insiste no ato de que o exemplo do Cristo foi um exemplo de humildade).

[48] *Conf.*, VII, 16-18, 22-24; ed. cit., t. I, p. 165-168; e 21, 27, p. 170-172.

[49] "... tanta se mihi philosophiae fácies aperuit, ..." *Cont. Acad.*, II, 2, 2, 6; t. 32, c. 922.

Conclusão

doutrina que não apela à razão. Nem o dualismo de Mani, nem o academicismo de Cícero são repostas satisfatórias; tampouco o espiritualismo de Plotino é uma resposta completa; a resposta exata e total pode ser fornecida apenas por são João e são Paulo. A diferença que distingue Agostinho de seus predecessores não se encontra nem no problema que ele se coloca, nem na solução à qual ele chega, mas na intensidade com a qual viveu esse problema e a profundidade com a qual elaborou sua solução. A raiz do mal de que os homens sofrem é a mesma do mal que ele tanto sofreu: o orgulho. A vontade de encontrar a verdade filosófica somente pela razão é, aplicada à ordem do conhecimento, a vontade de viver sem Deus que conduz totalmente a atividade do homem. O revés doloroso de uma razão que capitula diante da fé e de uma vontade que se oferece à graça é a lição pela qual Deus nos lembra do sentimento de nossa dependência: *volens ostendere mihi, quam resistas superbis, humilibus autem das gratiam.*

  A lembrança dessa experiência decisiva jamais deixaria Agostinho, e as análises que propusemos de seu pensamento, atestam a presença constante de dois elementos essenciais dessa experiência: Plotino e a *Bíblia*. A Plotino, Agostinho deve quase todo o material e toda a técnica de sua filosofia. À *Bíblia*, deve as concepções cristãs fundamentais que o obrigaram a transformar internamente as teses plotinianas, que tomou emprestadas, e a construir uma doutrina nova, que constitui uma das primeiras contribuições, e uma das mais originais, pela qual o cristianismo enriqueceu a história da filosofia. A questão não é saber se Agostinho se propusera fazer, pode-se somente constatar que ele fez, com Plotino o que são Tomas de Aquino faria mais tarde com Aristóteles: submeter a uma revisão racional, sob a luz da fé, uma grande interpretação filosófica do universo. Cada vez que esse fato ocorreu, viu-se aparecer uma filosofia cristã. O que há de filosoficamente novo na doutrina de santo Agostinho nasceu do seu esforço para transformar a doutrina emanacionista de Plotino numa doutrina criacionista; por isso, mesmo quando ele se utiliza de materiais tomados de Plotino, a doutrina que elabora é diferente do neoplatonismo. Ela transpõe todos os problemas num plano estrangeiro àquele da filosofia grega e inaugura a era das grandes filosofias cristãs que, desde então, não deixarão de se suceder.

Esforcemo-nos, agora, para fixar os traços essenciais à doutrina que formula essa experiência e para resgatar seu espírito.[50] De início, parece que ela é diferente do que chamamos de filosofia, no sentido ordinário da palavra. Na medida em que a filosofia se define como um esforço puramente racional e teórico para resolver os problemas mais gerais que o homem e o universo colocam, a doutrina de Agostinho proclama a insuficiência da filosofia a cada página. Por um lado, por ele mesmo ter provado, sabe que o homem abandonado a seus próprios recursos é incapaz de alcançar a certeza plena sem a qual para ele não há nem repouso, nem felicidade. Por outro lado, ele busca mais uma regra de vida do que a solução de um problema. Ora, essa regra só será eficaz na condição de estabelecer a paz na vontade, pela dominação do espírito sobre os sentidos, e a ordem nos pensamentos, por um sistema de verdades definitivamente subtraído das recaídas da

---

[50] Na síntese que procuramos fazer aqui, bem menos do que no corpo de nosso trabalho, levamos em conta as variações de santo Agostinho. Inicialmente porque, buscando destacar as teses mestras do sistema e, marcando as conexões entre elas, o elemento estável do agostinianismo é o objeto próprio deste livro. Mas, temos que acrescentar uma outra razão. Ao apreciarmos o livro do Pe. Ch. BOYER, *L'idée de vérité dans la philosophie de saint Augustin*, tê-lo-íamos acusado de não ter estudado a doutrina de um ponto de vista evolutivo. Como o presente trabalho foi feito depois daquele, temos que retraçar explicitamente a acusação como mal fundada. Houve uma evolução psicológica de santo Agostinho; houve muitas variações de detalhe, que assinalamos em grande número, mas jamais obtivemos êxito em descobrir a menor variação propriamente filosófica em qualquer de suas teses essenciais. Santo Agostinho fixou suas idéias mestras desde sua conversão, mesmo, cremos nós, no que concerne à graça, e ele sempre viveu sobre esse capital uma vez constituído. Não é preciso dizer que o estudo das variações de Agostinho, onde elas ocorrem, guarda toda sua importância, mas elas são relevantes para um ponto de vista diferente, e complementar, ao que adotamos.

Conclusão

dúvida. É característico do agostinianismo encontrar a satisfação de ambas as exigências numa ordem mais que humana. Sem o Cristo mediador, que se fez carne para nos libertar da carne, e sem a revelação da Escritura, que fixa com autoridade transcendente a soma das verdades salutares, o homem pode apenas errar no nível da concupiscência e vagar entre sistemas antagônicos. Não há agostinianismo sem esta pressuposição fundamental: *a verdadeira filosofia pressupõe um ato de adesão à ordem sobrenatural, que libera a vontade da carne, pela graça, e o pensamento do ceticismo, pela revelação.*

Por outro lado, é um fato constante na história da filosofia que as doutrinas em que a inspiração de santo Agostinho predomina mal se deixam reduzir a exposições sintéticas; por exemplo, Pascal e Malebranche repugnam deixarem-se expor segundo a ordem linear que convém à doutrina de são Tomás de Aquino. Entretanto, é injusto dizer que algum agostiniano sofreu tanto quanto Agostinho por sua impotência inata para organizar seus pensamentos segundo essa ordem. O mal contra o qual o agostiniano luta desesperadamente é que, para se explicar, é necessário começar pelo que pode também ser o fim e que, para definir um ponto qualquer de sua doutrina, é absolutamente indispensável expô-la inteiramente. Portanto, jamais sabemos se santo Agostinho fala como teólogo ou como filósofo, se prova a existência de Deus ou desenvolve uma teoria do conhecimento, se as verdades eternas das quais fala pertencem à ciência ou à moral, se expõe uma doutrina da sensação ou se são as conseqüências do pecado original; tudo se passa e se entrepassa tão bem que Agostinho não pode segurar um elo da corrente sem tomar para si a corrente inteira, e o historiador que, por sua vez, tenta examinar elo por elo, sofre constantemente por violentá-la e, a cada ponto onde ele assinala um limite provisório, por quebrá-la.

Talvez, essa ausência de ordem de que sofre o agostinianismo seja apenas a presença de uma ordem diferente daquela que esperamos. Em lugar da ordem sintética e linear das doutrinas que seguem a norma do intelecto, encontramos um modo de exposição necessariamente outro, que convém a uma doutrina cujo centro está no interior da graça e da caridade. Se aqui se trata menos de saber que de amar, a tarefa própria do filósofo é menos fazer conhecer do que fazer desejar. Ora, para excitar o amor, não se demonstra, mostra-se, e é isso que santo Agostinho não deixa de fazer: "Jesus Cristo, são Paulo têm a ordem da caridade, não da mente, pois eles queriam aquecer, não instruir. Santo Agostinho, o mesmo. Essa ordem consiste principalmente na digressão em cada ponto, que sempre se relaciona com o fim para mostrá-lo".[51] Assim, nas obras de Agostinho, a digressão, que constantemente parece romper a ordem do discurso, é a própria ordem. Ela, em vez de nos conduzir simplesmente a Deus como a um termo, refere-nos a ele como centro para onde, a partir de alguma direção que nos distancia, é preciso necessariamente voltar. Ela concerne a corpos materiais? As coisas são ritmos, formas, números; logo, imagens dos números inteligíveis e, por conseqüência de Deus. Trata-se de conhecimento? A menor percepção implica a memória, o julgamento verdadeiro e Deus, que é a regra deste. Da vontade? Todo movimento do querer é desejo, todo desejo é amor, e, para além de cada um dos bens particulares que se visa, todo amor tende ao Bem dos bens, que é Deus. Da ciência? Toda ciência se ordena para a Sabedoria, que é a fruição de Deus pelo amor. Da vida social? Toda história da humanidade se reduz à da cidade celeste, cujos cidadãos não têm outro elo senão seu amor comum por Deus. Qualquer problema que se levante, Agostinho trata-o como um ponto que ele relaciona com Deus para mostrar Deus para nós. Particularmente evidente, esse caráter sempre será reencontrado em algum grau nos filósofos submetidos à sua influência: *o método natural do agostinianismo é a digressão; a*

---

[51] B. PASCAL, *Pensées*, ed. Brunschvicg, n. 283. Santo Agostinho foi ajudado a seguir essa ordem, como Pascal, por seu estilo admirável ou antes, segundo a observação de um bom conhecedor, por seus estilos "pois ele tem todos os estilos, bem como sabe usar todos os tons". P. MONCEAUX, *Histoire de la littérature latine chrétienne*. Payot, 1924, p. 137.

Conclusão

ordem natural de uma doutrina agostiniana é a irradiação em torno de um centro, que é a ordem da caridade.

Mas a caridade só impõe sua ordem própria à doutrina porque a domina e a inspira. Deus é o seu centro. Ora, segundo a palavra de João, que Agostinho não deixa de repetir, Deus é caridade, e dizer caridade é dizer amor, ou seja, o peso interno e a essência mesma da vontade. Se é assim, nessa doutrina a vontade necessariamente se torna a faculdade dominante da alma humana, uma vez que, ao se desviar de seu fim divino, deste separa o homem inteiro, e, ao aderir a tal fim, liga o homem a ele. Por vezes protestou-se, não sem razão, contra o epíteto de *voluntarismo* aplicado à doutrina de santo Agostinho. É verdade que nenhum epíteto jamais resumiu uma filosofia e, pode-se acrescentar que, dada a multiplicidade de sentidos que ela pode receber, ele seria particularmente inapto a definir por si só uma doutrina. Se a significação dessa filosofia é reduzida a de um *primado da vontade*,[52] ou mesmo de um *primado do amor*,[53] é certo que precisões também serão necessárias. Aplicadas a Deus, tais expressões não têm qualquer sentido, pois ele é o Ser e, no Ser absoluto enquanto tal, uma perfeita simplicidade exclui toda possibilidade de qualquer primado em qualquer sentido que seja. Aplicadas ao homem, elas tampouco podem significar que ele seja mais essencialmente vontade do que inteligência, pela simples razão de que sem a inteligência a noção mesma de vontade se torna contraditória e impossível. Nem em Deus nem no homem: logo, não há primado da vontade nem do amor na ordem do ser.[54] Mas o mesmo ocorre na ordem do agir da qual a filosofia é a regra? Certamente, aqui também, Agostinho não esquece o papel neces-

---

[52] Ver as obras de W. Kahl e de Otto Zänker citadas em nossa "Bibliografia", p. 497 e p. 476.
[53] Max SCHELER, *Moralia*, Leipzig, 1923, p. 140. Ver M. SCHMAUS, *Die psychologische Trinitätslehre des hl. Augustinus*, p. 376.
[54] Aqui está tudo o que M. Schmaus reuniu para provar contra W. Kahl, O. Zänker e M. Scheler (*op. cit.*, p. 376-380); mas nem A. Harnack (*op. cit.*, p. 376,

sário nem a eminente dignidade da inteligência – o que ninguém contesta – mas não é menos verdadeiro que o termo da filosofia agostiniana seja a sabedoria e que, dado que a filosofia confunde a sabedoria com a fruição beatificadora do soberano Bem pelo amor, é na direção de um ato de vontade que toda a doutrina tende como na direção de seu termo. Sem inteligência, nada de vontade; sim, mas tal a vontade, tais serão os objetos da inteligência, de sorte que, nesse drama em que estamos engajados, é o querer que decide tudo, uma vez que dele depende a escolha, que nos une ou separa para sempre de Deus. Por isso, o *Deus caritas est* de são João corresponde exatamente à fórmula de Agostinho em busca da luz eterna: *qui novit veritatem novit eam, et qui novit eam novit aeternitatem: caritas novit eam*. Assim, compreende-se também por que, quando Agostinho quer enfatizar em algumas linhas a unidade fundamental de sua doutrina, vislumbra-a menos do ponto de vista do conhecimento do que o da caridade. Quais proposições, quais textos de quaisquer filósofos que sejam, quais leis de não importa quais sociedades é possível comparar de algum modo com estes dois preceitos, dos quais o Cristo disse dependerem toda a Lei e todos os Profetas: "*tu amarás o Senhor teu Deus com todo teu coração, com toda tua alma e com todo teu pensamento*" e "*tu amarás teu próximo como a ti mesmo*" (Mt 22, 37-39)? A física neles está compreendida, pois todas as causas de todas as naturezas estão em Deus criador. A moral neles está, pois a vida só se torna boa e honesta sob condição de amar o que deve ser amado, como se deve amar, ou seja, Deus e o próximo. A lógica está neles, pois não há verdade e luz da alma racional senão o único Deus. Neles, enfim, encontra-se a salvação de toda sociedade legítima, pois o fundamento e os melhores elos de uma sociedade, a saber, a fé e uma concórdia durável, supõem o amor pelo bem universal, que é o Deus supremo e verdadeiro, e o amor sincero por todos os homens nele; isto é, quando se amam por causa dele, de quem ninguém pode dissimular a sinceridade do

---

nota 5) nem ele mesmo trouxeram a discussão para o terreno de seus adversários e, por isso, muito embora tivessem razão em relação àqueles, não triunfaram.

Conclusão

amor por Deus. Ao que parece, portanto, apenas formularíamos o pensamento de Agostinho afirmando que *quanto mais uma doutrina tende completamente a se organizar em torno da caridade, tanto mais é agostiniana.*

Situar a Caridade no centro de sua doutrina, para Agostinho, não seria somente engajar-se em fazer o amor e a graça predominarem no homem, seria adotar implicitamente uma determinada concepção da natureza e de suas relações com o sobrenatural. Sua atitude quanto a esse ponto é mais complexa do que parece à primeira vista. O agostinianismo, por vezes, é considerado como uma doutrina que atenua a autonomia da natureza até praticamente negar-lhe a existência. Tal seguramente não seria a intenção de Agostinho. Sua experiência maniqueísta lhe havia feito compreender de uma vez por todas que a distinção real e exclusiva de toda confusão entre Deus e a natureza implicava, com o reconhecimento de seu ser distinto, a atribuição às criaturas de uma atividade que lhes seja própria. Deus não se coloca no lugar dos seres que ele administra, mas, ao contrário, assiste-os para lhes permitir que eles mesmos realizem suas próprias operações: *sic itaque administrat omnia quae creauit, ut etiam ipsa proprios exercere et agere motus sinat; quamvis enim nihil esse possint sine ipso, non sunt quod ipse.*[55] Ninguém será mais firme do que ele nesse ponto, mas a dificuldade começa quando se trata de definir a natureza dos seres e das operações que propriamente lhes pertencem. Pode-se proceder como um metafísico, isto é, delimitar o conteúdo das essências e a partir dessas essências deduzir a natureza de suas operações; nada impedirá Agostinho de proceder desse modo, uma vez que ele admitia a existência das Idéias eternas em Deus e a conformidade das coisas com suas Idéias; do mesmo modo, pode-se dizer que Agostinho freqüentemente considera o universo desse ponto de vista, sobretudo quando não se trata do homem.

---

[55] *De civit. Dei*, VII, 30; t. 41, col. 220. Cf. *De Genesi ad litt.*, IV, 12, 23, t. 34, col. 305. VIII, 23, 44; t. 34, col. 389-390. VIII, 25, 46; col. 390-391: "... naturas ut sint ..."; "... fiunt, ut naturae sint; ...".

O agostinianismo

Quando se trata do homem, ao contrário, dois outros pontos de vista primam sobre o da metafísica e vê-se Agostinho procedendo ao mesmo tempo como psicólogo e como historiador. Com esse deslocamento de perspectiva, introduz-se uma mudança notável no método, uma vez que em lugar de definir o homem de acordo com o que ele deve ser, como faz o metafísico, o historiador e o psicólogo descrevem-no simplesmente tal como ele é. Daí a idéia familiar a santo Agostinho, embora surpreendente para os espíritos habituados a outros métodos, de uma natureza que não seja feita de essências invioláveis e em que, em certos limites, as coisas poderiam continuar a ser mesmo ao cessar de serem o que são.

Para compreender a razão desse fato, é necessário lembrar-se que Agostinho devia conciliar duas perspectivas distintas sobre o universo: a cosmologia platônica, com o mundo imóvel das essências que a domina, e a cosmologia judaico-cristã com a história do mundo e do homem que ela contém. Agostinho constantemente passa de uma perspectiva a outra, mais com o sentimento da profunda unidade entre elas, do que em virtude de uma doutrina explicitamente elaborada para unificá-las. Quando se pergunta o que é o homem em geral, Agostinho propõe definições abstratas, tal como todo metafísico pode propor; quando se pergunta o que é o homem concreto dado na experiência psicológica, a começar por ele mesmo, Agostinho desce do plano das idéias eternas para o da história. É então que ele desenvolve essa cosmologia histórica cujas perspectivas sempre o levam a definir como Deus foi comunicado à natureza e ao homem pela criação; como a ordem estabelecida por essa comunicação teria sido destruída pelo pecado, uma outra natureza sucedeu a primeira; em quais condições, enfim, a ordem primitiva poderia ser restaurada. No coração desse imenso questionamento, incessantemente recomeçado e aprofundado, a natureza que santo Agostinho tem sob os olhos e que ele visa explicitamente é o saldo histórico da ordem divina corrompida pelo pecado. Enquanto a natureza explorada por são Tomás de Aquino é uma essência metafisicamente indestrutível, cuja necessidade intrínseca resiste à corrupção

Conclusão

do pecado original, para lhe entregar somente as vantagens que dela retirou e os poderes que diminuiu ou perverteu, Agostinho descreve, com o nome de "natureza", o estado de fato determinado pelo pecado e aquilo que, nesse estado, autoriza a esperança de que o homem possa daí sair.[56] Que em última análise as duas atitudes não sejam dogmaticamente contraditórias, é algo que, para nós, não apresenta nenhuma dúvida: santo Agostinho não exclui santo Tomás de Aquino desse centro de toda filosofia cristã, ele acima de tudo o prepara e o convida; mas, em nossa opinião, não se poderia sustentar que o plano das duas exposições seja o mesmo. Santo Agostinho reduz a história do mundo à do pecado e da graça, porque pensa o drama cósmico em função do drama que se operou em sua alma; na descrição da natureza e do homem que ele nos oferece, ele sempre se deixa guiar por uma experiência pessoal decisiva: a da sua própria conversão.

Reduzido à sua essência nua, que não pertence a qualquer raça nem a qualquer tempo, santo Agostinho é o homem em sua vontade de se bastar e em sua impotência de fazer isso sem Deus. Se é verdade que, segundo a forte expressão de Windelband, sua filosofia seja uma "metafísica da experiência interior",[57] então deve-se acrescer que a experiência interior, de que sua metafísica é a fórmula, reduz-se precisamente a essa ambição e seu fracasso. Essa doutrina é isso e, fundamentalmente, não é nada de diferente: mas

---

[56] Cf., por exemplo: "... convenientissimum et ordinatissimum apparet, ut *malum meritum* prioris, *natura* sequentis sit; et *bonum meritum sequentis*, *natura* prioris sit". *De lib. arb.*, III, 20, 56; t. 32, col. 1298. Estabilizar um *estado de natureza* depende sempre da vontade sábia do criador.

[57] W. WINDELBAND, *Geschichte ser Philosophie*, 5 ed., Tübigen, 1910, p. 203 e seg. Ver também a expressiva fórmula de H. Siebeck (igualmente citado por J. HESSEN, *Die Begründung der Erkenntnis nach dem heil. Augustunus*, p. 54): "Nicht as Verhältnis des Inneren zum Äusseren, sondern das des Inneren zum Innersten, zum Fühlen und Schauen Gottes im Herzen, sind dis eigentlichen Objekte und treibenden Kräfte seiner Spekulation" H. SIEBECK, "Die Anfäge der neueren Psychologie". In: *Zeitschrift für Philosophie und philosophische Kritik*, XCII (1888), p. 189. Não poderíamos dizê-lo melhor.

O agostinianismo

como as forças obscuras de onde nascem o drama que ela reconta estão implicadas em todo coração humano, ela confessa o orgulho e a miséria de cada um de nós. Daí sua individualidade e sua universalidade singulares. Metafísica de sua própria conversão, a doutrina de Agostinho permanece, por excelência, a metafísica da conversão. A partir disso compreende-se por que a psicologia da vida interior só poderia reforçar nele as tendências profundas de teólogo da historia. Aquilo de que ele tem uma experiência vivida seria a insuficiência radical da natureza e daí nasce a constante preocupação de restringir aos seus limites de fato a amplitude das essências e a eficácia de suas operações. Assim, há um equívoco latente entre os historiadores que discutem se é devido ou não classificar santo Agostinho entre os filósofos *qui rebus naturalibus proprias subtrahunt actiones*;[58] em princípio, não subtrai nenhuma das coisas naturais, mas, de fato, restringe consideravelmente a esfera das ações que reconhece como possíveis às coisas. Atento sobretudo ao que de fato falta na natureza para realizar o desejo do divino que Deus mesmo colocou nela, Agostinho não a confunde de modo algum com o sobrenatural, mas ele observa sobretudo as insuficiências, congênitas ou adquiridas, cuja consciência clara pode nos conferir o sentimento de nossa importância e reavivar em nós a necessidade salutar de Deus. Segue-se que *entre duas soluções igualmente possíveis do mesmo problema, uma doutrina agostiniana espontaneamente se inclinará na direção do que está de acordo menos com a natureza e mais com Deus.*[59]

Parece-nos que esse é o espírito do agostinianismo e a inspiração comum que reúne numa mesma família doutrinas tais como

---

[58] Pe. B. ROMEYER (*art.cit.*), nos *Archives de Philosophie* VII, 2; 1930, p. 212, louva-nos por aqui revisarmos a conclusão de nossa memória dos *Archives d'hist. doctr. et litt. du moyen âge*, 1962-1927, p. 126. Não merecemos tal elogio, pois nossa posição permanece a mesma. Nosso artigo nos *Archives* estudava o agostinianismo do século XIII, o presente volume estuda o de santo Agostinho, que difere daquele em alguns pontos e especialmente no ponto em questão.

[59] A preferência marcada no agostinianismo pela doutrina das razões seminais se explica, em grande parte, por isso. Qualquer outra concepção de causalidade dá-

Conclusão

as de santo Anselmo, são Boaventura e Malebranche; a despeito das diferenças ou mesmo das oposições internas que seriam fáceis de revelar. Contra o agostinianismo entendido desse modo, oposições seculares não cessaram de se unir, testemunhando igualmente à sua maneira, sua unidade e sua originalidade. A objeção fundamental que se apresenta contra ele é de estar em contradição com a noção de filosofia, mesmo a cristã. Quem diz filosofia, diz busca puramente racional, ou seja, fundada sobre princípios que dizem respeito somente à razão. Ao contrário, tal como acabamos de descrever, o agostinianismo exige que a razão admita a revelação como seu ponto de partida. Na medida em que exprime as tendências profundas da doutrina, o famoso *Credo ut intelligam* manifestaria essa confusão fundamental, uma vez que ele traz como método filosófico o que é o método por excelência da teologia. Com efeito, essa última ciência parte normalmente dos dados da revelação para explorar seu conteúdo com a ajuda da razão; por isso mesmo, ela conscientemente aceita situar-se num plano diferente ao da filosofia e não confunde sua obra com a dela. Ao contrário, viciada que está por essa confusão primitiva dos gêneros, a doutrina de santo Agostinho é desqualificada de uma vez por todas como filosofia; em resumo, a noção mesma de *filosofia agostiniana* implicaria contradição.[60]

Por mais alta que seja a autoridade desses contraditores, poder-se-ia afirmar que algumas confusões estivessem implicadas

---

lhe a impressão de um tipo de atividade criadora delegada às criaturas; esse sentimento, muito vivo em são Boaventura, adquire sua intensidade máxima no ocasionalismo de Malebranche. Por essa razão, a doutrina da iluminação permanecerá característica da tradição agostiniana: ela assegura a dependência máxima do intelecto para com Deus no ato de conhecimento. Em nenhum desses pontos são Tomás, nem Duns Escoto serão agostinianos; ao contrário, são Boaventura, Roger Bacon, Raimundo Lúlio e Malebranche são representantes autênticos dessa tradição.

[60] Cf. P. MANDONNET, *Siger de Brabant* (Os filósofos Belgas, vol. VI), Louvain, 1911, p. 55; a nota 2 aliás corrige o texto de modo contundente e feliz. Ao contrário, o mesmo autor se espanta alhures em termos podido apresentar a

nas objeções que eles levantam. Primeiramente, Agostinho não poderia ter se confundido indiscriminadamente com os partidários de uma *philosophia ancilla theologae*, precisamente porque, jamais tendo imaginado uma filosofia à parte de uma teologia, ele não pôde, ao menos nesse sentido, conceber o projeto de fazer uma serva da outra. Que a filosofia dos gregos sirva à sabedoria cristã, é muito natural precisamente porque a filosofia grega não é a verdadeira filosofia; mas, sendo criticada, endireitada e depurada, ela se insere mais perfeitamente na doutrina salutar, deixando de existir à parte e como disciplina distinta para fundir-se na unidade da sabedoria cristã. Mas, dir-se-ia também, é verdade que a filosofia enquanto tal não goza de qualquer autonomia no agostinianismo e, literalmente, que não existe!

Com efeito, a conseqüência é necessária se partimos de uma concepção de filosofia como essência separada e, em seguida, buscamos qual lugar tal filosofia encontraria na doutrina de santo Agostinho. Ela não encontraria nenhum. O que se deve procurar não é onde se encontra a filosofia no agostinianismo, pois ela está em todo lugar e em nenhuma parte. Ela recusa se separar da revelação e a certeza que tem de estar atrelada a esta garante que seja a verdadeira filosofia.[61] Contudo, engana-se quando se imagina que Agostinho tenha fundado a verdade de suas conclusões filosóficas em elas poderem ser deduzidas da Revelação; de fato, nem nele, nem em qualquer agostiniano, encontramos uma única idéia cuja verdade filosófica fosse demonstrada pela via do apelo à fé. Na boa doutrina agostiniana, a fé mostra, não demonstra. Então, uma coisa é partir de um dado revelado para definir

---

doutrina de são Boaventura "como um sistema unificado *e denominando-a um sistema filosófico*" (*Bulletin thomiste*, março 1926, p. 54). Sobre a noção de "filosofia cristã", ver Ét. GILSON, *Christianisme et philosophie*, Paris, J. Vrin, 1936; e sobre as controvérsias recentes sobre esse tema, a exposição geral de Bernard BAUDOUX, "Quaestio de Philosophia Christiana". In: *Antonianum* XI (1936) 486-552.

[61] Sobre o problema teológico levantado por essa atitude, ver o perspicaz ensaio de J. MARITAIN, "De la sagesse augustinienne". In: *Revue de Philosophie*, 1930, p. 715-741.

Conclusão

ou deduzir racionalmente o conteúdo, como faz o teólogo; outra é partir do mesmo dado revelado, como faz o agostiniano quando filosofa, para ver se e em que medida seu conteúdo coincide com o da razão. Para o teólogo que argumenta, e santo Agostinho não se privou de fazê-lo, a revelação fornece as premissas da prova; para o filósofo cristão que medita, o que Agostinho algumas vezes queria ser, a revelação simplesmente propõe o seu objeto. O que caracteriza o método agostiniano como tal é a recusa de sistematicamente cegar a razão fechando os olhos ao que a fé mostra, donde o ideal correlativo de uma *filosofia cristã* que seja filosofia verdadeira enquanto cristã porque, ao deixar a cada conhecimento sua ordem própria, *o filósofo cristão considera a revelação como uma fonte de luzes para a razão.*[62]

A segunda característica pela qual o espírito da filosofia agostiniana se distingue especificamente de qualquer outra é a recusa constante de abstrair a especulação da ação. Não que se possa falar de um primado da ação no agostinianismo;[63] ao contrário, vimos que santo Agostinho subordina explicitamente a ação à contemplação. É verdade que, como o homem inteiro deve

---

[62] No *Bulletin Thomiste*, loc. cit., p. 244, o Pe. Chenu nos contra-argumenta que uma filosofia não é cristã "pela ordem teológica imposta de fora ao seu conteúdo racional, mas por uma concepção da natureza e da razão abertas ao sobrenatural". A princípio, concordamos que a ordem teológica não confere e não conferiria nenhum caráter cristão a uma filosofia enquanto tal, mas acreditamos que aqui está, em são Tomás, o signo exterior do caráter cristão de sua filosofia. Ademais, não pensamos que uma filosofia cristã deva ser deduzida de uma teologia, mas se mover no interior de uma fé, o que é inteiramente diferente. Quanto ao critério proposto pelo Pe. Chenu, parece-nos, segundo um exame mais amplo, que ele define mais uma filosofia compatível com o cristianismo que uma filosofia cristã e seria conveniente, ao que nos parece, distinguir as duas.

[63] Do fato de existir um verdadeiro primado da caridade no agostinianismo não decorre que estejamos no direito de falar de um primado da ação, pois a caridade não é uma ação que se distingue da contemplação e tampouco que a ela se opõe. Como todo amor, a caridade é ao mesmo tempo conhecimento e querer, e vimos que ela é a fonte inesgotável da ação, à qual, conseqüentemente, ela não poderia se limitar. Ver anteriormente p. 269.

O agostinianismo

participar da beatitude, o homem inteiro deve fazer a busca. Todo agostinianismo é uma ascensão para Deus, e felizes são aqueles que se elevam a ele pela palavra e pelos pensamentos, mas bem-aventurados aqueles cuja vida e cujos atos cantam o Cântico dos Passos: *beati ergo qui factis et moribus cantant canticum graduum!* [64] Ora, a característica do agostinianismo sobre esse ponto é precisamente ele recusar o título de filosofia verdadeira a toda doutrina que, mostrando o que deve ser feito, não nos dá força para isso. Segue-se que a sabedoria cristã é a única que merece o nome de filosofia, porque somente ela permite traduzir concretamente as visões da contemplação em ações. Eis por que, por mais numerosas que sejam as fontes plotinianas e platônicas do agostinianismo, para Agostinho sempre permanece uma distância intransponível entre sua doutrina e a dos filósofos gregos nos quais ele se inspira. Plotino vê a verdade e a deseja; Porfírio sabe que a tarefa do filósofo é a libertação da alma, e ele se encaminha para isso com todas as suas forças, mas nem um nem outro conhecem a rota única que conduz à meta: Jesus Cristo, modelo e fonte da humildade.[65] Essa ciência impotente merece o nome de filosofia? Agostinho nega-o uma vez que é contraditório nomear de sabedoria sistemas incapazes de nos fazer obter o que a sabedoria tem precisamente como objetivo nos dar. Voltado totalmente para a posse da felicidade, *o agostinianismo só reconhece como filosofia verdadeira aquela que, não contente de mostrar o fim, fornece os meios para alcançá-lo.*

Se tais são verdadeiramente as características que definem seu espírito, pode-se dizer que onde elas faltam não há agostinianismo verdadeiro. Porém, ao se tomar o ponto de vista do metafísico, que é o nosso, não se pode limitar a influência agostiniana nas doutrinas submetidas a ela ou que perpetuam seu espírito. É um fato constante na história da filosofia que os grandes

---

[64] *De Trinitate*, XI, 6, 10; t. 42, col. 992.
[65] *De civit. Dei*, X, 29, 1-2; t. 41, col. 307-309. X, 32, 1-3; col. 312-316. XI, 2; col. 317-318.

Conclusão

pensadores colocam em circulação métodos e teses dos quais, em seguida, se faz um uso contrário às intenções dos autores.[66] A doutrina de Agostinho não escapou a essa lei. Ainda que as teses filosóficas, cujo conjunto constitui sua doutrina, dependam estreitamente do espírito que as inspira, todavia, elas poderiam depreender-se dele para entrar como partes componentes em doutrinas de espírito diferente.[67] Então, seria aconselhável descrever as idéias mestras que atestam a influência de santo Agostinho onde se encontram, mesmo quando elas não se colocam mais a serviço de sua intuição religiosa inicial.

Preocupado sobretudo em fazer a criatura sentir os limites de sua eficácia, para fazê-la operar mais corretamente o movimento de conversão que a fará voltar-se para Deus, o agostinianismo inicialmente herda a crítica platônica do sensível, que, na ordem filosófica corresponde à condenação da carne na ordem religiosa.[68] Para melhor estabelecer essa primazia do espírito sobre a matéria, santo Agostinho faz também apelo a tudo que poderia ser invocado a favor de uma transcendência radical da

---

[66] Fragmentos importantes da crítica de Kant tornaram-se partes integrantes das doutrinas de Fichte, de Hegel e de Schopenhauer, ainda que a inspiração profunda dessas doutrinas freqüentemente aponte para um sentido contrário da kantiana. Littré, Durkheim e os sociólogos franceses contemporâneos apóiam-se com razão em Comte, de quem empregaram alguns princípios, embora Comte os tenha ou tivesse excomungado se sua Igreja.

[67] É. Baudin trouxe essa verdade à luz da maneira mais perspicaz: "... pode-se discernir, ao longo da especulação agostiniana, a presença constante e o desenvolvimento paralelo de dois agostinianismos filosóficos: o ontologismo das verdades racionais, que precisamente vai desabrochar em Descartes, e a experimentação de verdades religiosas, que tem seu apogeu em Pascal. Agostinianismos diferentes que engendram dois intuicionismos diferentes, o da razão e o do coração". *Recherches des sciences religieuses*, 1924, p. 345; ver também, *ibid*, 1932, p. 132. No que concerne a Descartes, ver Ét. GILSON, "La pensée religieuse de Descartes". In: *Rév. de mét. et de morale*, 1925, p. 518-533.

[68] Sobre o papel desempenhado por santo Agostinho como intermediário e intérprete da tradição platônica, consultar o livro de um historiador, que é ao mesmo tempo um filósofo: A. E. TAYLOR, *Platonism and its influence*, G. G. Harrap, London, sem data.

alma em relação ao corpo na tradição filosófica. Tese seguramente metafísica, mas que o moralismo agostiniano postula ser vital para sabermos que os bens maiores são da ordem do espírito, uma vez que toda a doutrina tende para o Soberano Bem e que o Soberano Bem se encontra no termo da linha dos bens maiores.[69] Daqui decorre toda uma série de teses estreitamente encadeadas que raramente se dissociarão no curso da história, mas cuja ligação necessária não aparece em lugar nenhum com mais evidência do que nas doutrinas de Descartes e de Malebranche.

Com efeito, dado que a alma é radicalmente transcendente ao corpo, ela é necessariamente impermeável para ele. Eis aqui o que propusemos denominar de *princípio de interioridade do pensamento*, pois o fato de nada penetrar de fora na alma agostiniana faz nascer uma seqüência de conseqüências. Primeiramente, uma vez que tudo chega à alma de dentro, nada pode ser dado a ela anteriormente a ela; logo, a alma é para si mesma seu primeiro objeto. Ao mesmo tempo, dado que nada separa o sujeito pensante do objeto que ele pensa, a alma agostiniana encontra, no ato pelo qual ela se aprende imediatamente, uma certeza invencível, garantia da possibilidade de uma certeza geral. Então, é uma característica primeira do agostinianismo metafísico que a *evidência pela qual a alma apreende a si mesma é a primeira de todas as evidências e o criterium da verdade*.

Quando se toma literalmente uma conseqüência desse gênero, ela imediatamente engendra outras duas. Como nada de fora penetra na alma e nada se interpõe entre o pensamento e o pensamento, necessariamente é preciso que a sensação venha de dentro. Descartes se exprimirá, portanto, como agostiniano autêntico quando dirá que, em um sentido, todos os conhecimen-

---

[69] Ver anteriormente, p. 25-26. É interessante comparar com DESCARTES, *à Elisabeth*, 15 set. 1645; ed. Adam-Tannery, vol. IV, p. 292, linhas 5-12, onde se reencontra a mesma conexão entre a metafísica espiritualista e a moral.

Conclusão

tos, mesmo as sensações, são inatos.[70] Por outro lado, não se pode admitir essa tese sem sustentar ao mesmo tempo que cada sensação ateste muito mais imediatamente a existência da alma, que a produz, do que a existência do corpo, ocasião em que a alma produz a sensação. Segue-se a segunda característica do agostinianismo metafísico: *a alma é mais conhecida do que o corpo.*[71]

Não é tudo. Se tudo vem à alma de dentro, é preciso, necessariamente que as idéias das realidades não corpóreas, diferentes dela, lhe sejam dadas do mesmo modo. Ora, entre essas idéias há um certo número que não se explica facilmente se buscamos sua origem somente na alma, e há uma em particular de que não se pode encontrar a razão suficiente nem nas coisas nem no pensamento que a concebe, é a de Deus, que se confunde particularmente com a idéia de Verdade. Uma filosofia desse gênero se obriga, por antecipação, a só alcançar Deus passando por dentro, mas, longe de encontrar nessa obrigação qualquer constrangimento, ela vê nisso um convite para seguir a via mais curta e a mais simples. Por que a alma, cuja natureza é espiritual como a de Deus, buscaria alcançá-lo passando pelos corpos cuja materialidade a separa dele? *Propinquior certe nobis est qui fecit, quam illa quae facta sunt*; em toda metafísica agostiniana, *a via que conduz a Deus passa necessariamente pelo pensamento, porque Deus nos é mais conhecido do que o corpo.*

Assim definido em seu espírito e em suas teses mestras, o agostinianismo já forneceu uma carreira de quinze séculos da qual nada permite pressagiar o final. Ao ler as obras em que essa doutrina se exprime, é bastante difícil, se não impossível, não sentir

---

[70] Ver *Réponse au placard de Régius*, ed. Adam-Tannery, t. VII, 2ª parte, p. 358, l. 20 e seg. Cf. O. HAMELIN, *Le système de Descartes*, Paris, F. Alcan, 1911 (2ª ed.), p. 1477.

[71] Nós empregamos a expressão "mais conhecida" no sentido do latim "*notior*". Ver Ét. GILSON, *Index scolastico-cartésien*, Paris, F. Alcan, 1913, p. 203-204. Nas duas referências aos textos de Descartes que damos, suprimir III, 444, 10, nas linhas 1-2 e 5; corrigir, na linha 2, a referência de VI, 23 para VI, 33.

sua poderosa vitalidade. Por outro lado, é fato que os técnicos que a praticam freqüentemente lamentam o caráter inacabado de grande parte das teses mestras que a constituem. Com um pouco mais de prática talvez esses filósofos chegarão a tomar consciência de que eles se encontram diante de uma característica própria da doutrina, e que esse caráter inacabado não seria para ela menos essencial do que o método digressivo, que se censura nela. Buscamos espontaneamente um sistema em seus escritos, ou seja, um conjunto de verdades totalmente feitas, encadeadas numa ordem que nos ajude a compreendê-las e a retê-las; eles nos levam a um método, ou seja, a uma ordem que convém seguir numa série longa de esforços que cabe a nós fornecer. Enquanto tratamos esse método como um sistema, ele aparece lacunar e deficiente em muitas relações e não uma idéia que se defina com um rigor metafísico acabado, nem um termo técnico que conserve do início ao fim uma significação constante. Há por toda parte sugestões, esboços, tentativas incessantemente retomadas e logo abandonadas, para, então, retomarmos o momento em que acreditávamos que o autor não estava pensando nelas. Ao contrário, se tentamos aplicar esse método ao problema do destino humano para o qual ele busca a solução, e tudo muda de aspecto, tudo se esclarece; as lacunas da obra se tornam igualmente campos reservados ao livre jogo de nossa ascese interior; enfim, compreendemos que cabe a nós, e somente a nós preenchê-las.

Por mais que se reflita, nada está mais em perfeita harmonia com as condições fundamentais assinadas por Agostinho, em todo ensinamento filosófico e em toda busca, do que essa atitude. Em nossa opinião, ele se cala muito cedo, mas é para deixar a palavra para nós, pois ele mostrou que nada é passado de um espírito para outro. Jamais se aprende algo; cada um só vê a Verdade comum a todos na medida em que ela se torna a verdade de seu próprio pensamento; por que o defensor de tal doutrina deveria se preocupar em ordenar e em desenvolver suas teses, como se a explicação e os comentários indefinidamente extensivos, dos quais elas se acompanham, pudessem superar o esforço pessoal daque-

Conclusão

les que as lêem? Tudo o que pode ser feito é colocá-los na via da busca, mostrar-lhes que atitudes devem adotar para descobrir, na luz divina, as verdades que ninguém pode ver em benefício deles nem no lugar deles. Mas, ainda há mais. Se é verdade que só posso ver a verdade pelo meu pensamento, tanto mais é verdade que ninguém pode gozar por mim da minha própria beatitude. Ora, a sabedoria, da qual a filosofia é o estudo, consiste propriamente em possuir a beatitude. Crer que se pode dar a felicidade ensinando-a é crer que se pode dar a riqueza descrevendo a arte de possuí-la; do mesmo modo e pela mesma razão, a filosofia não é a ciência do que se deve fazer, ela é muito mais o poder de receber a graça, e ninguém o adquire senão ao pedi-la mediante a humildade e ao exercê-la pelo esforço incessantemente renovado de uma vontade que essa graça liberta. É somente nessas condições que, ultrapassando uma estéril ciência do bem para adentrar na sua fruição e posse, o homem alcança o ato da beatitude.

Mas é também porque qualquer introdução ao estudo de santo Agostinho, ao mesmo tempo em que alcança seu termo, toma plena consciência da tarefa empreendida e se sente vã, pois não é nada mais do que fazer com que outros o compreendam e não depende do homem fazer com que o imitem.

BIBLIOGRAFIA
DOS PRINCIPAIS TRABALHOS
RELATIVOS À FILOSOFIA DE SANTO
AGOSTINHO ATÉ 1942

Citamos os textos de santo Agostinho segundo a edição coletiva acessível mais facilmente: *Sancti Aurelii Augustini... opera omnia*, editados pelos Beneditinos da congregação de Saint-Maur; Migne, Patr. lat., v. XXXII-XLVII. Como exceção, citamos as *Confissões* segundo o texto da edição de P. de LABRIOLLE, Saint Augustin, *Confessions*, 2 vols., Paris, Les Belles Lettres, 1925-1926.

Alguns escritos de santo Agostinho foram reeditados em edição crítica no *Corpus scriptorum ecclesiasticorum latinorum*; encontram-se enumerados em *Ueberwegs-Grundriss*, II (2 ed), p. 96.

Quanto à história literária de Agostinho e de seu século, a obra fundamental a ser consultada é P. MONCEAUX, *Histoire littéraire de l'Afrique chrétienne*, tomos III-VII, Paris, Leroux, 1905-1923.

Como léxico e índice de assuntos pode-se utilizar D. LENFANT, O. P., *Concordantiae augustinianae*. Paris, v. I, 1656; v. II, 1665.

COLETÂNEAS POR OCASIÃO DO XV CENTENÁRIO DA MORTE DE SANTO AGOSTINHO (430-1930)

Aurelius Augustinus: Die Festschrift der Görres Cesellschaft zum 1500 Todestage des heiligen Augustinus, publicado por M. GRABMANN e J. MAUSBACH, Köln, J. P. Bachem, 1930.

Conclusão

Miscellanea Agostiniana, Testi e studi pubblicati a cura del'Ordine eremitano di S. Agostino nel XV centenario dalla morte del santo Dottore, Roma, Tipografia Vaticana, 2 vols. 1930 e 1931.

"Saint Augustin". In: La Vie spirituelle, julho 1930, vol. XXIV, nº 1.

Miscellanea augustiniana. Gedenkenbook samengesteld uit verhandelingen over S. Augustinus bij de viering van zijn zalig overlijden voor 15 eeuwen, Rotterdam, Brusse, 1930.

"Études sur saint Augustin (430-1930)". In: Archives de Philosophie, vol. VII, caderno 2; Paris, Beauchesne, 1930.

A Monument to St. Augutine, publicado por C. D'ARCY, London, Sheed and Ward, 1930; New-York, The Dial Press, 1931.

Mélanges Augustiniens, publiés à l'occasion du quinzième centenaire de saint Augustin, Paris, Marcel Rivière, 1931.

"Saint Augustin". In: Cahiers de la Nouvelle Journée, Paris, Bloud et Gay, 1930.

S. Agostino: Pubblicazione commemorativa del XV centenario della sua morte, puclicado por A. GEMELLI, Milano, "Vita e Pensiero", 1931.

I. A VIDA, O HOMEM E A OBRA

POSSIDIUS. Vita sancti Aurelii Augustini, Hipponensis Episcopi, auctore Possidio Calamensi Episcopo. No início das obras de santo Agostinho, Migne, Pat. lat., vol. 32, col. 33-578.

WEISKOTTEN (Herb. T.). Sancti Augustini vita scripta a Possidio episcopo, edited and revised text, introduction, notes and an English version (dissertação de doutorado) Princeton University Press, Princeton, 1919.

LENAIN DE TILLEMONT. Mémoire pour servir à l'histoire ecclésiastique des six premiers siècles. Tomo XIII, Paris, 1702. (Ponto de partida de todos os trabalhos ulteriores e permanece uma obra fundamental).

BINDEMANN (C.). Der hl. Augustinus, vol. I, Berlin, H. Schultze, 1844; vol. II, Leipzig, H. Schultze, 1855; vol. III, Greifswald, L. Bamberg, 1869 (Vida e análise das obras principais).

POUJOULAT (Fr.). Histoire de saint Augustin, sa vie, ses oeuvres, son siècle, influence de son génie. Paris-Lyon, 3 vols. 1844; 2 ed., 1846; 3ª ed., 1852.

Bibliografia

BÖHRINGER (Fr. u. B.). *Aurelius Augustinus Bischof von Hippo*, 2 vols., 1877-1878.

CUTTIS (Ed. L.). *Saint Augustine*, London and New-York, 1881 (Obra de difusão da Society for promoting christian knowledge).

COLLETTE (Ch. H.). *Saint Augustine... A sketch of his life and writings*, London, W. H. Allen, 1883.

GARD (Maurice). *Étude sur saint Augustin* (extrato da *Revue de la Suisse catholique*). Fribourg, 1887 (esboço muito sumário).

SCHAFF (Phil.). *Saint Augustin*, Berlin, W. Hertz, 1854. ed. inglesa, New-York. 1854. Reedição inglesa aumentada e, Ph. SCHAFF, *Saint Augustin, Melanchton, Neander*, London, 1886. (Obra de difusão).

WOLFSGRUBER (C.). *Augustinus, Auf Grund des Kirchengeschichtlichen Schriftennachlasses von Joseph Othmar Kardinal Rauscher*, Paderbom, F. Schöningh, 1898.

HATZFELD (Ad.). *Saint Augustin (Les Saints)*, Paris, Lecoffre, 5ª ed., 1898.

HERTLING (G. Freih. v,). *Augustin. Der Untergang der antiken kultur (Weltgeschichte in Karakterbildern, I Abteil.)*, Mainz, F. Kircheim, 1902. (Biografia ornada com ilustrações).

Mc CABE. *Saint Augustine and his age*, New-York and London, G. P. Putnam, 1903. (Estuda simultaneamente e de modo suficientemente sumário o homem e a obra).

EGGER (A.). *Der hl. Augustinus*, Kempten und München, 1904.

SANVERT (A.). *S. Augustin. Étude d'âme*, Paris, 1906.

GERIE (V. J.). *Vlajennii Augustin*, Moscou, 1910 (em russo).

THIMME (W.). *Augustin, ein Lebens-und Charakterbild am Grund seiner Briefe*, 1910.

_____. *Saint Augustine*, London and Edimburgh, 1912.

BERTRAND (L.). *Saint Augustin*, Paris, A. Fayard, 1913 (trad. inglesa, New-York, D. Appleton, 1914).

MONTGOMERY (W.). *Saint Augustine. Aspects of his life and thought*, London, 1914.

BANKS (J. S.). "Augustine as seen in his Letters". In: *The London Quarterly Review*, 1914, p. 86-97.

Conclusão

BUONAIUTI (E.). *S. Agostino* (coleção "Profili"), 44. Roma, A. Formiggini, 1917. (Cf. Decreto do Santo-Ofício, 27 nov. 1918 e M. CONCETTI, *S. Agostino. Risposta al prof. E. B.*, Roma, 1919).

GUILLOUX (Pierre). *L'âme de saint Augustin*, Paris, J. de Gigord, 1921. (Ver M. JACQUIN, in *Revue des sciences philosophiques et théologiques*, 1922, p. 311).

KARRER, (Otto). *Augustinus. Das religiöse Leben*, München, 1923.

LEGEWIE (Bernh). *Augustinus. Eine Psychographie*, Bonn, Marcus und Weber, 1925 (Ver H. LANCE, in *Scholastik*, I (1926), p. 400-411).

MORIN (G.). "Où en est Ia question de Cassiciacum?" In: *La Scuola Cattolica*, janeiro 1927, p. 51-56 (Cassicíaco seria Cassiago de Brianza).

LESAAR (H.). *Der heilige Augustinus. Ein Lebensbild*, München, 1930.

PINCHERLE (A.). *Sant'Agostino d'Ippona, vescovo e teologo*. Paris, 1930.

PAPINI (Giov.). *Saint Augustin*, trad. por P.-H. Michel, Paris, Plon, 1930.

KREBS (E.). *Sankt Augustin, der Mensch und Kirchenlehrer*, Köln, 1930.

LABRIOLLE (P. de). Art. "Augustin". In : *Dict. d'hist. et de géog. ecclés.*, Paris, vol. V, 1931, col. 440-473.

JOLIVET (Régis). *Saint Augustin et le néoplatonisme chrétien*. Paris, Denoël et Steele, 1932.

BARDY (Gust.). *Saint Augustin, l'homme et l'oeuvre*, Paris, Desclée de Brouwer, 1940 (Excelente estudo biográfico).

II. ESTUDOS SOBRE O CONJUNTO DA FILOSOFIA DE AGOSTINHO

Como trabalhos antigos, ver É. PORTALIÉ, in *Dict. de théologie catholique*, vol. I, col. 2457-2458; e Euloge NEBREDA, *Bibliographia Augustiniana seu operum collectio quae divi Augustini vitam et doctrinam quadamtenus exponunt*, Rome, Tipogr. Cuore di Maria, 1928. Como trabalhos modernos, ver o precioso trabalho de F. VAN STEENBEKGHEN, "La philosophie de S. Augustin d'après les travaux du Centenaire (430-1930) ". In: *Revue néoscolastique de philosophie*, agosto 1932, fevereiro e maio 1933, tomos XXXIV et XXXV.

Bibliografia

AMBROSIUS VICTOR (pseud. de A. Martin). *Philosophia christiana, Ambrosio Victore theologo collectore*, 5 vols. Paris, 1667. 2ª ed. 6 vols., 1671. Reimpresso por J, FABRE, S. *Aurelii Augustini...: Philosophia*, Andrea Martin congreg. Oratorii D.-N. Jesu Christi presbytero, collectore. Paris, A. Durand. 1863. (Sobre o orador A. Martin e as edições de seu livro, ver H. GOUHIER, *La vocation de Malebranche*, Paris, J.Vrin, 1926, p. 78-79. Essa obra é um mosaico de textos agostinianos, distribuídos por assunto e unidos por transições curtas. Ela pode prestar grandes serviços como conjunto de textos que concernem à idéia de filosofia no helenismo e no cristiamismo, à existência de a Deus e à iluminação, a Deus e seus atributos, à alma humana e suas faculdades, à moral).

NEBRIDIUS. *Philosophia magni doctoris ecclesiae et episcopi S. Augustini, fidei mysteriis per omnia consentiens ac proinde christiana, quam ex ejusdem S. Patris genuinis operibus collegit R. D. Nebridius a Mündelhemi, canonicus regularis Claustro-Neoburgensis in Austria*, Vindobonae, 1743.

THÉRY (A.). *Le génie philosophique et littéraire de S. Augustin.* Paris, 1861.

FLOTTES. *Saint Augustin, son génie, son âme, sa philosophie.* Montpellier, 1862. (Ver SAINT-RENÉ TAILLANDIER. In: *Revue des Deux Mondes*, 1862; vol. 40, p. 503-512 et G. COMBÈS, p. 16-17).

NOURRISSON. *La philosophie de saint Augustin*, 2 vols. in-8° de XII-436 e 466 páginas. Paris, Didier et Cie., 1865, 2ª ed., 1869. (O primeiro volume, sobretudo, interessa à história do pensamento agostiniano ; o vol II é principalmete consagrado à sua influência. Também útil a consultar).

DORNER (A.). *Augustinus, sein theologisches System und seine religionsphilosophische Anschauung*, Berlin, W. Hertz, 1873.

DUPONT. *La philosophie de saint Augustin*, Louvain, 1881.

STORZ (J.). *Die Philosophie des hl. Augustins*, Freiburg, 1882.

CUNNINGHAM (W.). *St. Augustin and his place in the history of christian thought*, Hulsean Lectures (1885); London, 1886.

SPALDING (J. F.). *The teaching and influence of saint Augustine. An essay with particular reference to recent misapprehensions.* New-York, J. Pott, 1886.

MARTIN (J.). *Saint Augustin*, Paris, F. Alcan. 1901, 2ª ed., 1923. (Excelente estudo de conjunto, muito metódico e muito preciso;

fornece sobre cada questão, além de uma análise exata das idéias de Agostinho, um grande número de referência escolhidas de maneira muito judiciosa).

PORTALIÉ (É.). "Augustin (Saint)". In: *Dict. de Théologie Catholique*, vol. I (1902), col. 2268-2472. (Esse trabalho, que ultrapassa e muito o plano ordinário de um artigo de dicionário, constitui, na verdade, um admirável estudo geral sobre as obras e a doutrina de Agostinho. Absolutamente indispensável).

EUCKEN (Rud.). *Die Lebensanschauungen der grossen Denker*, 4ª ed., 1902, 17ª e 18ª ed., 1922. (Traducão francesa in: *Annales de philosophie chrétienne*, sept.-oct.-novembre 1909).

EGGER (A.). *Der hl. Augustinus*, Kempten und München, 1904.

STRASZEWSKI (M.). *Filosofia swietego Augustyna*, Cracovie, 1906.

TURNER (W.). "St. Augustine". In: *The Catholic University Bulletin*, janeiro 1912, p. 3-20 (Resumo de sua filosofia).

TROELTSCH (E.). *Augustin, die christliche Antike und die Mittelalter*, 1915.

EIBL (Hans). *Augustin und die Patristik* (Geschichte der Philosophie in Einzeldarstellungen, vols. X-XI, p. 283-364). München, E. Reinhardt, 1923. (História da Patrística cuja peça central é um estudo de santo Agostinho).

BLONDEL (M.). "Pour le quinzième centenaire de saint Augustin. L'unité originale de sa doctrine philosophique". In: *Revue de métaphysique et de morale*, out.-dez., 1930, p. 423-469.

MARITAIN (J.). "De la sagesse augustinienne". In: *Mélanges augustiniens*, Paris. M. Rivière, 1931, p. 385-411. (Pode-se recomendar fortemente a leitura desse profundo estudo sobre a natureza própria da especulação agostiniana).

MONNOT (P.). "Essai de synthèse philosophique d'après le XIe livre de la Cité de Dieu". In: *Archives de philosophie*, VII, 2 (1930), p. 142-185.

III. EVOLUÇÃO E CONVERSÃO DE SANTO AGOSTINHO

NAVILLE (Adrien). *S. Augustin. Étude sur le développement de sa pensée jusqu'à l'époque de son ordination*, Genève, 1872.

Bibliografia

WÖRTER (Fr.). *Die Geistesentwickelung des hlg. Augustins bis zu seiner Taufe,* Paderborn, 1892.

SCHMID (R.). *Marius Victorinus Rhetor und seine Beziehungen zu Augustin,* Kiel, 1895.

GOURDON (L.). *Essai sur la conversion de saint Augustin,* Genève, 1900.

THIMME (W.). *Augustins geistige Entwicklung in den ersten Jahren nach seiner Bekehrung (386-391)* (Neue Studien zur Geschichte der Theol. und Kirche, III). Berlin, 1908.

POPP (J.). *St. Augustins Entwicklungsgang und Persönlichkeit.* 1908.

BECKER (H.). *Augustin, Studien zu seiner geistigen Entwicklung.* Leipzig, J. C. Hinrichs, 1908. (Contesta a historicidade da narração das *Confissões*; Agostinho foi mais neoplatônico do que cristão na época de Cassicíaco; seu cristianismo verdadeiro data somente de aproximadamente 387-389).

LESÈTRE (H.) "Une conversion classique". In: *Revue pratique d'apologétique,* 15 janeiro 1914, p. 561-583.

VAN HAERINGEN (J.-H.). *De Augustini ante baptismum rusticantis operibus,* Groningen, 1917.

ALFARIC (Pr.). *L'évolution intellectuelle de saint Augustin. I. Du manichéisme au néoplatonisme.* Paris, E. Nourry. 1918. (Contesta a historicidade das *Confissões*: "moralmente como intelectualmente, ele se converteu mais ao neoplatonismo do que ao Evangelho" (p. 379). Essa conclusão se explica pelo fato de o autor identificar a evolução *intelectual* de santo Agostinho com sua evolução total. Excelente exposição do maniqueísmo e de sua crítica feita por santo Agostinho. Ver Ét. GILSON, *Rev. Philosophique,* nov.-dez. 1919, p. 497-505. P. MONCEAUX, *Journal des Savants,* nov.-dez. 1920. A. LOISY, *Revue d'hist. et de litt. religieuses,* 1920, p. 568. (Cf. *Revue critique,* 1923, II, p. 324). M. JAQUIN, *Revue des sciences philos. et théologiques,* X (1921), p. 275-278).

BOYER (Ch.). *Christianisme et néo-platonisme dans la formation de saint Augustin,* Paris, G. Beauchesne, 1920. (Bibliografia remetente aos artigos de Hamack, Boissier, Schmid, Martin, Loofs, Mondadon que nós não assinalamos aqui: p. 227-228. Histórico da questão, p. 2-16. No conjunto, esse trabalho é o mais ponderado e, na nossa opinião, o mais justo que foi consagrado a essa questão delicada).

Conclusão

NØRREGAARD (Jens). *Augustins religiöse Gennembrud. En Kirkehistorisk undersögelse.* Köbenhaven, P. Branner, Nÿrregade, 1920. Trad. alemã: *Augustins Bekehrung,* Tübingen, Mohr, 1923.

IBERO (J.-M.). "La conversión de San Agustin y el camino a la conversión par la fe católica". In: *Razon y Fe,* junho, 1921, p. 164-185.

HOLL (Kari). "Augustins innere Entwicklung". In: *Abhandi. d. preuss. Akad. d. Wissensch;* Phil.-histor. Klass. 4; 1922.

WUNDT (Max). "Ein Wendepunkt in Augustins Entwicklung". In: *Zeitschrift für die Neutest. Wissenschaft,* 1922, p. 53-64.

GUZZO (Ag.). *Agostino dal contra Academicos al De vera religione,* Firenze, Vallecchi, 1925.

GROS (H.). "La valeur documentaire des *Confessions* de saint Augustin". In: *La vie spirituelle,* maio 1926, p. [1] - [2]; junho 1926, p. [66] - [88]; nov. 1926, p. [15]-[55]; Março 1927, p. [168]-[177], julho-agosto 1927, p. [259]- [314]. (O valor documentário das *Confissões* é incontestável).

ZEPF (Max). *Augustins Confessiones,* Tübingen, J. C. B. Mohr, 1926 *(Rev. des sc. philos. et théologiques,* 1927, p. 219-220).

SIMPSON (W.). *St. Augustine's conversion,* Londres, 1930.

DUIJNSTEE (D.). *St. Aurelius Augustinus' Geestesomkeer,* Tilburg, *1930*

MELLET (M.). *L'itinéraire et l'idéal monastique de saint Augustin,* Paris, Desclée de Brouwer, 1935.

IV. FÉ E ORAÇÃO

GANGAUF (Th.). *Verhältnis zwischen Glauben und Wissen nach den Prinzipien des Kirchenvaters Augustinus,* Augsburger gymnasial-Programm, 1851 (segundo M. SCHMAUS, *Die psychologische Trinitätslehre).*

ABRÖLL. *Die Lehre des vatikanischen Konzils vom Glauben, nachgewiesen aus den Schriften des hl. Augustin,* Passauer Studien-programm, 1872 (segundo M. SCHMAUS, *op. cit.).*

HAHNEL (Jul.). *Verhältnis des Glauben zum Wissen bei Augustin ein Beitrag zu Augustins Erkenntnistheorie,* Programm, Chemnitz, 1891 (segundo M. SCHMAUS, *op. cit.).*

SCHWENKENBACHER. *Augustins Wort: fides praecedit rationem erörtert nach dessen Schriften*, Programm, Sprottau, 1899 (segundo M. SCHMAUS, *op. cit.*).

WARFIELD (B.). "Augustine's doctrine of knowledge and authority". In: *The Princeton theological Review*, V (1907), p. 357-397, p. 529-578.

GRABMANN (M.). *Die Geschichte der scholastischen Methode*, Freib. i. Br. Herder, 1909; vol. I, p. 125-143. (Bibliografia, p. 129, nota 5; títulos freqüentemente modificados).

SCHMAUS (M.). "Das Verhältnis des Dogmas zur Vernunft". In: *op. cit.*, p. 162-190. (Indicações bibliográficas, p. 176, nota).

GILSON (Ét.). "L'idée de philosophie chez saint Augustin et chez saint Thomas d'Aquin". In: *Acta hebdomadae augustinianae-thomisticae*, Rome, 1930, p. 75-87.

BOYER (Ch.). "Philosophie et théologie chez saint Augustin". In: *Mélanges augustiniens*, p. 173-188.

V. PSICOLOGIA

FERRAZ (M.). *De la psychologie de saint Augustin*, 1ª ed., Paris, Durand, 1862; 2ª ed., Paris, E. Thorin, 1869. (Origem e natureza da alma. Faculdades da alma: vida, sentidos, memória, imaginação, razão, amor. Liberdade, imortalidade, destino da alma depois da morte. Essa obra contém muitos desenvolvimentos inúteis, mas algumas visões não carecem de profundidade notadamente no que concerne à natureza da alma e suas faculdades. Nourrisson, que a utilizou, aproveitou-a em grande medida).

HEINZELMANN. *Ueber Augustins Lehre vom Wesen und Ursprung der menschlichen Seele*, Halberstadt, 1868.

Do mesmo autor. *Augustins Lehre von der Unsterblichkeit und Immaterialität der menschlichen Seele*, Iena, 1874.

WÖRTER (Fried.). *Die Unsterblichkeitslehre in den philosophischen Schriften des Aurelius Augustinus mit besonderer Rücksicht auf den Platonismus*, Freiburg, 1880.

WERNER (Karl). *Die Augustinische Psychologie in ihrer mittelalterlichscholastischen Einkleidung und Gestaltung*, Wien, 1882.

Conclusão

OTT (W.). "Des hl. Augustinus Lebre über die Sinneserkenntnis". In : *Philosophisches Jahrbuch*, XIII (1900), p. 45-59 et 138-148. (A única monografia sobre a questão; referências numerosas a Plotino. Questões estudadas: divisão das faculdades da alma; a sensação; a independência da alma em relação às impressões corporais; os intermediários entre a alma e o corpo; valor e verdade do conhecimento sensível. O problema mereceria ser retomado sob a forma de um inventário exaustivo de textos agostinianos relativos a essa questão).

ZÄNKER (O.) "Der Primat des Willens von dem Intellekt bei Augustin". In: *Beitr. z. Förderung christlicher Theologie*, XI, l. Gütersloh, E. Bertelsmann, 1907. (Sublinha as razões teológicas que conduziram Agostinho a admitir o primado da vontade). Ver W. KAHL, p. 497.

THIMME (Wilh.). *Augustins erster Entwurf einer metaphysischen Seelenlehre* (Inaug. Dissert.) Berlin, Trowitzsch, 1908.

PARRY (Th. J.). *Augustine's Psychology during his first period of litterary activity with special reference to his relation to Platotinism* (Inaug. Dissert.) Borna-Leipzig, A. Noske, 1913. (Relações entre a alma e o corpo; natureza da alma; imaterialidade da alma; imortalidade; epistemologia).

KRATZER (A.). "Die Frage nach dem Seelendualismus bei Augustinus". In : *Archiv für Geschichte der Philosophie*, Berlin, XXVIII (1915), p. 310-335 e 369-395.

GRABMANN (M.). *Die Grundgedanken des hl. Augustins über Seele und Gott*, Köln, 1916. 2ª ed., 1929.

O'CONNOR (W.). *The concept of the soul according to saint Augustine*, Catholic University of America, Washington D. C., 1921.

SEIJAS (Evaristo). "Estudios psicológicos sobra San Agustin". In: *Ciudad de Dios*, CXVI (1921), p. 202-219; CXXXIV (1923), p. 195-205 e 254-263 (segundo M. SCHMAUS, *op. cit.*, p. xxii).

MONTGOMERY (W.). "St Augustine's attitude to psychic phenomena". In: *The Hibbert Journal*, 1926, p. 92-102.

DEL RIO (Marcos). *El compuesto humano segun san Agustin*. Escorial, 1930.

HIERONYNUS A PARISIIS (O. M. C.). "De unione animae cum corpore in doctrina D. Augustini". In: *Acta Hebdomadae Augustinianae Thomisticae*, Taurini, Marietti, 1931, p. 271-331.

VI. TEORIA DO CONHECIMENTO

KLEUTGEN (J.-S.-J.). *Die Philosophie der Vorzeit verteidigt*, 2 vol. Münster, 1860. Tradução francesa de Sierp : *La philosophie scolastique*, vol. II, p. 409-454, 1869.

SCHUTZ (L.). *Divi Augustini de origine et via cognitionis intellectualis doctrina ab ontologismi nota vindicata*, Münster, 1867.

ZIGLIARA (O. P.). *Della luce intellettuale e dell'ontologismo secondo la dottrina dei SS. Agostino, Bonaventura e Tommaso*, 2 vols., Roma, 1874.

LEPIDI (O. P.). *Examen philosophico theologicum de ontologismo*, Louvain, 1874.

WILLMANN (O.). *Geschichte des Idealismus*, 3 vols. Braunschweig, Fr. Vieweg; I, 1894; 11, 1896; III, 1897. (O que concerne Agostinho encontra-se no volume II, cap. IX, páginas 231-320. Considerações que apenas raramente escapam a generalidades, mas em que se encontram muito freqüentemente visões justas e fórmulas felizes).

OTT (W.). *Ueber die Schrift des hl. Augustinus de Magistro*, Hechingen, 1898. (Ott vê nesse escrito tendências contraditórias que brutalmente se opõem e autorizam empiristas e idealistas à reivindicá-las (p. 14); não obstante, na sua opinião, os textos que se pode invocar a favor de uma interpretação empirista são inconciliáveis com a doutrina fundamental do agostinianismo: a iluminação das verdades eternas (p. 34-35)).

BUONAIUTI (E.). "S. Agostino come teorico della cosnoscenza". In: *Rivista storico-critica delle scienze teologiche*, I (1905), p. 574-591.

MONDADON (Louis de). "Du doute méthodique chez saint Augustin". In: *Recherches de science religieuse*, jan.-fevereiro 1913, p. 76-78. Simples nota. A dúvida agostiniana exprime mais um sentimento religioso que um método filosófico.

KRATZER (Aloys). *Die Erkenntnislehre des Aurelius Augustinus* (Inaug.-Dissertation). München, A. Frölich, 1913.

HESSEN (J.). *Die Begründung der Erkenntnis nach dem hl. Augustinus* (Baeumker-Beiträge, XIX, 2) Münster i. W. 1916. (Deus não está presente ao nosso pensamento *objetivo*, no conhecimento mais elevado, mais no *efetivo*; não é sua substância, mas sua ação eficaz, que aparece para nosso espírito; p. 83. Ver B. KÄLIN. In: *Philos. Jahrbuch,*

Conclusão

XXX, p. 216 e seg.) —. *Die unmittelbare Gotteserkenntnis nach dem hl. Augustin*, Paderborn, 1919. (Corrige o trabalho precedente em alguns pontos, sob influência da crítica de B. KÄLIN. Ver M. SCHMAUS, op. cit., p. 77, nota 2).

KÄLIN (Bern.). *Die Erkenntnislehre des hl. Augustinus* (Inaug. Dissertação, Fribourg, Suisse). Sarnen, L. Ehrli, 1920. (I. O conhecimento sensível: sua natureza, localização da sensação, os sentidos exteriores e interiores, a memória sensível. II. O conhecimento intelectual: conhecimentos totalmente não empíricos; a reminiscência; a iluminação divina; conhecimento da existência de Deus. Bastante curto, mas profundo e muito útil para se consultar. Pode dispensar os artigos de Ott sobre o conhecimento sensível; no que concerne ao conhecimento intelectual, o melhor trabalho que conhecemos).

BOYER (Ch.). *L'idée de vérité dans la philosophie de saint Augustin*, Paris, G. Beauchesne, 1921. (Verdade e certeza; a Verdade subsistente (Deus); a Verdade criadora; a Verdade iluminadora; a Verdade beatificadora. Essa obra é sobretudo uma exposição de conjunto da filosofia agostiniana em função da idéia de verdade. Defende a tese do acordo substancial entre o agostinianismo e o tomismo. Ver sobre esse livro, B. ROMEYER, *Revue de philosophie*, 1927, p. 287-302. M. JACQUIN, *Revue des sciences philos. et théol.*, 1922, p. 313).

VEGA (A. Custodio). "La idea de la verdad en la filosofia de S. Agustin", seqüência de artigos na *La Ciudad de Dios*, CXXVIII (1922), p. 125-133 et 252-258; CXXXI, p. 176-187. CXXXIII (1923), p. 163-188, 345-361, 426-441; CXXXIV, p. 5-29, 119-136; CXXXVII (1924), p. 414-430; CXXXVIII, p. 32-50, 91-108; CXLII (1925), p. 448-463; CXLIII, p. 87-90.

JOLIVET (R.). "La doutrine augustinienne de l'illumination". In: *Revue de Philosophie*, 1930, p. 382-502.

BOYER (Ch.). "La philosophie augustinienne ignore-t-elle l'abstraction?" In : *Nouvelle revue théologique*, dezembro 1930, p. 1-14.

DE SIMONE (Lud.). "Il valore dell'esperienza sensibile nella filosofia di S. Agostino". In: *Acta Hebdomadae Augustinianae-Thomisticae*, Taurini, Marietti, 1931, p. 312-316.

XIBERTA (Barthol.). "De abstractione apud S. Augustinum". In: *Acta Hebdomadae Augustinianae-Thomisticae*, Taurini, Marietti, 1931, p. 317-336.

Bibliografia

HESSEN (J.). *Augustins Metaphysik der Erkenntnis*, Berlin, Dümmler,1931.

KEELER (L.). *Sancti Augustini doctrina de cognitione*, (*Textus et Documenta*, series philos., 14), Romae, Univ. Gregoriana, 1933. (Coletânea de textos excelentemente escolhidos).

JOLIVET (R.). *Dieu Soleil des esprits*. Paris, Desclée de Brouwer, 1934.

VII. ESPIRITUALIDADE. ASCÉTICA E MÍSTICA AGOSTINIANAS

MARTIN (J.). *Doctrine spirituelle de saint Augustin*, Paris, 1901.

POURRAT (P.). *La spiritualité chrétienne. Des origines de l'Église au moyen âge.* Paris, 1919 (p. 269-344).

MERKLEN (Pierre-Fourier). "L'image de Dieu". In: *Revue Augustinienne*, I (1902), p. 9-22. "L'homme image de Dieu", ibid., p. 73-83. "L'âme humaine image de Dieu", ibid., p. 569-580.

MARÉCHAUX (Dom B.). "La doctrine spirituelle de saint Augustin". In: *La vie spirituelle*, 1920, I, p. 312 e 409, II, p. 50 e 141.

BUTLER (Cuthbert). *Western mysticism, the teaching of SS. Augustine, Gregory and Bernard on contemplation and the contemplative life*, London, 1922.

MÜLLER (W.). *Das Problem der Seelenschönheit im Mittelalter*, Bern. P. Haupt, 1923. (Estuda a noção de beleza espiritual; refere-se incessantemente a santo Agostinho com sugestões interessantes e erros desconcertantes).

CAYRÉ (F.). *La contemplation Augustinienne. Principes de la spiritualité de S. Augustin.* Paris, A. Blot, 1927. (Estuda o misticismo de santo Agostinho (p. 3) e especialmente a forma da contemplação mental de Deus que o caracteriza. Obra indispensável ao que concerne as idéias fundamentais de Sabedoria, de Ciência e de Inteligência segundo santo Agostinho. Esse excelente trabalho contém de duvidoso apenas um ensaio de conciliação entre o exemplarismo agostiniano e a teoria tomista do conhecimento (cap. VI), que nos parece um dos menos felizes do gênero. — Consultar, sobre esse livro, DUMONT. In: *Rev. des sc. philos. et théol.*, 1928, p. 272-275).

CAYRÉ (F.). *Les sources de l'amour divin. La divine présence d'après saint Augustin*, Paris, Desclée De Brouwer, 1933.

Conclusão

G. COMBES, *La Charité d'après saint Augustin*, Paris, Desclée de Brouwer, 1934.

HENRY (P.). *La vision d'Ostie, sa place dans la vie et l'œuvre de saint Augustin*, Paris, J. Vrin, 1938.

VIII. EXISTÊNCIA E NATUREZA DE DEUS

GANGAUF (Th.). *Des hl. Augustinus spekulative Lehre von Gott dem Dreieinigen*, Augsburg, 1865.

VAN ENDERT (C.). *Der Gottesbeweis in der patristischen Zeit mit besonderen Berücksichtigung Augustins*, Würzburg, 1869 (Dissert.).

DUQUESNOY (F.). "Une preuve de l'existence de Dieu dans saint Augustin, Dialog. de Libero Arbitrio, II, 3-15". In : *Annales de philosophie chrétienne*, Nouvelle Série, XXV (1891), p. 286-302 e p. 331-346.

GRUNWALD (G.). *Die Geschichte der Gottesbeweise im Mittelalter bis zum Ausgang der Hochscholastik*, Beiträge-Baeumker, VI, 3; 1907, p. 4-14. (Resumo sumário e classificação de tipos de provas).

WEINAND (H.). "Die Gottesidee der Grunzug der Weltanschauung des hl. Augustinus". In: *Forschungen z. Christl. Literatur-und Dogmengeschichte*, X, 2, Paderborn, F. Schöningh, 1910. (A idéia neoplatônica de Deus concebido como Uno, fecundada pela fé e pela esperança cristã de Agostinho, domina toda a doutrina. Essa idéia é sucessivamente estudada em suas relações com a concepção agostiniana de beatitude, conhecimento, mal, criação, alma, igreja e graça).

MONDADON (L. de). "De la connaissance de soi-même à la connaissance de Dieu (S. Augustin. *De libero arbitrio*; II, 2, 3, 7-15, 39)". In : *Recherches de Science Religieuse*, março-abril, 1913, p. 148-156. (Opõe a prova agostiniana ao argumento ontológico de santo Anselmo e Descartes e ao argumento ideológico de Bossuet e Leibniz; é uma prova através dos graus de ser).

HESSEN (Jos.). *Der augustinische Gottesbeweis historisch und systematisch dargestellt*, Münster i. W., H. Schöningh, 1920 (Ver a crítica de Chr. SCHREIBER, *Philos. Jahrb.*, XXXIV (1921), p. 287 e seg.; e a resposta de J. HESSEN, *ibid.*, XXXV (1922), p. 178 e e seg. Resumido por M. JACQUIN. In: *Rev. des sciences philos. et théol.*, 1922, p. 316).

Bibliografia

GAEBEL (W.). *Augustins Beweis für das Dasein Gottes auf Grund der Veränderlichkeit der Welt* (Inaug.-Dissert.), Breslau, R. Nischkowsky, 1924.

SCHMAUS (M.). *Die psychologische Trinitätslehre des hl. Augustinus* (Münsterische Beitrage zur Theologie, II). Münster i. W., Aschendorffsche Verlagsbuchhandlung, 1927. (I. Fundamentos teológicos da psicologia trinitária de Agostinho: Trindade, procissões, relações, pessoas, teofanias, missões divinas. II. Esclarecimento analógico do dogma com a ajuda da psicologia: analogias de Deus no homem exterior e no homem interior, estudo das fórmulas psicológicas seguido de monografias detalhadas sobre cada um de seus termos: *mens, memoria, verbum, imago, dilectio, donum*. Trabalho de primeira ordem, indispensável para o estudo do *De Trinitate*. Bibliografia importante, p. ix-xxv).

GRABMANN (M.). *Die Grundgedanken des hl. Augustinus über Seele und Gott*, Köln, J. P. Bachem, 1929.

BOYER (Ch.). "La preuve de Dieu augustinienne". In: *Archives de philosophie*, VII, 2 (1930), p. 105-141.

SESTILI (Joach.). "Argumentum augustinianum de existentia Dei". In: *Acta Hebdomadae Augustinianae-Thomisticae*, Taurini, Marietti, 1931, p. 241-270.

IX. CRIAÇÃO, TEMPO, RAZÕES SEMINAIS

BAURAIN (L.). "Le temps d'après saint Augustin". In : *Revue augustinienne*, maio 1902, p. 183-193.

MEYER (H.). *Geschichte der Lehre von dn Keimkräften von der Stoa bis zum Ausgang der Patristik*, 1914.

MACAIGNE (R.). "L'idée de Ia création dans saint Augustin". In: *Revue Apologétique*, 1º outubro 1922, p. 32-42.

WOODS (H.). *Augustine and evolution. A study in the Saint's De genesi ad litteram and De Trinitate*, New-York, Univers. knowledge Foundation, 1924. (Sto. Agostinho opõe-se ao evolucionismo).

SCHEPENS (P.). "Num S. Augustinus patrocinatur evolutionismo?". In: *Gregorianum*, junho 1925, p. 216-230. (Responde pela negativa).

JANSSENS (Al.). "De rationibus seminalibus ad mentem S. Augustini ". In: *Ephemerides theologicae Lovanienses*, janeiro, 1926, p. 29-32. (O mesmo tema).

Conclusão

Mc KEOUGH (Mich. J.). *The meaning of the rationes seminales in St. Augustine* (dissertação de doutorado), Catholic University of America, Washington, D. C. 1926. (Ver, à página 114, uma bibliografia indicando mais artigos sobre as relações entre o agostinianismo e o transformismo que não citamos).

PERA (L.). *La creazione simultanea e virtuale secondo S. Agostino - Ipotesi risolutive dei problemi cosmogonici, biologici e psichici fondate sulla concezione agostiniana della creazione*, Florence, 1929.

SINETY (R. de). "Saint Augustin et le transformisme". In: *Archives de Philosophie*, VII, 2 (1930), p. 244-272 (Bibliografia, p. 271-272).

STARITZ (K.). *Augustins Schöpfungsglaube dargestellt nach seinen Genesisauslegungen*, Breslau, 1931.

GUITTON (Jean). *Le temps et l'éternité chez Plotin et saint Augustin*, Paris, Boivin, 1933.

X. O MAL. O PECADO

ERNST (J.). *Die Werke und Tügenden der Ungläubigen nach S. Augustin*. Freib. i. Br. 1871.

SCIPIO. (K.). *Des Aurelius Augustinus Metaphysik im Rahmen seiner Lehre vom Uebel*, Leipzig, 1886.

BUONAIUTI (E.). *La genesi della dottrina agostiniana intorno al peccato originale*, Roma, 1916 (ver BORGONCINI DUCA, *Saggio critico su due scritti del Prof. E. Buonaiuti*. Roma, 1919).

BORGESE (Maria Pia). *Il problema del male in sant' Agostino. La libertà, il peccato e la grazia*, 133 p. Cooperativa Prometeo. Palermo, 1921. (I. A vontade, sua liberdade sob e através da lei divina, sua eficácia. II. A degradação da vontade pela erro original e seu castigo. III. A restauração da vontade pela graça).

DONAU (F.). "La pensée, de saint Augustin sur la nature du péché originel". In: *Revue Apologétique*, 1922, p. 414-425 et 486-495.

BLIC. (J. de). "Le péché originel selon saint Augustin". In: *Recherches de science religieuse*, abril 1926, p. 97-119.

PHILIPS (G.). *La raison d'être du mal d'après saint Augustin*, Louvain, Museum Lessianum, 1927. (*Rev. des sc. philos. et théol.*, 1928, p. 270-271).

JOLIVET (R.). "Le problème du mal chez saint Augustin". In: *Archives de philosophie*, VII, 2 (1930), p. 1-104.

XI. GRAÇA E PREDESTINAÇÃO

MERLIN (C.). "Véritable clef des ouvrages de saint Augustin contre les pélagiens". In: *Pat. lat.*, t. 47, col. 886-988.

MAYR (A.), *Augustinus, doctor gratiae*, Ingolstadt, 1721.

MARHEINECKE (P. O.). *Gespräche über des Augustinus Lehre von der Freiheit des Willens und der Gnade*, Berlin, 1821.

BERSOT (E.). *Doctrine de saint Augustin sur la liberté et la providence*, Paris, Joubert, 1843.

GUZZO (Ag.). *Agostino e il sistema della grazia*, Torino, L'Erma, 1930.

JONAS (H.). *Augustin und das paulinische Freiheitsproblem*, Söttigen, 1930.

BOYER (Ch.). "Le système de saint Augustin sur la grâce". In: *Recherches de science religieuse*, 1930, p. 501-525.

BALTZER (J. P.). *Des hl. Augustinus Lehre über Praedestination und Reprobation*, Wien, 1871.

ROTTMANNER (O.). *Der Augustinismus, Eine Dogmengeschichtliche Studie.* München, 1892.

KOLB (Karl). *Menschliche Freiheit und göttliches Vorherwissen nach Augustin*, I vol. in-8° de Xll-130 p., Freiburg im Breisgau. Herder, 1908. (Ver M. JACQUIN, *Revue des sc. philos. et théolog.*, III (1909), p. 375-376).

RIVIÈRE (J.). "Nature et grâce. Sur une citation de Tertuilien dans saint Augustin ". In: *Revue des sciences religieuses*, 1922, p. 46-49.

SALGUEIRO (T.). *La doctrine de saint Augustin sur la grâce d'après le traité à Simplicien*, Séminaire de Coïmbre, 1925.

MARÉCHAUX (Dom B.). "La necessité de la grâce d'après saint Augustin". In: *La vie spirituelle*, março 1926, p. 674-692; abril 1926, p. 5-24.

KRANICH (A.). *Ueber die Empfänglichkeit der menschlichen natur für di Güter der übernatürlichen Ordnung nach der Lehre der hl. Augustin und des hl. Thomas*, 1892.

XII. MORAL

1. Exposições gerais

GROU. *Morale tirée des Confessions de saint Augustin*, ed. Cadrèt, Paris, 1863.

MAUSBACH (Jos.). *Die Ethik des heilg. Augustinus*, 2 vol. in-8° de XI-442 e VII-402 p., Freiburg im Breisgau, Herder, 1909. (O mais completo trabalho geral sobre a moral agostiniana. I. A beatitude; a ordem moral; Deus e o mundo; a Caridade, centro da vida moral; a cupidez, essência e fonte do mal; o século; a evasão do século. II. Luta contra o pelagianismo; a graça e a liberdade; o pecado original e a escravidão do erro; a vida moral fora do cristianismo; o desenvolvimento e a vida da graça no cristão).

SCHUBERT (A.). *Augustins Lex-aeterna-Lehre nach Inhalt und Quellen (Beitr. Z. Gesch. d. Philos. d. Mittel.*, xxiv, 2) Münster, Aschendorff, 1924.

ROLAND-GOSSELIN (Bernard). *La morale de saint Augustin*, 1 vol. in-16 de 250 p. Paris, M. Rivière, 1925 (I. A ordem moral: a lei eterna; a lei natural; a lei temporal; a lei da graça. II. A vida moral: a vontade; a virtude. II. Problemas de moral social: a mentira, a guerra, o suicídio, o casamento, a virgindade, a propriedade. Trabalho muito rigoroso e muito útil).

ARENDT (H.). *Der Liebesbegriff bei Augustin. Versuch einer philosophischen Interpretation*, Berlin, 1929.

PEREIRA (Alves). *La doctrine du mariage selon saint Augustin*, Paris, G. Beauchesne, 1930.

BOYER (Ch.). "De fundamento moralitatis secundum S. Augustinum". In: *Acta Hebdomadae Augustinianae-Thomisticae*, Taurini, 1931, p. 97-109.

BOYER (Ch.). *Saint Augustin* (coleção "les Moralistes chrétiens"), Paris, Gabalda, 1932.

2. Doutrinas políticas e sociais

FLEURY (Claude). "Politique chrétienne tirée d'Augustin". In: *Opuscules*, Nîmes, 1730; t. III.

DUBIEF (L.). *Essai sur les idées politiques de saint Augustin*, Moulins, 1859. (Ver G. COMBÈS, p. 15-16).

Bibliografia

THOMAS (Frank). *S. Augustin. La cité de Dieu. Étude historique et apologétique* (Tese), Montauban, 1886.

REUTER (H.). *Augustinische Studien*, Gotha, A.Perthes, 1887. (Coletânea de artigos em *Brieger Zeitschrift für Kirchengeschichte*, Bd. IV, p. 1-43; 204-260; 506-548. Bd. V, p. 349-386. Bd. VI, p. 155-192. Bd. VII, p. 199-256. Bd.VIII, p. 124-187. Assuntos tratados: Doutrina da Igreja; Agostinho e o Oriente católico; Cidade de Deus; vida monástica. Muitas visões perspicazes; atenção ao caráter tendencioso de algumas interpretações).

MIRBT (Karl). *Die Stellung Augustins in der Publizistik der Gregorianischen Kirchenstreits*, Leipzig, 1888. (Coletânea de textos augustinianos invocados do IX ao XII século nas controvérsias sobre as relações entre o Sacerdote e o Império. Ver G. COMBÈS, p. 18-19).

SEIDEL (Bruno). *Die Lehre vom Staat beim hl. Augustinus* (Kirchengeschichtliche Abhandl. Bd. IX), Breslau, G. P. Aderholz, 1909 (monografia útil).

SCHILLING (Otto). *Die Staats-und Soziallehre des hl. Augustinus*, Freib. i. Breisgau, 1910 (Ver G. COMBÈS, p. 24-26).

SCHOLTZ (H.) *Glaube und Unglaube in der Weltgeschichte. Ein Kommentar zu Augustins De Civitate Dei. Mit einem Exkurz: Fruitio Dei. Ein Beitrag zur Geschichte der Theologie und der Mystik*. Leipzig, J. C. Hinrichs, 1911 (Ver M. JACQUIN. In: *Rev. des sciences philos. et théol.*, 1912, p. 381-382).

ECKSTÄDT (Konr). *Augustins Anschauung vom Staat* (Inaug.-Dissert.) Kirchain N.-L., Max Schmersow, 1912.

MARTIN (Jules). *La doctrine sociale de saint Augustin. Études et documents.* Paris, A. Tralin, 1912. (A Sociedade, desigualdades sociais; direito de propriedade; esmola; a sociedade cristã; a educação ; a tolerância. Apreciação crítica em G. COMBÈS, p. 26-28).

BLIEMETZRIEDER (Fr.). "Ueber S. Augustn's Schrift *de Civitate Dei*". In: *Theologische Quartalschrift*, 1913, I, p. 101-119. (Nota sobre *De Civit. Dei*, IV, 4 et XV, 4).

OFFERGELT (Francis). *Die Staatslehre des hlg. Augustinus nach seinen sämtlichen Werken*. Bonn. P. Hanstein, 1914.

HAITJEMA (Th. I.). *Augustinus Wetenschapsidee. Bijdrage tot de Kennis van de opkomst der idee eener christelijke wetenschap 'in de antike wereld* (Tese de doutorado em teologia) Utrecht, J. van Drutten, 1917.

Conclusão

FIGGIS (John Neville). *The political aspects of S. Augustinus City of God*. Londres, Longmans, Green, 1921. (A filosofia da história, o Estado, a Igreja, o *De civitate Dei* na Idade Média e nos tempos modernos. Excelente e muito perspicaz. Bibliografia, p. 118-122).

STEGEMANN (V.). *Augustins Gottesstaat*, Tübingen, Mohr, 1923.

CHAVELOT (V.). "La dottrina dello Stato secondo S. Agostino". In: *La Scuola cattolica*, set. 1922, p. 161-185 (*Rev. des sc. philos. et théologiques*, 1923, p. 122).

SIHLER (E. G.). *From Augustus to Augustine. Essays and studies dealing with the contact and conflict of classic Paganism and Christianity*, Cambridge University Press (*Rev. des sc. phil. et théologiques*, 1924, p. 224-225).

FUCHS (H.). *Augustin und der antike Friedensgedanke*, Berlin, Weidmann, 1926.

COMBÈS (Gustave). *La doctrine politique de saint Augustin*, I vol. in-8° de VII-482 p. Paris, Plon, 1927. (Esse trabalho é um repertório sistemático e detalhado das idéias de Agostinho sobre o "governo das nações". Elas encontram-se agrupadas nos seguintes capítulos: a Autoridade, a Lei, a Justiça, a Pátria, a Guerra, as Relações entre a Igreja e o Estado. Encontrar-se-á, às páginas 1-33, uma bibliografia crítica dos trabalhos anteriores consagrados a essa questão. Há certas lacunas nessa bibliografia, sobretudo quanto às obras em língua inglesa).

HUMPHREYS (E.). *Politics and Religion in the days of Augustine* (dissertação de doutorado na Columbia University), 1927.

SOKOLOWSKI (P. V.). *Der heilige Augustin und die christliche Zivilisation*. Hall, Niemeyer, 1927.

DUIJNSTEE (D.). *St. Aurelius Augustinus over Kerk en Staat*, Tilburg, 1930.

BOURKE (Vermon J.). "The political philosophy of St. Augustine". In: *Proceedings of the VII th. annual meeting of The Amer. Cath. Assc.*, St. Louis, Missouri, 1931, p. 45-55.

PADOVANI (U.). "La *Città di Dio* di S. Agostino: teologia e non filosofia della storia". In: *S. Agostino, publ. commemorativa del XV centenario dela sua morte*, Milano, "Vita a Pensiero", 1931.

ARQUILLIÈRE (H.-X.). "Observations sur l'augustinisme politique". In: *Mélanges augustiniens*, Paris, M. Rivière, 1931, p. 227-242.

ARQUILLIÈRE (H.-X.). *L'augustisme politique. Essai sur la formation des théories politiques du moyen âge*. Paris, J. Vrin, 1934.

3. FILOSOFIA DA HISTÓRIA

SEYRICH (G. S.). *Die Geschichtsphihsophie Augustins nach seiner Schrift De civitate Dei* (Inaug.-dissert). Chemnitz, W. Adam, 1891.

NIEMANN (A.). *Augustins Geschichtsphilosophie*, 1895.

4. DIREITO DE PROPRIEDADE

FORTIN (Théodore). *Le droit de propriété dans saint Augustin*, Caen, A. Domin, 1906.

ROLAND-GOSSELIN (B.). "La propriété". In: *La morale de saint Augustin*, III, 6, p. 168-218.

5. TRABALHO

WEINAND (H.). *Antike und moderne Gedanken über die Arbeit, dargestellt am Problem der Arbeit beim hl. Augustin*, München-Gladbach, 1911.

6. LEGITIMIDADE DA GUERRA

FOCHERINI (A.). *La dottrina dei diritto della guerra da s. Agostino a Baltazar d'Ayala*, Modena, 1911.

MONCEAUX (Paul). "Saint Augustin et la guerre". In: *L'Église et le droit de guerre*, 2 ed., Paris, 1916. (Ver G. COMBÈS, p. 28-29).

COMBÈS (G.). "La guerre". In : *La doctrine politique de saint Augustin*, p. 255-299.

DE LA BRIÈRE (Yves). "La conception de la paix et de la guerre chez saint Augustin". In: *Mélanges augustiniens*. Paris, Rivière, 1931, p. 227-242.

7. O PROBLEMA DA TOLERÂNCIA

DE HARLAY (Mgr). *Confirmité de la conduite de L'Église de France pour ramener les protestants, avec celle de l'Église d'Afrique pour ramener les Donatistes*, Paris, 1686.

P. BAYLE. *Dictionnaire historique et critique*, 4 vol. in-fol.; 1697, art. "Augustin".

SAINT-RENÉ TAILLANDIER "Saint Augustin et la liberté de conscience". In: *Revue des Deux-Mondes*, 15 julho 1862. (Contra Flottes. Ver G. COMBÈS, op. cit., p. 17).

DUCHESNE (Mgr.). "Le dossier du Donatisme". In: *Mélanges d'archéologie et d'histoire de l'École française de Rome*. Paris, 1090, vol. X, p. 589-650. (Ver G. COMBÈS, p. 19-20).

MARTROY. "Une tentative de révolution en Afrique, Donatistes et Circonceilions". In: *Revue des questions historiques*, 1º out. 1904 e 1º janeiro 1905. (Ver G. COMBÈS, p. 20).

MARTROY. *La répression du Donatisme*, Paris, 1912.

BOUVET (A.). *Saint Augustin et la répression de l'erreur religieuse*, Macon, 1918.

O' DOWD (W. B.). "The development of St Augustine's opinions on religious toleration". In: *The Irish theological Quarterly*, outubro 1919, p. 337-348.

MONCEUX (Paul). "Saint Augustin et le Donatisme". In: *Histoire littéraire de l'Afrique chrétienne*, vol. VII, Paris, 1923. (Ver G. COMBÈS, p. 30-32).

BAXTER (J. H.). "The martyrs of Madaura A. D. 180". In: *Journal of theological studies*, out. 1924, p. 21-37.

DUGRE (A.). "La tolérance du vice d'après saint Augustin et saint Thomas". In: *Gregorianum*, set. 1925, p. 442-456.

COMBÈS (G.). "La question donatiste". In: *La doctrine politique de saint Augustin*, p. 352-409.

XIII. EXEGESE

MONDADON (L. de). "Bible et Église dans l'apologétique de saint Augustin". In: *Recherches de science religleuse*, nov.-dez. p. 546-569.

ROMEIS (K.). "Augustins Bibelstudium und Stellung zur Bibellesung". In: *Theologie und Glaube*, 1911, p. 800-811.

DORSCH (E.). "St. Augustinus und Hieronymus über die Wahrheit der biblischen Geschichte". In: *Zeitschrift für Katholische Theologie*, 1911, p. 421-448.

Bibliografia

BRUYNE (D. de). "L'Itala de saint Augustin". In: *Revue Bénédictine*, julho 1913, p. 294-314 (*Rev. des sciences philos. et théolog.*, 1913, p. 831).

MORIN (G.). "Discours de saint Augustin pour l'ordination d'un évêque". In: *Revue Bénédictine*, outubro 1913, p. 393-412.

VOGELS (Henr. Jos.). *St. Augustinus Schrift de Consensu Evangelistarum, unter vornehmlicher Berücksichtigung ihrer harmonistischen Anschauungen. Eine biblisch-patristische Studie*, I vol. in-8° de xiv-148 p. (*Biblische Studien*, XIII, 5). Freiburg im Breisgau, Herder.

MALFATTI (E.). "Una controversia tra S. Agostino et S. Girolamo". In: *La Scuola Cattolica*, 1921, p. 321-338 e p. 402-426. (Controvérsia relativa ao conflito de Antioquia, que é questão na *Epístola aos Gálatas*).

TALON (Fr.). "Saint Augustin a-t-il réellement enseigné la pluralité des sens littéraux dans l'Écriture?" In: *Rech. de sc. religieuse*, janeiro 1921, p. 1-28. (Conclui pela negativa).

RIVIÈRE (J.). "Tendicula crucis". In: *Revue des sciences religieuses*, 1922, p. 316-318 (Sentido dessa metáfora agostiniana).

XIV. CULTURA LITERÁRIA

ROTTMANNER (O.). Zur Sprachenkenntnis des heil. Augustinus. In: *Theol. Quartalschrift*, Tübingen, 1895, p. 268-276.

SALAVILLE. "La connaissance du grec chez saint Augustin". In: *Échos d'Orient*, 1922, p. 387-393.

GUILLOUX. "Saint Augustin savait-il le grec?" In: *Revue d'histoire ecclésiastique*, 1925, p. 79-83. (Cf. M. SCHMAUS, op. cit., p. 9, note 3, a quem devemos essa referência assim como as duas precedentes).

COMEAU (M.). *La rhétorique de S. Augustin d'après les Tractatus in Joannem*, Paris, Boivin, 1930.

COMEAU (M.). *S. Augustin exégète du quatrième évangile*, Paris, Beauchesne, 1930.

BALMUS (C.). *Étude sur le style de saint Augustin dans les Confessions et la Cité de Dieu*, Paris, 1930.

MARROU (H. I.). *Saint Augustin et la fin de la culture antique*. Paris, de Boccard, 1938.

Conclusão

XV. TEOLOGIA. OS SACRAMENTOS

SCHMIDT (H.). "Des Augustinus Lebre von der Kirche". In: *Jahrbücher für deutsche Theologie* VI (1861), p. 197-255. Ver também, do mesmo autor: VII, p. 237-281 et VIII, p. 261-325.

SCHEEL (O.). *Die Anschauung Augustins über Christi Person und Werh*, Tübingen, 1901.

FRIEDRICH (Phil.). *Die Mariologie des hl. Augustinus*, Köln, J.-P. Bachem, 1907. (Ver *Rev. des sciences philos. et théol.*, II (1908), p. 377-379" uma resposta de P. Jacquin, que traz as referências aos artigos de H. Kirfel, H. Morilia et A. Alvéry ocasionados pela publicação desse livro).

BLANK (O.). *Die Lehre des hl. Augustin vom Sakramente der Eucharistie. Dogmengeschichtliche Studie*, Paderborn, F. Schöningh, 1907. (*Revue des sciences philos. et théolog.*, II (1908), p. 382-383).

ADAM (K.). "Die Eucharistielehre des hl. Augustin". In: *Forschungen sur christlichen Literatur-und Dogmengeschichte*, VIII, i, Paderborn, F. Schöningh, 1908 (*Revue des sciences philos. et théolog.*, III (1909), p. 368-369).

PIERSE (G.). "The origin of the doctrine of the sacramental character". In : *The Irish theological quarterly*, abril 1911, p. 196-211. (Atribui a origem desta doutrina a santo Agostinho).

SCHERER (W.). "Zur Frage über die Lehre des heiligen Augustinus vou der Unbefleckten Empfängnis". In: *Theologie und Glaube*, 1912, p. 43-46.

MICHEL (A.). "Les différents points de vue de saint Augustin sur la question des 'membres' de l'Église". In: *Les questions ecclésiastiques*, maio 1912, p. 292-404.

LEHAUT (A.). *L'eternité des peines de l'enfer dans saint Augustin* (Études de théologie historique, 4), Paris, G. Beauchesne, 1912 (Ver JACQUIN, *Rev. des sc. philos. et théol.*, 1912, p. 380-381).

HÜNERMANN (Fried.). "Die Busslehre des heiligen Augustinus". In : *Forschungen zur christl. Literatur-und Dogmengeschichte*, XII, l. Paderborn, F. Schöningh, 1914. (*Rev. des sc. philos. et théol.*, IX (1920), p. 276-277).

ADAM (K.). "Die Kirchliche Sündenvergebung nach dem hl. Augustin". In: *Forschungen sur christlichen Literatur-und Dogmengeschichte*, XIV, I. Paderborn, F. Schöningh, 1917. (*Rev. des sc. philos. et théol.*, IX (1920), p. 277-279).

Bibliografia

HOCEDEZ (Edg.). "La conception augustinienne du sacrement dans le *Tractatus 80 in Joannem*". In: *Recherches de science religieuse*, 1919, p. 1-29.

BATIFFOL (P.). *Le catholicisme de saint Augustin*, 2 vol. Paris, J. Gabalda, 2 ed. 1920. (A Igreja regra de fé. A controvérsia donatista antes de santo Agostinho. Agostinho e o donatismo. Síntese antidonatista de Agostinho. A Conferência de 411: a Igreja e o Estado. Agostinho, Pelágio e o século apostólico. Roma e Cartago. Eclesiologia e Agostinianismo. Ver *Revue des sciences philos. et théol.*, X (1921), p. 278-280).

LAWSON (R.). "L'Eucharistie dans saint Augustin". In: *Revue d'histoire et de littérature religieuse*, março 1920, p. 99-152; dez. 1920, p. 472-525.

GUIBERT (J. de). "La notion d'hérésie dans saint Augustin". In: *Bulletin de littérature ecclésiastique*, nov.-dez., 1920, p. 368-382. (*Rev. des sc. philos. et théol.*, X, 1921, p. 368-382).

RIMML (R.). "Das Furchtproblem in der Lehre des hl. Augustin". In: *Zeitschrift für katholische Theologie*, 1921, p. 43-65, et p. 229-259.

GALTIER (P.). "Saint Augustin a-t-il confessé?" In: *Revue pratique d'apologétique*, 15 abril 1921, p. 65-80; 1° junho, 1921, p. 212-224; 15 junho 1921, p. 258-275. (*Rev. des sc. philos. et théol.*, 1921, p. 517 e p. 518).

DULAC (A.). "La doctrine pénitentielle de saint Augustín". In: *Revue d'histoire et de litt. religieuses*, junho 1921, p. 251-257.

POSCHMANN (B.). *Hat Augustinus die Privatbusse eingeführt ? Braunsberg*, H. Grimme, 1920. Do mesmo: "Die Kirchliche Vermittlung der Sündenvergebung nach Augustinus". In: *Zeitschrift für Kathol. Theologie*, 1921. p. 208-228, 405-432 et 497-526. (Contra o trabalho de K. ADAM, citado na p. 492).

SCHMOLL. "Zur kontroverse über die Kirchenbusse des hl. Augustin". In: *Theologische Quartalschrift*, 1922, p. 56-63.

GALLERAND (H.). "La rédemption dans saint Augustin". In: *Revue d'hist. et de litt. religieuses*, 1922, p. 38-77. (Ver *Rev. des sciences philos. et théologiques*, 1922, p. 365-366).

CZUJ (J.). "Idea biskupstwa u sw. Augustyna". In: *Przeglad teologiczny*, 1922. p. 236-245. Kosciol katolicki u sw. Augustyna, *ibid.*, 1923, p. 209- 227 et 270-298.

BORD (J.-B.). "L'autorité de saint Cyprien dans la controverse baptismale jugée d'après saint Augustin". In: *Revue d'histoire ecclésiastique*, outubro 1922, p. 445-468.

S. K. "St. Augustine, the Pope and the 'Church Times'". In: *The Month*, CXLIV (1924), p. 542-545.

SPALLANZANI (C.). "La nozione di sacramento ín Sant'Agostino". In: *La scuola cattolica*, março 1927, p. 175-188 e abril 1927, p. 258-268.

BECKMANN (J.). Vom *Sakrament bei Calvin. Die Sakramentslehre Calvins in ihren Beziehungen zu Augustin*. Tübingen, Mohr, 1926. (*Rev. des sciences philos. et théol.*, 1927, p. 245).

RIVIÈRE (J.). "Le dogme de Ia rédemption chez saint Augustin". In: *Revue des sciences religieuses*, 1927, p. 429-451.

CAPÉRAN (L.). *Le problème du salut des infidèles. Essai historigue*, ed. nova, Toulouse, 1934.

XVI. PEDAGOGIA

EGGERSDORFER (Franz-Xaver). *Der heilige Augustinus als Pädagoge und seine Bedeutung für die Geschichte der Bildung*, 1 vol. in-8° de XIV-238 p. (*Strassburger theologische Studien*, VIII, 3). Freiburg im Breisgau, Herder, 1907. (Marca a dependência das idéias pedagógicas de Agostinho em relação a suas idéias filosóficas. No primeiro momento, a pedagogia de Agostinho está sob a influência preponderante do neoplatonismo; a partir de seu episcopado, Agostinho se ocupa sobretudo com a instrução religiosa).

RESTROPO (F.). *San Agustin. Sus métodes catequisticos, sus principales catequesis. Introducción, traducción, commentarios y notas*. Madrid, 1925 (segundo M. SCHMAUS, op. cit., p. xx).

XVII. ESTÉTICA

VIKMAN. *Beiträge zur Esthetik Augustins* (Inaug.-Diss.) Weida i. Th. Thomas u. Hubert, 1909. (O belo, sua natureza, seus graus; o belo sensível na natureza e no corpo humano).

SCHERER (W.). "Ueber die VI Bücher *De Musica*", *Kirchenmusikalisches Jahrbuch*, XXII (1909).

ESCHWEILER (K.). *Die aesthetischen Elemente in der Religions-philosophie des hl. Augustin* (Inaug.-Dissert). Euskirchen, Euskirchl. Volkszeitung, 1909.

SVOBODA (K.). *L'esthétique de saint Augustin et ses sources*. Paris, Les Belles-Lettres, 1933.

HRUBAN (Jaroslav). *Esthetika sv. Augustina*, Olomütz, 1920. (Em tcheco. Estudo meio-histórico e meio-dogmático).

HURÉ (J.). *Saint Augustin musicien*. Paris, 1924.

CHAPMANN (Emmanuel). *Saint Augustine's Philosophy of Beauty*, New-York, Sheed and Ward, 1939. (A melhor exposição geral do problema).

XVIII. ESCRITOS, DOUTRINAS GRAMATICAIS E LITERÁRIAS, LÍNGUA, SINTAXE E ESTILO DE AGOSTINHO

FRANCEY (Thérèse). *Les idées littéraires de saint Augustin dans le De doctrina christiana*. (Extraído de uma tese da Faculdade de Letras de Fribourg), Saarbrücken, G. Hofer: ver p. 346.

REUTER (A.). "Zu dem augustinischen Fragment de arte rhetorica". In: *Kirchengeschichtliche Studien H. Reuter gewidmet*, 1880.

HUEMER (K.). *Der Grammatiker Augustinus*, Zeitschrift F. Österreich. Gymnas., 1886, p. 256.

CRECELIUS (W.). *S. Aurelii Augustini de dialectica liber*, Elberfeldae, 1887.

RÉGNIER (A.). *La latinité de saint Augustin*, Paris, Hachette, 1886.

DELFOUR (L.-CL). *De narrationibus quae sunt in sancti Augustini sermonibus*, Parisiis, E. Leroux, 1892.

ESKRIDGE (J.-C.). *The influence, of Cicero upon Augustine in the development of his oratorical theory for the training of the ecciesiastical orator* (dissertação de doutorado, Universidade de Chicago). Menasha, Wis., 1912.

Mc INTOSH (John S.). *A study of Augustine's versions of Genesis* (dissertação de doutorado). The University of Chicago Press, Chicago, ill., 1912.

DREWNIOK (Paul). *De Augustini contra academicos libri* (III) (Inaug. Dissert.), Breslau, 1913.

DRÄSEKE (J.). "Zur Frage nach den Quellen von Augustins Kenntnis der griechischen Philosophie". In: *Theolog. Studien und Kritiken*, vol. 89 (1916), p. 541-562.

ROLFES (E.). "Hat Augustin Plato nicht gelesen?" In: *Divus Thomas, Jahrbuch für Philos. und spekulative Theologie*, V (1918), p. 17-39.

Conclusão

ELSNER (G.). *Augustins Kenntnis der antiken Philosophie* (Inaug.-Dissert.), Breslau, 1921.

WILMART (D.-A.). "Un sermon de saint Augustin sur le précepte de charité". In: *Revue d'ascétique et de mystique*, 1921, p. 351-372.

MORIN (D. Germain). "Une prière inédíte attribuée à saint Augustin dans plusieurs manuscrits du *De Trinitate*". In: *Revue Bénédictine*, XXI (1904), p. 124-132. "Prière ancienne et inédite, pareillement atribuée à saint Augustin". In: *Anecdota Maredsolana*, segunda série, Paris, I (1913), p. 29, n. 37.

MORIN (D.). "Un traité ínédit attribué à saint Augustin". In: *Revue Bénédictine*, janeiro 1911, p. 1-10. (Sobre a autenticidade parcial do *De octo quaestionibus*. Cf. Do mesmo, julho-outubro 1911, p. 415-416).

WILMART (A.). "Un bref traité de saint Augustin contre les Donatistes". In: *Revue Bénédictine*, abril 1912, p. 148-167.

FISCHER (Bald.). *De Augustini disciplinarum libro qui est de Dialectica* (Dissertação filológica), Iena, G. Neuenhahn, 1912.

FRANCEY (Th.). *Les idées littéraires de saint Augustin dans le De Doctrina christiana*, Fribourg (Suisse), 1920.

PARSONS (Sister Wilf.). *A study of the vocabulary and rhetoric of the letters of saint Augustine* (dissertação de doutorado). The Catholic Univers. of America patristic studies, vol. III, Washington, D. C., 1923.

COLBERT (Sister M. C.). *The syntax of the de Civitate Dei of St-Augustine*. Mesma coleção, vol. IV, The Catholic University of America, Washington, D. C., 1923.

BARRY (Sister M. Im.). *Saint Augustine, the orator. A study of the rhetorical qualities of St. Augustine's sermones ad populum*. Mesma coleção, vol. VI, 1924.

REYNOLDS (Gr.). *The Clausulae in the De civitate Dei of St. Augustine*. Mesma coleção, vol. VII, 1924.

MORIN (D. G.). "Sermon inédit de saint Augustin sur les huit béatitudes". In: *Revue Bénédictine*, 1922, p. 1-13. "Deux nouveaux sermons retrouvés de saint Augustin", ibid., 1924, p. 181-199.

ROLES (Heinrich). "Welches Bild erhalten wir aus St. Augustins *Johannestraktaten* von dem Redner und seiner Zuhörerschaft". In: *Theol. prakt. Quartalschrift*, 1925, p. 528-539.

CHRISTOPHER (J.-P.). *S. Aurelii Augustini Hipponensis Episc. De catechizandis rudibus...* Cath. Univ. of Am., vol. VIII, 1926.

MERSCH (E.). "Une leçon défectueuse dans le texte des *Enarrationes in Psalmos* de saint Augustin". In: *Recherches de science religieuse*, dezembro 1926, p. 504-512. (Sobre *Enarr. in Ps. 30*, II, ao comentário de 1 Cor. 12,12).

WILMART (A.). "Easter sermons of St. Augustine". In: *The Journal of theological studies*, julho 1926, p. 337-356. — *Ibid.*, janeiro 1927, p. 113-144.

ARTS (Sister M. R.). *The syntax of the Confessions of saint Augustine.* Cath. Univ. of Am., vol. XIV, 1927.

BRUYNE (D. de). "Note sur les lettres de saint Augustin". In: *Revue d'histoire ecclésiastique*, julho, 1927, p. 523-530.

COMBÈS (G.). *Saint Augustin et la culture classique*, Paris, 1927.

XIX. AS FONTES DA DOUTRINA

NOURRISSON. "Sources de la philosophie de saint Augustin". In: *La philosophie de saint Augustin*, vol. II, p. 89-146; Paris, Didier, 1865. (Da erudição de santo Agostinho. Das fontes gregas e orientais da filosofia de santo Agostinho. Das fontes latinas da filosofia de santo Agostinho).

BESTMANN. *Qua ratione Augustinus notiones philosophiae graecae ad dogmata anthropologica describenda adhibuerit*, Erlangen, 1877.

LOESCHKE (G.). *De Augustino platonizante in doctrina de Deo disserenda* (Inaug. Dissert.), Iena, 1880. Do mesmo: "Ueber Plotin und Augustin". In: *Zeitschrift für kirch. Wissenschaft und kirch. Leben*, 1884, p. 337-340.

GRANDGEORGE (L.). Saint Augustin et le néo-platonisme, 1 vol. in-8° de 159 p. (*Bibl. de l'École des Hautes-Études. Sciences religieuses*, VIII, Paris, E. Leroux, 1896. (O que santo Agostinho conhecia da filosofia grega; Deus e seus atributos; a Trindade; a criação; a providência, o problema do mal e o otimismo. Nada que diga respeito ao problema do conhecimeno).

SCHÖLER (Heinr.). *Augustins Verhältnis zu Plato in genetischer Entwicklmg* (Inaug. Dissen.). Iena, A. Kampfe, 1897. (Influência de Platão sobre Agostinho no que concerne à teoria do conhecimento metafísico, à criação, ao homem e ao mal).

Conclusão

KAUFF (H.). *Die Erkenntnislehre des hl. Augustinus und ihr Verhältnis zur platonischen Philosophie*. I. Teil. Gewissheit und Wahrheit, Programm des Gymnasiums in München-Gladbach., 1899.

KUHLMANN (Herm.). *De veterum historicorum in Augustini de Civitate Dei libro primo, altero, tertio vestigiis* (Wissenschaftliche Beilage z. Jahresbericht der Königl. Domschule zu Schieswig, 1899/1900). Schleswig, 1900.

LEDES (H.). *Untersuchungen über Augustins Erkenntnistheorie in ihren Beziehungen zur antiken Skepsis, zu Plotin und Descartes*, Marburg (Inaug. Dissert.), R. Friedrich, 1901.

KAUFMANN (N.). "Les éléments aristotélíciens dans la cosmologie et la psychologie de saint Augustin". In: *Revue néo-scolastique de philosophie*, XI (1904), p. 140-156.

VASOLD (J.). *Augustinus quae hauserit ex Vergilio*, 2 Teile, München, 1907 et 1908.

SEEBERG (R.). "Augustin und der Neuplatonismus". In: *Modeme Irrtümer im Spiegel der Geschichte*, ed. por W. Laible, 1912, p. 95-113.

MANCINI (G.). *La psicologia di S. Agostino e i suoi elementi neoplatonici*, Napoli, 1919.

IVALDI (Ing. Gaetano). "Il platonismo di Plotino, sant'Agostino, Cartesio, Leibniz", extraído de *Luce del pensiero*, XV, 7 (1922). (Como memória e somente a fim de dispensar recorrer a ele, pois, não obstante um título enganador, não se coloca santo Agostinho em questão).

DÖRRIES (H.). "Das Verhältnis des Neuplatonischen und Christlichen in Augustins *De vera religione*". In: *Zeitschrift für neutest. Wissenschaft und die Kunde der älteren Kirche*, 1924, p. 64-102.

FUCHS (K.). *Augustin und der antike Friedensgedanke*, Berlin, 1926.

COMBÈS (G.). "Les Sources". In: *La doctrine politique de saint Augustin*, p. 34-58. (Fontes maniqueístas, platônicas, ciceronianas, históricas e literárias, escriturais e patrísticas das idéias políticas de santo Agostinho).

BREHIER (Ém.). "Hellénisme et christianisme aux premiers siècles de notre ère". In: *Revue philosophique*, 1927, p. 5-35.

MARÉCHAL (J.). "La vision de Dieu au sommet de la contemplation d'après saint Augustin". In: *Nouvelle Revue théologique*, 1930, p. 89-109 e 191-214.

GUITTON (J.). *Le Temps et l'Éternité chez Plotin et saint Augustin*, Paris, 1933.

CASAMASSA (Ant.). "Le fonti della filosofia di S. Agostino". In: *Acta Hebdomadae Augustinianae-Thomisticae*, Taurini, Marietti, 1931, p. 88-96.

BARION (J.). *Plotin und Augustinus. Untersuchungen zum Gottesproblem*, Berlin, 1935.

RITTER (Joach.). *Mundus Intelligibilis. Eine Untersuchung zur Aufnahme und Umwandlung der neuplatonischen Ontologie bei Augustinus*, Frankf. am Mein, 1937.

MANSER (G. M.). "Augustinus Philosophie in ihrem Verhältnis und ihrer Abhängigkeit von Plotin". In: *Divus Thomas*, vol. X (1932).

XX. INFLUÊNCIA DA DOUTRINA

MELZER. *Augustini et Cartesii placita de mentis humanae sui cognitione*, 1860.

MILONE (G.). "Come la filosofia di S. Tommaso da quella di S. Agostino per essere differentissima non è discorde". In: *Giornale d. Arcad.*, 1862, vol. t. XXXIV, p. 37-116.

KAHL (W.). *Die Lehre vom Primat des Willens bei Augustinus, Duns Scotus und Descartes*, Strassburg, 1886.

BERNHEIM (E.). "Politische Begriffe des Mittelalters im Lichte der Anschauungen Augustins". In: *Deutsche Zeitschrift fur Geschichtswissenschaft*, 1896, p. 1-23.

BILLIA (Lor. Michelang.). *L'estiglio di sant'Agostino*, 1ª ed., Torino, Frat. Bocca, 1899, 2ª ed. aumentada e corrigida, Torino, Fiandesio, 1912 (diatribe passional contra o neotomismo e sua teoria do conhecimento com nome de agostinisnismo rosminiano).

HARDY (Georges). *Le De Civitate Dei source principale du Discours sur l'histoire universelle* (Bibl. de l'École des Hautes Études. Sciences Religieuses, XXVIII), Paris, E. Leroux, 1913 (Tabelas comparativas dos empréstimos e citações de Agostinho na obra de Bossuet).

GILARDI (Piero). *Un riflesso dell' anima di S. Agostino in Boezio, Dante e Petrarca*, Pavia, Mattei, 1913.

FREDERICH. *Der Einfluss der Augustinischen Anschauungen von Pax, Justitia und den Aufgaben der Obrigkeit auf die Erlasse und Gesetze der deutschen Könige und Kaiser von der Ottonen-bis zur Stauferzeit* (Inaug. Dissert.), Greifswald, 1914.

Conclusão

BELMOND (S.). "À l'école de saint Augustin". In: *Études Franciscaines*, 1914-1921; p. 7-25 et p. 145-173. (Compara à doutrina de Agostinho as de Mateus de Aquasparta, Duns Escoto e são Tomás de Aquino).

TIRALLER. *Das Augustinische Idealbild der christlichen Obrigkeit als Quelle der Fürstenspiegel des Sedulius Scottus und Hinomar von Reims*, 1916.

BLANCHET (L.). *Les antécédents historiques du Je pense donc je suis*, Paris, F. Alcan, 1920; 1ª parte.

FRICK (H.). *Ghazâlis Selbstbiographie. Ein Vergleich, mit Augustins Konfessionen*, Leipzig, Hinrichs, 1919. (Ver P. SYNAVE, *Revue des sciences philos. et théol.*, 1921, p. 441-442).

HESSEN (J.). "Malebranches Verhältnis zu Augustin". In: *Philos. Jahrbuch.*, XXXIII (1920), p. 53-62. (Cf. Sobre essa questão, H. GOUHIER, *La vocation de Malebranche*, Paris, J. Vrin, 1926).

HESSEN (J.). *Augustinische und thomistische Erkenntnistehre*, Paderborn, 1921. (A tentativa ulterior de são Tomás de Aquino e dos tomistas para superar a oposição entre Agostinho e o aristotelismo medieval no domínio da teoria do conhecimento deve ser considerada como um fracasso; p. 69. Do mesmo autor, consultar "Augustins Erkenntnistheorie im Lichte der neuesten Forschungen". In: *Phil. Jahrbuch.*, XXXVII, 2 (1924), p. 183-190. Contra suas conclusões, ver E. ROLFES. In: *Theol. Revue*, 1922. p. 113 e seg.).

GEYSER (J.). *Augustin und die phänomenologische Religionsphilosophie der Gegenwart*, Münster, i. W., Aschendorff, 1923. (Ver *Phil. Jahrb.*, XXXVII, i (1924), p. 86-90).

PAQUIER (abade). "Luther et l'augustinisme au moyen âge". In: *Revue de philosophie*, XXIII (1923), p. 197-208. (Contra as conclusões de A. V. Müller).

GRABMANN (M.). *Der göttliche Grund menschlicher Warheitserkenntnis nach Augustinus und Thomas von Aquin. Forscfumgen über die augustinische Illuminationtheorie und ihre Beurteilung durch den Hl. Thomas von Aquin* (Veröffentlichungen der Albertus-Magnus-Akademie zu Köln, i, 4), 1924 (Oferece um resumo da controvérsia; classifica os historiadores segundo suas conclusões do acordo ou do desacordo fundamental entre santo Agostinho e são Tomas (p. 45-46); estima que as duas doutrinas estão em desacordo e que são Tomas é consciente desse desacordo).

Bibliografia

ARQUILLIÈRRE (H. X.). "Sur la formation de la théocratie pontificale". Extrato de *Mélanges Ferdinand Lot*, Paris, ed. Champion, 1925. (O autor involuntário das concepções teocráticas mais absolutas é santo Agostinho: p. 14).

DI SOMMA (Mons.). "De naturali participatione diuini luminis in mente humana secundum S. Augustinum et S. Thomam". In: *Gregorianum*, setembro 1926, p. 321-338. (São Tomás desenvolve e completa santo Agostinho; não o contradiz).

COMBÈS (G.). "L'influence de la doctrine politique de saint Augustin". In: *La doctrine politique de saint Augustin*, Paris, 1927, p. 411-470.

GILSON (Ét.). "Pourquoi saint Thomas a critiqué saint Augustin". In: *Archives d'histoire doctrinale et littéraire du moyen âge*, I (1926-1927), p. 5-127. (O agostinianismo e o tomismo estão em desacordo tal como o platonismo e o aristotelismo; a combinação operada por alguns agostinianos medievais, entre santo Agostinho e Avicena, obrigou são Tomás a remontar a origem das dificuldades assim levantadas e a criticar santo Agostinho). Ver as críticas a esse trabalho feitas por Ch. BOYER, "Saint Thomas et saint Augustin d'après M. Gilson". In: *Gregorianum*, VIII, I (1927), p. 106-110. Bl. ROMEYER. In: *Archives de Philosophie*, V, 3 (1928), p. 192-203. A. GARDEIL, "Saint Thomas et l'illuminisme augustinien". In: *La structure de l'âme et l'expérience mystique*, t. II, p. 313-325.

SESTILI (J.). "Thomae Aquinatis cum Augustino de illuminatione concordia". In: *Divus Thomas*, Placentiae, XXXI (1928), p. 50-82. (Há substancial acordo entre as duas doutrinas; contra o P. Gardeil e Ét. Gilson).

ROUX (P.). "Sainte Beuve et saint Augustin". In: *Bulletin de l'Association Guilloume Budé*, abril 1928, p. 16-30.

CAVALLERA (F.). "Saint Augustin et le Livre des Sentenses". In: *Archives de Philosophie*, VII, 2 (1930), p. 186-199.

GILSON (Ét.). *Études sur le rôle de la pensée médievale dans la formation du système cartésien*. Paris, J. Vrin, 1930.

SCHNEIDER (W.). Die Quaestiones Disputatae de veritate des Thomas von Aquin in ihrer philosophiegeschichtlichen Beziehung zum Augustinus, Münster, 1930.

Conclusão

THERY (G.). "L'augustinisne médiéval et le problème de l'unité de la forme substantielle". In: *Analecta Hebdomadae Augustinianae-Thomisticae*, Taurini, Marietti, 1931, p. 140-200.

CARTON (R.). "Le christianisme et l'augustinisme de Boèce". In: *Mélanges augustiniens*, Paris, M. Rivière, 1931, p. 243-339.

Essa bibliografia não se dá por completa. Ademais, conhecemos de primeira mão apenas aproximadamente três quartos das obras que ela contém, ou seja, aproximadamente, as seções I-XI, XVII e XX. Reunimos as outras, que, em geral, concernem apenas indiretamente à filosofia de santo Agostinho, na esperança de prestar serviço, mas como nem sempre tínhamos à nossa disposição as coleções francesas ou estrangeiras, nas quais esses trabalhos estavam publicados, não pudemos verificar todas as nossas referências. Queira o leitor nos desculpar se algum erro foi cometido e seríamos muito reconhecedores por todos aqueles que queiram assinalá-lo para nós.

Devemos salientar mais uma vez nosso reconhecimento aos autores dos admiráveis boletins críticos da *Revue des sciences philosophiques et théologiques* (Paris, Librairie Philosophique J. Vrin, 1907-1942), sem os quais alguns trabalhos, por vezes de primeira importância, teriam permanecido desconhecidos para nós.

ÍNDICE DE QUESTÕES TRATADAS

Os números em itálico remetem às notas.

Ab exterioribus ad interiora 48-49
Abditum mentis 209
Abstração. Sua natureza 178
Ação:
— exerce-se com vistas à contemplação 227-228
— respeita à ciência 228
— regulada pelas Idéias 228-229
Acies. Animi, sua definição *409*
Adjuvat. Ut faciat cui jubet 305
Admonitio. De Deus para a alma *210*
Agostinho:
— e o *Hortensius* 18-19
— e o ceticismo 35-36
— sua experiência pessoal 63-64, 78, 83-85, 137-138, 433-449
Agostinianismo:
— irredutível a qualquer teoretismo 26-28, 98-100
— e filosofia 77-80
— e cristianismo 26-27, 77
— e teocentrismo 29
— detido às Idéias 107
— suas indeterminações 104-105, 212-220

— sua unidade 116-118
— não é um ocasionalismo 119
— características gerais 448-466
— agostinianismo medieval *179*, *185*
Alma:
— sua definição 96-97, 103-104, 128-129, 225-227
— suas funções 128-130, 226
— e uma vida uma 401-403, 417-419
— *i*ndistinção das faculdades 418-419
— não é Deus 107-108, 110-111
— é uma substância 99-100, 105-106
— uma *natura intelligibilis* 155
— individual 107-108
— sua origem 27, 109-112, 147-150
— criada antes do corpo 393-395
— mistério de sua origem 109-111
— distinta do corpo 98-99, 102
— unida ao corpo 105-106fo, 128-129
— tem uma matéria espiritual 373, *375-376*, *387-388*, 394-395, *396*
— age incessantemente no corpo 130-133, 177-179
— pelo intermédio do cérebro *106*
— superior ao corpo 97-98, 113-116, 123-125
— é um pensamento 101
— em contato com as Idéias 107-108
— intermediária entre as Idéias e o corpo 107-110, 247
— sua espontaneidade 147
— é imortal 112-118
— conhece-se diretamente 157
— por que ela busca a si mesma 201-204, 420
— deve ser amada por Deus 318-320
Alma do mundo 160-161
— sua existência é hipotética 395, *396*

Índice de questões tratadas

Amor:
— é uma vontade intensa 254-255, 257, 307-308
— sua definição 265
— imagem em nós da Trindade 417-430
— tem um sentido mais geral do que a dileção 261
— é o peso da vontade 255-257, 262, 305-306
— move o homem 257-258
— gerador dos atos 259-260, 269, 315-316
— determina o valor de seus atos 259-260
— é desinteressado 262
— exige reciprocidade 263-264
— pressupõe o conhecimento 203-205
— implicado no conceito 424-426
— complexidade de sua noção 262-263
— sua força transformadora 26
— o amor de Deus deve ser sem medida 265, 317-320
— a justiça cresce com o amor 267
— o amor humano não basta a si mesmo 219-220
— amor ao próximo 317-326
— origem da sociedade 326-328

Animatio: graus da vida da alma 237-238

Animus:
— distinto de *anima* 95
— idêntico a *anima* 97
— não pode apreender-se totalmente 207-208
— lembra-se de si mesmo 208-210

Anjos:
— vêem as coisas sensíveis em Deus 171
— não são coeternos com Deus 364
— designados com o nome de Céu 373, 373-374
— conhecimento matutino e vespertino 373

Arte:

— grau da vida da alma *237-238*
— beleza da arte 404
Atenção (*intentio*):
— vital da alma em relação ao corpo 105-107, 131-132
— fixa o sentido num objeto 254-256, 408, 410-411
— pergunta feita pela alma às coisas 354-355
Autoridade:
— divina e humana 68
— precede a razão 71-72
Avareza:
— *radix omnium malorum* 230
— ligada ao orgulho no erro original 230-231, 286-287
Belo: fundado na unidade 403-404
Bem:
— o bem em si é Deus 265, 269-270, 271-272, 272, 316-317, 327
— o amor ao Bem dispensa todo o restante 265-267
— tudo que é, é um bem 259, 272-273
— tudo que Deus criou é bom 110-111
Bíblia: sua interpretação *373*
Busca:
— condição de sua possibilidade 197-199
— busca-se Deus para encontrá-lo e ele é encontrado para ser buscado novamente 75-77
Caridade:
— diversos sentidos do terno *261*
— *Deus est et Dei donum* 270, *313*, 452-453
— sua definição 262
— é Deus circulando em nós *270*
— é o dom de si para Deus 266-268
— *seu dilectio* 230, 261, 269
— princípio da vida moral 267-268
— *radix omnium bonorum* 268

Índice de questões tratadas

— implica um bom amor *261*
— e o amor de Deus *265*
— não se opõe à justiça *263-264*
— *charitas consumata 269*
— bem ordenada *316-317*
— fecunda nas obras, ver "amor" *269-270*
— libertadora, ver "liberdade"
— oposta à avareza *230*
— caridades ilícitas *261*
Causas Segundas:
— limites de sua eficácia *392-395, 456-458*
— *omnis causa efficiens est 359*
Cera: as Idéias agem em nós como um anel sobre a cera *190*
Ceticismo:
— *desperatio verum inveniendi 75, 84*
— fundado no sensualismo *89-90, 92-93*
— refutação dos acadêmicos *85-90*
Céu: significa os anjos *372-373, 373-374*
Chamado: de Deus por sua graça *293-295*
Cidade:
— sua definição *327-328, 331-332*
— nome místico para a sociedade *341, 342-344*
— as duas cidades *328, 326-349*
— a origem delas em Adão *327*
— a presente mistura delas *334-335, 343-344*
— o destino delas *337-339*
— os dois povos *326*
— as duas ordens *330, 334-335*
— descrição da *Cidade de Deus 346*
Ciência:
— sua definição *225, 225*
— oposta à ignorância *234-235*

— distinta da sabedoria 233-237
— subordinada à sabedoria *240-241*
— suas características 41-42
— diz respeito à ação *225*, 232-233, *235*, 236-237
— ciências naturais 237-239
— transformada pela graça 235-236
Cogitatio:
— sentido do termo *120*, 156, 423
— agostiniana e cartesiana *157*
Cogito:
— suas diversas fórmulas 35-37, 45, 89-93, 101, 116, 138
— *si fallor, sum* 90-93
— agostiniano e cartesiano 88, *90*, *91*, *92-93*
— condiciona a prova da existência de Deus 35-37, 89-90
— e a prova da imortalidade da alma 116-118
— sentido do termo *156*
Coisas: são signos 50
Conceito: entre a imagem e o julgamento desaparece em Agostinho *179*, 185-186, 188-189
Concepção: *conceptam rerum notitiam* 169
Concordância. Entre o pensamento e suas condições 152, 244
Concupiscência:
— seqüência e não causa do pecado original 286-287
— e deleite 307-308
— diminui conforme a caridade aumenta 320-321
— mas não é suprimida 321-324
— e *reatus* 286
Confissões (de s. Agostinho): seu sentido 353, 356
Conhecimento:
— seus graus 37-40
— e amor 25-26
— e posse 25

Índice de questões tratadas

— e iluminação 163-196
— sensível, seu valor 88-90, 156-158
Conhecimento racional:
— intermediário entre a fé e a visão beatífica 28-29
— conhecemos o incorporal pela alma 158-159
Conhecimento sensível:
— seu valor 83-85, 158
— e conhecimento integilível *161*
— ver "sensação"
Conjugium: contemplationis et actionis 227
Consciência:
— moral 247-248
— suas primeiras evidências *248*
Conservação: do mundo 392
Consilium: grau da vida da alma *238*
Contemplação:
— grau da vida da alma *238*
— sua definição 351-355
— alegria que a acompanha 242
Coronat: Deus dona sua 304
Corpo:
— consiste na extensão 99-100, *101*
— divisível ao infinito *113*
— participa das Idéias pelo intermédio da alma 106-107
— deve ser amado em vista da alma 318-319
— criado depois da alma 393-395
Criação:
— *ex nihilo* 271-272, *272*, 357
— tem como causa somente a vontade de Deus 218-219
— e sua bondade *358*
— é por Deus, não a partir de Deus 271-273, *358-359*
— nada pode criar-se a si mesmo 114

— *in principio* 359-360, 371-372
— feita no tempo 361-362, 364-366
— *non ut pes ex aeternitate in pulvere* 361
— segundo o modelo das Idéias divinas *169*
— sem duração de tempo 371-373
— e formação 385-387
— criação continuada 115
Criaturas:
— entre o ser e o nada 272-273
— corruptíveis porque criadas do nada 275, 279
— boas enquanto são 275
— ver "natureza"
— não podem ser coeternas a Deus 364, *365*
Credo ut intelligam: ver "fé"
Crer:
— necessário para a vida 62-63
— ter fé em Deus e crer em Deus 69
— ver "fé"
Crescimento: espiritual *321*
Cristianismo: é a sabedoria 81-82
Cristo:
— sabedoria eterna de Deus 22, 154
— e verdade 22-23
— e medida 22-23
— é nosso único mestre 154-155
— seus méritos 300-302
— graça de Jesus Cristo *311*
— mistério de Jesus *314*
— fé em Jesus Cristo 33, *71-72*, *81-82*
— e a felicidade 27-28
— sua autoridade 63-64
— a título de mediador 70

Índice de questões tratadas

— objeto sensível da fé *71-72*
Cupiditas:
— no sentido de avareza 230
— sua definição 230-231, *259*
— distinta da vontade *310*
— raiz de todos os males 268
Curiosidade 237
Da: quod jubes et jube quod vit 302
Deleite:
— *quase pondus est animae* 257, 305-306
— sua relação com a vontade *306-307*
— indistinta da vontade 306-307
— *quod amplius nos delectat, secundum id operemur necesse est* 307
— da graça 295, 305-306
Dependência: do homem em relação a Deus, ver "homem"
Deus:
I. Prova de sua existência 31-57
— repousa na análise do pensamento puro 54-56, 155-156
— sua evidência natural 31-33
— ignorado pelo *insipiens* 32-34
— sujeito ao julgamento do *Credo ut intelligam* 34-35, 61-63
— difere da prova de s. Tomás de Aquino 52
— respeita ao problema do conhecimento 46
— estabelecida sobre a verdade 35-45
— e sobre o *Cogito* 45
— prepara a de s. Anselmo 52
— é um organismo 54-56
— coloca-se no plano da essência 52
— supõe a presença de Deus na alma 209-211
— prova a *contingentia mundi* 46-47, 114-115, 354-356
— papel do sensível na prova 47-49, 78-80
— buscar Deus 20-23

— ter Deus 19-21
II. Sua Natureza
— é eternidade 53
— é imortalidade 53-55
— *Ego sum qui sum* 53-55, 397, *403, 414*
— é *substantia 54*
— não é *substância* 414
— é *essentia* 53-55
— é o *esse* 402-403
— é a Verdade 116
— é o Bem 160-161
— não pode ser conhecida 31, 413-415
— não tem atributos, mas os é 414-415
— *id quo nihil melius cogitari possit 414*
— *intelligentiae dator* 160
— *pater intelligibilis lucis* 161, *162*, 163-164
— sol inteligível 162
— está presente à alma 208-209
— nela preside *nulla natura interposita* 167
— *interior intimo meo* 211
— é a vida da alma 197-212
— vivifica-a ao infundir-lhe as virtudes 249-251
— virtude que fecunda o pensamento 211
— o único verdadeiramente imortal 272
— confere o ser e o agir 287-290
— é o Bem Soberano 25-33, 271, 279-281, 359-360
— buscado a título de felicidade *210*
— objeto de fruição *27*, 316
— é Trindade 406
III. Seus Atributos
— Deus os é 414-416
— incognoscibilidade deles *413*

Índice de questões tratadas

— indeterminação deles 414-416
— imutável 56, 271-272
— eterno 360-362
— incorporal 357-358
— criador 358-359
— voluntário 358-360
— presciência divina 293-295
Dialética: sua necessidade 239
Dilectio:
— *amor rerum amandarum* 230
— *ordinata* 316-317
— é uma vontade intensa 257
— *dilige et quod vis fac* 268
Dons: do Espírito Santo 238
Dúvida: prova a existência 44-45
Eleição: e vocação 293-295
Elementos: e suas qualidades *391-392*
Enciclopédias medievais: e sua fonte agostiniana *239*
Enrijecimento: do pecador por Deus 296-297
Ensino:
— em que sentido é possível 144-147, *156*
— *nusquam discere* 153-154
— o único mestre é o Verbo 153-155
Erro:
— ausência de ser *274*
— está apenas no julgamento 87-90
Esquecimento: da alma por si mesma 201-202
Essências:
— a *essentia* é o ato do *esse* 116, 397
— e existência 53, 116, *414*
— são indestrutíveis 112
— causa da desigualdade entre elas 397

— e verdade 116
Estado: suas relações com a Igreja 336-337, 342-347
Estudo (*studere*) 255-256
Eternidade: *ipsa Dei substantia est* 53
Eterno retorno: sua crítica 362
Eudemonismo 17, 24-25, 98-99, 109-110, 223
Êxtase: de Óstia 29, 193
Fé:
— e razão 64-82, 351
— motivos de credibilidade 65-68
— purificadora e iluminadora 68-69
— crer em Deus e ter fé em Deus 69
— começo da graça 293-294
— *gradus intelligendi* 81
— *inchoata cognitionem* 73
— e caridade 68
— na existência de Deus 34-38, 75-77
— concordância com a razão 155, 161, 163-164, 244-246, 348-349
— e obras 290-294
— influência do maniqueísmo de Agostinho sobre sua doutrina da fé 61, 62, 83
— fé, êxtase e beatitude 73-78
Fecundação: do pensamento por Deus 211
Felicidade:
— objeto e definição 17-29, 277-278
— *cohaerere Deo* 25
— vida da alma 210-211
— *gaudium de veritate* 22, 26-28, 237
— implica a verdade 17, 19-20, 25-27, 203-205
— termo da filosofia 79-80, 223
— desejo natural inato 18
— é uma plenitude 21

Índice de questões tratadas

— um bem da alma 21, 25
— Deus é seu objeto 19, 24-25
— objeto de fruição 25-26
— a alma busca-a ao buscar-se 202-204
— não é conhecimento 25
— mas é inseparável dele 26-28
— e sociedade 327-328
Filosofia:
— amor pela sabedoria 74-76, 224-225
— agostiniana 78, 448-466
— seria uma noção contraditória 458
— cristã 82, 458
— e teologia 78-82, 454-460
— e religião 81-82
— visa fins práticos 17-18
— sobretudo a felicidade 223-225
— tem somente dois objetos: Deus e a alma 61, 200
Fins: sua ordem 317-318
Fogo: instrumento da sensação *121-122*
Força: grau da vida da alma *238*
— virtude cardinal 249-250
— empregada contra os heréticos 342-344
Forma:
— sinônimo de *idea* 168
— e de verdade criadora *169*
— *Verbum est forma omnium* 405
Formação:
— da matéria 373-374
— pelas idéias 375-377
— retoma o ato da criação 376-378, 387-388
Fruir (*frui*):
— definição 315-316

— os bens temporais *235*
— fruir e usar *316*, 318, 334, *337*
— ver "fruição"
Gestos: são signos visuais 140
Graça:
— e natureza 269-270, 290-291
— sua definição 303-305
— necessária à salvação 166-167, 292-293
— confere a liberdade 305, 311-312
— graça de adoção 282-283, 290-291
— evangélica 292
— santificante 282-284
— atual 282-284
— de Jesus Cristo 301
— recria o homem 290-291, *311*
— é o fruto de uma eleição divina 293-294, 303-305
— causa de nossos méritos 293-294, 303-305
— sua ação sobre a vontade 294-297
— introduz o deleite do bem na vontade 305-306
— não suprime a concupiscência 322
— doutrina pelagiana da graça 299-300
— ver "natureza"
Guerra:
— é querida para a paz 329-330
— sua legitimidade 339
História:
— sua síntese agostiniana 332-333
— profetizada conforme o passado 372
Homem:
— suas definições 23-24, 96-99, 393
— *magna quaedam res est* 318
— em que consiste sua grandeza 319-320

Índice de questões tratadas

— sua insuficiência tripla 170, 211-212, 247, 271-272
— tem apenas mentira e treva 287
— é um mistério 104-105
— e o pecado 304
— incapaz de se reerguer 290-291, *311*, 311
— homem velho 323
— exterior e interior 225, *235*
— imagem de Deus 318, *394-395*, 415-418
— elogio do homem decaído 287-288
— modo de sua criação 393-396
Hortensius: efeitos de sua leitura 17, 434-435
Humildade: e conhecimento de Deus 68-69, *433*, 448
Idéias:
— sua definição *167-168*
— seus diferentes nomes *167-168*, 376
— sua natureza inteligível 167-168
— sua eternidade e imutabilidade 169, 189-190
— sua função reguladora 189-190, 243-244
— sua relação com as leis *185-186*
— fontes do saber 229
— *principales formae* 169-170, 376-377
— participadas pelas coisas 397-398
— formadoras da matéria *373-375*
— *ratio creandi* 387-388
Ignorância:
— sua definição 235
— seguida ao pecado original 284-285
Igreja: em que sentido ela é e não é a Cidade de Deus 342-344
Iluminação: 42-43, 49-51, 84-85, 149-150, 159-184, 243
— fontes da doutrina 160-162
— seu fundamento metafísico 424-425
— seu caráter metafórico 164-165, 169-170

— é uma participação do Verbo 212, *403*
— distinta da luz natural 165-168
— iluminação criadora *371-372*, 387-388, *395-396*
— in *quadam luce sui generis 164-165*
— é imediata 167-168
— os anjos apenas deixam-na passar *167*
— formulada como uma intuição direta *179-180*, *183-184*, 191-192
— não é uma visão de Deus 169-171, 178-179
— não dispensa as sensações 171-174
— ver *em* Deus 171-172, 191-192, 194-195
— iluminação-verdade e iluminação-abstração 178-182
— explica mais o julgamento do que os conceitos 177-178, 189-190
— é uma *impressão* 190
— nossa faculdade de julgar lhe é proporcional 188-189
— e purificação do coração 68
— é essencialmente reguladora 187-188, 244-245
— iluminação continuada 170-171
— das virtudes 186, *245*, 250-251
— moral 247-249
— da natureza e da graça *171*, *191*
Imagem:
— definição 399
— é o Verbo 399-400, 403, 405
— *imago sensibilis 120*, 408-409
— é um instrutor 119
— imagem de Deus na razão 288, 290-291, 413-430
— ver "*mens*"
Imaginação: *plaga inflicta per sensus* 119
Imortalidade da alma: 112-118
— prova pela incompatibilidade de contrários 112
— pelo fato que a alma é viva 113-115
— pelo *cogito* 116-118

— é conferida por Deus 116, *272*
— mesmo no estado de natureza 282-284
Impotência: do homem sem Deus 190-192, 456-457
— ver "graça"
Inatismo:
— agostiniano 147, 154-159, 184-186
— "intrinsiquismo" ou inatismo 158-159
— não há inatismo no do sensível 149-150, *155*, 170-173
Infinito:
— inteligível para Deus 361-363
— infinidade do número 362-364
Ingressio:
— grau da vida da alma *238*
— consiste em dirigir sua vida na direção de Deus 241-242
Inquietude:
— ou desejo de Deus 205
— exprime a insuficiência do homem 211-212
— *inquietum est cor nostrum 211*
Inscitia. Ver "ignorância"
Instinto de conservação 108-109
Intelecto agente: Deus não é o intelecto agente segundo santo Agostinho *179-180*
Intelectualismo: seu lugar no agostinianismo 25, *26-27*
Intelectus:
— sua definição 64-65, 76, 92, *164-165*
— é um dom de Deus 351-352
— não é a razão pura 70, 74-75
— *merces fidei 72-73*
— *invenit 72-73*
— entre *fidem* e *speciem* 76
— *est quaedam visio* 162-164
— conficitur ex intelligente et eo quod intelligitur 164

Intelligentia:
— sua definição 96, 165
— faculdade da alma 425
— munus intelligentiae 296
— movet ad fidem 296
— e fé 77, 79-80
— ver "*intelectus*"
Intelligere: mentis est quod sensui videre 159
Intuição ou *intelligentia* simples *183-184, 185*
— ver "iluminação divina"
Invisibilia Dei (Rom 1, 20) 46, 79-80
Julgamento (*judicium*):
— quem julga é superior ao que é julgado 38
— julgamento da verdade 183
— ver "Verdade"
Justiça:
— virtude cardinal 249-251
— é proporcional ao amor 267-268
— conferida a Deus pelo homem 291-293
— puramente servil 324
— ver "Servidão"
Justificação:
— pela ação contínua de Deus que justifica *171*
— é um dom gratuito de Deus 293-299
— precede a eleição 293
— não se faz sem nós 305
Lei:
— eterna *248-249, 249-250*
— é imutável 341
— impõe a ordem 248-250
— natural 248
— resulta de uma impressão das Idéias em nós *190*

— leis políticas 339-341
— judia impossível de se realizar 300-301, 305-306, 321-322
— salva pela graça 305-306, 320-322
— revela e redobra o pecado 290-292
— lei do pecado 300-302
— lei de morte 322
Liberdade
— sentido da palavra "*liber*" 309-310
I. Livre-arbítrio:
— é um bem mediano 275-277, 288
— implica o poder de fazer mal 309-310
— inseparável da vontade 294, 298-299
— distinto da liberdade 309-310
— atestado pela Escritura 303
— impotente sem a graça 303
— seu consentimento à graça 294-295
— recebe a graça 305-306
— permanece intacto sob a graça 303-304
II. Liberdade:
— é uma questão de poder 287-289
— conferida pela graça 305, 308
— distinta do livre-arbítrio 310
— estado da vontade *liberata* 310
— consiste em não querer pecar 310
— perfeita na vida futura 322-323
III. Liberdade Cristã:
— seu fundamento 20-21, 290-291, 309-310
— sua definição 309-312
— seu espírito 320-322
Linguagem: sua relação com o pensamento 139-159
Línguas: utilidade de seu estudo 238
Luz:

— corpo sutil e próximo da alma *120, 121*
— seu papel nas sensações *120, 121*
— *omne quod manifestatur lumen est* 163
— luz natural 166-167, 247-248
— espiritual e material 138
— a luz espiritual é a verdadeira *164-165*
— das regras da ação 243-245
— *lumina virtutum* 245, 250
— et alia demonstrat et seipsum 162
— é Deus 163-164
Mal:
— é uma privação 273-274
— ligado à criação *ex nihilo* 275
— só pode existir no bem *274*
Maniqueísmo: criticado por santo Agostinho *123*, 138, *163*, 357, *357, 371*
Massa:
— *perditionis* 296
— massa pecadora 297
Matéria:
— concebida como puramente passiva 122
— *materia informis 372*, 372-373, *374*, 385-386
— matéria espiritual e matéria corporal *372, 373-374*
— anterior à forma pela causa 373-374
— não é um puro nada 374
Materialismo refutado pela análise da sensação 134-138
Medida (*modus*):
— equivalente ao Deus-Pai 22-23
— nas coisas 272-273
Memória:
— supõe a presença das lembranças esquecidas 202-203, 205-208
— equivale ao subconsciente 202-204

Índice de questões tratadas

— contém os corpos em um modo não espacial 206-207
— memória do presente 155-156, 172, 206-208
— memória intelectual 207
— memória de Deus 208-211, 417-423
— memória de si 423
— *lumen temporalium spatiorum* 137, 368-370
— depende da vontade 254-256
— seu papel na sensação 135-138, 253-254
— na sensação visual em particular 137, 254
— platônica e agostiniana 155-156

Mens:
— sua definição 96
— origem paulina *417*
— *mens intellectualis* 165
— *est sensus et mentis* 156-157
— é o homem propriamente dito 226
— e a imagem de Deus 417-418, 421-422
— imagem da Trindade 417-422
— conhece a si mesma e aos incorporais 157-158
— naturalmente submissa às Idéias 167-168

Mentalismo: de santo Agostinho *130*, 156-157
Mestre Interior: 139-159, *371*
— presente a memória 206-208
— ensina as regras da ação 243-245
— *verbum de Deo in corde tuo* 56

Mística agostiniana 52-54
Moral: comanda a doutrina de Agostinho 98-99
Movimento vital: substitui a alma nas plantas *108*, 129-130
Mundo: *gravidus causis nascentium 390*
Natureza:
— e perfeição 272-273
— humana é boa enquanto natureza *274*

— estado de natureza 278-279
— é um tipo de graça 280
— sua corrupção pelo pecado 287-288
Nominalismo: pôde se aliar ao agostinianismo *178*
Non latere: gênero do qual a sensação e a ciência são espécies *123*
Nosce te ipsum: seu sentido agostiniano 18-19
Notio: fundamento de julgamentos verdadeiros 185-188
Notitia: fruto do pensamento fecundado pela vontade *256*
Número:
— não tem origem empírica 41
— número eterno *51*
— números infinitos 362-363, *363*
— diferentes gêneros de números 125-127, *128*
— e razão seminal 375-376, *376*-377
— *efficacissimi numeri* 390
— números inteligíveis e números sensíveis 245-247
— relações do número com a sabedoria 245-248, *363*
— é para os corpos o que a sabedoria é para as almas 246-247
Nutus: as coisas são *nutus* 50
Obras:
— seguem a fé 292
— não merecem a graça 292-293
Ocasionalismo: ausente na doutrina de Agostinho sobre as sensações 119
Ofícios: da razão 227-230
Ordem:
— submete o inferior ao superior 249-252, 316-317, 331-332
— sua definição *330*
— é uma perfeição do ser 272-273
— do universo: sua beleza 275
— subvertida pelo pecado 285-287
— o que é um homem *ordenado* 248-250

Índice de questões tratadas

— lugar do homem na ordem universal 230-231
— lugar da alma 201-202
— fundamento da paz 329-330
— ordem da vida social 342-344

Orgulho:
— *initium peccati* 18, 230-231
— *perversae celsitudinis appetitus* 284

Paixões:
— dizem respeito à vontade 252-253
— valem o que a vontade quer 258-259

Panteísmo: quanto às Idéias 398-399

Paz:
— sua definição *330*
— fim da cidade 328-330, 338-340
— própria a cada cidade *331*
— fundada sobre a ordem 330

Pecado:
— ou mal voluntário 274
— não era inevitável 276-277
— sua natureza privativa 278-279
— original e vontade *254*
— sua natureza 283-285
— tem sua origem no nada *311*
— foi uma defecção espontânea 284-285, 290-291, *311*
— que merece o castigo 286-287
— precedeu, na vontade, a tentação do demônio 285
— sua explicação pelagiana 299-301

Pecadores: contribuem para a beleza do universo 276-277

Pensamento:
— lei de interioridade 151-152, 463
— em que sentido é espontâneo 151-152
— e ativo 181-183

— e uno 225-226
— comunicação dos pensamento 152-153, 244-245
Peso:
— do corpo 256-257
— da vontade 256-257
Phantasia: seu imago rei quam vidi 120, 255
Phantasma: seu imago rei quam non vidi 120, 255
Piedade: grau da vida da alma 225, 225
Plenitude:
— implica medida 21
— e sabedoria 21-23
Povo:
— sua definição 329, 331
— os dois povos 328-329
— cada povo é definido pelo seu amor 329
— qual povo merece esse nome 331-333
Prazer e dor: 129-131
Predestinação:
— sua definição 295-296
— é um mistério 297
— repousa sobre uma insondável eqüidade 297
Pré-existência: sua possibilidade 147-152
Presciência:
— divina e predestinação 294
— diz respeito à liberdade 295-296
Propriedade: condições de sua legitimidade 334-337
Prudência: virtude cardinal 250
Purificação: da alma 237
Quietismo: não é agostiniano 269
Razão (*ratio*):
— sua definição 96
— *ratio* e *ratiotinatio* 234-235

Índice de questões tratadas

— está para o pensamento como a vista pata o olho *159-160, 234*
— é a imagem de Deus em nós 288
— superior e inferior 96, 227-228
— superior é submissão às Idéias 228-229
— faz a ordem reinar em nós 252
— julga os sentidos 37-39
— existência de uma razão pura 74
— precede a fé 64
— tradução do grego λόγος 168
— relação das *rationes* com as *leges* 184-186
— razões eternas (ver "Idéias") 231
Razões seminais:
— seus diversos nomes *388-389*
— sua natureza 389-393
— papel do úmido *390*
— razões metafísicas da doutrina 391-392
— razão religiosa *457-458*
Regulae:
— no sentido de idéias divinas 167
— *regulae numerorum* 189
— *regulae sapientiae* 189
— *regulae virtutum* 245, 249-250
— estão impressas no coração do homem *190*
Reino de Deus: ver "Igreja"
Reminiscência:
— no sentido platônico 147-151, 156
— no sentido agostiniano 149-151
— ver "memória"
Repouso: da contemplação 226-229
Ressurreição:
— preparada pelo amor da alma a seu corpo 129
— necessário à felicidade *129*

Sabedoria:
— espécie do gênero ciência 225
— derivada de *sapere* 397
— sua definição 231-232, *234*
— crítica da definição grega 235-237
— diz respeito à contemplação *225*
— pertence ao intelecto e à razão superior *234*
— é submissão às idéias 231-233
— seus graus 236
— menos um grau do que um termo 242
— idêntica a Jesus Cristo 22, *50*
— e ao cristianismo 68-69, 82, 461
— é uma ciência beatificante 25, 40, 152, 228, 232-233
— tem Deus como objeto 29
— suas verdades são necessárias 40-41
— são regras 246
— tem necessidade da ciência 232-234
— contém as ciências 236-242
— sua relação com a virtude 25-27
— e com o número 245-247
Scintilla: rationis 287-288
Semelhança (*similitudo*):
— em si 398-400
— não é uma imagem 398-400
— o verbo é semelhança perfeita 398, 405
Semen: sentido do termo *388*
Sentido:
— interno e externo 37-38
— sentidos externos *121-122*
— seus erros 88-90
— são os olhos da alma *160*
— não atingem as verdades puras *39-40*, 41

Índice de questões tratadas

— o julgamento causa o erro sensível 87
Sensação:
— sua definição 106, 119-138, 146-147
— sentido de *non latet* 121, 123-124, 134, 415
— supõe uma ação do objeto sobre o corpo 119
— pertence à alma 123-124
— ato de atenção da alma 106, 129-135, 172-174
— e do pensamento 134-138
— depende de sua ação animadora 130-131, 132-135
— é uma vida superior 236-237
— não é produzida na alma pelo corpo 127-129
— ação da alma sobre si mesma 130-135, 156-157
— é um ato mental 134-138, 173
— percebida pela alma no local onde se produz 105-106
— adquirida como as idéias 145-147
— geração das *species* 409-416
— depende da vontade 253-256
— impressões sensíveis não percebidas 253-256
— conseqüências morais da psicologia das sensações 134-135, 201, 230-231
Sensível:
— sua mutabilidade 43-44
— é um monitor 123-124, 145-147
— difere do *sensibile* aristotélico 173, 177-178
— próprio e comum 37
Ser:
— fundado na verdade 116
— e essência 116
— e fundado nas participações de Deus 397-399
— seus graus 112-113
— ser é ser um 399-403
— *ser com* 209-210, 428

— *vere esse* 53
— e eternidade 53
Servidão:
— espírito de 319-321
— ver "lei"
Signos: *signa et significabilia* 140
Simbolismo: do mundo sensível 49-51
Similitude: 120-121, *120*
— ver "semelhança"
Sociedade:
— sua origem 326-328
— é apenas o que são os indivíduos 327-329
— vida social 346-347
— para a felicidade 327-328
Socorro divino: e a graça 293-295
Socratismo: 18
Sol: *est, fulget illuminat* 162
Species:
— *sensibilis* 120
— quatro *espécies* sensíveis 409-410
— no sentido de *idea* 167-168
— no sentido de forma 272-273
— no sentido de visão de Deus 76
Spiritus:
— sua definição 95-96, *417*
— *spiritus mentis* 417
Studium: sua definição 255-256
Temor:
— grau da vida da alma *238*
— começo da sabedoria 236, 267-268
— impelido pela caridade 319-321
Temperança: virtude cardinal 250-260

Índice de questões tratadas

Tempo:
— doutrina geral 357-370
— começa com as coisas 360-362
— *quaisquer* 368
— é uma criatura 360-362
— cujo ser é fragmentário 365-366
— é uma distensão da alma 367, 367-368
— supõe a memória 135-137
— sua medida 364-367
Totum: exigit te, qui fecit te 223, 267
Tranquillitas:
— grau da vida da alma 238
— consiste em manter-se em estado de pureza 242
Transformismo: estranho à doutrina de Agostinho 389, 390-392
Trindade:
— diz respeito à fé 77
— sua fórmula 428-430
— suas imagens 397-411
União:
— da alma e do corpo 100-103, 110-111
— causada pelo desejo natural que a alma tem do corpo 108-109, 128-129
— refutação de Orígenes 110-111
— união da alma e das Idéias divinas 106-107
Unidade:
— e multiplicidade 41
— e o ser 400-401
— unidade do corpo 401-402
— unidade da espécie 402
— unidade da alma 402
Universo: é uma imagem de Deus 406
Usar (*uti*): sua definição 315-316

Vanglória: 18
Verbo divino:
— imagem de Deus 460, 424-425
— imagem perfeita 405
— forma de tudo que é 405-406, *425*
— princípio de toda verdade *405*
— ver "iluminação", "mestre interior", "Deus", "semelhança"
Verbo humano:
— concepção do pensamento *155*
— sua definição 424-425
— implica conhecimento e amor 426, *426-427*
Verdade:
— é a essência das essências 116
— é Deus 22, 116
— é felicidade *25-26*
— fundada na unidade e no ser 404-406
— superior ao pensamento 44-45
— é nosso verdadeiro mestre 154-155
— suas características 40-44, 154-156
— é o objeto da iluminação divina 183
— indispensável à felicidade 203-204
Verdades eternas:
— julgam e regulam o pensamento 40-44
— não podem ser produzidas pelo pensamento 151-152
— na ordem moral 244
Vestígios:
— de Deus 397-411
— suas fórmulas *406-407*
— da Trindade 406-409
Vício:
— sua definição 317
— opõe-se à natureza sem destruí-la *331-332*

Índice de questões tratadas

Vida:
— conferida ao corpo pela alma 103-105
— *anima vita est* 418-419
— conferida à alma por Deus 211-212
— idades da vida natural 323-324
— sua beleza e sua ordem 324-325
— ativa e contemplativa 228
— vida cristã 315
— suas idades 323-325
— nasce da vontade 320-321
— e da graça 325
— estado transitório 321
— vida eterna 28-29, 73, 324-325
— moral e social 326-328

Virtude:
— sua definição 258-260
— *ordo est amoris* 317
— virtude perfeita 319
— bem da alma 24
— grau da vida da alma *238*
— regras das virtudes 245
— ver "iluminação"
— virtudes teologais *270*
— virtudes cardinais 250, 260-261
— sua unidade 260-261
— ativa e contemplativa 227-228
— virtudes dos pagãos 287-288, *289*

Visio:
— *corporalis et spiritualis 120, 157*
— sentido de *visio* 408
— vestígio da Trindade 408
— definição da visão intelectual *162*

— não há visão das coisas em Deus 172
— teoria da emissão *121-122*
Vita:
— no sentido de *anima* 210-211
— no sentido de Deus, luz dos homens 211-212
— o que faz a perfeição da vida 248
— centro da doutrina 28-29
— é caridade 268-270
Viver bem (*bene vivere*) 23
Vocação: predestinadora 296
Voluntarismo: *360*, 451-454
Vontade:
— sua definição 254
— é um amor 305-306
— ver "amor"
— dada em uma intuição imediata 298-299
— domina a vida da alma 252-257
— como se exerce sua dominação 258
— vontade livre 276-277
— *rectae voluntates sunt connexae* 259
— vontade boa é obra de Deus 284-285
— a vontade de Deus não tem causa 359-362

ÍNDICE DOS NOMES PRÓPRIOS

Esse índice contém os nomes dos autores citados no corpo da obra. Os números em itálico remetem às notas.

Abraão 382
Adão 104, 111, 281, 283, 286, 287, 291, 299, *310*, 325, *327*, *328*, *333*, 434
Alcher de Claraval *419*
Alexandre de Halès *178*
Alès (Adh. d') *309*
Alfaric (P.) *19*, *83*, *140*, *148*, *159*, *357*, *434*, *435*, *436*, *438*, *442*, 473
Alípio *85*
Ambrósio (santo) 79, 125, 126, 439, *440*, 443
Ambrosius Victor, ver: Martin A. 470
Anselmo (santo) 34, 52, 55, 56, 72, 76, 81, *294*, *310*, *316*, 458, 480
Antonio (santo) 443
Apuleio *443*
Arcy (D') 468
Aristóteles 11, *49*, *165*, 172, 173, *174*, 177, 181, *185*, 218, 219, 256, *333*, 366, 448
Arnauld *91*
Avicena *181*, *185*

Bacon (Roger) *179*, *185*, *238*, *458*
Baeumker (Cl.) *47*, *122*

Banks (J.-S.) 469
Bardy (G.) *435*, *436*, 470
Barion (J.) *220*, *443*, *444*, 497
Batiffol (P.) 66, *441*, 491
Baudin (É.) *223*, *462*
Baudoux (B.) *459*
Baumgatner (M.) 47
Becker (H.) 473
Beda, o Venerável *239*
Bérenger de Tours *241*, *416*
Bernardo (são) *259*, *269*
Bernardus Silvestris *374*
Bertrand (L.) 469
Bindemann (C.) 468
Blanchet (L.) *91*, 498
Blondel (M.) 472
Boaventura (são) *31*, *50*, *56*, *77*, *124*, *178*, *227*, *250*, *354*, *392*, *400*, *458*, *459*
Boécio *414*
Böhringer (Fr. u. B.) 468
Bossuet *173*, *333*, *417*, 480, 498
Boüard (M. de) *239*
Boyer (Ch.) *47*, *83*, *91*, *93*, *134*, *165*, *166*, *171*, *172*, *173*, *174*, *179*, *216*, *375*, *386*, *433*, *449*
Bréhier (É.) *44*, *49*, *98*, *105*, *107*, *121*, *123*, *131*, *134*, *218*, *398*
Brunschvicg (L.) *104*, *314*, *326*, *451*
Buonaiuti (E.) 469
Burkitt (P.-F.) *348*, *435*

Carnéades 85, 86, 87, 89
Cayré (F.) *25*, *29*, *61*, *228*, *353*, *354*, 479
Chenu (M.-D.) *241*, *460*

Índice de nomes próprios

Cícero 17, 19, 85, 294, 434, 438, 448
Clemente de Alexandria 73
Colette (Ch.-H.) 469
Combès (G.) *340, 341, 347,* 471, 484, 485, 486, 487, 488, 495, 497, 499
Comte (A.) *333, 462*
Concetti (M.) 469
Constantino *342*
Corte (M. de) *49, 218*
Cuttis (Ed.-L.) 468
Creighton *345*
Cunningham (W.) 471
Cipriano (são) 240

Daniel 144
Dante *419*, 498
Demócrito *133*
Descartes 56, 88, 89, 90, 91, 92, 93, *100, 157, 254, 272, 276, 310, 365, 439, 462,* 463, 463, 464, 480, 496, 497
Diógenes Laércio *400*
Dorner (A.) 471
Duhem (P.) *366*
Duns Escoto 56, *254, 458,* 498
Dupont 471
Durkheim (E.) *462*

Egger (A.) 469, 472
Eibl (H.) 472
Eicken (H.-v.) *346*
Endert (C.-v.) *47, 176*
Epicuro *133*, 141
Erígena (João Escoto) 195, *442*

Estêvão (santo) *341*
Eucken (R.) *472*
Eusébio *239*
Eva *394*

Fausto de Milevo *74, 166, 228, 248*
Ferraz *91, 111, 133, 134, 253, 396, 475*
Fichte *462*
Figgis (J.-N.) *343, 344, 345, 346, 348, 486*
Flottes *471*
Francisco de Sales (são) *26*
Friedrich (R.) *83*

Gard (M.) *469*
Gardeil (A.) *371, 375, 376, 385, 386, 388, 395, 417, 429, 499*
Geribol (Ibn) *395*
Gerie (V.-J.) *469*
Geyer (B.) *348*
Gilson (Ét.) *32, 53, 83, 91, 122, 145, 173, 185, 216, 220, 227, 236, 241, 263, 272, 276, 301, 310, 374, 392, 400, 459, 462, 464, 499*
Gouhier (H.) *347*
Gourdon (L.) *473*
Grabmann (M.) *220, 467, 475, 476, 481*
Grunwald (G.) *50, 51, 480*
Guigo II, o Cartuxo *374*
Guilherme de Auvérnia *179, 185, 184*
Guilloux (P.) *469, 489*

Hamelin (O.) *464*
Hardy *333, 498*
Harnack (Ad.) *452*
Hatzfeld (Ad.) *469*

Índice de nomes próprios

Hegel *462*
Heitz (Th.) *241*
Hermes Trismegisto *443*
Hertling (G.-v.) *47*, *469*
Hessen (J.) *47*, *148*, *160*, *176*, *188*, *194*, *195*, 456, 477, 478, 480, 498
Hilário (santo) 240
Hugo de São Vitor *31-32*

Isaac 382
Isaías 72, 73, 81
Isidoro de Sevilha *239*

Jacó 382
Jacquin *442*, 469, 478, 480, 483, 485, 490
Jamblico *443*
Jansênio *306*, *307*, *308*
Jerônimo (são) *309*
Jesus Cristo 28, 63, 64, 70, 72, 73, 77, 79, *163*, *240*, 290, 300, 301, 302, 310, 344, 435, *442*, 446, *447*, 450, 451, 453, 461
João (são) 22, 28, 55, 69, *71*, *73*, 76, *81*, 96, *161*, *212*, *251*, *261*, *262*, *264*, *268*, 269, 313, *314*, 378, *398*, *444*, 445, 446, 448, 452, 453
Joaquim de Fiore *372*
Jolivet (R.) *140*, *160*, *195*, *196*, *271*, 470, 478, 482
Justino (são) 447

Kahl (W.) *254*, *452*, 476, 497
Kälin (B.) *184*, *220*, 477
Karrer (Ot.) 470
Keeler (L.-W.) *193*, *195*, *216*, 478
Kleutgen *173*, 476
Kors (J.-B.) *282*, *283*, *286*, *287*
Krebs (E.) 470

Laberthonnière (L.) 26
Labriolle (P. de) *17*, *33*, 66, *125*, *184*, *196*, *213*, *253*, *262*, *314*, *348*, *354*, *368*, *378*, *382*, *433*, *440*, 467, 470
Lactâncio 240, 447
Lagrange (J.-M.) *375*
Leder (H.) 83
Legewie (Ber.) 470
Leibniz *347*, *349*, *371*, *390*, 480, 496
Lenain de Tillemont 468
Lenfant (D.) 467
Lepidi *173*, 477
Lessar (H.) 470
Lesêtre (H.) 473
Littré (É.) 462
Loisy (A.) *442*, 473

Malebranche (N.) *108*, *168*, *172*, 178, *347*, *393*, 450, 458, 463, 470, 498
Mandonnet (P.) *458*
Mani 138, 348, 357, 435, 436, *437*, 448
Maréchal (J.) *193*, 497
Mário Vitorino *443*, *444*, 472
Maritain (J.) *459*, 472
Martin (A.) *140*, *159*, 470
Martin (J.) 72, 83, *105*, *108*, *117*, *140*, *150*, *172*, 298, 302, 308, 357, 358, 367, 372, 377, 390, 392, 413, 430, 471, 473, 479, 485
Mateus (são) 28, 72, 73, 248, 257, 453
Mateus de Aquasparta *165*, 498
Mausbach (J.) *234*, 288, 467, 484
Mc Cabe 469
Mc Keough (J.) *389*, 481
Minúncio Félix 447

Índice de nomes próprios

Moisés 54, *54*, *154*, 240, *373*, 382, 383, 397
Monceaux (P.) *442*, *443*, *451*, 467, 487
Mondadon *47*, 473, 477, 480, 488
Mônica (santa) *433*
Monnot (P.) 472
Montaigne *104*, 472
Montgomery (W.) 469, 476
Morin (G.) 470, 488, 494, 495
Müller (W.) *228*, 479

Naville (Adr.) 472
Nebrídio *148*, 471
Nourrisson 6*1*, *78*, *91*, *102*, *111*, *335*, *343*, *446*, 471, 475, 495

Omez *375*
Orígenes *73*, 79, *108*, 110, 111, *276*
Ott (W.) *140*, 475, 477, 478

Papini (G.) 470
Pascal (B.) *104*, *223*, *314*, *326*, 450, *451*, 462
Paulo (são) 22, *33*, 46, *48*, 66, 69, *73*, *74*, 76, 79, 80, *163*, *165*, *170*, 193, *200*, *225*, 234, *242*, *270*, 301, 302, 304, 309, 312, *341*, *392*, *417*, *428*, 443, 446, 447, 448, 451
Peckham (J.) *178*
Pelágio 191, 299, 300, 302, 303, *304*, 310, 491
Perler (O.) *214*
Pedro (são) 67, *74*, 419
Pedro Lombardo 309, *419*
Pincherle (A.) 470
Platão *25*, 52, 53, *75*, *78*, *93*, 98, 112, 116, 145, 147, 149, 151, 155, 156, *160*, 172, *174*, *177*, 180, 272, 359, *375*, 376, 377, 378, 381, 383, 396, *400*, *444*, *446*, 496

Plotino *44, 47, 48, 49, 75, 93*, 98, 104, *105, 107,* 120, *131, 134,* 161, 163, 177, 212, 213-220, 443, *444,* 445, 446, 447, 448, 461, 475, 496
Ponteio de Cartago *159*
Popp (J.) 473
Porfírio *95, 148,* 443, 461
Portalié (E.) *111, 179, 191, 283, 286, 287, 288, 290, 295, 308,* 470, 471
Possídio 468
Poujoulat (Fr.) 468
Pitágoras 150

Rábano Mauro *239*
Raimundo Lúlio *458*
Reuter *344,* 485, 493
Rivaud (A.) *400*
Robin (L.) *375*
Roger Bacon *179, 185, 238, 458*
Rohmer (J.) *178, 180, 227*
Roland-Gosselin (B.) *248, 260, 335, 337, 339,* 484
Romeyer (B.) 66, *128,* 176, *179, 180,* 298, *371, 457,* 478, 499

Sanvert (A.) 469
Schaft (Phil.) 469
Scheler (M.) *452*
Schilling (O.) *335,* 485
Schmaus (M.) *407, 410, 413, 417, 422, 424, 428, 452*
Schmid (R.) *444,* 472, 473, 490
Scholz (H.) *344,* 348
Schopenhauer *462*
Sebond (R.) *104*
Secundino 272

Índice de nomes próprios

Seidel *344*, 485
Sestili (J.) *171, 173, 176, 179, 181*, 481, 499
Siebeck (H.) *456*
Siger de Brabant *458*
Sinéty (R. de) *389*
Sócrates 145, 149
Spalding (J.-F.) 471
Stortz (J.) 471
Straszewski (M.) 472

Tales *148, 400*
Taylor (A.-E.) *400, 462*
Tertuliano *111*
Théry (A.) 471
Thimme (W.) 469, 473, 476
Tiago (são) 217
Ticônio *348*
Timóteo *303*
Tomás de Aquino (são) 52, 104, *165, 171, 173,* 180, *181,* 219, 220, *341, 372,* 393, 448, 450, 455, 456, *458,* 498
Troeltsch (E.) 472
Turner (W.) 472

Varrão 95
Volusiano *339*

Weinand (H.) 29, 480, 487
Weisskotten (H.-T.) 468
Williams (W.-W.) *314,* 265
Willmann (O.) *176*
Windelband (W.) *456*
Wolfsgruber (C.) 469

Wörter (Fr.) 472
Witelo *47, 122*
Wulf (M. de) *220*

Zänker (Ot.) *452*, *476*
Zenão 85, 89
Zigliara *173*